启真馆 出品

福柯传

[英] 戴维·梅西 著

战宇婷 译

The Lives of
Michel Foucault

ZHEJIANG UNIVERSITY PRESS

浙江大学出版社

·杭州·

图书在版编目（CIP）数据

福柯传 /（英）戴维·梅西著；战宇婷译. —杭州：
浙江大学出版社，2023.10
书名原文：The Lives of Michel Foucault
ISBN 978–7–308–23761–1

Ⅰ.① 福… Ⅱ.① 戴… ② 战… Ⅲ.① 福柯
（Foucault, Michel 1926—1984）–传记 Ⅳ.① B565.59

中国国家版本馆CIP数据核字（2023）第078242号

福柯传

［英］戴维·梅西 著　战宇婷 译

责任编辑	王志毅
责任校对	汪　潇
装帧设计	周伟伟
出版发行	浙江大学出版社
	（杭州天目山路148号　邮政编码310007）
	（网址：http://www.zjupress.com）
排　版	北京楠竹文化发展有限公司
印　刷	北京中科印刷有限公司
开　本	710mm×1000mm　1/16
印　张	39.75
字　数	649千
版 印 次	2023年10月第1版　2023年10月第1次印刷
书　号	ISBN 978-7-308-23761-1
定　价	149.00元

版权所有　侵权必究　印装差错　负责调换

浙江大学出版社市场运营中心联系方式：（0571）88925591；http://zjdxcbs.tmall.com

献给亚伦、约翰和仙黛尔

感谢你们在如此短暂的时间里赐予我们的一切

深切怀念安托万·罗昆丁

作者说明：

　　除非另有说明，所有译文均为本人所译。米歇尔·福柯作品中的所有引文均已重译；现有英文译本列于参考文献中。

编者说明：

　　本书涉及福柯作品中的引文时，是以戴维·梅西在原著中的行文著述为基础来翻译的，其中包含一些在国内尚未被译介过的材料。故引文与现有中译本不完全一致。

致 谢

在这里，我要向一些朋友表示感谢，感谢他们和我分享有关福柯的回忆，感谢他们提供的信息和联系方式，感谢那些帮助我的机构，感谢聆听我讲述的人们，包括：

莫里斯·阿居隆、米歇尔·阿马立克、雅克·欧米拉、克莱尔·安布罗塞利、迪迪埃·安齐厄、西尔维－克莱尔·德·阿尔维塞内、米歇尔·福柯中心协会、玛格丽特·阿塔克、罗伯特·巴丹泰、艾蒂安·巴里巴尔、让－皮埃尔·巴鲁、齐格蒙·鲍曼、尼尔·贝尔顿、苏尔索瓦图书馆、皮埃尔·布尔迪厄、罗伊·博伊恩、布劳哲顿图书馆（英国利兹大学）、凯瑟琳·冯·比洛、乔治·康吉莱姆、罗伯特·卡斯特尔、埃莱娜·西克苏、吉纳特·科隆贝尔、茹兰迪尔·弗雷尔·科斯塔、雷吉斯·德布雷、丹尼尔·德费尔、弗雷德里克·德诺伊维尔、劳伦特·迪斯波特、让－马利·多梅纳克、伯纳德·多雷、让·迪维尼奥、格雷戈里·艾略特、迪迪埃·埃里蓬、弗朗索瓦·埃瓦尔德、阿莱特·法尔热、塞尔日·福谢罗、阿兰·芬凯尔克劳特、约翰·福雷斯特、丹尼斯·福柯、热拉尔·弗罗芒热、弗朗辛·弗罗查德、亨利·弗罗查德、麦克·甘恩、卡尔·加德纳、菲利普·加维、西利奥·加西亚、柯林·戈登、安德烈·格林、费利克斯·瓜塔里、马尔科姆·艾美瑞、道格拉斯·约翰逊、查伊姆·卡兹、乔治·基耶日曼、丹尼斯·克洛索夫斯基、皮埃尔·克洛索夫斯基、贝尔纳·库什纳、让·拉普拉什、安内特·莱弗斯、安托万·拉扎勒斯、雅克·勒巴、多米尼克·勒科特、塞尔日·利洛兹特、让·弗朗索瓦－利奥塔、罗伯特·玛卡多、皮埃尔·马舍雷、艾德蒙·梅贺、克劳德·莫里亚克、菲利普·梅耶、让－弗朗索瓦·米格尔、弗朗索瓦－埃德蒙·莫林、让－皮埃尔·麦纳、现代语言图书馆（利兹大学）、利亚纳·莫泽雷、东尼·内格里、米歇尔·佩罗特、让－皮埃尔·彼得、让·皮埃尔、达妮埃尔·朗西埃、雅克·朗西埃、乔纳森·李、克里斯蒂安·勒翁、弗朗索瓦·鲁斯坦、伊夫·鲁塞尔、勒内·谢黑、多米尼克·塞格拉尔、吕西安·西弗、安妮·塔拉米、乔治·韦尔多、雅克利娜·韦尔多、玛丽－黛蕾丝·韦尔内、保罗·韦纳、皮埃尔·维达尔－纳杰、西蒙·瓦特尼、杰夫里·威克斯。

序言："我，米歇尔·福柯……"

在评论萧伯纳杰出的一生时，迈克尔·霍尔罗伊德说道："作家的传记，是传记作者和已逝的传记主人公共同合作的结果。"[1] 一些已逝的作家并不像其他人那样乐于协作。比如福柯，他比萧伯纳更加桀骜不驯，他采取了尼采对于人物传记的不屑态度："传记中的学问都是浮云。"[2] 如果还活着，福柯绝对会拒绝任何传记作家的好意，死后也会挣扎着逃离他们。

1984 年 6 月 25 日，米歇尔·福柯因感染人类免疫缺陷病毒（艾滋病病毒）引起的并发症去世，享年 57 岁。他的最后两本书刚刚出版，引起媒体广泛讨论。福柯去世时，无疑是法国最杰出的哲学家，他著的《词与物》（*Les Mots et les choses*）一书进入畅销书排行榜，这是一种非同寻常的成就。根据福柯的说法，这本书内容紧凑，晦涩难懂，只面向一小部分专家。他成功地跨越了纯粹的学术界与更宽广的文化领域之间的巨大鸿沟。他在法国学术界最负盛名的学府——法兰西公学院（Collège de France）任教近 14 年。在美国，他也受到盛情邀请。从巴西到日本，他那些被翻译的作品令他享有国际声誉。事实上，他的国际声誉几乎盖过了他在法国的声誉。在巴黎书店发现的大多数福柯研究作品，几乎都是从英文翻译过来的。[3]

福柯的人生是多重的——他是学者，也是政治活动家；是孩子，也是男人们的爱侣。他过着很公众化的生活，同时又有着很私人化的一面。从某种意义上说，福柯的生活也是法国知识分子的生活。他的作品几乎反映了法国知识分子生活的变化，影响了法国知识分子生活的方方面面。他的传记，也是他所在时代思想史的必需品。本来对福柯持批判态度的德国哲学家尤尔根·哈贝马斯（Jürgen Habermas），在一次出人意料的慷慨致敬中写道："在我们这一代对时代进行诊断的哲学家圈子里，福柯对时代思潮的影响最为深远。"[4]学生时代的福柯目睹并反对当时占统治地位的萨特的存在主义，同时，福柯也是发掘或重新发掘黑格尔、尼采和海德格尔的那代人中的一员。他的老师是路易·阿尔都塞（Louis Althusser）和莫里斯·梅洛–庞蒂（Maurice Merleau-Ponty）。20世纪60年代，福柯被普遍认为是结构主义（structuralism）的"四个火枪手"之一，其他成员包括雅克·拉康（Jacques Lacan）、罗兰·巴特（Roland Barthes）和克洛德·列维–斯特劳斯（Claude Lévi-Strauss）。十年后，福柯开始与一群新哲学家来往，号称自己是新哲学家。在他生命的最后几年，他的思想再次转向，他开始沉思斯多葛主义哲学，并探索新伦理学的一种可能性。

福柯那种多元化的生活致使学者们对他进行的分期研究很难令人满意。在德雷福斯（Dreyfus）和拉比诺（Rabinow）富有影响力的研究中，他们提出了四阶段分期模式：海德格尔阶段、考古学或准结构主义阶段、谱系学阶段，最后是伦理学阶段。[5]这种分期并非一无是处，但它有一个缺点，那就是将复杂的生活和工作体系缩减到一个唯一的哲学维度。这种分期忽视了福柯从法国共产党成员到政治上的沉寂期，忽视了福柯从左派铁血战斗时期到对人权的关注这一过程的转变轨迹。它同样忽略了福柯职业生涯中重要的文学阶段。

1971年11月，福柯在荷兰电视台参加了一场与美国语言学家诺姆·乔姆斯基（Noam Chomsky）的论战。主办方本打算在论战开始前播放一部关于福柯的短片，但福柯断然拒绝提供任何的生平信息，这使得短片没有拍成。[6]然而，在1981年5月，福柯非常明确地表示："从某种意义上，我一直希望自己的作品成为自传中的片段。我的作品同样也是我个人问题的一部分，这是有关疯癫、监狱和性经验的问题。"[7]一年后，同样的观点在佛蒙特州得到了更有力的表达："我的每一部作品都是我自传的一部分。"[8]一般认为福柯的作品史在很大程度上就是福柯的传记，这在某种意义上几乎是老生常谈。可以说，他的传记就是一部思想史，也是一部正在进行的作品。在这种表达中，福柯似乎暗示了作者和作品之间某种更深层次的关系。在讨论一位喜欢的作家时，福柯的观点更加明晰，甚至可以看作他为自己的传记提供了一个范式。在谈到小说家、诗人雷蒙·鲁塞尔（Raymond Roussel）时，他提出：

> 一位作家，他的工作不仅仅在他的书里，在书的出版中……他的主要作 xi
> 品最终要在书写的过程中塑造他自己。他的私生活、他的性取向和他的作品
> 是相互关联的，关联不是因为他的作品解释了他的性生活，而是因为他的作
> 品像包含文本一样涵盖了其整体生活。作品不仅仅是作品，写作的主体同样
> 是作品的一部分。9

福柯几乎很少谈及他的生活细节，尤其是他的早期生活。在 1983 年一次不同寻常的个人采访尾声中，他说：

> 总之，我的个人生活一点也不有趣。如果有人认为不提及我的生活就
> 无法理解我的作品，我会考虑这个问题的。〔笑声〕如果我愿意的话我会准
> 备作答。至于我无趣的个人生活，也不值得为它保密。〔笑声〕出于同样的
> 原因，我的私生活可能也不值得公之于众。10

调侃的语调，不需要心理分析训练就能察觉到其中强烈的自恋成分，这种语气在福柯那里并不典型。在《知识考古学》（*L'Archéologie du savoir*）的名句中，更具特色的是充满戒备的攻击性语气。假想的对话者抱怨道："您是不是准备重复说您从来就不是人们所谴责的那样？您已经在安排退路，以使您在您的下一部书中再次出现，像您现在做的这样嘲弄我们说：'不，不，我并不在你密切注意我的那里，而是在我留意你、嘲笑你的这里。'"福柯回应道："无疑，像我这样通过写作来摆脱自我面孔的，远不止我一人。请你们不要问我是谁，更不要期望我保持不变、从一而终：因为这是一种身份的道义，它支配我们的身份证件。但愿它能在我们写作时给我们以自由。"11 民政部相当于法国的注册总署。在别的地方，福柯称其为"将独特个体变为一种制度化存在的奇怪组织"，并将公务员描述为"法律的根本形式"，因为他们"将每一个人的出生都变成了档案"。12

《知识考古学》里这番夸张演绎的对话经常出现在福柯的研讨会和演讲中，但福柯习惯性地拒绝说出他是谁。1973 年，在巴西的贝洛奥里藏特（Belo

Horizonte），当有人质疑福柯的知识分子身份时，他最终只将自己定义为"一个读者"[13]。1981 年，福柯则提醒鲁汶的一位听众，不要过于追问他是哲学家还是历史学家。[14]

xii 　福柯拒绝陈述自己的身份，也拒绝追溯自己的历史，这可能是一种风趣的调侃。福柯对保罗·卡鲁索（Paolo Caruso）说："对我来说，描述将我带到当下位置的思想旅程有点困难，理由很简单，我希望自己还没抵达目的地。"另一位采访福柯的人，指责福柯对自己的成长背景或童年只字不提，福柯对他说："亲爱的朋友，哲学家不是天生的……他们存在于此，仅此而已。"[15]这些俏皮话不是一种轻率的措辞，而是一种根深蒂固的理念。正如 1982 年 10 月福柯在佛蒙特州对一位自由撰稿人所说的那样：

> 我觉得没有必要确切知道自己是谁。在生活和工作中，最主要的兴趣在于成为另一个与原初的自己不同的人。如果当你开始写一本书的时候就知道自己会在结尾说些什么，你认为你还会有勇气写下去吗？这道理适用于写作和爱情，同样适用于生命本身。因为到目前为止我们不知道结局会怎样，所以这场游戏是值得的。[16]

有时，这种广为人知的缄默延伸到工作本身。20 世纪 70 年代中期，福柯罕见地访问了位于伦敦的法国研究所，他拒绝发表人们预期中的演讲，并宣称除了他的作品，他将回答听众提出的任何问题……然后他坐在从讲台通向礼堂的台阶上，从而确保桌上的麦克风无法捕捉到他说的话。许多听众都不太高兴。同样不高兴的还有那些被邀请的嘉宾，因为福柯很早就离开了为他准备的接待会，以便赶上下一班回巴黎的航班。[17]

"写作是为了摆脱自我面孔"，这是一个具有多重面孔的人的明确志向。福柯过着形色各异的生活，而且这些生活互不相关。几乎无人知晓那个多重面孔的福柯。福柯去世后，与他共同生活了二十多年的丹尼尔·德费尔惊讶地发现，他的伴侣一直在给冰川街（rue de la Glacière）的多明我会捐赠数额可观的钱财，以感谢他们在苏尔索瓦图书馆（Bibliothèque du Saulchoir）给予他的热情款待。[18]在福柯的生活中，家人和朋友之间界限分明。福柯分隔化的生活令许多男性熟人由衷但错误地相信，他们在某一特定时刻是福柯"唯一的异性朋友"。很多人——其中大多数是男性——都说福柯有重度厌女症，但凯瑟琳·冯·比洛 (Catherine von Bülow)、埃莱娜·西克苏 (Hélène Cixous) 和阿莱特·法尔热 (Arlette Farge) 等女性否认了这一指控，这些人曾在不同时期和福柯亲近共事过。

福柯给人带来的主观印象千差万别，令人困惑。他可能很有魅力，像雅克·拉康一样，可以让当时的对话者相信他（她）受到了特别优待。当有人针对他的作品提出天真的问题时，他也可以是那个表现出残酷无情、不屑一顾一面的福柯。他还可以是那个总握着威士忌酒瓶的慷慨主人，尽管他很少独饮。[19] 他能将慷慨与随意融为一体。20 世纪 70 年代末，德国一群年轻的"自治论者"来到他的公寓时，福柯热情地迎接了他们，一边听他们说话，和他们开玩笑，一边抚摸着他的猫。福柯为他们准备了些食物，但告诉他们，不会与他们共同用餐，因为在欧共体的牛奶配额问题上，还有些重要的事要做，说完他就离开了。劳伦特·迪斯波特（Laurent Dispot）带着不安被福柯邀请加入这群人，他突然意识到，他的主要职责是做一个代理的主人。[20]

一些人遇到的福柯，是那个性格热情而迷人的福柯。然而在 20 世纪 60 年代初的一次晚宴上，精神分析学家安德烈·格林（André Green）遇见的福柯，却像施虐狂一样讽刺和贬低一位同席宾客的观点。[21] 另一位精神分析师让·拉普拉什（Jean Laplanche）第一次见到福柯是在学生时代，他谈到福柯"具有疏离感的热情"时，总结为那是一种近乎完美的折中状态。[22] 有些人知道的福柯仅仅是那个法兰西公学院的教授。其他人知道的或声称知道的福柯，是一个穿着黑色皮衣、戴着挂链的福柯，他会从沃吉拉尔街 (Rue de Vaugirard) 的公寓悄悄溜出去，寻找匿名的性冒险。巴黎古德多街区（Goutte d'Or District）的移民们所知道的福柯，是在反种族主义的斗争中面临逮捕和殴打也不退却的白人知识分子，尽管有些移民将福柯认作了萨特（Sartre）。

匿名的模糊愿望刻画了福柯的思想和个性特质。1982 年在多伦多参加"同志游行"的福柯，也是那个当进入酒吧和俱乐部时不想被人认出的福柯，尽管如此，他的光头、令人吃惊的蓝色眼睛和那惯常的白色高翻领毛衣总会让人立刻认出他。他很享受桑拿和同性浴室所带来的匿名感，在那里，"你不再被囚禁在你自己的面孔中，不再被囚禁在你的过去、你的身份中"，在那里"重要的不是对同一性的坚持，而是对非同一性的声明"。[23] 作家兼艺术家皮埃尔·克洛索夫斯基（Pierre Klossowski）确信，福柯的目标与他们共同的朋友吉尔·德勒兹

（Gilles Deleuze）一样，是"对同一性原则的清除"。[24]

1980 年，福柯接受了《世界报》(Le Monde) 的采访，条件是他必须保持匿名：

> 为什么我向你们提议我们应该匿名？因为我对那段时间很怀念，当时我寂寂无名，那时我所说的话只是有可能被人听到……选择匿名……是我与那些潜在读者对话的方式。说得更直接点，这些读者是我在这里唯一感兴趣的人："既然你不知道我是谁，对于你正在读的内容，你将没兴趣探究我说这些话的原因，而仅仅让自己的所思所说尽可能地简单——'那是对的；那是错的。我喜欢这个；我不喜欢那个'。"[25]

在很多领域，人们都在为匿名性而战："我们必须赢得匿名性……过去，对于任何一个作家来说，问题一度是让自己的名字从所有无名之辈中挣脱出来；在我们这个时代，问题是最终抹去自己的名字，并使自己的声音成功地融入巨大的、匿名的喃喃话语之中。"[26]

有时，福柯获得匿名性的方法之一，是使用第三人称说话，或者用一种客观中立的语调，以使自我特性从自己的话语中消除。在讨论一部关于精神病院的电影时，他提到了每年在瑞士马斯特林根村（Swiss village of Musterlingen）举办的狂欢节。他描述了当地一家诊所的病人在烧毁一幅代表狂欢节的巨大图像之前，是如何戴着面具列队穿过街道的。[27] 仅凭福柯的描述，我们无法判断他是否看到了游行队伍。他甚至想把它拍下来，但没有成功。20 世纪 80 年代，福柯围绕同性恋文化进行了一系列访谈，要不是他从没说过"我，米歇尔·福柯……"，这些采访本来会给人一种亲密的自画像的感觉。在访谈中，福柯围绕他与匿名性伙伴之间的描述明显缺乏个人色彩，通过这种叙述，匿名性得以倍增。

莫里斯·布朗肖 (Maurice Blanchot) 是一个比福柯更渴望匿名的人，他只能容忍书中这样介绍自己："莫里斯·布朗肖，小说家和评论家。他倾注一生献给文学和与之相称的沉默。"布朗肖捕捉到了福柯那种飘忽不定的气质：

> 首先做一点个人说明：我与米歇尔·福柯没有私交，且与他素未谋面，只有一次，那是 1968 年"五月风暴"期间，六月或七月，我在索邦大

学校园里（后来我却被告知他当时并不在场）对他说了几句话，但他并不清楚说话的是谁……的确，在那些非同寻常的日子里，我经常自问："福柯 xv 为什么不在场？"这个疑问，不仅为福柯的形象赋予了魅力，而且加重了那个空位的意义。对此，我曾获得一些答复。比方说，"他生性有些矜持"，或者说，"他当时在国外"，但这些答复并不能使我满意。[28]

福柯当时的确在国外，在突尼斯，尽管 5 月末他曾在巴黎短暂停留。他在国外生活了相当长一段时间，还常幻想着离开巴黎去其他地方定居。但福柯骨子里仍是个法国人，更确切地说是巴黎人。许多访客评论说，福柯总体上不太愿意讨论英美文化生活，他的研究涉及的主要是法国文化。对这个问题，福柯态度暧昧，但在某种意义上，福柯需要巴黎知识分子的生活。

福柯的巡回演讲遍布世界。假期主要在北非，有时也在西班牙度过。英国则不是一个常去的地方，福柯"对英国并不喜爱，他更倾向于认为这个地方半死不活，了无生趣"。[29]在一次访问中，他坚称唯一想看的就是伦敦东部的衬裙巷市场。只有一次，德费尔费了很大劲才说服他去了斯凯岛。[30]

他在国外发表的演讲没有因地域改变而做出让步。福柯很少以那种礼貌性的陈词滥调作开场白，比如说些很高兴来到里约热内卢这样的话，他通常的方式是直接切入主题。尽管福柯的理论兴趣是"异托邦"，总体上对差异性也很感兴趣，但他的广泛游历在很大程度上没有改变他的思想。在突尼斯，他表现出对阿拉伯语的兴趣，但他的主要学术计划是对马奈的研究，而不是踏入伊斯兰艺术领域。事实上，所有的巡回演讲都预留了福柯和与会者进行讨论的时间，这些与会者有政治活动家、学者、心理健康专家，甚至还有禅宗僧侣，但是这些讨论的内容很少进入福柯实际的论文中。在采访中，福柯偶尔会以谈论逸事的口吻谈及他的旅行，但最多也就是这样。福柯也是一位苦行僧。福柯位于沃吉拉尔街的公寓中没有放满纪念品，这使得公寓相当冷清。两次日本之行后，公寓的墙壁上都没有挂日本面具。福柯偶尔也会穿和服，摄影师艾尔维·吉贝尔（Hervé Guibert）1982 年在那里拍下了福柯穿和服的照片。[31]福柯的斯泰森毡帽是他伯克利的学生在 1983 年 10 月送给他的，他当时非常高兴，但没有记录显示福柯在巴黎戴过它。试图匿名却引人注目，游历甚广却没有受到异域经 xvi 验的影响，福柯仍然是一个神秘的无法归类的人。

《词与物》诞生于福柯阅读豪尔赫·路易斯·博尔赫斯 (Jorge Luis Borges) 一段叙述时引发的笑声，这段叙述描述了博尔赫斯在某部中国百科全书中发现的动物分类系统，该书中动物被分为如下种类：

（a）属皇帝所有，（b）有芬芳的香味，（c）驯顺的，（d）乳猪，（e）鳗螈，（f）传说中的，（g）自由走动的狗，（h）包括在目前分类中的，（i）发疯似的烦躁不安的，（j）数不清的，（k）浑身有十分精致的骆驼毛刷的毛，（l）等等，（m）刚刚打破水罐的，（n）远看像苍蝇的。[32]

福柯像通常那样没有给出引文参考。这段引文暗指博尔赫斯在《约翰·威尔金斯的分析语言》（"El Idioma de John Wilkins"）中所描述的《天朝仁学广览》（*Celestial Emporium of Benevolent Knowledge*）。[33]

福柯的作品横跨历史学、哲学、社会学、医学史和文学批评等多门学科，这造成了一个难题，那就是这些作品很难分类。这里有一个故事，一位倒霉的图书管理员将《知识考古学》编目分类在"古代历史与考古学"之下，据说他（她）的同事将奥古斯丁的《上帝之城》（*City of God*) 分类在"城镇规划"下。但它很可能是杜撰的。不管怎样，这类故事确实概括了试图将福柯归入流派分类所引发的问题。福柯其人其作是神秘、难懂和变幻莫测的，用传统的二分法来定义福柯可能会激怒他。

福柯去世后，律师乔治·基耶日曼 (Georges Kiejman) 在《世界报》上撰文称，法国不仅失去了一位哲学家，还损失了一位街头斗士。虽然在福柯的作品中，他不总是以政治活动家和战士的身影出现，但在某些场合，这两重身份时不时闪现出来。在 20 世纪 50 年代一段短暂的时间里，他是法国共产党的成员，但之后他再也没有加入任何党派。他的政治活动形式多样——从 20 世纪 70 年代初建立监狱信息小组（Groupe d'Information sur les Prisons）到组织支持不同政见者和船民，从短暂参与堕胎合法化的运动到声援法国移民工人的行动。

巴黎媒体对这些政治活动常报以责备的语气，认为所有这些活动缺乏连贯的政治主张，有时也以取笑"福柯的突发奇想"（Foucault's whims）为乐。他的政治活动并不是理论的实践，要在这些政治活动背后找到始终如一的态度并非易事。有人指责福柯前后不一，说他的行动只是一时兴起，但福柯觉得很可笑：

xvii

xiv

　　我想自己实际上已经置身于政治棋盘上的大多数方格里，有时是一个接着一个的，有时是同时出现的：无政府主义者，左派，招摇的或伪装的马克思主义者，公开的或秘密的反马克思主义者，为戴高乐主义服务的技术官僚，新自由主义者等。的确，我宁愿不表明自己的身份，而人们评价和界定我的多种方式让我觉得好笑。[34]

　　马尔罗（Malraux）和萨特曾说，死亡将生命转变为命运，将偶然转化为必然。我们会知道这场游戏如何结束。成为故事的主人公，让生命看起来更像是命运的安排。然而，福柯的生活和其他人一样凌乱。只有在某种叙事中，他对尼采的品味和对普瓦图奶酪的品味之间似乎有了一丝联系。对于来自普瓦捷（Poitiers）的保罗－米歇尔·福柯来说，在法兰西公学院结束职业生涯并非命中注定。在福柯看来，在那里获得的赞誉既不是某个存在主义计划的结果，也不是一个有计划的职业生涯的结果：“我从未有过成为一名哲学家的计划。”[35] 令人惊讶的是，福柯的职业生涯是某种偶然际遇和突发决定的结果。正如他告诉让－皮埃尔·巴鲁（Jean-Pierre Barou）的那样，“这一切本会截然不同”。他本可以参加抵抗运动，但他没有参加。[36] 他本可以成为罗马文化专员、法国广播系统的负责人、国家图书馆的负责人，或是一名临床心理学家。命运和必然性在他的生命里并不起作用。

　　福柯作品中包含的“自传”是极其零碎的，尤其因为现存的文献本身如此残缺不全。1977年，他对一位朋友说：“我死后不会留下任何手稿。”[37] 他差一点就实现了这个承诺。艾尔维·吉贝尔是福柯的密友，据说是福柯最后的情人，奉命销毁福柯的最后几卷《性经验史》（*Histoire de la sexualité*）以及所有为此书准备的材料。福柯不同情马克斯·布罗德(Max Brod)，不同情他决定出版卡夫卡手稿的行为，这有悖他已故朋友（卡夫卡）的意愿，因此，福柯决心阻止任何人仿效这个有名的例子。[38] 福柯没有留下遗嘱就去世了，但在他的公寓中发现了一封信，他的意思很明确：“我把我的公寓和里面所有的东西都留给丹尼尔·德费尔。不要出版遗作。”[39]

　　朋友和家人尊重了福柯的意愿，即使有任何手稿幸存，学者和传记作家也 无法触及。福柯大量未出版的资料保存在苏尔索瓦图书馆，人们在那里可以查阅这些资料，但不能复制。因此，不会有“米歇尔·福柯全集”。出于同样的原因，那种包含大量信件的全集也不太可能出版，这类信件包括与朋友、恋人、日本出版商的通信。争议同样围绕着《性经验史》第四卷，这本书实际上完成于 1984 年 6 月，但出版的可能性很小。[40] 福柯创造的这种局面令人沮丧，却提前遏制了那种遗作出版产业，随着越来越多"未知的"手稿从各种橱柜中被发掘出来，萨特和波伏瓦周遭兴起的遗作出版产业高效得令人难堪。福柯认为尼采的"全集"也许应包含他的笔记，笔记中的流水账和格言大纲混杂在一起。[41] 不过这并不适合他自己。

这位宣称"作者之死"[①]的作者，在死后继续行使作者的权利和特权。在活着的时候，这个人经常争辩说一个作者无权规定他作品的含义；同样也是这个人，与他的法兰西公学院的助手一起，在《哲学家词典》中写了一篇关于"福柯"的条目，并署名为"莫里斯·佛罗伦斯"。因此，福柯在多种意义上将作者权利付诸实践："如果福柯确实被铭刻在哲学传统中，那么他也被铭刻在康德的批判传统中，他的事业可以被称为批判思想史……"[42] 福柯不出版遗作的愿望，与他遗作作者身份的悖论交织在一起。如果作者的权利一直被尊重，他将一直是成书的作者，而不是勤勉的草稿创作者。

福柯非常抗拒那种他正在创作"毕生之作"的看法："我之所以不谈论我的全部作品，是因为我不觉得自己是潜在作品的承载者。"[43] 弗朗索瓦·埃瓦尔德（François Ewald）是福柯在法兰西公学院的助理，他从 1975 年开始与福柯密切合作，埃瓦尔德坚持认为福柯的文本是任何人都可以使用或丢弃的工具箱，而不是隐含着概念统一性的一连串理论思想。[44] 然而，奇怪的是，福柯对自己已出版作品的态度却是所有者的态度，他实际上否定了自己的第一批作品，拒绝重印它们，从而将这些作品从工具箱中删除。在福柯的一生中，许多不时出现的作品从未被收集成册，他不喜欢将文章搜集成册的想法。对于福柯来说，不时的写作是对事件的具体介入，事件过后作品就变得失效和无趣。对此，他会说："只有当写作成为一种融入现实斗争的工具、一种策略、一种揭示的手段时，写作才让我感兴趣……我当然不认为我目前所写的就是我的全部作品，我很震惊竟然有人叫我作家……我只卖工具。"[45] 法文版的福柯"文选"从未出

---

① "作者之死"是法国哲学家罗兰·巴特在《作者之死》（1968）中的宣言，福柯以《什么是作者？》（1969）回应"作者之死"。《作者之死》表明，作者不再是作品意义的起源，也不具有优先于作品的特权；相反，作者受制于作品的逻辑和语言的力量。福柯回应"作者之死"，进一步将作者看作"作者功能"，作者是话语实践的承载者，是社会制度与权力关系在话语实践中的一个效果。——译者注

版过，但福柯并不反对用其他语言编撰他的选集，并且非常乐意授权，例如，柯林·戈登（Colin Gordon）编辑了一本有价值的福柯选集。[46]1978 年，杜乔·特龙巴多里（Duccio Trombadori）对福柯的一系列有价值的采访还仅有意大利文版本，现在这些采访被翻译成了英文，但是没有法文版本。[47]福柯为《晚邮报》（*Corriere della Sera*）撰写的有关伊朗革命的文章被翻译成了法文。其他文本仅以葡萄牙语、英语或德语存在。福柯去世前不久，开始觉得出版一套访谈合集"或许不是一个坏主意"，但他没能在有生之年看到这一想法成真。[48]德费尔和埃瓦尔德目前正在整理福柯一生中间歇发表的零散作品，这些作品将由伽利玛出版社出版。

就福柯这种立场带来的一个影响而言，福柯的书目汇编成了噩梦般的任务。最好的书目是由詹姆斯·W. 伯纳尔（James W. Bernauer）和雅克·拉格朗日（Jacques Lagrange）编撰的，它们取代了克拉克（Clark）的资料目录（仍然是二手文献的重要参考著作），但两者都不算详尽。[49]福柯在政治激进时期对左翼媒体的贡献并没有都署名，而且我们也远不能确定福柯的所有贡献都被发掘出来了。当时有一本重要而有趣的书问世了，却没有任何证据表明福柯是撰稿人。《二十年之后》（*Vingt ans et après*）的内容是福柯与蒂埃里·福尔策尔(Thierry Voeltzel)的对话录音转录，蒂埃里·福尔策尔是 1975 年搭乘福柯便车的年轻人。对话聚焦于福尔策尔，福尔策尔这番不平常的叙述展现了当时青年文化中年轻同性恋者的生活，但他们的对话也让我们得以一窥福柯那真实的匿名生活。这部作品被称为"蒂埃里的书"，并仅以蒂埃里的名字出版。因此，这本书没有出现在伯纳尔其他精简文献的目录中。此外，并不是所有的录音都已经被转录，那些未发表的材料仍掌握在克劳德·莫里亚克手中。克劳德·莫里亚克在上文 xx 中出现过，他是《挑战月刊》（*Enjeux*)丛书的编辑。[50]同时，这些录音的命运受到遗作出版限定的制约。

福柯在法兰西公学院的讲座是他工作的重要部分，也为他 1970 年以后的著作奠定了基础。大多数讲座文献仍未出版，也不太可能出版。尽管所有者小心翼翼地守护着被视为图腾般存在的磁带，但未经授权的磁带复刻本仍在流传；同时，冒着受到福柯遗产管理机构法律制裁的风险，盗版版本的录音带不时出现。这导致了一些荒谬的情况。1976 年讲座课程的一段摘录刊于 1990 年的意大利语出版物上，随后以法语刊登于《现代杂志》（*Les Temps Modernes*)上。[51]具有讽刺意味的是，福柯从未原谅这本杂志对《疯狂史》（*Histoire de la folie*）的忽略，也不打算原谅这本杂志对《词与物》的刺耳批评，并且他只给这本杂志投过一次稿。[52] 当福柯遗产管理机构和伽利玛出版社对《现代杂志》采取法律行动时，荒谬的情况出现了：最终的裁决是，原告应得到来自伽利玛出版期刊的象征性损害赔偿。[53] 在意大利，佛罗伦萨出版商"恩宠桥"（Ponte alle grazie）被法律禁止出版更多的福柯讲座。这些事件是法律争议的一部分，也影响到了巴特和拉康的作品，争议在于公开讲座或研讨会是否属于公共领域的范围内。目前对知识产权法的解释表明事实并非如此。

苏尔索瓦图书馆保存着米歇尔·福柯中心的档案，在这里可以查到福柯很多讲座的转录本，也可以听到福柯的一些讲座磁带，但是，像其他未出版的资料一样，它们不能被复制。磁带质量参差不齐，其中很多是不完整的录音。1989 年，门槛出版社（Seuil）出版了两门课程的磁带记录，分别是 1978 年和 1979 年的课程概说，这两门课程即"安全、领土与人口"和"生命政治的诞生"。[54] 福柯每年为法兰西公学院编制的课程总结，依然是对这些讲座最好的说明，这些课程现在以书籍的形式出版。[55]

传记作家面临的一个主要问题是，福柯著作中"自传"性内容那沉默与空洞的本质。目前没有可供参考的福柯日记，据一些人说，福柯的日记里似乎只有一些读书笔记。没有一所美国大学藏有福柯私藏的通信和手稿。有传言称，福柯有一些未发表的神秘作品存在，也长期有传言称，福柯的一部色情小说仍在巴黎某处的文件柜或抽屉里沉寂。现有的文献资料非常不均衡，同时他生命中的一些阶段仍旧晦暗不明。在其他领域，材料的充裕却造成了很多问题。例如，我们对福柯在汉堡度过的那一年知之甚少，但 20 世纪 70 年代初福柯那段政治活动频繁的时期在媒体和克劳德·莫里亚克的日记中都有详尽的记载。尤其是福柯的童年时代，仍然鲜为人知。

我通过采访福柯的同事，与福柯的许多朋友交谈，对这份书面记录进行了增补。《福柯传》这本书能够写成，不管它有多少缺点，都要感谢很多陌生人给予的善意。我要感谢福柯的第一位传记作者——迪迪埃·埃里蓬（Didier Eribon）。[56] 我要特别感谢丹尼斯·福柯（Denys Foucault）和弗朗辛·弗罗查德（Francine Fruchaud，原姓福柯）。最重要的是感谢丹尼尔·德费尔（Daniel Defert），虽然我几乎可以肯定，我写的大部分内容他都不会赞同。

目　录

1 保罗－米歇尔

安妮·马拉派尔（Anne Malapert）①的家族备受尊敬，久负盛誉，社会关系优越。¹她的父亲是普瓦捷市的一名医生，名叫普罗斯派尔·马拉派尔（Prosper Malapert）。省城普瓦捷市位于巴黎西南方向，距离巴黎 300 公里。普罗斯派尔·马拉派尔是一名外科医生，开了一家盈利颇丰的私人诊所，并在大学医学院教授解剖学。他非常富有，世纪之交时，已有足够财力在火车站附近建造一所白色大房子，这所房子离市中心很近，从房子出发步行就能到达市中心。房子面朝亚瑟·朗诗路（rue Arthur Ranc）和凡尔登大道（boulevard de Verdun），房后有一个小花园，不过，从米歇尔·福柯的孩童时代起，花园就已经荒芜。

普罗斯派尔·马拉派尔有两个兄弟：罗歇（Roger）和保兰（Paulin）。罗歇选择了军旅生涯，官至上校军衔，第一次世界大战期间，他率领的军团战功显赫，据说这支军团是他在蒙马特（Montmartre）的阿帕奇人（Apaches）中间亲自招募的。保兰学习哲学，但从未在大学任职。在他看来，他的既定专业是其职业生涯的深层阻碍。他是一个性格学家，当时占主导地位的柏格森哲学深深地感染了他。这种哲学强调"生成"的流动性，而非性格的稳定性。保兰·马拉派尔在一所巴黎的公立中学度过了他的职业生涯，他出版的专著类型相当广泛，包括心理学和哲学教科书，一篇有关性格理论的论文，以及有关斯宾诺莎的研究。²保兰没有创建任何学派，也没有取得卓越的学术成就。这种学术荣誉

---

① 安妮·马拉派尔是米歇尔·福柯的母亲。——译者注

转移到了他女婿让·普拉塔尔（Jean Plattard）身上，普拉塔尔是广受认可的拉伯雷和蒙田图书系列的主编，并先后在普瓦捷大学（University of Poitiers）和索邦大学（Sorbonne University）担任讲师。[3]

安妮·马拉派尔嫁给了一位年轻的医生保罗·福柯（Paul Foucault），保罗·福柯来自枫丹白露（Fontainebleau），婚后则居住在普瓦捷。保罗·福柯出生于 1893 年，他的父亲和祖父都叫保罗。他的祖父是那个时代的离经叛道者。这位保罗·福柯不为省城的中产阶级提供医疗服务，而是选择去帮助楠泰尔的穷人，当时的楠泰尔仍是巴黎几公里外的一个乡村。人们对他所知甚少，除了知道他无愧于穷人的医生之称。他免费给病人治疗，死的时候口袋中仅仅揣着五法郎，或许还装着整个世界吧。他唯一的遗产是一支银质钢笔，那是心怀感激的患者送给他的，但这支笔在他曾孙丹尼斯家被盗时不翼而飞。无论如何，他的善举在一定程度上得到了楠泰尔市政当局的认可：楠泰尔有一条街被命名为福柯医生街（rue du Dr Foucault）。

像他岳父一样，保罗·福柯医生在普瓦捷的医学院任教，拥有一家自己的诊所，最终还接管了马拉派尔的诊所。作为一名外科医生，保罗·福柯是医学界的顶尖人物，享有比普通医生更高的声望。他是个名人，社会地位与银行家或公证人相当。他是这座城市里为数不多的外科医生和产科医生之一，他的病人主要来自城市中产阶级。不仅如此，他的诊所业务还延伸到了乡下，在距离普瓦捷以南 8 公里处的著名修道院利居热，那里的修士修女、农民和地主纷纷向他问诊。对一名外科医生来说，收入来源广泛并且小心翼翼地维护职位是成功的关键，就此而言，保罗·福柯是成功的。考虑到每天的手术和医疗技术任务，他每天都长时间工作，他的职业活动也包括很多体力劳动，尤其是接到乡下电话的时候。保罗·福柯医生还具备一定的应变能力。他管理着两辆车，其中一辆车的行李箱用来运送折叠手术台。如果有需要，福柯医生的司机还兼做助理麻醉师。无论在家里还是在工作中，福柯医生习惯了被人定于一尊，他不是个容易相处的人。

安妮·福柯在很多方面都不输于福柯医生。她有主见，我行我素，高效料理家务、管理仆人，并在一个秘书的协助下打理丈夫的诊所，但她并非家庭妇女。那时一个外省女人很会开车是非常少见的。她拥有自己的财产和土地。马拉派尔家拥有一座叫勒皮诺阿（Le Piroir）的大宅子，宅子建于 19 世纪中叶，原址位于距普瓦捷城 15 公里的旺德夫勒－杜－普瓦图（Vendeuvre-du-Poitou）。沿车道而下就到了勒皮诺阿，车道的两旁，一侧种着两棵巨杉，另一侧则是林荫，栽种着修剪整齐的酸橙树。勒皮诺阿没有建筑的宏伟之美，它由当地的石灰岩建成，因此建筑常常不幸地受潮。勒皮诺阿尽管面积很大，但并非当地人口中的那种"城堡"（the château）。[4] 旺德夫勒－杜－普瓦图在 16 世纪的时候的确有一座罗切斯城堡，这座城堡配有开堞眼塔楼，但马拉派尔家族从未拥有过它。勒皮诺阿的建筑师设计图没有幸存，它很可能由当地的泥瓦匠建造，不过土地的买卖和边界的交易记录留了下来，这间大宅不仅是时代精神的展示，也是省城中产阶级价值观的呈现。 3

　　福柯家族属于富裕的中产阶层，在普瓦捷备受尊重。二战爆发时普瓦捷还是一个人口不足 4 万的小镇。福柯家族并非贵族，但通过勒皮诺阿和周边的土地保留了与乡村的联系。土地所有权和农业奠定了普瓦捷的财富。那里几乎没有工业，但畜牧业相对发达，产出葡萄酒、芦笋和大蒜。小镇寂静安宁，最有名的莫过于镇上的圣母大教堂，那座教堂外观宏伟华丽，是法国的罗马式雕塑的代表。普瓦捷大学创立于文艺复兴时期，如今辉煌已成过去，现在最知名的学院是法学院。医学院很小，仅仅教授前三年的学位课程；更进一步的深造必须到其他城市进行。政治上这座城市看似激进，这意味着激进党和社会党主导着当地的政治，但这两党既不激进也缺乏社会主义色彩，是相对保守的团体。强大的牧师权力与此城的政治力量势均力敌。外来者发现这座城镇相当沉闷，居民扬扬自得、闭关自守，也不太友好。

　　1926 年 10 月 15 日，福柯正是在这样的家庭环境中出生了。福柯是三个孩子中的第二个孩子。姐姐弗朗辛（Francine）比他大 15 个月，弟弟丹尼斯（Denys）比他小五岁。这三个孩子长相惊人地相似，他们金发碧眼，鼻梁高挺。在许多照片中，福柯都戴着无框眼镜，一双明亮的蓝眼睛凝视着前方。

　　在福柯的家族传统中，长子沿袭"保罗"的称谓，在福柯母亲的坚持下，这个孩子才取名为保罗－米歇尔。他自称米歇尔。出于行政考虑，在学校里他是保罗；也由于他敬慕母亲，他永远是保罗－米歇尔。在福柯晚年，其他亲属使用相同的称谓也会导致混淆。比如，他的侄女安妮·塔拉米（Anne Thalamy）称他为"保罗－米歇尔"，叫他"您"（vous）；对她的丈夫来说，他是"米歇尔"，安妮·塔拉米的丈夫用非正式的"你"（tu）来称呼他。

4　　　保罗－米歇尔有着传统中产阶级的教养。他的家庭名义上信奉天主教，但其天主教信仰仅体现在洗礼、首次圣餐、婚礼和葬礼这些仪式中。通常是孩子们的祖母而非他们的母亲，带他们去圣波尔谢尔教堂做主日弥撒。这种名义上的天主教融合了一定程度的反教权主义，它是伏尔泰的不可知论和守旧天主教的矛盾产物，在法国资产阶级当中具有代表性。至少，时不时参加弥撒是一种社会义务，但第三共和国的医生和外科医师作为一个社会群体，并不以虔诚著称。即便这样，保罗－米歇尔还是领受了他的第一次圣餐。虽然缺乏音乐才能，有一段时间他还是一个唱诗班少年。没有任何记录显示福柯饱受失去信仰的痛苦，他似乎只是逐渐远离了童年的信仰。另外，宗教组织的营地空间对福柯的影响被保留下来，他曾将天主教会描述为一种"出色的权力工具……完全由想象、情欲、肉欲和感官因素编织而成，在这方面它是出色的"。[5]

　　　　这个家庭从未贫穷过，保罗－米歇尔年少时，还变得越发富有。20 世纪30 年代初，保罗和安妮以低价买下了拉波勒（La Baule）的一块土地，在那里建造了一座别墅。拉波勒距离圣纳泽尔港（Saint-Nazaire）17 公里，坐落在一片壮丽的沙滩上。拉波勒刚刚发展为度假胜地，不像诺曼底的多维尔（Deauville）和卡布尔（Cabourg）那样独具贵族风尚，后者是普鲁斯特笔下的巴尔贝克（Balbec）的原型。拉波勒主要是工业城镇南特（Nantes）和圣纳泽尔中产阶级的度假胜地。福柯家的别墅位于小镇南部，坐落于拉波勒松林区，别墅宽敞到足以容纳五个家庭及其仆人。比起这个地区娱乐场附近的时髦街道，松林更是美不胜收。夏天，拉波勒成了家庭度假的传统胜地，而复活节假期，全家通常在勒皮诺阿度过。

　　　　福柯极少提及他的童年生活，偶尔提起也总是负面的。比如，他说自己有着"极其偏狭的"外省出身[6]，但这种掺杂了阶级因素的评价或许染上了一丝轻蔑之情，很多巴黎人尤其像福柯这样的巴黎异乡人，通常表露出对"法国式沉5　　闷"的不屑一顾。他随后回忆，这种出身的偏狭观念如何迫使他"有义务说话，与陌生人交谈……我常常怀疑人们为什么必须说话"。[7]这些陌生人是他父母宴会上的客人。福柯医生生活的重要部分是娱乐活动，其社交圈和职业兴趣无形中重合在一起，那些掺杂着同事和地方名人的宴会实际上更像是商业会议。孩子们需要与来宾礼貌交谈，但他们同样被要求在晚宴时保持沉默。礼貌的交谈和沉默的要求相互矛盾，这自然成为福柯紧张和恼怒的根源。对于福柯和他的兄弟姐妹来说，非常正式的场合更合意，在这种场合孩子们可以单独用餐，他们处于一种远为放松的氛围里，也免于成人世界的繁文缛节。

福柯的家庭在很多方面或许观念古板，但其家庭背景却分外优越。普瓦捷的房子非常宽敞，每个孩子都有一间自己的卧室，猫狗在那里安了家。保罗－米歇尔和他的姐姐弟弟自然认为这一切理所应当，但相对而言，战前的法国孩子很少能在海边的家庭别墅过暑假。他们在拉波勒的海滩度过漫长假期，享受着打网球和骑自行车远足的传统乐趣。福柯喜欢的运动仅有骑车和打网球，不过糟糕的视力影响了他的网球爱好。他也是骑车小能手，十几岁时经常骑着小车到勒皮诺阿看望他的祖母。

福柯的姐姐对一次假期记忆犹新。那是战争爆发前不久，福柯一家人和他们的堂兄普拉塔尔去比利牛斯山滑雪度假。孩子们不太感兴趣，尤其是保罗－米歇尔总抱怨天气太冷。福柯的母亲却很享受待在旅馆的生活。即使在拉波勒度假，她也扮演着房子女主人的角色，负责所有家务。住旅馆是富裕生活的标志，即便是职业化的中产阶层，度假时也通常住在亲戚家或是私人出租屋，而不是旅馆。

普瓦捷的家庭生活通常平静安宁。普拉塔尔家的孩子年纪稍大，不适合与福柯家的孩子为伴，而福柯家往往自给自足。除了他们的祖母，孩子们几乎与长辈没有交流。当兵的伯祖父和在巴黎教书的叔祖父是遥远的身影，他们从未真正在场。娱乐活动主要是家庭活动：玩纸牌、猜字谜、收听广播，他们在亚瑟兰克街 10 号消磨漫漫长夜。那时候，提供给儿童的商业化娱乐活动很少见。20 世纪 30 年代的普瓦捷的确有电影院，虽然那时是法国电影的黄金时代，却几乎没有专门给孩子看的电影。因此，去电影院是非常稀罕的事。在战前去看一次《白雪公主与七个小矮人》(*Snow White and the Seven Dwarfs*，1937)，会令孩子们难以忘怀。当时保罗－米歇尔看的绝大多数表演都是旅行公司的标准剧目，包括莫里哀、高乃依和拉辛(Racine)的作品，这些剧目没有把福柯引向戏剧体验的高度，观众通常是一群吵闹的、不识抬举的小学生。

当然，普瓦捷并不闭关自守，世界舞台上发生的事件影响着它。在一些采访中，福柯罕见地提起童年记忆，令人惊讶的是，这些记忆颇具政治色彩。他回忆起奥地利总理恩格尔伯特·陶尔斐斯(Engelbert Dollfuss)在 1934 年的遇刺，以及 1936 年逃离西班牙内战的西班牙和巴斯克地区难民来到普瓦捷。他还记得在操场上和校友就埃塞俄比亚战争发生的争吵。即使当时还是个孩子，福柯也感到个人生存岌岌可危。在他 10 岁或 11 岁的时候，他并不能确定自己长大后是德国人还是法国人。随着福柯进入青春期，学校和家庭提供的安全庇护令他感到乏味，但是外面世界的危险却与日俱增。那时，他非常清楚自己很有可能在空袭中丧生。[8]

1939 年 9 月 1 日，福柯家最后一次从拉波勒开车回到普瓦捷。这意味着有长达五六年的时间，不会再有海边沙滩的假日。英、法对德宣战。1940 年 5 月，马其诺防线被德军从侧翼包抄。法军狼狈不堪地向南撤退。普瓦捷设立了紧急医疗队来救死扶伤。保罗·福柯医生也积极地参与到医疗队的筹备中，他妻子的组织和管理技能在筹备过程中发挥了关键作用。

在数千名逃离巴黎的难民中，有一位刚刚完成医学培训的年轻女子，名叫雅克利娜·韦尔多（Jacqueline Verdeaux），她父母是马拉派尔家族的朋友。还是小姑娘的时候，她就曾坐在疤脸上校马拉派尔（Malapert）的膝上玩耍。1940 年春，在一所耶稣教会学校临时组建的战地医院中，她担任福柯医生的麻醉师。她发现福柯医生并不好相处。作为一名外科医生，他颇具权威，惯于领导团队，在手术室的行为就像一个暴君。随着德军的推进，她很快去往南部。她在普瓦捷逗留的时间并不长，但足以让她对保罗 - 米歇尔有一点浅显的了解，她在福柯姐姐的生日聚会上第一次瞥见他：这是一个模样古怪的男孩，他已经戴上眼镜，依然穿着短裤，在一群孩子的聚会上，福柯的样子看起来有点奇怪。[9]

到了 5、6 月份，英国已将远征军从敦刻尔克撤离。法国政府离开巴黎退到更安全的波尔多市。6 月 17 日，贝当元帅要求停战，告诉残兵败将放弃战斗的时刻已经到来。根据停战协议，普瓦捷正好在占领区 30 公里以内，街上有德国士兵巡逻，小镇旺德夫勒 - 杜 - 普瓦图也有德军出没。拉波勒的房子被征用为军官临时营舍。公共场所和学校挂上了贝当的官方肖像，如今，福柯像其他任何一个同龄孩子一样，他每天的校园生活始于吟唱《元帅，我们在这里》（*Maréchal, nous voilà*）。在随后的四年里，他的童年被"祖国、劳工、家庭"这样的官方话语催眠。官方声称，团结与富于牺牲精神的新世界将取代"自私的、个人主义的、资产阶级的文化世界"。[10] 还有更可怕的事，福柯罕见地提到了那些年的逮捕事件。当武装部队出现在普瓦捷的街道上时，有人被武装部队带走，围观的群众则鸦雀无声。[11]

福柯一家在占领期间一直住在普瓦捷。他们像大多数法国家庭一样，遵从维希政府的要求，但也并未公开表达对维希政府的政治支持。贝当为了向全国灌输"社团主义"价值观而成立了医疗协会，福柯医生成为其中的一员。福柯家没有一人支持维希政府，但也没有人直接参加抵抗运动。尤其是安妮·福柯，她是一个亲英派，即使被人发现收听 BBC 可能面临死刑或驱逐的严重后果，家里也会收听 BBC 关于法国的广播节目。食物是这个家庭关心的主要问题。家里的艰巨任务是为两名青少年和一名前青春期儿童准备食物。普瓦捷没有遭受 8 巴黎那样严重的食物匮乏，但食物短缺真实存在，并逐渐变得更加严重。当地通往富饶农业腹地的道路相对便捷，很少有普瓦图人挨饿，而福柯家族可以依靠勒皮诺阿的农田过活。即使这样，暗地里长途跋涉去乡下黑市购买食物也很有必要。这项工作主要由安妮·福柯来承担，由于配给制的原因，她无车可开，只能骑自行车去。

战争爆发，普瓦捷成为占领区。与此同时，年幼的保罗－米歇尔也遭遇了个人危机，他在学校遇到了困难。不同于法国大部分孩子，福柯没上过幼儿园，4 岁就开始上小学了。1930 年，他被亨利四世中学的小学班录取。通常情况下，小孩的入学年龄是 6 岁，但福柯是个例外，姐姐弗朗辛开始上小学的时候，福柯索性拒绝与姐姐分开。这间小学教室在亨利四世中学长方形庭院的右角，就这样，保罗－米歇尔和弗朗辛一同走进了这间教室。最开始，尽管福柯几乎是自己照顾自己，但他的确在很小的年纪就学会了读写。这所学校最初是亨利四世统治时期建立的耶稣基金会，亨利四世和路易十四的画像点缀着校园入口，校园建筑是古典风格的，毗邻的小教堂中装饰着巴洛克风格的耶稣会士雕塑。"伟人的石像"[12] 看守着学校的走廊，这地方一定令两个小孩望而生畏。

他们迈入一个严肃的、充满纪律的世界。在他们的家庭背景中，受教育是一种基本美德，人们期望孩子学业有成、有所建树。孩子们在很小的时候就开始做读写练习的家庭作业。福柯家对教育系统的价值观分外支持和赞同，不断强化这种价值观。如果用皮埃尔·布尔迪厄（Pierre Bourdieu）和让－克劳德·帕斯隆（Jean-Claude Passeron）的社会学术语来解释的话，福柯和他的兄弟姐妹是其父母社会特权的"继承者"，这些社会特权转化或合法化为个人的天赋和才能。家庭和社会共同创造了继承者[13]。财富固然可以继承，但个人只有靠着专业技能和学历才能获得事业成功。保罗－米歇尔深谙此道：对于成年后的福柯而言，自律而全身心地投入科研工作近乎一种行为准则。

当保罗－米歇尔和他的姐姐开始在亨利四世中学上学时，他们也进入了一个精英世界。虽然法兰西第三共和国初期通过的法律保证人人都可享受义务、免费的和无宗派区别的教育[14]，但实际上教育系统是区隔的。小学教育和中学教育是并行的两个系统，并不是按时间先后顺序的单线系统。绝大多数小孩在免费小学开始学习，并在13岁时完成学业。他们中的大多数人只得到了肄业证书，只有少数天赋异禀的学生继续在师范学院接受小学教师资格培训，他们将在培养了他们的行业里深耕细作。直到20世纪30年代，隶属初中教育系统的公立中学还在收费，因此，公立中学很大程度上被中产阶层和自由职业家庭的孩子独占。福柯在4岁的时候就已经走上了中学毕业会考和高等教育"编织"的道路。30多年后，福柯在接受电台采访时说，那时的他进入了"一个大环境中，在这个大环境里，生存的法则、晋升的法则都依赖知识的多寡。一个人要比别人知道得更多，在教室里表现得比别人好，甚至可以想象，比别人更能喝酒，凡事比别人领先一步等等。在充满竞争力的考试和比赛中，自己要比别人优越一点点，要成为第一名……像我这种人就一直生活在那样的环境中"。[15]

保罗－米歇尔在公立中学的小学班待了两年后，于1932年进入中学班并一直学习到1936年，那一年他看到了从西班牙来的难民。他在这一所中学接受了四年中学教育。直到那时，他一直是个好学生。他在数学方面并不出色，但他在法语、历史、拉丁语和希腊语方面的卓越完全弥补了这方面的缺陷。他不太用功，但经常要么就是第一名，要么非常接近班上的第一名。1940年初夏，事情出了差错：他在期终考试中考得非常糟糕，被告知必须在秋季重考。对于这场突如其来的学业危机，人们给出了两种解释。当时教育系统本就处于混乱之中。许多学校担心巴黎会遭遇袭击，便将员工和学生疏散到其他省市，当时，巴黎名校让松－德－赛利中学的人员被疏散到了亨利四世中学，共享校园设施。从让松－德－赛利中学涌来的学生见多识广，这可能打击了福柯的自信心。在与省城同学的竞争中，这个一向脱颖而出的男孩，现在却不得不与来自更好学校的学生一争高低。福柯的同龄人和他的弟弟给出了另一种可能的解释：一位初来乍到的法国教师不喜欢福柯。居约先生是一位非常极端的老师，他对福柯这种来自省城的无名小辈几乎没什么同情心，可以想象当福柯面对这样明显的敌意时，自信心是如何备受打击。

　　不管 1940 年的不良后果是什么原因导致的，保罗－米歇尔的母亲都立即采取了行动。秋天，她的儿子转到了新学校。这所学校名叫圣斯坦尼斯拉斯中学（Collège Saint-Stanislas），由基督学校修士会管理教学秩序。它既不是普瓦捷唯一的教会学校，也不是最好的学校。实际上，耶稣会开办的圣约瑟夫学校（Collège Saint-Joseph）声誉更好，但这所学校纪律严明，并对学生提出更高的宗教要求。在非教会中学与虔诚的耶稣会学校之间，圣斯坦尼斯拉斯中学是个折中选择。管理圣斯坦尼斯拉斯中学的人并非牧师，因此保罗－米歇尔不必每天向他的老师告解。据另一位以前的学生说，基督学校修士会也被称作"无知兄弟"，这所学校的教师很擅长按照《圣经》教导学生，但说实话，在更广泛的意义上去教育学生，这些教师没什么特殊天分。[16]

　　转学得到了想要的效果。保罗－米歇尔恢复了往日的学习表现，在接下来的三年，他重新取得了优异的成绩，并定期获得法语、历史、希腊语和英语方面的班级奖项。从那时起，他开始探索学校课程之外的领域，尤其因为福柯和朋友们可以进入埃格兰神父的图书馆，埃格兰借给他们哲学和历史书。埃格兰在安格尔天主教大学教书，也是普瓦捷的知名人士。[17]圣斯坦尼斯拉斯中学对福柯没什么吸引力，他后来把在那里度过的日子形容为一场"磨难"。[18]

　　1942 年，保罗－米歇尔进入毕业班（相当于英国中学的六年级），在那里他将开始正式的哲学学习。他的老师本应是颇受同事尊敬的迪雷牧师，然而，迪雷积极参与的抵抗组织网络被盖世太保发现了。开学第一天，迪雷就被逮捕了，继而失踪，从此再也没有出现过。学校任命的代课老师是一位文学专家。福柯夫人对此愤愤不平，认为哲学应由哲学家教授，而不是一个文学专家。福柯夫人——而非学校——从利居热找来了似乎可以替代迪雷老师的本笃会修士皮埃罗（Dom Pierrot）。事实证明，本笃会修士皮埃罗并不够格。他的课程局限于照本宣科，平庸乏味，不过他却抽出时间与喜欢的学生展开更广泛的讨论，包括在课余时间与福柯进行讨论。

　　很明显，圣斯坦尼斯拉斯中学的教学混乱不堪。保罗－米歇尔的母亲再次介入，她雇了一位年轻的学生给她的长子做额外的家庭指导。这是一种传统的解决问题的办法：钱能摆平难办之事。路易·吉拉尔（Louis Girard）年仅

20 岁，对他所教授的哲学内容浅见薄识。大体上，他只能刻板地重复他刚在大学学习的康德哲学（Kantianism）。他记忆中的年轻福柯是一个十分苛刻的学生，福柯可能不是他教过的最有天赋的孩子，但肯定是领悟思想最快的学生，同时福柯也是最具有融会贯通能力的学生之一。[19]学校教育与私人指导双管齐下，卓有成效。1943 年 6 月，福柯以优异的成绩通过了高中毕业会考。

福柯在完成了他的中级教育之后，面临着一项重要抉择。一方面，他获得了进入大学的资格，本来他可以在秋季开始攻读学位，但他没有这样做。在这个阶段，他似乎没有什么特别的抱负，当然，他也不打算成为一名职业哲学家。提及未来，他含糊其词地谈到了从政或新闻工作。另一方面，福柯医生已经为保罗－米歇尔做了明确规划：他的长子当然要在普瓦捷学习医学，之后去巴黎，最终将能够接管他的诊所。这个计划与其说是福柯医生与他儿子讨论的结果，不如说是福柯医生的期望。他似乎根本没有发觉保罗－米歇尔对自然科学毫无兴趣，保罗－米歇尔的天赋倾向于人文学科。保罗－米歇尔完全不想学习医学，他对未来的学习有不同的计划，哪怕这计划不是他职业生涯的一部分也在所不辞。父子之间的讨论异常激烈、剑拔弩张，但福柯夫人最终说服了丈夫，认为不应该强迫这孩子做他不愿做的事。失望的父亲最终勉强答应了。于是，成为下一名医生和外科医师的家庭重任落在了丹尼斯身上。

12　　　这番描述无疑夸大了福柯和他父亲之间的恶劣关系。福柯晚年的时候，据说经常对朋友们倾诉他对父亲的怨恨之情，说他和父亲吵得很凶。尚在人世的家人说，他们的关系有时的确如履薄冰，因为职业选择问题而关系冷淡，但要说两人之间有切骨之恨则言过其实。另外，更重要的一点是，很难有人能说服福柯去咨询医生。福柯曾罕有地提及他的青年时期，语气让人捉摸不透，"我和父亲是这样一种关系——我们会在特定问题上争执不休，但这表现了我们有共同的兴趣点，在这些问题上，我们很难置身事外"[20]。福柯厌恶他父亲的传闻通过一种迹象变得可信：他拒绝使用"保罗－米歇尔"的名字，总是坚持称自己为"米歇尔"。这似乎证明了福柯拒绝认同他的父亲，但是另外两种解释调和了这种沉迷于心理学的推测。福柯经常打趣地宣称他不喜欢"保罗－米歇尔·福柯"这个名字，因为这使他的名字与资深政治家皮埃尔·孟戴斯－弗朗斯（Pierre Mendès-France）的姓名缩写相同。他的姐姐给出了另一种解释：在校园里，"保罗－米歇尔"的发音很容易被讹发为"小丑"（polichinelle）。她的弟弟不喜欢被称为小丑（punchinello）或潘趣（Punch）①，他厌恶这个名字给予的暗示——一个有趣的畸形人物。

保罗－米歇尔对未来的设想是成为巴黎高等师范学院（以下简称"巴黎高师"）的一名学生。当时，进入法国最负盛名的巴黎高师，需要经过竞争激烈的考试。每年，艺术类和人文类学生入学人数不超过40人。像其他大学校（高等专业学院）一样，巴黎高师绕过了正规的大学体系，为人们获取最高学历提供了一条捷径。一个被录取的20多岁的年轻人，在通过法国教育系统中竞争最为激烈的考试后，有理由期望在三年后毕业。他们一般在第一年拿到学位，在第二年拿到高等教育文凭（大致相当于英国的硕士学位，根据学术报告或论文授予）。然后，最新通过会考取得教师职衔者将继续从事高级学术研究去获取博士学位，或者历经一段时间的中学教学后再去大学任教。为进入巴黎高师而竞争的候选生已经通过毕业会考，在预科班又花了两年时间强化学习。教学大纲本身并不那么重要，更重要的是覆盖面甚广的课题，这些课题很有可能出现在最为重要的口试中。如此说来，圣斯坦尼斯拉斯中学无法提供一定水平的师资。

因此保罗－米歇尔在接下来的两年里又回到了亨利四世中学。正常情况下，他应该在文科预科一年级学习一年，再在为竞考巴黎高师的文科预科班学习一年，但战时条件意味着这两个班被合并成一个大约由30名学生组成的集体。[21] 在一所省级中学准备巴黎高师的竞考或入学考试，是在尝试不可能之事。绝大多数的巴黎高师学生毕业于路易大帝中学或亨利四世中学这样的巴黎名校，只有少数例外，毕业于像里昂帕尔克中学这样的外省学校。这些学校的学生不可避免地要接受年轻教授的指导，而这些年轻教授自己不久前曾在巴黎高师学习过。这个系统像师范学校的机构一样自我延续，"自产自销"。一名来自普瓦捷的考生几乎没有真正的成功机会。不管怎样，1943年，送一个17岁的孩子独自去巴黎读书不太可能，保罗－米歇尔回到了母校。

福柯的主要兴趣点在历史学和哲学。让·莫罗－雷贝尔（Jean Moreau-Reibel）毕业于巴黎高师，之前任教于克莱蒙费朗大学，他似乎并不以精心策划的哲学课程著称，但他近乎对话式的教学，成功地引起了福柯对于柏格森（Bergson）、柏拉图、笛卡尔、康德和斯宾诺莎的兴趣。这个男孩也很喜欢他的

13

---

① Punch，译为潘趣，潘趣是《潘趣和朱迪》的主人公，这是一部传统的英国木偶剧，也是一部悲喜剧，距今已有近400年历史。——译者注

历史老师加斯东·德兹（Gaston Dez），这位老师选择的教学方法是口述他的讲义。因此，他的课程进展缓慢，前几年课程的手抄本供不应求。保罗－米歇尔是个勤奋刻苦且有些孤僻的学生，所有醒着的时间都在埋首学习。不过他还是个很受欢迎的学生，尤其是他总在古典戏剧演出中插科打诨，他的笑话在哲学课堂上引发哄堂大笑。[22]

尽管学习占据了福柯的大部分时间，但他依然博览群书。他曾表达过对司汤达、巴尔扎克和纪德作品的喜爱，在他看来，这些作者处于得到正式认可的课程和"所谓文学作品"的交界处。[23]如果艾尔维·吉贝尔说的是真的，纪德的一本书对福柯意义非凡，这本书就是《普瓦捷的囚徒》（La Séquestrée de Poitiers）。据吉贝尔说，那时年幼的福柯路过圣母往见路的一座庭院时，内心总是既快乐又恐惧。[24]那个庭院与普瓦捷的一桩丑闻有关。世纪之交，一名年轻女子因诞下一个私生子，被她的母亲和哥哥囚禁在一间上锁的屋内。在纪德的《普瓦捷的囚徒》中，布朗什·莫尼耶（Blanche Monnier）被囚禁在屋中25年，她饿得奄奄一息，躺在自己的排泄物当中，直到最终意外获救。[25]

保罗－米歇尔的梦境也被阅读占据着。1967年，他对一位对谈者说，他过去总是被一个噩梦困扰："在我的眼前，是一本无法阅读的书，或者我仅仅能够理解其中一小部分。我假装阅读它，但我知道我在编造文本。突然，这个文本整个变得模糊起来，我无法再阅读它，甚至不能再去编造。我喉咙发紧，从梦里醒过来。"[26]透过这个梦境，我们得以窥见福柯早期的私生活，但类似的讲述少之又少。

在人们关于福柯童年的评价中，一幅画面浮现出来，那是一个极其认真的男孩，几乎总是在全神贯注地学习。种种迹象表明，这绝非福柯的全貌。比如，他喜欢恶作剧，很多恶作剧都针对他父亲的秘书。他在相当小的时候便显露出了对荒谬的敏锐洞察力，以及看穿他人虚荣的能力。毫无疑问，这些能力是被他父亲的那些晚宴激发出来的。这也是为什么雅克利娜·韦尔多在他姐姐的派对上发现福柯神色古怪。福柯在某些方面很早熟，他经常围绕着一些议题给丹尼斯上课，其中就包括1938年的《慕尼黑协定》。他的讲解十分老练，让弟弟丹尼斯钦佩不已。他非常勇敢，有时逞匹夫之勇。在战时的寒冷冬夜，一些亨利四世中学的寄宿生到傀儡民兵总部偷木柴。福柯和一名叫吕赛特·拉巴特的女孩签订了一份木柴由他们两人提供的证明。校方选择相信他们，后来没听说有什么不愉快的事情发生。[27]

在青春期阶段，福柯写诗，但他死后，他母亲找不到他早期文学尝试的残存[28]，只能假设他自己销毁了它们。福柯母亲在她儿子的葬礼上含泪对福柯的朋友和牧师说道，曾经有一个小男孩梦想成为一条金鱼。当她指明他讨厌冷水时，他仍坚称自己想成为一条鱼……哪怕只有一会儿，只是去感觉成为鱼是什么样子的。[29]

福柯的性事更加秘而不宣。1981 年福柯宣称，从他记事起，他就被同性吸引，总是希望和其他男孩或男人发生性关系。"男人生活在一起，分享时间、食物、房间、爱、悲伤、知识和信任，这如何可能？"很小的时候，这些问题就萦绕在福柯心头。他补充说，这是"一种渴望，一种忧虑，或者一种甜蜜的忧愁"。[30]福柯是否按照他"甜蜜的忧愁"行事，我们无从知晓，但有记录显示，福柯在 20 岁时遇到了他的第一个"朋友"，这意味着他在巴黎高师发展了他的第一段恋情。[31]在福柯的少年时代，维希政府的意识形态视同性恋为恐怖之事，并沉迷于捍卫父权家庭价值观。普瓦捷是一个小镇，保罗－米歇尔的家庭关系密切，他早年的大部分生活都在他母亲慈爱而警惕的监督中度过。无论是这个年纪，还是福柯生活的地点和家庭，都不利于他试验和享受这种快乐，在他搬到巴黎之前，似乎不太可能有什么太好的性经历。

福柯为巴黎高师的备考不可避免地被战争打断了。在盟军登陆诺曼底几天之后，为躲避盟军针对车站和城市设施的轰炸，普瓦捷的大部分地区，包括亚瑟·朗诗路，不得不紧急疏散：普瓦捷是德军大西洋防线的重要补给站。福柯一家撤退到了勒皮诺阿的大宅，整个夏天都在那里度过，回城后则租房住，因为他们的房子在炸弹袭击中遭到损毁。随着战斗离普瓦捷镇越来越近，人们的正常生活被打乱，所有学校都关闭了。

这种混乱持续到了下一年，但这并非全是军事行动的结果。行政无能也是混乱的原因之一。1945 年春天，福柯和其他来自普瓦捷的 13 名学生来到法学院，开始了巴黎高师竞考的笔试。笔试成功的考生随后将进入口试。他们不得不参加另外两次考试，一共考了三次。在第一次考试中，他们的卷子作废了，因为传言一位巴黎的老师将考题泄露给了他的学生；另一次考试则被证实，重要的正式考卷没有从巴黎寄来。例行的考试最终结束了，考试结果在 7 月公布；两名来自普瓦捷的考生顺利通过，福柯则榜上无名。前 100 名候选人可以参加

15

口试，福柯排在第 101 名。[32]

1945 年 10 月，福柯进入了一所截然不同的亨利四世中学。这所修道院模样的中学是法国最负盛名的学校之一，它位于巴黎拉丁区，就在先贤祠的后面。萨特曾就读于亨利四世中学，而后转学到与亨利四世中学匹敌的路易大帝中学。16 阿兰（埃米尔·查特）和亨利·柏格森曾在亨利四世中学教书。普瓦捷的学生通常无法转学到巴黎的中学，像其他学校一样，理论上学校招收学生会受到生源地的地域限制。福柯的父母很可能动用了各种关系以确保这个男孩进入好中学，这种做法我们已司空见惯。更有可能的是，与往常一样，福柯的母亲与这次换学校的事情有关。

在动身去巴黎前不久，福柯结识了一位朋友，这对他后来的事业产生了重大影响。普瓦捷解放以后，让·皮埃尔被派到那里去当共和国专员的助手，共和国专员是负责组建共和国新秩序的官僚机构的一部分。他对这家人略有所知，而且出于一个奇怪的巧合，他上学时学习过保兰·马拉派尔（Paulin Malapert）的哲学课本。皮埃尔不久就在一场严重的车祸中受伤，为他做手术的是福柯的父亲，手术不太成功——这场手术使他落下严重跛行的残疾，但这并没有影响皮埃尔对福柯家的感情，也没有削弱他对保罗-米歇尔的兴趣。1962 年，皮埃尔邀请福柯加入了《批评》（Critique）杂志编委会，这本哲学-文学类期刊由乔治·巴塔耶（Georges Bataille）创办。皮埃尔对福柯的《古典时代疯狂史》印象深刻，但他的脑海中也回忆起 15 年前他遇到的那个绝顶聪明的年轻人，多年来，他始终远远留意着福柯的事业。[33]

也许是通过皮埃尔，另一位病人在战后立即咨询了福柯医生。皮埃尔是画家安德烈·马松（André Masson）的连襟，他是这一系列复杂关系的核心人物。马松娶了梅克尔斯四姐妹中的大姐，巴塔耶娶了二姐，皮埃尔娶了老三。西尔维亚·巴塔耶（Sylvia Bataille）的第二任丈夫是雅克·拉康。同皮埃尔一样，马松也接受了福柯医生的治疗，但福柯医生表达友谊的方式令人有些毛骨悚然：他向马松展示了一具死胎婴儿的尸体，这个婴儿遭遇罕见的损伤，部分脑膜暴露在外。这具尸体为艺术家的一幅奇怪而纷乱的画作提供了主题，后来艺术家将这幅画送给了福柯医生。福柯医生去世后，米歇尔·福柯继承了这幅画，它在福柯工作的书桌上方悬挂了很多年，现在为他弟弟所有。

保罗-米歇尔在巴黎第一年的处境有些特殊。不像亨利四世中学的大部分外省学生，他不是个寄宿生。当然，他也不是那种每天晚上都能回家的走读生。他住在一所私立学校的出租屋中，这所学校是他母亲的一位女性朋友开设的，出租屋位于拉斯帕尔林荫大道与雷恩大街的拐角处。这种奇怪的安排确保福柯　17避开了新生仪式活动，这些活动的目的是引导新生适应集体生活（这是他一向讨厌的东西），但是，这却使得他注定过一种异常孤独的生活。保罗－米歇尔在亨利四世中学形单影只，没什么朋友。虽然他的住处既安静又安全，但称不上豪华。房间里没有暖气，他必须蜷缩在被子里才能学习。破败的交通系统使得福柯几乎不可能回普瓦捷度假或过周末。从家里邮来的包裹，让艰苦的生活可以忍受，但很难说这是巴黎的优渥生活。

事实上，在巴黎的第一年，福柯几乎没有在巴黎观光。他为竞考而忙于学习，没有时间休闲娱乐，生活主要被循环往复的学习和模考占据。亨利四世中学的文科预科班有 50 名学生，智识竞争分外激烈，教学水平同样优秀。教授历史课的是安德烈·阿尔巴（André Alba），他同时以博学和"反对教会的共和主义"著称，用福柯同时代人的说法，他"让我们时而陷入事件缠绕的历史，时而陷入结构性的历史"。[34] 更重要的是，教授福柯哲学的是战后法国黑格尔学派最杰出的哲学家让·伊波利特（Jean Hyppolite），尽管授课的时间很短。福柯与伊波利特的首次接触只持续了两个月，在福柯来到亨利四世中学后不久，这位教授就接受了斯特拉斯堡大学的一个职位。很多年后，他们将会在索邦大学和巴黎高师重逢，然而，让·伊波利特在亨利四世中学的课堂上讲解黑格尔《精神现象学》的声音时常回响在福柯的耳边。[35] 接替伊波利特的人是德雷福斯－勒博耶，此人受到学生们的鄙视，因为他竟敢在课堂上引用如埃米尔·布特鲁和朱尔·拉舍利埃（Jules Lachelier）[36] 这些无足轻重的学者，他们是几乎被遗忘的早期人物。

尽管换了老师，福柯在哲学、历史、希腊语和拉丁语方面还是突飞猛进。第一学期结束时，他在一次哲学测试中名列第 22 名；年末时，他取得了第一名，并被评为"优秀生"。[37] 他现在已经准备好第二次参加巴黎高师的竞考了。

第二次笔试对福柯来说轻而易举，他被准许参加口试。正是在口试中，他第一次遇见了乔治·康吉莱姆（Georges Canguilhem）。在参加竞考的学生眼中，康吉莱姆素以令人不快的苛刻著称。他是一位有医学资格的科学史学家，后来任教于斯特拉斯堡大学。康吉莱姆毕业于巴黎高师，他的抵抗履历让人肃然起

18　敬。然而，对志向远大的巴黎高师学生来说，康吉莱姆有着粗暴甚至苛刻的名声。让－保罗·阿隆（Jean-Paul Aron）后来形容他是农民与普鲁斯特笔下的夏吕斯的混合体。[38]那些他曾在图卢兹中学教过的学生回忆说，他会故意用他的"语义虚无主义"和无休无止的"我不知道那是什么意思"令学生们尴尬不已。任何愚蠢地论及"常识"的人都会在论文中获得他这句亘古不变的评价，混乱的逻辑总会招致一句尖锐的评语——"我不明白这是为什么"。[39]如此名声在学生圈子里广泛传播。迷人的南方口音与粗鲁的行为形成鲜明对比。这是一个反教权主义的人，他以一种故意但礼貌的恶意口气，称呼那些经过他身边的修女为夫人而不是姐妹。[40]在后来的几年里，康吉莱姆成为一名督学，他的批评让那些哲学老师们痛哭流涕。阿尔都塞认为他故意在中学系统中散布恐慌，"他幻想着可以通过大喊大叫来纠正老师们的哲学理解力"[41]。

　　此刻，康吉莱姆是福柯必须面对的令人生畏的两位考官之一，另一位考官是来自图卢兹文学院的皮埃尔－马克西姆·舒尔（Pierre-Maxime Schuhl）。康吉莱姆完全不记得他与福柯的第一次会面[42]，但很显然，这既不会让福柯有挫败感，也不会令他感到痛苦。仅仅几天后，保罗－米歇尔得知自己成功了，他在这次巴黎高师的入学考试中名列第四。

　　福柯前往巴黎并不意味着与普瓦捷彻底决裂。作为一名巴黎高师的学生，他会返回普瓦捷过暑假。1946 年或 1947 年，他在普瓦捷学会了开车。通过考试并未使他获得臆想中的迁移自由。他计划去意大利的旅程不得不告吹，很明显，他的驾驶水平不达标，而且他需要母亲给他额外的学费。尽管早期不太顺利，福柯还是成为法国哲学家中为数不多会开车的人之一。萨特不会开车，曾被德勒兹载过，据说那是一次令人不安的经历，因为德勒兹显然仅限于会驾驶"欲望机器"①——"欲望机器"是德勒兹与费利克斯·瓜塔里（Félix Guattari）合著的《反俄狄浦斯》中的概念。[43]

　　福柯与普瓦捷保持联系，主要是因为他的母亲。每当他母亲来巴黎，福柯都要与她共进晚餐。1959 年福柯的父亲去世后，这层联系更为紧密。从那以后，

19　每年 8 月福柯都会在旺德夫勒－杜－普瓦图度过。丈夫去世后，安妮·福柯离开了普瓦捷，那里的老宅最终变成了邮局办公室。退休后她回到了勒皮诺阿，

---

① "欲望机器"是法国哲学家德勒兹与瓜塔里提出的哲学概念。"欲望机器"概念打破了从柏拉图、弗洛伊德到拉康的传统欲望观，指向一种异质的、流变的、积极的、生产性的强力装配。——译者注

在那里安装了中央供暖系统，最终解决了房屋潮湿的问题。福柯夏天逗留在这里并不单纯是为了放松，他在老宅的书房中有序地工作着，这间书房原来是仆人的房间。书房堆满了书，旁边是像修道院般朴素的卧室。

福柯在勒皮诺阿的生活井井有条。大部分时间他都在工作，但有序的工作偶尔被好天气里的日光浴打断。一天结束时，福柯仪式般地浇灌花园，背上沉重的水桶是一种基本的举重形式，福柯乐在其中。只有 1983 年的夏天，他没能浇灌勒皮诺阿的花园。福柯总是在小黄瓜丰收的季节住在旺德夫勒 – 杜 – 普瓦图，他最喜欢的消遣之一，就是腌制家里的冬季食品，这项工作缓慢而耗时，需要处理几桶盐水，还要小心翼翼地擦洗小黄瓜。

在 20 世纪 50 年代和 60 年代，5 个侄子、侄女的出现使得勒皮诺阿的 8 月生机盎然。他的侄女安妮（Anne）和西尔维 – 克莱尔（Sylvie-Claire）深情地回忆起这位理想的叔叔，福柯叔叔总是去给她们买糖吃，后来是买她们不应该抽的香烟，这位叔叔到 3 公里外的镇上猪肉铺要黑布丁，把她们逗得前仰后合。她们也记得，他以嘲笑拥有古堡的男爵为乐。西尔维 – 克莱尔还回忆起，她与福柯叔叔有过愉快的共谋：他们对那些从街上走过的男人品头论足，分享彼此的看法。福柯也是这样的人：当一个侄孙问他为什么没有头发时，他回答说，其实他很多浓密卷发都长在脑袋里。

尽管福柯的生活几经变迁，尽管他公开表示厌恶自己的背景，但过去仍在他的生活里留下印迹，比如他对当地的奶酪一直情有独钟，又比如他一直骑车，经常不顾生命和肢体受损的危险，从他的公寓骑车去法兰西公学院。[44] 他在普瓦捷学会了烹饪，而且手艺高超。客人会受到无微不至的关怀和礼遇，这是典型的法国中产阶层的做法。即使在他的政治立场最"左"倾时，晚宴客人也会发现他对所需的餐具、餐巾的数量大惊小怪。福柯对他巨额财富的态度，某种程度上也是省城中产阶层的态度。他居住过的公寓都安逸舒适，陈设得当，但他小心翼翼地避免那种卖弄财富的摆设以及浮夸的奢侈享乐。他为政治和其他原因的捐款非常谨慎，几乎总是秘密地进行。从某种程度上说，这位法兰西公学院教授一直是那个于 1945 年离开普瓦捷的资产阶级子弟。

20

2 狐狸、学校和党派

乌尔姆街是先贤祠南面一条安静的街道,巴黎高师正坐落于此。它离亨利四世中学不远,但从亨利四世中学走向巴黎高师的短短路程却充满了象征意义。福柯从亨利四世中学的文科预科班走过,那是训练福柯通过入学竞考的地方;他走过先贤祠,那是法国伟人最后的长眠地;他走进巴黎高师,这里将他培养成下一代精英中的一员。1946年,巴黎高师在索邦大学的大讲堂里举行了隆重的仪式,庆祝建校150周年。两年前,教育制度改革委员会向政府报告,不赞成高校中盛行的"等级"精神。委员会曾考虑废除它们,但面对无法想象的局面只好望而却步。拥有如此光辉历史的机构自然比政府委员会更有生命力。[1]没有一所高校比巴黎高师更能意识到自己过去的辉煌。

这所师范学院为进入教师行业的学生提供培训。按理来说,巴黎高师为那些想进大学教书的人提供教育,但实际上,很多人最终选择了其他职业,其中一些人则在国家部门就职。这是一所男子寄宿学校,其在塞夫尔的姐妹机构也接收师范生。高师学生可以获得国家津贴,而索邦大学除少数学生外都要自费学习。1946年,乌尔姆街上提供的宿舍实用而不奢华,而巴黎高师的伙食也没什么名气。学生们的宿舍被划分成一个个小单间,彼此以帘子为界。人们共同学习,分享"陋舍"。在1946年的秋天,福柯和亨利四世中学的其他5名男同学共享一间一楼的陋舍,他们占那一年艺术类入学总人数的六分之一。[2]

不可避免地,高师学生意识到自己是未来精英中的一员,也强烈意识到自己不是在索邦大学那种低等学府里求学——尽管他们可以在索邦大学自由听

课——于是往往感觉高人一等。由于学生入学往往要经历竞争激烈的考试，住 22
在乌尔姆街上的学生们一开始就以分数将人分成三六九等，入学竞考倒数第一
的学生，每天都会被人提醒他的卑微地位。事实上，任何一位高师的师范生当
被问及他在学校度过的岁月时，都会立即拿出一本年鉴，在上面能查询到谁是
入学考试和教师资格考试的第一名，当然了，除非他能凭记忆获得这些信息。
巴黎高师的特点是强烈的团体精神，自那里获得的友谊和对手同样持久。毕业
生往往形成一个强大的校友关系网，即使他们如福柯一样，并不是校友会的正
式成员。像所有这些网络一样，校友关系网是一个排他性团体。比如，哲学家
让－弗朗索瓦·利奥塔认为，他不了解福柯的原因之一是自己并非巴黎高师的
学生。[3]

　　进入巴黎高师就意味着进入一种血统，同时进入了精英的世界。福柯在
法兰西公学院就职演讲中致敬的那三位"榜样和支持者"——乔治·杜梅泽尔
（Georges Dumézil）、康吉莱姆和伊波利特——都毕业于巴黎高等师范学院。20
世纪40年代末和50年代，一个学生通过考察导师的链条，他仍有可能追溯自
己直到1848年的学术血统。虽然康吉莱姆没有真正教过福柯，但福柯把他看作
自己的学术导师。康吉莱姆是阿兰的学生——毫无疑问，阿兰是激进主义的典
型——阿兰的老师则是拉尼奥（Lagneau）。[4]

　　学术血统不仅仅是继承过去的问题。个体是学术链条的一部分，既联系
着过去，又接续着未来。在巴黎高等师范学院，福柯和路易·阿尔都塞处于
同一个学术链条。以阿尔都塞为中介，后来又包括了年轻一代理论家，比如
雅克·德里达（Jacques Derrida）、艾蒂安·巴里巴尔（Etienne Balibar）、皮埃
尔·马舍雷（Pierre Macherey）以及雅克·朗西埃（Jacques Rancière）。

　　虽然巴黎高师是学术体系不可分割的一部分，同时是学术持续再生产的
关键一维，但巴黎高师同样有着为异见者提供避风港的悠久历史，这些异见
者的影响力比表面上看到的大得多。当让·伊波利特1925年在索邦大学的时
候，吕西安·埃尔（Lucien Herr）就是这样一个人物。这位巴黎高师近乎传奇
的图书管理员曾发表了一篇零散的黑格尔研究——这是法国学术界最早的研究
之一——同时他也是促使很多人转向共产主义的幕后之手。正如伊波利特所言，
"在巴黎高师的图书馆，他影响了很多人的思想，不仅仅在科学领域，而且也影
响了人们的行动"。[5]当福柯进入巴黎高师之时，这里有另一个温和的异端分子。

23　　　路易·阿尔都塞在 1939 年通过了入学竞考，但战争爆发和服役顷刻间中断了他的学术生涯。二战一爆发，他就被俘虏了，接下来在德军的战俘营中度过了 5 年，直到 1945 年才重返乌尔姆街。他在 1947 年取得教师资格，1949 年被任命为哲学导师，又称作辅导教师（"凯门鳄"成为巴黎高师内部的俚语。确切地说，哲学导师为何被称呼为这种鳄鱼的名字是巴黎的一个谜）。他取代了搬到斯特拉斯堡的乔治·古斯多夫（Georges Gusdorf）。一年后，他被任命为该校艺术方面的秘书，这一职位职责不明，却使他成为福柯校园生活中不可或缺的人物。阿尔都塞在乌尔姆街度过了三四年的时光。他在自传中反问道：

> 学校变成了什么？一开始，我会毫不犹豫地说，学校成为一个真正的母亲般的保护体，在这里我感到温暖自在，学校让我免受外界的干扰，在学校，我无须为了结识人们而离开，因为他们经过这里，来到这里，尤其在我成名的时候。总而言之，学校是母体环境，是羊水的替代品。[6]

　　身材修长的阿尔都塞天生具有一种脆弱而近乎忧郁的美，他很快就成了系里的名人，冷漠加重了环绕着他的神秘感。他的角色是指导参加哲学教师资格会考的学生，但是，除了第一年教授有关柏拉图的课程外，他实际上很少教学。当时，这个文质彬彬的人已饱受抑郁症困扰。30 多年以后，他的病情引发了相当可怕的后果。阿尔都塞长期住在学校的疗养院，他的伴侣埃莱娜·里特曼（Hélène Rytmann）每天都来这里看望他，埃莱娜·里特曼曾化名为埃莱娜·勒高天（Hélène Legotien），赢得过非常杰出的抵抗记录。阿尔都塞住在疗养院的第一间屋子里，这方便他使用走廊尽头的钢琴。[7]他钢琴弹得很好。他被皮埃尔·马累（Pierre Male）诊断为早发性痴呆（精神分裂症的旧称），而朱利安·阿尤利格拉（Julian Ajuriguerra）则认为他饱受躁郁症的折磨。那些年，阿尔都塞时断时续地住院治疗，接受电休克治疗和麻醉治疗等[8]，这种麻醉治疗包括注射戊二醇，使得病人神志恍惚，昏昏欲睡，据说这样便能消除检查病人的障碍。从 1950 年起，他还与劳伦特·史蒂芬宁（Laurent Stévinin）一起进行分析。[9]几
24　乎没有人知道阿尔都塞的真实病情，他定期住院治疗的时间被外界看作在度假。

　　阿尔都塞对学生很有影响力，原因很简单：他平易近人、彬彬有礼，随时为那些闯进他狭小办公室的人提供建议，尤其是学生常常就教师会考的惯例咨

询他的专业意见。每学期开始时，阿尔都塞会要求一年级的学生交一篇论文。当论文返回学生手中，学生们发现阿尔都塞在另一张纸上写着评语和修改意见。在阿尔都塞看来，直接在论文上写评语是在羞辱学生。在一次访谈中，他给二年级的博士生候选人就学习哪些课程、适合的课题出谋划策。之后，除非学生和他约好时间，或者随意闲逛到他的办公室，直到学生们开始准备第三年的资格考试，都不太可能见到他。[10]

1946 年的阿尔都塞还不是马克思主义者，年轻时在阿尔及利亚、马赛和里昂形成的"社会天主教主义"仍深深影响着他，促使他积极参与天主教政治。两年以后，他才加入法国共产党。几乎二十年之后，他的影响力才开始扩展到巴黎高师以外。直到 1952 年，他才最终放弃了天主教信仰。[11]他几乎什么都没发表，一篇关于 18 世纪法国哲学和政治主题的博士论文（还有一篇关于卢梭的小论文）也被他放弃了，尽管论文中的一些内容在 1959 年有关孟德斯鸠的研究中被保留下来。直到 1975 年，阿尔都塞才因其出版的著作获得博士学位。[12]

从常规意义上讲，即便成为党员后，阿尔都塞在政治上也不活跃。据一位目击者称，有数场重要会议阿尔都塞都未出席，尤其有一场会议，两党分别邀请了雅克·索斯特尔和安德烈·马蒂在同一天晚上发表演讲，学校当局担心戴高乐主义者和共产党人之间发生肢体冲突，暂停了所有的学生政治活动。[13]然而，与早期的描述相比，扬·莫里尔·布唐（Yann Moulier Boutang）的传记中所展现的阿尔都塞在政治方面要活跃得多，但他的活动确实只局限于巴黎高师的微观世界。然而，他已经开始悄无声息地编织他精妙的理论网络，他的理论将在 20 世纪 60 年代和 70 年代影响许多人。一位后辈学生描述了阿尔都塞的魅力："这位哲学教师指导我们工作和阅读。他巧妙地给予我们和他一起工作的机会，我们并没有意识到实际上都是他在工作，是他在为我们工作。"[14]　25

20 世纪 40 年代末，福柯和阿尔都塞成为挚友，阿尔都塞的建议使福柯受益匪浅。正是在阿尔都塞的建议下，福柯拒绝入院解决他的重度抑郁症问题，并且他的早期职业生涯深受"老阿尔都塞"的影响——阿尔都塞在巴黎高师被亲切地称为"老阿尔都塞"。两人发展起来的真挚友谊，后来被证明抵御住了所有政治上的差异和分歧，这段友谊也在个人痛苦的悲剧中幸存下来。同样得到证明的是，这段友谊抵挡住了阿尔都塞那常常对周遭人的讽刺挖苦。阿尔都塞对福柯的评价并非全然友善。当他得知福柯在研究疯癫，并且在圣安妮精神病院度过了一段时间时，他当着英国年轻历史学家道格拉斯·约翰逊（Douglas Johnson）的面说，福柯应该被关在那里。这位历史学家1947年到1949年在巴黎高师度过。[15]

阿尔都塞和福柯有一位共同的朋友，那就是雅克·马丁（Jacques Martin），"他是一位痛苦的同性恋者，但也是一个温暖的男人，尽管在他身上隐含着精神分裂症的疏离感……米歇尔·福柯和我一样爱他"。[16]马丁比阿尔都塞小四岁，比福柯大四岁，是1941届（班级）的一员。他对康德很感兴趣，是一位杰出的德国文学专家。1943年，他中断学业，去德国工作了。作为一个学生，他本可以避免义务劳役（法国工人被招募——应征——去德国工作的系统），但他对研究的好奇超过了他对舒适的需要。1945年，当他回到巴黎高师时，他对在奥斯威辛之后如何学习德国哲学感到茫然无措。尽管如此迷惘，他仍旧研究这一课题，黑格尔和马克思取代了康德成为他的兴趣点。

马丁是聪明的学生，梅洛－庞蒂称他为"思想的王子"。阿尔都塞后来回忆起阅读马丁的高等研究文凭论文时，曾说道："尽管他做了解释，但他探讨的问题我只懂一半。问题式的概念主导着一切。"[17]20世纪60年代，阿尔都塞锻造的高度知识分子特质的马克思主义的基础，便是"问题式"概念。"问题式"概念，即概念一脱离意识形态或理论结构就无法存在，也无法被研究。在《保卫马克思》（*Pour Marx*）中，阿尔都塞向他的学生致敬："这些书写献给与雅克·马丁有关的回忆。他是我的朋友，在最可怕的磨难中，他发现了通往马克思主义哲学的道路，并指引我走上了这条路。"[18]

26　　马丁和阿尔都塞一样，也患有重度抑郁症，尽管他才华横溢，但没有写出什么作品，或者说没什么作品留下来。对于福柯和阿尔都塞来说，马丁是个不著书立说的哲学家，是个没有作品的哲学家。扬·莫里尔·布唐准备写阿尔都塞传记时，曾多次与阿尔都塞对话，一些措辞在二者的对话中反复出现；布唐认为，这些观点原本是属于马丁的。1948年和1950年，马丁均未能通过教师资格会考。他计划中的学术生涯毁于一旦，并陷入了贫困与抑郁之中。偶尔做翻译（赫尔曼·黑塞的小说《玻璃球游戏》）并不能维持他的生活。马丁得到了朋友们的慷慨资助，其中包括阿尔都塞和福柯。马丁于1963年自杀。据布唐讲，对阿尔都塞和福柯来说，这种不著书立说的哲学家近乎神话，是"失败的幽灵"，是一面他们原本可能成为的镜像。[19]福柯在出版物中对马丁绝口不提，然而，像阿尔都塞一样，他也在马丁那里借鉴了一些思想。从1961年开始，福柯把疯癫定义为"作品的缺席"。

在巴黎高师度过的那些岁月对福柯来说并不轻松。即使他对周围的环境漠不关心，对身体舒适与否也不在意，他仍发现适应集体生活并不容易。他也不得不生活在一种充满智力竞争和对抗的紧张氛围中，他所生活于其中的集体如此之小，更加剧了这种竞争。在这种封闭的环境中，人们赋予动词"发光"以重要意义，这个词意味着"出类拔萃""才华横溢"。巴黎高师精心安排的终极目标——教师资格会考，激发了人们成为杰出人物的欲望。总的来看，福柯这三篇论文涉及的问题都与哲学史有关，师范生的学习目标是精通文化，而不是熟悉课程。

如果这是等级化的，巴黎高师也以其他方式进行分层。艺术和科学之间的划分尤其显著，艺术类的学生认为自己比不那么有文化的科学家优越得多。在艺术共同体中，哲学被认为是最高贵的学科。年级之间的垂直区分很重要，甚至物质生活的安排也促进了这种区隔。在餐厅里，八人一桌共进晚餐，按照惯例，学生们整整三年都要坐在同一张餐桌前就餐。因此，这些学生很可能三年时间都在一个相对小的团体中度过，而没有与其他同龄人熟悉的机会。吕西安·西弗（Lucien Sève）在 1945 年升级，在几乎对着福柯房间的一间陋室里住了两年。这间屋子位于尘土飞扬的三楼走廊上，里面住着参加毕业会考和为获得高等深入研究文凭的学生。他们经常相遇，但并不熟识。[20] 巴黎高师是强制性的集体与区隔的奇怪混合体。

政治上的划分在这里同样显著。反教权的共和主义传统势力意味着许多学生对所谓"塔拉斯"不屑一顾，"塔拉斯"是"那些去做弥撒的人"的俚语表达，尽管如此，天主教依旧是一股不容忽视的力量。传统的权力正在衰落，与此同时，法国共产党在整个 20 世纪 50 年代逐步扩大影响力；一位现代历史学家估计，那时候，大约有 15% 的师范大学学生属于法国共产党。[21] 不久，在其左边就站着让·拉普拉什和一小撮"社会主义或野蛮"的成员，以及科内利乌斯·卡斯托里亚迪斯（Cornelius Castoriadis）于 1948 年到 1949 年创立的新托洛茨基派。政治分歧或许令他们激烈争吵，但他们也能把酒言欢。在一些夜晚，人们在一片嘈杂声中一首接一首地合唱《马赛曲》《游击队之歌》和维希主义的《元帅，我们在这里》。[22]

在 1946 年，福柯对政治漠不关心，即便他对法国共产党表露出了些许同情。直到 1950 年，信奉才取代了冷漠。很早的时候，福柯就对政治组织表现出了好奇。据当时的党组织书记莫里斯·阿居隆（Maurice Agulhon）所说，福柯愿意加入这个组织，但拒绝积极参加学生会活动，理由是他认为学生政治无力，而且与革命理想相去甚远。[23] 这种细微的差异以及精神上的保留让法国共产党无法接受，因此福柯仍然处在边缘地带。

没有同时代人描述过巴黎高师时期的福柯。因此，来自福柯同学的证词必然受到后见之明的影响，毫无疑问，人们印象中后来那个年长的、更加重要的福柯影响了这些描述。这些描述相对一致。大家都认为年轻的福柯工作能力非凡，他对所有阅读都做了笔记，并把笔记整齐地存放在盒子里。众所周知，福柯患有严重的抑郁症。在巴黎高师，抑郁症绝不是什么陌生事物，有时候，巴黎高师似乎有一种人人都小心翼翼并助长神经症的环境，但这种情况在福柯身上更为严重。精神分析学家让·拉普拉什靠奖学金在哈佛大学度过一年之后，于 1945 年进入巴黎高师，他认为是巴黎高师压迫性的、充满竞争的氛围导致了这些神经症的发作。其他人则给出了不同解释。迪迪埃·安齐厄（Didier Anzieu）和雅克利娜·韦尔多都记得，有时候，福柯会一连几天从巴黎高师消失，回来时筋疲力尽，精神沮丧，可以推论他在离开的这阵子进行了一些孤独的性探险。[24] 如果认为福柯的同性恋倾向是其抑郁症的唯一原因，似乎有些站不住脚。仅仅几年之后，福柯和弟弟丹尼斯同住一间公寓时，他俩动不动就拿各自的男女朋友开玩笑，这表明，福柯没有任何强烈的罪恶感，也没有自我压抑。[25] 在巴黎高师的那些年，福柯偶尔会喝很多酒，但无法确定喝酒是抑郁症的症状，还是抑郁症的原因。有传言说他吸毒，不过，不太可能涉及比大麻或鸦片更烈的毒品。有一些故事流传已久但未经证实，说福柯在 1948 年因为一个情人而企图上吊自杀。很难断定福柯抑郁的确切原因。目前没有任何以往福柯抑郁症发作的记录，1940 年的危机，以及他最初未能通过巴黎高师的考试诚然令他失望，但那并不是真正的抑郁。后来的岁月中，写作和抑郁相互交织，密不可分，但这种情况相对短暂。在巴黎高师那些年的抑郁症可能由多重因素综合引发：充满竞争的氛围，神经过敏的文化，对性的可能的焦虑，对丑陋的认定[26]，以及对失败的恐惧，都可能起到了一定的作用。

福柯患抑郁症的消息渐渐传到了普瓦捷，在他被认为企图自杀的那一年，他父亲安排让·德莱（Jean Delay）对他进行了一次会诊。让·德莱是圣安妮医院一名非常杰出的精神病医生，鉴于他的声誉不仅取决于他的临床技能，也依靠了他的管理才能和文学专长，从这点看，他可能不是很好的选择，但福柯这次咨询的确有了效果。因为经巴黎高师医生皮埃尔·艾蒂安的同意，福柯在学校疗养院一间相对奢华而私密的单间里度过了他大学的第三年，从而实现了很多同龄人的愿望。这也带来了福柯和德莱之间持久的友谊和对彼此的尊重，他们在国家图书馆相遇时总是热情地相互问候。他们交换各自出版的书，友情因此变得深厚，交换的书包括一册德莱所写的安德烈·纪德的经典心理传记。[27]

与此同时，现在雅克利娜·韦尔多已完全具备医生资格。应福柯母亲的请求，她密切关注着福柯的一举一动。雅克利娜觉得，多年后福柯的抑郁症发作很可能是使用精神处方药物的一个症状，但是在 1948 年其实还没有这种疗法。[28] 差 29 不多就是在这个时候，福柯接受了精神分析（psychoanalysis），并在阿尔都塞的建议下拒绝入院治疗。这位精神分析学家的名字不为人所知，而福柯的这整段经历有点神秘。根据福柯的朋友莫里斯·潘盖（Maurice Pinguet）的说法，福柯做了几周的精神分析，并报告说他做了一个梦，他梦见一名外科医生的手术刀漂浮在液体中；这位精神分析学家轻易就将这个梦解读为一个有关阉割的梦。精神分析学家告诉福柯自己要去度假，治疗就这样突兀地结束了。福柯很难容忍这种中止，作为报复，他中断了精神分析。[29] 多年后，福柯在回答一位巴西记者的提问时，给出了自己的说法。他只是提到他那时已经进入了非常传统的弗洛伊德精神分析领域，几周后，因为他感到厌烦，分析便中断了——任何一位精神分析学家可能都无法接受这种解释。[30]

福柯对他的抑郁症持保密态度。虽然他父母明显了解他的精神状况，他的姐姐当时已经结婚且住在巴黎，当她和丈夫亨利·弗罗查德（Henri Fruchaud）[31] 参加巴黎高师的年度舞会时，她看到的那个弟弟总是兴高采烈，毫无抑郁的迹象。也许面对姐姐，福柯想隐藏他的抑郁症，但这毫无疑问地表明，福柯很早就具备了过多重生活的能力：面对不同的人，他会展现出不同的面孔。

并不是所有在巴黎高师认识福柯的人遇到的都是一个抑郁的福柯。潘盖在 1950 年夏天遇到的那个福柯就颇为不同，尽管潘盖后来得知，福柯在巴黎高师的那段岁月几乎是痛不欲生的。在潘盖的描述中，福柯穿着短裤，以近乎咄咄逼人的语气与朋友们高谈阔论。在这些对话的片段中，潘盖无意中听到了"此在"这个词。当时福柯拿着一副刀叉和勺子，正要离开餐厅。[32] 那时，学生每次进餐厅吃饭都要带着配给的餐具。学生们还要负责清洗他们的餐具，为此，自然就给他们配了茶巾。福柯经常参与恶作剧，偷毛巾和餐巾，用这些东西假装打斗，在走廊上追逐嬉戏。那个在普瓦捷热衷于恶作剧的男孩没有消失。然而，不是每个人都欣赏福柯欢闹的一面，一些人对福柯学术上的傲慢愤愤不平，对他在辩论研讨中无情的讽刺和挖苦表示不满。

30　　那时候，福柯可能是个喧闹的学生，但他似乎避开了师范生的两个传统。并没有人记得他曾爬上过屋顶，这是一项危险的消遣，时不时会有学生因此丧生。福柯曾沉迷于传统的偷书活动，而且最好是从圣米歇尔大道的吉尔伯特书店偷书，但他只偷了一次，后来很后悔。20 世纪 70 年代，他告诉克劳德·莫里亚克（Claude Mauriac）① 他曾经偷过东西，还说："当时，我不能自已，害怕得发抖。"一段未注明日期的福柯谈话录音（可能是在 1972 年）显示，被盗物品是圣－琼·佩斯的诗集。[33]

　　所有人都被他的外表触动。日渐稀疏的短发，深邃的蓝眼睛，戴着无框眼镜——他的形象很难被人忽略。正如韦尔多在儿童聚会上第一次遇见福柯时，就被他那不合时宜的形象触动一样，福柯的样子令迪迪埃·安齐厄感到惊讶——一个青少年的身上顶着一个老得多的学者脑袋。福柯富有活力的身体和才智使他拥有了一个外号叫"Fuchs"，这是"狐狸"的德语表达。一个师范生解释说，有着一张尖脸，有些狡猾的福柯，很像一只狐狸。[34] 这不是人们第一次用动物形象来描述福柯了。莫里亚克于 1971 年第一次遇见福柯，他在日记中漫不经心地写道，福柯有着一种"食肉"动物般的微笑。这只"狐狸"很聪明，但是他也咬人。

　　如果说福柯对他的抑郁症谨小慎微，他对自己的性取向也讳莫如深。很少有人知道他的性取向。他有足够的理由保持沉默。尽管更广泛的知识－文学界对此很宽容，但学术界并非如此。让·马莱（Jean Marais）和让·科克托（Jean Cocteau）的关系几乎没有保密，但是同性恋的传言的确破坏了他们的学术生涯。偏见得到了立法的支持。1946 年通过了一项法律，声称只有"道德良好的"

---

① 克劳德·莫里亚克，法国小说家、批评家。著有理论著作《当代的反文学》《从文学到反文学》等，小说《出去吃饭》《所有的妇女都不可抗拒》。另有日记作品《静止的时间》，关于这本书，莫里亚克曾说："我的小说和戏剧都不是很成功，我主要的精力是用在我的回忆录上。50 年来，我坚持每天写日记。因为我这大半生和很多有名的人物相处过……所以这些日记都有丰富的内容，它们本身就构成作品。"——译者注

人才能受雇为国家服务。该法令随后成为《公职人员地位法》[35] 的第 16 条。在法国的老师，包括大学教师在内，都属于公职人员，或是公务员。事实上，这样的立法很少被付诸实践，不如说这项立法营造了一种恐惧和自我压抑的氛围。从 1949 年 2 月巴黎长官颁布的法令中，我们能更好地判断当时的总体氛围，法令规定，男人们在任何公共场所或公共设施跳舞都是违法的。因此，同性之间会面，是一种有点孤独的行为，一种有潜在危险的活动。

哲学方面，福柯年轻时，在法国知识界的蓝图上，现象学发挥着主导性作 31 用，法国存在主义的两大丰碑是萨特的《存在与虚无》(*L'Etre et le néant*，1943) 和梅洛 - 庞蒂的《知觉现象学》(*Phénoménologie de la perception*，1945)。然而，若认为萨特主导着当时的文化领域，则并不完全准确。他在哲学、文学、戏剧、新闻等多个领域的博学多才，往往掩盖这样一个事实，那就是对很多人来说，战后哲学的主要标志是对黑格尔的新兴趣。1930 年，亚历山大·柯瓦雷 (Alexandre Koyré) 起草了一份法国黑格尔研究现状的会议报告，结果令他尴尬不已，他几乎无话可说：在法国没有黑格尔学派可言。[36] 1946 年，梅洛 - 庞蒂写道：

> 20 世纪所有伟大的哲学思想——马克思和尼采的哲学、现象学、德国存在主义和精神分析学——都起源于黑格尔。正是黑格尔开启了人们对于非理性的尝试，并将非理性纳入更广泛的理性范畴中，而这仍是我们这个世纪的课题。[37]

梅洛 - 庞蒂这么说似乎有点夸张，黑格尔 - 尼采的精神谱系远非不证自明，但是梅洛 - 庞蒂表达了一个当时人们普遍认可的事实。乔治·康吉莱姆对此表示赞同："当代哲学思想被黑格尔主义主导。与此相比，我们可以将很多学说看作一种文学。"[38] 在 1948 年，黑格尔似乎成了所有现代事物的来源，现象学成了"法国哲学环境中最基本的参考书"。[39]

对于战前的法国哲学家来说，黑格尔是日耳曼主义和泛日耳曼主义的代言人，即使不是危险的，也是可疑的。直到 1930 年，甚至"辩证法"这个词都含有贬义，对于新康德主义来说是"表象的逻辑"，对柏格森来说则是"纯粹的冗词"；1930 年以后，这个词更多地表示对"分析理性"（同样是康德的概念）

的超越。[40] 在 20 世纪 40 年代中叶，这个词获得了它的黑格尔－马克思主义含义。战前的大师们，像莱昂·布仑斯维奇（Léon Brunschwicg），实际上否定了黑格尔在哲学史中的地位，这些战前大师成了福柯那一代人嘲讽的对象。柏格森本人也开始变成布满灰尘的人物，虽然他还活在福柯为 1951 年教师会考而写的论文中。[41]

32   福柯在巴黎高师的那些年里，黑格尔处于学术主导地位，这很大程度上归功于法国人的创造。黑格尔的第一个创造者是亚历山大·科耶夫（Alexandre Kojève），1933 年到 1939 年之间，他在巴黎高等实践研究院开设了精神现象学的课程，课程对从乔治·巴塔耶、安德烈·布勒东（André Breton）到克洛索夫斯基（Klossowski）和拉康在内的所有人产生了决定性的影响。1947 年，雷蒙·格诺（Raymond Queneau）根据笔记（并得到了科耶夫的允许）撰写了一份课程概要，将之前科耶夫对黑格尔颇具传奇色彩的解读带入了公众视野。[42] 科耶夫的阅读产生了一个暴力的黑格尔，文森特·德贡布（Vincent Descombes）将他称为"恐怖主义"历史观作者。黑格尔是苦恼意识的理论家、主奴辩证法的大师、为获得承认而斗争到死的理论家，也是有关欲望的人类学家。

在讲稿交付和出版的间隙，第二个重要事件促成了人们对黑格尔的新兴趣。1939 年，让·伊波利特翻译的第一版《精神现象学》出版。1941 年，此书第二版出版。具有讽刺意味的历史对称性引人瞩目：这本书完成于 1807 年法国大炮在耶拿城门轰鸣之时；而当这本书被翻译成法文时，法国已落入德军之手。

福柯与伊波利特的第一次相遇是在亨利四世中学，在那里，当伊波利特引领他的学生穿越现象学的迷宫时，福柯立刻就被这个粗壮的小个子男人的表达打动了："那个不断重新开始的声音，仿佛在它自己的运转中冥想，我们感知到的不仅仅是一个老师的声音。我们听到的是黑格尔的声音，甚至是哲学本身的声音。"[43] 在索邦大学和巴黎高师，他将再次聆听伊波利特的思想——或者说是黑格尔通过伊波利特在说话。当伊波利特在亨利四世中学任教时，他大声预演的便是 1946 年的那篇意义深远的论文主题。[44]

对战后进入巴黎高师的那一代人来说，黑格尔的重要性体现在三位高师人 1947 年至 1949 年间为获得高等深入研究文凭而撰写的论文题目中：路易·阿尔都塞的《论黑格尔哲学中内容的概念》、雅克·马丁的《论黑格尔的个体概念》、米歇尔·福柯的《黑格尔精神现象学的先验构成》。[45] 可悲的是，福柯的这篇论文似乎没有保存下来，内容也不为人所知。缺了这篇作品，我们只能品味其中的讽刺意味：福柯的大部分工作都反对知识的总体性企图，反对生产一种绝对知识的倾向，但实际上他的哲学生涯是从书写总体性的大师开始的，他非常渴望成为黑格尔所代表的"现代性"的一部分。正是读了黑格尔之后，福柯转向 33 了马克思、海德格尔，最终是尼采。[46]

　　1946 年到 1950 年间，黑格尔对巴黎高师人的重要性远超萨特。1945 年，萨特在圣日耳曼的时代俱乐部发表了题为《存在主义是一种人道主义》的演讲，房间里拥挤不堪，挤得人头晕目眩，站在人群中连演讲者的话音都听不到。如果萨特在乌尔姆街，会被冷淡地对待，那里的人们偏爱梅洛－庞蒂，严格来说，他们认为梅洛－庞蒂比通俗的萨特更有趣些："假装嘲笑时髦的萨特，是一件时髦的事。"[47]1973 年，福柯与克劳德·莫里亚克的对谈中也恰好提到了这一点："我们年轻的时候，算数的是梅洛－庞蒂，而不是萨特。我们为梅洛－庞蒂而着迷。"[48]福柯经常参加梅洛－庞蒂在索邦大学的讲座，并在数年后说道："我清楚地记得，梅洛－庞蒂在一些课上开始谈到索绪尔（Saussure），即使那时索绪尔已去世 15 年。对法国语言学家和文献学家来说，索绪尔是个默默无闻的人，对有教养的公众来说，更是如此。"[49]然而，对德贡布来说，黑格尔只是这个时期占主导地位的"三个 H"之一，其他两人分别是胡塞尔和海德格尔。喜欢胡塞尔胜过萨特，无疑是师范生知识分子势利感的典型体现。保罗·韦纳（Paul Veyne）一语道破："胡塞尔很难，因此师范生会去读胡塞尔。"[50]这一点福柯也不例外。

　　人们对萨特装腔作势的厌恶不单纯是势利的问题。回顾福柯的职业生涯，福柯经常谈论意识哲学和概念哲学这两大分支。例如，他在为康吉莱姆美国译本的序言中，谈到了一条在"经验的、意义的、主体的哲学与知识的、理性的和概念的哲学"之间的分界线。这条线的一边，站着萨特和梅洛－庞蒂，而另一边则是让·卡瓦耶（Jean Cavaillès）、加斯东·巴什拉（Gaston Bachelard）、柯瓦雷和康吉莱姆。[51]这当然是一个回顾性的观点，但社会学家皮埃尔·布尔迪厄也持同样的观点，他是反对存在主义的支持者之一，根据他的哲学，尤其是其通俗版本，这种哲学与科学史，与巴什拉、康吉莱姆和柯瓦雷的认识论（Epistemology）密切相关，这种哲学关注的是"严谨和精确"。[52]福柯虽然被概念哲学吸引，但吸引他的是非常不同的东西，吸引他的是安德烈·马尔罗

（André Malraux）的小说，这些小说为萨特的《存在与虚无》提供了显而易见的

34 框架。实际上，他声称马尔罗的所有文本他都烂熟于心。[53] 我们不知道他到底对哪些小说了如指掌。和大多数读者一样，他可能对《人的境遇》（*La Condition humaine*，1933）和《希望》（*L'Espoir*，1937）最感兴趣。

"三个 H"中，海德格尔对这个时期的福柯影响最大。他记了大量关于海德格尔的笔记（比关于黑格尔和马克思的笔记多得多），[54] 海德格尔的作品显然是他第一部作品的主要参考文献，这部作品是他为存在主义精神治疗师路德维希·宾斯万格（Ludwig Binswanger）的一篇论文所写的导言，宾斯万格的这篇论文写于 1954 年。在 20 世纪 40 年代末和 50 年代初，阅读海德格尔的作品并非易事。尽管有萨特《存在与虚无》的影响，然而人们甚至连基本的海德格尔术语都不熟悉。虽然早在 1929 年，海德格尔的《什么是形而上学？》（*What Is Metaphysics?*）已知的英译版片段就被翻译成法文出现在《道岔》中，但海德格尔的法文著作还是很少。《关于人道主义的信》（*Letter on Humanism*）的部分内容在 1947 年出现，附带的还有让·博弗雷（Jean Beaufret）撰写的引言——在传播的海德格尔相关介绍中，此引言是为数不多的可靠介绍之一。[55] 柯瓦雷等人撰写的相关文章在 1946 年发表，这些文章不久就出现在《批评》杂志上，但相对而言，海德格尔仍旧默默无闻。在没有翻译的情况下，福柯不得不苦读海德格尔的原文。他没有具体说他苦读的是哪些书，但他关于宾斯万格的引言表明，他至少大致熟悉《存在与时间》（*Sein und Zeit*），而在接下来的多年里，这本书都没有法文译本。

对大多数法国学院派哲学家来说，尼采几乎与海德格尔一样不为人知。战后不久，一些人——比如巴塔耶和克洛索夫斯基——对尼采的兴趣与日俱增，但尼采与纳粹的关联仍旧是一个障碍。某种程度上，尼采的作品主要是通过一种文学传统而为人所知，这种文学传统可以追溯到保罗·瓦莱里（Paul Valéry）和纪德的《人间食粮》（*Les Nourritures terrestres*，1897）、《背德者》（*L'Immoraliste*，1902）。资料显示，这种文学传统还可以追溯到加缪的《西西弗的神话》（*Le Mythe de Sisyphe*，1943）。[56] 或许，在马尔罗那里也能找到尼采的线索。总之，阅读海德格尔和尼采都是孤独的任务。

在后来的岁月里，福柯认为，自己的知识结构正建立在反萨特与黑格尔的作家万神殿之上，这些作家是：尼采、莫里斯·布朗肖和巴塔耶。[57] 事实上，

学生时代的他似乎不太可能阅读尼采。莫里斯·潘盖将福柯与《不合时宜的沉思》的重要邂逅追溯到了 1953 年夏，换句话说，那是在资格会考结束之后。[58] 福柯早期的写作中，尼采是缺席的，这说明潘盖关于此事的记忆是准确的。实际上，福柯在 20 世纪 80 年代的一次采访中也证实了这一点。[59] 福柯声明，他 35 自己抱着成为"尼采式的共产主义者"的雄心，在 1950 年加入了法国共产党。这是一种事后的推测，而非准确的记忆。[60]

年轻的福柯也在阅读科学史，这将成为他后来作品的重要标志。例如，他对巴什拉关于"科学理论中的断裂点"的思考很感兴趣，但巴什拉对他的影响是宏观的，而非具体的方面。[61]1951 年，福柯取得教师资格的时候，他已经对这片将属于他的学术领域感兴趣了：一个由科学史、海德格尔哲学话语（后来是尼采）与既定的文学视野所划分的领域。福柯对心理学的兴趣与日俱增，这进一步成为他跨学科研究的标志。

福柯在巴黎高师那些年的不安，并不单纯是性孤立造成的。他的孤独状态中，掺杂着对未来的迷茫。他没有在大学教书的特殊使命感，对成为高中哲学教师也不感兴趣。他的犹豫不决体现在他选择的研究领域中。虽然巴黎高师的氛围紧张，取得教师资格的前途渺茫，但学校给了学生很大的思想自由，福柯在很大程度上可以去发展自己的兴趣。他当然在学习哲学，但对心理学也兴趣盎然。

这两门学科的关系颇为复杂。从传统意义上看，与精神病学的医学专业相反，心理学是一门哲学学科。学士学位课程的教学大纲在学科的制度划分中扮演重要角色，而教学大纲中总是包含着"普通心理学"。教师资格考试不涉及心理学方向，心理学不是学校的独立科目，那些想成为心理学家的人倾向于研究哲学。许多后来与拉康联系在一起的精神分析学家，都来自哲学 – 心理学传统。不必惊讶，这些精神分析学家最初是在伊波利特讲授的黑格尔课程中成长起来的，与其英美同行相比，他们的研究更倾向于哲学。

直到 1947 年，第一个心理学学位专业才由丹尼尔·拉加什（Daniel Lagache）创立。那时，他刚刚接替保罗·纪尧姆成为索邦大学的社会心理学教授，之前他在斯特拉斯堡工作了几年。[62] 拉加什是巴黎高师群星闪耀的 1924 届成员之一，那一届还包括康吉莱姆、萨特、保罗·尼赞（Paul Nizan）和雷蒙·阿隆①

---

① 雷蒙·阿隆（1905—1983），法国重要的思想家，其代表作是《知识分子的鸦片》。——译者注

36 (Raymond Aron)。拉加什是最早将精神分析学整合进大学课程的人之一，但在索邦大学的就职演讲中，他的宏伟设计是将所有形式的心理学（行为心理学、临床心理学和精神分析学）整合进他所勾勒的统一学科中。[63]

福柯充满热情地聆听拉加什的课程，并在 1949 年——他在哲学专业毕业的第二年——获得了心理学学位。阿尔都塞的前辈乔治·古斯多夫曾邀请他的朋友乔治·道梅松（Georges Daumézon，道梅松是一种独特的法式"体制心理治疗"的创始人之一）每月举办一次公开讲座，让师范生得以了解这门目前急需变革的学科的趋势。因此，福柯及其同辈人能够听到一系列杰出课程，包括道梅松本人以及亨利·艾（Henri Ey）和拉康的。亨利·艾作为一名临床医生和诊断医生享有盛誉，但此时，他还没成为 1953 年以后的那个"坏小子"，那年他和拉加什被双双赶出巴黎精神分析学会和国际精神分析协会。

当时，迪迪埃·安齐厄与福柯一起参加拉康的课程，他回忆起拉康的一次演讲。拉康一边挥舞着玻璃试管，一边阐发身份认同问题，而试管中装有两种不同种类的蟋蟀，其中一种蟋蟀因为群体识别效应而改变了自身形态，另一种则没有改变。拉康在 20 世纪 50 年代的重要论文中，用蝗虫和刺鱼的行为来阐明身份认同的过程。上述事实提醒我们，很大程度上，他的早期理论有赖于动物行为学，甚至是精神生物学的运用，却几乎没有语言学的影子。[64]

福柯的心理学和精神病学知识不仅仅来自讲座。道梅松也鼓励他的学生要常去圣安妮精神病院，这家大型精神病院在巴黎的市中心提供服务。在这里，他们目睹了德莱和艾实施的"患者示范"（présentation des malades）。"患者示范"是（过去是，现在也是）诊断与教学的结合，病人在学生和实习生听众面前接受医生的初步检查。当阿尔都塞取代古斯多夫成为"凯门鳄"时，这项拜访圣安妮医院的习俗延续下来，福柯从而成了医院的常客。

福柯追随的这条路也引领他的同辈人走上了精神病学研究，甚至是精神分析之路。1949 年，迪迪埃·安齐厄开始和拉康进行精神分析，之后成为一名杰
37 出的分析师。他与福柯关系友好，但不是那种亲密关系，他曾确信福柯会走精神分析之路。如今，他认为这种确信实际上是自己野心的投射。[65]让·拉普拉什也迈向了拉康的精神分析领域，随后获得了医学学位（在拉康的建议下），之后开始了精神分析训练。他有着出色的双重职业生涯，既是一名分析师，同时也是一名富有的勃艮第酒生产商——这个家族的葡萄园位于玻玛地区。一些迹

象表明，福柯也在考虑心理学或精神病学的相关职业。当他还是个学生的时候，他问拉加什，医学训练是不是从事心理学事业的先决条件，拉加什的答案通常是否定的。据说福柯也试图与拉加什一起进行精神分析治疗，但拉加什拒绝了他。[66] 不久，福柯对心理学的兴趣就把他引向了完全不同的方向。

1950 年的春天，福柯抵达了资格考试最后的门槛。1950 年，也是他最终加入法国共产党的一年。法国共产党在二战中崛起，成为法国最重要的政治组织，并在 1945 年赢得了 500 万张选票。到了 1947 年年中，其成员数量高达 90 万人。 法国共产党是高度爱国主义的，它仍享有于战时抵抗中赢得的声誉，并充分利用了这一点。这是一支"枪战党"——该党在抵抗德国镇压的过程中，比其他党失去的党员都多。从 1944 年到 1947 年，法国共产党直接参与政府治理，并与 SFIO（工人国际法国支部，也即现代社会党的前身）和社会民主党的人民共和运动结成不稳定的联盟。三党联合的情况持续到 1947 年 5 月，直到总理保罗·拉马迪埃遣散了剩余的共产党部长们。同年 3 月，美国奉行"遏制共产主义"的杜鲁门主义。同年晚些时候，斯大林主义的主要理论家安德烈·日丹诺夫（Andrei Zhdanov）的对称主义宣称，将世界划分为帝国主义和反帝国主义的阵营。冷战开始了。法国共产党采取了坚定的亲苏政策，并逐渐陷入围困心态。党员数量开始下滑，并在接下来的 20 年里于波动中持续下降。

这就是福柯在 1950 年选择加入的政党。在阿尔都塞的敦促下，福柯获得了党员证，两年前，阿尔都塞也做出了同样的决定。[67] 在青少年时期，福柯经历了灾难性的战争，那时的他感受到了末日般的绝望。从主观角度看，这种新的信仰是对青少年绝望心态的回应。然而，当只能从美国的杜鲁门和苏联的斯大林之间选择其一时，政治就变得没什么意义了。在法国，旧的工人国际法国支部和社会民主主义之间的选择同样没有吸引力。包括福柯在内的很多年轻知识分子都发现，"资产阶级"的教育或新闻职业的理念让人无法忍受，他们寻求的社会是

与我们所处的社会截然不同的社会：我们所处的是一个允许纳粹主义产生的社会，它曾委身于纳粹主义，然后集体走向戴高乐主义。面对所有这一切，法国大部分年轻人的反应是彻底拒绝。他们想要的不仅仅是一个不同的世界和社会，他们想走得更远些，去改变他们自己，彻底革

38

新人际关系，去成为彻底的"他者"[68]。

年长的福柯曾说，他对马克思主义的广泛兴趣是"一种手段，用以延长青少年时期有关另一个世界的梦想"[69]。像许多青少年的梦想一样，福柯的新愿景不被父母理解。福柯拒绝学习医学或许并没有导致父子关系紧张，但福柯的姐姐曾饶有兴味地回忆，福柯决定加入法国共产党的事却深深地激怒了福柯医生。[70]

福柯在法国共产党并不太活跃，在巴黎高师那种相对小的生活环境里，他参与的活动也很少。他对马克思主义的信奉没有超越这样的普遍信念：物质或经济条件对社会和政治生活的影响即使不是决定性的，至少也是主导性的。[71]他很少，如果有的话，去执行任何一个激进分子的基本任务——出售党的日报《人道报》（L'Humanité），也没人记得他曾参加过政治示威活动。莫里斯·潘盖回忆说，每周一次的例会在康特斯卡普广场的一家小咖啡馆里举行，咖啡馆就在离学校不远的山上，虽然福柯很少参加每周的例会，但在一次例会上，他强烈谴责了煤钢合同。[72]让－克劳德·帕斯隆也回忆起福柯给一群共产主义学生讲精神病学的事。这些言谈似乎来源于一些主题，这些主题后来成为《精神疾病与人格》（Maladie mentale et personnalité）的第二部分。在讲课中，巴甫洛夫（I. P. Pavlov）和斯大林的名字被好意提及。[73]不过，无论是康特斯卡普广场的啤酒会议，还是随后盖－吕萨克街（rue Gay-Lussac）的会议，福柯都鲜少露面。[74]

39

没有任何记录显示，福柯因为疏于参加党的会议而被严厉批评。据历史学家，这个时期也是法国共产党党员的勒华拉杜里（Le Roy Ladurie）说，福柯的同事对他表现出一定的宽容，因为他们知道福柯沉浸在精神病学的研究中。但不得不说，即便是基于学术理由而部分免除义务，至少也是例外之举。更有可能的解释是，当福柯在巴黎高师兼职讲课时，他与一个所谓民俗学群体（简单地说，"古怪的一群人"）有来往，这个群体由更年轻的成员组成，包括保罗·韦纳、热拉尔·热奈特（Gérard Genette）、帕斯隆和莫里斯·潘盖。该群体也被称为"圣日耳曼德佩马克思主义者"，该组织并不以严肃性而闻名，据保罗·韦纳所说，其成员被党内领导层称为"未来的异端"。或许，在法国共产党眼中，这些未来的异端如此无药可救，因此只好任其自生自灭。

许多与福柯入党时间大致相同的人，在短短几年后就离开了法国共产党。

福柯的不满情绪出现得更早。1953 年初,《真理报》刊登了一则消息,苏联以非常严重的罪名逮捕了九名医生。据称,他们谋杀了日丹诺夫,计划谋杀数名苏联元帅,并密谋杀害斯大林本人。斯大林于 3 月 5 日死于纯粹的自然原因之后,《真理报》旋即宣布这九人被释放,并恢复了其名誉,他们曾是阴谋的受害者。九个人里有七个是犹太人。[75]

福柯参加了一场会议,会上安德烈·维尔姆泽(André Wurmser)试图为逮捕这九个人辩护。维尔姆泽顺从了党的路线,会上的师范生听众尽可能相信这件难以置信之事。对于福柯来说,相信难以置信之事促使他紧张焦虑。斯大林死后,法国共产党宣称其死不涉及任何阴谋,这阴谋纯粹是捏造出来的。巴黎高师小组写信给维尔姆泽要求解释,但没得到回复。没过多久,福柯悄悄地离开了法国共产党。[76] 这次事件给他留下了"苦涩的味道"[77],导致福柯对法国共产党终生厌恶。

安妮·贝斯(Annie Besse)在《共产主义日记》中写道:"希特勒……没有伤害大资产阶级的犹太人……他们永远不会忘记,妻子莱昂·布鲁姆(Léon Blum)在他身边,透过别墅的窗户凝视着火葬场烟囱里的滚滚浓烟!"犹太复国主义是"一张掩盖针对苏联间谍活动的面具"。[78] 我们不知道福柯是否读过这些表述,但是 1953 年,他已公开抨击这两个超级大国对以色列的"可恶"态度。[79] 他的亲以色列态度和对法国共产党的厌恶一样坚定不移,我们很难相信两者之间毫无关联。

虽然医生的阴谋和反犹主义倾向是福柯最终离开法国共产党的导火索,但是福柯的性取向也使他在党内总是感到不自在。[80] 正如勒华拉杜里所说,当法国共产党发现一名教师曾向一名学生进行性暗示后,便将教师开除出党:"假设,一旦资产阶级媒体曝光此事,将使整个集体蒙羞。"不仅如此,个人问题也迫使这位教师丢了工作。最终,事实证明,教育当局更开明,尽管有 1946 年的立法,他还是被容许在巴黎一所学校任职。[81] 法国共产党这种态度迟迟未有改变,直到 1972 年,一名同性恋激进分子质疑法国共产党没有改变"所谓性反常"的看法时,经验丰富的雅克·杜克洛(Jacques Duclos)做出了回应:"你们这些人怎么有脸问我们这些问题?去看医生吧。法国女人是健康的,法国共产党是健康的,男人生来就该爱女人。"[82] 对福柯来说,在法国共产党的生活并不比战前在普瓦捷的生活好多少。

福柯的文化旨趣也与正统观念大相径庭。在美学方面，社会主义现实主义是当时的正统，然而，福柯当时正阅读小说家兼评论家莫里斯·布朗肖的作品，同时，福柯那时是贝克特《等待戈多》[83]的狂热崇拜者。《等待戈多》于1953年1月5日在巴比伦剧院上映，30年之后，福柯依然称它为"一场令人惊叹的演出"。[84] 1953年4月，福柯参加了法国共产党的会议，这一定是他最后一次参会。这次会议在里尔的一个画廊书店举行，这个地址由同一个安德烈·维尔姆泽所定，就是那个身穿白大褂为逮捕罪犯辩护的人。议题涉及了毕加索的斯大林画像，路易·阿拉贡于3月15日在《法国信札》中复制了这幅画像。领导层明确谴责这幅画像。据同样参加了里尔会议的让－保罗·阿隆说，在会议上，福柯开始被这样的论战"动摇"。[85]性取向、审美偏好和对不诚实的无法忍受，这些因素混杂在一起，决定了福柯不是当温顺的激进分子的料。福柯没有发表过公开声明，只是未再更新他的党员证。从此，他再也没有加入任何一个政党组织。

福柯入党的最大谜团源于他与让－克劳德·帕斯隆在1971年12月的一次交流。在与巴黎金滴街区的一群年轻的激进主义者进行简短的争辩后，福柯突然对帕斯隆说："你还记得我们在《新批评》当'捉刀人'的那段时光吗？那篇关于梅洛－庞蒂的著名文章被谈论了很久。'我们不得不解决梅洛－庞蒂的问题。'这是我们惯常的准则……我认为那篇文章从未写出来。但是《新批评》中有很多我们所写而由其他人署名的文章。"帕斯隆还没来得及回答，把这件事记录在案的克劳德·莫里亚克便打断了他们："他们没机会签署让·卡纳帕（Jean Kanapa）的名字？"[86]《新批评》创立于1948年12月，是法国共产党的理论期刊之一，卡纳帕是杂志的主编，他雄心勃勃，是一位有着哲学背景的年轻人。基于莫里亚克记录的那些零碎的交流片段，一种传闻出现了：福柯曾经是卡纳帕的"捉刀人"。莫里亚克显然也想到了他日记里的另一段蒙太奇，那就是福柯与帕斯隆的交谈。1977年，福柯在这个问题上也记不太清楚了，他告诉莫里亚克："我没有替卡纳帕写文章。最多两到三篇。如果你要说实话的话，你就应该这样说……"[87]但这时对话中断了。

对于这两段交流，都没有太让人信服的解释。尽管进行了广泛的研究，迪迪埃·埃里蓬还是无法证实这个故事。帕斯隆否认曾为该杂志写过文章。卡纳帕的儿子让曾在20世纪70年代遇到了福柯，并与卡纳帕谈论了这次会面。无论是福柯还是让·卡纳帕都没有提到所谓"捉刀人"。《新批评》的主要参与者都不记得在卡纳帕的公司见过福柯，而卡纳帕的秘书则声称，那时从未听说过福柯。期刊编辑委员会的成员皮埃尔·戴克斯（Pierre Daix）也告诉埃里蓬：卡纳帕通常自己写文章，从未用过"捉刀人"。同时，一位正式的撰稿人则断言，只有公务员才会用假名，因为如果他们在党报上公开发表这类文章，会面临被解雇或处罚的风险。[88]埃里蓬在出版了福柯传记之后，得到了戴克斯的祝贺，因为他消除了"捉刀人"的传闻。[89]然而，怀疑的阴影也必将存在下去。马克西姆·罗丁森（Maxime Rodinson）在 1937 年到 1958 年是法国共产党成员，并在 20 世纪 50 年代初为法国共产党的报纸撰稿。他明确指出，卡纳帕的某些用语出现在他的签名下，是对提交发表的文章进行大量和有倾向性的编辑的结果。[90]如果卡纳帕有效改写了他人的文章，那么他也绝非不可能使用"捉刀人"。

　　没有任何证据可以证明（或者，以同样的标准去证伪）福柯替卡纳帕写过文章，或者福柯给《新批评》写了些匿名文章，因此，这个谜团仍旧没有解开。福柯没有好战的历史，也没有表现出想要晋升的野心，考虑到这些，他似乎不太可能被委以重任。第二个谜团与福柯当着莫里亚克的面发表声明的理由有关，莫里亚克无法对此做出解释。虽然这番交流的环境并不是特别轻松，但福柯可能只是在开玩笑。福柯也可能一直在暗示，由于他的疏忽，他要为卡纳帕营造的意识形态氛围负一定的责任。无论如何，福柯明确知道，他在克劳德·莫里亚克面前所说的任何话都有可能出现在莫里亚克的杂志上。因此，我们不能排除福柯想要使此事神秘化的愿望，尤其是福柯读到《希望那般汹涌激荡》的手稿时，虽然他表面上没有对涉及卡纳帕的内容发表任何评论。[91]

　　回想往事的时候，福柯发现，那段相对短暂的生活经历大有裨益。他目睹　43
了很多学生为了成为一名共产党员而试图改变自己，他们奉行苦行主义观念，进行知识分子的自我鞭挞。[92]福柯抱着对献身精神的合理怀疑离开了。他也许也有哲学方面的收获。冷战对世界的划分产生了理论上的结晶，即"两种科学"信条：资产阶级科学和无产阶级科学。除了像生物学家马塞尔·普南特（Marcel Prenant）这样的少数例外，法国共产党的科学家支持无产阶级科学信条，支持李森科主义的相关普及，赞同生物学王国中的获得性遗传观念。李森科主义在 1948 年苏联农业科学院会议期间成为苏联的官方学说。在福柯的法国共产党成员时期，法国共产党出版物对这一学说大力宣传。与此同时，作为"资产阶级科学"的孟德尔遗传学被谴责。[93]

福柯的早期作品对李森科只字未提，他对这些问题的无动于衷令人难以置信。据潘盖说，1953 年的福柯仍努力去遵循正统学说，但他对日丹诺夫和李森科的"国家对知识的干预"越发难以忍受。[94]在他离开法国共产党 20 多年后的一次谈话录音中，福柯提到了他的学生时代。他认为，在 1950 年到 1955 年期间，一个论题凸显出来，那就是科学的政治地位，以及科学所承载的意识形态功能问题。这一论题的典型就是李森科事件，可以总结为两个词：权力和知识。在同一谈话中，福柯指出，像精神病学这样的"可疑"学科就是一个例子，这门学科也许给我们提供了权力和知识如何相互支撑的很好例证。[95]

会考是竞争激烈的全国性考试，它必定是国家设计的最严苛、最令人煎熬的智力考验形式。作为全国性考试，它由法国最高学术官方机构安排，所有考生要分秒不落地同时坐在试卷前。口试中，学生要与资深学者交锋。1950 年，福柯面对的评委会包括一名总督学和乔治·达维（Georges Davy），他是社会学教授，索邦大学的院长，他似乎是这个评委会的永久成员。在福柯所处的时代，会考的第一部分包含整整三天的笔试。在初试中胜出的学生随后面临两场口试。

44 口试第一轮包括讲一堂课，或者根据抽签得到的题目进行口头即兴演说。与笔试的功能一样，口试的功能是淘汰。在第二轮口试中，学生要讲解既定主题，并对三个文本进行阐述，或者以法语、拉丁语和希腊语中的任何一种现代语言对文本进行评论。巴黎高师的亚文化总是如此重视语言才华，这并非偶然。福柯所写的论文涵盖了人在自然中的地位，论文中涉及奥古斯特·孔德（Auguste Comte）的著作。这些都是标准的学院话题，对于一个对黑格尔和另外两位"H"有着压倒性兴趣的人来说，这些题目是索然无味的。这些题目对福柯来说不难，现在他成为参加口试的 74 名候选人之一。第一次口试的结果成了他的败笔，因为他对"假设"这个题目的即兴言说并不成功。据达维所说，福柯的错误在于，他试图展示自己的博学多才，却偏离了主题本身。[96]如果那次他成功了，他会继而讨论"人的概念"。[97]

福柯对自己的失败感到惊讶和义愤填膺。阿尔都塞则愤怒不已。福柯是阿尔都塞最喜欢的学生之一，为了这门考试，他还指导过福柯。然而，阿尔都塞作为"凯门鳄"的第一年，却以福柯考试失败而告终。[98]他们都对此感到惊讶，包括拉普拉什在内的很多朋友，都暗指这是一种政治偏见，声称福柯失败是因为他是一名共产党员。[99] 这种解释可能更多来自巴黎高师的偏执心态，而非任何客观现实。福柯尝试两次去通过竞考，随后的资格考试也尝试了两次。这似乎是成绩不良或表现不佳的典型例证，原因是期望过高和缺乏胆识。

尽管朋友们都担心这次失败会令他一蹶不振或状态更糟，福柯则下定决心重新复习，他在无数的小卡片上做笔记，将口试中可能出现的所有话题都做了笔记。人们现在普遍认为他是最有可能成为第一名的候选人。[100] 福柯的学伴是让－保罗·阿隆，他也在为会考而复读。阿隆不是巴黎高师的学生，但他旁听并参加巴黎高师的课程。阿隆也是一名同性恋，1951 年两人建立起的亲密友谊，成为长期竞争的前奏，在此，知识与性的线索不可避免地缠绕在一起。[101]

认真复习收到了效果，福柯成功地写完了有关"经验与理论"的试卷，写出了在柏格森与斯宾诺莎之间发生的想象性对话。[102] 他现在必须面对由达维、伊波利特和康吉莱姆组成的评委会。最后一位虽然不记得在 1945 年见过福柯，但对他们在 1951 年口试中的相遇仍记忆犹新。福柯即兴讲课的时间到了，他将手伸进装有题目的纸篓里，每个题目都写在一张纸条上。福柯的题目是"性事"，他对自然的性、历史的性和文化的性的流利讨论，令考官对他的实力深信不疑。福柯却对题目感到愤怒，在他看来，性事并不适合作为会考的题目。这个题目是康吉莱姆出的，尽管达维很反对。康吉莱姆的理由是，会考题目自他 1927 年参加口试以来就没变过，是时候做点改变了。除此之外，康吉莱姆说，参加会考的所有学生都读弗洛伊德，而且学生们全都在谈论性。福柯赞同达维更为保守的观点，并正式向康吉莱姆发出抗议。[103] 尽管福柯很恼火，但他与康吉莱姆的第二次相遇是愉快的，他在哲学教师资格考试中与别人并列第三。1951 年的会考是一个"马尔萨斯式的"淘汰过程：14 名候选人成功了，其中 5 名是师范生。[104]

新获教师资格的年轻人至少要在中学教书一段时间之后才能在高等教育领域谋职，这是他们通常的命运。在中学，这些年轻人的薪水更高，授课时间比资历不那么显赫的同事更短。法国教育系统的一个特点是，中学和大学都受教育部的直接管控。因此，从理论上说，在中学和高等教育部门之间流动相对容易些。事实上，法国某些最杰出的思想家从未在大学教过书，萨特和阿兰就是明显的例子。福柯与让·伊波利特的第一次相遇是在亨利四世中学。像莫里斯·阿居隆那样杰出的历史学家，曾以学徒身份在一所中学教学，他是福柯在

45

39

巴黎高师的同辈人，之后成为法兰西公学院的教授。然而，从中学转换进入大学领域没有任何保证，在很多拥有教师资格的新人看来，被派往中学的前景令人沮丧。更糟的是，他们会被派往全国任何地方，甚至极有可能被放逐到巴黎之外。

对于毕业生，至少对男毕业生来说，等待他们的考验不单是被"放逐"到中学。在上学期间，年轻人可以因上学推迟服兵役，但是在 1951 年的秋天，福柯别无选择，只能面对军事选拔委员会。他因健康原因而免服兵役。尽管福柯
46 的履历表明他有抑郁症病史，但几乎可以确定，这是由他父亲一手操纵的医学和军事事件，尤其是他的弟弟身体健康强壮，却也出于类似的原因宣布不适合服兵役。[105] 在被派往中学之前，福柯需要与负责相关学科的总督学面谈。哲学方面的总督学当然是康吉莱姆。面对康吉莱姆，福柯解释说自己对教书兴趣不大，并表明他希望梯也尔基金会（Fondation Thiers）能录取他，他将会为此准备一篇博士论文。

梯也尔基金会最初是由政治家和历史学家路易·阿道夫·梯也尔（Louis Adolphe Thiers）的家族创立的，他于 1877 年去世，如今，国家科学研究中心控制着梯也尔基金会。从技术上讲，受益者是隶属国家科学研究中心的科研人员，他们每月领取津贴。学生入学不是通过考试，而是需要候选人所毕业院校校长的推荐，之后接受基金会主席、古典学者——保罗·玛宗（Paul Mazon）的面试，以及来自法兰西学院（Académie Française）和组成法兰西学会（Institut de France）的五个学院（铭文和文学学院、科学学院、美术学院、道德科学学院和政治科学学院）的代表的面试。带着康吉莱姆的推荐信，或许还有伊波利特的，福柯毫不费力地就被获许进入基金会，随后他住进了一栋 19 世纪的大楼里，这栋大楼位于环境高雅的第十六区。

基金会和巴黎高师一样，是一家全员男性的寄宿机构，但它给学生提供很奢华的单间，比乌尔姆街的生活舒适多了。福柯不得不再一次在公共食堂吃饭，适应与二十来个人一起的生活。事实上，基金会的环境并不比巴黎高师宽容到哪里去，很快，福柯的好斗、讽刺和优越感，使得几乎全体成员都不太喜欢他。也有传闻说，他与一名寄宿生谈了一场失败的恋爱。福柯获得了三年的奖学金，但他在梯也尔基金会只待了一年。逃逸的渠道，是北方里尔大学的一个空缺的助教职位。

3 马斯特林根的狂欢节

福柯很适合里尔大学的这个职位，因为这个小哲学系在寻觅一位向哲学系学生教授心理学的老师，而不是一位临床医生。1952 年的夏天，福柯顺利完成了心理学研究所开设的精神病理学学位课程。精神病理学课程是学校提供的四门课程之一（其他课程包括实验、教育学和应用心理学），这是一门理论与实践相结合的课程。福柯师从让·德莱，参与了圣安妮医院的临床课和"患者示范"，他也上了莫里斯·贝纳斯（Maurice Benassy）的精神分析理论课。精神分析研究所刚刚成立不久，莫里斯·贝纳斯当时是那里的科研秘书。在福柯看来，他选择的专业并不占优势。他认为，心理学专业的毕业生一无所知、无所作为是众所周知的，因为，一个心理学学生为了获得证书，坐在夏日下午的花园里就能轻松完成全部复习。福柯对省级大学开设的心理学课程评价也不高，在他看来，他们引人注目之处是能让人昏昏欲睡。[1]

福柯之所以来里尔，得益于他在巴黎高师建立的私人关系网和人脉。哲学系主任雷蒙德·波林（Raymond Polin）正在找合适的候选人去填补职位空缺，与于勒·维耶曼聊天时，福柯的名字被提及。于勒是阿尔都塞的朋友，是克莱蒙费朗（Clermont-Ferrand）的哲学教授，他在乌尔姆街与福柯有过短暂接触。1952 年 10 月，福柯加入了去北方城市工作的波林、奥利维尔·拉科姆（Olivier Lacombe）和伊冯·贝拉瓦尔（Yvon Belaval）之列。福柯在系里资历尚浅，似乎与其他同事的关系也并不紧密。事实上，这个团体那时酝酿着后来的一些联盟和竞争。这位刚刚出版了狄德罗研究的贝拉瓦尔，日后将成为与福柯競争法兰西公学院讲席的对手之一[2]，维耶曼（Vuillemin）将是他的主要支持者之一。

48　　学院对老师教学方面的要求不高。福柯享有相当的自由，他的大部分课程基于他最新的研究成果。他是个非常称职的老师，1954 年 5 月，文学院院长这样称赞他："他是一位年轻而有活力的助教。在组织科学心理学的教学方面，他很有天赋。福柯是真正值得提拔之人。"[3]福柯在里尔的生活没什么不快，也并不孤立，因为包括让－保罗·阿隆在内的许多熟人也在里尔工作。

阿隆如今拥有哲学学位、心理学和自然科学学位，他当时在图尔昆的费代尔布中学教书。他在那里待了几年后回到巴黎，在法国国家科学研究中心工作，从 1960 年起，他在高等社会科学研究院工作。他在图尔昆的经历为《克制》的写作提供了素材，这本小说于 1962 年发表。阿隆经常和福柯见面，他们也经常在一起吃饭。可以确切推断，福柯那时和其他朋友一样，也被阿隆喜欢的消遣方式吸引：设计富有想象力的菜单。阿隆对食物的兴趣最终演变为他最有吸引力的一本书，在这本书中，他对法国 19 世纪食物文化进行了一番分析，但那是很久之后的事了。[4]

两个男人的关系很快变得牵强。在一次激烈的争吵后，阿隆的一位年轻恋人离开了他，投入福柯的怀抱。多亏了这种奇怪的巧合，这位成问题的年轻人后来为普隆（Plon）①工作，在那里他将为《古典时代疯狂史》的出版尽一臂之力。这件事让阿隆愤怒不已，在知识分子的嫉妒之情外，又平添了几分嫉妒。福柯死后，阿隆承认了这一点，当他们准备会考时，他就对这个将笔记分享给他的人有好感了。这种嫉妒反过来在某种程度上解释了他在《现代杂志》中对福柯带有怨恨的评价，虽然从总体上看，这些评价也将阿隆口诛笔伐的才能展现得淋漓尽致。

事实上，生活在里尔的前景对福柯没什么吸引力，里尔在巴黎以北 300 公里，几乎与比利时接壤。里尔与图尔昆和鲁北一起，构成了一个庞大的工业城市群，里尔的工业以棉纺厂和麻纺厂为主，在二战中遭遇重创。对福柯来说，里尔的缺点昭然若揭，那就是它不是巴黎。福柯的解决办法是每星期在里尔的宾馆住两到三天，将所有的教学工作压缩到他在里尔度过的短暂时光里。这一

①　Plon，法国普隆出版社。——译者注

42

周剩下的时间，他就在巴黎度过，在接下来的三年里，他往返于两地之间。当时，丹尼斯·福柯在巴黎学习医学，父母的慷慨让两兄弟可以在蒙日街合租一套两居室公寓。福柯绝不是唯一一个通勤上课的人。法语中甚至有专门术语来 49 形容这样的大学老师，他们被叫作"涡轮发动机教授"，之所以叫这个名字，大概是因为他们坐飞机飞来飞去。

"涡轮发动机教授"的存在，其原因有很多。传统上看，法国大学的教师职责历来都很轻，几乎不存在，师生关系虽谈不上疏远，但也较正式。因此在教学时间之外，老师没必要待在大学校园里。尽管法国一再尝试分散教育资源，教育系统仍将大部分资源集中在巴黎。研究设施尤其如此。即使是巴黎的学院，也没有充足的图书馆，各省的情况当然不利于以图书馆为前提的研究。博士和博士后的研究通常需要使用国家图书馆。这是一种自说自话的情况：学者们声称如果外省有更好的研究设施，他们会更愿意在外省工作；教育部则声称，如果学者们愿意留在外省，他们将提供更好的设施。

福柯住在巴黎有各种理由，不仅仅因为他还在巴黎高师做兼职教师。那时，他对波林说，他在梯也尔基金会提出的假定命题是关于心理学哲学的，这意味着他必须在国家图书馆工作，他已经是那里的常客。那座亨利·拉布鲁斯特的宏伟建筑位于黎塞留街，有着优雅的廊柱和铁铸拱门，在未来的三十年，这里将成为福柯的主要工作场所。他最喜欢的座位在半圆形的建筑区内，这是正对入口的一个凸起的小区域，避开了主阅览室。主阅览室的中央通道将一排排长桌子分隔开，长桌上再划分为单人阅读桌。半圆区域给福柯提供了更加安静和私密的环境。

三十年来，福柯几乎每天都在这里做研究，偶尔会去手稿区和其他图书馆，他与拜占庭式的编目系统做斗争：这里有两本残缺不全、陈旧的印刷目录，辅以陈列柜里数不清的索引卡片，其中很多卡片上镌刻着铜板手写体文字。图书馆将成为福柯的自然栖息地："在那些绿色的机构里，书籍在那里堆积，知识的植被茂密生长。"[5]

巴黎也是智力的中心，可能除了斯特拉斯堡和图卢兹大学之外，地方大学不太可能为学者辉煌的职业生涯提供制度基础。福柯在巴黎高师的教学为他在 50 巴黎打下基础，蒙日街的公寓则是他的落脚处。他与阿尔都塞、伊波利特、康吉莱姆、德莱等人一直保持着联络，这些人构成了支持他的人际网，为他提供了至关重要的帮助。因驻扎在巴黎，他的出版能力也得到增强，因为法国的出版业一直比教育系统更加集中。毫无疑问，福柯离不开巴黎还有更私人的原因。巴黎的朋友们、音乐、戏剧和画廊的乐趣，对福柯有着非凡的吸引力。最重要的是，让·巴拉凯（Jean Barraqué）在巴黎。

在罗伊奥蒙特修道院轻松的氛围中，阿尔都塞养成了带着一小群师范生准备会考口试的习惯，罗伊奥蒙特修道院是巴黎附近的一个西多会基金会，如今已被改造成国际文化中心。1951 年，福柯和阿隆都在那里，第二年，他们在一群学生的陪伴下又回到了那里。当他们走进休息室的时候，听到一个年轻人大声谈论文学，公然抨击去年刚去世的安德烈·纪德的作品。夜晚晚些时候，同样是这个年轻人，他坐在中心宏伟的贝希斯坦钢琴前，开始弹奏一曲莫扎特奏鸣曲。据说，他的名字叫皮埃尔·布列兹（Pierre Boulez）。[6]

布列兹 27 岁的时候，已经是法国音乐界的重要人物。他是伟大的风琴演奏者奥利维尔·梅西安（Olivier Messiaen）的学生，他创作的两首钢琴奏鸣曲（1950 年和 1952 年），明显受到韦伯恩（Webern）和勋伯格的影响。布列兹还写了一本为双钢琴而作的书，名为《结构》（*Structures*），此书精确地把握了双钢琴的各个方面——音高、持续时间、强度和冲击力。福柯和布列兹并没有成为密友，但两人和米歇尔·法诺（Michel Fano）、吉尔伯特·艾米（Gilbert Amy）在同一个圈子里生活了一段时间。福柯和布列兹确实有一些共同之处，尤其是他们都喜欢勒内·夏尔（René Char）的诗歌。福柯对夏尔一直热情不减，而布列兹 1955 年的《无主之槌》（为声乐和六种器乐而作的组曲），则基于 1934 年夏尔出版的同名诗集写成。

正是在布列兹周围的年轻音乐家和作曲家圈子里，福柯遇到了巴拉凯，福柯认为巴拉凯是"同时代人里最杰出的、最被低估的作曲家之一"。[7] 巴拉凯也是梅西安在国立高等音乐学院的学生，但他不像布列兹那样成功。他刚刚完成了一首钢琴奏鸣曲，尽管他还没有完整地将曲子演奏出来。这首奏鸣曲的片段曾在名为《青年作曲家论坛》的广播节目中演奏过，但录制计划无功而废。直到 1958 年，这首奏鸣曲才和《继叙咏》（*Séquence*）一起灌制成唱片，并在 1956 年 3 月首演。1952 年的巴拉凯以教书和为音乐报刊写稿维生，偶尔演出。他比福柯小两岁。[8]

关于两人之间的关系，大家知之甚少，但可以明确的是，他俩最初的友情很快发展为一场暴风骤雨般的激情之恋。这场恋情持续了两到三年，最终在福柯去瑞典时被巴拉凯中断。巴拉凯没有完整的传记，福柯对他个人生活的沉默寡言，使两人的关系更加晦暗不明。在 1967 年福柯接受保罗·卡鲁索的采访时，曾简短地提及了巴拉凯，这是福柯唯一一次提到他的名字。在随后的采访中，他只是说了一句"我的一个朋友是作曲家，现在已经去世了"，并提到"与一位音乐家一起生活几个月的影响"。访谈也提到了福柯早期的一段完全隐藏的恋情："我 20 岁的第一个恋人是个音乐家。"[9] 福柯初恋情人的身份一直没有确定。

虽然这段关系的私人方面仍有些神秘，但我们可以非常明确地追溯到这段关系的知识方面。两人都崇拜贝多芬，并对海德格尔和尼采越发着迷，正是他们激发了巴拉凯对作曲家的憧憬："一个作曲家不会是谦逊的，因为音乐是一种创造……在尼采看来，诗歌意味着一个人不再是他自己，而是超越自身去言说，诗歌是自我的转化，或许是一种忘我的迷狂。"[10] 卡夫卡和陀思妥耶夫斯基是两人最爱的作家，他们都喜欢贝克特，尽管巴拉凯对贝克特的热情并不纯粹。他们都很钦佩热内，热内的戏剧《高度监视》于 1949 年首次上演，电影《情歌恋曲》在 1950 年秘密流传。巴拉凯一直希望热内能为他写一个剧本，但他从未直接和热内谈过这个计划。[11]

两人相处各有亏欠，巴拉凯这边的亏欠非常具体，福柯的亏欠则更为笼统。两人初次相遇时，巴拉凯正在为声部、打击乐和器乐合奏创作一部曲子，名为《继叙咏》(*Séquence*)，这首曲子的主题灵感来自《雅歌》以及波德莱尔的散文诗和兰波的诗歌。在接下来的三年里，他不断地改写曲子的片段，最终以尼采的《阿里阿德涅的挽歌》的片段替换了曲子原文。这是出现在《查拉图斯特拉如是说》中的一段描写：

> 谁还会温暖我，谁还会爱我？
> 给我一双炽热的手吧！
> 给我一颗炭火般温暖的心吧！
> 我躺倒了，寒战着，
> 像个半死之人，要有人来温暖这双脚，
> 唉！因为未知的高烧而颤抖，
> 由于尖锐而凛冽的霜剑而战栗，

为你所追寻，我的思想！

不可名状者，隐蔽者，恐怖者！

这阴云背后的猎人！

我被你的闪电击中，

你蔑视的眼睛在黑暗中盯着我，

我就这样躺着，

弯曲，蜷缩，

我被每一种永恒的痛苦折磨，

被你打败了

你这残忍的猎人，

你这未知的——上帝！

……

他离开了！

他自己逃遁了，

……

我的大仇敌

……

不，回来吧！

……

我最后的——幸福！ [12]

53　福柯提供了尼采作品的译文。1956 年 3 月，《继叙咏》在巴黎的小马里尼剧院首演和录制。令福柯感到遗憾的是，他当时并不在场。

　　1956 年 3 月 24 日星期六，巴拉凯为一曲暂时命名为《维吉尔之死》的作品草拟了两页提纲。这首曲子根据赫尔曼·布洛赫（Hermann Broch）的哲学小说《维吉尔之死》（*Der Tod des Virgil*）写成，1954 年，这部小说的法文译本才出版。[13] 巴拉凯在福柯的建议下读了这本小说，在书中他发现了"死亡之诗"。遗憾的是，福柯没能记录卜他的感受。福柯并不是现代奥地利文学专家，他之所以能发现布洛赫，几乎可以肯定，是由于《批评》中的一篇文章。[14] 长篇小说《维吉尔之死》讲述了诗人最后的日子，根据传说，想要毁掉《埃涅阿斯纪》

的冲动折磨着诗人。这部小说沉迷于死亡的书写，沉迷于总体知识的不可能性，沉迷于人类创造的虚无。它有着 4 个乐章（水、火、土、气）的交响乐结构，这使得这本小说很适合改编为音乐。莫里斯·布朗肖很欣赏这部作品，在《新法兰西评论》（*Nouvelle Revue Française*）杂志的 8 月卷和 10 月卷，他将这部小说与普鲁斯特、詹姆斯·乔伊斯和托马斯·曼的作品相比较。[15]

福柯对巴拉凯分外痴迷。如今被命名为《时光修复》的曲子完成于 1968 年，在最终的乐谱完成之前，这部作品至少写了 3 个版本，完成时离曲子在鲁瓦扬艺术节首演仅两个月时间。不久之后，巴拉凯开始创作一首抒情曲，暂时命名为《睡着的人》，这首曲子同样来自他对布洛赫的阅读，但 1973 年巴拉凯去世时，这部曲子仍未完成。巴拉凯最著名的作品是《时光修复》和 1962 年的单簧管《协奏曲》。

1967 年，福柯以很神秘的口气对卡鲁索说，布列兹和巴拉凯的十二音序列音乐使他逃离了辩证法的世界，乐曲和尼采对他产生了同等重要的影响。15 年后，他在一篇文章中重提这个话题，这篇名义上有关布列兹的文章，毫无疑问掺杂了他对巴拉凯的回忆（巴拉凯的名字未被提及）："在那个时代，意义、经历、物质、原始体验、主观内容和社会意义享有特权，我与布列兹、音乐的相遇意味着，我开始从非同寻常的角度看待 20 世纪：这是围绕形式进行持久争论的世纪。"布列兹和巴拉凯将福柯引入了一个与哲学概念同等重要的音乐领域，使福柯开始对当下的俄国形式主义和结构主义展开思考，他们给福柯上了一课，警醒福柯去反对"普遍性的分类"。[16] 54

对福柯这种受交响乐文化熏陶的人来说，与巴拉凯、布列兹的相遇，使他心中的古典音乐受到了新的冲击。然而，福柯的记忆并不完全准确。巴拉凯似乎并未将自己看作偶像破坏者；他崇拜贝多芬，深受德彪西和韦伯的影响，他把写的唯一一本书献给了德彪西。[17] 他不是一个善于数学计算的人，一位见多识广的观察者认为他的作品展现了一种矛盾，这是一系列音乐素材组合的束缚与声音的生理享乐之间的矛盾。[18]

激情韵事和对当代音乐的发现，是福柯一生中的精彩篇章，虽然从学术标准看，这么说有些牵强。福柯在巴黎高师担任助教职位，使他可以拥有自己的办公室。事实上，这个房间过去用来存放唱片，里面堆着七八十张布满灰尘的唱片。福柯在这里一边工作一边接待朋友。他现在被看作那个"民间团体"的领导者，团体成员定期去他的新驻地拜访他。

　　另一位常客是莫里斯·潘盖，他比福柯小三岁，是 1953 年教师资格的候选人之一。潘盖于 1991 年去世，他的大部分职业生涯在日本度过，在那里他成为法国文化中心的主任，主要研究日本文化中的自杀行为。[19] 他后来回想起在福柯房间度过的那些下午，他们在那里谈天说地，无所事事。他还揭示了福柯的一个特质。当时福柯正在创作自己的第一本书《精神疾病与人格》，当他问起福柯的研究进展时，福柯报以微微一笑，或者至多给他讲一段逸事。他们之间不会有严肃的讨论。[20] 福柯鲜少在公开场合谈论他正在书写的作品，当人们在国家图书馆遇到福柯时，他会微笑地问候一句"你好吗"，但是，那些人很快就会明白，福柯并不欢迎他人详细询问他的工作。当然，福柯也不会去询问他们的工作。[21]

　　在潘盖的印象中，福柯既聪明又敏感，他那尖刻的幽默和苦涩的笑容，是一种自我防御。与此相反，福柯的微笑也是温文尔雅、充满自信的。身为"民间团体"一员的保罗·韦纳也注意到了一个自信的福柯，当时正在学习历史的韦纳，一度与福柯来往密切，并获得了福柯一定的信任。福柯对自己未来的伟55 大深信不疑，但他也承认，自己的雄心壮志有些奇怪，他不想当老师，他想像莫里斯·布朗肖那样写作。

　　1953 年，布朗肖开始为《新法兰西评论》杂志撰写题为《探索》的文章。这些传统意义上的美文而非评论，迅速确立了布朗肖作为法国最具影响力评论家的地位，与此同时，《死刑判决》和《至高者》（两本书都在 1948 年出版）这样的严肃小说为他赢得了巨大的文学赞誉。对于一个可能要开始心理学生涯的人来说，想像布朗肖一样去写作，这样的野心非同寻常，这再次表明福柯对自己的未来并不确定。福柯没有试图去见布朗肖，正如他没有去见勒内·夏尔一样，也许福柯深谙布朗肖那根深蒂固的信念，一个献身于文学的生命也应该献身于沉默。尽管福柯有着成为布朗肖的野心，但他那时没有写出像布朗肖那样晦涩而古典的散文，仅仅在 1963 年和 1964 年，他才以这种风格创作了一些文学随笔。值得注意的是，其中有一篇随笔是献给布朗肖本人的。

　　福柯与韦纳的友谊相当短命，两人完全不同的性取向摧毁了这份友情。韦纳发现福柯极度厌恶女人；对于福柯来说，韦纳炫耀自己异性恋情的举动也惹恼了福柯。韦纳结束资格考试，随后离开巴黎高师，之后两人就失去了联系，直到 20 世纪 70 年代，两人都在法兰西公学院任职，自此他们的友谊才得以延续。[22] 与此相反，福柯对潘盖的感情一生未变。1953 年 8 月，他们开着福柯的绿色轿车一起去罗马，花了两周时间探索这座城市。他们不观光的时候，福柯就阅读尼采，无论是在咖啡馆里，还是在西塔维琪亚的海滩上，福柯都在阅读一本双语版本的《不合时宜的沉思》(*Untimely Meditations*)。[23] 对福柯来说，序列音乐不是脱离辩证法世界的唯一出路。在《不合时宜的沉思》的第二篇中，尼采找到了反对黑格尔的理由，这对福柯意义重大："任何情况下，被看作时代后来者之人，都会感到气馁和沮丧。然而，当有一天这个信念被大胆翻转，后来者被奉为神明，并且这个神明成了所有以前的事件的目标和真意，这必定是可怕和具有毁灭性的。"[24] 我们无法确定福柯当时是否读了《乐观的智慧》，但那本书中的一段文字似乎预示了福柯未来职业生涯的整体走向。在这里，尼采为这个勤勉的人描述了一项任务："目前为止，所有令存在富有色彩的事物都缺乏它们的历史。人们是在哪里找到爱的历史，贪婪的历史，嫉妒、良知的历史，以及人们虔诚地尊重传统的历史，或者残酷行为的历史？目前为止，甚至一种法律的比较历史或者至少惩罚的比较历史付诸阙如。"[25]

　　福柯在巴黎高师的教学实际上重复了他在里尔的工作。严格来讲，他被任命教授心理学，但他也教授一般的哲学课程。比如，韦纳回忆起了福柯有关笛卡尔的精彩一课，但很不幸，韦纳记不起课程内容了。然而，心理学课程才是重头戏。格式塔学说、罗夏测试、理论心理学和精神分析理论被福柯引进课堂，福柯对这些学说的阐释才思泉涌，富有专业魅力，给帕斯隆、潘盖、布尔迪厄和年轻的雅克·德里达在内的所有人留下了深刻印象。例如，在潘盖的回忆中，帕斯隆的身影浮现在福柯"超越快乐原则"的课堂中，帕斯隆惊叹道："这只狐狸①太聪明了。"[26] 间歇性抑郁和偶尔的宿醉没有影响福柯在课堂上的良好表现。尽管福柯在谈话中对精神分析学不屑一顾，他还是参加了拉康从 1953 年起在圣安妮医院举办的研讨班，进一步增进了有关精神分析的知识，因此他是最早把"回归弗洛伊德"的消息带到乌尔姆街的人之一。或者也可以这么说，拉康根据现代语言学、人类学和哲学重塑了精神分析原则，他摒弃了自我心理学，声称自我心理学将精神分析削减为一种平庸乏味的社会心理学建构。

---

① 狐狸，福柯的同学给福柯起的外号。——译者注

福柯有关心理学和精神病学的经验并不局限于课堂和图书馆。然而，福柯对这段时期的描述相当含糊，如果不是他有意误导，那要么是由于他记忆模糊了，要么是他不愿提供相关信息，因为若是这样，他在某些时期的特质便会被人精确描绘出来。1983 年，福柯描述了他在圣安妮医院工作的"两三年"，认为自己在那里处于旁观者的位置，因此

> 心理学家在精神病院没有明确的身份。作为一名心理学学生……我在那里的身份很特殊。德莱医生对我很友善，让我做我愿意做的事。但没人关心我将要做什么，我可以做任何事。事实上，我的身份介于医务人员和病人之间。[27]

57　　一年后，福柯描述他在圣安妮医院工作的目的："在学习了哲学之后，我想看看疯癫的情形：我已经足够疯癫，可以去研究理性；我也有了足够的理性，去研究疯癫。"[28]

　　一篇发表于意大利的早期采访清晰地表明，20 世纪 50 年代初，福柯实际上正考虑成为一名精神病学家。福柯与病人"罗杰"的相遇，给福柯精神病学家的计划蒙上阴影，也给他留下了不可磨灭的痛苦。罗杰之所以住院治疗，是因为他的家人和朋友担心他会在某次抑郁症发作时自残，甚至自杀。福柯和罗杰成了朋友，但罗杰确信医院永远不会允许他出院，这种想法引发了严重焦虑。药物对他不再有任何效果，他最终接受了脑前额叶切除手术。福柯认为这种手术作为一种干预手段，既不顾病人也不顾疾病本身。尽管脑前额叶手术很好地消除了"情感过度"的情况，但它显然无法洞察"疾病的内在机制"。[29]

　　考虑到福柯自身的抑郁倾向，这次相遇给福柯造成了相当大的影响，让这位未来的精神病学家思考，罗杰死亡是否比他苟延残喘地活着更好。最终，他得出结论："即使人悲痛欲绝地活着，也好过成为植物人，因为，即使是最糟糕的存在，意识也有能力去创造和美化它。"[30]

　　福柯对医院生活的参与或许比他暗示的更为深入。诚然，他不是医院中领薪水的员工，但也不是个局外人。他当然获准待在医院，如果不是得到让·德莱的任免，他不大可能进入医院工作。另外，他也许非正式地参与了临床工作。这一次的参与还是因为私人关系。乔治和雅克利娜·韦尔多应德莱的要求成立

了一个脑电图学小组，福柯偶尔也参与其中。

1944年，乔治·韦尔多在拉康的指导下完成了一篇论文，当时他正和妻子一起研究神经生理学和易感性。某种程度上看，在圣安妮医院小组的工作是他们兴趣的延伸。他们对脑电波、呼吸和其他生理指标进行测量、收集和整理。福柯有时是受试者，有时是实验者。他们使用测谎仪测试，并做了人们对音乐反应的实验。这个小组不是单纯的实验机构，而是被纳入医院的临床诊断中，负责编撰病人的精神神经学档案。也正是在这里，福柯学会了他后来对很多朋友和熟人施加的测验，即罗夏投影测验。他并不觉得圣安妮医院令人不快，这里比他后来拜访的很多省立医院都要好，这里的精神病治疗也没给他留下特别负面的印象。[31] 他对精神病学的印象随时代而变。战后的头几年是刑罚体系和精神病学部门的改革时期。很多教过福柯的人，尤其是道梅松和艾，都与进化精神病学流派有关，该流派代表了专业领域内的自由主义倾向。尽管福柯后来对精神健康领域内的进步概念充满怀疑，但福柯初次接触这个领域的时候，这个领域正在进行着改革。

福柯的临床经验不仅局限于圣安妮医院。1950年，监狱管理局在弗雷纳成立了国家定位中心，弗雷纳监狱设有刑罚系统的主要医疗设施。[32] 该中心的设立是为了满足法律要求，并对全体犯人进行医学心理学检查。犯人们带着他们的档案来到弗雷纳监狱，档案中包括他们的犯罪记录、社会报告、医学和精神病学报告。在国家定位中心，罪犯的档案是通过添加罪犯的相关资料来完成的，这些资料基于罪犯过去和现在的精神状态，以及他们的个人情况或遗传因素。搜集的资料用于判定罪犯的自杀风险，并判定个别罪犯被送往监狱车间或专业机构是否有益。弗雷纳还配备了心电图仪，主要用于区分真正的和假装的精神病理结果，特别是癫痫病。

这个部门由韦尔多管理，福柯做助手。雅克利娜·韦尔多每周两次将福柯从巴黎高师送到弗雷纳的医院，在那里福柯偶尔会穿上专业人士的白大褂。而在圣安妮医院，福柯没有正式身份，必须获得许可才能进入监狱。获得许可并不难，韦尔多饶有兴味地回忆道，她的儿子和监狱长都打橄榄球，这大大减少了繁文缛节。弗雷纳的管理相对自由，韦尔多和福柯可以接触到所有囚犯。因此，从杀人犯到青少年罪犯，他们的工作能涉及所有类型的囚犯。

在圣安妮和弗雷纳的经验，使福柯得出两个结论。尽管他很少提及，但很明显，这些经历使福柯很早就洞察了精神病学与犯罪学的关联，他后来对这个话题的兴趣并非基于纯粹的历史或哲学理论，而是来自他的这段经历。同样明显的是，福柯现在已经快 30 岁了，仍对自己未来的职业生涯犹豫不决。从某种意义上说，福柯陷入了两难境地，他在早期的一篇文章中刻画了这种处境："其中一位思维敏锐的白衣心理学家……问一位初学者，是愿意从事像普拉迪纳先生和梅洛－庞蒂先生那样的'心理学'研究，还是愿意从事像比奈那样的'科学'心理学研究。"[33]

雅克利娜·韦尔多不但是一位医生和精神病学家，还是精神病学文本的翻译者。她的第一个译本是有关罗夏测试临床阐释的论文，此论文由博赫纳和哈尔彭合著，主题贴近她的专业研究核心，随后的译作是关于魏克对精神分裂症的研究。[34] 20 世纪 50 年代初，专业方面的联系使她接触到罗兰·库恩（Roland Kuhn）的作品。1957 年，她翻译了库恩的《表情现象学》。当她去库恩在马斯特林根村经营的诊所拜访他时，库恩表示，她也会对他的同事路德维希·宾斯万格（Ludwig Binswanger）①的作品感兴趣。

韦尔多于是去了位于瑞士和德国边境的克罗伊茨林根，在那里宾斯万格经营着拜洛沃疗养院。这家疗养院在 1911 年由宾斯万格的祖父建成，他一直经营到 1956 年。宾斯万格是荣格和弗洛伊德的朋友，他曾与弗洛伊德通信，是"存在分析"的奠基者和主要的倡导者，"存在分析"是存在主义心理疗法的一个形式，深受海德格尔现象学的影响。经过一番讨论，宾斯万格建议韦尔多翻译他的文章《梦与存在》（"Traum und Existenz"），在他看来，这篇文章应成为他以法文出版的第一本书。[35] 她马上同意了，并开始工作，尽管当时还没有找到出版商来出版这个译本。临床医学的词汇对于韦尔多不成问题，但是面对宾斯万格深奥的哲学术语，她需要一些帮助。她选择福柯做她的顾问，福柯对海德格尔的深入研究现在派上了用场。在具体翻译的过程中，他们花很长时间来讨论文本中饶有趣味的词汇，他们共同决定，将"Dasein"翻译为"在世"。这个词的翻译问题重重，既被翻译为"人的实在"，也被翻译为"此在"。后来，无论是法文译本还是英文译本，都倾向于保留原文中的"Dasein"一词。

60　　通常在下午晚些时候，有时是晚上，韦尔多结束了她在圣安妮医院一天的

---

① 路德维希·宾斯万格（1881—1966），瑞士精神病学家。——译者注

工作，然后就在福柯巴黎高师的办公室里一起工作。或者，更确切地说，他们并肩作战。办公室被一层很薄的隔板隔开，甚至连天花板都没有，福柯坚持让韦尔多在办公室的另一侧工作。韦尔多的解释是，在巴黎高师全员男性的工作区，福柯不愿被人看到他和女人在一起。和福柯共事并不轻松，他惯于对精神病学发表一些武断而负面的批评，就像他过去和莫里斯·潘盖等朋友讨论时，就惯于对精神分析做出轻蔑评价一样。福柯告诉韦尔多，他和他的朋友说过韦尔多和她工作的"坏话"，福柯这么说并非全然出于幽默。他的负面评论也见诸纸端。在 1957 年发表的一篇有关心理学研究的文章中，他尖刻地指出："这种研究，是当被试验者听着'诗篇交响曲'时，医生测量试验者的皮肤耐力、血压和呼吸节奏。"他描述的正是韦尔多在圣安妮医院所做的研究。[36]

在其他方面，福柯也可能令人不快。在拜访宾斯万格之后，韦尔多和福柯一起在意大利度过了一个短暂假期，在那里，福柯展现出了他对文艺复兴时期绘画的老练鉴赏力。福柯声称他非常讨厌"大自然"，面对日落景致，他转身离去，这种浮夸姿态并不讨人喜欢。这些姿态也许仅仅反映了巴黎高师人传说中的傲慢自大，但却毫无魅力可言。

虽然福柯对精神病学态度矛盾，但他对宾斯万格的论文分外着迷。大概 30 年后，他说道："我从医学角度寻找一些与传统的条条框框不同的东西，一种抗衡的力量。"[37] 鉴于福柯对宾斯万格的热情如此之高，韦尔多建议他应该为译本写一篇序言。数月之后，正和丈夫在普罗旺斯度假的韦尔多收到了一个便笺，上面写着"您的复活节彩蛋"。这个"复活节彩蛋"是厚厚的手稿，这篇打印文本有 128 页（约 25 000 字），比宾斯万格的文章还要长两倍。尽管文章体量庞大，韦尔多还是喜欢这篇序言，宾斯万格也欣赏这篇序言，他很欣慰这篇文章被一个至少有些临床知识的哲学家阅读。出版商就没那么热情了。正文与序言之间的比例失衡是显而易见的。福柯那时完全是无名之辈，而宾斯万格本人在法国也鲜为人知。韦尔多费了很大的劲，才说服德克雷·德·布鲁沃出版社接受了这本书，并在 1954 年出版，此出版社后来也出版了她有关库恩的译作。此书并不算成功，印刷量为 3 000 册，但 3 年后，这本书只卖了 300 到 400 本，其余的书都被化成纸浆。[38]

雅克利娜·韦尔多在其他方面对福柯的事业影响颇大。她确信工作，更确切地说，写作会产生准治疗效果，有助于缓解福柯反复发作的抑郁症。为此，

61

她把福柯介绍给了她的老同学，如今是圆桌出版社（La Table Ronde）编辑的科莱特·迪阿梅尔，这家小型独立出版社由罗兰·洛登巴克经营。他们探讨了两个计划：一个是"死亡史"，似乎是一个联合计划；另一个计划是"精神病学的历史"。尽管合同已被起草和签署，这两本书都没有写成，但是，根据福柯自己的描述，后一个计划成为《古典时代疯狂史》的萌芽。他对写一部精神病学历史的想法并不完全满意，他提议对医生和疯子之间的关系进行研究，研究理性与非理性之间的"永恒争执"。[39]值得注意的是，最初的建议来自其他人。在写《古典时代疯狂史》之前，福柯只发表过五篇文章，皆是受人委托所作。[40]尽管他雄心勃勃，对未来的伟业充满信心，但他显然没有强烈的写作冲动。

这一时期发生的另一件事意义重大。1952年，福柯随乔治和雅克利娜·韦尔多一同前往位于康斯坦茨湖岸边的马斯特林根村，探访在这里经营精神病院的罗兰·库恩。他们于忏悔星期二抵达，目睹了已然陌生而残存的古老狂欢节仪式。根据习俗，精神病人把春天的大部分时间都花在了制作巨大的面具上，病人游行时会戴上华丽的面具。医生、护士和病人全都戴面具，难分彼此。离开医院后，游行队伍穿过村庄，为首的是一张代表狂欢节的巨幅画像。他们最终回到医院的时候，便将面具丢弃，狂欢节的画像被郑重其事地烧掉。狂欢节的夜晚以舞会结束。乔治·韦尔多（Georges Verdeaux）私自录制的短片呈现了游行的队伍和狂欢节的焚烧仪式；画面略带邪恶的气息，这恰恰是狂欢节的特色。福柯也试图拍摄这一活动，但没能正确使用他借来的相机。[41]

这一奇观深深地打动了福柯，但福柯只在出版物中谈起过一回。他以客观的语气谈起这次经历，从未暗示过他曾在场：

62 　　　　狂欢节那天，疯人盛装打扮来到镇上，他们显然不是重病患者。他们表演了一场狂欢节，人们从远处惊恐地看着，本质上说，这的确十分可怕，因为唯一被允许集体外出的那一天，他们必须盛装打扮，佯装疯癫。[42]

《古典时代疯狂史》以一段著名的如今颇具争议的文字开篇，描述了沿着北欧运河巡游的愚人船。我们很难相信，写这段文字的时候，福柯的脑中没有浮现出宁静瑞士小镇真实的狂欢节场景。

福柯被委以重任的事实，表明他开始明确自己的知识分子地位。福柯第一次的任务是去修订、更新一部历史悠久且备受敬仰的哲学史，这部哲学史在1886年已出版第四版，1914年出版第八版。

1952年，福柯受到丹尼斯·于斯曼（Denis Huisman）的委任，第二年便开始撰写专论《从1850年到1950年的心理学》（"La Psychologie de 1850 à 1950"），该专论直到1957年才发表。[43] 从很多方面来看，此文只是对约翰·斯图尔特·穆勒（John Stuart Mill）之后心理学潮流的学术纵览，并辅以书目注释。该文本重复了福柯在里尔和巴黎的授课内容。人们阅读专论时，会感到其中的内容已被人熟知，而不是高度原创的成果。福柯对法语、英语和德语文献的掌控力令人印象深刻，但最令人感兴趣的是他写的简短介绍。他很快界定了精神病学的历史，这是一个充满矛盾的历史，从启蒙运动继承下来的需要，使得这门学科与自然科学相一致。但人们日益发现，"人类现实"不仅是"自然界客观性"的一部分，此学科必须借助自然科学以外的方法来研究。当代心理学所面临的问题是，它是否有能力，或者说通过放弃其"自然的客观性"来掌控这种矛盾。心理学的历史将会宣告这种能力。[44] 文章以一句警句似的宣言结尾："只有标志着人存在条件的回归，标志着人类最人性的东西，即人类历史回归的时候，心理学才是可能的。"[45]

福柯对词汇的选择与他的研究主题一样，揭示了他所关注的问题。对"人类现实"的提及，表明他对海德格尔现象学的兴趣与日俱增，在库恩和宾斯万格的存在分析中，心理学是"对人类在世界上存在方式的实证分析"，这种分析基于"一种存在主义分析，这种分析将人类现实时间化和空间化，并最终反映整个世界"。[46] 另外，宣称其有效性的心理学话语历史的观念，将福柯的心理学历史研究牢牢置于科学史的认识论传统中。 63

当然，这一传统最好的代表人物之一是乔治·康吉莱姆。在一篇以1966年演讲为基础的文章中，康吉莱姆用法院的隐喻来说明，科学史致力于理解和阐释过时的概念和方法本身如何替代了过去的方法，并且"陈旧的过去，依旧是过去的活动，我们必须保留科学的命名"。[47] 这一理论可以追溯到1966年，但它起源于巴什拉，并且一些内容已经见诸康吉莱姆的《关于正常和病态的几个问题的论文》（"Essai sur quelques problèmes concernant le normal et le pathologique"）。这篇文章最初发表于1943年，是一篇医学博士论文。[48] 福柯认为，心理学是"对异常和病态的分析"，心理学已经成为"有关正常的心理学"，这些论述表明，福柯对这篇论文很熟悉。[49]福柯认为，在现象学的基础上，心理学不能采用自然科学的方法，但他如今却援引了参照生物学和医学构建的认识论范式，其中的讽刺意味不言而喻。

在某种程度上，这种说法预示了福柯超越现有学院心理学的计划，甚至预示了他想建立一种心理学的想法，这篇"心理学"专论可看作福柯有关宾斯万格论文的前奏，同时拉开了福柯第一本书《精神疾病与人格》(*Maladie mentale et personalité*)的序幕。这两个文本都出版于1954年，但是尚不清楚福柯先写了哪个。通常的文献常识告诉我们，《精神疾病与人格》这本书写得更早，但内部证据显示，事实可能并非如此。尽管在《精神疾病与人格》中，福柯提到了宾斯万格，但他没采用韦尔多的翻译，也没有提到他自己关于《梦与存在》的介绍。看起来，这位年轻作者有点过于谦虚了，他竟然没有提及自己的著作，因此，可能的情况是，当福柯写他第一本书的时候，有关宾斯万格的那篇文章要么还没写，要么还在写的过程中。在缺乏直接文献或手稿证据的情况下，准确解答这个问题，似乎不太可能，但很明显，这两个文本都解答了"心理学"专论结尾提出的问题。

64　　《精神疾病与人格》这本书，是福柯受法国大学出版社(PUF)"哲学入门"书系的编辑让·拉克鲁瓦(Jean Lacroix)的委托所做。拉克鲁瓦是一位天主教哲学家，战前在里昂教过阿尔都塞，也正是通过阿尔都塞，拉克鲁瓦知道了福柯。福柯的这本书是这个书系的第12本，这个书系还包括拉克鲁瓦自己的《情感与道德生活》、加斯东·贝尔热的《性格与人格》、乔治·古斯多夫的《言语》、安德烈·比杜的《回忆》。年仅28岁的福柯，已得到杰出人士的认可。这个书系的赞助委员会中有著名哲学家费迪南·阿尔基耶、加斯东·巴什拉和保罗·利科(Paul Ricoeur)。福柯与自己的老师在同一个书系出版图书。正如一般标题所示，"哲学入门"书系包括对哲学话题的简短介绍，主要面向学生读者。但就像福柯利用撰写哲学史条目的机会，实际上发表了一个宣言，他也要利用他对精神疾病问题的介绍来进一步争论，推进他关注的问题。

《精神疾病与人格》这本书的历史有些不同寻常。1962年，此书出版第二版时，福柯修改了此书，并彻底重写了最后一节，这一节后来成为《古典时代疯狂史》的概述。1962年的版本中，福柯没有向读者指明这是修订版。[50]第二版在1966年再版，但福柯不再考虑任何再版。他还试图阻止英译本出版，但没能成功。[51]《临床医学的诞生》（1963）第一版仍将《精神疾病与人格》列为"由同一作者所做"，然而，这部早期作品从后来的归类中消失了。《古典时代疯狂史》已成为福柯的第一本书，并将一直如此。

《精神疾病与人格》这本书以精神疾病和器质性疾病的导论开场，正文由两部分组成，探讨了疾病的心理学维度以及疾病存在的真实条件。书中认为器质性病理学不能成为精神疾病治疗的典范，因为对器质性病理学的应用，将导致一个结论，那就是精神疾病是由特别的症状表现出来的自然本质[52]。福柯认为，对精神疾病进行的分析，必须基于对个体精神生活具体形式的考察，无论是个体的心理层面，还是个体实际的生存状况："我想说明的是，我们不应通过推测一些'元精神病状'来寻找精神病理学的根源，而应该仅仅在人与人的反应中寻找。"[53]从始至终，福柯都反对对精神疾病进行全然消极或否定的界定。例如，精神分裂症表面的混乱，可以在病人的人格结构中找到一致性，这保证了病人意识和视野的动态统一。无论病人病情有多严重，这种一致性都必然存在。精神病理学只能是有关病态人格的科学。[54]

只有现象心理学才能令人进入精神疾病的经验之中："只有进入疾病经验之中才能理解疾病，才可能在病态的世界中建立疾病演化的自然结构，建立由心理历史结晶而成的个体化机制。"[55]正文的第二部分是对马克思的《1844年经济学哲学手稿》（福柯参考的是科斯特版《哲学大全》的第六卷）以及异化理论相关领域的考察。在福柯那里，"异化"这个词有多重含义，这个词既表示法律对属性或本质的异化，也指人的本质以及精神异化，精神异化的意思在法语中比在英语中强烈。围绕疾病问题，福柯在社会人类学的基础上进行讨论，并援引埃米尔·涂尔干（Émile Durkheim）和玛格丽特·米德（Margaret Mead）的理论去证明疾病的概念与文化相关，福柯得出结论："当下世界使精神分裂症成为可能，并不是说现代技术将精神分裂症变得非人道和抽象，而是因为人类对技术的利用程度如此之高，以至于他再也无法在其中认出自己。只有存在状况的真实冲突才能解释精神分裂症世界的矛盾结构。"[56]一般说来，"人通过存在条件来建构自身，在这种情况下，病人无法认知自己。有了这种新内容，异化不再是一种心理异常，异化由特定的历史时刻来界定"[57]。

《精神疾病与人格》是一本内容格外混杂的书，福柯在其中探索了数种不同的心理学方法，但最终这些方法没有得到调和。最令人惊讶的是在第六章

"冲突心理学"中，他的论述突然转到了巴甫洛夫，声称巴甫洛夫的生理学包括对冲突的实验研究。或许更让人震惊的是，书中提到了苏联医学科学院副院长 I. P. 拉津科夫。1954 年，福柯在法国共产党的短暂生涯已经结束，但某种程度上，他的第一本书是对他党员身份的纪念。尽管巴甫洛夫既不认为自己是唯物主义者，也不认为自己是马克思主义者，但他的生理学和心理学研究，成为苏联正统学说的一部分。最先推动巴甫洛夫理论的人是托洛茨基（Trotsky），但1930 年苏联人类行为研究大会将巴甫洛夫理论纳入斯大林式的唯物主义之中。冷战时期，巴甫洛夫与李森科的著作一起，成为"资产阶级科学 / 无产阶级科学"辩论的一部分，被认为是唯物主义心理学的基础。法国共产党将巴甫洛夫理论当作典型大力推广，主要将此理论作为打击精神分析的手段。法国共产党对巴甫洛夫理论的兴趣在于，它为反对无意识的存在和反对性的重要性提供了论据。[58]

如果说福柯将巴甫洛夫写进他的著作，令人想起他以前的身份，那么，他对现象学的涉猎，则意味着他与任何贴近正统意识形态的思想都保持着距离。海德格尔和宾斯万格并非法国共产党标准的一部分。1978 年，在与杜乔·特龙巴多里的一次谈话中，福柯指出，在 20 世纪 50 年代，"很多精神病学家"对巴甫洛夫和条件反射感兴趣，试图阐释一种唯物主义心理学，但他们的研究并没有走太远。[59]他没有提到自己为那项无法实现的计划所做的微薄贡献。

在书中提到巴甫洛夫，并不是福柯法国共产党党员生涯的唯一纪念。正如一位敏锐的评论家指出的，当福柯提到需要摆脱精神病理学中的"元病理学抽象概念"时，他认为正是"真实的人"支撑了"各种疾病"的实际统一性，他谈论的案例与乔治·博力兹（Georges Politzer）在探索具象心理学时提出的案例很相似。[60]博力兹是对柏格森进行猛烈攻击的作者，也是一位具象心理学的匠人，这些研究部分基于对精神分析学的批判。根据博力兹的观点，与古典心理学相似，精神分析学提升了超我这种机制的影响力，从而遮蔽了围绕个体的具体社会现实。[61]福柯在他的《从 1850 年到 1950 年的心理学》中指出，当精神分析促进了从"进化"到"历史"的转变时，精神分析的负面特征是它继续依赖其自然主义起源所产生的"形而上学或道德偏见"。[62]福柯阅读博力兹且受到他的影响并不令人惊讶，因为博力兹是法国共产党的伟大英雄之一，他被盖世太保处决，死时高喊着"德国共产党①万岁！"。在两次世界大战的间隔期间，他是为数不多的为心理学理论做出贡献的法国共产党理论家之一。20 世纪 40 年代末到 50 年代初，任何法国共产党成员或亲近法国共产党的人必然都会接触到他的作品。

尽管委任福柯创作此书的编辑觉得这本书"好极了"[63]，但福柯的第一本书几乎没有引起评论界的兴趣。当时唯一一篇刊登的评论中，罗兰·凯洛伊（Roland Caillois）认为此书"写得很好"，但罗兰认为福柯对"唯物主义"的参照是多余的，认为书中的形而上学思考毫无必要。[64] 67

纵观福柯的所有作品，在很长一段时间里，福柯关于宾斯万格的引言都被人忽略了，很大程度上是因为，人们除了在极少数图书馆之外，很难找到这篇引言。这篇文章与福柯其他早期文章一样，往往笼罩在《古典时代疯狂史》的阴影中，然而，在新近的福柯研究中，此文英文版本的出现激发了更多的讨论。[65]这篇引言是福柯在 20 世纪 50 年代早期到中期研究兴趣的最好体现。引言代表了一个计划的起点，这个计划要么被放弃了，要么从未开始："后来的作品尝试将存在主义分析置于关于人类的当代思考潮流中。借由现象学向人类学的发展趋势，我们试图阐明已提出的关于人类具体思考的基础。"[66]

《梦与存在》聚焦于坠落之梦的讨论，以及像"从云端坠落"（也就是说，极度失望）这样的表达。海德格尔的命题，"正是语言为我们所有人'想象和思考'，然后个体才将语言运用到自己的创造力和智力活动中去"[67]。从字面上来理解坠落的隐喻，是这样的：

> 当我们极度失望之时，"我们从云端坠落"，之后我们坠落了——我们的确坠落了……我们与世界，与我们周遭人事的和谐关系突然遭受重创，这源于极度失望的本质以及随之而来的震惊。在这样一个时刻，我们的存在实际上是受损的，存在从它在世界中的位置上跌落，被迫仰仗自己的力量。[68]

坠落之梦揭示了一个基本的本体论结构，而不代表愿望的实现。对于宾斯万格来说，梦"一般来说只不过是人类存在的特定方式"。翱翔与坠落是基本模式，

---

① 原文为"German Communist Party"。此处疑误，应为法国共产党。——编者注

这是"人类存在的舒张与收缩"。[69]

福柯从一开始就表示，他不打算真正"介绍"宾斯万格的作品：他没有追
68 随作者描述的思想道路，像"一般序言那样说些似是而非的话语"。[70] 他以文本
为跳板，来反思自己的现象学思考，并对其他心理学和精神病学话语展开批判。
福柯还表示，他对宾斯万格的忠诚是暂时的：

> 让我们暂且这么说吧，并接受可能的反思，人的存在，终究不过是，
> 作为此在和在世存在的先验结构的本体论所分析的实在和具体的内容而
> 已……在我看来，有那么一段时间，我们有必要跟随这种反思的轨迹，用
> 它来观察人类的现实是否只能在心理学和哲学的区分之外才能被理解，人
> 的存在形式，是否就是抵达人的唯一手段。[71]

对福柯来说，对《梦与存在》的兴趣是双重意义上的。梦被赋予的特权

> 界定了朝向存在基本形式的具体分析。梦的分析并不局限于符号解释
> 学的层面。在对外界情况进行阐发的基础上，这种分析将不必规避哲学就
> 能够对存在主义的结构有所了解。[72]

大体上来说，它提供了"人类学想象"的可能性。[73]

宾斯万格的思想也成了福柯批判弗洛伊德的基础，因此，这篇引言标志着
福柯与精神分析之间漫长而紧张的关系的开端。[74] 虽然福柯承认《梦的解析》
(*The Interpretation of Dreams*) 标志着梦进入"人类意义的领域"，但他批评精神
分析学"仅在语义功能上"去理解梦的语言，而忽略了梦的形态学和语法结构。
在福柯看来，精神分析学只探索了梦境世界的一个面向，而且对梦之象征意义
的理解分外匮乏。宾斯万格则与此相反，他试图分析具体的个体（这是一个呼
应博力兹的措辞），试图揭示存在形式与环境的关联。[75]

福柯对精神分析的批判主要基于对《梦的解析》的阅读，以及对弗洛伊德
重要案例记录的解读，尤其是"多拉"案例。然而，福柯有关这门学科的知识
不仅局限于这些作品或弗洛伊德。他察觉到了精神分析晚近历史的两种主要趋
势：克莱因学派（Kleinian）和拉康学派（Lacanian）。在福柯看来，梅兰妮·克

莱因（Melanie Klein）只是试图在幻想中追溯意义的起源，而雅克·拉康则尽力 69
在无意识的意象中寻找，"语言的表意辩证法在这里停滞了，在这里，它被构成
了它自身的对话者吸引"。[76]

我们并不清楚福柯对拉康和克莱因的了解源自何处，尤其是因为他未提供
相关的文本引文。福柯曾在巴黎高师听过拉康的讲座，参加过拉康于 1953 年起
在圣安妮医院举办的系列研讨会，他关于拉康的大部分知识，可能来自这些口
述演讲而非出版的作品。据雅克利娜·韦尔多说，福柯对拉康的整体计划并不
赞同，对拉康在哲学上的自命不凡不屑一顾。1950 年，这位精神分析学家在弗
里堡对海德格尔的瞻仰之旅令福柯万分欣喜，同时，在与韦尔多通信的未出版
信件中，福柯却以轻蔑的口吻评价拉康的哲学能力。[77] 我们不太可能确认福柯
对克莱因的了解源自何处。她的作品几乎没有被翻译成法语，但梅洛－庞蒂在
索邦大学的心理学讲座，使她的思想得到了一定传播。[78]

福柯有关宾斯万格的引言，也包含了对萨特的一些批判，福柯没有回避或
忽视萨特，这是为数不多福柯与萨特交锋的文章之一。萨特认为，想象通过将
其对象虚无化而否定对象。福柯驳斥道，"想象"并非一种不真实的模式，想象
是通往存在的间接方式，这揭示了想象的"原始维度"。福柯此处指的是萨特
1940 年的论文《想象》，他很欣赏这篇论文，尽管他其实不喜欢萨特的现象学。
他还以尊重的口气谈及萨特早期的情感理论纲要。[79] 在对萨特的批判中，福柯
援引加斯东·巴什拉关于想象"动力学"的论述，并赞同巴什拉的观点。在福
柯看来，巴什拉在某种程度上捕捉到了真实、鲜活的想象（因此，就是梦），但
巴什拉却以完全主观的角度得出了这个结论，从而不能把握关于想象的社会和
历史维度。[80] 这里有两个加斯东·巴什拉。一个巴什拉将认识论的断裂理论化，
像康吉莱姆的作品就对福柯的科学史视角影响颇深；另一个巴什拉是想象力的
准精神分析研究者。福柯也很欣赏巴什拉，认为他开启了认识论出人意料的维
度。正如他在 20 年后写道：

> 例如，对于巴什拉来说，研究流动性概念并不意味着去研究流动机制 70
> 的方程式。任何一个通过认识论 A 级考试（他的认识论毕业会考考试）的
> 认识论学者都能做到这一点！他的研究意味着非常不同的东西。他的研究
> 展示了流动性在人们的想象中、在大众的想象中所能象征的一切。[81]

　　福柯的引言是一位具有哲学教师资格之人博学多才的体现，这篇引言是一场技艺精湛的哲学表演。柏拉图、亚里士多德、赫拉克利特、莱布尼茨和斯宾诺莎皆囊括其中。这是学院哲学家的传统曲目。另外，福柯对胡塞尔和海德格尔的掌握，则表明他属于新生代哲学家。他的博学多才也有鲜明的个人色彩。文中章节多充斥着文学引用和典故，大部分引用旨在表明宾斯万格是在"古典"传统下工作的。令人惊讶的是，这些作品多半是福柯在《古典时代疯狂史》中所言的古典时期文学。值得注意的是，这些引用的作品多半鲜为人知。福柯能引用《麦克白》或拉辛的《阿达莉》，并不令人惊讶，但他不仅熟悉 17 世纪的宫廷诗人邦塞拉德或特里斯坦·埃尔米特，也对泰奥菲尔·德·维奥的《皮拉姆和提斯柏的爱情悲剧》了若指掌。年轻福柯所学的任何一门课程似乎都不包括这些内容，一般情况下，只有那些关注 17 世纪灰暗角落的人们才会阅读这些作品。对此，我们只能假设，福柯是因个人兴趣才阅读这些作品，可以推测他对古典时期的兴趣甚至早于《古典时代疯狂史》。福柯有关宾斯万格的引言还包含了两则来自勒内·夏尔《形式分配》的引文，这部作品在 1945 年作为《单独者继续存在》的一部分首次出版。[82] 第二则引文揭示了福柯经常出现的缺漏，夏尔诗歌序列的第 17 段被错误地当作第 55 段。这是福柯漫不经心使用引文和参考文献的早期例证，他的这种态度众所周知。

　　宾斯万格的译本出版后，不到一年的工夫，福柯就离开法国前往瑞典。他首次出版作品后，紧随而来的是一段沉寂期，一直持续到 1961 年。他没有发表文章或者跟进他在第一篇论文中的方案，这或许表明，他意识到这些研究不会产生什么特别的成果。离开法国，前往瑞典担任文化外交官的决定，也是他对精神病学实践活动的告别。

　　值得一提的是这个时期的作品有两个显著特点。这些作品都以内容为导向，并无福柯标志性的华丽文风。以炫目文字开篇的修辞手法尚未出现在他的笔端：《古典时代疯狂史》的开篇出现了愚人船的形象；在《词与物》中对委拉斯凯兹（Velázquez）《宫娥》（*Las Meninas*）的分析；在《规训与惩罚》中对达米安处决的描写。沉寂多年的结果是，他发明了一种风格。就内容而言，早期写作的特点是尼采的缺席。从很多方面来看，福柯仍旧走在成为福柯的路上。

4 北方

　　像福柯职业生涯中的多数事件一样，1955 年，他离开法国前往瑞典是一次偶遇的结果，或者也可以说，这是一次其实并未发生的邂逅。乔治·杜梅泽尔是印欧宗教和神话的重要专家，20 世纪 30 年代曾在乌普萨拉大学执教过一阵子，他习惯每年夏天回那里工作一两个月。1954 年，罗曼语研究系在寻找一位法语助教，杜梅泽尔的朋友问他是否有合适人选。杜梅泽尔不知如何作答，因为他和年轻一代很少接触，但是他和考古学家朋友，刚从阿富汗回来的拉乌尔·居里埃尔（Raoul Curiel）提到了此事。一次偶然的机会，居里埃尔正巧遇见了巴黎高师人、哲人福柯，那时候，福柯对未来的职业生涯很是迷茫。居里埃尔形容福柯是他见过的最聪明的人。福柯给杜梅泽尔留下了好印象。一天，福柯突然接到杜梅泽尔的一封信，信中他向福柯描述了乌普萨拉生活的吸引力，询问他是否对这个空缺的职位感兴趣。福柯随即申请了职位。[1]

　　福柯并不是唯一的候选人。福柯的竞争对手是立陶宛人阿尔吉达斯·朱利安·格雷马斯（Algirdas Julien Greimas），他战前在格勒诺布尔大学学习，后来成为一名杰出的符号学家。[2] 他当时在亚历山德里亚大学教书，渴望回到欧洲，但福柯成功申请到了乌普萨拉大学的职位，这让格雷马斯的计划受挫。[3] 当时，福柯没有见到杜梅泽尔。1955 年的夏天，杜梅泽尔在威尔士度过，第二年春天才回到瑞典。然而，很可能是杜梅泽尔在瑞典的影响力，才让福柯优先于格雷马斯获得职位。

　　虽然福柯的资历很好，并且出版了著作，但当时，他没有取得任何卓越的学术成就。无论是他在里尔的教职，还是在巴黎高师的兼职教学，看起来都不像是辉煌职业生涯的良好起点，也没有迹象表明他的论文即将完成。参与精神病学的研究，令他对这一专业态度矛盾，想在这个方向上更进一步，大概就意味着他要取得医学资格。乌普萨拉至少为他事业上的犹豫不决提供了暂时方案。这同样意味着福柯事业方向上的变化。福柯被任命为法语教授，意味着他要开设对所有人开放的入门法语课程，并教授有关法国文学的课程。那时候，语言教学还不是很专业化的职业，实际上，福柯的国籍是他唯一真正的任职资格，但这并不妨碍他取得学术等级中的最低职位。与此同时，他也被任命为法国文化中心的主任，法国文化中心是法国外交部"文化关系"部门在瑞典的前哨。至少，文化外交事业的大门已经向福柯敞开。精神病学曾令福柯如此着迷，而现在他已经远离了法国的精神病学机构。

　　事业不是福柯唯一考虑的事情。在后来的采访中，福柯说他离开法国是因为"我难以适应法国社会、文化生活的某些方面……嗯，我想，我离开法国的时候，在那里，人们私生活的自由受到严格限制。那时候，我想瑞典会是一个更自由的国家"[4]。他这番解释听起来像是含蓄地暗指 20 世纪 50 年代中期法国同性恋者举步维艰的社会处境。在性方面，瑞典享有自由主义的声誉，对任何一个战后法国人来说，那里似乎也是时髦现代作风的繁盛家园。另外，福柯说他之所以去瑞典，是因为他"受够了法国的大学文化"。[5]然而，倘若福柯期望在那里找到一个性乌托邦，他将会万分失望。事实证明，乌普萨拉大学等级森严，有着清教主义般的集体氛围。小镇距斯德哥尔摩仅一个小时车程，景色宜人，但非常安静。

　　福柯后来评价那段瑞典生活时，口气极其轻蔑。他说，他发现"某种程度的自由所产生的抑制作用并不亚于直接压制的社会"[6]，瑞典也向他展现了"50 年或 100 年之后，人人富足、幸福但禁欲的图景"[7]。此外，他评价瑞典社会是一个"过度医疗化的"社会，"社会危险在某种程度上被精细复杂的机制掩盖"[8]。福柯还发现了瑞典生活其他的艰难之处。福柯总是说起"瑞典之夜"，漫长而黑暗的冬季令人心绪沉重。他也不喜欢那里的寒冷，战前在比利牛斯山度假的那些寒冷记忆，使他不愿沉溺在流行的越野滑雪消遣中。福柯呈现给法国亲戚朋友的生活，是一幅北欧式忧愁的阴郁图景。福柯的弟弟回忆起，福柯曾对他描述，自己有一次询问能有多少学生来上课。学生告诉他，没有多少人来，当冬天来临，不可避免的自杀浪潮就开始了，这让学生人数下降。[9]

很显然，这样的奇闻逸事包含了苦中作乐的成分，上述评价也都是福柯的后见之明。然而，言语之间的苦闷，不仅反映了福柯寻找乌托邦的受挫，也反映了学术、智识方面真实的失望。福柯发表的言论，倾向于理想化的描绘，而非与现实相符。正如他与雅克利娜·韦尔多在意大利时一样，他坚称自己讨厌大自然，认为自己的自然栖息地是图书馆。虽说很多时候，他确实待在乌普萨拉图书馆，但他也享受林间漫步的时刻，即使他不喜欢酷寒，冬天的时候，他仍喜欢在乡间的冻湖上散步。[10]

8月末，福柯来乌普萨拉担任教职，搬进了为法国文化中心主任保留的两个房间，房间至多是圣约翰街大楼里四楼一套大公寓的大小。几天后，他与年轻的生物化学家让－弗朗索瓦·米格尔（Jean-Francois Miquel）在大学里结伴，米格尔当时正在大学里做博士后研究。他们很快就建立起了友谊，决定定期在"法国之家"一起用餐。不久后，随着雅克·帕佩－莱皮纳（Jacques Papet-Lépine）的加入，这对法国组合变成了三人组，雅克是研究雷电的物理学家，正准备一篇题目绝妙的论文《数学与雷击理论》。[11] 三人很快成为来往密切的小团体，彼此轮流做饭（福柯专门做意大利面，为此他钻研出了意大利面的一套烹饪理论），他们大部分闲暇时间都待在一起。[12] 意大利语教师科斯摩扎·帕斯卡利（Costanza Pasquali）和她的英语伙伴彼得·费森（Peter Fyson）也常参与其中。彼得是一位诗歌专家，能够背诵但丁和其他欧洲诗人的长诗，他也是一位歌剧爱好者。彼得与吉尼斯家族有关，他的社会关系让小团体有机会接触到瑞典上流社会，而不是青年学者经常接触的那些人。

除了费森和帕斯卡利，福柯在乌普萨拉最亲密的职业伙伴是科学家们。虽然福柯现在似乎丧失了对临床精神病学的兴趣，但他开始对其他学科感兴趣，经常同米格尔一起参观生物化学和生物实验室。他没有自然科学和生命科学的背景知识，但他很快可以用基本术语来讨论他朋友的研究，有时他也会感叹，后悔自己当学生的时候没选择研究科学。他的业余兴趣不仅限于生物学。乌普萨拉大学以拥有一台粒子加速器为荣，这台机器很快令这位年轻哲学家着迷不已，1926年的诺贝尔奖得主、化学家特奥多尔·斯韦德贝里向他传授了粒子加速器工作和用途的一般原理。

没过多久，这个法国小团体就在镇上和大学里获得了一些可疑的名声，尤其是因为他们吵闹的饮酒派对。特别是福柯，他那时严重酗酒。当他买了一辆性能强劲的米色捷豹跑车后，他的名声就更坏了，这种车型不是初级教员通常能拥有的。这辆车是二手的，但仍价格不菲。福柯不只靠工资过活，那时家里还在资助他。这辆捷豹令他颇为得意，乐在其中，虽然这辆车的机械性能不太理想，给他添了不少麻烦，这是位沉溺于酒精的司机，不止一次将车开进沟里。[13]

尽管福柯后来对瑞典发表了那些评价，但实际上，福柯在那里的社交生活比在巴黎活跃得多，也轻松得多。让－弗朗索瓦·米格尔回忆说，当时他自己在乌普萨拉有不止一位女朋友，而福柯在任何时候都不止一个男朋友。如果说福柯有过异性恋的经历，就是在那个时候了。

尤其有一个女人，是他感情的特别焦点，虽然对她来说，这是一份柏拉图式的依恋。丹妮是一位年轻的法国秘书，她在让－克里斯托夫·奥贝格（Jean-Christophe Öberg）的建议下来瑞典工作，奥贝格是派驻巴黎的外交官的儿子。他回到瑞典学习法律，后来成为外交界的重要人物。丹妮成为福柯在"法国之家"的秘书，也为米格尔做些事。她成为这个法国小团体的一员，受到福柯父亲般的关照。丹妮和福柯保持着紧密的联系，当福柯第一次见丹尼尔·德费尔时，丹妮帮福柯考察了德费尔，看他是否适合福柯。[14]

76　　他们经常去斯德哥尔摩短途旅行，要么是为了玩乐，要么是职业上的原因，其中有一次意料之外的邂逅。米格尔和福柯一时心血来潮，想去斯德哥尔摩看歌手莫里斯·谢瓦利埃（Maurice Chevalier）的演出。演出结束后，福柯建议他们应该请谢瓦利埃喝一杯，然后再离开。谢瓦利埃欣然接受邀请，同意和他们一同返回乌普萨拉，由福柯来开车。歌手在"法国之家"度过了一个计划外的轻松周末，他讲述了漫长职业生涯中的奇闻逸事，逗这些伙伴们开心。事实证明，福柯有让人吐露往事的天赋，而谢瓦利埃也乐意配合。福柯会对谢瓦利埃感兴趣，这有点令人惊讶。他通常的音乐品味倾向于古典音乐，在房间工作时则经常听巴赫和莫扎特，尽管他说他对巴拉凯推荐的序列音乐也兴致盎然。他收集了大量同一作品的不同唱片，尤其是巴赫的唱片，这表明他有不俗的音乐鉴赏力。

虽然福柯在瑞典的生活有些浮躁，但他非常认真地履行教学职责，并成功地吸引了以女性为主的初级班学生的注意力，使他们保持对课程的兴趣，这些学生中的一个后来成了米格尔的妻子。他的文学课程始于 1956 年的春天，这门相当传统的课程的主题是当代法国戏剧。但在下学期，他开始讲授"法国文学中的爱情观：从萨德到让·热内"。这些讲座主要在大学校园里举办，并对所有人开放，但显然并非人人都欣赏这一主题。萨德（Sade）和热内代表了法国文化的一个面向，但并不是法国外交部的标准宣传内容。福柯并未按教学大纲授课，因此，很明显，这些主题来自他的个人喜好。后来证明，福柯对萨德和热内的兴趣是持久的。福柯还就法国古典戏剧的通常主题举办了研讨会。在瑞典举办的讲座或研讨会记录无一幸存，但在《古典时代疯狂史》中，福柯对拉辛《昂朵马格》中的疯癫形象的探讨，就来源于法语选修课学生的研讨会。[15]

在"法国之家"，福柯负责承办各种各样的文化活动，他组织剧本阅读和戏剧表演，带着大家讨论超现实主义诗歌和勒内·夏尔的作品，同样得到讨论的还有爱德华·马奈（Edouard Manet）和印象派画家。福柯展现出了组织管理 77 和即兴演讲方面的天赋。有一次，在没有事先通知的情况下，他收到了弗尔南多·里弗斯 1951 年的电影印刷品，电影根据萨特《肮脏的手》改编。在没看过电影的情况下，他在大概两个小时的时间里准备了一份优秀的电影介绍。他的另一项职责是邀请演讲嘉宾。玛格丽特·杜拉斯（Marguerite Duras）①、罗兰·巴特、小说家克劳德·西蒙（Claude Simon）和让·伊波利特都是福柯在乌普萨拉的座上宾。[16]为使讨论生动有趣，福柯让他的朋友们阅读当时嘉宾的作品，并提前准备好了对嘉宾的介绍，然后，福柯将朋友们安排在听众席上，提出事先准备好的问题。[17]

福柯是一位有才干而高效的管理者。1956 年 1 月，桑戴利总监给巴黎外交部提交的报告中写道，福柯认真履行"这项异常艰巨的任务，倾情投入，他憔悴的面容可以作证。我感到他操劳过度，缺乏必要的休息"。[18]

1956 年的春天，杜梅泽尔回到乌普萨拉，像往常一样，在大学租给他的小公寓里住了两个月。他与福柯的第一次会面有一种奇特的仪式感。两人以各自的职称相称，聊天时，他们发现杜梅泽尔先于福柯数年通过了中学毕业会考。这个时候，杜梅泽尔建议他们彼此用"你"相称。福柯以他蹩脚的瑞典语表示

---

① 玛格丽特·杜拉斯（1914—1996），法国作家、电影导演，代表作为获得龚古尔文学奖的《情人》，其他作品还有《物质生活》《中国北方的情人》《广岛之恋》《劳儿之劫》等。杜拉斯晚年拍了很多实验电影。——译者注

感谢，最后，他们以杜松子酒为彼此的相遇干杯。[19]

杜梅泽尔生于 1898 年，他的中学毕业会考可以追溯到一战前。福柯出生两年前，杜梅泽尔已开始了自己的出版生涯，那时他的比较神话学研究已初见端倪。[20] 在波兰、土耳其和瑞典待了很长一段时间后，1933 年，他被任命为巴黎高等社会科学研究院的讲师，两年后成为研究主任。1948 年，杜梅泽尔获得法兰西公学院教席，退休后，1978 年，他成为法兰西学术院的一员。某种程度上，他作品的创新性在于比较各种不同种类的印欧语系诸神，研究他们之间一系列的关系，而非聚焦于松散的个案，将他的作品归入结构主义的形成阶段，是合情合理的。这些作品同样深刻地影响了像乔治·杜比（Georges Duby）这样的历史学家。[21] 对于福柯来说，杜梅泽尔仅仅是"教授"。

在《古典时代疯狂史》原来的序言中，福柯感谢杜梅泽尔，他说："如果没有他，我就不会开始写这本书——既不会在瑞典的漫漫长夜中开始，也不会在
78 波兰自由的烈日下完成。"[22] 福柯接受《世界报》的让－保罗·韦伯（Jean-Paul Weber）采访时，当谈到影响这本书的人时，福柯立刻提到了"教授"。韦伯感到奇怪并问道，一位宗教历史学家如何能启迪精神病史的研究呢？福柯答道："通过他的结构观念。杜梅泽尔运用结构观念分析神话，我也试图发现经验的结构形式，而经验的图式可以通过不同层次的变化表现出来。"[23] 然而，没有文字证据表明福柯离开瑞典前读过杜梅泽尔的任何作品。

杜梅泽尔不仅是一位知识分子导师，他也很有影响力，他因博学多才而广受尊敬，他的名字可以成为"敲门砖"。像伊波利特一样，在扶持福柯的人脉网络中，杜梅泽尔变得至关重要。对于并未在法国大学长期工作的福柯来说，终究是需要一个更为直接的支持网络，福柯的大半学术生涯都建立这些帮助之上。

在杜梅泽尔看来，乌普萨拉最吸引人的地方是克罗利纳·勒蒂维瓦大图书馆，这正是最初杜梅泽尔给福柯的信中提到的图书馆。该图书馆的一大宝藏是华勒藏馆——一个收藏了大量关于医学史和相关学科的书籍的藏馆。藏品刚刚编目完毕，因此福柯能充分利用这些资料了。如果《古典时代疯狂史》只有一个诞生地，那就是乌普萨拉图书馆，尽管福柯大量的研究是在巴黎的图书馆进行的。比如，正是在华勒藏馆中，福柯发现了塞巴斯蒂安·布兰特 1494 年所作的《愚人船》（Das Narrenschiff）。这是一本讽喻诗和木版画集子，阐明了人类的种种愚蠢，福柯在他的第一本主要著作的开篇谈及这些内容。

在教学和行政任务允许的情况下，福柯每天早上开始在图书馆工作，一直持续到晚上，轮到他做饭的时候，他会比平时早些离开。逐渐累积的手稿笔记，融入福柯的书写中，最终随他一起去了波兰和德国。1968 年，福柯对一位瑞典记者说，当他离开法国时，他没有任何写作的念头，"正是在瑞典，在那漫长的黑夜中，我染上了这种狂热，这种每天要写五六个小时的肮脏习惯"。[24] 福柯这么说有些夸张，事实上，福柯那时根据与圆桌出版社签订的合同，要写一本有关精神病学的历史，而且，艰苦的科研工作对他来说并不陌生。然而，他的写 79 作计划变得有些模棱两可，他没有写精神病学的历史，写出来的是《古典时代疯狂史》。

1957 年 12 月，福柯似乎还在考虑在巴黎出版此书的事。在给雅克利娜·韦尔多的信中，他为这本"来自圣安妮的书"而感谢雅克利娜，继而说道：

> 我本可能不得不问你两三件事情，但那里有着宏伟的图书馆。我已经写完了 175 页。写到 300 页我会停下来……为什么不能这样处理这个问题呢：在希腊思想敞开的空间里，疯狂和非理性的经验存在其中……这本书的最后附有 25 页到 30 页的拉丁语的博学注释，你认为出版商会接受这么一本书吗？我很想把我写完的部分寄给你，但写得太潦草了。它将必须由打字员重写，或者是用录音机？如果我能在明年 6 月或 9 月完成，它能在 12 月或 1958 年 1 月出版吗？[25]

很可能在写这封信之前，福柯就已经放弃了在巴黎出版的计划。福柯无视圆桌出版社的项目，也不顾他的合同义务，决定将他正在写的论文提交为瑞典的博士论文。乌普萨拉提供的研究设施非常棒，这些条件吸引他留下——这是他第一次幻想永久离开法国——尽管他甚至都不想在乌普萨拉度过大学假期。法国的学术体系未必认可瑞典的博士学位，最终返回法国的话，瑞典的学位一定会引发质疑。语言方面也是个问题，因为福柯只能说非常基本的瑞典语会话，除非用法语，不然他无法教学。很明显，他也不能用瑞典语写论文。

福柯是否认真考虑过这些问题呢？我们无从得知，但是福柯的确向斯特恩·林德罗斯（Stirn Lindroth）教授提交过他的博士论文。林德罗斯是科学史和思想史专家，也是乌普萨拉大学的重量级人物。林德罗斯说法语，研究文艺复兴时期的哲学和医学。他对福柯绝非冷酷无情，曾多次邀请福柯共进晚餐。然而，他对福柯 1957 年向他展示的手稿没有太深印象。他尤其反对那推断式的理论概括倾向，在他看来，这违背了乌普萨拉的经验主义和实证主义传统。虽然福柯将他的手稿改了 4 次，林德罗斯仍不愿接受它。他当然会对基于华勒藏馆的医学史论文感兴趣，但他对福柯的这个专题研究并不赞同。福柯徒劳地为自己的失误而道歉，并试图说服教授：

> 我在这里的失误是没有讲明我的计划，我不是要写一部精神病科学的发展史，而是要写一部精神病得以从中发展的社会、道德、想象等背景的历史。因为我觉得，直至 19 世纪，且不说至今，尚不存在关于精神病的客观知识，而只有一些用科学类比术语表述的有关精神错乱的经验（道德的、社会的，等等），由此才产生了这种极不客观、极不科学和极脱离历史地考虑问题的方法。也许这种方法是荒谬的，应预先给予谴责。[26]

林德罗斯不为福柯的请求所动，明确表示福柯的博士计划在乌普萨拉没有未来。据让－弗朗索瓦·米格尔所说，正是林德罗斯对福柯博士计划的拒绝促使福柯突然离开了瑞典。已发布的 1958 年秋季教学计划宣布，福柯将就"法国文学中的宗教经验：从夏多布里昂到贝尔纳诺斯"发表一场演讲。但这场演讲从未进行，到 1958 年 10 月的时候，福柯已经在华沙了。

自尊受伤解释了他后来对瑞典的刻薄评价。孤独感，也是个实际存在的问题。1957 年的学年末，米格尔、丹妮和帕佩－莱皮纳都离开了乌普萨拉。尽管福柯在瑞典有很多好友，包括一位年轻朋友埃里克－米歇尔·尼尔森，他后来成了电影制作人，为《古典时代疯狂史》这本书贡献了力量。此时，福柯社交圈子的核心基本上已经瓦解了。

福柯很快开始了一种数年在国外漂泊的生活模式。尽管法国的生活令他"痛苦"，但他通常在假期里回到巴黎，从未在瑞典度过一个完整的夏天，教学任务一完成，他就开着那辆有名的捷豹跑车回法国了。这可能在某种程度上解释了福柯为何提及的总是瑞典的黑夜。福柯没有真正体验过瑞典的白夜，当太阳不再落山的时候，当斯德哥尔摩的人们离开城市去往城市东边的小岛群时，白夜就降临了。1955 年 12 月，福柯抵达乌普萨拉仅 4 个月后，就返回巴黎过圣诞假期了。此次探访有两个重要的结果：短暂休息和一次会面。

福柯与巴拉凯的关系变得很糟糕。假期中，福柯花部分时间和巴拉凯相会，剩下的时间则在勒皮诺阿度过。《继叙咏》首演后不久，福柯收到了巴拉凯的来信："我不再想要'十二月'，我不再希望充当'堕落'的演员或看客。我已逃离了那种疯狂的眩晕。"一位朋友建议巴拉凯不要再和福柯往来："这个人会毁了自己，也会毁掉你。"在 1956 年的 5 月，福柯试着去和巴拉凯和解，但被巴拉凯断然拒绝。[27] 福柯与巴拉凯的感情结束了。巴拉凯提到的"堕落"是个谜，但事后看来，"堕落"这个词不禁让人联想到两人关系中的某种施虐受虐倾向。

1955 年，福柯在巴黎高师老同学罗贝尔·莫齐（Robert Mausi）的引见下，第一次见了罗兰·巴特。[28] 40 岁的巴特还不是名人。因为他在结核病疗养院休养了数年，所以不能参加教师资格会考，对于任何一个寻求正规学术事业的人来说，参加教师资格会考是一条必经之路。1955 年，他主要依靠自由撰稿来养活自己，同时也担任《大众戏剧》的编辑，他的一篇评论为布莱希特在法国的普及做了很大贡献。1953 年，他出版了《写作的零度》，获得了一些赞誉。1954 年，他多年来一直零星书写的《米西列自述》问世。巴特定期发表在《新文学》（*Les Lettres Nouvelles*）、《精神》（*Esprit*）和《法兰西观察家》（*France-Observateur*）上的一些文章，后来在 1957 年被结集成册为《神话学》。巴特开始树立文化评论家的声誉，但那时，他还没有成为后来的重量级文学人物。

巴特和福柯志趣相投，但他们也有非常不同之处。比如，在 20 世纪 70 年代，他们的政治分歧颇具讽刺意味地反转过来。在这个阶段，巴特仍在准马克思主义的思想体系下工作，而此时的福柯对政治颇为冷漠。他们对同性恋的态度也截然不同。虽然福柯在 20 世纪 50 年代"出柜"的说法有些不合时宜，但福柯的性取向对他的朋友和母亲来说不是什么秘密。他的母亲可能也意识到了这一点。巴特则相反，他和母亲住在一起，处心积虑地向母亲隐瞒他的性取向，一直隐瞒到 1977 年他母亲去世。即便如此，两人还是成了密友，成了临时的恋人。只要福柯在巴黎，他们就一同吃饭，在圣日耳曼街的咖啡馆和夜总会消磨时光。巴特是福柯邀请到乌普萨拉的客座讲师之一，他们多次在北非一起度假。两人的关系持续到了 1960 年。

1957 年的夏天，福柯在巴黎有一场意义非凡的邂逅。为了寻找"我想不起来的那本书"，福柯信步走进了"卢森堡花园对面的那家大书店"，或者说，走

82

进了令人敬畏的书商、出版商约瑟·科尔蒂（José Corti）位于美第奇街的办公室。科尔蒂本人在和一位朋友深入交谈，等待科尔蒂的时候，福柯无所事事地浏览一本黄色封面的旧书，此书由莱梅勒书业出版，此出版社因出版法国高蹈派诗人的诗歌而闻名遐迩。出于无所事事的好奇心，福柯开始浏览其中一本书。这本书是雷蒙·鲁塞尔的《视》，《视》是一首描述雕刻在笔架上的海滨风景的2 000行长诗。福柯立刻被《视》和罗伯-格里耶的《窥视者》（1955）之间的相似性震撼。福柯对鲁塞尔一无所知。当科尔蒂结束谈话的时候，福柯小心翼翼地问他鲁塞尔是谁。"科尔蒂宽厚而又遗憾地看着我，说道：'但是，毕竟，鲁塞尔……'我立刻明白了我理应知道雷蒙·鲁塞尔的事，因为他那时在卖这本书，我尴尬地问他，我是否可以买下这本书。令我惊讶和失望的是，这本书价格不菲。"[29] 随后，科尔蒂建议福柯阅读鲁塞尔的《我是如何撰写我的某些著作的》。在接下来的几年里，福柯慢慢收集了鲁塞尔的全部作品。福柯发现了一种新的热情，它几乎令人着魔，但他秘而不宣："他是我数个夏天的最爱……没人知道这一点。"[30]

尽管科尔蒂摆出一副居高临下的笑容，福柯却没必要为他对鲁塞尔的无知而感到特别羞愧。鲁塞尔出生于 1877 年，1933 年在巴勒莫去世，死于可疑的情况下。尽管超现实主义者和雷利斯（Leiris）对他感兴趣，但他的作品基本上被世人遗忘。从这一点看，只有一本书是献给鲁塞尔的。[31] 第二本有关鲁塞尔的书出现于 1963 年，此时人们开始对这位被过度忽视的作家重燃兴趣，而这本书的作者正是米歇尔·福柯。

福柯在瑞典的时候，随着阿尔及利亚战争的继续，以及法兰西第四共和国的崩溃，法国的局势迅速发生变化。福柯对这些进展不感兴趣。参加法国共产党的苦涩味道依然萦绕于心，此刻，他对政治完全不抱幻想了。他和朋友们定期阅读《世界报》和《费加罗报》（Le Figaro），但如那些不受约束的外派人员一样，他们对法国发生的政治事件，秉持冷眼旁观的怀疑态度。乌普萨拉大学有少数阿尔及利亚学生，他们组织会议，声援阿尔及利亚民族解放阵线（FLN[①]）领导的独立运动。福柯和这些学生有过接触，邀请他们中的一些人来他的房间进餐。他对阿尔及利亚的事业表达了含糊的同情，但他绝非激进的支持者。[32]

---

① FLN，指的是阿尔及利亚民族解放阵线。1954 年 11 月 1 日，阿尔及利亚民族解放阵线建立并领导了民族解放军，在奥雷斯山区举行武装起义。1962 年 7 月，阿尔及利亚获得完全的独立。——译者注

福柯同情解放事业。阿尔贝·加缪在 1957 年 12 月荣获诺贝尔文学奖的演讲，也给他留下了非常深刻的印象。作为"法国之家"的负责人，福柯参与了加缪访问的筹备工作，当加缪在 12 月 10 日发表获奖感言时，福柯也在场。诺贝尔颁奖典礼两天后，加缪参加了斯德哥尔摩大学的一场讨论，一位阿尔及利亚学生问他为何没有采取支持独立运动的立场。现场的讨论越发激烈，愤怒的加缪发表了那番臭名昭著的言论："我一贯谴责恐怖行为，我也同样谴责在阿尔及利亚街道上肆虐的恐怖主义，它随时会危及我的母亲或我的家庭。我相信正义，但先于正义要保护的是我的母亲。"[33]

12 月 14 日，加缪随后的讲座在乌普萨拉大学举办，部分活动由福柯组织，演讲主题为"艺术家和他的时代"，讲座顺利进行，学生没有提任何政治问题。没有记录显示，福柯曾质疑加缪在斯德哥尔摩的声明，或是对此表达保留意见。当然，身为"法国之家"的主任，他也不能公开支持阿尔及利亚民族解放阵线。令人惊讶的是，即使是米格尔这样的密友，也不记得福柯曾对此事发表私人看法。数年后，福柯声称他一直反对战争，但他近乎带着歉意补充道，由于他当时人在国外，无法亲身参与现代法国决定性的历史时刻。他还指出，正是这场战争结束了"长期以来，左派普遍相信法国共产党等同于正确的斗争和'正义事业'的情况"。[34]

尽管他声称对政治漠不关心，但他无法忽略 1958 年 5 月的政治事件，当戴高乐重掌大权时，阿尔及利亚的局势似乎岌岌可危，近乎彻底陷入军事叛乱之中。月末，福柯与奥贝格开车从乌普萨拉回到巴黎，人群簇拥在香榭丽舍大道上，挥舞着蓝、白、红三色旗，两人就混杂在激动的人群中。[35]福柯在蒙日街与他的弟弟待在一起，至少在巴黎待了一个月，只是返回乌普萨拉收拾了一下行李。福柯对"五月风暴"的看法并未记录在案，但他的很多熟人回忆起，福柯并非对戴高乐毫无同情。他们认为福柯那时有戴高乐主义倾向。可以肯定的是，他不支持这样的观点——这在左翼和法国共产党的教条问题上并不罕见——戴高乐的回归是一场政变，这场政变预示着"个人独裁的总统制趋势，并开启了朝向法西斯主义的道路"，福柯对将军关于阿尔及利亚局势的处理，以及随后的去殖民化进程，持明确肯定的态度。[36]

1958 年 10 月，福柯来到了华沙，负责大学的法国中心工作。对福柯的任命在短时间内安排下来，杜梅泽尔再次出手相助。菲利普·勒贝罗尔（Philippe

84

73

Rebeyrol）负责外交部的"法语教学部门"，他是杜梅泽尔在巴黎高师的同辈。法国政府与波兰进行了外交谈判，结果要建立法国中心，勒贝罗尔在寻找胜任的人选。杜梅泽尔向勒贝罗尔提到了福柯。在勒贝罗尔看来，杜梅泽尔的判断是正确的，福柯在乌普萨拉工作高效，树立了良好的声誉。他的推荐信写得很好。1958 年 5 月，关于"法国之家"主任的报告被送到法国外交部："米歇尔·福柯是法国文化的杰出代表。他在乌普萨拉取得了辉煌的成就，在那里他赢得了老师和同学的信任。在这个岗位上，他是无可取代的，人们想知道谁能取代他，唉，如果可以预测，那是因为他最终厌倦了北欧的天气。"[37] 福柯是否——如果是的话，是在何时——确实找杜梅泽尔表达了他留在瑞典的不适，仍扑朔迷离。即使有朋友从中斡旋，安排外交和文化方面的任命仍需时间，法国外交部并不以雷厉风行而闻名。如果，至少看起来很有可能，去波兰的提议在 1958 年 5 月被福柯作为一个备选，那么，福柯在乌普萨拉提交博士论文的严肃性很值得怀疑。

从瑞典迁移到波兰，用福柯的话来说，是从一个运转"良好的"社会民主国家迁移到一个运转"糟糕的"人民民主国家。[38] 华沙部分地区仍处在一片废墟之中，物质短缺司空见惯。福柯一到华沙，就住进了大学附近的破旧的布里斯托尔酒店，他不得不秉烛完成《古典时代疯狂史》的手稿。从政治方面来看，这个城市也笼罩着阴霾。"波兰十月"的记忆不时地闪现在人们的记忆中，当时哥穆尔卡不顾苏联介入的威胁，在大学里举行了"永远的先锋主义狂欢节"。[39] 当哥穆尔卡重申他的权威时，党和知识分子之间的联盟开始瓦解。1957 年年末，学生暴动，以反对"修正主义"报刊的压制，同时，党员人数急剧下降。[40]

有两件事震惊了福柯。一方面，波兰人民认为他们的政权，是二战和占领强加给他们的产物，党和政府是一个被迫共存的异质集团。另一方面，人们认为国家灾难性的经济局面延续了战争的痛苦。这个国家的一切宛若临时搭建的舞台。[41] 对他的大多数学生来说，马克思主义是一个必须学习但无关紧要的理论，就像一个法国学生必须学习的教义问答一样。[42] 而天主教代表了一种消极的抵抗方式："很多人去做弥撒，仅仅是为了表示他们对政权的反对。"[43] 这所大学本身是一座自由岛。据之前的一位讲师说，在校园中穿行而过，人们可能感受不到笼罩着整个波兰社会那严密的意识形态监控。[44]

福柯在华沙最初的职责与在乌普萨拉相似，不同之处在于，福柯一定程度上回应了大学官方的要求，他必须购买桌椅、书本和报纸来建设自己的"中心"。福柯教授法语课程，也教一些与他以前讲课内容类似的主题，特别是有关当代戏剧的课程。他在大学颇受欢迎，很快和考塔尔班斯基教授成为朋友。考塔尔班斯基受人尊敬，是科学学院的院长，在学术圈很有影响力。简而言之，法国中心很快取得了成功。

福柯的活动并不局限于起步期的法国中心。戴高乐相当重视法国的华沙大使馆，他将大使馆看作东部的一扇"策略之窗"，大使艾蒂安·比兰·德·罗齐格（Etienne Burin des Roziers）与戴高乐所见略同。1958 年的秋天，当福柯出现在大使馆的时候，艾蒂安·比兰·德·罗齐格对福柯一无所知，但很快就被他的精力和效率折服。法国文化参赞最近获批休假，去完成他的博士论文，而福柯成为他非正式的替代者。实际上，福柯现在成了大使馆的工作人员。他的新职位使得他对外交生活的一般程式有了一些了解，他对此颇感兴趣。这个工作为他提供了四处旅行的机会，并可以在其他城市举办讲座。1986 年，艾蒂安·比兰·德·罗齐格仍记得福柯在格但斯克举办的关于阿波利奈尔的讲座，讲座令人"目眩神迷"。大使对福柯的印象特别深刻，他提议福柯正式担任文化参赞。福柯服从他的提议，但也提出，只有满足他的条件，他才愿意接受这个职位。他觉得，法国外交部的这种认识是错误的，那就是可以将文化参赞随意地从南非调往波兰，就好像他们可以适应所有的气候和环境一样。他想招募一个由波兰专家组成的小组，这个小组得以组建覆盖全国的法国中心网络。艾蒂安·比兰·德·罗齐格并不反对这个想法，但出人意料的情况打消了这项计划。[45]

与创作相比，福柯法国中心主任的角色不算成功，因为很不幸，他卷入了一场性丑闻。虽然波兰主流的天主教氛围意味着很多人对同性恋持悲观态度，但事实上，在波兰，同性恋从未被定性为非法行为，类似奥斯卡·王尔德受审的案件，从未在波兰上演。[46]在福柯所处的艺术界和知识界，公开同性恋身份并不稀奇。然而，对于一个外国人，尤其作为大使馆的文化参赞，公开身份是一个危险的举动。与福柯有牵连的一个年轻人，后来证实为警察工作。他的父亲是一名在卡廷被谋杀的军官，因此，根据当时的意识形态，他被怀疑有资产阶级—民族主义背景。他获得大学教育的代价是要为警察工作。政治教化使他相信法国共产党在暗中活动，而他作为奸细的活动，最终能促进法国无产阶级的事业。福柯陷入了许多间谍惊悚片的经典圈套——"美人计"，这圈套令人颜面尽失，并可能面临敲诈勒索。东窗事发，大使建议他尽快离开华沙。[47]福柯的性取向影响了他在波兰的事业，这不是第一次了。之前，性取向的纷扰也影响了他在法国的事业。

访问克拉科夫之际，福柯由来自巴黎教育部的一名巡视员陪同，巡视员正在编写一份波兰的法国文化工作报告。她在法国已经有一定影响力，后来成为女子高等师范学院的院长。一天早上，她找不到这位代理文化参赞了，沮丧之下，她最终闯进了他的宾馆房间，在那里，她惊恐地发现，福柯躺在他前晚遇见的一位年轻人的怀里。数年后，福柯津津有味地讲起这个故事，声称这场闹剧促使他没有向戴高乐提交一份高等教育改革计划，而这个计划原本可以预先遏制1968年的"五月风暴"。[48]我们不清楚"克拉科夫事件"是否真的影响了他的职业生涯；然而，众所周知的是，1962年，在艾蒂安·比兰·德·罗齐格的帮助下，福柯采访了负责大学工作的公务员，并向他提出了大学部门改革的大致计划。

20多年后，福柯才重返波兰。"波兰约束性和压迫性的权力"深深地烙印在他脑海中[49]，但同样持久保存的，还有他对波兰人民的感情。后来，他得知波兰仍旧由莫斯科遥控，而天主教教堂被波兰人管理的时候，他感到相当满意。[50]

"华沙事件"让福柯失业了，但很快，他的事业得到了挽救，他拜访了法国外交部的勒贝罗尔。尽管发生了这一事件，福柯依旧声誉良好，让·布里利（Jean Bourilly）对他评价极高，福柯曾暂时代替布里利担任文化参赞。在德国的法国文化机构有数个职位空缺，福柯选择了汉堡，这是另一座仍留有二战创伤的城市。

他搬进了位于海德马尔街为法国研究所主任提供的住处，他为一些外语系的学生讲课，讲授与在乌普萨拉和华沙相似的话题。他邀请一些客座嘉宾来研究所，其中包括阿兰·罗伯－格里耶（Alain Robbe-Grillet）①。他读过格里耶的书，但之前从未见过他。他们之间的谈话并非全都与文学有关。似乎正是福柯，带着小说家去了汉堡的脱衣舞俱乐部以及露天游乐场和"镜子迷宫游乐宫"，据福柯说，正是这个地方，成为罗伯－格里耶的小说《在迷宫里》（1959）的写作

---

① 阿兰·罗伯－格里耶（1922—2008），法国新小说派代表人物之一，代表作品有《橡皮》《窥视者》《嫉妒》。电影小说《去年在马里昂巴德》被改编成了电影。——译者注

起点。[51]

　　福柯对汉堡生活中肮脏的一面并不陌生。[52]福柯必须迎接的一位官方嘉宾　88
是小说家皮埃尔·加斯卡尔（Pierre Gascar），加斯卡尔罕有地讲述了他在汉堡
度过的一年。[53]加斯卡尔从汉诺威坐火车抵达了汉堡，他只知道有人会举着标
有"法国研究所"的牌子来迎接他。当他走向站台的时候，看到一个一动不动
的人，举着的纸板与下巴齐平，上面写着作家期待的文字。福柯看起来像一个
绑在木桩上的犯人，加斯卡尔本以为有司机或某位低级别的官员去接站，福柯
做了自我介绍，微微笑着。从福柯的微笑中，他感到了一种讽刺和挑衅：

> 这是爱出风头之人的完美姿态，带着一丝从容，展现他身上热情好客
> 的部分。他的性格和形象铭刻在我的记忆中。这形象永远界定了他，将他
> 囚禁在这熙熙攘攘的人群之中。他微笑着，带着"不同流俗"的冷漠态度，
> 在随后他那个时代的哲学或政治运动中，他始终保持着"不同流俗"的冷
> 漠姿态。[54]

　　加斯卡尔此前从未去过汉堡，尽管他作为战俘，曾目睹汉堡在地平线上燃
烧的景象。事实证明，福柯是一个很好的城市向导，他熟悉城市的历史和街道。
两人参观了该市的艺术馆，福柯对这里的德国浪漫派绘画藏品评价不佳，他们
最后走进了圣保利红灯区，那里有女摔跤手、妓女和其他各式各样的景点。对
于加斯卡尔来说，这是个有些肮脏的旅行景点，在这里他听到一些不道德的故
事。福柯对此再熟悉不过，在一些酒吧和脱衣舞俱乐部，人们喊他"博士先生"。
　　圣保利只是福柯在汉堡生活的一部分。《古典时代疯狂史》就是在这里完成
的，他与加斯卡尔就这本书进行了详细讨论。那时，福柯已下决心在法国将此
文提交为博士论文，并向身在巴黎的伊波利特表明了他的意图。《古典时代疯狂
史》是他的主论文，索邦大学的规定意味着他还需要一个"副论文"作为支撑，同
样关于哲学主题。福柯选择翻译和介绍康德1798年的《实用人类学》。[55]在汉堡那　89
一年的大部分时间，福柯都全神贯注于这项严苛的任务，这项任务重新激活了
他最初为阅读海德格尔和尼采所学的德语。他终于决定从事学术事业，并在克
莱蒙费朗大学获得了一个教职。从很多方面看，这篇论文都是一本古典主义的
学术之作，福柯从未试图去出版它。在127页的打字稿中，福柯对原文年代问

题和评论观点的讨论占了很大篇幅，但这篇论文标志着福柯进入了学术发展的重要阶段。正是在这里，"考古学"的提法开始出现，福柯开始涉猎"人文科学"的诞生（自19世纪在法语中通用的一个一般术语，指的是像社会学、心理学和语言学这样的学科），并且他发问道："如果这是可能的，那么，考古学难道不会让我们看到'人之批判'的诞生吗？这个被批判之人的结构本质上与之前的人类是不同的吗？"[56] 更普遍地讲，康德对作为世界公民的人的描述，是基于对当时医学和法律文本背景的阅读，或者基于构成了人类学领域"整个经验主义知识网络"的阅读。[57]

最令人吃惊的是这篇文章的结尾。福柯突然中断了对康德的讨论，以预言性的语调唤起了尼采：

> 尼采的事业被认为最终结束了有关人类的议题。上帝之死难道不是表明了一种双重谋杀的姿态吗？终结绝对思想的同时，也杀死了人类本身。因为，人类在他有限的存在里，无法与无限分离开来，人类既是无限的否定者，也是无限的先驱。难道没有可能设想一种对有限的批判吗？这种批判将与人类的解放，与无限的解放有关，这种批判会显示，有限不是终点，而是终点的开始，是时间的曲线和节点。
>
> "人是什么"这个问题的轨迹是什么？穿过哲学的领域，最终的答案挑战和消解了人本身：超人。[58]

这段话与《词与物》结尾那段著名的文字有着惊人的相似性："尼采的思想所预告的，与其说是上帝之死，不如说是上帝的谋杀者之死，就是人的面目在笑声中爆裂和面具的返回。"[59] 更令人惊讶的是，这段话与路易·阿尔都塞在1946年12月起草的一份未发表的手稿相似。"我们都把马尔罗的话铭记在心：'在19世纪末，老尼采宣告了上帝之死。现在轮到我们扪心自问，从今以后，人类是否还会活着？'我凭记忆引述，这可能不是他的原话。"[60] 阿尔都塞这段话指的是1946年11月4日，马尔罗在教科文组织开幕典礼上的演讲。[61] 他在马尔罗那里辨认出了一个反复出现的主题，而福柯对马尔罗的作品很熟悉。马尔罗于1921年至1925年写的一本早期小说，其形式是斯宾格勒式的书信体，内容是一位居住在中国的欧洲人 A. D. 和一位在欧洲旅行的中国人 Ling 之间的通信。

马尔罗写道："欧洲人试图毁灭上帝，在毁灭了上帝后，欧洲精神又摧毁了一切事物以反对人。在这种尝试完成后，他仅仅找到了死亡。"[62]

我们可能永远不会知道，福柯是否读了阿尔都塞的手稿。然而，我们能回想起的是，亚历山大·科耶夫确信人之死的观念和表达，在 20 世纪 40 年代晚期已经进入公共领域。[63] 考虑到科耶夫笔下的黑格尔在这个时期的重要性，阿尔都塞借马尔罗之口援用这个观念，或许就不令人惊讶了。这个观念出现在福柯有关康德的论文中，随后出现在《词与物》中，这更加令人好奇，但这也提醒我们，福柯主张他的哲学领地由康德和尼采来划定，而人之死并不是结构主义者的发现。很显然，马尔罗、科耶夫和福柯使用"人之死"比喻的方式并不完全相同。对于马尔罗来说，人之死是上帝之死悲剧性想象的一部分，上帝的缺席和荒谬的遭遇，否定了人的概念，这可能是虚无主义野蛮状态出现的标志。对于科耶夫来说，黑格尔的人类学哲学所谈论的人的死亡，某种程度上，指的是人类是一种可以意识到死亡的存在，人自由地接受死亡的必然性。在 1966 年的书写中，对于福柯来说，继续以抽象概念来思考人类变得不再可能，精神分析学、语言学所发现的自主人类主体的崇高概念，变得站不住脚了。在福柯 1961 年的博士论文中，他借用了尼采对后神学世界的悲观看法：在这个世界上，神所保证的人的概念正遭受质疑。事实证明，《词与物》中的著名论断有着完整的历史或前历史。

91 ## 5 疯狂史

　　1960 年秋天，福柯回到法国，此时的法国日新月异。那时，法兰西第五共和国取代了第四共和国，戴高乐已掌权两年。法国开始现代化的进程。2 月，法国爆炸了它的第一颗原子弹，夏天的时候，法国立法允许修建第一条收费高速公路，同时新法郎全面流通。戈达尔（Godard）的《精疲力尽》（*A Bout de souffle*）在影院上映，到年底观看人数达到 25 万人。1 月，加缪死于车祸。3 月，新的文学杂志《泰凯尔》（*Tel Quel*）创刊。5 月，萨特发表了他那意义深远的《辩证理性批判》（*Critique de la raison dialectique*），书中宣称 20 世纪末是马克思的时代，就像之前的几个世纪曾是笛卡尔、康德和黑格尔的时代一样。那时，马克思主义是个人思想得以成长的唯一土壤，是界定所有文化的地平线。[1]同年 9 月，121 名知识分子和艺术家签署了一份宣言，支持拒绝在阿尔及利亚作战的年轻人，以及那些逃离法国军队的年轻人，这样的年轻人与日俱增。没有国家性的报纸敢去刊登这份宣言。阿尔及利亚战争接近尾声，然而不到一年，巴黎本地爆发了激烈的战斗，秘密军队组织竭力遏制阿尔及利亚独立的必然进程。

　　1960 年 7 月 18 日，法国国民议会召开，会上讨论一项法案，授权政府采取措施打击卖淫、酗酒等社会弊病，预防肺结核等疾病。随后，摩泽尔选区的当选代表米尔盖提出了一项修正案，他敦促政府采取措施反对同性恋，他将同性恋描述为一种祸害，为此，政府必须不惜一切代价保护儿童免受其害。1960 年 7 月 30 日，国民议会投票通过了此法案和修正案，法国政府公开承诺减少酗酒率，降低软饮料价格以及打击同性恋。[2]《米尔盖修正案》直到 1981 年才被

92
酒率，降低软饮料价格以及打击同性恋。

80

载入成文法，对任何人的日常生活几乎都没有影响，但它具有巨大的象征意义，尤其是在 1946 年的立法仍然有效的情况下。

福柯的生活也发生了变化。福柯的父亲于前一年去世。面对父亲去世，他的反应我们无从知晓，但从那时起，他开始定期与母亲住在一起，他的母亲已退休，住在勒皮诺阿。父亲去世后，福柯用继承的钱买下了费雷博士街的第一套公寓。高层公寓位于科奈尔滨河大道沿岸，既实用又现代，这是巴黎最现代的地段之一，几乎与法国广播大楼隔河相望。公寓光线充足，通风良好，可以一览塞纳河的美景。福柯对于住在哪里，其实并不太在意，但他对家具的品位一定程度上受到瑞典现代主义的影响。公寓里主要是深色的柚木现代家具，引人注目的木质书架上摆放着一系列超现实主义作品，平添了几分轻松之感。福柯工作的桌上，他父亲留下的那幅安德烈·马松的画作就立在那里。丹尼尔·德费尔形容福柯的新家，好似一位科学家或瑞典新教牧师的公寓。[3]

1960 年 9 月，丹尼尔·德费尔准备在圣克鲁高等师范学校开始他的学业，因为他没能通过乌尔姆街的口语考试。二十岁出头的德费尔出生于勃艮第的韦兹莱，在母亲的默许下，从十几岁开始，他就一直是一个公开身份的同性恋。他在里昂的老师罗贝尔·莫齐在巴黎高师结识了福柯。自己的学生在口语考试中出人意料地失败了，莫齐有些失望，他主动把德费尔介绍给"他们那代最好的哲学家"，并补充说，福柯将在明年担任巴黎高师陪审团的评委，而德费尔应该重新考试。德费尔没有遵从莫齐的建议去重考，因为他那时已经被圣克鲁接收。但他见了福柯。

这位年轻的勃艮第人很快融入了福柯的圈子中，轻而易举地与巴特和其他朋友们打成一片。随之而来的是两人之间的亲密友谊。他们是开放性的关系，德费尔热切地寻找着巴黎的乐趣，他觉得福柯也同样渴求一些新的快乐。福柯扮演良师益友的角色，在哲学研究方面，为德费尔建言，并指导德费尔依次获得了学位文凭、高等深入研究文凭和教师资格。

有一个领域德费尔没有获得福柯的建议。与福柯的大部分朋友不同，德费尔是个政治活跃分子。他十分积极地参与反阿尔及利亚战争运动。复活节之际，强大的法国国家学生联盟决定与阿尔及利亚穆斯林学生总联盟建立联系，后者实际上是阿尔及利亚民族解放阵线（FLN）的学生分部，在独立斗争中发挥了重要作用。从这时开始，很多年轻人对法国共产党的热情慢慢减退，人们普遍认为法国共产党对阿尔及利亚独立的支持不冷不热。德费尔对反战运动热情高涨，正是在这个时候，他学习了政治斗争的技巧，形成了半秘密活动的喜好，这在后来的 10 年里派上了用场。德费尔同样对楠泰尔郊区的阿拉伯人聚居区很熟悉，令他高兴的是，他来到这里的时候，对面正是福柯博士所在的街区。福柯没有真正的政治斗争经验，德费尔对他来说是个新奇物种。[4]

尽管有德费尔的存在，但福柯完全没有涉足政治生活，他依旧过着一种古典的文学生活，一种知识分子的生活。福柯一如既往与巴特交往着，两人与一群朋友（并非全都是同性恋）一周共进 3 次晚餐。巴特的财务状况得到改善，思想知名度提高了。1960 年，巴特被任命为法国高等研究实践学院的课题主任，这里将成为结构主义的制度堡垒，他在管理工作中表现出的天赋出人意料，而且他很享受这份工作。他的文集《神话学》已在 1957 年出版，现在，他正撰写的一些随笔，最终将成为《流行体系》（1967）的一部分。

福柯主要忙于出版他的第一部重要作品，这本书令他获得博士学位，并赢得了法国大学系统的终身教职。他从汉堡回来时，带着康德的译文，以及一本 943 页的鸿篇手稿（外加 40 页的注释和参考书目），这些，是他 5 年研究和写作的成果。这本书原本是福柯打算为圆桌出版社撰写的精神病学历史，后来演变为一篇博士论文，最后成为福柯的第一部重要著作——《疯狂与非理性：古典时代疯狂史》（*Folie et déraison: Histoire de la folie à l'âge classique*）。

在最初的前言中，注有日期"汉堡，1960 年 2 月 5 日"，福柯写道，这本书在"瑞典的漫漫长夜中"动笔，并在"波兰自由的烈日下"完成。他通常声称这本书的大部分工作是在乌普萨拉完成的，但在注脚中，他讲述了一个稍微不同的故事。

94　　事实上，这本书写于他的放逐期，但很明显，此书大部分的研究是在巴黎完成的，一部分研究是在国家图书馆的手稿和印本部门进行的，一部分在国家档案馆（Archives Nationales），另外一部分则是在萨利街的阿斯纳图书馆（Bibliothèque de l'Arsenal）。某种程度上，福柯也依赖圣安妮医院的图书设施，这在他私下印发的小册子中得到证实。这本小册子是他为了成为法兰西公学院的候选人而写的：

> 在《古典时代疯狂史》中，我想确定在特定时代，关于精神疾病我们能了解些什么……一个对象在我的脑海中形成：考察那些投资在复杂

制度体系中的知识。一种方法势在必行：有必要查阅包括法令、规范、医院和监狱登记簿以及法律推理在内的大量档案，而不单单细读图书馆中的科学书籍。正是在阿斯纳图书馆或国家档案馆，我着手分析这些知识，这些知识可见的主体部分既不是科学或理论的话语，也不是文学作品，而是日常的、规范性的实践。[5]

与档案漫长的"爱恋"之路拉开序幕，福柯开始长期驻足于"落满灰尘的，有关痛苦的档案"。[6]

　　这很可能是《古典时代疯狂史》第一版的序言，却不幸在1964年的删减版本中被删去了，并在后来的版本中被新序言取代，原版序言以最清晰易懂的方式展现了福柯"第一本书"的内容。[7]这本书以帕斯卡尔（Pascal）的引言唐突地开篇："人类必然会疯癫到这种地步，即不疯癫也只是另一种形式的疯癫。"[8]福柯讲述的历史就是另一种形式的疯癫的历史，"人们用一种至高无上的理性所支配的行动把自己的邻人禁闭起来，用一种非疯癫的冷酷语言相互交流和相互承认"。我们应该尝试"确定这种共谋的开端，即它在真理领域中永久确立起来之前，它被抗议的激情重新激发起来之前的确立时刻"。精神病理学的概念对寻找"疯癫史的零度"毫无帮助，这个说法容易使人想到巴特《写作的零度》标题富含的有趣寓意，其中，"写作的零度"一词指的是加缪《局外人》中那种平淡自然的风格。引领福柯的并非病情学分类。相反，需要去抓住更加根本的内容："建构性的应该是那种区分疯癫的举动，而不是一旦做出举动、一旦恢复平静后就建立起来的科学。根本的应该是造成理性与非理性相互疏离的　95断裂。"[9]

　　在序言中，他继续说道：

　　　　在现代安谧的精神病世界中，现代人不再与疯人交流：一方面，有理性的人让医生去对付疯癫，从而认可了只能透过疾病的抽象普遍性所建立的关系；另一方面，疯癫的人也只能透过同样抽象的理性与社会交流。这种理性就是秩序、对肉体和道德的约束、群体的无形压力以及整齐划一的要求。共同语言根本不存在，或者说不再有共同语言了。18世纪末，疯癫被确定为一种精神疾病。这表明了一种对话的破裂，确定了这早已存在的分离，并最终抛弃了疯癫与理性用以交流的一切没有固定句法、期期艾艾、支离破碎的语词。精神病学的语言是关于疯癫的理性独白。它仅仅是基于这种沉默才建立起来的。[10]

福柯的目的不是撰写语言的历史，而是论述那种沉默的考古学。考古学的历史是有关界限的历史，"有关那些含义模糊、一经做出即必然被遗忘的举动，一种文化借助这些举动摒弃某种对它来说是外在的东西"。[11]考古学也试图捕捉其他事物：

> 这个词语充斥的空间，同时空无一物，没有一种语言能让人倾听历史之下发出的沉闷杂音，这是一种固执的喃喃细语，似乎在自说自话，没有说话的主体，也没有对话者，词语蜷缩堆积在一起，如鲠在喉，尚未成形就已消散，无声无息地退回到它从未与之分离的沉默中。[12]

在这海德格尔式的语调之下，也许还能听到另一种低沉的细语，令人回忆起一个男孩的梦，"我无法阅读这个文本，只能读懂一小部分，但我知道这是我编出来的；之后，这个文本完全被遮住了，我无法阅读它，甚至无法再编造它"。[13]正如他儿时的梦一样，福柯试图去倾听无法言明的事物，去捕捉那令人沮丧又难以捉摸的事物：疯狂经验本身。

阅读《古典时代疯狂史》不是一件容易事，人们很难快速概括出书的内容。福柯的引用来源多种多样，令人眼花缭乱，引用包括伊拉斯谟（Erasmus）和莫里哀这样的著名作家，以及医学和精神病学历史中被遗忘的人物和档案资料。用爱伦·坡的话说，福柯的博学多才源于多年以来"对许多离奇古怪、被人遗忘知识"的沉思默想，他的学问不会轻易荒废。福柯在研究中并不重视历史时序，他以对比的方法来阐明古典时期非理性经验的显著特征。选自档案的小片段打断了天马行空的哲学言谈，经验主义的论述与理论主张交织在一起。对悖论的喜好，导致他那繁复的表述方式。因此，愚蠢或疯狂的胜利威胁着古典秩序，这"揭示了这种归属关系无可挽回的脆弱性，理性立刻瓦解为了它在其中追寻自身存在的所有物：理性在占有非理性的过程中被异化了"。[14]阅读过程中，读者很难忘记这本书出自巴黎高师人之手。展现他的博学多才，是他最好的防

96

御手段。对档案材料和边缘知识的运用使福柯免于批评。他的潜在读者中，几乎没人可以质疑他对巴拉塞尔士的引用。既能质疑福柯对萨德和安托南·阿尔托（Antonin Artaud）①的解读，又能批评他对巴拉塞尔士的引用，这样的人几乎没有。

　　然而，甚至最漫不经心的读者，也能从这本书中获得莫大乐趣。这本书的整体论点和结构极具说服力，赢得了读者青睐，正如它在福柯申请博士学位时，也说服了陪审团一样。当读者漫步在由痴呆、躁狂、歇斯底里和忧郁症等"物种"组成的"植物园"时，又或者遇到一些奇怪的说法，诸如，"一个疯子变成了痴呆"和"一个人曾经疯了，但现在低能"15时，人们会体验到一种愉快的迷乱，类似于博尔赫斯的中国百科全书引发的困惑。在这种困惑中，人们会感到相对主义发挥的作用越来越大，因为任何可以有效判定疯癫的理性信念皆被动摇了。

　　福柯以三联画或三幕悲剧的形式划分历史，《词与物》也应用了类似的时代划分。第一段分期描绘了中世纪晚期和文艺复兴时期的疯癫经验。根据福柯的说法，第二段时期是从1657年到1794年的古典时期，1657年巴黎总医院（Hôpital Général）建立，巴黎的穷人成了"大禁闭"（great confinement）的牺牲品。到了1794年，当菲利普·皮内尔（Philippe Pinel）解开了比塞特尔（Bicêtre）收容院精神病人的镣铐时，精神病院的时代拉开了序幕。这出戏的最后一幕是有关现代的疯癫经验。这段历史还有着更深层次的主题："在疯癫经验重建的过程中，事实上，心理学的可能性条件的历史是它自己写就的。"16序言以勒内·夏尔《形式分配》（1948）第二段未被注意的引文结束："那些只能喃喃自语的可怜同伴们，走，拿着熄灭的灯，归还那珠宝。一个新的神秘的声音在你的骨头里歌唱。培养你那合理的奇特性。"17

　　一方面，《古典时代疯狂史》是一部从"疯狂"演变到"精神疾病"的真实历史。"疯狂"（Folie）是个不易翻译的词，因为在法语里，这个词蕴含了"愚蠢"和"疯狂"的含义，一如伊拉斯谟称赞的那样，而麦克白夫人和李尔王都成了疯狂的牺牲品。另一方面，这本书试图悲悯地倾听"自奈瓦尔和阿尔托以来诗歌中伟大而诗意的抗议……试图去恢复疯狂经验的深度和力量，去揭露这

97

---

① 安托南·阿尔托（1896—1948），法国戏剧理论家、演员、诗人。阿尔托在其理论著作《戏剧及其重影》中提出了"残酷戏剧"的概念。——译者注

种疯癫体验因监禁而化为乌有的过程"。[18] 在《古典时代疯狂史》出版后的几年里，福柯投入大量精力去追溯和阐释疯狂体验及其文学表达，他似乎发现了写作和疯狂之间的某种原始联系。

这本书以戏剧化的方式开篇，展示了福柯如今形成的书写风格，这种风格以引人注目的原始图像或宣言为标志："中世纪末期，麻风病在西方世界中消失了。"[19] 在福柯密集而快速的概述中，充斥着来源多样、不同寻常，有时令人生畏的资料，福柯描述了麻风病在欧洲的消失，而曾经由麻风病人激发的幻想和恐惧，现在全部转移到一个新的对象身上。当麻风病的房子空空如也之时，一个新的对象显现在文艺复兴想象的景观中：愚人船。这艘愚人船沿着莱茵兰的河流和佛兰德斯的运河缓缓漂流，船上载满颇具象征意义的"人货"疯子。倘若瘟疫或战争带来的死亡与恐惧令中世纪的人们愁容满面，那么文艺复兴时期的人们则试图驱赶一种新的恐惧：有关疯癫的恐惧。疯癫此时不再被视为一种来自外部的威胁，而是人类经验中与生俱来的可能性。愚蠢在人们的工作中作祟，嘲笑人们的思想，使人类的一切努力付诸东流。恐惧的整体结构仍旧不变，人仍旧惧怕"存在的虚无感，这种虚无不仅被看作外在的和最终的期限，同时也是一种恐惧和结局。这是一种内在的体验，是持续和恒定的存在形式"。[20] 在伊拉斯谟的画作中，愚蠢胜过智慧，他否认在理性和非理性之间存在任何区分，在很多画作中，他都嘲笑理性。愚蠢甚至是一种更高级的智慧：疯癫的李尔王比庄严而理智的李尔王了解得更多，傻子通常都比李尔王聪明。愚蠢还未完全被排除在世界之外，它总是言说着，通常在莎士比亚和塞万提斯的作品中言说真理。那低沉的声音还没有完全悄无声息。在中世纪的日常生活中，疯子与世界是隔离的，但疯子的身份尚未得到医学的定义。疯人受到特别关怀，甚至受到人们的盛情款待。

愚蠢因遭到 17 世纪"大禁闭"的驱逐而变得沉默了。如今，正是禁闭，展现了疯癫经验最鲜明的结构。1657 年，一纸王室命令建立了巴黎总医院，其任务是监禁穷人、可治愈的和不可治愈的病人、疯人和神志正常的人、流浪者、乞丐和"浪荡子"。任何读过普雷沃斯特的《玛侬·雷斯考特》的人，都会熟悉这个鱼龙混杂的地方。实际上，大禁闭主要针对的并不是疯人。巴黎总医院、济贫院和英格兰感化院都是治安系统的一部分。在这里，福柯用了"治安"

(police) ①一词，所谓治安就是使所有那些没有工作就无以生存的人必须工作的手段的总和，他声称治安是所有这些手段的本意。[21]与这些收容所一同建立起来的，还有大工厂，工厂有自己的工棚纪律。[22]这是对17世纪经济危机的回应，是一种管制劳动的严格方式。这些现象也是知识型转变的产物，这种转变以笛卡尔的《形而上学的沉思》为典范，此书1641年出版了拉丁语版本，1647年出版了法语版本。"如果人永远有可能发疯，相对地，思想因为有责任觉察真相认识主体的主权行使，不可能失去理性。有一条分界线被划开了，自此不久，就会使文艺复兴时代曾经如此熟悉的不合理的理性和合理的非理性体验，不再可能存在。"[23]认识论和治安一道，确保"人们把疯狂理解为受道德谴责的懒惰"。[24]

正是在像巴黎总医院这样的机构中，西方理性遭遇甚至创造出了它所认为的疯人。这个机构里禁闭了形形色色的人：浪荡子、梅毒患者、炼金术士、亵渎者和其他代表非理性的人，这些人冒犯了古典时期理性化的清规戒律。从古典时期开始，疯人就以他们"罪恶的光环"而著称。[25]监禁一开始没有尝试去治疗疯癫，而是将疯癫与理性关押的其他经验画上等号，理性关押所有它认为非理性的经验。[26]监禁特定个体的决定可能是出于医学上的考虑，但实际上，是法律、社会甚至是神学的话语构造了非理性的内涵。愚蠢或疯癫不是可以一劳永逸去定义的自然现象，它是可以被撤换的"移动星座"。然而，疯癫却总是成为意识的对象，意识以假设的合理性之名去谴责疯癫。

福柯指出了意识的四种形式：批判意识、实践意识、发言意识和分析意识。[27]从根本上来说，针对疯癫的批判意识是对疯癫的谴责，这种批判意识对自身的合理性充满自信，它确信自己远离疯癫。而实践意识主要感知对社会和群体规范的某种偏离，实践意识试图勾勒规范的分界线，并谴责那些越界之人。发言意识的存在有赖于"他疯了"这一说法，但它既没有资格赋予也没有资格取缔这种疯癫。因此，这种发言意识是可逆的，正如德尼·狄德罗（Denis Diderot）的《拉摩的侄儿》会产生无穷的讽刺效果一样。随后福柯详细分析了这部作品，并将其作为例子，"对于一切把非理性揭发为外在和非必要的判断形态，拉摩侄子的故事说出这判断中必然含有的不稳定和反讽逆转"[28]。因为这

①　福柯所谓治安并不是现代意义上的治安，"治安"一词也与福柯的治理术研究有关。在治理术研究中，治安类似于公共管理，治安将个体的自我治理、家庭治理与国家治理连接起来。正是通过治安，诸种治理才能成为一个连续体。——译者注

部作品引入了"讲的就是你的故事"的主题。分析意识关注对象的形式、现象和外观模式。疯癫的情态并不富于神秘感，疯癫完全地展现它的全部现象。基于疯癫现象，人们获得了有关疯癫的客观知识，分析意识将主宰收容所时代，正如实践意识主宰古典时期一样。18 世纪，疯癫被迫进入福柯所说的"精神病花园"中。福柯在本书的一段分析预示着《词与物》的主要内容。福柯认为启蒙运动时期的特征是分类，在这个时期，疯癫现象进入了医学的逻辑和自然领域，这个领域的典型特征是试图将林奈（Linnaean）的分类原则应用到以往无法被归类的领域。如今，无序服从于一种追求自然史参数的秩序，服从于追求植物标本理想状态的安排。一种话语和知识如今变得可能。那座托马斯·威利斯（Thomas Willis）最初安放疯狂、谵妄、躁狂症、愚蠢的花园，渐渐变成了皮内尔（Pinel）和他的弟子埃斯奎罗（Esquirol）照管下更容易识别疯子类型的处所，痴呆症、躁狂症、抑郁症等疾病变成了歇斯底里症、疑病症和神经疾病。

　　然而，积极乐观而又散乱无章的疯癫知识的出现，并不标志着朝向明确终点的线性进步，也不必然标志着某种自由化。18 世纪中期，疯癫知识出现在一种骤然兴起的惊恐氛围中：一些神秘的传染病可能会从总医院或比塞特尔监狱这样的地方蔓延开来。[29] 古代对麻风病的恐惧仿佛以新的形式卷土重来。始于大革命时期的一系列改革，起因便是对这种非理性恐惧的回应："为了减少污染，开始消除杂物和烟雾……防止疾病和道德败坏污染空气，以防这些疾病和道德败坏会通过城镇的空气传播传染病。医院和劳役所以及所有的拘留设施，必须更好地隔离起来，周围要有更纯净的空气。"[30]

　　精神病院的诞生以一所机构的建立和一种表面上的解放行为为标志：1796 年，约克疗养院成立；1794 年，皮内尔斩断了比塞特尔收容所中精神病囚犯的镣铐。疗养院是萨缪尔·图克（Samuel Tuke）通过贵格会基金会所建，旨在为精神病病人提供一种更开明的管理体制。《济贫法》的修订使疗养院的建立成为可能，这个慈善机构最初只收容贵格教徒，但很快就不再考虑宗教信仰，开始接收来自全社会的病人。疗养院坐落于约克郡郊外宜人的乡村环境中，疗养院环境良好，静谧的家庭氛围萦绕其中。他们希望病人在花园中运动，有规律地散步、工作，这有利于精神病患者重返理性。与此同时，皮内尔在参观比塞特尔收容所时发现，他在那里看到的兽行并不体现在疯癫而无辜的精神病病人身上，而是体现于不假思索地将精神病病人与犯人关押在一起的残忍行径中。

对福柯来说，精神病院的诞生代表了一种新型监禁形式的出现，同时标志着医生变得日益重要。如今，监禁使疯癫被医学化了，然而，医生的权威不单表现在医学上：医学职业为监禁的合法化提供了道德和法律的保证。约克疗养　　101
院旨在重现贵格会的共同体结构：人要保持严肃，多去自我反省，常与自我的良心对话，常意识到律法和罪过同在。在这种气氛下，疯癫是可以治愈的，并且不会再激发恐惧。与此相反，恐惧感与罪恶感逐渐被灌输到疯人的内心，疯人被托付给有关理智、真理、道德的教育，对疯人的束缚被内在化了，疯人生活在工作人员密切的注视之下，毫不夸张地说，工作人员就是这些兄弟们的监护人。[31]

在某种程度上，皮内尔释放比塞特尔囚犯的行为，一开始是一种政治举措。有传言说，这所旧监狱藏匿着罪犯、疯人，被旧政权监禁的政治犯，以及那些穷凶极恶、假扮成疯子的大革命敌人。在疯人被更加人道地照看之前，人们首先要辨认出疯子。在监禁的法则下，疯人是沉默不语的，他们现在不得不说出自身的疯狂，以便被人们视为疯人。使病人确信自己真的疯了成为基本的治疗前提。在皮内尔创建的这种制度中，疯人的忏悔必不可少。疯人必须在人们对他疯癫的审判中认清自己。围绕疯人，皮内尔组织起了严密的监视、审判和谴责制度。福柯的结论令人不寒而栗而又充满悲观色彩：

> 皮内尔"释放"的疯人，以及紧随其后现代监禁制度下的疯人，都是受审的形象。虽然他们享有特权，不再同罪犯杂居一处，不再被同化为罪犯，但他们无时无刻不被责难，面临指控，指控的内容却从未被给出，因为正是他们在疗养院的整个生活构成了这项指控。实证主义时期的疗养院……不是一个自由观察、诊断和治疗的空间，而是一个审判的空间。在这里，疯人被控告、审判、定罪，只有通过心理学的深层审判，或者说，通过悔过自新，疯人才能从审判中解脱。即使疯人在疗养院外是无辜的，但在疗养院里，疯人也会受到惩罚。在很长的一段时间里，至少直到我们这个时代以前，疯人都被囚禁在一个道德的世界里。[32]

纵观《古典时代疯狂史》，福柯暗示了历史杂音的喃喃低语，这杂音抵抗着禁闭

试图令它缄默的企图。这种低沉的声音出现在热拉尔·德·内瓦尔（Gérard de
102 Nerval）和安托南·阿尔托的诗歌中，出现在戈雅的《大异象》和《狂想曲》
中，展现在梵高（Van Gogh）晚期的画作中，呈现在尼采宣称自己是基督也
是狄俄尼索斯的疯狂中。在萨德的作品中，他勾勒出了一种寻欢作乐的法则，
或者说，他展现了"内心的非理性实则是对理性的异化应用"。[33] 那些几乎难以
听清的、非理性的喃喃自语，在这些作品和画作中被放大成了疯癫的呐喊，这
疯癫贯穿阿尔托那最终分裂的言语中，并最终在 1947 年老鸽巢剧院舞台上淹
没了阿尔托。虽然福柯的思想确实受到了"没有作品的哲学家"雅克·马丁的
影响，但很可能是阿尔托，在疯狂的定义上给了福柯灵感：疯狂是作品的缺席，
这里的作品是文学意义上的。因此，"阿尔托的疯狂并不存在于作品的字里行
间，阿尔托的疯狂恰恰在于作品的缺席，这种缺席反复出现，它的中心空空如
也，我们只能在这无尽的维度中体验和丈量疯癫"。[34] 福柯没有暗示他引用的
是阿尔托的哪部作品，但他的脑海中可能会出现 1925 年《神经仪器》的片段，
这是一部碎片化的，几乎令人产生幻觉的作品："我告诉过你：没有作品，没
有语言，没有演说，没有思想，只有空无。什么都没有，除了一个精巧的神经
秤。它以一种不可思议的、完全直立的姿态立于头脑中一切想法的中间。"[35]

一篇名为《疯狂，作品之缺席》的文章发表于 1964 年，但这篇文章对澄清
这个问题似乎帮助不大。在文章中，福柯推测说，有一天，我们将不再知晓曾
经的疯癫究竟是什么，我们梦想着一个乌托邦，"在那里，阿尔托将属于语言的
基础，而非语言的破裂；在那里，神经症将成为我们社会的构成形式（而非社
会的偏离）"。[36] 福柯认为，疯癫和精神疾病——"自 17 世纪开始融合在一起的
这两种不同的配置"——如今开始割裂开来[37]，福柯再度以神秘的语调讲述了
疯癫与文学的关系。疯癫和作品之间存在着"双重的不相容"："疯癫既不显示
也不叙述一部作品的诞生……它指明了一种永远缺席的空洞形式，我们无法在
那里找到它，它也绝不会在那里被找到。在那个暗淡的地方，在那个必不可少
的掩饰之下，作品与疯癫的双重的不相容性显露出来。"[38]

福柯于 1964 年发表的一篇有关内瓦尔的讨论，更加清晰地揭示了作品缺席
的含义：

对我们来说，内瓦尔并不等同于他的作品，我们甚至不会试图将他转

变为那些正在消失的著作，而是一种近乎朦胧、陌生和沉默的经验。以现 103
代眼光来看，内瓦尔意味着与语言的某种持续的、跌宕起伏的关系。从一
开始，他就被空无的职责拖拽着去写作。内瓦尔留给我们的并非他作品的
只言片语，而是他反复告诫我们必须去书写，我们只有通过写作才能活着
和死去。[39]

福柯的作品的缺席与阿尔托之间的关系还远不清楚，但是很明显，两人
推崇的作家非常相似。阿尔托当然认为自己归属于内瓦尔、尼采和荷尔德林
（Hölderlin）的阵营。1946 年，阿尔托在橘园博物馆看了梵高的大型画展后写
道，"梵高的自杀是社会的自杀"。阿尔托根据梵高的画作和他自己在不同精神
病院被监禁 9 年的经历，得出了对"真正的疯子"的定义："就这个词的社会
意义来说，疯人，指的是一个人宁可发疯，也不愿丧失某种人类荣誉的至高信
念……对于这个人，社会不愿聆听他，不愿他说出令人难以忍受的真相。"[40]

在这个阶段，福柯没有真正探索遍布疯癫史的绘画和写作传统。相关文献
鲜有提及，内瓦尔、尼采和阿尔托的名字作为象征和守护神，只是与疯狂的医
疗化历史事件进行对比时才会出现。然而，在《古典时代疯狂史》和《词与物》
分别出版的年份中，福柯将在一系列文章和论文中详细探讨这些问题。

为了将《古典时代疯狂史》和有关康德的翻译提交为博士论文，福柯必须
找到愿意做他学术导师的人，这位导师要为他的工作撰写一份报告，并担任他
的论文评审。从任何通常的意义上看评审这个词，都没有监督的意味，因为这
两篇文章都是福柯在瑞典、波兰和德国独自撰写的。当时，一篇论文必须出版
才能申请博士学位，福柯因此需要索邦大学的许可。起初，他找到了 1954 年起
担任巴黎高师校长的伊波利特。作为德国思想专家，伊波利特很愿意担任有关
康德小论文的导师，但是对于《古典时代疯狂史》，他虽带着钦佩的心情读完了
这本书，但此书超出了他的能力范围。他建议福柯去找康吉莱姆，康吉莱姆于 104
1955 年接替加斯东·巴什拉在索邦大学任教。[41]

在《古典时代疯狂史》最初的序言中，福柯的评价有些模糊了康吉莱姆在
这件事中扮演的角色。在序言中，福柯感谢了杜梅泽尔、伊波利特，"尤其是
M. 乔治·康吉莱姆，当这本书尚不成形时，他阅读它，在并非事事顺遂的时
候，他为我出谋划策，帮我避免了很多错误，让我知道得以被聆听的价值有多

大"。[42] 康吉莱姆极力否认他给了福柯任何建议。他回忆说，他收到的是完成的书稿，福柯从未咨询过他。他的建议至多是修辞上的改动，他不确定这些建议是否被采纳了。在他看来，福柯对他的致敬仅仅是出于一种学术礼貌。[43] 另一种可能的解释是，福柯把他的作品置于他崇拜的大师所象征的学术权威之下，而非感谢任何具体的帮助。

如果说康吉莱姆在《古典时代疯狂史》的诞生中扮演的角色不甚明确，我们也完全不清楚，为什么伊波利特建议康吉莱姆做福柯的导师。康吉莱姆的大部分作品是有关医学史和生命科学史的，福柯的作品涵盖了多种主题的历史，康吉莱姆并非这方面的专家。据康吉莱姆所说，伊波利特推荐他是因为他最近写的一篇心理学方面的文章。《什么是心理学？》是 1956 年 12 月康吉莱姆在巴黎哲学学院发表的演讲。1958 年，这篇文章发表在《形而上学与道德杂志》上。[44] 这篇文章实际上是对心理学这一概念的猛烈抨击，因为心理学家无法前后一致地定义他们研究的对象。在理论上定义研究对象是康吉莱姆科学准则的关键部分。[45] 事实上，心理学不过是一种"综合经验主义"，出于教学目的，以文学形式被编撰而成。更重要的是，心理学很容易就发展成了一门治安学科。康吉莱姆以一则寓言故事结尾。哲学家给了心理学家们下列指示：如果你们从圣雅克路离开索邦大学，你们既可以走上坡路，也可以走下坡路。走上坡路，你会抵达那个供奉极少数伟人的万神殿；走下坡路，则无可避免地通往警察总局。[46]

1960 年 5 月 19 日，康吉莱姆向索邦大学院长递交了一份他针对福柯论文的报告。他建议将论文出版，并提交给由文学和人文科学学院组成的评审团进行检验。[47] 他写道："呈现在我们面前的这篇实实在在的论文，表现了一些新的东西，这种新不仅体现在思想方面，而且也体现在作者理解和呈现精神病学历史事实的方法上。"康吉莱姆随后将福柯的论文与雷蒙·阿隆的《历史哲学导论》（1938 年）相提并论，后者是两次世界大战间隔期间最令人难忘的论文之一。[48] 报告的大部分内容都是康吉莱姆对福柯文本的客观总结，但是报告的要点和语气也很容易使人辨认出康吉莱姆自己的关注点：

> 福柯先生用"古典时期"这个词来标明欧洲历史的 17 和 18 世纪，或者更准确地说，这个时期从 16 世纪末期开始，一直到 19 世纪前半期。这个时期精神病医学和精神病学实践分别以科学的尊严和理论应用的有效性

为借口建立起来……福柯先生试图根本性地阐明疯癫是特定"社会空间"的认知对象，而"社会空间"在历史中以多种方式构建而成。疯癫是一个由社会实践生产的感知对象，而无法被共同的情感把握，更重要的是，思辨性理解也无法分析性地破解疯癫现象。

康吉莱姆质疑精神病学和心理学的科学性，他以福柯的论文来确认自己的观点：

> 在福柯的著作中，他质疑了弗洛伊德革命之前的实证主义精神病学开端的意义。并且，除精神病学外，实证主义心理学出现的意义也被重新审视。这项研究带来的惊喜中，最重要的是对心理学"科学"地位起源的质疑……至于资料，一方面福柯反复阅读、查询，另一方面还挖掘了数量可观的档案。一个专业历史学家对这位年轻哲学家为掌握第一手资料所花费的努力是不会无动于衷的。相反，没有任何一个哲学家能够指责福柯依靠历史的信息使哲学判断的自主性发生变化。在运用大量资料的同时，福柯的思想从始至终保持着辩证法的严谨性，这种严谨性部分来自他对黑格尔历史观的赞同以及他对《精神现象学》的熟悉。
>
> 106

最后的评价富有强烈的讽刺意味，因为福柯相信，正是尼采和序列音乐最终把他从黑格尔的思想牢笼中解放出来，但这也提醒了我们黑格尔在 20 世纪 60 年代的重要性。正如最近一位批评家所指出的，康吉莱姆在这里提到黑格尔是正确的，因为福柯的《古典时代疯狂史》表明福柯是如何"学习了现象学——黑格尔早期的现象学是通过伊波利特来传达的——将历史时刻凝结在由抽象范畴和具体事例构成的星座中，而这些范畴和事例的提出无须解释，也不需要参考任何学术和辩论传统"。[49]

康吉莱姆的报告得到了学院当局的认可，福柯的论文也被准许出版。事实证明，找到出版商是异常困难的。福柯的第一选择是伽利玛出版社。伽利玛出版社从《新法兰西评论》杂志发展而来，并于 1919 年开始以自己的 Librairie Gallimard 品牌出版图书，是迄今为止法国最负盛名的出版商。以伽利玛纯白色的封面出版书，是所有年轻作家的志向。纪德、普鲁斯特、萨特、加缪、马尔罗和布朗肖都是伽利玛的作者。被伽利玛拒绝或接受并非个人原因，而是由传说中的同行评审或读者委员会来决定。读者委员会每周在保密的情况下开会，并拥有巨大的文学和知识权力。

1961 年，布里斯·帕兰（Brice Parain）是伽利玛出版社最有名望的一员，他撰写了多篇有关语言哲学和柏拉图理论的文章。[50] 他还是一名传奇编辑，同加斯东·伽利玛一起将萨特的手稿《忧郁症》打造成了 20 世纪 30 年代的畅销书《恶心》。[51] 自 1927 年以来，他就是该委员会的成员，他和杜梅泽尔是朋友，他们一战后在巴黎高师相识。20 世纪 40 年代，他曾出版了杜梅泽尔的一些作品，包括《朱庇特》《战神》《奎里纳斯》等丛书，丛书是名为圣日内维耶山学术书库的一部分。[52] 这套丛书不算成功，因此帕兰不太愿意出版更多的学术作品。无论最后的解释是什么，他都拒绝了《古典时代疯狂史》。

然而，同行评审中确实有一些这本书的崇拜者。丹尼尔·德费尔确信雷蒙·格诺赞成出版这本书，罗歇·卡约也明确赞成。自 1945 年起，卡约就是伽利玛委员会成员。他在战前是社会学学院的一员，是巴塔耶的同事，他同时担任《南十字》的编辑，这本杂志是拉美文学的标志（第一期的主题是博尔赫斯《虚构集》的法文译本）。[53] 他为联合国教科文组织工作，后来证明这件事与《词与物》的命运息息相关。卡约与杜梅泽尔很熟悉，曾在他门下学习过。卡约对福柯这本书印象深刻，但此书华丽与精确相映成趣的风格，令他有些茫然无措。[54] 然而，他无法说服帕兰出版此书。他把书稿递给了莫里斯·布朗肖，布朗肖至少读了部分手稿。布朗肖和卡约都是年度"文评人奖"评委会的成员，他们想给福柯机会，看看福柯是否有资格荣获桂冠，但他们的想法落空了。[55]

被伽利玛出版社拒绝是某种光荣的传统。普鲁斯特的《追忆似水年华》（À la recherche du temps perdu）第一卷被此出版社拒绝，最后由作者自费私下出版。传说安德烈·纪德也被拒绝了，因为书中写了"太多的公爵夫人"。帕兰犯了一个错误，那就是拒绝了克洛德·列维－斯特劳斯的《结构人类学》(Anthropologie structurale)。尽管杰出的前辈们都不能顺利出版作品，这未能给福柯带来安慰，他彻底失望了。他极度渴望伽利玛出版社出版他的书，甚至拒绝了让·德莱的好意——后者愿意将福柯的书收入他主编的法国大学出版社的丛书——这么做大概是因为福柯想远离学术圈。[56]

《结构人类学》最终由普隆出版社出版。在朋友的建议下，福柯将他的书稿交给了相同的出版商。（这个朋友，是雅克·贝勒弗鲁瓦，就是那个在里尔与让－保罗·阿隆交往过的年轻人。）出版社收到书稿后，很长时间都没有消息。福柯自己描述了事情的经过：

> 我把手稿交给了普隆出版社，但是没有回音。几个月后，我去出版社想找回手稿。有人告诉我，待他们找到书稿后才能还给我。后来有一天，人们在一个抽屉里发现了它，才知道这是一本历史书。他们请阿利埃斯（Ariès）审阅书稿。[57]

当时巴黎流传着这样的传闻，一个香蕉进口商刚刚对家庭和孩子的历史进行了革命性的研究，这本书名为《旧制度下的儿童和家庭》，它的作者是菲利普·阿利埃斯。[58] 阿利埃斯其实并不是香蕉进口商，而是为促进热带农业而建立的一家机构的咨询官。他将自己形容为"星期天历史学家"，从未有任何学术头衔。他和福柯从未见过面，但是福柯知道他那本有关孩子的书，这本书的相关内容出现在《古典时代疯狂史》的参考文献中。

阿利埃斯是个矛盾体。年轻的时候，他是君主主义的"法兰西行动"的支持者。正是在福柯政治"左"倾的时候，他和福柯成了朋友。20 世纪 70 年代，节目主持人菲利普·梅耶（Philippe Meyer）就认识阿利埃斯，在他的描述中，阿利埃斯对所有象征性的权威都极其尊重，而对任何真正的权威都毫无敬意[59]。阿利埃斯是一名虔诚的天主教徒，晚年时经常戴着耳机参加弥撒，以便对第二次梵蒂冈大公会议的"废话"充耳不闻。[60] 历史学家阿莱特·法尔热认为阿利埃斯和他妻子的关系是那种很罕见的"疯狂的爱情"。他的妻子常拿着他的伞，跟在他的身后。[61] 这就是那个将要出版《古典时代疯狂史》的人："某天，我收到了厚厚一叠手稿，这是一篇关于古典时期疯狂与非理性之间关系的哲学论文，我不知道它的作者是谁。在读这部书时，我完全入了迷。"[62] 据阿利埃斯所说，他"大费周章"才说服普隆出版社出版福柯的书。用阿利埃斯的话说，该出版公司刚刚被一位"由花花公子资助的银行家"接管，事实上，银行家对出版图书不感兴趣，尤其是那些学术声望不高也没有多少市场潜力的书。阿利埃斯坚持出版福柯的书，将福柯的书与《旧制度下的儿童和家庭》以及路易·谢瓦利埃的《劳动阶级，危险的阶级》一起收入他的"今昔文

108

明"丛书中。

康吉莱姆的报告不仅是出版的通行证。当时福柯仍在汉堡，于勒·维耶曼写信问福柯是否愿意接受克莱蒙费朗大学的教职。福柯表示愿意接受，但首先要办好一些学术手续。为了被任命，福柯必须被收入人才名册中。他若被纳入其中，相当于成了官方承认的称职讲师。1960 年 6 月，乔治·巴斯蒂德（Georges Bastide）负责撰写这篇必不可少的报告："米歇尔·福柯已经撰写了一些小文章，翻译了一些德语著作，他的作品主要是关于心理学历史和方法的，包括一些通俗作品。这些作品值得尊重。但可以肯定的是，质量最高的是他的博士候选人论文。"[63] 但巴斯蒂德不确定将福柯归到哪门学科之下，他究竟是心理学家还是科学历史学家？福柯最终被官方归类为哲学家。

巴斯蒂德的评论，康吉莱姆有关论文的报告，以及一封伊波利特的推荐信，足以确保福柯在 1960 年 10 月得到克莱蒙费朗大学的教职。他一开始是接替因病缺席的切萨里教授的职位。1962 年，切萨里教授逝世，福柯接替他成为全职教授。他的正式身份是哲学家，但实际上，学校要求他教授心理学。

福柯从未在克莱蒙费朗居住过。他不想离开巴黎，通常将他的教学压缩在最短的时间内，当他必须留在奥弗涅首府时则住在伊丽莎白酒店。从 1960 年到 1966 年，在整个学年里，他每周都要坐 6 小时的火车往返于两地。

福柯在法国体制内第一个真正的学术职位是在克莱蒙费朗大学。这个教职是他学术生涯的根基，赋予他进入教育机构的可能性。与任何教育系统一样，一个人若想获取权力便要参与到多个领域中，该体系的集中化意味着一个人要在不同的等级之间移动。接下来的几年里，福柯适时地成为巴黎高师竞考和国家行政学院的评委。在更低的层次上，他则是里尔毕业会考的评委。尽管福柯进入大学体系相对较晚——1961 年他已经 35 岁了——但他已建立起了强大的体制内关系网。从此以后，他的权力将在大学内部扎根。福柯不像巴塔耶，后者的职业是图书管理员而非大学教师。他也不像萨特，福柯基本上是体制的产物，他永远不会成为自由知识分子。

福柯在克莱蒙费朗的生活，或者说他屈尊在那里度过的日子，一开始并没有什么不快。有维耶曼的陪伴，有米歇尔·塞尔（Michel Serres）这样的同事在左右，福柯感到很惬意。然而，1962 年，维耶曼入选法兰西公学院，接替了因梅洛-庞蒂突然辞世而留下的空缺。维耶曼建议吉尔·德勒兹来接替他。福柯和德勒兹因此相识，但那时还不是亲密好友。那时，德勒兹的著作相对较少，但他的《尼采与哲学》令福柯印象深刻。[64] 哲学系和同事们都觉得德勒兹是合适人选，但他从未被任命。

被任命的是罗杰·加洛蒂（Roger Garaudy），他是法国共产党的官方哲学家，也是政治局的重要一员。加洛蒂优于德勒兹得到任命的原因扑朔迷离，但据传言，政治影响的成分居多。说得具体些，据说是在 1962 年当选总理的乔治·蓬皮杜（Georges Pompidou）的坚持下，加洛蒂才得到了任命。传说两人在巴黎高师建立的友谊超越了他们的党派分歧，而蓬皮杜急于提携他的老朋友。像丹尼尔·德费尔就坚持认为，加洛蒂是在部长的坚持下被硬塞进了哲学系，而哲学系根本不想接收他。[65]

用一位英国评论员的话来说，加洛蒂是"过去的搜巫大将军，他是斯大林的拥护者，紧接着成为赫鲁晓夫信仰的捍卫者"。[66] 直到那时候，加洛蒂都是典型的斯大林主义者。他如今倡导与基督教对话，同时也是马克思主义的人道主义的支持者。[67] 事实上，他似乎有一种跨界的天赋。1970 年，他因"党派之争"被法国共产党除名，结果他皈依了基督教，最终信仰伊斯兰教。

福柯厌恶他，部分是因为他的过去，部分是因为他"温和的"人道主义。福柯对他的哲学能力也深表怀疑。他对加洛蒂的敌意有着深层原因。加洛蒂是阿尔都塞的死敌，而福柯对阿尔都塞感情深厚，钦佩有加。加洛蒂是 1965 年阻挡社会出版社出版《保卫马克思》和《读〈资本论〉》（*Lire le Capital*）的人之一，这使阿尔都塞不得不求助于马斯佩罗（Maspero）出版社。

福柯公开表达对加洛蒂的强烈敌意。福柯总是对他吹毛求疵，尤其是在公众场合，他抓住一切可以为难、羞辱加洛蒂的机会。有一次，据说加洛蒂让一名女学生翻译马可·奥勒留（Marcus Aurelius）的拉丁语作品，可该作品是用希腊语写的，福柯很快就指出了加洛蒂这个错误。[68] 社会学家让·迪维尼奥（Jean Duvignaud）无意中听到了下列对话："加洛蒂说：'你为什么反对我？'福柯说：'我不反对你，我只是反对愚蠢。'"[69] 还有人说两人之间发生过肢体冲突。[70] 最终，这场消耗战以加洛蒂的承认失败而告终，他感激涕零地接受了工作调动，颇具讽刺意味地调到了普瓦捷。加洛蒂的离开没有终结克莱蒙费朗大学的丑闻，福柯自己也引发了一场来自当权者的抗议风暴，他任命丹尼尔·德费尔为助教，而不是任命那位更年长、更有资格的女性候选人。当轮到他施加残酷权力的时候，福柯和蓬皮杜不相上下。

111   1961 年 5 月 20 日星期六的午后，福柯在索邦大学的路易·利亚德阶梯教室进行了论文答辩。法国的博士论文答辩对候选人来说程序复杂，是个历尽千辛万苦才能通过的仪式。博士论文答辩是公共事件，向所有人开放，也会在媒体上发布消息。对于评委们来说，博士答辩充满血雨腥风，候选人往往成为评委们算旧账的由头。这一天，木质的阶梯教室人满为患。通常公众中的一些人会去听每场论文答辩，而另一些人则会去阶梯教室，一群巴黎高师学生也加入其中。另外一些学生，比如皮埃尔·马舍雷，则在康吉莱姆的鼓励下来旁听。丹尼尔·德费尔最近刚刚看过送到费雷博士街的《古典时代疯狂史》校对稿，此时他坐在让－保罗·阿隆的身边。

鉴于福柯作品的跨学科特点，评审团的构成也必然是跨学科的。亨利·古耶（Henri Gouhier）凭借学术资历担任答辩委员会主席，他曾同意指导福柯在梯也尔基金会的论文。关于康德的副论文由伊波利特和专攻文艺复兴与中世纪研究的莫里斯·德·冈迪亚克（Maurice de Gandillac）评审，《古典时代疯狂史》则由古耶、康吉莱姆和现在担任病理学心理学教授的丹尼尔·拉加什评审。这的确是个声望显赫的陪审团。

论文答辩开始了，答辩首先围绕着福柯关于康德的翻译，以及《实用人类学》的导论进行。冈迪亚克发现翻译需要作一些修改，建议福柯扩展导论才能出版，他希望福柯围绕被忽略的原文写一个详细的评论版本。伊波利特将福柯的导论视为这本人类学图书的概述，并评论说，尽管它表面上的主题是康德，但内容应归功于尼采而非康德。1964 年，弗兰出版社出版了译文和一份简短的历史导言。福柯从未出版他那 130 页的论文。

稍事休息之后，讨论转向了《古典时代疯狂史》。福柯详细阐发了有关理性和非理性关系的理论，一边做出微妙的手势，这些手势令德费尔想起管弦乐指挥的姿势，这些引人注目的姿势，引得阿隆一番议论。[71] 阐述快结束的时候，福柯感伤地抱怨道，一个人若想听到被禁闭者的声音，必须有诗人的天赋。康吉莱姆被这种故作谦虚的炫耀弄得有些恼怒，他厉声说道："先生，你有这种天赋。"[72]

112   答辩委员会提出了更多反对意见。尤其是拉加什，他对福柯关于医学和精神病学历史的假设进行了质询，古耶则怀疑福柯是否太过重视阿尔托、尼采和梵高所描述的疯癫体验。正如后来福柯带着宽厚的微笑对《世界报》的让－保罗·韦伯所说："一位评委批评我在试着重写《愚人颂》(*In Praise of Folly*)。"[73]更加严格的批评来自古耶。福柯认为从笛卡尔"但是，那是一些疯子"这句话中可以看出区分理性和非理性的迹象，古耶质疑这种解释，他在结束时说，当福柯将疯癫界定为"作品的缺席"时，他承认自己完全不理解福柯所要表达的意思。[74]

虽然评委们对两篇论文都提出了批评，但态度绝非咄咄逼人。古耶后来解释说，人们让他以哲学史专家的身份参加评审团，他只是尽了应尽的职责，拉加什对福柯的质询彬彬有礼，听起来也并无恶意。比如，马舍雷对福柯受到的礼遇倍感惊讶：声望显赫的伊波利特、臭脾气的康吉莱姆，都对这个在法国寂寂无名的人以礼相待、平等共处。[75]阿隆对此印象深刻，在他眼中，康吉莱姆接引福柯进入索邦大学，就像维吉尔欢迎但丁来到帕纳索斯山一样，"那是老男爵为勇敢绅士授予爵位的忧郁狂喜之情"。[76]下午结束时，古耶宣布福柯以优秀的成绩获得文学博士学位。福柯还获得了国家科学研究中心颁发的24枚铜牌中的一枚，奖牌用以表彰3年期间获得优秀论文的作者。答辩仪式以举杯共饮——传统的答辩酒会（pot de soutenance，pot是俚语，指一种酒）——结束。

5天后，亨利·古耶提交了关于福柯论文答辩的正式报告。他称赞福柯富有广博的文化知识、人格魅力和聪明才智：

> 比起历史学家和诠释者，福柯更像是一位哲学家……在这次答辩中尤应强调的是答辩人那种公认的、无可挑剔的才华与答辩自始至终不断产生的保留意见的奇特对比。诚然，福柯先生不失为一名作家，但康吉莱姆先生却指出某些段落辞藻华丽，而主席也担心他过于追求"效果"。答辩人知识广博，这毋庸置疑，但主席也列举出若干反映其潜在的超越事实倾向的情况。我们有这样的感觉，如果评审团中有艺术史学家、文学史学家或者制度史学家的话，会有更多这样的批评。[113]
>
> 福柯先生具有心理学的真实才能，然而拉加什先生认为他在精神病学的信息方面有些局限，有关弗洛伊德的论述略显虚浮。因此，我们对此愈加思考，就愈加发现这两篇论文引发了众多严肃的批评。然而，摆在人们面前的是一篇确具独创性的主论文，是一个个性、思想活力、展

示能力都适于从事高等教育的人。因此，尽管有保留意见，评审团还是一致同意给答辩人以优秀的评语。[77]

当康吉莱姆给予《古典时代疯狂史》索邦大学的出版许可之时，福柯获得博士学位就已成定局。诚然，他的作品在答辩中引发了一番批评，但也是意料之中的事。答辩本身就是一个论战和对抗的过程，提出反对意见是答辩的题中之义。尽管评委会提出了批评和保留意见，但福柯获得博士学位一事，足以证明他的论文水平。从宏观视角而非具体细节来看，论文展示的才华令人信服。如果古耶假设的文学史学家在场的话，举个例子，他可能对福柯的引用提出轻微异议。福柯在第一部分第三章对莫里哀的引文有误，同时福柯对萨德的描述不是来自论文的分析，而是更多源于布朗肖的《萨德的理性》（"La Raison de Sade"，相应页码的参考文献也不正确）。[78]艺术史学家可能会指出，丢勒（Dürer）描绘天启的木版画上的四骑士并不代表愚蠢的胜利，他们代表了天上新秩序建立前世界上发生的灾难。[79]毫无疑问，其他专家也会提出类似的细节问题。但是，我们评判福柯的论文不应该纠缠于细节，而是应该从论文整体的品质来进行鉴定，那就是，福柯以惊人的全新方式去研究他的主题。

《古典时代疯狂史》令福柯深感骄傲，他始终很重视这本书，虽然1972年此书第二次重印时，他承认，如果重写的话，他会少用一些饰辞。[80]人们对这本书的评价令他失望。1978年，接受意大利记者采访时，福柯说，尽管像布朗肖、克洛索夫斯基和巴塔耶这样的作家对这本书很欣赏，但总的来说，迎接这本书的是冷漠和沉默。"我觉得那些致力于阐释社会和政治制度的知识分子，应该会对这本书感兴趣……如果其他人不感兴趣，我确信马克思主义者会感兴趣。但人们只是沉默以待。"[81]类似的抱怨也出现在其他采访中："不得不说，哲学圈子和政治社会对此不屑一顾。没有任何一本杂志对此表示过关注，尽管它们有责任将哲学界最细微的动态记录在案。"[82]

总的来说，福柯声称他早期对知识和权力关系的探索，在左翼知识分子那里遭受冷遇，这是因为他们不想让监禁问题（政治对精神病学的利用）引人注意。[83]就制度化的左翼阵营来说，福柯的想法是对的。没有一本法国共产党杂志讨论过《古典时代疯狂史》，很可能是出于福柯口中的原因。然而，这只是福柯后来的说法。在1961年，人们没什么特殊理由将此书视为政治书，他自己当时也没说过这样的话。福柯之所以对他的第一本重要著作遭受的冷遇感到失望，部分原因是心理健康专家忽视了这本书，他常常私下抱怨这件事。[84]福柯这篇论文对文化环境产生影响，是十年之后的事了。

事实上，《古典时代疯狂史》在评论界并未遇冷。这本书获得了相当广泛的好评。《世界报》围绕这本书做了一次访谈，毕竟，对于一篇学术论文的作者来说，这份荣耀不同寻常。据采访者韦伯所说，《古典时代疯狂史》令福柯被提升到了"众所周知甚至著名哲学家的地位"，他是典型的年轻知识分子，纯粹而永不过时："他的微笑高深莫测。他的语调像是在教导人，令人不安又消除疑虑。他的眼神游离，总有些心不在焉，仿佛是在全神贯注地思索其他事情。"这是福柯第一次接受采访，他以相对清晰易懂的方式重述自己的观点。当被问道谁是影响他的人时，他简要地提及了布朗肖、鲁塞尔和杜梅泽尔，并继续说道：

> 疯癫无法在疯狂的状态中被捕捉。疯癫只存在于社会之中，疯癫并不外在于隔离它的认知机制，也不外在于将它驱逐和俘获的排斥机制。因此我们可以说，在中世纪，然后是文艺复兴时期，疯癫作为一种美学和日常的事实存在于社会领域内，此后，到了18世纪——由于禁闭的原因——疯癫进入一段沉默和被驱逐的时期。疯癫失去了它在莎士比亚和塞万提斯时代所具有的揭示真理的功能（例如，麦克白夫人在发疯时开始讲述真相），疯癫变成了虚假和被嘲笑的对象。最后，20世纪精神病学捕捉到了疯癫，将它削减为一种与世界的真相密不可分的自然现象。这种实证主义对疯癫的占据，一方面使得精神病学从各个维度对疯人展现出饱含蔑视的博爱；另一方面，从内瓦尔到阿尔托的诗歌显现了伟大的抒情式抗议，试图将深度归还给疯癫体验，试图恢复疯癫被禁闭摧毁的启示力量。[85]

《古典时代疯狂史》于1961年5月出版，大多数评论要到秋天才开始涌现。然而，8月发生了令人惊喜的事情：加斯东·巴什拉给福柯写了一封热情洋溢的信。8月1日那天，巴什拉兴致盎然地读完了福柯有关"非理性的社会学"的"伟大之书"："社会学在研究陌生部族方面已经走得很远，可您向他们证明我们与野蛮人相伴相生。您不愧为真正的探险家。"巴什拉说他很想给福柯寄一份他很久以前写的研究报告，但他没能在"聊以度日的杂乱笔记"中找到它。

最后，他邀请福柯暑假后去他家里看他。[86] 巴什拉的确生活在神话般的混沌之中，福柯来不及去蒙塔格内街拜访巴什拉了。加斯东·巴什拉在当年 10 月就去世了，享年 86 岁。

　　第一篇评论出现在 9 月的《新法兰西评论》杂志，毁誉参半。作者亨利·艾默尔好意地赞赏"这是一篇非凡而迷人的论文"，但随后，艾默尔指出福柯"缺乏历史品质"，为了维护论文的"结构"而随心所欲地扭曲历史年表。他强烈批判福柯轻率地将阿尔托封圣的行为，批判福柯不承认并非所有疯癫都富含艺术趣味。最后，疯癫只存在于社会之中的说法被解释为屈服于一种由隐含的形而上学支撑的无政府主义梦想。[87]

116　　下一期杂志中，莫里斯·布朗肖为福柯展开辩护。很明显，一本杂志两期评论同一本书，是极不寻常的事，同时也表明隐居中的布朗肖举足轻重。他的文章没有出现在评论版面，他将"评论"融合进《遗忘与非理性》这篇文章中。对布朗肖来说，这本书内容丰富、引人注目，"近乎与常理相悖"，这本使大学系统与非理性之间产生冲突的博士论文，为他平添了几分乐趣。他同意福柯的观点，那就是透过戈雅、萨德、阿尔托和梵高等人的文学和艺术作品能听到疯癫的言语，这表明思想、言说与不可能性之间神秘莫测的关系，在此基础上，我们方可理解同时被拒绝、接受和被物化的作品。这样书写作品的作者之一是巴塔耶[88]，福柯在《古典时代疯狂史》中没有提到他。但很快，福柯就对他产生了极大的兴趣。

　　巴特在《批评》中写道，福柯动摇了法国"知识分子的习性"："即便这本书大胆解构了历史，但也不同于一般的历史书，这本书出自哲学家之手。如何界定这本书？这本书仿佛向知识本身发出滔滔不绝的质询。"[89]12 月初，《世界报》刊登了让·拉克鲁瓦对这本书的好评，他称这是一本"惊人之作，一本真正的新锐杰作，它令现代文化的最深处震荡不安，这本 700 页的巨著，它的优点是通俗易懂"。[90]尽管后来福柯坚持说萨特的杂志完全忽略了他的作品，但一周以后，精神分析学家奥克塔夫·曼诺尼（Octave Mannoni）的一篇文章发表于《现代杂志》上。曼诺尼认为这本书晦涩难懂，并提到了其方法论的模糊性，该方法论时而将历史视为构成抽象思维所用概念的领域，时而又将历史看作充满普遍误识的斗争场域。[91]

　　直到第二年夏天，针对《古典时代疯狂史》的最后一篇评论才出现。巴特乐于想象"这本大胆创新的书会博得吕西安·费弗尔（Lucien Febvre）的喜爱"。吕西安·费弗尔与法国年鉴学派的捍卫者马克·布洛赫（Marc Bloch）一同打造了《年鉴》（*Annales*）杂志。他的两个思想继承者当然会喜欢这本大胆的书。罗贝尔·芒德鲁（Robert Mandrou）认为福柯的论文"慷慨激昂，观点明确"，并赞扬这个"交响乐般的作者"能够同时以哲学家、心理学家和历史学家的身份去书写。[92] 福柯对历史的思考是对"整个西方文化"的挑战，这本书使他跻身当代前沿研究的行列。[93] 在芒德鲁这篇文章的简短注释中，布罗代尔认为这本"精彩之作"具有独创性和前卫性。米歇尔·塞尔在《法兰西信使》中进一步赞扬了这本书。塞尔认为，因为这本书的方法论、技法和博学，以及福柯的生花妙笔，"华丽而又严谨的"描写，这本书的出现是划时代的事件。[94] 他将福柯的作品与巴什拉的作品进行了对比：

> 巴什拉表明，与其说炼金术师看重的是自然现象，不如说是心灵主体本身。这种古老知识的对象无非是文化世界总体在富有激情的无意识主体身上的投射。稍微改动一下这个观点，就和福柯的观念一致了：在古典时期，精神病学知识的对象与其说是疯人……不如说是古典文化总体在监禁空间中的投射。[95]

这本书问世的第一年，只有 7 篇书评（加上布罗代尔的"注释"），而且并非所有书评都是正面评价。销售量反映了关于这本书的评价，直到 1964 年 2 月，最初印刷的 3 000 册才售罄。[96] 福柯的失望是可以理解的，书中观点没有得到广泛讨论。正面评价此书的人，大多是福柯的熟人。塞尔是福柯在克莱蒙费朗的同事，巴特是福柯的密友，当然，不仅仅是密友。拉克鲁瓦在他的"哲学入门"丛书中出版了《精神疾病与人格》，并通过阿尔都塞认识了福柯。这些好评自然有个人因素在里面，尽管把表忠心看得比知识信念更重要是荒谬的。更成问题的是，这些作者互相认可对方，将彼此的思想看作人文学科的新兴趋势。但布朗肖和福柯并不熟悉，尽管他在此书出版前至少读了其中一部分。

事实上，福柯在《批评》《年鉴》和《新法兰西评论》上得到的好评意义重大。三者中，只有《年鉴》与学术机构有关，《批评》和《新法兰西评论》都是独立杂志。这些杂志是学术世界与更广阔的文学、知识世界的交汇点。《世界报》

117

118 　　对福柯的采访，进一步印证了他逃离学术圈的想法。《世界报》是一份记录法国知识分子生活的"晴雨表"，但远非学术刊物。《新法兰西评论》代表着美文写作的传统，尽管它不再享有 20 世纪二三十年代的权威。20 世纪 40 年代，《批评》因引介像海德格尔这样的作者，在法国读者中间影响很大。20 世纪 60 年代，这本杂志成为新"结构主义"批评的主要阵地之一。凭借《古典时代疯狂史》的影响力，福柯受让·皮埃尔（Jean Piel）的邀请，加入了杂志编委会。1962 年，巴塔耶去世后，皮埃尔成为杂志主编，这本杂志曾为福柯的作品贡献力量，而今他成为杂志社的一部分。《年鉴》杂志的评论在所有评论中最引人入胜。这是福柯和芒德鲁之间少有的一致性时刻，似乎也预示着这本书开始被专业历史学家接受。但这是不可能的。这承诺是虚假的曙光：在 1963 年到 1969 年间，《年鉴》杂志没有一篇文章提到福柯。[97] 这篇评论非但不完全赞同福柯，反而标志着福柯与历史学家之间剑拔弩张关系的开始。福柯在《年鉴》杂志撰写的唯一一篇文章，是对让 - 皮埃尔·理查德的《马拉美的幻想世界》的评论。[98]

　　《古典时代疯狂史》在法国以外也引起了一些关注。两本专门从事法国研究的杂志对这本书大加赞赏，耶鲁大学的约翰·K. 西蒙在这本书中发现了一种"令人迷惑的对传统观念的攻击"，这令他想起了赫伊津哈的作品。雅克·埃尔曼（Jacques Ehrmann）则认为，未来我们探讨西方文明的文化遗产时，这本书不可或缺。[99] 1961 年 10 月，《泰晤士报文学副刊》刊登了更为重要的长篇评论。福柯获得了杂志头版评论的殊荣，对于刊登在英国一流文学期刊上的无名法国作者来说，这是不同寻常、无比慷慨的赞誉。英国对这本书欣然接受，令此书的翻译指日可待，但直到 1965 年此书的英译本才出现。[100] 理查德·霍华德（Richard Howard）认为这本书"晦涩难懂但论证巧妙"，评论的大部分内容致力于阐述作者"相当独特的概念……随着西方社会试图划定区分理性与非理性的界限，这种话语持续了一个又一个世纪"。他将福柯描述为"对医生心怀愤懑的哲学 - 历史学家"，并且总结道："他的这本书十分博学，精妙绝伦，但论述过于二元划分，过于艰涩难懂而无所不包，在理性的时代，这样一本书对非理性的悲惨叙事做出了原创性贡献。放在当下这个时代，他的研究很可能会给当代的紧迫问题带来启发。"[101]

119 　　霍华德提及的"同时代"问题富有先见之明，"同时代"将成为疯癫史中的关键要素。正如罗伯特·卡斯特尔（Robert Castel）指出的，人们可以（而且已经）以两种不同的方式阅读《古典时代疯狂史》。最初，这本书被当作法国科学认识论传统的学术著作来阅读。1968 年"五月风暴"之后，它被看作"反压迫情感"的一部分。[102] 但在那时，它仍只是一部学术著作。

6 死亡与迷宫

福柯很快成为法国屈指可数的知识分子。他与巴特关系密切，与罗伯－格里耶很熟悉，有一段时间，他与先锋派小说家和评论家云集的泰凯尔小组来往密切。通过巴特，他结识了作家、艺术家，以及荷尔德林、尼采和维特根斯坦的译者皮埃尔·克洛索夫斯基。[1] 换句话说，他现在处身于一个令人兴奋的世界，相比于那个省属大学的良好学术环境，这个世界更加精彩纷呈、开放包容。但相对而言，这个世界也变得更小。在这里，个人、社会和知识的兴趣交织在一起，福柯与精神分析学家安德烈·格林共进晚餐，或者在电影《牺牲在马德里》的私人放映会上，与演员西蒙·西涅莱（Simone Signoret）和伊夫·蒙当（Yves Montand）会面，都变得易如反掌。

福柯异常繁忙，开始大量著书立说。《古典时代疯狂史》的出版标志着他开始进入了一个高产期，如今他活跃于各个不同领域。1962 年，《精神疾病与人格》以修订版本的《精神疾病与心理学》（*Maladie mentale et psychologie*）的名字再版。福柯同时写作的还有《临床医学的诞生》（*Naissance de la clinique*）和《雷蒙·鲁塞尔》，两本书都在 1963 年出版。他开始撰写以文学主题为主的评论和文章，发表在像《批评》和《新法兰西评论》这样的杂志上。同时，他还发表了他的第一篇但也是最后一篇翻译，内容有关列奥·施皮策（Leo Spitzer）。[2] 他在各种各样的座谈会和研讨会上发言，都很受欢迎。例如，1962 年 5 月在罗奥蒙特关于"前工业时代欧洲的社会与异端"的会议上，面对热情的观众，福柯作了"宗教差异与医学知识"的发言。[3] 他也是《批评》编辑部的活跃成员，他们通常以午餐形式在皮埃尔家里开会。[4]一位年轻批评家充满深情地回忆起福柯运营杂志的风格。如今是成功的艺术评论家和历史学家的塞尔日·福谢罗（Serge Fauchereau），曾经向杂志社主动提供了一份美国诗人爱德华·埃斯特林·卡明斯的手稿。他没有收到任何回复和评语，直到有一天，他出乎意料地收到了邮寄来的校样稿。《批评》接受了他平生的第一篇文章。[5]

福柯也开始成为国际化的学者，虽然一开始他只是个小角色。1962年，法 121
国文化专员邀请他在哥本哈根发表名为"疯狂与非理性"的演讲。[6]1964年，在比利时的圣路易，他再次发表演讲。[7]法国以外的杂志也会向他约稿，他最初在国际舞台上崭露头角的一篇文章发表在瑞士的医学杂志上，这篇文章扩展了《古典时代疯狂史》第一章中有关水与疯狂关系的讨论。他还为福楼拜的《圣安东尼的诱惑》德语版写了后记，也为汉堡出版的展览目录做出贡献。[8]

正如之前的福柯有可能成为一个心理学家或精神病学家一样，现在的福柯有可能成为重要的文学评论家，像布朗肖那样写作，或者就成为布朗肖。20世纪60年代初，他对文学的兴趣最为浓厚，他写了一系列的文学评论和随笔，还为卢梭的《对话录》撰写了冗长的引言，一位学术评论家认为这篇序言"不总是那么清晰"。[9]一些文章其实没有多大意义，只是兴之所至的写作。比如，福柯评论了让–埃登·阿利埃（Jean-Edern Hallier）的第一部小说《一个年轻女孩的冒险》（1963）。阿利埃是泰凯尔的创建者之一，且一度是福柯的朋友。这篇评论与其说是为了评价文章，还不如说是一种表达友谊的姿态。[10]

总的来说，这一时期出版了福柯相当一部分作品，但直到最近，它们受到的福柯研究者的关注仍旧很少。[11]如果将这些作品单独成册，并且与福柯其他作品分开阅读，我们几乎难以察觉文章作者是来自克莱蒙费朗的心理学兼哲学教师。只有一篇短评论展现了福柯对科学史的兴趣，那是一篇关于亚历山大·柯瓦雷《天文学的革命，哥白尼、开普勒与博雷利》的短文。[12]只有一篇评论涉及心理学主题，讨论了让·拉普拉什对荷尔德林的心理传记研究。相比于《古典时代疯狂史》，福柯在这篇文章中展现了关于诗人及其作品的知识，《古典时代疯狂史》中的荷尔德林至多只是一个象征性符号。对大部分有关"艺术和疯癫之间的关系"的传统书写，福柯几乎都不赞同。拉普拉什的作品，是应该从那一代"毫无荣耀"的研究中拯救出来的少数作品。[13]就临床心理学而言，康吉莱姆轻蔑地称其为"没有概念的折中主义"，从而对之弃而不提。[14]同时，

122 按照"最老生常谈的定律"被组织的绝大多数"心理学族群",则被轻蔑地摒弃了,因为他们仍然相信"老鼠的无意识断食"提供了一个"无限丰富的认识论模型"。[15]

就主题而言,福柯的写作领域,从关于小克雷比庸《迷失的头脑和心灵》的评论随笔,以及对雷韦罗尼·德·圣西尔(Reveroni de Saint-Cyr)相当晦涩的小说评论,到一篇有关泰凯尔小组成员作品的评论;从对罗杰·拉波特(Roger Laporte)《前夕》的评论,到关于让-皮埃尔·理查德(Jean-Pierre Richard)《马拉美的幻想世界》的讨论。[16] 从多种角度看,这些作品都揭示了《古典时代疯狂史》中暗示的审美观,并进一步探索了疯狂与作品之间的关系,揭露了"每一部文学作品属于书写那无限而模棱两可的喃喃自语"[17]。类似表述贯穿于此阶段的文章中。因此,在发表于《泰凯尔》的一篇文章中,福柯强调:

> 如今,写作已无限地接近它的源泉,靠近语言深处那令人不安的声音——只要我们关注它——我们既能从这源泉中寻求庇护,也朝着它对我们自己讲话……过去,作品的意义被封闭于作品之中,如此,只有作品的荣耀在言说,如今这种情况不再可能。[18]

鉴于文学曾经是一个修辞问题,在这种修辞话语中,每一个形象最终都指向一些基本的词语,现在,文学进入博尔赫斯的《巴别图书馆》,在这里

> 每样可能被说的事物都已经被说过……然而,站在这所有词语之上的,是恢复它们、讲述它们的故事、实际上为它们的诞生负责的那个严格的自主性语言,一个将自己置身于反抗死亡的语言,因为正是在落入一个无底的六角形通道的刹那,最清醒的(也是最后的)图书管理员吐露说,即便是无限的语言也要繁殖自身至无限,在"同一物"的分裂的特征中无止境地重复自己。[19]

福柯的美学思想全然是现代主义的,他将福楼拜定义为第一位现代主义者。在福柯那里,福楼拜等同于文学上的马奈。他们两人,一个在作画时不断涉及博物馆,另一个在写作时不断涉及图书馆。[20] 换句话说,现代主义是自反性和

自我指涉的。现代主义也是反现实主义、反人道主义的。

然而，这些文章也显示了福柯出人意料的文学才华。关于小克雷比庸和雷 123
韦罗尼的文章就是例证。1961 年，《迷失的头脑和心灵》由艾琼伯（Etiemble）
作序，并以精装版再版，这是一本带有些许色情意味的"浪荡子"小说，显然
是值得评论的主题。这本恐怖小说或许在国家图书馆才能找到，福柯引用了这
本书第一版中有关保利斯卡的文字。在这一时期的作品中，福柯经常提到恐怖
小说，从恐怖小说与萨德作品的共通之处看，我们不难理解福柯对恐怖小说的
喜好。福柯在文章开头写道："这一幕景象发生在波兰，也可以说，发生在每一
个地方。"[21] 这句话是对阿尔弗雷德·雅里（Alfred Jarry）台词的拙劣模仿，这
句台词引出了 1896 年上演的《愚比王》第一次喧闹的表演（这故事发生在波
兰，一个无名之地）。这篇文章还提到了雅里的《男超人》（1902），这部小说的
主题是"爱的行为是不重要的，因为它可以无限期地进行下去"。[22] 最终，一对
人类恋人和一台谈情说爱的机器证明了这一主题。正是这个机器使得雅里和雷
韦罗尼关联在一起：女主角的恋人被一群亚马孙人捉住了，他们建造了这个
年轻人的机械雕塑，其中一个女人爱上了这个颇为怪异的雕塑，这是对皮格
马利翁（Pygmalion）[①] 神话的重写。[23] 即便如此，福柯在文章中提到雅里，还
是有些出人意料。福柯讨论的很多作品往往基调严肃，并对现代性充满自觉
性，但雅里的出现引入了一种肆无忌惮的喜剧基调。作为超现实主义鼻祖之
一的雅里也在提醒我们，福柯的文学关注点并非完全与安德烈·布勒东及其
同人相异，并且，福柯对现代主义美学的严肃阐释，并没有令他的幽默感消失
殆尽。

福柯投给《新法兰西评论》的一个小短篇则引发了更多的笑声，而通常
情况下，《新法兰西评论》与轻佻的基调并无关系。文章主题是关于让－皮埃
尔·布里希（Jean-Pierre Brisset）的。19 世纪末，布里希自费出版了很多作品，
他有两个主要观点：第一，拉丁语是不存在的（它只是入侵者用来迷惑普罗
大众的人为符号）；第二，人类是青蛙的后代。作者用语言学来论证后一个论
点。[24] 福柯没有谈及他何时，以及如何发现了布里希，但很有可能他是读了布
勒东 1939 年的《黑色幽默选集》（*Anthologie de l'humour noir*），这本书将布里

---

① 皮格马利翁是希腊神话中的塞浦路斯国王。在关于他的故事中，他倾尽全力雕刻了一座女性塑像，并爱上
了这座雕像。——译者注

希描述为连接雅里的"啪嗒学"（用想象来解释世界的科学）与达利的批判性的偏执狂，布里希也是雷蒙·鲁塞尔和马塞尔·杜尚（Marcel Duchamp）之间的重要桥梁。[25] 福柯呈现了布里希作品的简短摘要，并以他自己的评价为开场白：

124

> 布里希属于……阴影一族，这个族群继承了语言学在形成以及被征用过程中所遗留的东西。那些被谴责的关于语言起源的空谈，在他们虔诚而贪婪的手中，幻化成了文学语言的同义词……在布里希栖息的语言谵妄的极点上，随心所欲被看成是世界的法则，令人愉悦而又牢不可破。在这里，每个单词都被分解为一些语音元素，每一个语音元素等同于一个词。反过来说，那些词只不过是缩略的句子。话语的浪潮一个词接一个词地扩展到原初的湿地，扩展到语言和世界那伟大而简单的元素：水，海水，母亲，性。[26]

福柯对布里希的简短介绍，使人们逐渐对这位疯狂的语言学家，抑或词源学家萌发了兴趣。1970年，福柯为新版的《逻辑语法》作序。多亏了他，布里希的书才得以问世。[27] 撇开喜剧效果不说，布里希激起了精神分析学家拉康的极大兴趣，拉康将布里希的作品与施列伯（Schreber）的《原始语》相提并论。在布里希的作品中，福柯也发现了一种原始因素，一种在人类之前就存在的语言。

> 词语是话语的碎片……是被冻结而变得中性的陈述形式。在有词语之前，就有了句子；在有词汇之前，就有了陈述；在有音节和基本的声音编排之前，所有说出的一切都是模糊的杂音。早在有语言之前，就开始有人彼此交谈了。但这种现象和什么有关？也许这与人类无关，那时还不存在人类，因为他没有语言；如果语言和人类的形成无关，与人类摆脱动物性的缓慢进程无关，与在沼泽中艰难浮现的蝌蚪式存在无关呢？因此，我们在语言的词语底部，能听到一些句子……这些句子是由尚不存在的人类说出的，他们在谈论着自己未来的诞生。[28]

这是一种卓越的非理性语言，它在一个永难触及却也永远在场的幻想中，持续不断地喃喃自语。

当然，福柯这一时期的主要文学著作是《雷蒙·鲁塞尔》。这是福柯致力于　125
文学主题的唯一著作。因此，这本书与其他作品相比稍显不同。这本书的"茕
茕孑立"，意味着它受到的关注不多。[29]但对福柯来说，人们对此书的忽视却带
给他奇怪的满足感，他对美国译者查尔斯·鲁亚斯（Charles Ruas）说："没人
注意这本书，这让我高兴。它成了我的秘事。"[30]

雷蒙·鲁塞尔（1877—1933）是法国文学史上著名的怪人之一。他极为富
有，但他环游世界的时候却很少离开旅馆房间或客舱。他能提供资金出版自己
的著作，上演自己的戏剧，但演出总是伴随着观众的骚乱。他也为戏剧的失败
付出高昂代价。虽然一些超现实主义者——尤其是布勒东在他的《黑色幽默选
集》中——对他很欣赏，但纵观他的一生，他的作品很少引起人们的兴趣。鲁
塞尔在他一生大部分时间里，都饱受严重的精神疾病的折磨，有人说，这些疾
病是由《替身》(La Doublure，1897) 的失败引起的（至少因此而触发）。《替身》
是一部以亚历山大格式书写的长篇诗体小说，讲述了一个替身演员的故事。为
他治疗的心理医生皮埃尔·雅奈（Pierre Janet）认为，鲁塞尔并无文学天赋，将
他描述成一个不幸的小病人。在《从焦虑到狂喜》(1926) 的第一卷中，鲁塞尔
被当作"好战"的例子来讨论。鲁塞尔是个同性恋者，尽管人们对他的性趣味
和活动知之甚少，但他晚年完全依赖于巴比妥类药物。他死在了巴勒莫，人们
在宾馆房间发现了他的尸体，躺在一张床垫上。鉴于他当时的身体状况，他应
该费了很大力气才靠在了那扇连接他和他旅伴房间的门上。那扇门通常是不上
锁的，当时却锁上了。鲁塞尔究竟是被谋杀的还是自杀的，依然没有定论。他
去世的那段时间，一直打算去克罗伊茨林根（Kreuzlingen），咨询路德维希·宾
斯万格。

福柯对鲁塞尔的迷恋源于1957年在科尔蒂书店的偶遇。鲁塞尔的书早已绝
版，但福柯逐步获得了初版图书。由于书一开始就卖得不好，这些书又不是稀
世珍品，在20世纪60年代初，不费吹灰之力就能找到。[31]近些年，人们对鲁
塞尔的兴趣与日俱增。1953年，关于鲁塞尔的第一本书出版，但真正标志着人
们对鲁塞尔重燃兴趣的，是1954年米歇尔·雷利斯（Michel Leiris）发表在《批
评》杂志上的文章。[32]雷利斯的父亲是鲁塞尔父亲的财务顾问，两人彼此不太
了解，而鲁塞尔传记信息的主要来源就是雷利斯。为了获取鲁塞尔的信息，福
柯像很多人一样，通过让·迪维尼奥咨询了雷利斯，但令他失望的是，"他讲　126

述的有关鲁塞尔的一切，都包含在他的文章中了"。[33] 然而，雷利斯对福柯的研究没什么印象，他认为福柯把哲学思想归因于毫无哲学思想的人。[34] 与此同时，来自罗伯－格里耶的评论，添加了一种当代趣味。福柯第一次提到鲁塞尔是在《古典时代疯狂史》中，鲁塞尔就像狄德罗的《拉摩的侄儿》和阿尔托一样，是"非理性经验"的象征之一。[35]

福柯描述了《雷蒙·鲁塞尔》出版时的情形。他起初打算在《批评》上发表一篇有关鲁塞尔的短文，但他如此喜爱这个主题，闭关了两个月进行写作。令他自己都感到惊讶的是，他最后写出了一本书。

> 一天我接到了编辑打来的电话，他询问我的写作进展。"哦，我在写一本有关雷蒙·鲁塞尔的书。""你写完以后能让我读一下它吗？写书要花费你很长时间吗？"生平第一次，我花了"这么长时间"写一个人的书，我自豪地回答："我很快就会完成的。"他问："什么时候？"我回答："在11或12分钟以内。"这回答完全合情合理，事实上我已经开始撰写最后一页了。这就是有关这本书的故事。[36]

福柯的叙述并不完全准确。1962年夏天，《雷蒙·鲁塞尔》第一章的早期版本已出现在一本文学杂志上，因此他正在研究鲁塞尔已不是什么秘密了。[37]

福柯没有指明给他打电话的编辑是谁，但几乎可以肯定，这个人是乔治·朗布利什（Georges Lambrichs），此人负责"道路"（Le Chemin）丛书。因此，福柯很偶然地成为伽利玛出版社的作者。让·皮埃尔本来非常乐意将《雷蒙·鲁塞尔》放在午夜出版社的"批评"系列出版，但他没能及时发出邀约。[38] 伽利玛出版社急于出版福柯的研究，并非完全不涉己利。《雷蒙·鲁塞尔》将与鲁塞尔《洛居·索吕》（*Locus Solus*）的新版本同时出版，这本书是全集再版的第一卷。福柯马上投入了推广鲁塞尔的行动中：《新法兰西评论》发表了《雷蒙·鲁塞尔》的第五章，1964年8月，他在《世界报》上发表的那篇短文，显然是为了宣传《洛居·索吕》和他自己的作品。[39] 然而，伽利玛的出版计划却出人意料地失败了。由于某些不太明确的法律原因，鲁塞尔的侄子，恩钦根公爵米歇尔·内依（Michel Ney），将版权卖给了珀维尔（Pauvert）出版社，并收回了伽利玛的版权。[40] 因此，雷蒙·鲁塞尔的全集以鲜红色封面，由珀维尔出

127

版社出版，这是一家小型出版社，当时主要以出版萨德和种种色情作品而闻名。

从很多方面来说，《雷蒙·鲁塞尔》都是一本非常个人化的作品，同时也是一段恋情的产物。福柯对鲁亚斯说："这是迄今为止我写得最轻松、最愉快、最迅速的一本书。因为我通常会写得很慢，我不得不反复重写，最后是无数次的修改。"[41] 这本书的写作速度正如福柯所言，虽然福柯找到并阅读了鲁塞尔的文献，并引用了费里（Ferry）、雅奈和雷利斯的文献，但他并未对读者让步，书中没有提供任何书目信息。这本书给人留下的印象是，阅读这本书是追随一系列的个人探索，这些探索是出于主观目的，而非为了取悦读者。福柯很清楚这一点："我猜对很多人来说，这一定是一部复杂的作品，因为我属于自发书写而且写作方式有点复杂的那类人。"[42]

正如吉尔·德勒兹所言，这本书可能和福柯的自我认同感或非认同感有很大关系。[43] 福柯认为，鲁塞尔的小说和雷利斯的《游戏规则》有一些共同之处，这些作品都是以极私人化的方式，去探索个人的神话如何相互交融并塑造出个体自我意识的统一体。[44] 雷利斯从"如此多微不足道的事情上，如此奇特的民事档案中……"慢慢拼凑出自己的身份，"就好像全部记忆与永不死亡的幻想一起沉睡在词语的褶子里"。鲁塞尔展开了这些褶子，"如此，他在其中发现了一个令人无法呼吸的虚空，一种他可以自主支配的严格意义上的缺席，他可以用它来塑造没有血亲、没有种属的形象"。[45] 鉴于福柯不断拒绝强加给他的身份，并对民事登记官僚机制不屑一顾，鲁塞尔"缺席的存在"一定对他有很大吸引力。

我们可以确定的是，从超现实主义者到福柯，鲁塞尔吸引每个人的地方在于他的创作方式，这呈现在他死后出版的《我是如何撰写我的某些著作的》（*Comment j'ai écrit certains de mes livres*，1935）中。他的小说，以及由小说改编的戏剧，都是以错综复杂的双关语架构的。最有名的例子如下，句子"写在老旧台球桌垫上的白色信件"（les lettres du blanc sur les bandes du vieux billard）可以被轻易转换成"一个白人男性关于古老海盗帮派的信件"（les lettres du blanc sur les bandes du vieux pillard）。如果我们忽略字母 b 向字母 p 的转化，那么"一系列相同单词都可表达两种不同的意思"。[46] 故事里的人物们随机挑选字母和单词组成了第一句话，这个故事讲述了在一个潮湿午后，一群朋友聚在一起休闲娱乐。与第一句话不同，第二句话描述了这样一个故事，一个

128

113

白人男性遭遇海难，被一个黑人海盗首领抓获，他在给他妻子的信中描述了他的经历。

鲁塞尔最初的短篇故事《在黑人中》，后来演变为了他最著名的作品《非洲印象》（*Impressions d'Afrique*，1910）。在这本书中，一个更正式的语言游戏上演了。这本小说共有 24 章，小说直奔主题，以纪念尤尔皇帝加冕礼的宏大庆典开场。1932 年第 4 版的《非洲印象》上贴有一张纸条，建议不熟悉鲁塞尔的读者从第 10 章开始阅读，第 10 章是这样开头的："去年的 3 月 15 日……"任何遵照建议的读者会读到一本符合时间顺序、合乎逻辑的小说。小说讲述了一群音乐家、艺术家、马戏团演员和银行家遭遇海难并被勒索赎金的冒险经历。在他们等待使者带着赎金归来的时候，他们准备了本书开篇的欢庆表演。然而，接受鲁塞尔建议的读者，最终会丧失揭晓谜底的乐趣。福柯简要描述了鲁塞尔的创作机制："从一首诗歌、一张海报、一张名片上随机找一个句子，把句子分解成语音要素，用这些要素重新组成其他单词，以符合一系列主题。"[47]

鲁塞尔的书中充满了语言游戏和奇妙的发明机器。比如，在《非洲印象》中，一位工程师认真建造了一台根据水车原理工作的织布机（métier），这台织布机从它的叶轮（aubes）中舀水。他想要找寻的，在《我是如何撰写我的某些著作的》中得到了解释，这是一种要求他黎明（aube）即起的职业（métier）。[48]织布机这个例子是鲁塞尔写作"方法"的缩影：以两个词（métier：loom/profession；aubes：dawns / vanes）的差异和相似性生成了部分叙事。

对福柯来说，"织布机的叶片"这个例子是整个文本书写方式的隐喻，表明了现代性的自我指涉性。河流奔腾不息，正如语言之流生成的过程。叶片浸入水中，驱动机器编织着复杂的丝状图案。梭子自发地运转着，它就像一个感应器，感知那些从语言密集的织物中涌现的词语，梭织之线就像一根将语言之流编织到文本画布上的连接线。渐渐地，织布机编织出了一个图案：洪水滔天的死亡威胁，之后方舟出现了，带来重生的希望。[49]值得注意的是，织布机立在一个如棺材一般上锁的盒子上：死亡处于整个过程的核心。

在这里，起作用的是"语言的重叠，这种重叠开始于一个单纯的核心，逐渐脱离自身，并不断产生其他形象（距离延展了，脚下开放的空间扩展了两倍，走廊扩展成迷宫的模样，两者既相似又不同）"。[50]正如福柯所言，文本变成了词语的迷宫，在这迷宫中心潜伏着弥诺陶洛斯（Minotaur）。[51]

鲁塞尔的语言机器得到了异常精细的描绘。例如，对"织布机的叶片"的描绘，部分来自百科全书中的技术图解。这种近乎临床诊断的精确性，令人想起儒勒·凡尔纳对他发明的描述，凡尔纳深受鲁塞尔的推崇，福柯则认为他书写了"知识的负熵"[52]。鲁塞尔的精确描述与罗伯-格里耶的客观主义相互关联：无论对于鲁塞尔还是罗伯-格里耶，这种描述并非语言对于客体的忠实，而是对词与物无尽关系的持久更新。[53] 双关语与异想天开的幽默遮掩了一些具有普遍性的事物。"就像任何文学语言一样"，鲁塞尔的语言是"对日常陈词滥调的暴力破坏，但它永远保持着谋杀语言的神圣姿态"。[54] 这样的语言也存在于"疯狂与作品之间的空间中，一个既盈满又空虚，既可见又不可见的地方，在这个空间，它们相互排斥"。[55]

《雷蒙·鲁塞尔》于 1963 年 5 月出版。当月福柯还出版了另一本书：《临床医学的诞生》。正是在福柯的坚持下，两本书得以同时出版。为确保两本书同时出版，福柯与伽利玛出版社、法国大学出版社进行了协商：在《临床医学的诞生》的封面写着《雷蒙·鲁塞尔》"即将出版"，为满足福柯的心愿，《雷蒙·鲁塞尔》的出版略微延后。坚持两本书一同出版，这不仅是福柯在刻意显露自己的博学，同时也是一个强烈的暗示，《雷蒙·鲁塞尔》和《临床医学的诞生》虽明显不同，但又有一些共同之处，这与福柯后来的声明形成对比，他认为《雷蒙·鲁塞尔》"没法放到我的一系列书中"。[56]

据说《临床医学的诞生》是福柯受康吉莱姆委托所作[57]，但事实并非如此。康吉莱姆的确很乐意在他编辑的"盖伦"丛书（生物学和医学的历史和哲学）中出版此书，这套"短命的"丛书是康吉莱姆为法国大学出版社编辑的，其中包括康吉莱姆自己的《反射观念的形成》（*Formation du concept de réflexe*），以及克劳德·伯尔纳（Claude Bernard）再版的经典著作《实验医学原理》。然而，康吉莱姆极力否认这本书的出现与自己有关。就像伽利玛出版社的编辑一样，康吉莱姆也收到了福柯的成文书稿，但之前没有参与过对此书内容的讨论。[58]

我们无法确知，福柯于何时何处开始写作《临床医学的诞生》，但很可能与《古典时代疯狂史》的书写同步进行。福柯宣称他阅读了从 1790 年到 1820 年每本"具有方法论重要性"的书，我们很难证明福柯说的话，但是一些章节出现了几乎 200 条参考文献，有力地证明了研究者的刻苦勤奋。这同时也见证了他的雄心壮志："人应该阅读并研究所有事情。换句话说，在特定时刻，人应该掌

130

握一个时期的全部档案。"⁵⁹ 从很多方面来看,《临床医学的诞生》都是福柯最具专业性的书,它不太可能吸引普通读者。阅读这本书困难重重,不仅因为此书运用了大量医学词语,还因为福柯毫不妥协地引用了像西德纳姆(Sydenham)的《医学观察》(*Observationes medicae*)与莫尔加尼(Morgagni)的《论病灶与病因》(*De Sedibus et causis morborum*)这样的拉丁文原版作品。然而,除了主题上有所差异以外,这部著作与福柯的很多文学类文章有着惊人的相似之处。

序言以简洁优美的语句开头,任何一个英译本都可能丢失这种法律条文般的语调:"这是一本有关空间、语言和死亡的书。它讨论的是目视。"福柯紧接着讲了两个小插曲。18 世纪中叶,一位名叫波姆(Pomme)的医生为了治疗一位歇斯底里症患者,让她"每天浸泡 10 到 12 个小时,这样持续了 10 个月"。经过一段时间针对神经系统的烘干和高温治疗后,他看到了"许多像湿羊皮纸的膜状物……伴随着病人轻微的疼痛剥落下来,每天随着小便排出,右侧输尿管也同样完全剥落和排出"。肠道也发生了同样的情况,肠道内膜脱落了,通过直肠排出。随后,食道、主气管和舌头也陆续有膜剥落,"病人呕出或咳出各种不同的碎片"。不到一个世纪后,贝勒(Bayle)观察到慢性脑膜炎患者常伴随着大脑病变和"假膜":"其外表面紧贴硬脑膜的蛛网膜层,有时粘连不紧,能轻易地分开,有时粘连很紧,很难把它们分开。其内表面仅仅与蛛网膜接近,而绝不粘连……"⁶⁰

这两个小插曲的内容完全不同。波姆研究的是神经病理学的古老神话,贝勒精密的观察对现代读者来说并不陌生。"实际上,发生变化的是那个作为语言后盾的沉默构型,即在'什么在说话'和'说的是什么'之间的情景和态度关系。"⁶¹ 简单地说,一度开启了医生与病人之间谈话的古老问题,"你怎么不舒服?"如今变成了一个不同的问题,那就是"你哪儿不舒服?",在此我们可以辨认出临床医学的原则。⁶² 福柯的研究主题关涉的正是两个时期的医学转变:

> 为了判定话语在何时发生了突变,我们必须超出其主题内容或逻辑模态,去考察"词"与"物"尚未分离的领域——那是语言最基础的层面,在那个层面,看的方式和说的方式还浑然一体。我们必须重新探讨可见物与不可见物最初是如何分配的,当时这种分配是和被陈述者与不被说者的区分相联系的:由此只会显现出一个形象,即医学语言与其对象的联结。

但是，如果人们不提出回溯探讨，就谈不上孰轻孰重，只会使被感知到的言说结构——语言在这种结构的虚空中获得体积和大小而使之成为充实的空间——暴露在不分轩轾的阳光之下。我们应该置身于而且始终停留在对病态现象进行根本性的空间化和被言说出来的层次，正是在那里，医生对事物的有毒核心进行观察，那种滔滔不绝的目光得以诞生并沉思默想。[63]

针对这段话我们可以说很多。在机制形成的时刻，去捕捉其分离的行为，132
这样的观点令人想起《古典时代疯狂史》中试图去捕捉"确立了理性与非理性之间距离"的根本划分[64]，而对"词"与"物"的提及显然提前预告了《词与物》的标题。《雷蒙·鲁塞尔》第一章发表在《公开信》上，题目为"雷蒙·鲁塞尔的言说与目视"，而"语言在这种结构的虚空中……使之成为充实的空间"这句话，则来自"这是鲁塞尔的语言空间，他的言说来自这语言的虚空"。[65]在这本有关医学史的书中，对"病理学"的提及必然令人想起康吉莱姆，而对可见与不可见的最初划分，则令人联想到梅洛-庞蒂。可见与不可见之间的关系，是《知觉现象学》的主题之一。此书副标题——"医学目视的考古学"——为此书的迷宫增加了更深的维度。福柯在哲学上确实对萨特没什么好感，但是对任何一个法语作者来说，使用"目视"这个词时，都会心照不宣地想起《存在与虚无》的核心章节，即为他者而存在的"注视"。显然，这在医学史上并不是一篇易懂的论文。

福柯将《临床医学的诞生》描述为"他在思想史领域的一次方法论尝试，但如此混乱，没有条理，结构又是如此糟糕"[66]，但他随后完全摒弃了思想史这一观念。当福柯谈到18世纪的"发烧概念"时，通过"思想史"，他实际上更清晰地理解了这个概念。[67]对"概念"一词的使用，标志着福柯与康吉莱姆思想上的接近，说得更远些，是与让·卡瓦耶有所关联，卡瓦耶是一名逻辑学家，同时也是反抗军斗士，最终被盖世太保杀害。对卡瓦耶来说，"医学不是一种意识的哲学，而是一种概念的哲学，医学能够给人提供一种科学学说"，据卡瓦耶所说，"科学理论是先验性的，但这种先验性并不优先于科学，而是科学的灵魂"。[68]将福柯与卡瓦耶过于紧密地关联在一起，或许是错误的，因为后者的作品建立在胡塞尔纯粹现象学的基础上，然而，福柯也在寻找"医学目视历史的和具象的先验性"。[69]不同于卡瓦耶和康吉莱姆，福柯并没有用纯粹的逻辑或概念术语来界定他的"先验",福柯所说的历史,至少部分是制度和社会学的历史,然而,他运用的词语表明,他明确意识到自己是在巴什拉、康吉莱姆和卡瓦耶的传统下工作。福柯关注医学成为临床医学的条件,"是由于有一些条件以及历史的可能性规定了医学经验的领域及其理性结构。它们构成了具体的'先验'"。[70] 这声明不可避免地带有康德式的语气,令人感到福柯那富有"批判"传统的自省意识。

但话说回来,医学目视的考古学并非经验主义的历史。那些笃信从亚里士多德到比夏(Bichat)是一条线性发展历史的人,那些对启蒙运动进步观深信不疑的人,这本书中的历史不会令他们感到些许安慰。从波姆到贝勒观察方式的转变,其核心未必是"新知识与古老信仰"的冲突。这其实是爆发在"两种知识型"之间的冲突。[71] 同样地,福柯斩钉截铁地表示,他并非反对一种医学形式而支持另一种医学形式:这是"一种有关结构的研究,试图在历史的密度中,解释历史本身形成的条件"[72]。《临床医学的诞生》没有提供,并且也不打算提供进行价值判断的基本原理。

与《精神疾病与人格》一样,再版的《临床医学的诞生》也做了修订,虽然不像前者那样大修大改。正如《词与物》显示的那样,在福柯与结构主义关联的背景下讨论大部分修订会更加容易些。在 1972 年的版本中,上文引用的那句话被福柯改成了:"这项研究试图在密集的话语中,去找寻历史产生的条件。"一位深谙福柯思想的读者令人信服地指出,这种变化证明,福柯在抹掉过去的历史,即那种深陷于历史发展,并奠基在历史和理性之上的黑格尔主题,正如伊波利特所言,在 1963 年,这个主题仍有"挥之不去的吸引力"。[73] 如果伯纳尔的推测是正确的话,文本的改动进一步证明了福柯想抹去过去的思想印记,并以他当下的关注点来重新定义自己。福柯利用思想的同一性与非同一性的相互影响,来挫败人们试图完全定义他的企图。

让我们回到 1963 年的文本。题目中,"clinique"(临床医学)这个词有些复杂,带来了翻译上的问题:这个题目既指"临床医学",也指教学机构,后者取代了文艺复兴及更早的学院。在这两个意义上,"clinique"与"hôpital"都截然有别,"hôpital"与其英文同源词的含义相同,最初是指照顾穷人和病人的慈善机构。临床医学的诞生标志着疾病概念以及对疾病理解的重大转变。

福柯一开始就指出,我们将身体看作"疾病的起源和散布的自然空间",这是由"解剖学的图谱"决定的空间，而这只是医学将疾病空间化的诸多方式之一。[74] 这些想法归功于19世纪出现的临床医学，并且与病理解剖学的出现息息相关，要想充分理解临床医学的诞生，最好的办法是了解它的前身。在将疾病叠合于身体器官之前，疾病按科、种、属的等级进行分类。因此，在1772年，基利贝尔（Gilibert）给内科医生的建议与此相关："在没有确定疾病的种类之前，绝不要治疗这种疾病。"[75] 从1761年索瓦热（Sauvage）的《系统疾病分类学》到1798年皮内尔的《疾病分类哲学论》，分类理论主导着医学认知，这种分类理论根植于表格，表格记录的既不是疾病的因果，也不是病态事件的时间序列，也不是疾病在人体内的可见轨迹。如福柯所言，这个医学空间包括一个纵向维度和横向维度，正是这个医学空间界定了医学认知。纵向维度是一个时间序列，时而能从个案中体察，时而不能：发烧可能发作一次，也可能发作多次。横向维度则有关疾病的相似性和类推：黏膜炎联系着咽喉，一如痢疾联系着肠道。正是在这个空间里，沿着这些感知的维度，"疾病，出现于我们的目视之下，体现在一个活生生的有机体中"[76]。疾病的分析和诊断如此抽象，以至于个体患者实际上成为认知疾病种类或等级的潜在障碍。

福柯定义了疾病空间化的两个层次：疾病的第一次空间化，是将疾病定位于概念的结构内，疾病的第二次空间化，则将疾病与身体关联在一起。后者试图去回答以下问题："这种平面的、同质的疾病类型空间怎么会呈现在由体积和距离区分开的物质所组成的地理式系统中呢？根据分类中的地位加以界定的某种疾病怎么会以它在一个机体中的位置为标识呢？"[77] 福柯随后引入了"第三次空间化"，以此结束他对医学认知空间的三重度量，第三次空间化表明"一个特定社会圈定一种疾病，对其进行医学干涉，将其封闭起来，并划分出封闭的、特殊的领域，或者按照最有利的方式将其毫无遗漏地分配给各个治疗中心"。[78]

如此，这基本上就是对疾病的分类认知。临床医学的出现，需要构建一个新的"先验"形式，形成一个"完全结构化的病情学领域"。[79] 仅仅"将症状确认为某种疾病，将疾病归于一个特定的类别里，在病理世界的综合图谱里定位 135 疾病的位置"是远远不够的。[80] 新的医学认知空间的出现，意味着：

　　　　知识形成的地方，不再是上帝分配物种的病理学花园。这是一种普遍性的医学意识，在时间和空间中散播，具有开放性和流动性，与每一个个体的存在紧密相关，也与国家的人口息息相关。这种医学意识时刻警惕着各个方面、各个领域疾病大规模暴发的迹象。[81]

正是在这个医学空间里，疾病的身体和病人的身体完全叠合在一起，疾病的构型叠加于身体之上。在这个医学空间里，医学的目视深具权威：在医生富有经验的目光下，可见的病变与清晰的病理形式完全一致。

临床医学的诞生并不是纯粹的认识论事件，福柯提出的第三次空间化发挥着至关重要的作用。特别是在法国大革命时期，医学发展的认识论需求与社会政治因素相辅相成。古老的分类医学，以在疾病花园中发现病理本质的医生为中心，如今受到教学机构的挑战，这些机构需要一个问诊的自由领域。废除旧制度的特权，对建立一个更加开放的社会至关重要。革命队伍的需求，以及医生行当的定期淘汰，使得改良医生的训练具有了军事和政治的必要性。

临床医学的出现不仅仅是认知问题，也是语言问题。病理学的本质根植于症状之中。症状是疾病的象征，疾病不过是症状的集合。在这里，孔狄亚克（Condillac）扮演着至关重要的角色：症状的象征性结构转化为了临床医学实践中的概念构型，这在 1746 年的《人类知识的起源》中以推论方式得到详细阐述。[82] 在临床医学的思考中，症状扮演的角色类似于"行为语言"，据孔狄亚克所说，"行为语言"是语言交流的原初形式。行为语言是本能的外化，症状是疾病的证明。现在，在疾病的结构和语言的结构之间有着某种形式同构关系：

136   在分类医学里，疾病的性质和对它的描述如果不经过一个中间阶段，构成一幅二维"画面"，就不可能互相对应；在临床医学中，被看到和被说出则直接在疾病的现象真实中沟通，这种现象真实就是疾病的全部存在。疾病只存在于可见的因此可陈述的因素里。[83]

这样的医学构型由纯粹的目视神话支配，这目视是一双会说话的眼睛，也是一种纯粹的语言。

然而，临床医学案例中的目视，是一种表层的目视。因此，比夏有关医学专业的简洁建议就变得至关重要："请解剖几具尸体吧。"病理解剖学渐渐成为一门学科，使得人们有可能遵循这一建议。如今，医学目视开始聚焦于死亡，人们以死亡去解释疾病的发生，解释生命本身。生命不再呈现为有机体形式。有机体是生命的可见形式，它抗拒一切非生命以及与生命对立的东西：

> 比夏不仅使医学摆脱了对死亡的恐惧，而且把死亡整合进一种技术性和观念性整体中。在这个整体中，死亡具有了作为一种经验的独特性质和根本价值。因此，西方医学史的这一重大断裂恰恰发生在临床经验变成解剖临床医学的目视之时。[84]

这个断裂标志着转变的开始。现在，多亏了解剖学和解剖体，疾病的空间与机体本身的空间叠合在一起。有关疾病分类的医学走到了尽头，开始被病理反应医学取代。现代医学目视的具象先验，开始浮出历史表面。

尽管《临床医学的诞生》分外严肃，但令人惊讶的是，书中贯穿着与语言和死亡相关的色情主题。在讨论临床解剖学的感知和认识论结构时，福柯指出，被掩盖的因素采用了被掩盖内容的形式和节律，这就意味着，与面纱一样，它是透明的，福柯继而在脚注中说道："这一结构不是从 19 世纪初才开始的，就其基本形式而言，它从 18 世纪中期就支配了欧洲的知识和色情表现的各种形态，其盛世延续到 19 世纪末为止。我将在随后的一部著作中研究它。"[85] 此前没人做过这样的尝试，但是福柯在他的论文中，对小克雷比庸和雷韦罗尼进行了简单的探索："面纱是偶然、匆忙铺展的一层薄薄的掩盖物，并试着保持原位，但垂直的下坠言说着它的力量之线。正因为死亡，这面纱被揭开；死亡揭开了这光线的织物，这柔软的形式。"[86] 面纱的结构也是异装癖的结构："如面纱一样，异装癖是一种隐藏和背叛。它如镜子一样，以虚幻的方式映射现实，在呈现现实的同时也遮掩了现实……它以模仿的方式反自然，因此被拒之门外。"[87] 一则对解剖学进行讨论的脚注，又将我们引回了鲁塞尔的迷宫世界。

实际上，福柯用了小克雷比庸文章的标题——《如此残酷的知识》——来描述比夏的革新。比夏与萨德几乎是同时代人，萨德这个人"突然以最不着边际的话语，不可避免地引入了色情和死亡"。在比夏打开的医学空间里，"人们只有通过残忍的、简化的知识才能了解生命，而这地狱般的知识只有在人死后才能获得。这目光围绕着最个体化的肉体，关切地检视和剖析这肉体，这慢慢扩展的目光，固执而专注，紧紧盯住肉体的秘密不放，清算肉体的秘密，这目光从死亡的高度，俯视并谴责生命"。[88] 这目视并不来自一双鲜活的眼睛，"这目视来自一双见过死亡的双眼。这只白色的大眼睛透视了生命"。[89]

福柯的医学目视考古学也是有关眼睛的历史，这里有另外一个眼睛的故事。1963 年的秋天，福柯为《批评》特刊写了一篇重要的文章，向 1962 年 7 月逝世的乔治·巴塔耶① 致敬。《致敬乔治·巴塔耶》特刊，是巴塔耶在当代被封圣的重要台阶。雷利斯、布朗肖、克洛索夫斯基，还有巴特，都纷纷撰稿悼念巴塔耶。巴特因此写出了重要作品《眼睛的隐喻》（"La Métaphore de l'oeil"）。[90] 福柯为此撰写了《僭越序言》（"Préface à la transgression"）。[91]

福柯在《僭越序言》中深入探究了巴塔耶的某些重要主题，也深化了自身的研究。虽然福柯没有提供详细的参考文本，但很明显，福柯非常熟悉巴塔耶的作品。这篇文章涉及的作品有短篇小说《艾潘妮》（*Eponine*，1949）、《艾德沃妲夫人》（*Madame Edwarda*，1937）、《蓝天》（*Le Bleu du ciel*，1957），随笔《内在体验》（*L'Expérience intérieure*，1943），以及《爱神之泪》（*Les Larmes d'Eros*，1961）。最重要的，然而也是最声名狼藉的作品当属《眼睛的故事》（*Histoire de l'oeil*）。[92] 尽管福柯对巴塔耶兴趣浓厚，但他从未想过与巴塔耶见面。像布朗肖和夏尔一样，福柯远远地仰慕着巴塔耶。这篇"序言"，是福柯第一次向巴塔耶致敬。第二次致敬发生在 7 年后，福柯为巴塔耶《全集》第一卷撰写了序言："我们现在知道了，巴塔耶是他那个时代最重要的作家之一……我们所处时代很大一部分多亏了他，但是，我们还有许多应该做、应该想和应该说的事，这无疑也还应依靠他，并且在很长时间里都会如此。"[93]

没有铺垫，也没有丝毫犹豫，福柯一头扎进对界限问题的讨论。现代的性——这个现代，福柯指的是自萨德和弗洛伊德以来的性——还远远没有获得解放。确切地说，我们已经将之进行到极限，或者将性确立为界限："我们已经将之进行到各种极限，包括：意识的极限，因为性最终制约着对无意识解读的可能性；法律的极限，因为性似乎是普遍禁忌的主要内容；语言的界限，因为性追索到了那表明语言可在沉默的沙滩上走出去多远的界限。"[94] 福柯思索道，也许，正如查拉图斯特拉宣称的那样，性的重要性与上帝之死息息相关：由于

① 乔治·巴塔耶（1897—1962），法国评论家、思想家、小说家。著有《耗费的概念》《色情》《内在体验》《眼睛的故事》等。——译者注

上帝之死为我们去掉了一个无限存在物的限制，因而产生了一种经验，在这经验中，再无任何东西可宣告存在的外在性，这是一种内在性经验。在此，人们发现一个"界限的无界限领域"以及它的空洞性。[95] 例如，"一种性经验，将打破限制与上帝之死关联在一起"[96]。界限的存在，必然开启了僭越的可能性，然而，僭越并不是否定性的，僭越是界限存在的自我肯定。在这个意义上命定的界限体验，为"非肯定的哲学主张"带来希望。[97] 因此，福柯期望着"哲学主体性瓦解，并被散发到语言中去，这个语言既将它驱逐又将它复制，而这一切发生在一个由于主体性缺场而创造出的空间中"，"这是作为哲学语言的至高无上和首要形式的哲学的终结"。[98] 这种迷宫般散布的语言，正是福柯在他的文章以及《雷蒙·鲁塞尔》中所探索的现代主义文学语言，这种文学语言允诺从辩证法和人类学的"沉睡"中醒来，而无论辩证法还是人类学，其最初的定义都参考了康德。对界限的研究，将取代整体性的哲学探索；僭越将取代矛盾的运动。在像巴塔耶这样的作者身上，福柯发现了自己在拉波特的《前夕》中一瞥而见的东西，一些与尼采联系在一起的思想：那种不能被简化为哲学语言的思想。

在福柯的描述中，这种散布的语言充满了奇妙的诗意：

> 这种奇形怪状与碎片般的语言描绘出一个圆圈，它自我指涉，回转过 139
> 来质疑自己的界限——似乎它不过就是闪烁着奇怪光亮的一盏小夜灯，标
> 示出它产生于其中的空洞之处，而它又把它所照亮和触及的一切引向这个
> 空洞。或许，正是这奇特的结构能够揭示为什么巴塔耶给眼睛以如此顽固
> 的威望。[99]

黑暗而色情的《眼睛的故事》中，有一个贯穿始终的意象，那就是眼睛。有时，那是一只从眼窝里扯下的眼睛，有时，眼睛以鸡蛋这种对等物的形式出现（在这里，在 oeil 与 oeuf 之间的语音游戏与鲁塞尔的类似）。眼睛是色情游戏中使用的一碟牛奶，或者是公牛的睾丸（据巴特说，这是眼睛的通常用法[100]）。

对福柯来说，挖下眼睛这个举动，就等于将哲学家从他的统治地位上驱逐。小说《眼睛的故事》以极端性暴力的场景结尾：

> 因此，那些打断了巴塔耶的故事的伟大场景，总是与带有性欲色彩的

死亡景观有关，在这些场景，向上翻的眼睛露出眼白界限，并在巨大、空洞的眼窝中向内翻转……那回转的眼睛标示出巴塔耶哲学语言的一个地带，即那空洞，它将自己投入并迷失在那空洞中，但又从未停止在里面言说……这是一个属于语言和死亡的空间，在此，语言发现自己正在僭越自己的界限：哲学语言的非辩证法形式。[101]

福柯在《临床医学的诞生》中没有提到巴塔耶，而比夏也没有在《僭越序言》中出现。然而，两部书共享相同的意象。巴塔耶的"界限"在寂静的沙滩上留下了一道踪迹，奇怪的是，《临床医学的诞生》中的病理解剖学与这番论述很相似：

> "发现"不再意味着我们最终在混乱的表象下，解读出一致性的本质，但是却将语言的泡沫线延伸到更远的地方，这泡沫线切入一片沙滩，这沙滩仍旧对清晰的感知保持开放，却已不再对熟悉的话语敞开心扉。将语言引入明暗不定的地带，在那里，目视不再有只言片语。[102]

140　　福柯在这种对比中，将比夏在死亡中对生命的感知，与戈雅（Goya）、杰利柯（Géricault）、德拉克洛瓦（Delacroix）、拉马丁（Lamartine）和波德莱尔（Baudelaire）作品中永恒的死亡主题相对照，同时与其中蕴含的残酷知识相对比。无论是对于比夏，还是这些艺术传统来说，"死亡已然离开了它的悲剧天堂。如今，死亡成为人类抒情的内核：死亡，是人类无形的真理，是人类可见的秘密"。[103]

《临床医学的诞生》的结尾，出人意料地充满了哲学与诗意的氛围。个人既是自己认识的主体又是自己认识的对象，这种可能性就意味着这种有限物的游戏在知识中的颠倒：

> 正是这种颠倒成为组建一种实证医学所需的哲学蕴意，反过来，这种实证医学则在经验层面上标志着那种把现代人与其原初的有限性联结起来的基本关系的显现……因此，这种医学经验极其接近从荷尔德林到里尔克用人的语言所寻找的那种抒情经验。这种经验开始于18世纪而延续至今。

它与向各种有限存在形式的回归紧密相连。死亡无疑是最具威胁性但也最充实的形式。[104]

　　从两本书获得的反响看，无论是《雷蒙·鲁塞尔》还是《临床医学的诞生》都不算很成功。有趣的是，没有一个评论家把这两本书放在一起评论，或是将两本书联系起来。尤其是《雷蒙·鲁塞尔》，阿兰·罗伯-格里耶在《批评》中对此书评价冷淡。理论上来讲，他应该一面评论珀维尔出版社的鲁塞尔《全集》，一面回应福柯的研究。《批评》杂志向来给作者充分的自由，罗伯-格里耶利用了这一点，他针对鲁塞尔《全集》写了短文，但却只字未提福柯的《雷蒙·鲁塞尔》。[105]伊夫·贝尔特拉（Yves Bertherat）在《精神》中对福柯的书和米歇尔·布托（Michel Butor）的《现代随笔集》进行了评论。他写道，如今，评论随笔渐渐独立于它评论的作品，而成为一种文学体裁，他还评论说，即使没看过拉辛的剧本，人们也可能对巴特的《论拉辛》（Sur Racine）产生浓厚兴趣。他对《雷蒙·鲁塞尔》的评论，恰好印证了自己的这番言论。在那篇评论里，只有最后两句话提到了福柯：

　　　　我们很熟悉《古典时代疯狂史》和《临床医学的诞生》的作者，这位作者对超越了人类行为与作品的事物充满激情，他苦寻的艺术，是我们通常无法找到的。在这里，福柯通过鲁塞尔，进行一种个人化的沉思冥想，141这番思索最突出的贡献，或许在于，福柯试图在人类的语言、历史和作品中找寻理性和非理性的边界……如果这边界存在的话。[106]

　　还有一些不太重要也不那么有趣的评论[107]，但却是真正为福柯"那令人钦佩的研究"唱赞歌的文章，文章出自菲利普·索莱尔斯（Philippe Sollers）之手，文章发表在《泰凯尔》上，共有5页。文章的大部分内容都在解释福柯的作品，在最后的注脚中，他对福柯表达了发自肺腑的赞扬。对索莱尔斯来说，《雷蒙·鲁塞尔》是《古典时代疯狂史》那一系列引人入胜的研究的一部分。福柯研究的深度，他思想的敏锐性和深刻性，语言的优美，都使他成为一个非常重要的作家。这种老气横秋的评论出自一个比福柯小十岁的人之手，福柯对此如何作想，很不幸，没有被记录在案，但很难相信他会对索莱尔斯的结论感到

不快："福柯的《雷蒙·鲁塞尔》，连同莫里斯·布朗肖的《洛特雷阿蒙与萨德》
(Lautréamont et Sade)，是近些年涌现的最耀眼的评论著作。就像福柯那本《临
床医学的诞生》一样，人们几乎可以称这本书为《文学批评的诞生》。"[108]

相比《雷蒙·鲁塞尔》，《临床医学的诞生》获得的公开评论更少一些。奇
怪的是，第一篇评论出现在一本英国杂志上。韦尔康医学史图书馆的 F. N. L. 波
因特（F. N. L. Poynter）花了很大篇幅来阐释福柯的观点，但作者在文章的开篇
和结尾，对福柯的作品给予了高度肯定。在他看来，大多数法国医学史书籍的
插图华丽繁复，与插图相匹配的文本却充满了肤浅的奇闻逸事，但是，福柯的
研究展示了"新思想的迹象"……这可能和福柯与法国当代科学史学家、学
派的接触有关，这些科学史学家已经写出了很多杰出的学术作品。他对福柯
在里尔克、荷尔德林与 19 世纪的"空想家"之间建立关联的合理性持保留意
见，尽管如此，波因特依然认为这本书"充满了各种想法和富有争论性的思想
点，这令人兴奋不已"。"如果接下来有一位英国历史学家要写 19 世纪早期临
床医学领域的伟大学派，或是要写自 1858 年以来我们自己国家的医学职业
组织，哪怕是如今致力于改变我们健康环境的医学政客，都能在这本书中收
获良多。"[109]

142   "现代法国科学史学派"唯一一位评论了《临床医学的诞生》的人，对这
位"伟大的档案管理者、机智的考古学家"并不太感兴趣。弗朗索瓦·达拱尼
耶（François Dagognet）强调这本书是《古典时代疯狂史》的续篇，他发现了
福柯身上的康德主义倾向，他声称，福柯对精神病学或医学的现实并不感兴趣，
福柯感兴趣的，是使精神病学和医学成为可能的假设和条件。比如，福柯认
为，非理性的本体实在注定以否定的方式存在，要么存在于难以被传达的绝望
中，要么存在于暴力抗议的悲剧中。达拱尼耶也对福柯其他的论述细节表示怀
疑，但他因福柯对临床医学的刻画并不全面而感到遗憾。最后，他希望，当历
史取代了福柯那"炫目的辩证法"考古学，或许读者内心存有的疑惑将会烟消
云散。[110]

《临床医学的诞生》虽未取得巨大成功，但很快成为一本热门书。1963 年，
贝尔纳·库什纳（Bernard Kouchner）是一名医生，是国家青年医学中心的成
员，同时也是共产主义学生联盟首屈一指的人物。《临床医学的诞生》中对库什
纳所从事的职业进行了谱系研究，这些研究令库什纳着迷不已。这本书成为库

什纳的思考工具，令他发现医学不仅仅是一种机械的实践，更是一种随着时间演变的特殊语言。一场又一场激情洋溢的会议在库什纳家里举办，共产主义学生联盟的成员逐章阅读、讨论此书。医学史是医学院校的主要课程，而这本书为乏味而学院化的医学史提供了一剂解药。那时候，库什纳没有试图同福柯会面，甚至没想过要去接触福柯，但他和他的成员们对《临床医学的诞生》的兴趣，是最终促使福柯成为新左派偶像的原因之一。[111]

虽然福柯获得了巨大的声望，赢得了同行的尊重，但也树了敌：法国知识分子社会并非世外桃源。从个人经验来看，人第一次被深深伤害，往往来自最亲近的人。雅克·德里达 1930 年出生于阿尔及利亚，1950 年就读于巴黎高师，并于 1956 年取得教师资格。在巴黎高师，他与阿尔都塞、福柯都很亲近，他满怀热情地听他们的课。他后来描述自己对福柯"保持着弟子的敬意和感激之心"。[112] 1963 年，德里达已获得了一定的哲学声誉，因为他出版了第一本重要著作——翻译以及介绍胡塞尔的《几何学的起源》（*Origin of Geometry*）——并因此赢得了让·卡瓦耶奖，此奖项奖励他为现代认识论做出的杰出贡献。1963年 3 月 4 日，当时的德里达在索邦大学教书，在哲学学院发表了第一次公开演讲。演讲题目是《我思与疯狂史》（"The Cogito and the History of Madness"）。

德里达的演讲以赞扬福柯开场，随后他对《古典时代疯狂史》展开激烈批判。他认为，这本书"在很多方面都令人钦佩，是灵感和风格俱佳的力作"，自己很荣幸能有福柯这样的老师。不过，当弟子开始同老师对话，有时也会怀有一种痛苦的心境："弟子这种无尽的痛苦可能来自一个事实，一个他还未明白或者说隐而未显的事实，即老师——如同真正的人生那样——总是不在场的。因而得破冰，或毋宁说砸碎镜子，即那学生对先生所做的无限的反思和思辨，并开始发言。"[113]

随后，德里达开始对听众发表长篇演讲，福柯就坐在席间。他从两个方面对福柯进行了质疑。首先，他质疑福柯对《第一哲学沉思集》（*Méditations philosophiques*）相关章节的解读，在这一章节中，笛卡尔思考着：怎么可能否定这双手、这个身体是我的呢？笛卡尔得出结论，如此设想，就像穷人想象自己是富人一样，衣不蔽体之时相信自己穿金戴银。随后，他推翻了这种想法：可是，他们是疯子，如果我以他们为榜样的话，不见得比他们少一分错乱。在《古典时代疯狂史》中，福柯用笛卡尔的这段话来证明古典理性的自我确信。[114]

143

早在福柯论文答辩会上，亨利·古耶就对这个观点提出了轻微异议，但福柯似乎并未放在心上。1964 年，《古典时代疯狂史》删减版本出版的时候，这一段是被删减的段落之一。在被称为"图书梗概"的简短序言中，这段话已不见踪影，可以推断，这段话对福柯来说可能没那么重要。相反，德里达却声称："福柯全部方案的意义，可能就集中在这有映射性并多少有点高深莫测的篇章中。"[115] 重新审视福柯的阅读——或所谓误读——是一门精读艺术，这后来成为德里达的学术标志。德里达无情而费力地对福柯和笛卡尔展开的批判式解读，我们在这里不做详细叙述，稍后涉及福柯最终答复的时候，我们再细说。[116]

德里达开篇就分析了福柯对帕斯卡尔的引文："人类必然会疯癫到这种地步，即不疯癫也只是另一种形式的疯癫。"福柯曾尝试撰写一部疯狂本身的历史，去详细阐释沉默的考古学。在德里达看来，这是绝对不可能的："难道沉默的考古学不会是对施加在疯狂身上的犯罪行为的最有效且最微妙的复原和重演吗？"[117] 从对疯狂的流放负有责任的语言整体中全盘撤出，唯一的办法是保持沉默，或跟随疯人一同被放逐。换句话说，福柯仍旧以理性的语言在言说。德里达试探着"将福柯的书看作捍卫禁闭的强有力姿态。这是 20 世纪笛卡尔的姿态，是以否定方式对笛卡尔思想的复原"[118]。

另外，德里达认为福柯在书中运用的是结构主义方法："根据这一理论，结构整体中的所有事物都紧密相连并循环往复……这里的结构主义、极权主义大概会行使一个与古典时代的暴力相同的关闭我思的动作。我并不是说福柯的书是极权主义的……我是想说，他有时冒着极权主义的风险。"[119] 德里达在这里小心翼翼地使用条件句。这是一种剑拔弩张的暗示，报纸可以借此暗示某位大臣可能是奸杀凶手，又不用冒着被控告为诽谤罪的风险。一个人即便不是精神分析学家，也会怀疑"我没说"这句否认的有效性，德里达在"总体性"和"极权主义"之间的语言游戏，其意识形态批判的粗暴程度，与法国共产党在 1966 年到 1967 年对《词与物》的批判旗鼓相当。

这种性质的批评通常有两个目的：一方面，根据批评的定义，它是否定性的；另一方面，这种批评有利于批评者在知识的地位之战中开辟新的领地。德里达的"我思"也不例外。他在结束演讲时断言："理性、疯狂与死亡之间的关系是一种经济学，三者的关系是一种其不可还原之独特性理应受到尊重的延异结构。"[120] 正是旁敲侧击的暗示而非明证，必然使德里达的概念分析取代了福柯的分析。

《我思与疯狂史》是德里达职业生涯的高光时刻，强化了他作为大师而非弟子的声誉。弟子的出头之时，往往意味着老师的衰落之日。福柯与他精神病学领域老师们的关系，被描述为一种"蓄意谋杀"，这种类型的"谋杀"在等级森严的学术圈并不稀奇。在福柯和德里达的事件中，真正的牺牲品是他们的友谊。福柯在这场演讲中一直安静地坐在台下。1964 年，当《我思与疯狂史》在《形 145 而上学与道德杂志》（*Revue de métaphysique et de morale*）上发表时，福柯仍旧保持沉默。3 年后，当这篇文章在《书写与差异》（*L'Ecriture et la différence*）中重印时，福柯仍不为所动。福柯持续的沉默令人费解，因为他是出了名的难以忍受批评。福柯之所以沉默不语，是因为两人当时都是《批评》杂志的编委，德里达在 1967 年加入编委会，这种关系让两人暂且和平共处。然而，福柯在 1970 年的回应，不仅是对 1963 年德里达演讲的残酷攻击，也是从整体上对德里达解构主义的抨击。福柯的书中的确很少提到德里达，即使提到也不是褒扬。

如今，福柯和德费尔一同生活在费雷博士街，并打算共度余生。共度余生的决定，并不意味着两人彼此忠诚，但这种关系的确延续到了 1984 年福柯去世。从整体上看，两人的伴侣关系相当轻松融洽。在德费尔的描述中，日常生活中的福柯是个很容易相处的人。然而，他们的确经历了来自社会的责难和某种程度的偏见。在他们身处的文化环境中，一起生活并不是什么秘密，但是，在 1963 年，法国社会——尤其是法国学术圈——对同性恋伴侣的态度并不十分肯定。[121]

福柯与德费尔的关系给福柯的生活带来了翻天覆地的变化，令他与巴特渐行渐远。有关此事，目前至少流传了三个版本的故事。索莱尔斯提到了福柯和巴特之间的妒忌之情，而其他人则谈到了一次事件，据说此事发生于福柯、巴特和让－保罗·阿隆在丹吉尔度假期间。度假期间，福柯不停抱怨自己没收到德费尔的消息，最后当他终于收到了来自德费尔的信，巴特的冷嘲热讽却又让他恼火。[122] 据德费尔所说，巴特与福柯疏远，一方面是由于德费尔的出现，另一方面是因为福柯的工作压力。德费尔否认巴特与福柯爆发过真正的争吵。1963 年到 1964 年间，德费尔为教师资格考试而发奋学习，而福柯已经着手撰写《词与物》了。两人都经常工作到凌晨，福柯只好放弃他每周同巴特共进三次晚餐的老习惯。因此，旧日的友情褪色许多，但并没有因为突然的中断而结束。20 世纪 70 年代初，政治分歧终结了这份友谊。

146　　德费尔的出现对福柯的文本也产生了微妙的影响。1964 年，当《古典时代疯狂史》的删减版出版的时候，原版中对艾瑞克－迈克尔·尼尔森（Eric-Michael Nilsson）的献词消失了，并且在后续的版本中再未出现。这份新的关系，甚至将福柯早期的柏拉图式友情一道抹去。如今，德费尔成了福柯生活中最重要的角色，并将一直如此。两人都多少有过几次艳遇，福柯周围经常环绕着一群仰慕他的年轻男孩。福柯从未在公开出版物中提及德费尔，但他在 1982 年与德国电影导演沃纳·施罗德（Werner Schroeter）的对谈中描述了这份关系的重要性：

> 18 年来，我都沉浸在对某人的激情中。有时，这种激情表现为一种爱情的形式。但实际上，这就是一种激情，我们俩一直处于激情的状态……我全身心投入其中……我觉得，当我需要找到他并和他说话的时候，无论什么都不能阻止我去这样做，绝对不能。[123]

福柯对德费尔的感情，可能没有立马使他与巴特断交，但这段关系阻止了福柯去实现以前的愿景。自从离开汉堡，福柯开始对日本心驰神往，甚至有了定居日本的想法。福柯对日本的迷恋，至少某种程度表达了他的信念——东方乃西方理性受限之地。正如他在《古典时代疯狂史》最初的序言中表达的：

> 东方，人们将它看作起源之地，将它梦想为一个迷离的所在，那是乡愁开始的地方，也是回归的诺言许下的地方……东方，是西方开始形成的那个夜晚，从东方那里，西方描绘出一条分界线，对于西方来说，东方与西方的一切截然有别，尽管西方总是在东方那里寻找它原始而简化的真理。在西方漫长的历史发展中，西方与东方截然区分的历史应该被记录下来，这种区分，应在两者的连续性和交流中寻找，但也必须允许在悲剧的层次中寻找。[124]

正是在莫里斯·潘盖的建议下，福柯产生了去日本的想法。1963 年，东京法国文化中心主任的职位空了出来。鉴于福柯在瑞典、波兰和德国的工作经验，他非常适合这个职位。福柯对这个想法充满热情，尤其因为他在克莱蒙费朗大学的工作日渐无趣，与罗杰·加洛蒂的争吵，也令福柯恼火不已。并且福柯早已厌倦了没有秘书协作的行政工作。此外，他仍不确定在大学教书是他真正的天职。因此，日本看起来是个颇有吸引力的选择。

    然而，福柯去日本有两个障碍。一方面，福柯的系主任不愿放走他，尤其因为福柯是唯一一个有能力重组大学应用心理学研究所的人。1963 年 9 月 2 日，福柯的系主任在给教育部部长的正式信件中写道：

> 在目前的情况下，福柯先生的离开，将会给我们系带来重大损失。这不仅是因为在即将来临的学年他无可取代，而且克莱蒙费朗大学哲学部的情况也岌岌可危……需要哲学科主任明年继续留任……考虑到这些情况，我急切地请求福柯先生拒绝他的邀约。他非常无私地接受了我给他的建议，对此我非常感谢。[125]

    这种无私只是一种表面现象，福柯并非真的无私。福柯并不是一个容易受学术权威摆布的人，很可能他当时举棋不定，才让他的系主任给部长写信。他前往日本的第二个障碍当然是他与丹尼尔·德费尔的关系。福柯不想因此抛下他的新伴侣，他甚至建议德费尔应该和他一起去日本重新学习，以便成为一名日本研究专家。由于对现代日本社会的状况一无所知，德费尔甚至想象自己去那里研究扇子和陶瓷，这显然对他没什么吸引力。还有一个问题，那就是德费尔的教师资格会考，对德费尔来说，去东京就意味着放弃学业，这也等同于放弃了学术事业的希望。最后，他做出了放弃教师资格会考的艰难决定。与此同时，福柯这边，法国外交部敦促他立刻做出决定。蓬皮杜总理将对日本进行正式访问，法国文化中心没有主任的话肯定是不行的。福柯搪塞说大学这边在给他制造困难，最终他拒绝了法国文化中心的职位。为了丹尼尔的教师资格考试，他决定放弃在日本生活的乐趣。他俩没有公开讨论过这件事，一出阴差阳错的喜剧就这样结束了。现在，德费尔在心里默默决定写一部重要的学术著作，以补偿福柯的牺牲。德费尔的这个决定并没有成真，福柯也并不知道德费尔那从未实现也从未言明的野心。[126]

    1964 年夏天，德费尔成功地通过了教师资格会考，之后马上又服了 18 个月的兵役。德费尔曾参与反战运动，并担任过法国全国学生联合会反殖民委员会的代表，这些经历使他对部队抱有完全消极的看法，而且他不愿意当兵。他不像福柯有一个足以影响军队医疗专家组的父亲，但是，这里还有其他选择，在开明的精英体制内，学历也是一个优势。最新成立的民事合作处规定，允许符合条件的年轻人在发展中国家服兵役（通常但不限于前法属殖民地）。德费尔原本计划去越南，然而，1964 年 8 月 2 日发生了北部湾事件。随后，美军对越南北方进行了军事打击，那里发生的一切，似乎令德费尔去越南的前景危险重重，令人不快。因此，德费尔最终接受了突尼斯的教职。在德费尔服兵役期间，他一直在加贝斯湾南部的斯法克斯教授哲学。福柯是这里的常客，1964 年到 1965 年圣诞节假期，两人一同在突尼斯旅行。

　　1963 年 9 月，福柯的身影没有出现在异国情调的东京或京都，而是出现在了更为熟悉的环境中，他参加了《泰凯尔》杂志社举办的研讨会。1960 年，索莱尔斯、阿利埃和其他同人一同创办了《泰凯尔》杂志，该杂志是先锋派文学理论和实践的平台。杂志的创办宣言这样写道："我们今天必须说，如果我们对写作的力量缺乏清晰的界定，写作这件事将变得不可想象，写作应具备一种使人从混沌中觉醒的冷静，同时，写作应怀有使诗歌占据思想高地的决心。除此之外的，都不是文学。"[127] 纵观杂志的整个生涯，《泰凯尔》于 1983 年停刊，并立即以《无限》为名重新发刊，《泰凯尔》从一开始政治上的清静无为，后来转而支持法国共产党的事业（直到 1970 年），到了 20 世纪 70 年代中期至末期，杂志则转变为大西洋主义倾向。杂志转型期间，发表了大量的宣言和声明，这说明杂志的转变是突然发生的，而不是循序渐进的。尽管《泰凯尔》的政治倾向几经更迭，但它始终相信先锋文学是社会和政治革命的先驱和原动力，这根本上保证了杂志内在的连续性。这种信念在朱丽娅·克里斯蒂娃（Julia Kristeva）那意义深远的尝试中展现得淋漓尽致，克里斯蒂娃试图证明洛特雷阿蒙（Lautréamont）和马拉美（Mallarmé）的诗歌革命展现了资产阶级国家的危机。[128] 正如创刊宣言表明的那样，《泰凯尔》杂志也有几分学究气。众所周知，上文宣言中的最后一句话暗示的是保尔·魏尔伦（Paul Verlaine）的《其他一切不过是文字技巧》，这句格言使"文学成为轻浮的同义词"。

　　在 1960 年，当时人们谈论的"文学"实际上是新小说派，"无论从文学形式，还是从思想转变的角度来看，新小说是把握文学的唯一方式"。[129]《泰凯

149

尔》杂志赞扬的作家先贤包括博尔赫斯、阿尔托、荷尔德林、蓬热（Ponge）和海德格尔，这份名单基本和福柯在《古典时代疯狂史》中探索的文学传统重合。1963 年 9 月，福柯显然是受杂志社邀请参加了在瑟里西－拉萨尔举办的研讨会，并在会上主持了关于新小说的重要讨论。这场讨论很重要。据索莱尔斯说，从那天开始：

> 文学研究的重点不再是小说的形式，而是对一个批判性领域的详细阐述，无论是人们口中批判性的、诗歌式的，还是小说式的文本，在这个领域里我们不再区分文本的等级和类别。同时，我们廓清了文学如何介入政治的相关研究。[130]

在当时，福柯对文学介入政治这个问题并不感兴趣，他在辩论中的贡献倒令人感兴趣，主要因为这些讨论揭示了福柯自己的思想。

带着一丝虚假的谦逊，福柯承认自己没资格对小说评头论足，将自己形容为一个"富有哲学气质的天真之人"。[131] 辩论一开始，福柯就指出，《泰凯尔》与超现实主义者的趣味很相近："两者都对一个囊括了梦、疯癫、非理性、重复和褶子的主题'星丛'感兴趣。"通过引入"界限"和"越界"概念，巴塔耶使这个"星丛"脱离了纯粹的心理学维度。同时，《泰凯尔》杂志则将这组概念提升到了学术化的层面。如今，文学在反观自问："思想意味着什么？这种非同寻常的体验能否称之为一种思想？"[132] 福柯反驳了爱德华多·桑吉内蒂（Eduardo Sanguinetti）用马克思主义术语提出的反对意见，随后他辩称，他不会接受人们对唯心论或神秘主义的谴责："目前，虽然困难重重，但我们在尽最大努力，尤其是在哲学领域，不去应用老旧的范畴，而是尽可能作出新的思考。最重要的是，我们要试着逃离黑格尔的辩证法思想。"[133] 即便已阅读了 10 年尼采，福柯仍试图逃离黑格尔的幽灵。 150

从公布的文字记录来看，这场辩论一开始进展得并不顺利。当索莱尔斯犹豫地宣称他的作品是凭直觉创作的，并补充说，正因此他的作品可能会令哲学家感到困惑，福柯被迫中断了他"抽象的"发言，并邀请让－皮埃尔·法耶发言。法耶很快就开始发言，他追溯了从亨利·詹姆斯（Henry James）、詹姆斯·乔伊斯到卡夫卡、萨特和鲁塞尔这些抛弃了现实主义风格的作家作品，并主导了这场漫长的讨论。

在讨论的大部分时间里，福柯的角色是一个相当谦虚谨慎的主席，他的发言几乎都以礼貌性的"可能……"为开场白。他试图让讨论变得更有哲学味道，但未能如愿。福柯指出从 1945 年到 1955 年，为了回应以梅洛－庞蒂为代表的意义哲学，法国有一种"意义的文学"。他建议大家应该讨论所谓意义与能指、所指组成的符号领域的关系，这是自现象学出现以来就应关注的问题。然而，法耶拒绝了这个机会，拒绝探索胡塞尔和后索绪尔语言理论之间的差异，并立刻投入对罗伯－格里耶的批判性讨论中。[134] 随后，福柯又尝试扩大讨论范围，将现代音乐也囊括在内。他认为小说家面临的问题与音乐语言可能有一种相似性，但这一尝试也失败了。吉尔伯特·艾米自 20 世纪 50 年代起就认识福柯了，但她拒绝对此发表意见，只谈了一些非常笼统的想法。

福柯尝试将讨论引向偏离纯粹文学问题的方向，虽然不太成功，但他完全同意《泰凯尔》团体对桑吉内蒂现实主义文学诉求的反对。当桑吉内蒂提出并非所有的事件都发生于语言内部时，福柯反驳道："现实并不存在……语言才是所有的一切，我们所谈论的是语言，我们用语言才能说话。"[135]

福柯也参加了第二场讨论。对诗歌的讨论比较松散，但这也给了福柯一个机会来阐释自己的作品与《泰凯尔》作品之间的同构现象。他声称自己的研究还停留在散乱的水平上——他以有些挑剔的口吻称自己"缺乏天赋"——并承认他在《古典时代疯狂史》中的历史学分析和普雷奈（Pleynet）并无直接关系。他们的共同点在于对"抗议"这一概念的使用："在一股微不足道的哲学潮流中，抗议这个概念，是最成问题、最艰涩，也是最模糊不清的概念……然而，不管怎样，在布朗肖和巴塔耶这样的人身上，我们可以追溯到此概念的源头。"[136]

福柯从未与《泰凯尔》杂志走得太近。其中可能有个人方面的原因，《泰凯尔》杂志是菲利普·索莱尔斯的私人领地，而索莱尔斯不是个乐于分享知识权力的人，福柯纯粹是出于个人原因才与之保持距离。还有一个更显而易见的原因：在那个时期，福柯并不认同该杂志的政治关切，尽管当时的福柯急于寻找一种无法简化为哲学的思考方式，他对辩证法思想的敌意还是蔓延到了马克思和黑格尔。当福柯成为一名政治活动家时，他的政治主张也与《泰凯尔》杂志在政治上的教条主义相距甚远，并且他和索莱尔斯之间几乎没有共同点。

7　词与物

　　在《泰凯尔》杂志举办的瑟里西会议上，作为哲学家的福柯，在全然文学讨论的氛围里有些不自在。第二年，福柯参加了关于尼采的罗奥蒙特学术研讨会，他觉得还是在哲学讨论的圈子里自在些。研讨会于 1964 年 7 月 4 日到 8 日举办，主持人是马夏尔·盖卢 (Martial Guéroult)，著名学者汇聚一堂，其中包括皮埃尔·克洛索夫斯基、吉尔·德勒兹、让·博弗雷和让·瓦尔 (Jean Wahl)。来自意大利的乔治·科利 (Giorgio Colli) 和马志诺·蒙提纳里 (Mazzino Montinari) 汇报了他们有关尼采全集的工作进展。

　　福柯的论文对三位"怀疑大师"——尼采、弗洛伊德和马克思——进行了讨论，论文主要探讨了三者的解释学方法。实际上，论文开篇，福柯就提到了他的"梦想"，那就是构建一个西方文化中使用过的解释技术的百科全书。他口中的百科全书，与他讨论文艺复兴思想时提出的相似性范畴有关。这些讨论仿佛是《词与物》第二章开篇几页内容的微缩版本，这一迹象表明，福柯那时已开始写作《词与物》。福柯以《悲剧的诞生》（*The Birth of Tragedy*）、《资本论》（*Capital*）第一卷和《梦的解析》为主要文本，继而指出尼采、马克思和弗洛伊德没有给之前无意义的事物赋予新意："事实上，他们只是改变了符号的性质，修改了符号的解释方式。"[1] 在文艺复兴思想中，符号存在于天地相互缠绕的共同空间中，反之亦然。从 19 世纪开始，符号往往与深度和表象有关。比如，尼采指出"周密的思想家，是那些深入探索事物存在根据的人"，尼采形容自己宛若"坠入深渊……深入事物的根基"。[2] 然而，当查拉图斯特拉攀登山峦之时，才发现所谓深渊不过是地表的褶皱。与此同时，马克思发现，资产阶级的价值观是没有深度的。弗洛伊德的释梦则揭示了平躺在精神分析师目光下那言说的结构。[3]

153 　　然而，展现符号的空间性，对符号进行解释，并非福柯的主题，福柯真正关心的是解释方式本身的无限性。马克思解释的并不是生产关系的历史，而是已经作为一种解释呈现的某种关系，尽管它是以自然的面目出现的。弗洛伊德所解释的不是符号而是幻想，或者，他详尽阐释的对象，正是病人对身体体验的解释。对尼采来说，哲学是一种无尽的语言学操练；词语并非指向所指，而是一种强加的解释。解释是无止境的，因为解释项（interpretandum）已经是被解释项（interpretans）了。

　　所有这些构想，都与福柯在文学性作品和《雷蒙·鲁塞尔》中对迷宫的探索有关，但这些构想，也与他关于死亡与语言关系的领悟交织在一起。尽管解释的潜能是无尽的，但解释终究会骤然停止。对弗洛伊德来说，移情既标志着无穷无尽的分析，也标志着分析将抵达一个危险的领域，在这里，进一步的分析不再可能。对尼采来说，"它可能与存在的本质属性有关，然而我们如果穷尽解释的知识，将会摧毁解释本身"。[4]对福柯自己来说，"我们应当质询的，是解释变得破碎的那一点，解释汇聚的那一点，恰恰使解释变得不再可能，而这一点很可能是像疯癫那样的体验"。[5]

　　福柯真正赞同的是尼采，而非马克思或弗洛伊德，这一点很明显地贯穿于文本始终，在接下来的讨论中，一则简短的评价揭示了这一点。尼采的解释学理论从根本上与他人有别，因此无法被铭刻在任何一种"建构的主体"上，而马克思的解释学可以铭刻在共产党员构成的"主体"上，弗洛伊德的解释学则可以铭刻在精神分析学家构成的主体上。[6]正是尼采作品不可归类的特质吸引了福柯，同时让他看到从辩证法思考中解放出来的希望。

　　对于何时遇见并结识了福柯，德勒兹总是三缄其口，他对《解放报》（Libération）的罗伯·马吉欧里（Robert Maggiori）说："我能回忆起的，是一个姿势，一抹微笑，而非相遇的日期。我大约是在1962年认识他的。"[7]两人在克莱蒙费朗大学相识，但罗奥蒙特研讨会无疑是他俩友谊的重要时刻。福柯在他的论文中，赞许地提及德勒兹的《尼采》[8]，而德勒兹在文章结尾，则论述了权力意志和永恒轮回，以回应福柯的赞美之词。[9]德勒兹还提到了一个研究项目，正是这个项目让他和福柯走得更近了，这便是：马志诺·蒙提纳里版的尼采全集的法语版计划。源自魏玛档案馆的原始文献表明，这是法国、意大利、荷兰的联合项目，奇怪的是，德国竟没有参与其中。法国方面的计划由福柯和德勒兹联合监督，1967 年开始出版第 5 卷，其中收录了克洛索夫斯基翻译的《快乐的科学》(Die fröhliche Wissenschaft)、各种尼采的遗作，以及两位监制编辑的简短介绍。[10]1990 年，第 14 卷最终编撰完成，其中包括了最新翻译的《不合时宜的沉思》。

在一次采访中，福柯解释了翻译新版尼采全集的必要性：需要"毁掉错误的体系结构，消除第三方的过度诠释，尽可能以尼采的视角重建文本"。[11]这个所谓"第三方"当然是尼采的妹妹——伊丽莎白·福斯特 (Elizabeth Förster)，她编撰的那版《权力意志》(Der Wille zur Macht) 颇受纳粹理论家推崇，她对此应负主要责任："尼采妹妹对尼采的武断阐释——她的种族主义情结众所周知，而哲学家在人生的弥留岁月强烈谴责反犹主义——尼采妹妹的武断诠释，难道不是对纳粹的意识形态控制的推波助澜吗？因此，出版尼采著作的严肃版本就变得很必要，特别是如今尼采又有了新的读者群。"[12]

福柯认识出席罗奥蒙特会议的大部分学者，其中有一人当时和他很亲近。这个人就是皮埃尔·克洛索夫斯基，他当时就尼采的"永恒轮回"发表了讲话。[13]大概是在 1963 年，巴特介绍他与福柯相识。1905 年，克洛索夫斯基出生于一个波兰贵族家庭，他的家人属于艺术家移民。皮埃尔·克洛索夫斯基是画家巴尔蒂斯 (Balthus) 的哥哥，巴尔蒂斯的原名是巴尔塔扎·克洛索夫斯基·德罗拉 (Balthasar Klossowski de Rola)。20 世纪 40 年代末期，巴特就认识他了，当时巴特经常去克洛索夫斯基位于卡尼维街的公寓，和他的妻子丹妮斯 (Denise) 一起弹奏钢琴二重奏。[14]克洛索夫斯基在德国和法国长大，因而从小就精通两门语言。年轻的他认识了里尔克，在漫长的职业生涯中，他还结识了一众非凡人物。他在不同时期与格特鲁德·斯坦 (Gertrude Stein)、巴塔耶、马松 (Masson) 和瓦尔特·本雅明 (Walter Benjamin) 交往，他也是为数不多的同时与纪德和福柯关系密切的人之一（另外一人是克劳德·莫里亚克）。

克洛索夫斯基的事业生涯颇为奇特。第二次世界大战爆发前夕，他为了过一种宗教生活，先成为本笃会修士，之后又成为多明我会修士，然而，仅三个月后，他就离开了教会。这些体验为他的第一部小说《延宕的假期》(La

Vocation suspendue）提供了素材，这部小说采取的写作方式是对另一本罕有的同名小说进行讨论，而这本书的内容是否精确地描绘了信仰丧失的过程，则有待商榷。1947 年，他放弃了自己的宗教追求，并娶了战争寡妇丹妮斯·玛丽·洛贝特·莫林·辛克莱尔（Denise Marie Roberte Morin Sinclaire）——丹妮斯因为抵抗活动而被驱逐到了拉文斯布鲁克。从此以后，克洛索夫斯基的全部作品都奉献给了丹妮斯那令人难忘的美。她是克洛索夫斯基小说中的"洛贝特"，其身影也出现在了他许多精美的画作中。克洛索夫斯基起初是一名作家兼翻译者，在遇见丹妮斯后不久，他开始尝试绘画。从那时起，他开始在两种艺术媒介之间自由转换。他的画作受到安格尔（Ingres）[①] 和富塞利（Fuseli）等不同艺术家的影响，画的都是大尺寸的纸质作品（早期的石墨作品除外），这种以彩色铅笔勾勒的画作需要画家长时间专注其中。

克洛索夫斯基的小说和绘画构成了一个想象的天地，在这里，色情、宗教、哲学主题相互交织，同时，他承认自己是个偏执狂，对幻想世界以外的天地毫无兴趣。尽管人们认为他的作品——尤其是《好客的法则》三部曲[15]——充满了厌女的语调，甚至是色情的描绘[16]，他仍坚持认为自己的作品富于神秘色彩，并属于诺斯替派传统。莫里斯·布朗肖赞同克洛索夫斯基的想法，他认为克洛索夫斯基的写作"混合了朴素的色情与放荡的神学"。[17]当我们从戏剧角度来看他的小说和绘画，贯穿于其中的都是一系列的场景，上演的是洛贝特与其他角色之间羞耻的相遇，这些人物来自那令人恐惧的即兴喜剧。洛贝特成了一种交易物，在色情经济中永无休止地流通。她不断被引诱、强奸、殴打，并被赋予了很多完全不同的身份，但她仍旧无法被占有，仍旧是不可亵渎的。作者想要表达这样的信念，个人最深层的内核既无法传达，也无法被交换。就像萨德笔下的浪荡子们幻想并上演一出"活人静画"一样，克洛索夫斯基的文字和绘画展露了他对表象本身的痴迷：这是对戏剧和绘画的表象，戏剧场景的绘画表象，在书中对其他书进行的表象。这是一个拟象的剧场，在这里，一切皆被表象，而没有什么是真实的。特别是，构成三部曲的戏剧场景都来源于计划草图，但实际上这些草图从未被付诸实践。

虽然克洛索夫斯基不是满腹概念的思想家，他的拟象观念也不容易理解。

---

① 让－奥古斯特－多米尼克·安格尔（1780—1867），出生于法国蒙托邦，19 世纪法国新古典主义画家、美学理论家和教育家。——译者注

他声称，这个观念来源于古罗马的颓废美学，在那里，神的雕塑或人像作为城 156
市的路标，这些拟象昭示着神的存在，并唤起了市民的崇敬之情。对克洛索夫
斯基来说，令这些市民感兴趣的是"这些雕塑表现的情欲象征了他们的神性。
神性本质上的不确定性被现实化为情欲"。渐渐地，在克洛索夫斯基那里，对传
统的涉猎与对肖像本质的思考相结合，拟象最终被定义为建构

> 一种符号的过程，这种符号保存了转瞬即逝的状态，这种拟象的符号
> 无法在不同的大脑间交流，也无法在不同的思想中传播……拟象有一个优
> 势，那就是无须去固定它所象征或言说的经验，它非但没有排除这种可能，
> 反而蕴含着矛盾。[18]

在克洛索夫斯基谈论尼采文章的基础上，福柯将拟象与尼采《快乐的科学》
中的"恶魔"关联在一起。[19]有一个恶魔，他总是对人说着："你生活中的每一
件事……都会遵循同样的顺序，接连重返你的身边。"然后，尼采问道："你难
道不会因此置身度外地大声咒骂魔鬼吗？或者，你正因此而经历了一个重要时
刻，你会回答它：'你就是神，我从未听说比你更神圣的事物。'"[20]恶魔与上帝
之间的模糊不清，正如符号的洛贝特与拟象的洛贝特之间的暧昧不明。

对克洛索夫斯基来说，语言是一种易变的媒介，会发生令人吃惊的转变。
语言的特性与身体紧密相关：洛贝特是用肉体组成的词语，而她的身体是由词
语组成的肉体。福柯对文字游戏本来就很感兴趣，这身体－语言之关系生成的
文本，一定极大地吸引了福柯。比如，在《洛贝特，今夜》(Roberte ce soir) 中，
克洛索夫斯基以托马斯主义者的神学语言来描写艳遇，当洛贝特被一个巨像撼
动内心时，她刺激自己达到高潮。[21]

福柯和克洛索夫斯基有很多共同点，尤其是他们都分外迷恋尼采和萨德。
克洛索夫斯基的《萨德，我的邻居》(Sade, mon voisin)，连同布朗肖的《洛特
雷阿蒙和萨德》(Sade et Lautréamont) 是最早对"神圣侯爵"进行严肃研究的
作品，尽管在《古典时代疯狂史》中没有迹象表明福柯当时读过这些书。另外，
克洛索夫斯基怀着极大的兴趣和热情阅读了《古典时代疯狂史》。从德勒兹的评
价和克洛索夫斯基朋友们的言谈来看，很明显，克洛索夫斯基的作品无疑吸引
着那个拒绝定义自己的人。在福柯看来，克洛索夫斯基的所有作品"都在努力

157　达成一个特有的目的：确保个人同一性的丧失，消解自我。这是克洛索夫斯基的主人公们在疯狂边缘的旅程中，带回的熠熠生辉的战利品"[22]。但从另一方面来说，他们俩的共同兴趣也很有限，克洛索夫斯基对诺斯替教的信念从未吸引福柯，而这对克洛索夫斯基来说意义重大。尽管如此，他们陪伴彼此，享受其中，福柯的到来给卡尼维街带来生气，丹妮斯·克洛索夫斯基形容福柯讲话时总是天马行空，他在不同的话题间转换自如。[23]

　　两人私下的交往和公共领域的友谊不可避免地重叠在一起，福柯既在书中为克洛索夫斯基辩护，也为他喝彩。1964 年，克洛索夫斯基出版了《埃涅阿斯纪》的译本，开篇写道："我歌颂战事和那个人。"他遵循了原作的拉丁语序和语法，也没有试图将维吉尔的词语调换成法语。拉丁语几乎可以称得上是克洛索夫斯基的母语了：他儿时的第一本语法书既不是法语也不是德语，而是拉丁语[24]，他的散文也常显露出拉丁语风格。克洛索夫斯基对维吉尔的翻译没有获得普遍赞誉，但福柯却对他欣赏有加，称他的翻译是"垂直翻译"："每个词都宛若维吉尔吐露的一样，承载着作者故乡的诸神，携带其发源地的神性。这些诗句从拉丁语跌落至法语的行列，仿佛这些词的含义与它所处的文化环境是难以割裂的，仿佛它精准地表达了它想说的，它表达了命运，表达了诗歌的骰子一掷所散落的思想。"（这迷雾重重的语句引自马拉美的《骰子一掷，不会改变偶然》。）为了翻译，"克洛索夫斯基并没有在两种语言的相似之处去寻求翻译的落脚点，恰恰相反，他的翻译产生于两种语言最大的差异空间中"。[25]

　　福柯也是《狄安娜的沐浴》（*Le Bain de Diane*，1956）的崇拜者，在这本书中，克洛索夫斯基探讨了狄安娜与阿克泰翁的神话故事，并对这则故事进行了优美的改编。这则神话反复出现于诸多画作中，狄安娜与洛贝特非常相似，尽管她的身体总是在变形，但她的本质却保持不变。阿克泰翁从未能成功地瞥见女神的真身，他所看到的仅仅是女神的拟象而已，那个"真正的"狄安娜总是在别处。在福柯那里，《狄安娜的沐浴》与布朗肖和巴塔耶的作品并驾齐驱，这确实是对此作品的至高赞誉了。"这篇文章致力于阐释一个远古的传说和一个有关距离的神话（一个男人因为试图接近赤裸的神而被惩罚的故事）……狄安娜因她自己的欲望而不断地复制形象，而阿克泰翁因他自己和狄安娜的欲望而彻底转变了。"[26]正如福柯在其他地方所说，克洛索夫斯基抓住了"双重的经验，拟象的外部，自我的戏剧性和疯狂的倍增"[27]。

也许，克洛索夫斯基向福柯表达友谊的最好方式——诚如他自己所说，福 158
柯是他最好的读者——就是请福柯阅读他的小说《巴弗灭》（1965）的手稿。小
说的内容是关于中世纪一种奇怪的实践，小说中探索了雌雄同体这一主题，题
目则来源于《冶金哲学家之王》中的一个密码。[28] 福柯一章接一章地，满怀热
情地读着小说，并花了很长时间和克洛索夫斯基讨论。克洛索夫斯基将这本小
说献给福柯。但遗憾的是，福柯没有记录下自己的感受。

这份友谊持续到了 20 世纪 70 年代初，因为政治倾向的问题，当时的福柯
与克洛索夫斯基以及文学时期的朋友们渐渐疏远了。这份友谊最终消逝了，但
却留下了友情的纪念物。80 年代末期，克洛索夫斯基在巴尔蒂斯的城堡里发现
了一块朽败的画布，他就着画布上氤氲的斑点，创作了两幅名为《大禁闭 II》
（*The Great Confinement II*，1988）的画作。两幅画上，都画着福柯的肖像。在
第二张画中，环绕在福柯周围的，是斯特林堡、尼采、巴塔耶和一位匿名教
皇，而弗洛伊德则站在福柯的右边，凝视着一幅列奥纳多《圣母子与圣安妮》
（*Madonna and Child with St Anne*）的素描像。[29]

《古典时代疯狂史》为福柯赢得了同行的尊敬和赞誉，但还未获得公众认
可。1965 年 2 月和 3 月，他出现在两档有关教育的电视节目中。第一次的电视
节目围绕着哲学和心理学问题展开对话，福柯的对话者是阿兰·巴迪欧（Alain
Badiou）。巴迪欧当时在兰斯的一所中学教书，刚刚出版了第一本小说[30]，不出
几年，他就将成为圈子中首屈一指的人物。

福柯对巴迪欧问题的回答，基本上重复了新近出版的《精神疾病与心理学》
（这本书现在的叫法）的论点，他第一次在电视上露面之所以引人注目，主要是
因为这档节目终结了人们对他天马行空的想象。当被问及在高中的哲学班心理
学课上讲些什么时，福柯说他首先就要去买一个面具。他说他会用不同的嗓音
说话，"就像《惊魂记》中的安东尼·帕金斯（Anthony Perkins）那样"，这样
"我的话语一致性就将变得不明显"。然后，在摘掉面具之前，他会以通常的语
调讲授哲学课，对当前的心理学和精神分析学的发展做一个清晰的描述，课程
内容将会表明心理学"是 19 世纪的西方思想所陷入的一个不可避免又绝对致命
的僵局"。[31]

在第二场电视节目中，福柯与保罗·利科围绕着多义性和本体论进行了简 159
洁而尖锐的交流，之后福柯又与利科（一位解释学专家）、伊波利特、康吉莱姆

和一位德莱弗斯夫人（Mme Dreyfus）进行了简短的讨论。这场讨论以康吉莱姆和伊波利特各自提出的命题为中心，即"没有哲学真理"和"在哲学中没有错误"。在这场电视节目中，这些哲学家们主要围绕着这些议题展开讨论。值得注意的是，福柯和康吉莱姆一致认为，对于一个哲学体系来说，不存在判断其真伪的标准，换句话说，在哲学话语中不存在真理。然而，福柯认为哲学当中有这样一种东西，叫作"真理的意志"[32]。

然而，最终将福柯带进公众视野的，既不是教育电视节目，也非学术研讨会，而是 1966 年《词与物》的出版。福柯没有言明研究和写作这本书所花费的时间。

然而，从《尼采、弗洛伊德和马克思》这篇文章中可以明显看出，《词与物》的大部分内容在 1964 年年中就已经写好了，据说，福柯在 1965 年巴西的一系列不算成功的演讲中，已经概述了此书的主要主题。[33] 散落在访谈和其他文章中的言谈清晰地表明，这本书之于福柯是一项艰巨的任务。如果说《词与物》写得很艰难的话，它的出版则轻松多了。

向伽利玛出版社提交了长篇手稿后，福柯重新与罗歇·卡约（Roger Caillois）取得了联系，卡约是 1961 年《古典时代疯狂史》最早的读者之一。福柯与卡约有书信往来，但只有前者的信件被保存下来。从遗留下来的零星证据可以推断，卡约是以伽利玛阅读委员会成员的身份阅读了福柯的手稿，之后他以非常肯定的语气写信给福柯。福柯热情洋溢地对他表示了感谢。福柯深谙优雅礼貌的寒暄之道，对受过教育的法国资产阶级来说，这种交往方式是自然而然的："当一个人给一位出版商寄送一份带有大量注释并且冗长又厚重的书稿时，这位出版商恐怕会提前领略读者面对这份书稿时的恐惧。但幸亏这份书稿落到了你手上，并且它没有令你太过不快，你真是个理想的读者，我因此受益匪浅。"[34] 卡约建议福柯将第二章的摘要发表在《第欧根尼》（Diogène）杂志上，这本杂志由联合国教科文组织主办，以英、法两种语言出版。福柯对卡约的建议欣然接受，但对于是否要写一个"简短的、概括性的文本"犹豫不决，他解释说这本书让他耗尽心力，以至于到现在，他还没完全从写作中抽离。然而，这本书的摘录，而非"概括性的读本"，还是按时以英语和法语刊登在了杂志上，这标志着福柯迈出了他国际化生涯中微小但至关重要的一步。[35] 福柯在英语世界的事业渐成气候。1963 年，福柯因苏珊·桑塔格 ① 走进了美国公众的视野，苏珊·桑塔格在一篇写玛格丽特·杜拉斯的文章中第一次提到了福柯的名字。³⁶《疯癫与文明：理性时代的疯癫史》两年后随即出版。因此，这篇以"世界的散文"为题的文章，是对缓慢增长的英文作品的重要补充。

《词与物》于 1966 年 4 月出版，并立即成为畅销书。福柯认为，他至多是为思想史领域的 2 000 名专家们写了一本书，他形容这本书是他所有书中最难读的一本，是一本"最令人如坐针毡的书"。³⁷结果在没有打广告的情况下，出版印刷的 3 000 册图书一周之内即售罄，仅仅在 7 月的最后一周就售出了第二版印刷的 800 册图书。³⁸第二版的全部 5 000 册图书则在 6 周内售罄。8 月，圣日耳曼街的一家库存充足的书店——桅楼（La Hune）书店——报告说，福柯的书"就像热蛋糕一样"³⁹畅销，而这家书店正是巴黎人文化品位的"晴雨表"。当月的前两个星期，《词与物》进入了《快报》（L'Express）非虚构类畅销书排行榜，排行榜以韩素音（Han Suyin）自传的第一卷《伤残的树》（The Crippled Tree）为首。⁴⁰这一切都令福柯感到困惑不解，他的书成了本年度最畅销的书之一。

伽利玛出版社出版了新丛书"人文科学文库"，《词与物》正是此丛书最早出版的一批书中的一本，其他的书还有埃利亚斯·卡内蒂（Elias Canetti）的《群众与权力》（Masse und Macht）的译本。这套丛书广受好评，并很快成为一种学术制度。皮埃尔·诺拉（Pierre Nora）是这套丛书的总编辑，也是一名职业历史学家，当时他刚刚离开利亚尔出版社。他成为福柯的总编辑，在很长一段时间里都是福柯的亲密伙伴。福柯很明显从这套丛书的发行宣传中受益，反过来他的声望也给这套丛书锦上添花。同年 5 月，《新观察家》（Le Nouvel Observateur）发表了一篇未署名的文章，将《词与物》描述为"很长时间以来出版的最引人入胜的书之一"。⁴¹早在一星期前，《新观察家》报道了克洛索夫斯基在圣日耳曼德佩区的讲座——《萨德的符号与反常》，该论坛由《泰凯尔》杂志组织举办，面向数量庞大的听众，福柯也出席了讲座。杂志在提到福柯时，将他与德勒兹、米歇尔·托尔（Michel Tort）并称为"人们口中的哲学家"。⁴²

《词与物》的书名看似简单，却有着一段奇妙的历史。"词与物"出现在福

---

① 苏珊·桑塔格（1933—2004），美国作家、艺术评论家。1933 年生于美国纽约，毕业于芝加哥大学。她的评论作品涉猎领域甚广，其中包括摄影、艺术、文学等相关评论。著作主要有《反对阐释》《激进意志的风格》《论摄影》《疾病的隐喻》等。苏珊·桑塔格、西蒙娜·德·波伏瓦和汉娜·阿伦特并称为西方当代最重要的女性知识分子。——译者注

161　柯的许多早期著作中，仿佛是对这本书的预示。然而，在埃里蓬（Eribon）的记录中，据皮埃尔·诺拉所说，"词与物"并不是最初的题目。福柯原本打算给这本书起名为《世界的散文》（*La Prose du monde*）。不过，梅洛－庞蒂也打算用"世界的散文"为一篇文章命名，1961 年他去世后，人们在他的抽屉里发现了这篇文章。1969 年，克劳德·勒福尔（Claude Lefort）编辑梅洛－庞蒂未出版的材料卷时，最终将"世界的散文"作为此卷的标题。福柯不愿将此书置于梅洛－庞蒂的影响下，因此将题目锁定为《事物的秩序》（*L'Ordre des choses*）或《词与物》，并在第二章用了"世界的散文"这个题目。在诺拉的一番劝说下，他终于敲定了最终的书名。[43] 然而，据安格尔·克莱默·马里蒂（Angèle Kremer Marietti）所说，福柯不得不放弃《事物的秩序》这一题目，是因为已经有一本书以此为题出版了。[44] 1970 年的英译本的题目是《事物的秩序》（*The Order of Things*），此题目完全是按照字面意翻译的。但一位"出版商的笔记"中却写道："如果将法文版书名直译过来……就会使这本书与另外两本以《词与物》为名的书相混淆。出版商因此同意作者选择《事物的秩序》这一书名，实际上，这个题目是福柯先生最初的选择。"[45] 数年后，福柯与两名巴西采访者的对谈，令这件事变得更加扑朔迷离："标题翻译为'词与物'，因为这正是 18 世纪早期英国道德、政治、科学和宗教的伟大口号。"[46] 推测哪个版本的故事是真实的毫无意义，这件事实在是令人无法判断。

　　副标题——"人文科学考古学"（*une archéologie des sciences humaines*）——没有造成翻译上的问题，但这个标题似乎也有一段扑朔迷离的历史。福柯对拉比诺和德雷福斯说，最初的标题是"结构主义考古学"。[47]《古典时代疯狂史》是"沉默的考古学"，而《临床医学的诞生》是"医学目视考古学"。福柯在《精神疾病与人格》中讨论弗洛伊德时，认为神经症是"一种性本能的自发性的考古学"[48]，弗洛伊德频繁使用的考古学隐喻或许给了福柯灵感。不管怎样，福柯在论述康德的文章中首次使用了这一表述："如果这是可能的话，难道对文本的考古学没有让我们看到人之批判的诞生吗，并发现这里的'人'与之前的人有着根本上的不同？"[49]

　　针对"考古学"这一术语，福柯给出了多种多样的解释。在与雷蒙·贝洛（Raymond Bellour）的谈话中，福柯将"考古学"（archaeology）界定为特
162　定时期的"档案科学"（the science of the archive）。[50] 在后来的采访中，他透露

两者之间可能存在词源学上的联系。但实际上，两者之间并没有这样的关联："archive"（档案）一词来源于"archia"这个词，意思是"长官办公室"或"办事处"，"archaeology"的词根则是"archaeo-"，意思是"古代的""原始的"。在布里希的作品中，伪词源学不过是喜爱词源学奇事的人所开的玩笑。福柯当然很清楚在"档案"与"考古学"之间没有词源学上的联系，但他以"词的法则与文献学家的法则是不同的"来为"考古学"一词的使用辩护。[51]福柯在其他场合给出了略微不同的解释，但嬉闹的意味更加明显，福柯仅仅以"词源学顽皮的权利"来说明这个词的使用。[52]

在与批评家兼学者乔治·斯坦纳（George Steiner）交流的过程中，福柯提供了一种更确定和令人信服的解释。他表示，"考古学"这个词源于康德有关形而上学进程的著作，与弗洛伊德无关。[53]伯纳尔发现福柯指的是康德的"哲学考古学"这一术语，哲学考古学研究"使某种思想形式具有必然性的要素"[54]。

《词与物》英译本前言中的一段话，最为清晰地界定了福柯当时对考古学的理解：

> 我想要做的……是去解释一种肯定性的知识无意识：科学家并未意识到这种知识无意识的层级结构，但这种层级结构却是科学话语的一部分，它既没有质疑科学话语的有效性，也没有去削弱其科学性。科学家当然没有意识到古典时期的自然史、经济学与语法学之间的共性；在科学家的大脑中，意识到的都是些表面的、有限的、空想的事实……但是这些博物学家、经济学家和语法学家却在无意识的情况下，应用相同的规则去定义事物，形成物的概念，建立相关的理论，以顺应他们自己的研究。这些构型结构不会自行产生，我们只有在广泛而多元的理论、概念和研究的对象中去发现它，通过区隔，定位它特殊的轨迹，去发现这种层级结构。也许有些随意，但我将这种层级结构称为考古学。以本书涉及的历史时期为例，我将考察散布于整个古典时期的自然史、经济学和哲学中的一系列科学"表征"或"成果"，并试图确定贯穿其中的共同基础或考古学体系。[55]

考古学不是思想史。思想史作为一种充满目的论的体裁，如今被福柯摒弃。他急于避免那种追本溯源式的解读，那种在对财富的经典分析中只看到"后来初步形成了政治经济学的一致性内容"[56]，正如他在《古典时代疯狂史》中也在回避那种令精神病医生感到轻松的分析方法，因为精神病医生相信他有能力理解晦涩神话背后的真实现象。福柯关注的焦点是"在特定历史时期的某种文化中，唯有知识型（épistémè）定义了所有知识产生的可能性条件"[57]。

考古学与福柯所说的"光荣经"(doxology)① 这一概念形成了鲜明对比。"光荣经"指分析的不同形式和层级。比如，"光荣经"会通过考察权力斗争的运作方式，通过分析其中的利害关系，来考察哪些人是重农主义者，哪些不是，以此来研究 18 世纪的经济思想。与此形成鲜明对比的是，考古学忽视了个体及其历史，并阐释了如何以重农主义或反重农主义者的知识来思考问题。[58]《词与物》中的知识型相当于《临床医学的诞生》中的"历史的先验性"(historical a priori)。在《词与物》的序言中，福柯用博尔赫斯的中国百科全书，以及书中古怪的分类系统表明，"我们完全不可能那样思考"。[59] 很显然，我们无法想象一种以"等等"和"数不清"来分类的思想体系，这种思想体系忽略了西方哲学的古典分类系统。从某种程度上看，考古学的作用就是去证明，这种思维方式不仅可能存在，而且是必要的。

《临床医学的诞生》集中于相对短的历史时期内，但是《词与物》标志着福柯重回《古典时代疯狂史》的广阔视野。《词与物》与《古典时代疯狂史》相似，都将历史划分为文艺复兴时期、古典时期和现代时期。从某种角度来看，这本书是早期著作的延续，福柯在书中探索的大部分主题也由之前的研究扩展而来。罗奥蒙特学术研讨会上那篇有关尼采、弗洛伊德和马克思的论文，已经简明扼要地将《词与物》第二章（"世界的散文"）中文艺复兴时期的符号理论囊括其中。而在这一章中，福柯对古典时期的准植物分类学所进行的大量分析，早已在《古典时代疯狂史》和《临床医学的诞生》中得到了讨论。《词与物》最引人注目和新颖之处，或许是它的考古学研究涉猎甚广，涵盖了哲学、经济学、自然史等多门学科。福柯在《词与物》中显示出的炫目才华，比起 1961 年的论文有过之而无不及。

《词与物》第一章中，福柯关于委拉斯凯兹《宫娥》的分析颇为有名，这幅

---

① 福柯在《知识考古学》中提到了"光荣经"这个词，并将光荣经与考古学进行了对比。原话为"考古学不想缓慢地从观念的模糊领域走向序列的特殊性或科学的最终的稳定性，它不是一部'光荣经'，而是对话语方式作出差异分析"。——译者注

画在法国被称为《侍女》，如今悬挂在马德里的普拉多博物馆内。这部极具吸引力的作品，以中立而平淡的语气开头——"画家在他的画布前站得稍稍靠后一些"[60]——当福柯的目光打量着这幅画的每个细节之时，语调则变得充满激情。这一章的结尾写道，画有菲利普四世、他的妻子、他们的宫廷成员以及委拉斯凯兹本人的这幅油画，成了"古典表象之表象和它敞开的空间的限定"[61]。福柯开篇对委拉斯凯兹的精妙分析，将读者引入这本复杂而艰涩的杰作中。然而，对《宫娥》的分析一开始并不在此书的计划内。一篇名为《宫娥》的略短的文章刊发在1965年7—8月号的《法兰西信使》（*Mercure de France*）上，这是福柯第一次对视觉艺术进行持续讨论。在皮埃尔·诺拉的坚持下，福柯才在《词与物》中收录了这篇论文的修订版。在福柯自己看来，这篇文章"太文学化"了，不适合收录进来。[62]

如果诺拉没有介入这本书的编辑事宜，那么首先呈现在读者面前的将是没那么有吸引力的内容，即福柯对文艺复兴"相似性"知识型的讨论。对于16世纪的知识型来说，世界是一个服从于相似性与一致性的庞大语法系统，在这里，动物与植物相互交往，陆地与海洋相联系，人与周围的一切打交道。[63]因此，这一章的标题为"世界的散文"。万物的名字表明了它们在这世界散文中的角色：乌头毒草与眼睛具有某种相似性，如果不是因为被包含在其种子之中的识别标志，这种相似性我们便无从得知。乌头毒草的黑色球茎深镶于白色部分，一如瞳孔之于人眼。[64]

这种思考模式与中国百科全书一样看似天方夜谭，然而，一种知识结构却　165
使这种思考方式变得可能而且必要。世界之书的伟大隐喻证明了这种知识结构，"人们为了理解自然，翻开、阐释并阅读世界之书的伟大隐喻"。[65]世界之书的隐喻呼应着这种思维模式，促使语言驻留在像乌头毒草种子这样的自然事物中。语言本身正是相似性的伟大记号，是相似性知识型广泛散播的一部分，因此，我们应以同样的方式研究语言。这样，词源学致力于研究词语、单词和音节的秘密属性。因此，知识的积累以词汇表的形式存在，伟大的博物学家乔治·布丰（Georges Buffon）惊奇地发现，在同一标题的概要之下，既有对蛇的精确描述，也囊括了所谓蛇的特性的神话描写，以及在魔法中驱使蛇的故事。福柯引用了布丰对阿德罗芬弟（Aldrovandi）《龙蛇史》的驳斥："在这里，没有描写，只有传说。"随后他评论道："实际上，对于阿德罗芬弟和他的同时代人来说，所有这些都是传说，都是被解读的物。"[66] 阿德罗芬弟同布丰一样，不轻信任何人，他也不是对观察的准确性毫不关心，"只是，他的目光并不因相同的体系或知识型的相同排列而与事物相联系"。[67]

如同在《古典时代疯狂史》中一样，《词与物》中对文艺复兴时期的书写，只不过拉开了书中主要内容的序幕。在序言中，福柯提及了西方文化的两个断裂点：第一次断裂开启了古典时代，而到了 19 世纪初，另一次断裂的发生则将人们带向了现代时期[68]，而福柯的关注点正是古典时期和现代时期。文艺复兴时期与古典时代形成了鲜明对比。然而，即便读者熟悉福柯的早期著作，也并非每个人都对他论述的文艺复兴时期了如指掌。布里斯·帕兰当年作为伽利玛委员会的成员，据说拒绝了《古典时代疯狂史》，1969 年，他在评价《知识考古学》时回忆起自己第一次阅读《词与物》时的反应，说道："上帝啊，这本书太棒了。"但这种热情很快就被一种焦虑不安取代。《词与物》中的文艺复兴并不是他所了解的文艺复兴："这都是些我不了解的人物：格雷古瓦、波卢、阿德罗范迪、坎帕内拉、克罗利乌斯、卡丹，甚至是巴拉塞尔士，但是没有博丹（Bodin）、伽利略（Galileo）、古腾堡（Gutenberg），没有拉伯雷（Rabelais）、阿格里帕·多比涅（Agrippa d'Aubigné），也没有提到一点蒙田……这些内容大体上令我们对他的书写产生怀疑，而且他对文艺复兴时期的建筑和技术发明只字未提。"帕兰可能表达了很多人的心声。[69]

《堂吉诃德》的出现标志着文艺复兴知识型的崩溃，在《古典时代疯狂史》中，这个人物已经是一个重要的小人物了："这个细长的字体，作为字母，刚从打开的书本中露出来。他的整个存在只是语言、文本、印刷纸张和已被记录的故事。"[70] 堂吉诃德的整个生活就是寻求种种相似性，他如饥似渴地阅读，而他遭遇的每件事物都化作了书中的符号，但所有的符号和相似性都令他大失所望，上当受骗："《堂吉诃德》勾勒了对文艺复兴世界的否定。书写不再是世界的散文。相似性与符号解除了他们先前的协定。相似性已经靠不住了，变成了幻想或妄想。物仍然牢固地处于自己的嘲笑人的同一性中：物除了成为自己所是的一切以外，不再成为其他东西。"[71] 词与物之间的旧关系已经破裂，对相似性的信念如今变成了一种非理性。由愁容满面的骑士的漫游所开创的古典时代，将以新的表象、言说、分类和交换形式来建构。

福柯的古典时期知识型被纯粹的数学系统主导（一种关于秩序的普遍数

学科学），被分类学（一种更为经验主义的分类系统）和遗传分析支配。[72]"表象""思考""言语"和"交换"这四个章节展现了四种模式，透过福柯对这四种模式的分析，我们得以勾勒出古典时期知识型的思想形象。在这里通读整个文本是不切实际的，可以轻而易举地在其他地方找到对这些问题的完整说明。[73]我们将简单考察"言语"这一章的内容，以此概括出福柯的主要关注点和研究方法。

然而，文艺复兴知识型被一种残忍的事实打断，那就是语言存在的客观性。古典时期知识型中的语言与文艺复兴时期相比，有着截然不同的表象方式：以言语符号和话语的形式被表象。因此，分析和批评就成为对人物形象、话语类型、比喻修辞和它们所表达的价值的检验，同时，分析与批评得以考察不同的词与同样的表征内容之间的差异关系。[74]最终，分析基于一个基本的理念，"就语言能表象所有表象而言，语言以充分的理由成了普遍物的要素。在普遍物中，至少必定存在语言的可能性，这种语言把整个世界都集中在它的字里行间，反过来，作为可表象物的整体的世界必须整个地成为一部百科全书"[75]。

福柯在这里提到的百科全书不是博尔赫斯的《天朝仁学广览》，而是狄德罗和他同时代人的伟大事业。这些观念的对应物是 1660 年由皇家港的教师和逻辑学家出版的《普遍唯理语法》，福柯 1969 年为此书作序。[76]普通语法不同于比较语法，它的主要关切点是语言的基本表象功能，即语言表达思想的方式。"普通语法想限定由这些自发的符号假定和使用的同一性和差异性体系……普通语法必须确立起每一种语言的分类学。换言之，它必须在每一种语言中确立起拥有一个话语的可能性基础。"[77]鉴于语言不是一个简单的表象系统，而是一个总是对表象进行复制的系统，因此，语法也必须研究"词借以指明自己所说的方式，首先必须研究词的原始价值（词源和词根理论），接下来必须研究词所具有的转移、引申和重组等永久能力（修辞空间理论和派生法理论）"[78]。从托马斯·霍布斯到意识形态家，再到尼古拉斯·德·马勒伯朗士（Nicolas de Malebranche）、艾蒂安·孔狄亚克以及大卫·休谟，他们都关注一种语法规则，"这种语法分析是一种科学和指示，是词的研究和建构词、使用词并在词的表象功能中改造词的规则"。正如医学令病理解剖学家忧心忡忡，这种语法也被一种神话困扰着："一个关于极其透明的语言的崇高乌托邦，在这种语言中，事物本能毫无干扰地被那个总体上任意的但又确切地是反思的体系（人工语言）命名，或者被一种自然语言命名，这种自然语言译解思想，如同面部表情表达情感一样。"[79] 语言的基本任务是给物命名，并在此过程为事物的存在赋名。

普通语法的分类方式与古典知识型的其他方面明显息息相关。对于 17 世纪的自然史学家来说，他们的学科是"由一种预见了命名的可能性的分析在表象中打开的空间。自然史就是这样一种可能性，即看见人们将能说出的一切……在古典知识中，有关经验个体的认识只能从有关所有可能的差异的有序而普遍的图表中获取"。[80] 对财富的分析也遵循着同样的普遍结构："类似于词，货币具有指明作用，但一直不断地在纵轴周围波动：价格变动对金属与财富之间关系的最初确立，就好比修辞置换对动词符号的原初价值。"[81]

论及古典时期知识型的内在性时，福柯既论述了其肯定性的一面，也就能论述其否定性的一面："在古典时期，没有生命，没有生命科学，也没有语文学。可是，存在着自然史和普通语法。同样，没有政治经济学，因为在知识之序中，生产并不存在。"[82] 这幅古典时期的负面图景，犹如浅浮雕一样，勾勒了现代时期的轮廓，一系列奠定了人文学科基础的主要学科出现了：经济学、生物学和语言学。所有这一切都暗示着表象的破裂和历史维度的出现，这与表格永恒的理想空间形成鲜明对比。

如其所是，随着亚当·斯密、大卫·李嘉图和马克思观点的出现，古典时期作为表象的财富观念瓦解了，取而代之的是作为产品的价值概念，产品作为生产过程的产物蕴含了时间维度。尤其是李嘉图，他将价值的表象和构成分离了，并因此使得经济和历史连接在一起。[83] 值得注意的是，福柯并没有将政治经济学和马克思区分开：两者之间的争论不过是儿童戏水池上的涟漪。[84]

在早期生物科学领域，乔治·居维埃（Georges Cuvier）引发了类似的知识型转变。器官的排列从属于功能的统治权，而不是按照它们在分类系统中的位置被理解。生命本身不再基于有机和无机之间那多变的区隔，生命是"生物之间所有可能的区分据以奠基的基础"。[85] 居维埃活力论的出现标志着从生命的分类学观念向生命的综合观念的过渡，这是生物学出现的可能性条件之一。

与此同时，语言也失去了它在古典思想中的透明性和至高无上的地位。由于雅各布·格里姆（Jakob Grimm）和弗朗茨·博普（Franz Bopp）在语言学和语法家族方面的研究工作，语言如同其他事物一样成为分析的对象，语言如同生物、财富和价值，或是历史事件和人类一样被研究。人文科学的基础——心理学、社会学、经济学、文体分析——已经奠立。然而，在建立了人文科学的因素中也蕴含着毁灭与超越人文科学的因素。

《词与物》蕴含着启示录般的视角：18 世纪末出现的现代知识型与某种统治性话语的瓦解，与人作为知识主体和客体的建立密切相关。福柯发现知识型的转变主要在语言领域发生，这种转变如今预示着现有知识型瓦解的可能性，并在某种程度上标志着文艺复兴的回归。这种变化体现在，再也没有原初的词语可以被发现，并去限制话语的运动，语言仅仅是一种"没有任何出发点，没有任何终点，也没有任何希望的散播"。[86] 在福柯的分析中，晚近的现代文学的语言是对德国语言学者博普的反叛："文学把语言从语法带向赤裸裸的言谈力量，并且正是在那里，文学才遭遇了词之野蛮和专横的存在。"[87] 与此相对应，现代思想质疑的"是意义与真理形式、存在形式之间的关系：在我们的反思天空，一种话语占着支配地位——这也许是一种无法理解的话语——它同时成为本体论和符号学。结构主义不是一种新的方法，它是现代知识之活跃而不安的意识"。[88] 这种认识表明，语言远非一种透明的交流媒介，而是一种自身拥有生命的物质力量。

《词与物》以一幅画面作为结尾，这幅画面久久地萦绕在大多数读者的头脑中，为这本书的所有论辩增色："诚如我们的思想之考古学所轻易表明的，人是近期的发明。并且正接近其终点……人们可以欣然打赌，人将被抹去，如同大海边沙地上的一张脸。"[89] 这幅图景诗意、荒凉而又富有感染力，但它并不是第一次出现在福柯的书中。在福柯关于文学和界限体验的作品中，海滩上一道浪花的景象反复出现。这也不是他第一次说人类之死即将来临。1964 年，他写道：

> 即将死去，并在我们身体里面垂死挣扎的（正是这死亡支撑了我们目前的语言），便是人的辩证法——人是一种回环往复的时间性存在，人这种动物失去自身的真理，并重新发现和阐明自身的真理，人是自己最熟悉的陌生人。在很长一段时间里，这样的人是所有话语至高无上的主体，正是这些话语界定了人，尤其是界定了边缘人群。幸运的是，在众声喧哗、喋喋不休的话语里，这样的人已经奄奄一息。[90]

很快，人们在黑格尔的主体理论中将发现这个奄奄一息的人的形象。[91] 福柯庆祝人之死，庆祝人作为偶像的黄昏。当然，颇具讽刺意味的是，在法国第一个宣布人之死的哲学家是黑格尔学派的亚历山大·科耶夫。

这本书出版前后，福柯接受了三次文学杂志的采访。[92]这使他可以向广大公众阐释他的这本书，并预先回答一些不可避免的批评。这些访谈也引起了公众领域的广泛关注。福柯的对谈者都是知名人士。雷蒙·贝洛将采访或访谈看作独立的文学样式，他曾经写了大量电影评论，以及关于亨利·米肖（Henri Michaux）的文章。列维－斯特劳斯、巴塔耶、克里斯蒂安·麦茨（Christian Metz）、让·拉普拉什、J.-B. 彭塔利斯（J.-B.Pontalis）的访谈，与福柯的访谈一起，被收录在《他人之书》中，这本书展现了1966年到1971年法国知识分子的公众形象，是法国知识分子生活的一幅珍贵画卷。玛德琳·沙普萨（Madeleine Chapsal）和克劳德·博纳富瓦（Claude Bonnefoy）一样，是一位聪明敏锐的批评家，也是一位能干的记者。

福柯认为《古典时代疯狂史》展现了差异的历史，而他的这本新书则与相似性、同一性的历史有关。[93]他研究了从古典时期到19世纪的转变，得出了一个惊人的发现："人在古典知识内部并不存在。在我们发现人的地方，存在着话语的力量，以及用来表征事物秩序的语言秩序。"[94]5月，此书出版一个月后，福柯向夏普沙尔描述了他的思想形成过程，后者将在《快报》上评论福柯的书。福柯此举似乎是对萨特和他那一代人的反抗。萨特那一代人首先关心的是"意义"，然而，福柯主要的关注点是"体系"观念。列维－斯特劳斯和拉康的著作标志着两代人的断裂。正是类似这样的宣言，使福柯被视为结构主义者。

莫里斯·亨利（Maurice Henri）画了一幅结构主义者的《草地上的午餐》(Le Déjeuner sur l'herbe)，将对福柯的看法融入了这幅有名的漫画中。[95]福柯、拉康、列维－斯特劳斯全都穿着草裙，坐在草坪上，而拉康还打着蝴蝶结，福柯则对着其他几位谈天论地，滔滔不绝。据传闻说，阿尔都塞之所以没有出现在画中，是因为除了巴黎高师的人以外，没人知道他的相貌。

福柯与结构主义的关系远比这幅流行画中展示的要脆弱，而所谓结构主义阵营的一致性，如今也比1966年看起来要脆弱得多。从明显的参照点来看，福柯并不像列维－斯特劳斯那样，在探索亲缘关系的"基本结构"，其原则是如此与生俱来，以至于它们的运作提供了等同于心灵哲学的东西。福柯也不同于拉康（他对结构主义的忠诚并不纯粹），拉康探索"像语言一样结构化"的普遍

无意识的构成和运作。索绪尔或后索绪尔语言学模式，着重强调语言的系统性
（语言符号之差异系统的社会现象，并且与言语或言谈相对，后者是语言使用的
个别现象），这些对福柯来说不是最重要的。在 1972 年第二版《临床医学的诞　　171
生》的修订中，福柯的确删除了一些结构主义术语，诸如"所指的结构分析"
这样的句子被替换为"话语的分析"[96]，但这些小改动并未改变这本书总体的思
想内容，同时，修订本还抹去了从伊波利特那里继承的黑格尔主义残余。从某
种意义上说，1966 年的那幅图画颇具误导性，但它的确捕捉到了理论家们暂时
结盟在一起的某种消极的一致性，他们都反抗着当代人道主义的陈词滥调，反
对日渐褪去光环的存在主义现象学。

　　在与夏普沙尔的访谈中，福柯第一次表明，他的作品中有着明确的政治
维度：

　　　　我们目前的任务是完全摆脱人道主义的束缚，从这个意义上说，我
　　们的作品是富有政治性的。拯救人，重新发现人性的要素……这便是所有
　　冗长的理论和实践活动的目的，比如，人们将马克思和德日进相调和……
　　我们的任务是使我们自己完全摆脱人道主义，从这个意义上看，我们的
　　任务是一种政治任务，无论是东方还是西方，所有的政权都打着人道主义
　　的旗号走私着伪劣商品……我们必须谴责所有的故弄玄虚之举，正如在
　　法国共产党内，阿尔都塞和他勇敢的同志们正与"德日进 – 马克思主义"
　　（Chardino-Marxism）做斗争。

　　这里提到的"德日进 – 马克思主义"，指的是加洛蒂，尤其是雅克·莫诺
（Jacques Monod）试图将马克思主义和基督教、科学和信仰结合在一起，理
由是宇宙起源理论。1967 年，阿尔都塞的课程围绕着科学家的"自发性哲学"
展开，反对"德日进 – 马克思主义"是这门课的重要主题之一。[97]

　　当夏普沙尔表示福柯感兴趣的逻辑学和数学对很多人来说很抽象的时候，
福柯勃然大怒："抽象？我的回答是：人道主义才是一种抽象！所有这些发自内
心的呼喊，所有这些以人类及其存在发出的需求，都是抽象的。我的意思是，
人道主义已经脱离了科学和技术的世界，那才是我们真实的世界。"[98]

　　在与博纳富瓦的访谈中，福柯也提到了相似的观点，尽管措辞没有之前那

么激烈。福柯也对萨特做出了负面评价，萨特的《辩证理性批判》彻底结束了
172 始于黑格尔的那段历史："《辩证理性批判》是 19 世纪的人为思考 20 世纪所做
出的悲壮之举。从这个意义上说，萨特是最后一个黑格尔主义者，而且我甚至
认为，他是最后一位马克思主义者。"[99]无论福柯是故意的还是无意的，一场激
烈的论战已经蓄势待发。实际上，福柯将自己界定为萨特的反面，他对法国共
产党抱有敌意，并支持阿尔都塞。

　　福柯的畅销书成了争议的源头。在 5 月的最后一个星期和 6 月的最初 10 天，
日报和周刊上共发表了关于这本书的 7 篇评论。在那个年代，这几乎是最高的
媒体曝光度了，曝光的结果也令人印象深刻。每次评论中提及这本书现象级的
销售数字，都会使这本书卖得更好。《词与物》出人意料地成为夏季的流行读物。
然而，它却不是这个季节最荒谬的畅销书，时尚杂志也推荐拉康的《著作集》
（*Ecrits*）作为假日读物。但究竟有多少人在买了这两本书后阅读了，我们就只
能靠猜测了。米歇尔·德·塞尔托（Michel de Certeau）的嘲讽很好地捕捉到了
当时的氛围："虽然这本书又长又难读，但在有一定文化修养的人眼中，这本书
是文化的外在标志，应该伴随着艺术书籍，出现在每一个私人图书馆的展架上。
你读过它吗？这个人的社会和知识地位取决于他的回答。"[100]

　　多亏了《古典时代疯狂史》，福柯早已逃离了"学术贫民区"，但人们对
《词与物》的欢迎却是前所未有的。像《精神》（*Esprit*）和《批评》这样的学术
月刊曾评论过福柯的前几本书，像《新观察家》和《快报》这种发行量很大的
杂志则对《词与物》展开了广泛讨论。这两份刊物中，《新观察家》要更学术化
一点。包括福柯在内的许多学者和知识分子，都在接下来的 10 年间为这本杂
志撰稿，因此它成为学者们传播某种文化的重要阵地。《快报》则是一本相当不
同的出版物。这本杂志曾是反对阿尔及利亚战争的宣传阵地，如今则越来越效
仿美国的《新闻周刊》，它的目标读者群是日益富裕的职业中产阶级，或是传奇
而富有活力的青年才俊。《新观察家》的读者群体则可能是左翼研究生、学者或
自由职业者，但他们对法国共产党持批判态度。福柯设想的"两千名专家"，大
多数都应读过《新观察家》，但很少有人会经常阅读《快报》。福柯如今面对的
是完全不同的读者群，在不知不觉中，他已经变成了一种文化商品。从 1966 年
173 起，他开始成为公众人物。9 月，当安德烈·布勒东（André Breton）去世的时
候，记者向福柯寻求意见似乎是自然而然的事。[101]在 1961 年，这样的事是肯定

不会发生的。

西蒙娜·德·波伏瓦的小说《美丽的形象》（*Les belles images*，1966）的主人公是一位建筑师和一位在广告业工作的女人，他们沉迷于消费，除了打造"形象"之外对其他事几乎不感兴趣。波伏瓦笔下的主人公，也许某种程度代表了福柯所面对的那群新大众。他们读着相同的杂志，这些期刊很容易令他们相信"有关人的观念必须被改变，而人也可能会消失。人，只是19世纪的发明，如今已经过时"。[102] 波伏瓦自己曾说过，这部讽刺作品不仅针对福柯读者中势利的知识分子，也针对福柯本人。在她看来，新小说派、泰凯尔团体，尤其是福柯，"为资产阶级意识形态提供了最好的说辞。他们废止了历史与实践，也就抑制了承诺，压制了人本身"。[103] 福柯经常阅读《世界报》，难免会看到这些对他作品的责骂。

有关这本书最初的评价并非都如此敌对。6月初，福柯收到了比利时超现实主义者雷内·马格利特（René Magritte）的来信，马格利特的大部分作品都是有关词与物之间关系的沉思冥想。福柯的书给马格利特留下了深刻印象，这封信中有一篇简短而神秘难解的论文，内容是关于"相似"（resemblance）和"仿效"（similitude）的。据马格利特所说，仿效性是事物的属性，而相似性则是思想的特质，"思想作为其所见、所识或了解的东西而具有相似性"。思想犹如快乐或痛苦一样不可见，但是绘画带来了一个困难："存在着有视觉并能以可见形式描绘出来的思想。《宫娥》便是委拉斯凯兹不可见思想的可见图像。那么，不可见是否有时会是可见的？条件是思想完全由可见的图形组成。"马格利特在信中附上了"我在未能进行独创绘画研究的情况下完成的画作"复制件。在这些复制画作中，有一幅画叫作《这不是一支烟斗》（*This is not a pipe*），马格利特在背面写道："标题与画并不矛盾，它是在用另外的方式确认。"

福柯立即就给马格利特回信了，询问《透视法——马奈的阳台》（*Perspective-The Balcony of Manet*，1950）这幅画的消息。这幅画是卢浮宫中那幅油画的变体。在马奈那幅画中，阳台上站着画家贝尔特·莫里索（Berthe Morisot）、安托万·吉耶梅（Antoine Guillement）以及小提琴家范妮·克劳斯（Fanny Klauss），莱昂·科尔拉（Léon Koëlla）的身影浮现在画的背景中。在马格利特版本的画中，这些人物形象被棺材取代。福柯觉得马格利特与鲁塞尔很相像，但他很想 174

知道为什么画面里要引入棺材。[104] 画家很高兴福柯拿他和鲁塞尔作比，但他对福柯的答复却缺乏启发性："您的问题……问到它已经包含的内容：让我在马奈看到白色人影的地方看到了棺材的，是我的画作所展示的图像，其中'阳台'的背景适合在那里放置棺木。"这封信的结尾，马格利特希望年底在巴黎的伊奥拉斯（Iolas）画廊办画展时，能与福柯见上一面。那年年末，福柯并不在巴黎，两人的交流没有延续下去。1967 年 9 月，雷内·马格利特去世了。然而，福柯与这位艺术家的通信促使他写出了一篇文章，即《这不是一支烟斗》（"Ceci n'est pas une pipe"），福柯对这篇文章进行了轻微改动，并扩展为了一本书。1973 年，这本精美的带有插图的小书得以出版。[105]

尽管第二年春天出版的月刊才引发了对《词与物》的论战，但我们从最初的评论中可以窥见即将来临的争议。让·拉克鲁瓦在《世界报》上对这本书评价很高，他是少数强调福柯研究中康德主义倾向的人之一，福柯探索"可能的内部条件"，这使得思想史得以被思考和阐释。[106] 对于弗朗索瓦·夏特莱（François Châtelet）来说，这是毫无疑问的："福柯的理论分析使得人文科学得以被反思，而以往这样的反思是非常匮乏的。福柯的严密性、独特性和启发性使人们在阅读他的新作时，不可避免地对西方文化的过去进行全新的观察，并对西方文化难以分辨的当下状态有更清醒的认识。"[107] 德勒兹对这本书同样充满热情。福柯的分析如此精彩，他的语调如此新颖，以至于读者很快意识到这是一本代表了"新思想"的著作。福柯确实提供了"人文科学创立的基础"，但他提供的基础却是"有害的"，他的考古学已经摧毁了人文科学的根基。[108] 在更流行的《快报》中，玛德琳·沙普萨以自以为是的口气欢呼，"存在主义以后最伟大的革命"已经到来。[109] 在《费加罗报》上，罗伯特·坎特尔（Robert Kanters）对这本他感到"古怪……丰富而艰涩的"书多少抱着怀疑的态度。他认为对福柯来说，"古典秩序"是仇敌，而"人"只是无用的假说。《词与物》发出了"焚烧笛卡尔"的呼声。[110] 经验丰富的天主教小说家弗朗索瓦·莫里亚克（François Mauriac）不无道理地抱怨道，福柯那些有关意识之死的言论，很快会令他与宿敌萨特看起来亲如兄弟。[111] 与此同时，雅克·布罗斯（Jacques Brosse）则坚定175 地将《词与物》置于受语言学影响的结构主义语境中[112]，而冷嘲热讽的让－马利·多梅纳克（Jean-Marie Domenach）则怀疑，"体制的信徒"怎么可能以"解放社会"的名义去呼吁人们反对现行体制。[113]

　　然而，多梅纳克则非常严肃地看待这本书的出现。12 月，在《精神》组织的关于结构主义的会议上，《词与物》是会议的重要议题。到夏天为止，即将来临的论战主题已露出苗头。福柯所代表的某种新的、革命性的事物，是结构主义阵营的题中之义。很明显，他是萨特竞争对手的精神后裔。

　　最早讨论《词与物》的杂志，是富有影响力的月刊《现代杂志》。不同寻常的是，1967 年的 1 月号杂志上有两篇关于福柯的文章，总共有 48 页。这两篇对《词与物》抱有负面评价的文章，都受到 1966 年 10 月萨特在接受贝尔纳·潘戈（Bernard Pingaud）采访时所做评价的强烈影响。访谈的主要内容是萨特对结构主义的看法。潘戈问萨特，他是否从年轻一代对他的态度中看到一种共同的观点时，他的第一反应是确认

　　　　至少有一个主导倾向，因为否定历史，并不是普遍的现象。米歇尔·福柯刚出版的书的成功很说明问题……他这本书的成功足以证明人们需要这样。不过，人们期待的真正独特的思维从未出现过。福柯带给人们他们渴求的东西！电子综合法，这种电子综合法轮流利用罗伯－格里耶、结构主义、语言学、拉康和泰凯尔派以证明历史思考的不可能性。

　　福柯的视野是历史的，他区分前后："但是他用魔灯取代电影，用静止的连续取代运动。"在《知识考古学》的注脚中，福柯的回应颇有讽刺意味，他指出，这个静态画面就是一种"序列的序列"，这"全然不是人们为消除孩子们的失望而置于幻灯前的一幅小的固定图画，而在孩子们的年龄，他们当然更喜欢电影的生动"。[114] 这之后，萨特宣称，福柯真正的靶子不是历史："它意味着建立一种新的意识形态，即资产阶级所能建造的对付马克思的最后堡垒。"[115] 这次采访得到了广泛传播，10 月 15—31 日的《文学半月刊》（*La Quinzaine littéraire*）上刊登的摘要，更使这次采访尽人皆知。很显然，潘戈对萨特的采访与波伏瓦在《世界报》的评论一脉相承。西尔维·勒邦（Sylvie Le Bon）关于福柯《绝望的实证主义》一文中的诸多观点也来自萨特的这篇访谈，她是波伏瓦的养女。[116] 她在开头写道：

　　　　如何去废止历史呢？对于这个不可能解决的问题，福柯给出了自暴自

弃的解决方案：别去想它。如果历史并不是真实的知识，就从知识中排除
它。这便是《词与物》的目标，福柯准备牺牲一切去达到这个目标。牺牲
他的前辈、他的诚实，甚至牺牲他的研究对象，是如此轻而易举的事。福
柯比这更进一步，他宁愿让他的书因晦涩难懂而走向死亡，也不愿放弃他
的实证主义的假设。[117]

对勒邦来说，福柯是一位"实证主义者"，因为福柯的考古学没有去阐释
"一段发展、演进，简而言之，一段历史"，他只是描述了三个历史阶段，他
"分析这三个阶段的历史先验性，充分说明了知识的无政府主义倾向"。[118]福柯
的历史先验性不过是一种"回顾的策略"，旨在"将思想和知识的历史演变转
变为一种非时间化的必要性的并置"。勒邦认为，福柯试图揭开历史先验性的
面纱的行为，无异于"专横的人种学家"将自己命定的社会类属应用于异域社会
中。[119]与萨特一样，勒邦认为福柯的书是对马克思主义的持续攻击，而福柯没
能从《辩证理性批判》的开篇中汲取经验："所谓僭越马克思主义的思想流派，
实际上是一种前马克思主义。"《现代杂志》上第二篇文章的作者是米歇尔·阿
米奥（Michel Amiot），这篇文章相对谨慎克制，但得出的结论同样是负面的。
虽然他对福柯的博学多才欣赏有加，但在他看来，福柯的哲学是"斯宾格勒和
海德格尔多变的混合体"，由此他得出结论：福柯的哲学不过是"种种历史主义
怀疑论"的综合。[120]

很快，法国共产党的代表们放大了萨特家族反对的声音，并将自己古怪的
观点掺杂其中。雅克·米约（Jacques Milhau）在《共产主义手册》（*Cahiers du
communisme*）中写道，正是以新尼采主义意识形态为基础，福柯反历史的偏见
才能够确立起来，"这种意识形态，不管福柯是否意识到，都是完全彻底地为某
一阶级的意识服务，其全部兴趣在于掩盖未来的客观道路。"[121]吉纳特·科隆贝
尔（Jeannette Colombel）是一位来自里昂的哲学教师，也是一位老党员，她认
为，虽然福柯的相对主义从某些角度来看是健康的，但福柯的"灾变论调"

对于那些沮丧、没耐心和焦虑的左翼知识分子，以及那些只相信体制
优点的技术官僚来说，可能是一种安慰……福柯用人文科学……来证明所
有事务的虚幻本质。我们所能做的就是接受这个体制：清醒地绝望，清醒

地欢笑，以及接受美国制造（英文原文）。[122]

　　她相当精准地指出，福柯的分析没有提到生产力与生产关系的矛盾，对阶级斗争也只字未提。她总结道，福柯的作品展现了"意识形态的绝望感"。她认为，真正的任务是去分析这些矛盾，以此作为改变世界和"粉碎体制"的前提。[123]

　　两位法国共产党评论家用着一套相同的暗语。很明显，米约的"客观批评方法"赢得了法国共产党的最终胜利。科隆贝尔的评论不是将结构主义同技术治理联系起来，就是将结构主义同美国精神或戴高乐主义关联在一起。不仅如此，福柯自诩的对于思想体系的兴趣，也被科隆贝尔很不诚实地曲解为是对资本主义经济体制的支持。最终，他们对福柯的批评不言自明：福柯不是法国共产党的支持者，他的主要过错就在于他那句有名的断言——"马克思主义在 19 世纪如鱼得水。"[124]

　　在其他评论中，技术治理的论断以更为奇怪的方式出现，人们指责福柯在模仿戴高乐，企图密谋"知识分子界的五月革命，在这知识分子界的天启日之后，古老的人文科学将被列维 - 斯特劳斯的民族志承包商取代，被拉康理论小组的双关语占据，被马丁·海德格尔先生那'痛苦'的概念代替"。不仅如此，人们还谴责福柯阐释了一套技术统治论，"这套技术统治论不仅应用一套技术治理方法，还为技术治理提供了它所明显缺乏的意识形态"。[125] 事实上，福柯的书对理性以及理性的孪生姐妹——民主政治——产生了威胁。[126]

　　相同的观点以更为温和的方式出现在《精神》杂志中，皮埃尔·布尔杰林（Pierre Burgelin）这样解释福柯的成功：

　　　　我们已不再知道言说真理究竟意味着什么。因此，那些声称知晓真理的人就利用那股无名的力量，引领我们走向那无法回避的命运：科技文明创造了人类存在的条件，而人不得不去适应这些……人若因神之死而被消解，不复存在，人的存在就只能听天由命了。[127]

　　在同一期杂志中，让－马利·多梅纳克的观点更温和一些，她认为"结构主义"有助于进行"概念大扫除"，而《词与物》蕴含着真正的悲剧色彩。[128]

　　福柯成功地激起了萨特主义者、马克思主义者和天主教人道主义者大联盟

178

的敌意。福柯成功地使萨特和他曾残忍放弃的人握手言和，那时萨特曾对这个人说了这样的话："上帝不是个艺术家。莫里亚克先生也不是。"[129] 还得再等上一段时间，福柯在左翼，甚至在法国共产党内部才会有一些盟友。当时来看，福柯最主要的支持者是康吉莱姆。康吉莱姆为福柯的辩护是一个愤怒之人的心声，他怒火中烧，充满讽刺却又谦逊地建议福柯的批评者们应该建立"一个以人权为哲学主客体的大联盟，这个联盟的座右铭是'所有党派的人道主义者们，团结起来吧！'"[130]。福柯引起了公愤：

> 因为，今天的历史是一种神奇的领域，虽然很多哲学家脑中充满了先验意识形态，他们却将存在与话语画上等号，将历史的参与者等同于历史的书写者。这就是为什么，推翻历史话语的计划遭到谴责，人们将其看成颠覆历史进程的宣言。颠覆进步主义，还只是一个保守的计划。这就是为什么，你所谓结构是一种新资本主义。[131]

这里，康吉莱姆效仿了莫里哀《屈打成医》(*Le Médecin malgré lui*，1666) 中的一句名言："这就是为什么你女儿沉默寡言。"莫里哀认为，在沉默中长大的女孩将无话可说。康吉莱姆认为，福柯的那些批评者们被历史进步论的信念蒙蔽了双眼，因此，他们必然将福柯的批评看作对新资本主义的辩护。康吉莱姆以融合了个人偏好的认识论论点结束了为福柯的辩护，他的论辩冷峻而直截了当。20多年前，卡瓦耶已提出对现象学进行批判，并强调了概念哲学的重要性。卡瓦耶自称是斯宾诺莎主义者，因参与抵抗运动而死于德国人的枪下，他预先驳斥了存在主义的历史理论，以及"那些试图诋毁他们所谓的结构主义的人的论点，这些人谴责结构主义在面对既成事实时产生的被动性以及其他不端行为"。[132]

康吉莱姆从不以语气温和著称，很明显，一些旧恩怨在此了结。康吉莱姆在这里暗示，当卡瓦耶战斗而死的时候，萨特和那些做出了承诺的空论家们却无动于衷。康吉莱姆的评论也复苏了意识哲学和概念哲学的区别，并将福柯的作品牢牢地定位于概念哲学的视野中。连康吉莱姆都未必意识到，他的这个举动，为福柯与新一代哲学领军人物的联盟打下基础。那个时候，福柯自己却没有对这些批评做出回应。

《词与物》在媒体上大获成功，带来了一个外来的副产品，福柯受邀去匈牙利做演讲，这大概是得益于《法兰西文艺报》（*Les Lettres françaises*）的大量报道。福柯记得演讲是在 1967 年，丹尼尔·德费尔则记得是 1966 年。我们无法根据唯一的书面证据下定论，那是一张邮戳模糊到难以辨认的卡片。[133]福柯的这场旅行将他带到了大学的演讲厅，但当他告诉举办方自己要就结构主义发表演讲时，他被告知，他必须在校长办公室的一个专家小组会议上发言。当他私底下向他的翻译学生询问此事时，那位翻译告诉他，在这边的大学里有三个话题不能讨论：纳粹主义、霍尔蒂（Horthy）政权、结构主义。[134]福柯回想起来，才恍然大悟，布达佩斯禁止讨论结构主义，与法国共产党和《现代杂志》对结构主义著作及《词与物》的敌对态度有关。虽然与法国相比，这种情况在东欧国家显然更严重，但两者的目的都是一样的：压制新兴左翼非马克思主义文化。[135]

关于福柯在匈牙利的那段经历，唯一的信息来源是丹尼尔·德费尔。福柯似乎拒绝了与乔治·卢卡奇（Georg Lukács）会面的机会（这是所有来访哲学家都享有的特权），因为他对卢卡奇的作品没什么兴趣，福柯不与卢卡奇见面，令他的翻译对他好感陡增。福柯接受匈牙利的邀请还有一个更为私人的原因，德费尔说福柯渴望在布达佩斯的艺术博物馆一赏马奈的作品。如果德费尔所言确凿，福柯想看的是一幅为《街垒》（*The Barricade*）石版画而准备的水彩画，以及一幅《处决墨西哥皇帝马克西米利安》（*The Execution of the Emperor Maximilian*）的素描图。[136]福柯可能是从权威著作的参考文献中追踪到了这些作品的下落，也可能从 1965 年在布达佩斯举办的"处决"绘画国际会议上获知了相关消息。

180

福柯对匈牙利的评论显现出了令人不安的抵触情绪。在他与夏普沙尔的访谈中，他言辞激烈地批评了"只运用一种语言的法式自恋"，以及他们对俄国形式主义和英美新批评的故意忽视。福柯声称，之所以会这样，是中学教育体系培养的结果，这样的教育体系没有开设"这样的基础学科，这些学科能让我们了解自己国家正发生什么，特别是其他地方正在发生的事……我们的教育系统可以追溯到 19 世纪，在其中我们仍能发现那最平淡无味的心理学，最旧式的人文学科统治着人的心灵和人的审美品位"。[137]

这些评论反映了福柯在 1965 年到 1966 年参与的工作，当时他是富歇委员会的一员。这个委员会由当时的教育部部长富歇组建，于 1965 年 1 月召开第一次会议，负责应对中级和高等教育工作。让·克纳普（Jean Knapp）被任命为部长的顾问一事解释了福柯的出现。克纳普曾与福柯一同在巴黎高师求学，他担任法国驻哥本哈根大使馆文化顾问期间，曾邀请福柯去那里演讲。如今，他建议福柯加入该委员会。福柯强烈主张，在中学教育的组织中，教学重点与其放在大学课程的预备教学上，不如放在中学基础学科上，同时，他也严重怀疑会考的重要性。在他看来，这种考试考察的是人的"思维敏捷"程度，而不是应试者的研究能力。博士制度也需要做出修订，以目前的情况来看，"主论文"需要作者付出巨大的努力，论文写作带来的疲惫，在作者的余生都挥之不去。¹³⁸

　　教育改革当然是必要的。传统的教育政策不进行筛选，意味着任何拥有会考资格的人都有权利进入大学读书，这将导致学生数量不断增多。同时，通过第一年和第二年的考试淘汰一些人，这实际上是一个残酷的筛选过程。1965年 10 月，楠泰尔大学开设的新院系也没有缓解这种状况。克里斯蒂安·富歇（Christian Fouchet）在学生和讲师中的人缘不好，1963 年索邦大学的激进分子
181　公开宣称他是不受欢迎的人。对绝大多数学生来说，关于会考和博士学位章程的改进没什么意义，他们更希望多一些演讲厅，减少一些面向数百名听众的正式演讲。福柯对教育体系的评价更多出自他的精英立场，而不是学生们当下的担忧。

　　1966 年 3 月，伴随着富歇改革计划，全国高等教育工会呼吁进行为期三天的罢课——全国高等教育工会是最重要的教师联合会。罢工口号为"从经济、政治、心理、性，尤其是才智方面，来考虑学生的贫困问题，并提出补救办法"，这被看作 1968 年"五月风暴"的征兆之一。¹³⁹

　　虽然《词与物》的最后几页有很多文学元素，但如今的福柯已很少撰写文学方面的内容，他越来越专注于历史和哲学话题。矛盾的是，福柯的文学兴趣展现得最淋漓尽致的一次，也成了最后一次。很显然，福柯仍然广泛地阅读文学作品，偶尔也撰写一些文学主题的文章，但他对现代派文学的热情再也没能逾越 1962 年至 1966 年的高峰。

　　确切地说，福柯这个阶段的最后一篇重要文章是关于莫里斯·布朗肖的。这篇文章出现在 1966 年 6 月的《批评》杂志上，旨在致敬布朗肖。¹⁴⁰福柯早

期文章的一些主题在这篇文章中重现，但写作重点发生了变化。在这篇文章中，福柯再次探究那些无法缩减为哲学观念的思想形式，此时，福柯对现代性的理解同以往相比已发生了变化。自我指称和自反性只是定义现代性最粗浅的术语。如今，文学所面临的危机是向"外界"的转变：

> 语言逃脱了话语存在的模式——换句话讲，再现的王朝——并且，文学话语从自身发展而来。这形成一个网络，其中每一点都是截然不同的，甚至与最近的邻居也不相同，而且在空间中拥有一个与所有其他点有联系的位置，这个空间在容纳它们的同时，又将它们区分开来……当文学的"主题"（在文学中谁在说，文学说的是什么）不是一种肯定性的语言，而是一种虚空，当文学在赤裸裸的"我说"中自我表述时，语言将这虚空作为自己的空间。[141]

"我说"是赤裸裸的，因为"我说"是孤绝的，它并不与其他人交流，而是一种话语，在其中，说话者和"我说"自给自足，且不可分离。在这个空间中，萨德允许"赤裸裸的欲望说话"，就像布朗肖那无法与人交流的"我说"，而荷尔德林则表明了"神明的闪耀的缺场"。[142] 马拉美、阿尔托、巴塔耶以及克洛索夫斯基都栖居在这空间中。在他们中间，布朗肖最能代表这种"外界思想"，"他并没有被他的文本藏匿，但也不出现在文本的存在中，他的不在场借助于文本存在的惊人力量，对我们而言，他就是这种思想自身——一种真实的、绝对遥远的、闪耀的、不可见的在场，一种必然的宿命，一种不可逃脱的法则，一种平静的、无穷的、可测的力量"。[143]

布朗肖的小说和文学批评中反复出现的两个神话：一个是塞壬神话，另一个是俄耳甫斯神话。塞壬在一个永远无法抵达的地方，唱着魅惑而致命的歌曲，"只有未来之歌的承诺贯穿在塞壬的旋律中"。[144] 俄耳甫斯实际上是不可见的，他给出的承诺只是一副一瞥而现的面孔。当然，这两者都是死亡的形象。外界语言和思想暗示着与死亡的相遇，写作是对死亡之界限的僭越。

福柯对文学批评的兴趣如昙花一现，但他从未就此解释过什么。倒不如说，即便他给出了解释，也不能说明什么。1977 年，福柯的一篇访谈作为一本意大利文选的序言发表，在这篇访谈中，他尖刻地谈道，"我们看到，在 20 世纪 60

年代人们无情地将写作理论化"，并将其形容为"一首绝唱"：

> 作者努力保留自己在政治上的特权，但事实却是，这种特权恰恰是一种需要科学话语确证的理论，这种科学话语受到语言学、符号学和精神分析学说的支撑，而语言学、符号学等学科参照的则是索绪尔或乔姆斯基等人的思想，这一切导致了平庸的文学作品，所有这一切表明作者的活动不再是文学的中心。[145]

如果福柯在文中提到自己也直接参与了"无情的理论化活动"，那么，这篇文章看起来倒像是一篇清晰的自我批评。然而，他没有这么做，因此他的评论成为一个福柯如何遮掩另一个福柯的又一例证。在全新的政治化的福柯出现之前，文学的福柯必须经历一次蜕变。

8 南方

到了 1965 年，福柯对克莱蒙费朗大学日渐失望，并开始积极找其他工作，而且毫不掩饰自己的想法。当社会学家乔治·古尔维奇（Georges Gurvitch）宣称他将支持自己的候选人竞争索邦大学的空缺职位时，理想方案出现了。福柯对这个职位很感兴趣，却没有申请。康吉莱姆对大学内部的政治了若指掌，他警告福柯，古尔维奇支持的任何候选人，都有可能被社会学家、哲学家和心理学家大联盟拒之门外。即使福柯与古尔维奇没有联系，康吉莱姆也不确定，索邦大学那有些保守的哲学系，能否敞开双臂欢迎福柯的到来。[1]

然而，夏末初秋之际，福柯确实短暂地离开了法国。他去了巴西，一方面是拜访巴黎高师校友杰拉德·勒布伦（Gérard Lebrun），另一方面则是去圣保罗大学做演讲。虽然为期两个月的旅行令他心旷神怡，但讲座却不是很成功，听众也不多，讲座的主题是即将出版的《词与物》。福柯在巴西并不知名，直到 1969 年，葡萄牙语版本的《精神疾病与心理学》才出版，葡萄牙语名为 *Dença mentale psicologia*。[2] 尽管那次讲座不太成功，但福柯喜欢这个国家，喜欢它那令人放松，注重感官享受的生活方式，有时他还想定居在那里。20 世纪 70 年代，他又四次到访那里。

与此同时，福柯继续寻找逃离克莱蒙费朗大学的机会，据埃里蓬说，福柯曾一度考虑申请刚果（现在的扎伊尔）①的讲师职位，但法国外交部语言服务部

---

① 中非国家。1971 年改名为扎伊尔共和国，1997 年恢复国名为刚果民主共和国，简称刚果（金）。——编者注

门主任让·西里奈利（Jean Sirinelli）强烈建议福柯不要申请。[3] 福柯如何想象他在金沙萨（Kinshasa）度过的时光呢，这仍旧是个谜。当福柯要么是从巴特（据埃里蓬所说[4]）那里，要么就是从让·瓦尔（据德费尔所说）那里，知晓了突尼斯有一个职位时，一个不那么富有异国情调的选择呈现在他面前。这个职位最初为瓦尔而设，瓦尔那时应英美哲学专家、大学哲学系主任热拉尔·德雷达尔（Gérard Deladelle）之邀前往突尼斯。然而，离开家人令瓦尔很不开心，他很快就离开了突尼斯。在行政上，福柯对突尼斯大学负责，但根据一项合作协议，他的工资将由法国政府支付，并且是国内工资的两倍。[5] 合同期限为 3 年。福柯回到法国后，一直同文化外交服务部门保持联系，这令福柯毫不费力地从克莱蒙费朗借调出来。那个曾想阻止他去日本的院长，这次没提出反对意见。

正如丹尼尔·德费尔所言，1966 年 9 月，福柯离开法国前往突尼斯，有些令人困惑。他们的关系满含愉悦，趋于稳定，在德费尔看来，福柯或许认为自己暂时离开，会给德费尔更多独自工作的空间。也许，这个迹象表明，福柯觉察到了一种危险，他可能将德费尔置于自己的阴影之下，或者，两人默契地意识到，和一个在知识界突然获得明星地位的人生活在一起，并不那么容易。福柯决定离开巴黎 3 年，可能也是为了避开媒体的视线。虽然福柯享受他的名声，但也令他有些烦忧。比如，记者让·丹尼尔（Jean Daniel）在 1968 年 5 月的日记中记录到，"考古学"如今成了人们口中的时髦词语，这件事令福柯"恼怒"不已。[6] 大众将"考古学"简化为文化上的陈词滥调，是对福柯知识分子严肃性的真正冒犯。

福柯已非常熟悉北非的乐趣。福柯曾在摩洛哥度假，那时，德费尔在斯法克斯教书，福柯去看望他时，知道了突尼斯这个地方。那里的气候很吸引他，而且他还有机会经常去海里游泳。那里的食物很棒，他偶尔会使用的大麻，在那里也能轻易买到。法国的同性恋者早就知道北非是一个令人愉快的度假胜地。福柯唯一一次解释自己离开克莱蒙费朗这件事，是在《突尼斯日报》的访谈中。在访谈的描述中，他穿着剪裁考究的米色西装，拎着一个黑色的小公文包，看起来"就像一个前途光明的年轻公务员"。福柯简要概括了他的经历："我在法国大学待得够久了，我做了该做的事，成为必须成为的人，我到国外漫游，开阔视野，这也许会让我有新的视角去观察事情。"带着些许自嘲，福柯被欧洲人赋予突尼斯城的神话吸引："阳光，大海，非洲的火热。总之，我是来寻找一个没有禁欲主义的底比斯（Thebaid）。"[7]

事实证明，突尼斯并不等同于传说中的底比斯，底比斯的隐士过着孤独而沉思的生活。福柯的生活当然包含了沉思冥想，但同时也是一种社交生活。比如，在社交生活中，福柯了解了阿拉伯男人和他们社会中的同性恋文化。多年后，一位女性朋友当着他的面抱怨阿拉伯男人的大男子主义态度时，福柯愤怒地回应道：

> 他们生活在男人中间。他们身上有着转瞬即逝的诱惑力，他们是为男人而生的男人，对女人来说是暂时的奖励。人们成功地否定并打破了男人之间的根本纽带，而这纽带很长时间以来，都是西班牙军队组织的基础：十个男人一组，彼此从不分离。这种兄弟情谊，很明显是友谊和感官享受的微妙组合。而性（后来经常被否定和拒绝）也在其中发挥作用。[8]

福柯不住在突尼斯，而是住在离城数公里远的西迪·布塞村。1574 年到 1881 年间，省督代表奥斯曼帝国统治突尼斯，并创建了西迪·布塞。站在城市的山上可以俯瞰大海，这里美不胜收，狭窄的鹅卵石小巷蜿蜒在耀眼的白色房子间，其间点缀着镶有钉子的蓝色大门。如今，这个村已成为旅游景点，自 20 世纪 50 年代以来，这个村多半都是法国侨民，是艺术家知识分子聚居群落的中心。因此，对福柯来说，在突尼斯接受任命并不意味着知识分子流放，也不意味着被社会流放，虽然他不得不忍受一些生活在发展中国家的不便：有时，当地银行根本没有足够的钱来支付他数月累积的工资。德费尔是这里的常客，福柯也依然与克洛索夫斯基这样的朋友保持着联系，他们有时会开心地收到福柯邮来的无花果干和枣子。[9]

在国外，福柯继续参与《批评》杂志的编辑工作，继续同德勒兹一起进行尼采项目的研究。他每天都会阅读《世界报》，也经常回法国。比如，在 1967 年 3 月，他前往巴黎，面对建筑师们发表演讲，这是他这段时期最有趣的演讲之一。他演讲的主题是空间。福柯当时不愿发表这次演讲，但在他去世前不久，他的态度变得温和，同意发表这篇演讲，以配合在柏林举办的"理念、过程和结果"展览。[10] 撇开内在的关注点不谈，这篇演讲显露了福柯在 1967 年年初的阅读内容。他在开篇说道，虽然 19 世纪最大的困扰是循环危机的概念，并在第二热力学原理中找到了它的神话资源，但 20 世纪主要关注的是空间组织的观念。因此，在人们看来，结构主义试图使那些通过时间来分配的元素作为一种空间结构出现。这不是对历史的否定，而是一种处理时间和历史的方式。随后，福柯在西方经验中追溯了他所称的"空间的历史"，从伽利略无限敞开的宇宙代替中世纪封闭的宇宙论开始。这一论点与亚历山大·柯瓦雷《从封闭世界到无限宇宙》中的观点非常相似[11]，这本书的法语版在 1962 年出版。

在简单讨论了乌托邦之后，福柯开始讨论"异托邦"，这种"另类空间"在一切社会的运转中都必不可少。在福柯的论述中，危机异托邦是享有特权的、神圣的空间，这些空间留给那些处于危机或过渡状态（青春期少年、分娩中的妇女）的个体。这些空间也是举行人生仪式的地方，例如新婚女子在酒店度蜜月，从正常生活的角度来说，她是在"无名之地"失去了童贞。墓地在不同时代的作用和位置，象征了异托邦的第二个特征。直到 18 世纪，墓地一直被安放在教堂旁，但逐渐被转移到城镇的外围边缘，成了"另一个城市"，在那里，每个家庭都有自己黑暗的住所。虽然福柯没有给出文献来源，但我们可以辨别出，福柯有关墓地的历史，来源于菲利普·阿利埃斯于 1966 年出版的那本《当代死亡崇拜研究》。福柯当时要么与阿利埃斯有直接联系，要么两人在出版物上互通有无，或者说，福柯是《法兰西道德与政治科学学术院杂志》的勤勉读者，但似乎不太可能。[12]

在福柯的论述中，从花园到旅游集市，从南美洲耶稣会会士殖民地到斯堪的纳维亚的桑拿浴室，这些空间都属于异托邦。除此之外还有地中海俱乐部风格的小屋，它们起初出现在突尼斯德热尔巴小岛，福柯应该是同德费尔在南方旅行时发现的这些小屋。

187

据估计，1968 年突尼斯大学的半数讲师都是法国人[13]，他们大多定居在西迪·布塞。这个世界性的村子，好似劳伦斯·杜雷尔（Lawrence Durrell）笔下的亚历山大，它是波希米亚社区的所在地，"外交官、假间谍和真正的流浪汉混居在一起，艺术家和冒险者"在土耳其风格的尖塔和阿拉伯咖啡馆间生活。[14]人们对性与友谊这对"双子星"的狂热崇拜，主宰着这个波希米亚社会，诱人的颓废弥漫其中。在这里生活，有一条重要禁忌，那就是不要碰别人的麻醉品。

在这个无拘无束的社区中，福柯建立了一些重要的关系。让·迪维尼奥是一位刚刚离开大学的社会学家，但仍是突尼斯的常客，他将福柯介绍给了《新观察家》的编辑让·丹尼尔。[15] 丹尼尔又将福柯介绍给了当地居民、伟大的法国阿拉伯语学者雅克·伯克（Jacques Berque），还有突尼斯画家杰拉尔·本·阿卜杜拉（Jellal Ben Abdallah）。[16]

丹尼尔对突尼斯和那里的人们饱含感情，但这种感情却源于他的痛苦经历。1956 年突尼斯获得独立时，法国在比塞大（Bizerta）保留了一个重要的海军基地。布尔吉巴政府不时向比塞大施压，试图控制比塞大。1961 年 7 月，冲突到达了顶点，当时一群轻型武装的爱国者团体向这些军事设施发动攻击。法国伞兵部队开火回击，造成数百人死亡。让·丹尼尔为《快报》报道这场危机时，他的大腿受了重伤。他在突尼斯接受了医疗护理，医生的慷慨、护士的善良令他爱上了这座城市。他写道，在他的一生中，第一次有一位医生向他展示了"只有真正的慷慨才能获得的技艺"。[17]

迪维尼奥将让·丹尼尔介绍给了"这位瘦弱而粗糙的'武士'，他面目冷清得像僧侣，有着白化病人般的眉毛，带有某种地狱般的魅力，而他那强烈的好奇心和平易近人的态度吸引着每个人"。让·丹尼尔觉得，福柯"谦恭有礼的态度和亚洲式的礼貌"是一种与不速之客保持距离的好办法。[18] 这位"武士"住在一个由马厩改造成的房间里，据说这间房曾属于突尼斯大公。房子直通街道，透过房子的落地窗可以俯瞰大海。福柯的房间清爽幽暗，房间尽头有一块突出的板子，上面铺了一张席子，这就是他的床，福柯白天将席子卷起来收好。与大多数人一样，丹尼尔在看到福柯的那一刻被他的笑容感染，笑容将这位武士的脸一分为二。在让·丹尼尔对福柯的印象里，那时的福柯陷入了左右为难的境地，一边是骄奢淫逸的诱惑，一边是抵制诱惑的愿望，他要把那些诱惑导入苦行甚至概念操练之中。[19] 这个房间不仅是一个凉爽的庇护所，也是福柯早上工作的地方。1968 年的复活节，迪维尼奥正是在这里找到了福柯，那时福柯被一大群孩子围绕着，在他们中间平静地读着费尔巴哈。[20] 人们听说，这个早早就起来工作的男人是个哲学家，谣言渐起，村里的老妇人将"哲学家"和"巫师"相提并论，到处散播谣言，说福柯的桌前摆着人头骨。[21]

让·丹尼尔不是唯一一位被福柯的笑容感染的人。凯瑟琳·冯·比洛曾是纽约大都会歌剧院的一名舞者，如今她为伽利玛出版社工作，正同两名同事一起在突尼斯出差。他们沿着西迪·布塞的海滩散步时，突然，一个惊人的身影

188

出现在他们上方，那是一个全身白衣的欧洲人。冯·比洛的同事立刻认出那就是福柯，并将福柯介绍给她。福柯邀请他们去他那凉爽的房间喝茶，在冯·比洛眼里，福柯笑容中的美好和慷慨照亮了那所幽暗的房间。当福柯坐在地板上品茶时，他内心的光亮散发出来。那时，冯·比洛仅与福柯见过一次面，到了20世纪70年代，他们将成为亲密无间的政治盟友。[22]

在沿海地区生活的一大乐趣，是沿着法里纳港散步。福柯当然也喜欢散步，那里的沙丘环绕着长长的半岛状海滩。这里让福柯想起朱利安·格拉克（Julien Gracq）那部令人难忘的小说《西尔特沙岸》（*Le Rivage des Syrtes*），小说中描写了一处苏尔特海滨环礁湖。这部小说赢得了1951年的龚古尔文学奖，讲述了苏尔特海岸线上两个虚构王国之间的漫长混战。福柯认为，"这是他所读过的最美小说之一"。[23]迦太基那未曾修复的废墟，依然是浪漫的美景，人们很容易就能欣赏到这景色，但却被市郊的中产阶级视而不见。公元前146年，在加图的驱策下，最初的迦太基城被毁掉，后来，迦太基成了罗马在非洲行省的首都。正如福柯总爱提醒这里的游客，迦太基曾是希波主教奥古斯丁的家乡。

人们从西迪·布塞到突尼斯要乘坐"TGM"[①]轻轨列车，这是世界上最迷人的轻轨之一，尽管坐在它的木质座椅上不太舒服。这趟轻轨列车从突尼斯运行到首都港口古莱特，然后去往法国大使官邸的所在地拉马萨。突尼斯与古莱特之间隔着一个恶臭的咸水湖，TGM轻轨通过一条与干线公路共用的堤坝穿过这个咸水湖。起初，福柯出门都是乘火车，但后来他买了一辆白色敞篷车，开启了他的汽车之旅。TGM轻轨将他送到车站的非洲广场上，广场位于绿树成荫的布尔吉巴（Bourguiba）大道上面。从这里出发，穿过拥有露天市场和清真寺的麦地那，经过福柯下午经常工作的国家图书馆，就到了俯瞰塞朱米（Sejoumi）盐湖的大学，一路上风景怡人。

福柯讲授一门新开的哲学学位课程，但在周五下午还会有公开讲座，讲座很快使突尼斯听众趋之若鹜。一如既往，他是颇具魅力的演说家："他颇有气势，自信而善于表达，他不是站在讲台后，而是像年轻的海军军官在他指挥的舰桥上踱步那样，大步流星地在讲台那里走上走下。"[24]这里的学生给福柯留下了深刻印象，他告诉《新闻报》，只有在巴西和突尼斯，他才会遇到富有严肃学

[①] TGM（Tunis-Goulette-Marsa），全名为突尼斯－古莱特－港口铁路，是一条位于突尼斯的轻轨铁路，铁路使用标准轨距。——译者注

术热情、对知识如饥似渴的学生。福柯在学位课程上主要讲尼采、笛卡尔和心理学，他也开设了美学课程，主要侧重于文艺复兴时期的绘画与马奈。有关马奈的内容本来是一本书的主题，书名暂定为《黑色与表面》。在福柯离开法国前，他与午夜出版社签订了这本书的合同，但此书从未出版。他还是塔哈·哈达德（Tahar Hadad）俱乐部的长驻讲师，这家俱乐部是阿拉伯－欧洲文化的交流中心，由一位名为热利拉·哈弗夏（Jellila Hafsia）的年轻女子经营，哈弗夏后来承认她曾孤独地暗恋过福柯。[25]

长期以来，福柯都对马奈很感兴趣，在他眼中，马奈的作品之于绘画，犹如福楼拜的小说之于文学，都是现代性的诞生之地。《草地上的午餐》和《奥林匹亚》（Olympia）不仅是印象派的先驱，还是"欧洲艺术第一次"探索绘画与自身的关系，探索绘画及其在博物馆中存在方式的关系。正是从马奈开始，每幅画布都属于"绘画伟大的方形平面"。[26]这些略微晦涩的评论来自福楼拜《圣安东尼的诱惑》（Tentation de Saint Antoine）的编后记，这篇文章的内容很可能就是那部未完成作品的主题之一。当然，马奈绘画中的自我指涉性，与福柯对文学现代主义的观点不谋而合。

很显然，福柯在突尼斯大学的课程不是用于出版的，也没有讲课内容的官方记录。到那时，福柯已经出版了两篇公开演讲，一篇残缺不全，一篇则是完 190 整的。第一次讲座，是 1967 年 2 月 4 日在塔哈·哈达德俱乐部举办的关于结构主义和文学分析的讲座。[27]事实上，福柯并未进行任何具体意义上的文学分析，而他对结构主义的分析应用范围非常广。在福柯看来，结构主义不是一种"哲学"，而是对"大量文献"进行分析的总体性尝试，人类留下的符号、痕迹和标记组成了这些档案，并依然缠绕在这些档案的周围，福柯的这番论述预示了《知识考古学》的诞生。他概述了解决这一问题的两种方法：研究文献形成的规则，以及，仅就文献本身去研究文献。为了描述后一种研究方法，他创造了一个新词"指示学"。在语言学中，"指示"（deixis）通常涉及诠释理论，指示范畴或形式囊括了涉及言说行为的代词。在《知识考古学》中，福柯使用了这些指示形式的标准定义，在书中，他将这些指示形式看作"指明言说主体和他的对话者的要素……这是一些指涉先前或其后句子的代词元素或起连接作用的虚词"。[28]他在塔哈·哈达德俱乐部的讲座中说，如今，作为一种方法而存在的结构主义，已经到了必须消失的地步，如此，我们才会认识到结构主义只不过发现了一个研究对象而已。对福柯来说，从结构主义到"指示学"的转变，类似于从病理解剖学到生理学的转变。

1968 年 3 月，经济与社会研究中心在大学里举办了语言学和社会科学会议，福柯的第二篇讲稿便是在此次会议上宣读的。结构主义宣称自己抵达了一个全新的科学性门槛，福柯则对此提出疑问。在这篇演讲中，福柯讨论了 18 世纪的知识图表和语言学模式的作用，这与《词与物》中使用的术语很相似。福柯还认为，现代语言学为话语实践的分析提供了新的认识论可能性。

从这些演讲可以明显看出，在分析哲学和语言哲学领域，福柯阅读广泛，他对这些主题的研究，将对《知识考古学》的写作产生显著影响。福柯似乎正是在突尼斯期间，积累了这些主题的大部分知识，具体是从热拉尔·德雷达尔（Gérard Deledalle）借给他的书中获得。这是某种全新的开始，福柯也开始阅读托洛茨基、卢森堡（Luxemburg），以及刚刚在美国出现的"黑人权利"文学。[29] 他在 3 月会议上的演讲内容表明，他还在阅读阿尔都塞。1965 年，阿尔都塞同时出版了《保卫马克思》和《读〈资本论〉》，福柯兴致勃勃地阅读着阿尔都塞。在福柯看来，阿尔都塞的作品试图在马克思那里发现的，既不是一种"因果论的直接分配"，也不是黑格尔式的逻辑，而是"一种对现实的逻辑分析"。[30]

在突尼斯，福柯对知识的追求，对学术的兴趣，第一次被残酷的政治打断了。哈比卜·布尔吉巴（Habib Bourguiba）支配的宪政党统治着突尼斯，该党宣扬中央集权的意识形态，最终使党和国家合二为一，这是中央集权的典型后果，庞大的行政部门技术官僚掌控着政治系统，这显然缺乏民主。当全国学生联合会试图（但不太成功）宣称脱离宪政党，保持自身的独立性时，突尼斯大学成为反对政府政策的策源地。[31] 福柯刚到突尼斯不久，一场学生罢课就在 1966 年 12 月爆发。事件起因微乎其微——一个学生拒绝付公交车费——但这件事很快引起了广泛的骚乱，警察开始进驻大学逮捕学生。这还导致某些法国学术团体打破了他们签订的协议，协议第二条反对法国学术团体参与政治活动，也不准他们干涉突尼斯内政。

就此次事件，福柯究竟参与了多少，人们对此看法不一。据德费尔所说，福柯一开始就声援了学生，因此福柯很快就涉足了突尼斯政治。乔治斯·拉帕萨德（Georges Lapassade）是一位人种心理学家，同时也是一位个性张扬的同性恋者，1965 年他取代迪维尼奥成为社会学讲师。那时他也住在西迪·布塞，讲述了完全不同的故事，但他的讲述可能并不可靠。[32] 据拉帕萨德所说，福柯同意不再讲学，但他违背了自己的诺言，有人看到他还在给那些平时有往来的听众上课，但学生们没有来。后来，拉帕萨德称自己当时被指控扰乱了福柯的讲演，被告知他将因违反雇佣合同而驱逐出境。[33] 有两件事是肯定的。福柯和拉帕萨德发生了激烈的争吵，拉帕萨德指责福柯当自己被驱逐出境时没有大声抗议；福柯在突尼斯的政治旋涡中越陷越深了。

这场争吵的结局在 1975 年到来。两人在拉帕萨德位于西岱岛的住所外偶然相遇。福柯毫无预兆地给了拉帕萨德一巴掌。这位人种心理学家大吃一惊，他回击了福柯一拳，要求福柯做出解释。激怒福柯的是拉帕萨德小说中一个名叫 "某个家伙"（这就是他的名字）的角色。[34] "某个家伙"（很容易被人认为是小说化的福柯）谴责了被看作作者的 "布尔吉巴"，导致布尔吉巴被驱逐出境。[35] 我们很难判定拉帕萨德讲述的一切是否真实，但很明显，他的故事染上了一层嫉妒的色彩。

192

与此同时，在巴黎，在弗朗索瓦·夏特莱的描述中，一场针对福柯的 "小规模理论战争" 正如火如荼地进行着。[36] 福柯现在有了一个新的拥护者。莫里斯·克拉维尔（Maurice Clavel）毕业于巴黎高师，是一位戏剧家和小说家，同时担任《新观察家》的电视评论员。他的职业生涯风雨飘摇。1952 年，他被康吉莱姆无薪停职。当康吉莱姆来到克拉维尔的课堂上，眼前的混乱场面令他大为震惊，一个哲学教师为了追求自己的戏剧兴趣，擅自离开工作岗位。[37] 克拉维尔年轻的时候是个君主制主义者，1944 年，在解放沙特尔中他起了至关重要的作用，后来他成为一名狂热的戴高乐主义者。1965 年，在法国的默许下，摩洛哥领导人本·巴尔卡（Ben Barka）遭到暗杀，这促使克拉维尔与戴高乐分道扬镳。很快，克拉维尔重新发现了狂热而神秘的天主教，1968 年的 "五月风暴" 将他转变成了一名与众不同的宗教左派。1967 年年末，他发现了福柯。1967 年 11 月 8 日，他在《新观察家》上对读者们宣称，福柯是一位新的康德，是我们时代最伟大的哲学家。他声称，福柯的所言所思之于过去两百年的哲学，与康德作品对过去两百年的理性主义批判旗鼓相当。福柯的思想，使克拉维尔坚定了自己的信仰。在《词与物》中宣称的人之死是 "没有上帝的人"。[38]20 世纪 70 年代中期，克劳德·莫里亚克惊讶地发现，克拉维尔在巴黎圣母院耳堂的圣坛前讲福柯的理论。"他顶着一头浓密的白发——只有这一次梳理了——俯下身看着文稿,看起来特别像中世纪的修士,并说道:'我发自肺腑地认为,福柯的《词与物》是不朽之作……'"[39]

那时候,克拉维尔忙着为福柯辩护,反对那些"人道主义者"对福柯的批评,他把自己写的文章寄往突尼斯。1968 年 4 月,福柯回复道:

> 正如你所言,你试图回避的不仅是"人道主义者"的形象,还有整个结构主义者所在的领域,这些正是我尝试去做的事。但是,这任务如此艰巨,需要釜底抽薪的勇气,所以以我没有坚持到底,也没有适时地做出规划,在最后一刻,我闭起了眼睛。你就这个问题的看法如此有说服力,迫使我理清思路,同时也令我如释重负。换句话说,你比我更了解我自己。[40]

这当然是福柯善于恭维他人的完美例证,比起康德待人的不耐烦,福柯更令人欣喜愉悦。然而,福柯对这位骚乱不安的克拉维尔萌发了非常真挚的情谊,10 年后,克拉维尔成为"新哲学家派"的领军人物。

福柯直到 1968 年 5 月才卷入这场理论的战争。福柯在接受让－皮埃尔·埃尔卡巴(Jean-Pierre El Kabbach)的采访时,以拘谨的措辞回应了萨特的声明。萨特认为福柯帮助资产阶级建造了对付马克思的最后堡垒。当时,采访者埃尔卡巴在广播领域辉煌的职业生涯才刚刚开启。部分采访内容在法国联合电台(France-Inter)播出,随后,《文学半月刊》杂志刊登了整版采访内容。《文学半月刊》极力渲染了这番逸事:封面附有福柯大幅照片,写着"福柯回复萨特"。采访的大部分内容,都是福柯对自己哲学立场的叙述,他对萨特的评价绵里藏针:"萨特是有着重要的书要写的人,他要写文学、哲学和政治作品,以致没有时间读我的书。他没有读过我的书,因此,他所讲的不能让我信服。"[41]福柯也许是对的,因为,没有什么迹象表明,萨特对《词与物》的了解超过媒体上能读到的内容。

随后,福柯的言辞有些许忏悔之意,在那个时候,萨特宣称福柯是资产阶级抵挡马克思的最后同盟。福柯的这番话很幽默,但玩笑很快就变味了。下一期的《文学半月刊》不得不刊登了一篇言辞尖锐的信件,落款是"1968 年 3 月 3 日,西迪·布塞"。福柯说这篇报道未经他同意就发表了,而且还是未编辑的版本。福柯是在特定语境下去评论萨特并讲述自己"过去的生活"的，并不能因此就盖棺论定，事实上，这些内容当时并没有播出。埃尔卡巴因他的误判而公开向福柯致歉。[42]

毫无疑问，福柯不想卷入一场由新闻报刊引发的"萨特与福柯"的对战，真正令他恼火的是杂志泄露了他的那番坦白，即他曾是法国共产党的一员。这并不是什么罪过，福柯过去的政治信仰对他周围的人来说也不是什么秘密。然而，他的那段历史并未公之于众，他也不希望如此。他的自我形象和自我认知一时间失了控，这令他倍感愤怒。这篇发表的访谈是独一无二的，因为福柯通常严格把控发表内容，坚持在出版前查看内容，有必要的话还会修改采访内容。[43]

如果《文学半月刊》这件事表明，福柯喜欢掌控自己在公众眼中的形象，那么《思想》（*La Pensée*）杂志中一则简洁对话则表明，面对他人的批评，福柯将如何为自己的作品辩护。1967 年 2 月和 3 月，蒙彼利埃大学的学术研讨会组织了三场有关《词与物》的讨论，会议记录随后发表在法国共产党杂志《思想》上。二战爆发前，乔治·博力兹创办了这本杂志，致力于对"现代的理性主义进行反思"。其中一位福柯的批评者是 J. 斯蒂芬尼（J. Stefanini），他在普罗旺斯地区的艾克斯教书。在他看来，福柯对语法和语言学的讨论有许多错误和不准确的地方。福柯只是浏览了一下那些对方所说的遗漏和错误之处，并提供了书面参考文献，证明自己的书写已涵盖了那些问题点。他没有参加任何方法论或理论研讨。福柯给研讨会的组织者雅克·普鲁斯特（Jacques Proust）的投稿信中写道，他认为自己的评论几乎不值得发表，因为，"我花了（1968 年 3 月 11 日）一下午时间写的那篇小文"，《思想》的读者们自己就可以完成。[44]

理论战争并不总是采取批评和反批评的形式，它还采取了更加积极的对话形式。1967 年的"结构主义、意识形态和方法"研讨会之后，[45]《精神》杂志编委会向福柯提了 11 个书面问题，让福柯阐明他的研究目标和立场。总的来说，《精神》杂志的风格仍受到其创始人艾马纽尔·穆尼埃（Emmanuel Mounier）人格主义理论的强烈影响，因此，这本杂志无论是对结构主义，还是对福柯，都没有多少赞同之意。然而，《现代杂志》或《理性存在》杂志与法国共产党的杂志截然不同，这些杂志追求彼此的对话，而非一味谴责福柯。福柯觉得，他若是全部回答完那 11 个问题，就不得不再写一本书，所以他选择回答第 11 个问题。令人遗憾的是，其他 10 个问题要么丢失了，要么仍旧尘封在《精神》杂志的档案中。[46]

福柯选择的问题是这样的，发问者质疑福柯将"体系的限定条件"和"断裂性"引入思想史的思维模式，这可能会破坏进步论政治干预的根基，这难道没有导致思想的两难处境吗？要么接受这一系统，要么诉诸外部暴力这一唯一的手段去推翻制度。有人认为，福柯似乎在不抵抗和虚无的暴力之间摇摆，这是一个不太有吸引力的选择。

福柯很高兴有机会和《精神》杂志讨论他的作品，并向杂志递交了一份很长的书面回复。[47]杜米尼契承认，如果想了解政治行动的依据，《词与物》中没有提供明智的答案。福柯首先澄清了"体系"这一概念，但是没有阐明在"资本主义制度"和"思想或话语体系"之间的严重混淆。他否认自己引入了体系概念，他是一个多元主义者，而体系的内涵也是多元化的。[48]谈到"非连续性"这个概念时，无疑令人联想到人们对福柯的抱怨，抱怨他将历史"冻结"成了永恒的结构。对此，福柯辩解道："非连续性……是彼此迥异的特定转变的相互作用……并通过依赖性结构关联在一起。历史就是对这些转变的描述性分析和理论。"[49]

福柯对《精神》杂志的大部分回复，都是对《词与物》内容的重复，同时，这些答复也预告了《知识考古学》中的一些正式命题。在结论中，福柯概括了一些有关"进步论政治"的假设，并加入了一些这两本书都没有的内容。前两个假设可能是最富有意义的：

> 进步的政治承认历史，承认政治的特定条件，尽管其他政治只承认理性的必要性，单一的决定论，以及个体能动性自由的相互作用。进步的政治在实践的过程中去界定变革的可能性，以及这些转变之间的相关性，而其他的政治则取决于变化的同质化的抽象，依赖奇迹般的天才。[50]

"进步的政治"这一概念的提出，标志着福柯作品中出现了一些新东西，但令人遗憾的是，这一概念的真实内容仍含糊不清。福柯驳斥"单一的决定论"，实际上是在向一些思想派别发起攻击，这些人充满仪式感地追求通往光辉未来的客观道路。在福柯的这番话中，他一再坚持"实践"，表明他的思想正向阿尔都塞靠拢。

　　阿尔都塞这一时期的代表作，主要是收录在《保卫马克思》和《读〈资本论〉》中的论文，这是 1964 年巴黎高师一次研讨会的最终成果。人们可以从不同角度去阅读阿尔都塞的作品。[51] 某种程度上说，这些著作是为了安然度过中苏关系恶化所引发的政治风暴。通过坚持阅读马克思本人的原著，而非阅读马克思评论者那些庸俗的作品，阿尔都塞也在尝试复兴法国的马克思主义。对阿尔都塞来说，马克思和黑格尔的思想有着深刻的区别，阿尔都塞与福柯相似，都在尝试逃离黑格尔的阴影（但不是辩证法思考）。最重要的是，阿尔都塞的作品是对人道主义的抨击，人道主义被看作马克思主义向历史唯物主义或社会形态理论，向辩证唯物主义或科学实践理论过渡时所打破的一种意识形态。阿尔都塞的反人道主义和反黑格尔主义有重叠之处，各种各样的人道主义和黑格尔理论都会运用因果关系概念，无论是黑格尔《历史哲学》中的罗马，"人"，意识，还是人的自由，每一个事物、每一个概念都朴素地表达了单一的本质。[52]

　　从某种程度上讲，无论是福柯还是阿尔都塞，都对占主导地位的意识哲学发起了攻击，他们都是概念哲学的支持者，不仅如此，他们有很多共同点，尽管福柯从未声称自己是马克思主义者。福柯在回复《精神》杂志时提到的"实践"，对阿尔都塞的马克思主义哲学来说至关重要，"实践"指的是经济、政治和意识形态的转化过程或生产过程，这一过程形成了一定的社会形态，而"实践理论"指的是将意识形态——或与世界直接的、活生生的关系——转变为知识。

　　福柯和阿尔都塞有一些共同的前辈，尤其是康吉莱姆，阿尔都塞承认他欠康吉莱姆"一笔无法估量的债务"。阿尔都塞对福柯唯一的书面评论是在给本·布鲁斯特（Ben Brewster）的信中。布鲁斯特翻译了他于 1965 年出版的两本书，并为《致马克思》（For Marx）添加了一份实用的术语表。然而，阿尔都塞的评论并不算清晰明了：

　　　　他曾是我的学生，我作品中的"某些思想"，包括我的一些构想，都传给了他。但是（不得不说，这与他的哲学品格有关），他的书写，他的思想，甚至是他从我这里获得的构想，都被他赋予了不同的意义，转变成了另外的模样，与我赋予这些构想的意义大为不同。[53]

197

在同一封信中，阿尔都塞简略地谈到了"那部伟大的作品"，即《古典时代疯狂史》，言辞之间充满钦佩之情。也许，阿尔都塞在公开出版物中很少谈及福柯，但他肯定满怀热情地阅读福柯的作品，并与艾蒂安·巴里巴尔在未出版的通信中讨论了福柯的作品。巴里巴尔是年轻的巴黎高师人，参与了阿尔都塞的著作《读〈资本论〉》。[54]1966 年到 1967 年间，巴里巴尔作为合作者在突尼斯服兵役。他和阿尔都塞都相信，《词与物》一书将会提供意识形态的一般理论。[55]人们越来越觉得，福柯和阿尔都塞从属于相同的理论研究方向，或者说，他们至少从事着非常相似的研究。

左派圈子之所以接受福柯的作品，福柯与阿尔都塞之间的关系起了重要作用。长期以来，法国共产党外围的学生们和巴黎高师人被分为"意大利派"和"中国派"[56]，真正接纳阿尔都塞理论的是"中国派"。1966 年，出版《马列主义手册》（*Cahiers marxistes-léninistes*）的团体内部发生了分裂，在当时，这件事促使一个更为精致的理论项目诞生。

《分析手册》（*Cahiers pour l'analyse*）于 1966 年 1 月开始发行，这本杂志是巴黎高师认识论社团的宣传阵地，该团体的成员大多是年轻而观念激进的哲学家。[57]1964 年 6 月，正是在这样的学术氛围中，雅克 - 阿兰·米勒（Jacques-Alain Miller）指控雅克·朗西埃剽窃他的"转喻因果"概念。随之而来的是两人激烈的争吵，朗西埃极力为自己辩护，最后，阿尔都塞承认这都是他的失误，社团才恢复了表面上的平静。[58]杂志名字中的"pour"一词暗指阿尔都塞的《保卫马克思》，而"analyse"则是对精神分析和孔狄亚克的双重暗示。[59]在编辑米勒的带领下，这本杂志刊出的作品别具一格、精彩纷呈。德里达、拉康、露丝·伊利格瑞（Luce Irigaray）和康吉莱姆的文字都见诸杂志，社团成员的主要作品也出现在杂志上。在追求科学性的过程中，阿尔都塞式的马克思主义和拉康的精神分析在这本杂志中交汇。每一期《分析手册》的理论刊首语都引用了康吉莱姆的一段话，许多撰稿人都曾研究过这段话："我们研究一个概念，意味着去改变此概念的外延，改变对它的理解，通过加入外在特征去概括它，将此概念从它原来的语境中移出，将这个概念作为一个范式，或者相反，为概念寻找一个范式。简而言之，通过精心的转换，逐渐赋予此概念以规范的功能。"杂志并未给出引文出处，在这种氛围中，人们只是单纯地希望多了解康吉莱姆。杂志第二期重新刊登了康吉莱姆 1956 年的论文《什么是心理学？》

("Qu'est-ce que la psychologie?"），这篇心理学方面的评论文章含蓄地说明了拉康精神分析的科学性。

正是在这个以巴黎高师为中心的高度知识分子化且日益政治化的环境中，福柯找到了《知识考古学》的读者。过去，概念哲学曾与卡瓦耶和康吉莱姆有关，如今，概念哲学找到了一个新的化身。的确，有些人轻蔑地谈到了一个"概念党"。概念哲学的新化身不仅仅是旧有概念哲学的老调重弹。在米勒看来尤其如此，过去，人们从严格的逻辑－数学的意义上去理解概念哲学，而非从任何历史的角度去理解它。值得注意的是，《分析手册》杂志经常提到单数的"科学"，而康吉莱姆经常提到的"科学"则是复数的。

《分析手册》第九期（1968 年夏季）的主题是"科学的谱系"。这期杂志包括认识论团体向福柯提出的一系列问题，他们以有点折磨人的句法，要求福柯"说明其理论和方法含义之所以可能的关键论点"。他们还进一步要求福柯"从科学的地位、科学的历史和科学的概念的角度来进行答复"。[60] 为回答他们的问题，福柯写了一篇长文，这篇文章实际上就是《知识考古学》的雏形。[61] 福柯的回复引发了更多的疑问和批评，他们指责福柯的"话语"概念仍含糊不清，而且福柯没有真正构建"话语"概念的价值。最后，认识论团体要求福柯根据弗洛伊德和马克思来定义自己，并宣称福柯的回复将会在下期杂志刊出。[62] 这番说辞并未兑现，在以"形式化"为题的最后一期杂志出版后，《分析手册》突然停刊了。

在突尼斯的那两年，福柯的生活重心不是政治活动，而是写作《知识考古学》，这本书写于西迪·布塞村，1969 年在巴黎出版。某种程度上，这本书是福柯对《精神》和《分析手册》回复的扩展版，但很显然，在这些对话发生前，这本书的写作就已提上日程。《知识考古学》对方法论问题的研究，内在于他的考古学计划，他在《词与物》的脚注中已宣布了这一计划[63]。1967 年 4 月，福柯在接受《突尼斯新闻社》（*La Presse de Tunis*）采访时，再次提及了这个计划，他说自己正在研究"我们文化当中，一种涉及语言及其存在形式的方法论"。福柯向《精神》的读者提到的，则是另一篇类似的论文，内容是有关历史的话语问题研究，福柯当时给它命名为《过去与现在：人文科学的另一种考古学》。[64] 当《知识考古学》出版之后，福柯再次提到了第二卷的写作。在福柯看来，这本刚刚出版的书"一下子让我想起了我过去尝试去做的事，我试图纠正以前书中因

199

粗心大意而写得不准确的地方，同时，因为一些无法预料的情况，在这个过程中，我也会提前为后续的写作寻找思路，虽然我真的希望永远不写这本书"[65]。福柯并未写出他所说的第二卷，他也没有说明原因。如果让福柯回复人们对这本书命运的质疑，他毫无疑问会以 1982 年在佛蒙特州所说的话作答："我喜欢写第一卷，讨厌写第二卷。"[66]

杰拉德·费卢斯（Gérard Fellous）在接受《新闻报》的采访介绍中，将福柯正在进行的计划称为"结构主义圣经"。事实证明，这番描述并不完全准确。因为这一次，福柯成功写出了只有少数专家才能读懂的书。在福柯的预想中，《知识考古学》的读者应该非常熟悉他的早期作品，而那些不熟悉的门外汉则不在此列。除了那些专家读者，这本书最为人所知的可能是引言中的最后几行话，福柯充满挑衅地声称，他写作是为了摆脱自我的面孔，他蔑视身份登记的官僚道德。纵观整本书，福柯详细阐述了取消至高无上的作者概念的必要性。然而，矛盾的是，在福柯的其他作品中，没有哪部像这部一样如此频繁地使用第一人称代词，也没有如此多的"我"去下定义，去改写和反驳。福柯仿佛被两种选择来回拉扯着，他想逃进纯粹的文本匿名性中去，又想要以第一人称来表达这种逃离的欲望。

从多方面来看，《知识考古学》的吸引力明显不如福柯以前的作品。面对《知识考古学》的作者，既不会被带进《古典时代疯狂史》或《词与物》的广阔视野中，也不会像面对《临床医学的诞生》那样，被书中黑暗的诗意吸引。在《知识考古学》中，福柯面无表情地定义一个又一个概念，书写的风格有些乏味，这与他早期书写近乎巴洛克式的华丽风格相去甚远。当法兰克·柯莫德（Frank Kermode）评价此书的英译本，抱怨福柯"肆无忌惮地发明新词，无缘无故地创造句法"时，他无疑表达了许多读者内心的沮丧。[67]

这本书是福柯唯一一本纯粹的方法论作品，但不止于此，这也是一部自我批判的作品，尤其是《古典时代疯狂史》。一些评论认为这本书赋予了"经验"过于伟大、神秘的角色，从而近乎危险地接受了一个观点，即历史有一个"匿名而普遍的主体"。[68]事实证明，如今，我们已无法描述"疯癫本身究竟是什么，因为疯癫一开始就被看作一种原始的、根本性的，而且是无法描述的、模糊不清的体验"。正如此书注脚，尤其是最初的前言所表明的那样，这番批评明确指向《古典时代疯狂史》中的主题。[69]然而，直到 1964 年，福柯还在罗奥蒙特与一个不明所以的对谈者反复强调，疯癫经验与尼采是有所关联的。[70]

如今，福柯对《临床医学的诞生》持批评态度，在福柯看来，书中"临床诊断的凝视"这一表达并"不妥当"，这种表达暗示了一个主体的统一功能。[71]从福柯的自我批评中可以发现，福柯的现代主义文学想象渐渐褪色了，虽然福柯并没有真正指出这一点。比如在《眼睛的故事》中，正是对凝视和眼睛的强调，将文学和医学联系起来。随着对文学的重要性逐渐淡化，福柯开始远离布朗肖式的"语言就是一切"的观点，转而拥抱更为广泛的话语概念。这个时候，眼睛与凝视的关系被打破了，或者往好了说，这种关系也变得岌岌可危。

从引言中，我们可以清楚地看到，如今，福柯认为他的考古学源于——或者出于自身的目的吞并了——两种现存的史学思想流派。一方面，是法国年鉴历史学派的思想，他们"关注一段历史中的政治事件，试图揭示这些政治事件背后稳固的均衡态势，这些数个世纪延续下来的均衡态势会达到顶点，并突然被颠覆"。[72]另一方面，以巴什拉和康吉莱姆为代表的科学史，致力于研究认识论的断裂和界限，以及概念的更迭和转化。当福柯引用《保卫马克思》的句子来描述理论转化的研究时，一种阿尔都塞式的调子蔓延开来。这种理论的转化指的是，"通过揭露一门科学过去的思想体系，将其与过去的思想体系分离，从而创立一门科学"。[73]年鉴学派致力于研究大历史的稳定结构，而科学史研究聚 201焦于历史的断裂，虽然两者看似互相矛盾，但福柯认为它们有一个共同的核心。实际上，这两个学派都致力于废除那个假定的历史主体，都反对意识哲学。在意识哲学看来，思想史是一个平稳的发展进程，从不间断，环环相续，而这两个历史学派，一个通过使历史去人格化，另一个则通过打破其显而易见的简单化，来反对意识哲学。两者都以结构的概念运作。

福柯以"否定的工作"开启他的考古学计划，他对一系列观念进行了概念上的清理，比如惯例（试图给一系列持续而相同的现象提供一个概念结构）、影响（因果关系散播中的模糊而未被理论化的看法）、"心理"或"精神"等观念。甚至像"书籍"和"全部作品"这样看似无辜的概念也被问题化了。福柯问道，在何种意义上，米什莱（Michelet）的一卷书能与一本数学专著享有同等地位？作者去世后的出版物，那些粗糙的草稿，被废弃的作品，以及被第三方记录的对话中的只言片语，都能被收入尼采"全集"中吗？或者，这些草稿能否与《查拉图斯特拉如是说》和《瞧，这个人》等量齐观？作家全部作品中的一致性，绝非是不证自明的。面对所有这些作品中的不确定因素，福柯另辟蹊径。在福柯看来，与其继续依赖这些不成理论的观念，我们还不如去设计这些观念所需的理论，"并且，除非建构了这些理论的话语事实领域以非人为的纯粹面目呈现出来，这些理论就无法被详细阐述"。[74]

以疯癫为例。19世纪精神病学话语的特征，并不取决于它所关注的初具形态的对象，而是新形塑对象的方式决定了精神病学话语的特征。"表面浮现的现象"（家庭、社会团体、工作环境以不同的方式设置了排斥疯癫的界限）与"区隔的案例"（医学、司法、宗教权威领域当中的案例）以及"规范的网格"（辨别各种疯癫形态的机制，这种机制要么将这些形态联系起来，要么将其区分开）之间的一系列联系主导了精神病学对象的形成。福柯清理了一系列概念，紧随其后的是理论化的过程，这导致了对"话语形成"和"规则形成"的界定。比如，古典时期的话语形成包括普通语法、自然史和财富分析。这些话语形成是没有创造性主体的匿名结构：

202　　　　总之，概念的形成规律，无论它们具有什么样的普遍性，都不是被置于历史或在厚重的整体习惯中沉积由个体进行运作的结果。它们没有建构某种抽象研究的枯燥图表，在这种研究中，概念由于错觉、偏见、谬误或传统而被揭示出来。前概念范围使话语的规律性和局限性显现出来，这些规律性和局限性又使概念的异质多样性成为可能。[75]

福柯的分析对象存在于话语层面，而非经验现象层面。我们不能认为话语揭示了所指对象的历史[76]，而这个所指对象外在于或先于话语存在。考古学并不关注客观对象本身，而是关注像疯癫或临床医学这样的对象得以被讲述的话语形成过程。

话语分析的基本单位是陈述。话语本质上就是陈述整体，陈述被福柯定义为：

　　　　陈述是一种从属于符号的功能，从而在它的基础上，我们能够通过分析或者直觉，决定陈述是否"产生意义"或者不产生意义，它们根据什么

规律相互连续或者相互并列，它们是何物的符号，以及它们的表达（口头
的或者书写的）实现的是什么行为类型。[77]

福柯对陈述进行了研究，他认为在"陈述"与奥斯丁（J. L. Austin）和塞尔
的"言语行为"之间并无可比性[78]，但是，言语行为、施为句与福柯的话语分
析之间的确切关联仍旧模糊不清，尤其是福柯很少举具体的例子。福柯对自己
的领域更熟悉，这令他的研究更接近阿尔都塞的意识形态著作，他认为："描述
一个作为陈述的表述，并不在于分析作者和他所说出的内容之间的关系……而
是在于确定任何个人能够和必须占据的位置，以便成为其主体。"[79]在这个阶段，
福柯似乎将"言语行为"理论的要素与个体的主体生产理论结合在一起。某种
程度上，这要归功于阿尔都塞对意识形态的描述。在阿尔都塞那里，意识形态
是个体与其实际生存状况的想象关系，这种关系迫使个体成为在意识形态和话
语表述中占据特定位置的主体。1970 年，阿尔都塞的《意识形态与意识形态国
家机器》（*Ideology and Ideological State Apparatuses*）的出版，更加印证了阿尔
都塞与福柯的相似。　　203

在《知识考古学》的结尾，福柯概括了未来三个可能的研究对象：性、绘
画与政治知识。[80]在有关性的问题上，福柯的研究围绕着知识型展开（知识型
是指能够在既定的时期把产生认识论形态、科学，也许还有形式化系统的话语
实践联系起来的关系的整体[81]），他将考察 19 世纪的性心理学和性生物学的"认
识论形态"是如何形成的，而弗洛伊德又是如何打破了这些话语，建立了一种
有关性的科学话语。这项严格意义上的考古学研究将致力于考察人们"谈论性
的方式"，并因此证明性是禁忌和价值系统投资的对象。从这个意义上说，福柯
对性的研究倾向于伦理学。这两个研究视角，看起来都与实际的性行为无关。
就绘画考古学而言，福柯试图证明绘画不仅是视觉问题，科学知识和哲学主题
总是贯穿于绘画之中，而这些哲学主题不仅铭刻于理论中，也流露于画家的姿
态和笔端。福柯对政治知识的研究，既不聚焦于革命意识初露苗头的时刻，也
不关注革命者的生平。福柯将考察一种话语实践和革命知识的出现，两者一道
生成了某种战略，并产生了有关社会变革的理论。

正当福柯埋头写作方法论专著时，一场远离理论的冲突攫住了他。1967 年
到 1968 年间，突尼斯社会动荡不安。1967 年 6 月阿以战争期间，民众支持巴

勒斯坦的示威游行引发了新一轮的反政府抗议，但示威游行也退化为了一场反犹主义骚乱，突尼斯中心的犹太人商店遭到了焚烧和劫掠。眼前发生的一切，令福柯感到震惊，他试着劝阻一些学生示威者。这些学生以声援巴勒斯坦为由，为自己的行为辩护。在他们的思想中，反犹太复国主义与反犹主义的界限已变得模糊不清，甚至对那些政治见解成熟的人来说，他们的思想也早已被种族主义主导。[82]为支持他们的巴勒斯坦兄弟，成群的学生和年轻人焚烧破坏着犹太人的财产。6月7日，福柯在写给康吉莱姆的信中描述了他眼前的一幕幕景象：

> 足足50起火灾。150至200个店铺——当然这是最悲惨的——遭到洗劫，犹太教堂惨遭破坏，地毯被拖到街上，任人践踏和焚烧，人们在街上奔跑，躲进一座暴徒要焚烧的大楼里。接着是一片寂静，铁幕拉了下来，街上几乎空无一人。一些孩子玩着那些摔碎的小玩意儿……民族主义加上种族主义是极为可怕的。如果人们再把左派学生的力量（哪怕只是一点点）加进去，那就更可悲了。[83]

如果福柯对学生们出人意料的反犹主义暴行感到震惊，那么，学生们的狂热同样令他感到惊讶："对那些年轻人来说，马克思主义不仅是一种分析现实的方式，同时也是某种道德能量，某种存在行为……对我来说，突尼斯某种意义上为我提供了重新介入政治辩论的契机。"[84]法国共产党的经历给福柯留下了一丝苦涩，如今这苦涩正被一种真正的兴奋感取代。学生们聚集在名为《观点》(Perspectives)杂志的周围，这份杂志办得并不成熟。然而，这里的马克思主义充满激情，非常具体，它不是巴黎那种政治话语的喃喃自语，也与围绕所有权概念的争吵相距甚远。[85]

1968年的骚乱持续了整整一年，3月到6月，骚乱达到了新的高潮，美国副总统休伯特·汉弗莱(Hubert Humphrey)的正式访问加剧了紧张局势。英国和美国大使馆遭到了袭击，为应对此事，布尔吉巴对城市中的每户家庭征税，以赔偿骚乱所造成的损失。骚乱仅仅在首都发生。[86]1978年，福柯对杜修·特龙帕多描述了当时的事件："动乱整整持续了一年：罢工、停课，还有搜捕。警察冲进大学，殴打学生，将学生关进监狱。在某种程度上，我受到地方当局的尊重，这使我可以做一些事情。"[87]

福柯高估了当局对他的尊重和保护，他的处境很快变得岌岌可危。有一次，尽管福柯意识到警察正在监视他，他还是将一台用于印刷反政府传单的油印机 205 藏在了自己的花园里。与此同时，丹尼尔·德费尔定期看望福柯，之后冒着很大风险给身在巴黎的突尼斯人传消息。有时他为了不被发现，还将这些要传递的材料藏在袜子里。

福柯确信他的电话被人窃听了。可怕的是，每次他乘出租车时，司机都预先知道他的目的地。还有一些乞丐莫名其妙地在他门前徘徊。一天晚上，当福柯开车经过住处附近时，他觉察到一名警察骑着摩托在跟踪他，之后，那名警察示意他停车。福柯内心忐忑不安，他继续赶路，但很快就意识到自己也许会遭到枪击，两害相权取其轻，他把车停在了路边。警察很礼貌地告诉他，他的一个刹车灯坏了，并建议他去修理一下。那名蜷缩在车后的左翼学生，就这样莫名其妙地逃过了警察的搜查。

之后，福柯受到了明确警告。这是官方的惯用伎俩。一个与福柯过完夜的男孩请福柯送他回家。福柯的车开到了一处狭窄的巷子里，他不得不停车，在那里，他遭到了野蛮的暴打。据德费尔说，福柯被这群人拷打折磨，他们有可能是警察，也有可能不是。总之，这位看起来像公务员的哲学教师，很快变成了不受欢迎的异类。[88]

9月，官方对被捕学生的审判开始了，福柯部分盈余的工资被当作了学生的保护经费。福柯希望法国大使介入此事，但被后者断然拒绝。福柯试图在学生阿哈默德·本·奥特马尼（Ahmed Ben Othman）的审判中发言，但没能如愿。这次审判是秘密进行的，禁止旁听。到了10月，很明显，福柯在突尼斯再待下去是不可能了。福柯回到了法国，他曾计划在西迪·布塞村买下一所可以俯瞰海湾的房子，如今，他放弃了这个计划。直到1971年，福柯才重返突尼斯，在塔哈·哈达德俱乐部讲授《疯癫与文明：理性时代的疯癫史》。[89]

雷吉斯·德布雷（Regis Debray）和皮埃尔·戈德曼（Pierre Goldman）都在第三世界国家生活过，[90]福柯与他们一样，对1968年的"五月风暴"有些许偏见。虽然他没有否认"五月风暴"的重要性，但他心里很清楚，当一名法国的学生示威者被逮捕时，他受到的伤害顶多是一顿殴打，而突尼斯被逮捕的学生则冒着更大的风险："拉丁区的街垒，与突尼斯十五年监禁的真正风险，两者 206

并无可比性。"[91]1968 年，福柯还未公开评论或写下他在突尼斯的所见所闻。他对学生们的支持是务实的、公开的、勇敢的，但在当时他没有公开谈论过此事。直到 20 世纪 70 年代，他才说起这段往事。70 年代的福柯是不会保持沉默的，他通常会立马谴责自己"无法忍受的事"。我们只能推测，正是在突尼斯的那段经历，让一个言辞激烈、更好战的福柯出现了。

就在突尼斯发生第一次骚乱的几周后，巴黎爆发了"五月风暴"。[92]"五月风暴"是人们日益增长的不满情绪达到顶点的表现，但还是让大部分法国人感到惊讶。1966 年 9 月，情境主义者的小册子曾警告说，法国的教育系统存在严重问题。1968 年 1 月，种种迹象变得明显，"五月风暴"似乎一触即发，学生要求有出入异性宿舍的权利，这件事引起了很大争议，最后导致女学生占领了楠泰尔的男生住宅区。当防暴警察被叫来清理大楼时，暴动爆发了。1968 年 3 月，越南国家委员会领导人被捕，直接导致学生们占领了演讲厅，之后又占领了行政大楼。一个月后，在楠泰尔大学，人们展开了有关大学未来发展的一系列讨论，但讨论最终却在一片哗然声中结束。5 月 2 日，大学被无限期关闭，学生在撤离校园时遭到警察的暴力袭击。随后，根据部长的指令，索邦大学和科学学院也关闭了学校。

在不断升级的暴力氛围中，示威游行接二连三。5 月 6 日，巴黎拉丁区的街道上自 1944 年以来第一次出现了街垒。5 月 10 日至 11 日的夜晚是"街垒之夜"，巴黎市中心发生了激烈的对战。两天之后，索邦大学被学生占领。之后几天内，法国交通系统陷入瘫痪状态，法国大部分地区都在罢工。

福柯对法国发生的一切很感兴趣，尽管德费尔和其他朋友不断给他讲法国发生的事，福柯还是因没法到现场而沮丧。让·丹尼尔记录了 4 月 25 日在突尼斯与福柯的对话。让·丹尼尔对法国正上演的事件怀有强烈的兴趣，他很惊讶这位宣布人之死并质疑自由口号的作者，同样对法国发生的事感兴趣。福柯强调没有什么比"政治，当下，今天"这样的标语更能吸引他了，他认为，在楠泰尔发生的骚乱可能只是在宣告一场日常生活的革命。他还怀疑巴黎发生的事件很可能会导致戴高乐下台。[93]

那天晚上，学生们在被占领的索邦大学设置路障，他们没完没了地开会。这些福柯都没能看到。然而，福柯在巴黎待了几天，5 月 17 日，他出席了在切尔蒂体育场举行的 50 000 人大型集会。会上，工人们要求在工厂的权利，学生们要求在大学的权利。他看到一名学生走上街头示威，他对《新观察家》的编辑说，学生们没有进行革命：他们就是革命本身。[94]

在丹尼尔的描述中，福柯只是迫切地想知道巴黎发生的事情，这与福柯后来对"五月风暴"的评价有些矛盾。比如，他在 1978 年与特龙巴多里对话时对"五月风暴"的评价就与此不同。毫无疑问，突尼斯学生比法国学生冒的风险更大，但福柯后来的评价也有自我辩解的成分。在福柯 1970 年后身处的环境中，不曾参与"五月风暴"属于政治上不作为的严重罪行，福柯经常讲述他参与了一个风险更高的斗争，来掩饰自己没有参与"五月风暴"的事实，以此巧妙地回应那些潜在的批评者。

1968 年 10 月，福柯离开了突尼斯。他没有确定未来的去向，但也没说要回克莱蒙费朗大学。福柯已经拒绝了一个可能的去处。艾蒂安·比兰·德·罗齐格如今是法国驻罗马的大使，他正在寻找新的文化专员。罗齐格的电话打到了突尼斯，结果福柯暂时接受了这个职位，但是此计划却没了下文。据大使所说，教育部部长对福柯另有安排。[95]

抛开教育部部长神秘的计划不谈，福柯很显然是想重返巴黎。此时，第二个机会出现了。如今，迪迪埃·安齐厄是楠泰尔大学新成立的心理学系主任。在福柯离开巴黎高师后，安齐厄与福柯几乎没有直接联系，但他一直远远地关注着福柯的事业，福柯的作为给他留下了深刻的印象。他想要在楠泰尔组建一个年轻而有活力的学术团队，在他看来，福柯是合适的人选。安齐厄和他的同事们都非常欢迎这位《古典时代疯狂史》的作者。

当时，任命福柯到楠泰尔仅是安齐厄的设想。几周后，福柯才成为楠泰尔的一名教师。然而，令安齐厄大失所望的是，他招募的这位新教师说自己对心理学教学不再感兴趣，而且，这位新教师接受了新成立的万森纳大学的哲学教职。[96] 楠泰尔大学是 1968 年"五月风暴"最初的中心，去了万森纳之后，福柯发现自己置身于一个与楠泰尔略有不同但同样猛烈的风暴中心。 208

9 万森纳

1968 年秋天，回到巴黎的福柯已脱胎换骨。他经受了政治风暴的洗礼，在那里，他第一次直面警察的暴力。不仅如此，他的外表也发生了变化。正是在突尼斯，福柯养成了清晨剃头的习惯，这个习惯他坚持了一辈子。几年后，福柯和潘盖说，这意味着他不必再担心自己掉头发了。[1] 其他人则说，福柯剃光头是为了凸显自己的面容。福柯为自己塑造的形象，呈现在很多照片中，渐渐被人熟知，他通常穿着白色的高领毛衣，如此便不用费心去熨烫衬衫领子。

接下来的几年里，福柯步入了一个愈加政治化的社会场域，这与他 20 世纪 60 年代早期所处的文学艺术圈子截然不同。这些转换并非斩钉截铁，一些事件奇怪地有了交集。1969 年 1 月 19 日，福柯在巴黎高师为纪念伊波利特致以庄严的悼词，然而，4 天后，他就在新的万森纳大学的暴力占领期间被逮捕。一个月后，这位街头斗士又变回了一名哲学家，在法兰西哲学学会那些出类拔萃的听众面前，福柯为他们带来了最负盛名的演讲《什么是"作者"？》（*Qu'est-ce qu'un auteur?*），这篇演讲由《知识考古学》中有关作者身份的评论扩展而来。[2]

福柯希望"五月风暴"是一场日常生活革命的开端，某种程度上看，这场革命的确正在发生。"五月风暴"令年轻人热衷政治，并留下了一份越发暴力的政治遗产。1968 年 6 月 1 日，当法国的一切开始恢复常态的时候，50 000 人的游行队伍穿越巴黎，从蒙帕纳斯车站到奥斯特里茨车站的路上，他们一路高喊着："这只是一个开始，我们会继续战斗下去。"次年 2 月份，三位年轻的左翼

分子写了一本书，书中公开呼吁将 5 月开始的这场斗争转变为一场内战。³

接下来的几年将是暴风骤雨般的日子。即使那些参与了 20 世纪 70 年代初社会冲突的人也难以解释——甚至难以想象——如今他们会如此频繁地卷入暴力事件中。⁴ 有时，在一些人的眼中，内战很可能成为现实，而不只是极端分子的设想。"五月风暴"向暴力对抗的演变，反映了一个广泛被人接受的看法，即常规手段并不会带来政治变革。尽管法国经历了"五月风暴"的洗礼，感受到了希望，但掌权的仍是那些政客。1969 年 4 月，戴高乐在参议院和地方改革的全民公投中失败，之后他辞去职位，接替他做共和国总统的却是一年前被他辞掉的总理乔治·蓬皮杜。雷蒙·马塞兰（Raymond Marcellin）是众所周知的铁腕部长，在这位内政部长的指挥下，警方采取了暴力镇压手段，但这对事态的稳定毫无帮助。在警察群体中，"反青年的种族主义"言论很常见。

当福柯在政治上变得"左"倾的时候，他的书也成为人们在日常生活中憧憬革命的文化依据。尤其是《古典时代疯狂史》，如今成了一本与众不同的著作。在 1961 年，人们主要将这本书当作学术著作来阅读；1968 年以后，人们在"一场富有政治激进主义、满含反压迫情感的社会运动"语境下来阅读这本书。⁵如今，书中的大禁闭主题为工人在工厂中受到的规训，学生在大学中受到的压制提供了原型，大禁闭主题道出了压制欲望的结构。正如福柯自己在 1975 年所言，"监狱与工厂、学校、兵营和医院类似，这些地方仿佛都是监狱"，福柯的说法并不令人惊讶。⁶

福柯之所以做出这样的类比，与他曾经在精神健康部门工作，并且是一位心怀不满的激进分子有着明显而直接的关联。1969 年 3 月，《游击队》特刊出版，这份杂志由马斯佩罗出版社出版，特刊标题为《疯人的看守们，请不要紧密团结在一起》。标题巧妙而一语双关："garde-fou"的字面意是敞开的护墙或阳台上的栅栏，目的是为了阻止疯人离阳台边缘太近。但在此处，这个词也指"那些看守疯子的人"。看守们被告知不要再"团结一致"。弗朗索瓦·高特里特和让－玛丽·布罗姆在引言的开头几句话表明，福柯的书在某种程度上已经成为左翼文化的一部分：

　　　　就在不久前，人们仍随意地将疯人与妓女、失业者、小偷和黑社会人 211
物关在一起，总之，在阶级社会神圣价值观的界定中，这都是一些不"正常的"人，疯人与那些破坏私有财产规范和道德规范机构的人关在一起。[7]

《古典时代疯狂史》成了反精神病学运动的重要文献。[8]此书地位的变化，很大程度上归功于英国精神病学的发展。在英语国家，卡斯特尔首次对这本书的学术阅读之所以引人注目，恰恰是因为此书英译本的缺席，当英译本的《古典时代疯狂史》出版的时候，它几乎立刻就成了20世纪60年代末"反主流文化"的象征。理查德·霍华德并未将这本书的全文都翻译出来。1964年，福柯亲自删减了这本书，篇幅缩短了一半以上，以便此书能在10/18袖珍书库中出版。通过这本如今早已绝版的删减本，广大读者第一次认识了福柯。也正是通过这本书，英语读者获得了唯一一份福柯简介，因为此版本是出于商业原因被翻译的，书中附加了一些原文资料。[9]1965年，英译本《疯癫与文明：理性时代的疯癫史》由纽约众神图书公司出版，两年后，伦敦的塔维斯托克出版社出版了此书。值得注意的是，英译本序言的作者是反精神病学运动的重要人物大卫·库伯（David Cooper），他写道：

> 正如福柯在这本非凡之作中清楚阐明的那样，疯癫是一种在极端情境下理解真理之基础的方式，这种真理是我们更具体地认识自己的基础。疯癫的真理就是疯癫本身。疯癫是一种想象的形式，面对现存的社会策略和战略形态，疯癫选择遗忘从而毁灭了自己。[10]

随后，他出于党派倾向而非准确研究，声称，福柯"最近的研究"暗示，社会压迫迫使某些人把其他人逼疯。[11]

R. D. 莱恩（R. D. Laing）在《新政治家》（*New Statesman*）中对《疯癫与文明：理性时代的疯癫史》发表了评论，而杂志封面页是库伯撰写的文章《究竟谁是疯子？》。这一切更强化了反精神病学团体对福柯的认同，强化了两者之间的关系。[12]这两篇文章都归类到"理智与疯癫"的大标题下。尽管莱恩对福柯云谲波诡的言说有一些怀疑，但他毫不怀疑这本书的价值，也不怀疑这本书与他的关切息息相关：

> 这本书所记录的疯癫历史，反映的是被遗忘、被毁灭的少数人的历

史，但这也是大多数赢得胜利的人做出疯狂之举的历史……直到数年前，人们总体上认为欧洲人自认为是理智的，然而，这是一种欧洲人强加在意识之上的桎梏，几乎没有人能在不崩溃的情况下逃离这种意识的枷锁。我不知道还有哪本书像这本一样以博学和系统的言说，看透（诊断）如今正在发生的事情。这本书仍在理性的话语之内言说，但同时却暗中破坏了构建理性话语的先决条件。如果给真正的疯癫下定义的话，那就是——除了疯癫别无他物。[13]

英国的评论家倾向于认为，福柯至少是反精神病学团体的盟友。埃德蒙·利奇（Edmund Leach）评论道："在读完这本书后，即使是最顽固的理性主义者，也会对理性的不合理现象感到不安。"《新社会》(New Society) 的评论者评价道："这本书的所有内容都符合当前的反精神病学运动。"[14] 一份临床医学的专业杂志评论道："福柯的论著提出了很多令人不安和有争议的观点，但这本书在当下的现实意义毋庸置疑。库伯强调，他的著作可以看作对福柯关于古典时期疯癫问题的当代研究。"[15]

当回顾过去时，福柯发现自己被视为这场精神病学运动的一部分，这令他感到困惑。1974 年他评论道："当写作《古典时代疯狂史》的时候，我是如此无知，那时我对英国反精神病学运动一无所知。"[16] 人们原谅了福柯的这份无知。莱恩的《分裂的自我》于 1959 年出版，虽然他早在 1956 年就已完成了此书的基础性研究。术语"反精神病学"本身就是从库伯的《精神病学与反精神病学》(Psychiatry and Anti-Psychiatry，1967) 中而来，此书的法文版出现在 1970 年。我们没有理由相信，在 1960 年，一个在汉堡工作的法国学者与英国精神病学流派有交集，因为在 50 年代末期，英国精神病学流派在专业领域之外没有受众。1967 年 7 月，因为在伦敦圆屋剧场举办的解放辩证法大会等活动，精神病学才得以向大众普及。[17]

在法国，莫德·曼诺尼（Maud Mannoni）的著作《心理医生，"疯癫"和精神分析》(1970) 中强化了福柯与精神病学的关系，书中广泛运用了福柯的理论框架来描述"精神病治疗的隔离"与异化效应。值得注意的是，曼诺尼是少数与英国反精神病学家友好往来的精神病学家，她曾经参加了 1967 年的精神病学大会。[18] 她在这本书中做了一次勇敢的尝试，将拉康的精神分析与莱恩的理论结合起来，探讨了心理治疗机制的相关问题，并对此提出具有可行性的方法。

福柯与库伯、莱恩的立场截然不同。福柯不是一名职业精神病学家，也未曾提出过替代性治疗方法。与库伯和莱恩不同的是，福柯对精神分裂症没有太大的兴趣。而且，具有讽刺意味的是，从他们对萨特的研究可以明显看出，他们的著作深深根植于福柯非常不喜欢的现象学传统。[19] 但是，在1969年，这些细微差异并不重要，重要的是福柯与他们的相似之处。

法国进化论精神病学团体，是法国最古老的精神病学家和精神分析学家组织，此团体组织的一场会议详细讨论了《古典时代疯狂史》，从另一种全然不同的意义上，进一步将福柯界定为反精神病学流派。[20]1969年12月，福柯受邀参加在图卢兹举办的会议，但他婉言谢绝了邀请。在随后的采访中，福柯将进化论精神病学团体对他著作的讨论描述为一场"驱逐出教会"的活动，在福柯看来，他们成立了"精神病学法庭"，谴责他是一个"空想家，而且是一个资产阶级空想家"。[21]

那些参加了图卢兹会议的人员对《古典时代疯狂史》的态度并不温和，他们谴责了福柯关于疯癫"思想概念"的详细阐释，但事实上，他们并没有谴责福柯是一个"资产阶级空想家"。亨利·埃一开场，便赞扬福柯的"非凡学识、勇气、风格和清醒态度"，但话锋一转，他便批判福柯是一位"精神病学杀手"。[22]接下来，他宣读了自己的论文，进一步将"精神病学杀手"解释为"对人类价值体系的扼杀"。在福柯的"观点中——让我们称之为一种意识形态——变疯，看起来疯了或者被他人视为疯子，与任何自然现象都无关：无论是在历史还是在精神疾病概念的实践中，好像疯癫的'病症'纯粹是人为造成的，而对疯癫的治疗纯粹是社会意义上的"。[23]埃没有在马克思主义的意义上去使用"意识形态"一词，事实上，他将这个词与"理想主义者"等同起来。

辩论的其他参与者如果与上述几位有什么区别的话，那就是他们的评价更为刺耳。亨利·斯图尔曼（Henri Sztulman）将福柯与美国的托马斯·萨斯（Thomas Szazs）的疯癫制造观念相提并论，谴责福柯对疯癫本身并无真正的兴趣："在这千余页的书中，在福柯先生身处的那个封闭、无菌而空洞的思想世界中，没有听到任何人的哭喊。"[24]乔治·道梅松猛烈抨击福柯书写的历史准确性，他指责福柯时常将疯癫看作一种"日常语言的范畴"，与"我们负责治疗的精神错乱"相混淆。也许更意味深长的是，他担心这本书对年轻精神病学家的影响，

"福柯扭曲的观点令年轻的精神病医生苦恼不已，并影响他们的日常实践"，而且，"当他们面对患者的时候，会害怕成为福柯所描写的那种'医疗狱卒'，他们因此会被这种恐惧支配"。[25] H. 奥宾（H. Aubin）在演讲中直言不讳地说："福柯就是一位反精神病学家，因为他的整个哲学思想都铭刻在马尔库塞所唤醒的革命浪潮中。"[26]

《古典时代疯狂史》出版 8 年后，依然在精神病学领域引起轩然大波。某些评论者对福柯来说并不陌生，而且他们的一些言论带有主观色彩。道梅松曾在 20 世纪 40 年代末教过福柯，而埃则至少对福柯有一些了解。埃曾经给魏茨泽克（Weizsaecker）的《格式塔圆环》（*Der Gestaltkreis*）译本作序，而 20 世纪50 年代福柯与丹尼尔·罗彻（Daniel Rocher）合作翻译了此书。作为一名目录学家，83 岁的尤金·闵可夫斯基（Eugène Minkowski）已饱经沧桑，阅历丰富，他还记得福柯给宾斯万格写的引言，这篇引言自 1954 年问世以来，就鲜少被人提及。尽管他并不赞同福柯将疯狂视为"人类生活的全部表征"，也不赞同福柯忽视临床医学数据的做法，但总的来说，在这场辩论中，他以宽容的态度给予福柯肯定性评价。[27] 这场辩论宛若一场法庭审判，法官们对这位被告无比熟悉。20世纪 50 年代，福柯反对的正是这些心理学和精神病学导师。现在，轮到这些导师们驳斥、否认他了。有些人认为福柯同写出了《单向度的人》的赫伯特·马尔库塞（Herbert Marcuse）属于同一流派，这一指控极不准确。这些观点也影响了人们的看法，那就是将《古典时代疯狂史》看作激进反主流文化的一部分。

尽管进化论心理学家对福柯抱有敌意，并且福柯作为左派人士的声望日渐显赫，但从很多方面看，福柯仍追求着传统而卓越的事业。1969 年 5 月，他在法国哲学协会上发表演讲，并在科学史研究所举办的"居维叶日"研讨会上发言。[28] 虽然就写作来说，这个阶段的福柯并不多产，但他偶尔还是会写一些评论文章，比如，关于德勒兹《差异与重复》（*Différence et répétition*）的妙文。[29] 215 福柯愿意并且有能力利用自己日渐高涨的声望为他人代言。比如，丹尼尔·德费尔的弟弟马克西姆（Maxime）在汤普龙画廊展出自己的画作时，米歇尔·福柯为画作的简短目录作序，序言摘要出现在了报纸上。[30]

《知识考古学》于 1969 年的春天出版，但这本书没有引起太多反响，不像《词与物》那样广泛传播。福柯就这本书接受了两次采访，他又一次耐心地解释了"考古学"这个术语，并重申了他对人道主义和历史目的论观点的反对。他也急于撇清和结构主义的关系，向那些盲目给他归类、贴标签的人发起挑战。他向《世界报》的让－米歇尔·帕尔米耶（Jean-Michel Palmier）指出，相较于语言或语法系统，他对引发言说系统的"运作"更感兴趣。当被迫谈到他的作品与拉康、列维－斯特劳斯的作品是否有真正的相似之处时，福柯以调侃的口气讲了一个谜语："问题的答案取决于那些用'结构主义者'的相同标签来指代不同作品的人，他们在多大程度上认为我们是结构主义者。你知道那个谜语吧：萧伯纳和查理·卓别林之间的区别是什么？没有区别，因为他俩都有胡子，当然了，除了这个人是卓别林！"[31]

对《知识考古学》最重要的评论并非来自像玛德琳·沙普萨这样的记者，而是来自夏特莱（Châtelet）和杜维格诺这样的同事。在夏特莱看来，《知识考古学》是福柯对思想史陈腐学科发起的攻击，这番攻击令人欢欣鼓舞。同时，在夏特莱眼中，这项破坏性的工作旨在解放思想史的空间，释放思想史的力量，这项工作"打破了人道主义者、主观主义者和经验主义者这些令人厌烦的思想浪潮，这些思想流派善意泛滥，杂乱无章，使得探索性的思想形态毁于一旦"[32]。在《新观察家》中，让·杜维格诺将福柯看作一名"游荡者"，"一个不愿被关在学术'圈'里的旅者"。这些描述很有吸引力，但并非就不准确，有些人坚称，福柯要么是结构主义者，要么就是威廉·狄尔泰（Wilhelm Dilthey）和恩斯特·卡西尔（即思想史学家）的弟子，然而，福柯的作品没有他们认为的那样令人安心。尽管杜维格诺很欣赏这本书，尤其是它的风格，但他还是有些怀疑。他的怀疑集中于这些表达上，即"经验的总体"可以化约为语言，话语的分析是发现存在的唯一手段。他从这个表达中发现，福柯与《分析手册》以及《泰凯尔》有着相同的设想。他反问道："如果语言只不过是表现无名而无限的经验的可能的、必然相对的模式之一，那会怎样呢？"[33]

216

真正为福柯欢呼雀跃的人是德勒兹。在《批评》杂志上，德勒兹称福柯为"新型档案管理员"。[34]德勒兹的评论文章受福柯启发而作。他的评论是即兴创作的狂想曲，而非针对作品进行的批判性描述。然而，在这些泛滥的空间隐喻中，一些观点清晰地浮现出来。对德勒兹来说，这部"考古学诗篇"的最后几页"呼唤一种融合了革命性实践的一般生产理论，在革命性的实践中，活跃的'话语'在与我的生死毫不相关的'外部'因素中形成"。[35]德勒兹在结尾引用了布列兹（Boulez）对韦贝尔恩的评价，他认为这番评价可能也符合福柯及其风格:"他(韦贝尔恩)建立了一个新的维度,我们也可以把它称为对角线维度,在空间而不在计划中的点、块或形的分布的类别。"[36]这番评价并不清晰明了,但它确实提醒了我们,据福柯自己坦言,他是在学院哲学的熏陶下成长起来的,而布列兹和巴拉凯的音乐则将他从学院哲学中解放出来。

媒体对《知识考古学》的讨论并不热烈,但这个阶段的福柯并不真的需要媒体宣传。《分析手册》团体对这本书的接受,以及福柯和阿尔都塞、康吉莱姆的关系,足以强化他在知识分子圈的声誉,这比《快报》的读者更重要。比如,1970年4月,多米尼克·勒科特(Dominique Lecourt)在《思想》杂志上发表了一篇对福柯大加赞赏的评论文章,福柯对此感到非常满意。虽然勒科特不是党员,但《思想》却是法国共产党的刊物;这是法国共产党刊物上第一次出现正面评价福柯的文章,这标志着福柯-阿尔都塞-康吉莱姆大联盟的缔结。值得注意的是,勒科特和康吉莱姆曾经是同学。[37]勒科特曾对福柯未能在政治中体现"阶级立场"持批评态度,他确信福柯的"话语构成"实际上是"关于意识形态对象的形成以及意识形态关系的唯物主义历史理论"。[38]

与此同时,康吉莱姆正在阐释一个概念——"科学意识形态",他承认阿尔都塞影响了他,福柯有关实证性、科学性以及规范化的界限观点对他有所启发。[39]康吉莱姆对科学意识形态理论的热情没有持续很久,但在当时,这个概念似乎黏合起了一个重要的联盟。虽然福柯从未成为任何著名政治组织的成员,他的活动范围仅限于像监狱信息小组这样的临时性机构,但他与青年左派一代所见略同。福柯同左派青年一样厌恶法国共产党,但厌恶的原因却不同。在青年左派看来,法国共产党,或者说圈子里常描述的那个法国共产党,已经变成了一群"修正主义者"。福柯对法国共产党的怀疑和反感,折射了20世纪50年代他的理想幻灭。他在波兰的经历,他与罗杰·加洛蒂,以及马克思主义的人道主义者的冲突,让他对这种宏大抱负心生反感,无论他们是不是修正主义者,他都对此抱有怀疑态度。

左派分子最初是个贬义词,法国共产党用这个词来批评那些不负责任的"左派人士",这个词来源于列宁对"共产主义左翼""幼稚骚乱"的评价。如今,左派分子这个词,更多指"五月风暴"余波中涌现的五花八门的政治团体。福柯对有组织的托派分子不感兴趣,但左派分子对他来说肯定颇具吸引力。福柯在突尼斯的所见所闻,令他变得政治化了,而丹尼尔·德费尔那时已活跃在左派分子圈子中。从更一般的意义上看，"五月风暴"扩大了政治概念的边界：疯癫、性、监狱如今全都被视为政治问题，这在 20 世纪 50 年代或 60 年代初期是不可能的事。正如福柯所说：

> 政治的界限已发生变化，像精神病学、监禁和人口的医学化主题已经成为政治问题。随着过去几年发生的事情，政治团体不得不将这些领域整合进他们的行动中，我不是吹嘘，他们如今和我变得一致，并不是因为我发生了改变；我想要改变自我，但我可以自豪地说，在这种情况下，是政治找上了我。[40]

从一般的意识形态方面来看，福柯发现自己更接近无产阶级左派。

1968 年 9 月，无产阶级左派正式建立起来，主要成员来自马列主义共产青年同盟，但当无产阶级左派与"3·22"运动融合在一起时，才真正变得活跃。马列主义共产青年同盟的主要阵地在巴黎高师，阿尔都塞关于马克思的阐释对这一联盟的影响很大，尤其是阿尔都塞成功将毛泽东思想融进了他的"矛盾与多元决定"的哲学地图。[41] 从阿尔都塞那里，联盟继承了一种对严谨性和正确性的痴迷，一旦褪去了哲学的伪装，这种所谓正确性很容易转化为一种宗派狂热。"3·22"团体最初由丹尼尔·科恩－本迪特（Daniel Cohn-Bendit）领导，此团体在楠泰尔大学活动，以强调自身的自发性著称。两派的结合，导致了一种不稳定的具有潜在暴力的意识形态。在一些地区，人们将这些年轻人称呼为 Maos-spontex——Spontex 是一种清洁海绵品牌。

无产阶级左派表现出了独特的意识形态特征。无产阶级左派并未将列宁和斯大林写进他们的谱系，他们之所以如此，并不是对自由主义让步，而是因为他们拒绝认同卡尔·考茨基（Karl Kautsky）观点。卡尔·考茨基认为，"科学的载体不是工人阶级，而是资产阶级知识分子"[42]，而且革命运动不能仅仅建立在无产阶级的自发本能上。无产阶级左派拒绝这些观点。[43]

不管怎么说，无产阶级左派的领导层和大部分成员都是"知识分子"，但他们却坚定地反对知识分子。就扮演的角色来说，他们的举动表现了知识分子的自我克制。有一个名为"扎根"的典型，这位年轻的知识分子成功地在工厂找到了工作，并在工人阶级中间成功"改造"了自己。[44] 甚至那些阐释这一观念

196

的人，有时也会从文学形象的角度来思考，比如让——无产阶级左派中的一名
成员，他阐述自己的那套理论时联想到了左拉的《萌芽》（Germinal）："那个人　219
来到了北方的矿山，他的到来激发了群众的热情，最终赢得了群众的信任。"[45]

　　当时，如果有人说无产阶级左派带有深刻的宗教色彩，这一定令他们感到
惊讶，但人们无法不想起西蒙娜·薇依（Simone Weil）战前在工厂中寻找现代
圣徒的经历。[46]人们也会想起20世纪50年代早期，那些工人－神父的政治实验。
这种实践并不是无产阶级左派的发明，马列主义共产青年同盟已采纳了这一做
法。1968年夏天，当激进分子们决心从拉丁区转移到工厂时，这种实践变得更
加普遍。一个人想要成为"扎根"那样的人，要经历一个残忍的具有毁灭性的
过程。有关这段历史的最好叙述，或许就是罗伯特·林哈特（Robert Linhart）
的自传体小说了，小说描写了他在雪铁龙的史瓦西门工厂车间度过的岁月，残
酷和疲惫布满了这个传奇故事。正是这段经历使作者精神崩溃，并长期饱受抑
郁症的困扰。[47]

　　福柯并不认同"扎根"的神话，也不赞同德费尔进入工厂。在他看来，如
果人们集中在大学展开斗争，"五月风暴"可能在知识领域产生更深远的影响。
然而，他在无产阶级左派的圈子里却交了很多朋友，随着他在政治上变得更加
活跃，他与一些像克洛索夫斯基这样的老朋友渐行渐远。他有时会为无产阶级
左派报纸《人民事业报》（La Cause du peuple）撰稿，最低限度地参加一些无产
阶级左派的活动。这项事业对福柯的吸引力颇大。尤其是因为，左派和无产阶
级左派展现了一个富有吸引力的形象，他们赤裸裸地反抗权威当局的举动，带
有一丝尼采哲学的弦外之音。这位街头斗士的身体素质很过硬，而无产阶级左
派也是一个男人结集的组织。如果给无产阶级左派设计一个画像，那么，这将
会是一名穿着紧身皮夹克的年轻人，他穿着靴子，戴着安全帽，神情中满含对
警戒线的蔑视，其中一些警戒线将在万森纳大学拉起来。

　　万森纳大学的官方名称是万森纳实验中心，此大学是1968年"五月风暴"
的产物，也是教育部部长埃德加·富尔（Edgar Faure）的成果。万森纳大学似
乎对"五月风暴"提出的诸多要求做出了回应：这所大学毅然开设了许多跨学
科课程，开设了诸如电影、符号学和精神分析学等新颖课程，它还是法国第一
所向没有高中会考文凭的考生敞开大门的大学。因此，万森纳大学成功地吸引
了很多工薪阶层和常规招收范围以外的人报考。　220

万森纳大学紧接着受到了富尔其他改革的影响：1968 年 11 月 12 日颁布的《指导法》。该法案对大学行政机制进行了重大改革，废除了以前由院长、秘书长和终身教授委员会管理大学的制度。教学和研究单位取代了现有的院系，改革者期望这些院系日后能扩展为大学。日后，万森纳演变成了巴黎第八大学（万森纳）这样的学府。教学和研究单位将由选举产生的委员会管理，委员会代表学生群体、教学团队和行政部门。

"参与"是这所大学的根本原则，正是这一原则导致万森纳成立之初，就出现了许多问题。参与，是戴高乐主义后期的口号，并被蓬皮杜充分采纳。1968 年 5 月 24 日，戴高乐在一次演讲中提出了"参与"的口号，并提出了利润分摊方案和模糊的共同管理计划。在工业管理领域，"参与"立刻被人们谴责为是一个陷阱。巴黎美术学院的一张海报上，"参与"变了调："我参与，你参与，我们大家都参与，他获利。"将"参与"这种理念扩展到高校领域，显然会产生一些问题。一般来说，法国共产党支持"参与"理念，因为"参与"将使高等教育更民主。但他们也很清楚，可以利用所谓"参与"达到自己的目的。正如福柯那时所说，法国共产党也许对夺取政权不感兴趣，但肯定对获得权力地位感兴趣。48 万森纳人类学教授伊曼纽尔·特雷（Emmanuel Terray）在《世界报》撰文反对富尔的改革，他认为"参与"意识形态是"旧有自由主义意识形态的复苏"："'参与'意识形态否定了阶级对立的现实，断言国家公民或公司的所有员工利益均等、雨露均沾。"49

从行政管理的角度来看，这所新大学成立于 1968 年 10 月，但直到次年 1 月才正式开始上课。索邦大学校长雷蒙·拉斯·韦尔纳斯（Raymond Las Vergnas）负责开展学校的组织工作，他同时担任"指导委员会"主席。该委员会的成员皆声名显赫，成员包括巴特、德里达、勒华拉杜里和康吉莱姆。他们负责任命大学的第一批教授，这些教授形成了大学的"骨干核心"，之后，"骨干核心"将招募其他教学人员。在康吉莱姆的推荐下，福柯在 10 月 25 日被任命为核心成员。福柯的同事包括社会学领域的罗伯特·卡斯特尔和让－克劳德·帕斯龙，以及历史学学者雅克·特劳兹（Jacques Droz）和英语语言学者埃莱娜·西克苏①。当时人们所知道的西克苏是乔伊斯研究专家，而非女性主义小

221

---

① 埃莱娜·西克苏，法国女权主义作家、文学批评家，她提出"阴性书写"，并将女性身体和生命意识看作书写的本源。——译者注

说家，后来她成了福柯非常亲密的朋友。[50]

福柯显然是哲学教席的不二人选。福柯之所以被提名，是因为康吉莱姆向拉斯·韦尔纳斯推荐了他。然而，就在这时，一场官僚主义的混乱却拉开了序幕。福柯作为招聘者之一，严格来讲，不能选自己当教授。因此，他不得不从骨干核心中退出，以便成为同事们的选举对象。11 名同事共有 10 人投了赞成票，第 11 名同事没有出席。12 月初，福柯正式成为万森纳大学的哲学教授。[51]

福柯被任命并不令人惊讶。《词与物》给他带来巨大的声望，如今，他可能是他那一代学人中最杰出、最知名的哲学家了。在部长们的眼中，他在政治上没有争议性，也没有参加"五月风暴"。而且，福柯也没有公开谈论过他在突尼斯的经历。当然，也有一种可能，福柯与艾蒂安·比兰·德·罗齐格保持的友谊，令他在政治圈子里有了一定声望。然而，在那些将在万森纳扮演积极角色的无产阶级左派的眼中，福柯缺席"五月风暴"而留在突尼斯这件事，极大地损害了福柯的声誉。在 1968 年的秋天，一个人若不参加"五月风暴"，就和1945 年承认自己没有积极参加抵抗运动一样遭人唾弃。正式开始上课前，年轻讲师通常会讲述自己在"五月风暴"中的所作所为，但是战斗的荣耀并不意味着教学水平的提高。福柯确信，他在突尼斯所冒的风险不亚于任何一个参与巴黎街垒战的人，但他谨慎地克制着自己，不在公众场合说这些事。

如果福柯的确备受部长们的信任，那么，福柯对哲学系教师的任命，则在一定程度上动摇了这种信任。这次在新大学创建新系的机会，给了福柯很大的权力，他运筹帷幄的技艺令周围人刮目相看。正如他在克莱蒙费朗任命德费尔为自己的助理一样，从某种意义上说，这一次他也利用了自己的权力：他任命的所有人都是他的熟人，没有任何公开招聘的迹象。与此同时，丹尼尔·德费尔渐渐远离了哲学领域，他在卡斯代勒领导的社会学系谋得职位，在那里，他 222 很快就因能力卓越、受人欢迎而声名远扬。这种学术方向的转向并非不寻常；社会学领域没有教师资格考试，很多法国最好的社会学家，比如像布尔迪厄，获得的都是哲学教师资格头衔。像楠泰尔大学的安齐厄一样，福柯决定招募新一代的优秀人士。他也招募一些他的同辈人。德勒兹因身体原因拒绝了来自万森纳的邀请：他反复发作的呼吸系统疾病使他无法立即来此教书，直到两年后才过来。米歇尔·塞尔、勒内·谢黑（René Schérer）和弗朗索瓦·夏特莱兴高采烈地接受了福柯的邀请。吉纳特·科隆贝尔也受到了邀请，她是一位来自里昂公立中学的教师，她与福柯在德勒兹的博士论文答辩会上相遇。很明显，福柯决定忽略 1967 年吉纳特针对《词与物》的批评。其余的教师则来自更年轻、更激进的一代。年轻的艾蒂安·巴里巴尔是阿尔都塞《读〈资本论〉》一书的共同作者，福柯将他从郊区的一所中学借调过来。与他一同被任命的还有阿兰·巴迪欧，巴迪欧给福柯提供一些可能的任命人选。还有雅克·朗西埃，他也是《读〈资本论〉》一书的合著者。

事实上，人们争论不休的焦点是精神分析而不是哲学。在万森纳，精神分析和哲学将以一种奇特的共生关系存在。1968 年 7 月，拉康的亲密伙伴，精神分析学界最受尊敬的人物塞尔日·勒克莱尔（Serge Leclaire）与拉斯·韦尔纳斯讨论了在万森纳创建精神分析学系的可能性。

1945 年伊始，精神分析学开始进入大学，这主要归功于拉加什的努力。但精神分析学通常在一般心理学或临床心理学的名目下教授。在楠泰尔大学，迪迪埃·安齐厄尚有一定的自由去发展他的精神分析学兴趣，然而在索邦大学，精神分析学仍笼罩在传统心理学的阴影下，这种传统更多地归功于让内，而非弗洛伊德。在索邦大学，让·拉普拉什最终成功地建立了一个精神分析和精神病理学实验室。他的教学主要是对弗洛伊德的概念进行阅读和解释，某种意义上，这令人想起他写的那本《精神分析语言》(*Language of Psychoanalysis*)。[52] 精神分析学被引入万森纳大学是一个完全不同的过程。一个咨询小组加入了勒克莱尔与拉斯·韦尔纳斯的讨论中，包括西克苏、德里达、康吉莱姆和福柯等人，他们以哲学教授的身份进言献策。勒克莱尔的目标是打造一个精神分析的

223　空间，而不仅仅是创办一个院系，如此，万森纳将成为法国第一所讲授精神分析课程的大学，并且不把精神分析学归到医学或心理学的范畴下。

福柯在这个过程中发挥着至关重要的作用。福柯支持勒克莱尔，并创建了精神分析系，它最初是哲学系的一个组成部分。[53] 福柯与精神分析的关系一直以来都充满矛盾，当时，拉康精神分析学派是万森纳大学的主流，福柯当然不会投身于立场坚定的拉康精神分析学派。据罗贝尔·卡斯代勒所说，福柯的真实意图是阻止心理学系的建立，因为担心这个心理学系将以实验心理学和行为心理学为主导。福柯怀疑心理学系将成为法国共产党的桥头堡。[54]

精神分析专业的主任是塞尔日·勒克莱尔。他和福柯对诸多教师的任命意

义重大，并引发了争议。雅克－阿兰·米勒（Jacques-Alain Miller）在贝桑松教书，1969年的春天，他成为无产阶级左派的一员。他当然不是勒克莱尔的首选，勒克莱尔当初邀请一位经验更丰富的人士来万森纳森林，但这位资深人士拒绝了，如此，米勒才得以被任命。勒克莱尔心里很清楚，米勒所属的组织宣称以摧毁大学为己任，他建议米勒去哲学系。但米勒选择继续留在精神分析专业，他的妻子朱迪丝（Judith）和弟弟杰拉德（Gérard）也加入了该系。虽然米勒是拉康学派的一员，但他不是一位精神分析学家，而且那时，他也没有进行过精神分析实践。通过这些事实，可以推断，他可能没有参加过任何常规精神分析机构的课程。他之所以有资格获得此职位，原因在于他兼备理论素养、政治能力与个人关系。作为《分析手册》的一名编辑，他在推广拉康精神分析流派方面颇具影响力，这种精神分析学说既归功于拉康，也与形式逻辑有关，而米勒如今也是无产阶级左派成员。米勒的妻子朱迪丝正是拉康的女儿。

拉康本人对万森纳这场实验的态度也不明朗。一方面，新的精神分析学系显然为他传播自己的理论提供了平台；另一方面，新的精神分析学系不但对拉康研讨班的核心权威地位构成了潜在威胁，也使得巴黎弗洛伊德学会危机四伏。拉康与精神分析学系几乎没有直接联系，他与万森纳学生的一次会面，最后以极度混乱的场面收场。拉康原本计划四次访问万森纳大学，1969年12月，他第一次访问了这所新大学。然而，当拉康来到万森纳的时候，诸多问题对他而言形成了挑战，尤其是万森纳的精神分析课程无法授予学生任何精神分析资格，这令此课程变得徒劳无功。在这个过程中，发生了一件事，一位男生在课上开始脱衣服，拉康旋即告诉他，有勇气就把衣服脱光。拉康说起自己刚看了一个舞台剧，剧中大胆地利用舞台上的裸露来讲故事。紧接着，拉康批评万森纳大学正成为蓬皮杜政权的"奴仆"："你们难道还不明白吗？蓬皮杜政权将你们置于舞台的中心。正如那句话所说——让他们自己来演。今天的课就上到这里。再见。结束了。"[55]

如果福柯曾享有部长的信任，那么，他对教师的任命，一定程度上动摇了这份信任。1969年春天，这份不信任渐渐影响到了福柯。福柯原本计划在伦敦的法国研究所和两所英国大学发表演讲，但当他去法国外交部安排最后的行程时，却被告知，根据部长的指令，他的演讲被取消了。这个故事被泄露给了《新观察家》，帕特里克·洛里奥（Patrick Loriot）认为富尔是福柯行程受阻的幕

224

后黑手，他试图阻止福柯发表一些反对《指导法》的言论。[56] 福柯随后写信给杂志，声称是米歇尔·德勃雷（Michel Debré）取消了他的英国之行，目的是避免演讲中出现"令法国大使馆难堪的问题和讨论。这么看来，英国公众受到的审查不亚于我"。[57] 毫无疑问，泄密者就是福柯本人，而他随后的来信，是深思熟虑后的挑衅行为。

福柯此番任命的政治意义耐人寻味。被任命的教师折射了一个广泛的政治光谱，从法国共产党（巴里巴尔），到极其多样化的无产阶级左派（米勒们），最后，令人惊讶的是，还有托派主义者（亨利·韦伯）。虽然塞尔和夏特莱都是左派，但他们不太忠于自己的党派。在迪迪埃·埃里蓬看来，福柯的目标是使系里的各方政治势力保持一种平衡，他使政治态度温和的人士与政治极端主义者相互制衡。[58] 迪迪埃的解释并非不可信，但德费尔给出了另一种不同的解释。福柯招募的大部分成员在教育系统中都遇到了这样或那样的困难。在贝桑松，米勒夫妇遭遇了政治问题，在那里实际上被边缘化了。勒内·舍雷尔是一名傅立叶研究专家，20 世纪 60 年代初，他同福柯第一次见面，当时他俩一同坐在高中会考陪审团的席位上。如今，他涉嫌卷入一桩恋童癖丑闻中，事业已然岌岌可危。夏特莱的工作几乎没有得到索邦大学的认可。对巴里巴尔来说，万森纳提供了一个逃离中学的绝佳机会（因为行政方面的延误，巴里巴尔的借调从未得到正式批准。他在万森纳大学开了一个研讨班，但他的正式身份仍是一名中225 学教师）。从这些情况来看，福柯试图创造一个空间，在这里，那些在体制内被排斥的个体可以自由工作，而不会像在其他地方那样处处受限。艾蒂安·巴里巴尔想起，福柯曾在沃日拉尔街的一次讨论中说，他想把法国新哲学的代表人物召集在一起，既要招募一些"政治型专家"，也要吸纳一些"知识型专家"。无论福柯的确切想法是什么，他都成功地搭建了一个"政治马蜂窝"。[59]

这所大学建在万森纳森林中，这片土地是从军方租来的，租期为十年。1968 年夏、秋两季，预制安装建筑以惊人的速度拔地而起。新大学非常现代，设备精良。

这是法国第一所在走廊里安装了电视机和公用电话的大学。教室里铺着地毯，学校的餐厅很快就广受学生好评。然而，万森纳大学的位置很偏。实验中心距离最近的万森纳城堡地铁站也有很长一段路，同时，公共汽车服务也不完善。为了去上课，很多学生只好搭便车，很明显，尤其对女生来说，这是一种有点危险的做法。对那些晚上来上课的在职大学生来说，这个问题迫在眉睫，因为晚上公交车停止运营。这所大学的地理位置令它看起来像一所豪华的贫民窟。一位务实的学生冷嘲热讽道："在政府口中，这是一所实验性的大学，但这里进行的唯一实验，就是看看政府能否通过搭建一个左派学生斗争的舞台，来使他们摆脱困境。"[60]起初，招生并不容易。到圣诞节时，只有 2 000 名学生入学，当局担心万森纳大学因招生过少，存活下去都成问题。事实证明，这种担心是多余的。到了 1969 年 1 月的时候，已经有超过 5 000 名学生入学，这所新大学刚开学就已经人满为患。

当然，"参与"的口号并不是入学人数大爆炸的最初导火索。人们对 1968 年"五月风暴"的记忆引发了这一切。1969 年 1 月 23 日，圣米歇尔大街上，圣路易中学的一群学生正放映"五月风暴"的影片，学校行政部门切断了电源，禁止影片的放映。学生随即非法使用了电力，电影照常放映。随后，他们与警察之间爆发了例行公事般的冲突，学生们穿越街道，进入索邦大学校园。在这边，一场抗议政府拨款不足的集会正在索邦大学进行，抗议者正被警察驱逐。在有关中学发展的抗议集会上，有人提议占领毗邻索邦大学的校长办公室，这项提议以压倒性优势在集会上被通过。大约 150 名学生旋即占领了校长办公室，警察也出动了，对索邦大学周边施行了封锁，并将抗议者驱逐出学校。在索邦大学，共有 36 人被逮捕，零星的暴力冲突一直持续到深夜。

拉丁区事态发展的消息很快就传到了万森纳，人头攒动的全体大会旋即投票要占领大楼。D 楼很快被师生占领，那些名牌电视机派上了用场，人们用它们设置了防御工事，堵住了入口和楼梯。福柯就在那些搭建路障的人中间，他穿着一身灯芯绒套装，在德费尔的唆使下麻利地搭着路障。不久，2 000 名全副武装的警察就包围了这座大楼。他们发出了最后通牒：抗议者要么自行离开，要么承担抗议的后果。大多数人选择了后者。深夜一点半，进攻来袭。大量催泪弹穿窗而入，一场战斗全面打响了。德费尔和福柯退回到楼梯上，封堵深厚的楼梯，然后与楼顶上的人一起，向警察投掷五花八门的"飞弹"。用德费尔的话说，那时候的福柯玩得痛快极了，毫无疑问，福柯正体验着尼采式的"毁灭之乐"。[61]

万森纳首战的结果完全是可以预料的，不久便有 220 人被赶进主报告厅。福柯和德费尔因为瓦斯的影响，一边咳嗽一边语无伦次地说话，属于最后被围捕的人之列。所有人都被带到了位于博容街的警察拘留中心，获释之前被扣押了几个小时，他们中的大多数人都没有被指控。这是福柯第一次被捕，在左派同事和同志们的眼中，他的形象因此变得高大起来。

34 名学生由于占领了索邦大学，因而被开除出学校一年，他们很有可能被迫提早服兵役，这已经是人们公开讨论的话题。学生通常享有推迟服兵役的特权，无产阶级左派中间流行着一个不言自明的传闻，那就是在这样的环境下被征召入伍的好斗分子将会遭遇一段艰难而危险的时期。2 月 11 日，3 000 多人挤进共济厅（Mutualité）参加一场抗议集会，伴随着《国际歌》的旋律，这场集会在午夜结束。演讲者包括萨特和福柯，如今，福柯第一次真正地走上了政治舞台。正是在这个场合，第一次有迹象表明，萨特同左翼青年并肩作战的形象未必经得起推敲。当他走上讲台时，他发现了一张纸条，上面写着"请简短发言"。在写着"我们不要警察大学"的条幅下，萨特当即谴责"参与"是一种徒劳的尝试。但他后来承认，他试图分析富尔政策的举动令听众大失所望。对场下的学生们来说，问题的关键是如何以暴制暴，而非去分析什么政策。[62]

福柯究竟说了什么，没有精确的记录。根据当时的新闻报道，福柯有点不诚实地指出，学生们并未造成任何破坏，所发生的一切皆是警察蓄意挑衅的结果，而学生们面对的是精心预谋的镇压政策。[63]在德费尔的回忆中，福柯发表的是一篇完全不同的演讲，福柯告诉大家如何正确搬运电视机去设置路障。人们被会议的气氛感染，当时在现场的人们也许并未意识到，这是一次重要会面的现场。在这次会议上，福柯和萨特第一次站在同一个公共舞台上，不仅如此，这还是两人的第一次会面。

共济厅大会不是福柯唯一的抗议活动。就在同一天，巴黎研究院院长收到了一封信：

> 我们这几位老师与学生一起实施了占领教学楼的行动，我们这样做的原因同学生们一样。我们完全支持他们的行动，在这次事件中，我们采取了与他们相同的行动，我不接受当局区别对待老师和同学的行为。因此，我建议你们像我们一样，直面自己的责任，在法律允许的范围内采取惩戒措施。

这封信由阿兰·巴迪欧、丹尼尔·德费尔、米歇尔·福柯、西尔万·拉扎勒斯（Sylvain Lazarus）、朱迪丝·米勒、薇薇安·雷诺特（Viviane Regnot）以及伊曼纽尔·特雷共同签署，并发布在了媒体上[64]。院长没有回应这一挑战。

第一次占领行动之后，万森纳大学很快变得声名狼藉。拉斯·韦尔纳斯辞职，代替他的是监察部部长塞特（Seïté），事实证明，塞特与他的前任一样，无法平息局势。总体上来看，情况迅速恶化了：故意毁坏文物的行为不断发生，好斗分子激进的涂鸦肆意蔓延，涂满了所有可用的表面，这些涂鸦大部分富于政治煽动性。万森纳大学最有名的特色是它的"露天集市"，这是一个临时的、非正式的市场，在当地生意很兴旺。在集市上，人们可以买到羊肉肠三明治（merguez 是一种辣味羊肉肠，最初来自北非），也可以买到唱片，政治方面的商品和嬉皮士风格的货物堆在一起贩卖。市集上的"二手"书交易很活跃，很多书都是从拉丁区的"阅读的喜悦"书店偷来的，该书店隶属于马斯佩罗出版社，书店深思熟虑后决定，不去起诉那些偷书贼。那些以令人恐惧的速度从万森纳图书馆消失的书，很可能助长了"露天集市"的营业额。在这里，人们很容易就能买到毒品。万森纳大学，这个曾为 20 世纪晚期大学发展指明方向的学府，变得混乱不堪。如今，警察长期驻守校园，令福柯感到好笑的是，警官们经常跟踪他。 228

"参与"，当然是万森纳的中心话题，但这个话题也与更广泛的意识形态差异问题重叠在了一起。以韦伯为首的托派少数派认为，万森纳大学给了他们将左派聚居地转变为"红色根据地"的机会，以及将先锋大学变为资本主义制度中最薄弱一环的机会。[65] 在以下宏伟的标题中，出现了目前所能找到的最极端的措辞，"废除工资制度和摧毁大学委员会"，此委员会由让-马克·萨尔蒙（Jean-Marc Salmon）、让-保罗·多莱（Jean-Paul Dollé）和安德烈·格鲁克斯曼（André Glucksmann）组织。

格鲁克斯曼生于 1937 年，比他的同志们年长许多，他是法国国家科学研究中心的正式研究员。他过去是雷蒙·阿隆的学生，曾为极端左派主义摇旗呐喊。顾名思义，委员会的目标是摧毁大学并废除工资制度。在万森纳大学，摧毁大学的目标不太可能实现，但废除工资制度并非完全不现实。摧毁大学对委员会来说是一个漫长的过程，在这个过程中，需要"学生群体"了解大学及其考试制度的无用性，了解大学的"扭曲教学"是无效的。[66] 许多无产阶级左翼成员持有相似看法，尤其是朱迪丝·米勒，她很不明智地告诉两位女士她正在研读一本有关教育危机的书：

> 我将尽我所能使大学的运行状况每况愈下。大学就是一个国家机构，是资本主义社会的一角，它看起来像是自由主义的避风港，但其实根本不是。我认为，如果不打破整个资本主义系统，大学是不会被摧毁的。我们唯一能说的是，我们将使大学尽可能少地发挥作用。

229　　随后，她的意见出现在一份杂志文章中，显然蓬皮杜也读这本杂志。在蓬皮杜的坚持下，富尔的继任者奥利维·吉查（Oliver Guichard）立即解雇了米勒，她又回到了过去的中学。[67]

在米勒狂热的声明背后，存在着非常现实的问题，那就是模块课程学分问题，在《指导法》中称之为"价值学分"。为了获得学位，学生必须修 30 个学分，其中 20 个学分来自哲学等主修课程，而剩下的 10 个学分则来自精神分析学等辅修课程。审核和颁发学分很快变成了一出闹剧，尤其是在朱迪丝·米勒的课堂上。事实上，米勒给所有选修她课程的学生学分，即使他们从没来上过一节课。对无产阶级左派来说，这是摧毁大学的一种方式。在其他地方，这种做法导致人们越发相信，万森纳大学的学位是毫无价值的。

那些人以身体暴力的形式宣泄对法国共产党的敌意。在万森纳大学，法国共产党成员遭到政治对手打骂而跌下楼梯，也并不是什么新鲜事。[68] 1970 年夏天，当"参与"活动达到高潮时，朗西埃主讲的一门课的学生投票驱逐课堂上的所有法国共产党员。[69] 巴里巴尔是主要受害者之一。在委员会的同志们眼中，法国共产党是资产阶级的堡垒，而阿尔都塞是法国共产党意识形态的堡垒。在他们看来，对阿尔都塞及其追随者发起攻击，就会最终导致资产阶级土崩瓦解。巴里巴尔在这场战斗的最前线。他的讲座被纠察，他的课堂经常被示威游行打断，最终导致他完全无法教学。这件事的副作用，是巴里巴尔和韦伯之间形成了一个看似不可能的联盟。巴里巴尔不记得福柯曾经说过什么话或做过什么事去挽救局面，尽管可能的情况是，任何一方党派都不希望福柯介入。巴里巴尔最后放弃了战斗，他写信给教育部声称不想被借调到万森纳，并要求回原来的中学。[70]

在他们眼中，温和派是所有敌人中最坏的，福柯也遭到了他们的攻击。他没有参加"五月风暴"，某种程度上，人们仍将他视为戴高乐主义的技术官僚。福柯的课也遭到了围攻，他最后被迫停止发表公开演讲，参加令他恼怒的没完没了的座谈和公开辩论。有时候，他被锁在了自己课堂教室的门外，他只好与科隆贝尔等人散漫地聊天，以便消磨时间。[71] 对于一个致力于科研工作的人来说，这里的气氛很快变得令人沮丧和无法忍受。巴里巴尔想起一件事，有一次开大会，福柯对没完没了的会议恼火不已，他带着巴里巴尔和塞尔逃到了电影院，那里正放映着最新上映的影片《安娜·玛格达丽娜·巴赫的编年史》(*Chronicle of Anna Magdalena Bach*)。

新哲学系的课程内容颇具建设性。福柯自己开设的有关尼采的课程，以及"性事与个性"课程，很受学生欢迎，但并不总是受到左翼青年的喜爱。尼采这门课程得益于克洛索夫斯基最新研究的成书，福柯将这本书描述为"我读过的最伟大的哲学著作"。[72] 在这门课上，福柯主要对尼采 1880 年到 1888 年之间零星发表的遗作进行评论。与福柯相比，福柯同事们的课程在政治方面更为大胆，课程内容涉及了马克思主义、辩证法等。不可否认，塞尔和夏特莱教授的科学史和希腊政治思想史课程比较传统，然而，正是那些更为政治化的课题令万森纳大学备受争议。类似的课程很快引起了部长们的注意。1970 年 1 月，吉查宣布，由于哲学课程的内容"过于专业化"，这一学科授予的任何学位将不具备国家资格。部长的这一声明，直接导致万森纳的毕业生无法在中学和高等教育机构获得教职。福柯在《新观察家》刊登的一篇访谈中回应了吉查。福柯首先明确指出，在 8 名教师教授 950 名学生的情况下，怎么可能进行"深入且多样的教学"？之后，他为自己在万森纳所进行的自由实验展开辩护：

> 我并不是说，这里的一切代表了自由实验的全部，但这里的教学活动是最彻底的自由实验。
>
> 在这里，我们明确了两个广泛的教学领域：一方面，我们致力于对社会进行政治分析；另一方面，我们则对科学事实以及一定数量的科学领域进行分析。无论是学生还是老师，在所有人的眼中，政治和科学都是最具吸引力、最富有成效的两个领域。[73]

他强调，除非万森纳的学位得到教育部的认可，不然这场斗争将会继续下去。无论是福柯的一番辩解，还是他宣称的抗争，都没有影响事情的走向，万森纳大学的学位很多年后才得到承认——但那时已经物是人非。

尽管在访谈中，福柯为哲学系和自己的工作进行了辩护，但他内心很清楚，自己的未来在别处。尽管福柯曾明确对万森纳承诺过，但他原本就只打算暂时待在这里。福柯在万森纳被捕的三天前，曾在巴黎高师一个庄重的集会上讲话。人们聚集在巴黎高师，参加纪念让·伊波利特的追悼会。伊波利特于 1968 年10 月末去世，年仅 61 岁。福柯是主要的演讲者之一，他满含深情地怀念着他非常尊敬、钦佩和喜爱的那个人。[74] 他向这位在 1945 年将黑格尔的思想引入亨利四世中学的人致敬，向这位指导了他康德论文的大师致敬。福柯的悼词是一篇措辞巧妙的美文，他不动声色地将伊波利特职业生涯的每个阶段编织在悼词中，从早期数学方法和笛卡尔的论文，到伊波利特晚期对信息理论和遗传学的兴趣，这篇悼词绝不是干巴巴的履历陈述。

在法兰西公学院，伊波利特的席位被置于哲学思想史的传统中。在福柯的理解中，思想史意味着一种"扭曲的，返归到自身的历史……通过这种思想史，哲学话语说出了它是什么，宣布它自己的合理性，哲学话语从当前的形势中后退一步，显示它在思想史中所发现的内容，并建立自己的界线"。他表达了一个更加主观的看法，继续说道：

> 以这种方式构想的哲学思想，在不确定的变动中，使哲学家保持了自身的话语，这种哲学思想产生回响并超越了死亡。思想史确保这种哲学将超越任何一种哲学思考：那是一束尚未言语就令人觉醒的光，是一把在沉寂中仍闪闪发亮的宝剑。[75]

伊波利特认为自己的专长是哲学思想史，而不是哲学史，哲学思想史与福柯的研究是相关的。关于这一点，也许可以在伊波利特所写的法兰西公学院课程大纲中找到答案，他认为，哲学思想史"促使我们去阐释存在本身，这种存在构成了我们的日常生活和实证科学的基础……当代哲学研究……回应了一个双重的要求：严谨的分析，以及与生活经验的直接联系"[76]。也就是说，如果哲学不断地与非哲学领域产生关联，如果哲学是一种善于反省自身的学科，而非一门沾沾自喜、自给自足的学科，那么，哲学就会进步。

福柯第二次，也是最后一次对"大师"的致敬采取了截然不同的方式。1971 年，为纪念伊波利特的论文集出版，福柯写了一篇文章。[77]福柯并未在文中提及伊波利特，实际上，在这篇文章中，福柯明确地表达了对尼采的兴趣，同时，此文也象征着福柯在渐渐远离考古学。福柯感兴趣的那个尼采，是作为"谱系学家"的尼采："谱系学是灰暗的，谱系学需要细致和耐心的文献工作。它处理的是一堆凌乱混杂、残缺不全并几经誊写的古旧文稿……因此，谱系学需要耐心，需要对细节知识和材料的广泛积累……谱系学对渊博的学识孜孜以求。"[78]

福柯引用了《朝霞》《道德的谱系》《快乐的科学》及其他文本来详细论证自己的观点，他对目的论历史观进行猛烈抨击，并分析事件在历史中产生的效果，这种观点正来自《不合时宜的沉思》这本书。1953 年，在 Cittavecchia 的海边，福柯第一次读到了这本书，在他看来，"历史就是一场和谐一致的狂欢节"："关键要以一种完全摆脱了形而上学和人道主义记忆模式的方式来使用历史。要使历史成为一种反记忆。"[79]这样的历史或谱系学将系统性地打碎同一性的面具，使之分裂，人们会看到，在同一性的面具下，是彼此相交、互相支配的系统，而非为实现自我同一性而斗争的单一思想：当谱系学问我们出生在哪里，说什么样的语言，或者哪种法律管辖我们，它这么做"是为了揭示我们自我面具下的异质性系统，并否定我们的同一性"。[80]这样做将会牺牲认知的主体：

> 谱系学导向的历史不是寻找我们同一性的根源，相反要尽力消解它，不是确定我们源出的唯一策源地、那个形而上学家预言我们必将回归的最初决定，而是致力于昭显我们经历的一切非连续性。[81]

伊波利特以研究黑格尔闻名于世，令人感到奇怪的是，在这样一本致敬伊波利特的文集中，通篇都是对尼采的赞颂。但正如伯纳尔所说，事实上，这么做并非完全不合时宜，伊波利特的黑格尔研究总是受到其继任者的质疑[82]，这些人里就有尼采和福柯。正如福柯在其他文章中表明的，在伊波利特看来，哲学不再是一种能够把握自身的整体，哲学是在广阔无边的视野下所进行的一项永无完结的工作；黑格尔的哲学不是一个令人安心的观念世界，而是一种极端危

233

险的哲学。[83] 在法兰西公学院的课程计划中，伊波利特使得哲学思想与非哲学思想碰撞出火花，而"无法化约为哲学的思想"恰恰是福柯在巴塔耶和尼采的思想中寻求的东西。然而，他以颂扬尼采的方式来表达对伊波利特最后的敬意，还是有些匪夷所思。

伊波利特的去世意味着法兰西公学院的席位空出来。早在 1966 年，伴随着福柯《词与物》的大获成功，伊波利特宣称福柯是法国这所最负盛名机构的合适人选，并开始四处奔走，为福柯寻求支持。他找到的福柯支持者分别是于勒·维尔曼、乔治·杜梅泽尔以及费尔南·布罗代尔 (Fernand Braudel) [①]。[84] 似乎早在 1967 年，福柯可能入选法兰西公学院的事宜就已提上日程。当福柯在雷蒙·阿隆的研讨会上发言后，他就知道自己不太可能在索邦大学获得教职。福柯也有可能在法国高等研究实践学院获得一份工作，但阿隆和布罗代尔暗示福柯，这么做可能会影响他日后在法兰西公学院的竞选。在福柯眼中，法兰西公学院是遥不可及的存在，他对康吉莱姆说，自己还是待在像突尼斯大学那样的地方更合适。

法兰西公学院候选人的选举是一个复杂的过程，但迪迪埃·埃里蓬很好地描述了福柯的当选过程。选举分为两个阶段：在没有候选人的情况下，先投票创建一个教席，然后再选出候选人。显而易见，人们都在为了竞选而游说他人，暗中策划。比如，让-弗朗索瓦·米格尔负责动员他的理科同事们去支持福柯。杜梅泽尔也活跃于幕后，但他以谦虚的口吻描述自己的角色："我只是温和地劝说了我的一些同事，我怀疑他们不理解福柯，甚至先入为主地将福柯排除在外。那时我人在美国。因此，我写了 6 封一模一样的信：'小心，别让天才从你的指间溜走。'"[85]

234　候选人必须私下里印刷一份小册子，陈述自己的工作，并递交给学院，以便在学院成员中间传阅。这份小册子基本上就是一份个人简历，上面列出了个人资历、担任过的职位和发表的文章，但福柯还用 6 页的篇幅概述了迄今为止的工作，以及计划教授的课程。[86] 福柯从《古典时代疯狂史》开始介绍他的作品，就好像之前写的一切都无关紧要一样。关于这本书他解释道，他试着去确定人们在某一特定时代所掌握的有关精神疾病的知识，最终，他发现了自己真

①　费尔南·布罗代尔 (1902—1985)，法国历史学家，年鉴学派的第二代代表人，著有《法兰西的特性》《十五至十八世纪的物质文明、经济和资本主义》等。——译者注

正的研究对象，即"被这些机构的复杂系统投资的知识"。然而，福柯认为精神疾病的例子不十分切题，因为在 17 世纪和 18 世纪精神病理学还十分幼稚，人们难以将它同"传统舆论游戏"区分开，因此他的研究转向了一个更加严格的对象：临床医学的诞生。《临床医学的诞生》表明，"医学的应用不局限于在不稳定的混合物上组合成严密科学和不确定的传统，它被构成一种知识体系，保持着自身固有的平衡和一致"。[87]《词与物》则从另一个角度表明，人们能够确定不同知识领域内在的考古学，这些领域之间的同一性和类比性显示了一个整体性结构，这一结构组织了一个完整的经验知识领域。在这个问题上，福柯有了两方面的发现：一方面，他注意到了"被投资的知识"这种特殊的存在；另一方面，《知识考古学》对这些观点进行了综合。在观念和科学知识之间，人们可以发现一个知识层次，这种知识不仅在理论文本或经验文本中，而且在实践和机构的整体中形成。[88]

福柯介绍了他的教学计划，他认为教学必须服从两种需要："永远不能忽略对某一具体事例的参照，具体事例可能作为分析的检测依据，详细阐述我遇到的或可能遇到的理论问题。"福柯提出应对"遗传知识"进行分析，这有些令人惊讶。关于"遗传知识"的研究，福柯想要探究改善牲畜种群所运用的手段和知识，比如通过繁殖和控制流行病改善牲畜种群，通过像土地所有权和生产力这样的特殊经济和历史约束条件，以及投入化学和生理学知识来改变种群水平。最终，他会研究遗传理论，并分析达尔文对物种自然进化的理解。

在概述了全部的教学计划之后，福柯随后指出了所要研究的三组问题。第一个问题涉及建立一个包含匿名知识的集合，这些匿名知识不以个体化的知识或意识的知识为形式或基础。第二个问题是，探究这些知识如何被精心阐释为科学话语，解决的办法是考察这些知识的传播和散布方式。第三个理论问题涉及知识的因果性。比如，人们对侵袭植物病害的了解是如何与研究、引进新植物品种的经济条件的认识联系在一起的？对这三组问题的分析将揭示，知识是一系列实践和机构运作的对象，是科学建构中不断晃动的轨迹和匿名性，是存在于科学历史中的要素。思想体系史存在于既存科学史与观念史之间。[89]

1969 年 11 月 30 日，法兰西公学院的教授们聚集在一起，投票设立了一个思想体系史职位，很显然，这一职位的头衔是对伊波利特教席的呼应。另外两个席位同福柯的席位一起被提出来，一个是行为哲学的教席（保罗·利科），另

235

一个则是理性思想史的教席（伊冯·贝拉瓦尔）。福柯的举荐人是维耶曼，而利科的支持者是皮埃尔·库塞勒，贝拉瓦尔的举荐人是马夏尔·盖卢。尽管维耶曼支持福柯，但他对《知识考古学》中的"陈述"理论深表怀疑，福柯为自己的理论辩护，两人似乎因此发生了激烈的争吵。两人最后和解了，面对着法兰西公学院的同事们，维耶曼宣读了一份赞赏福柯工作的报告。他总结道：

> 思想体系史不是有关人的历史或者思考思想体系的人的历史。归根结底，这是因为人们仍旧被迫在唯物主义和唯心主义的冲突之间做出选择，犹如在兄弟与敌人之间做出选择……作为思想的主体，人们可以选择个体或集体，但人们总是选择主体……对二元论的摒弃和非笛卡尔主体的建立都要求更进一步：取消主体而保存思想，并努力建构一种没有人性的历史。[90]

当 3 位举荐人轮流发言后，大家开始投票。福柯获得 21 票，贝拉瓦尔和利科各获得 10 票。有 4 张选票上打了叉，即明确反对 3 位候选人。按照法兰西公学院的规定，绝对多数票要再加 1 票，所以还需进行第二轮表决。这一轮，福柯获得了 25 票，贝拉瓦尔获得 9 票。共有 2 张选票上打了叉，表示反对。1970 年 4 月 12 日，福柯的任命还需要法兰西公学院新一轮的投票表决（福柯获得 24 票，有 15 张选票打了叉，这表明一部分教授对福柯抱有敌意），并且，法兰西公学院还需获得一个下辖学院的同意。不仅如此，这项任命还需要得到教育部部长的批准。不知是什么原因，伦理和政治科学学院的大多数教授否决了福柯的候选人资格：27 票中有 22 票打叉。22 张票打叉，还有 4 张票一片空白。因此，伦理学院正式否决了福柯的任命。然而，部长不顾伦理学院的否定意见，遵循法兰西公学院的惯例——不违背学院成员的意愿，决定任命福柯。[91] 此时，距福柯 43 岁的生日还有 6 个月的时间，福柯获得了法国最负盛名学府的终身教职。

10 "思想自由之地"

接受法兰西公学院任命之前，福柯终于实现了自己访问日本的心愿。如果说福柯一直对日本很感兴趣，那么现在，日本开始对福柯感兴趣了，尤其对福柯的《古典时代疯狂史》兴趣浓厚。福柯与日本人的第一次接触是在1963年或1964年，他在巴黎与前田教授进行了一次会面，多年来他一直与这位教授保持着联系。1970年，《朝日新闻》（*Asahi Shimbun*）和渡边森昭（Moriaki Watanabe）教授向福柯发出明确邀请，希望他能来访东京。渡边森昭教授研究法国文学，是克洛岱尔（Claudel）和热内（Genet）作品的翻译者。福柯之所以立即接受了邀约，主要是因为这给了他和朋友莫里斯·潘盖重逢的机会，他于1970年9月起身前往东京。[1] 虽然福柯很喜爱这个国家，但几乎没有时间为这场旅行做准备，而且他一句日语都不会说。因此，日本令他有些无所适从，尤其是京都皇宫的建筑和美学传统令他分外困惑。引起福柯兴趣的并非日本的现代化，而是日本的古代文化，尤其是禅宗文化。围绕着禅宗，他收集了大量的文献资料。福柯也开始对日本当代文学萌生兴趣，对谷崎润一郎的小说兴趣浓厚，福柯的这些趣味隐约令人想到了巴塔耶和克洛索夫斯基。

然而，这次旅行并不全然轻松兴奋，福柯肩负着在东京大学公开演讲的任务。日本人的兴趣点仍主要聚焦在《古典时代疯狂史》上，因此他们关注的主题是"疯狂与社会"和"疯狂、文学和社会"。[2] 福柯经常就这些主题发表演说，但讲座对他出版的全集并无实质性帮助。

此次访问也给了福柯一次机会，去回应德里达对他"第一本书"的批评。

1972 年，《帕迪迪亚》杂志计划出版一期关于福柯的专刊，福柯受邀撰写文章。最后，福柯撰写了一篇文章《我的身体，这纸，这火》（"Mon corps, ce papier, ce feu"），这篇文章对德里达进行了严厉批评。[3] 据德费尔说，福柯之所以在这个时间点回复德里达，是因为他感到美国大学里，有关福柯－德里达的论争正如火如荼地开展着，而解构主义的兴起，令福柯的作品黯然失色。虽然他们最初的分歧聚焦于对笛卡尔篇章的阐释上，但有趣的是，福柯最后关注的重点转变为了教育学问题。福柯声称，德里达是"将话语实践削减为文本踪迹"的主要倡导者：

> 这是一种明显的、有特定历史背景的小教学法。教师教导学生，在文本以外一无所有，在文本中，在它的字里行间，在空白与无言处，保留着原意。因此，不必在文本以外寻找，而应该在文中寻找，当然不是词表达"存在的意义"，而是阅读时画的"杠杠"，是阅读时用的镂空纸板。这一方法却使教师们获得了至高无上的阐释权，使他们能够无限地对文章进行重新阐述。[4]

这篇文章的大部分内容都是对《我思与疯狂史》（"Cogito et histoire de la folie"）的精细研读，目的是证明德里达误读了笛卡尔，之所以如此，主要是因为德里达忽略了笛卡尔在评论疯癫时的"话语差异"，这种"话语差异"产生了不同的话语类别。从更平庸的层面来看，德里达未能将《形而上学的沉思》法语版和拉丁语版本进行比较。据德费尔和日本的同事们说，《我的身体，这纸，这火》的出现，使得福柯与德里达的决裂持续了近乎 10 年之久。然而，当福柯返回法国之时，他的脑海中盘旋着比反对德里达更迫切的事：12 月 2 日，他将在法兰西公学院发表他的就职演说。

当福柯在日本的时候，丹尼尔·德费尔正替福柯购买一套新公寓，他们将在新年来临之际搬到一起住。突尼斯之行后，巴黎在福柯眼中成了一个黯淡无光的城市，与西迪·布塞的住所相比，即便是费雷博士街的公寓也显得有些灰暗。福柯在沃日拉尔街找到了他的新家，据说这条街是巴黎最长的街道。沃日拉尔街 285 号是一处现代街区，正对着沃日拉尔地铁站，它并无特别的建筑美感。与传统宅邸相比，公寓的主要优势是可以在街边停车，这在巴黎市中心是

罕见的奢侈。正对着街道的公寓大楼呈 L 型，站在房间里可以俯瞰带有草坪的 239
庭院，粉刷成白色的大楼正面与草坪成直角。这栋大楼共有 8 个入口，从第 7
个入口进入，人们可以通过那架幽闭而恐怖的电梯来到 8 楼的公寓，或者走蜿
蜒曲折的螺旋状楼梯去公寓。对任何进入这所公寓楼的人来说，它的吸引力都
是显而易见的。两居室连通在一起形成一个大房间，贯通了整个公寓。法式落
地窗通往阳台。此建筑面向西南方，人们不必眺望远方，就可将美景尽收眼底，
从巴黎的内港到圣克鲁市（Saint-Cloud）和塞夫尔（Sèvres）的森林，窗外的景
色引人入胜。对福柯来说，景色远没有房间的采光重要，他对查尔斯·鲁亚斯
说，这是他"喜爱的澄明的思想之光"。5

　　主房间被福柯当作书房，与卧室或会客厅相结合。房间的主色调是白色，
房内摆放着不知名的现代家具，风格非常朴素，房间也没有塞满涌进千家万户
的那些装饰品。墙上挂着几张照片和绘画，其中有令福柯深感骄傲的马松绘画，
是从父亲那里继承来的，也有弗朗西斯·毕卡比亚（Francis Picabia）在 1932 年
画的精美作品。6 当然，房间最醒目之处是收集的书和种类繁多的杂志，它们填
满了墙上的书架。在福柯过世之前，这里一直是他的工作、休憩之所，有时也
是政治会面的场地。这里也是福柯接待客人的地方。这些客人中就有让·热内，
他通常坐在那里，将手提箱平稳地放在膝盖上，俯在手提箱上写作，他成功地
激起了福柯和德费尔对科克托的兴趣。客人中还有保罗·韦纳。最令人惊讶的
是，英国女演员朱莉·克里斯蒂（Julie Christie）也曾来过福柯家，她是德费尔
的朋友，福柯还为她精心准备了素食餐。7 在遮风挡雨的阳台上，很多访客都注
意到牵牛花丛中的大麻植物。这里是晒太阳的好地方，也足够大，暖和的晚上，
还可以在这里吃晚餐。这里也为无伤大雅的窥探癖提供了有利位置，福柯在 1983
年 7 月 28 日写给青年小说家艾尔维·吉贝尔的信中描述了这种窥探的乐趣：

　　　　我想告诉你，我每天安坐桌前观看的乐趣，我看到一个男孩儿每天早
　　上都在同一时间从阿雷大街的窗口探出头来。上午九点，他打开窗子。他
　　有时披着蓝色的毛巾，有时穿着蓝色衬裤。他通常安静地待在那儿，只是
　　偶尔会缓缓动一下，吸一口另一只手里的香烟……我很好奇他的眼睛在他 240
　　的臂弯里发现的美梦，在那样的梦里又萌生出怎样的诗句或画作，但我告
　　诉自己，我是唯一一个从外面看到那些梦的蝶蛹诞生、成形、变形的人。

那扇窗今早紧闭起来，而我正在写信给你。[8]

福柯对就职演讲内心矛盾，他并非逃避荣誉以及随之而来的公众关注，也不是因为他不愿在公众场合演讲，而是因为"开始就职"这个观念本身违背了他坚守的信念，即绝对的起源和开端是一个神话。当别人问他将要讲些什么时，他若有所思地说：

> 一个就职演讲。事实上，这个说法令人惊讶。如果我们站在学生的角度看这个职位，可以将其看作绝对的开端，至少可以说，这个职位，是一个神话。但从严格的意义上来说，就职演讲是在无知、天真或完全言不由衷的背景下进行的。如果我们对面对的事情一无所知，或者我们从未谈论、想过或知晓一些事情，我们可以去发表这么一个就职演讲。然而，这次就职演讲的确是一次演讲。如今，一个演讲意味着你会被一整套业已成形的知识和话语包围。我想我的演讲想要表达的就是这个悖论。[9]

"一个剃了光头，面色白皙的人走上前来，他的神态有些像佛教徒，眼中含着冷酷的神情，在这个夹杂着些许讽刺意味的庄严时刻，人们屏气凝神。在这个异端盛行的时代，他像个执事一样从容地参加这场入会仪式"，看上去像个"彬彬有礼的反叛者"。[10]法兰西公学院的理事艾蒂安·沃尔夫（Etienne Wolff）郑重欢迎福柯来到"自由之地"。亨利·柏格森青铜雕塑伫立在演讲大厅中，面对沃尔夫的这番讲话，大厅中拥挤的人群中发出了反对的嘈杂声。虽然像杜梅泽尔和列维－斯特劳斯这样的名人也出席了就职仪式，但很多听众都很年轻，他们穿过排满了货车和客车的街道，来到法兰西公学院，这些路边的车上载满了令人讨厌的共和国安保队的防暴警察。1970 年 12 月 2 日，街上什么事也没有发生，但像平时一样，拉丁区实际上已经被警察包围了。虽然在这个场合，沃尔夫说到"自由"可能有些不妥，但很多听众可能都不知道这句话背后的历史。1937 年到 1945 年间，保罗·瓦莱里担任法兰西公学院的诗歌教授，德国占领期间，一天，一位德国军官问他："这所学校教什么？"瓦莱里答道："这是一个思想自由的地方。"[11]1968 年 5 月学院未被占领的事实，似乎也说明法兰西公学院有着特殊的地位和声望，是一个与众不同的地方。20 世纪 70 年代早期，拉丁区有时看起来就像个战区，而法兰西公学院仍旧是一块非军事化的飞地。

法兰西公学院最初是在伟大的人文学者纪尧姆·比代（Guillaume Budé）的建议下，于弗朗索瓦一世统治时期建立的。法兰西公学院在法国的教育系统中是独一无二的存在。它不是，也从未是大学系统的一部分，它与很多大学不同，是相当自主的。法兰西公学院不招收学生，也不颁发学位证书或其他资格证书，所有课程及研讨会均向公众开放。这里的教授由他们未来的同行选举产生，而且学院的任命是终身制的。他们的教学不以教学大纲为准，学院要求老师的教学要在完全原创的研究上进行。正如福柯的前辈、历史学家欧内斯特·勒南（Ernest Renan，1823—1892）所说，透过法兰西公学院，公众可以看到"形成中的科学"。学者们通过每年 12 次每次 2 小时的公开课及相关研讨会来讲授自己的研究。

从很多方面来看，法兰西公学院都是福柯的理想之地。如今，他摆脱了令他烦恼的行政责任，也摆脱了一切政治或官僚主义的干涉。他在克莱蒙费朗大学的处境，令他经常抱怨没有秘书的帮助，但如今，他有了一个忠诚而无私奉献的秘书，那就是弗朗索瓦-埃德蒙·莫林（Françoise-Edmonde Morin）。的确，她对福柯如此忠诚，又很谨慎，如今她委婉但坚定地拒绝讨论福柯，因为她相信即使福柯已经去世了，他的隐私也应该得到保护。[12]

福柯可以自由选择指导博士研究项目，也可以拒绝这样做。那些劝说福柯指导自己论文的人，比如达妮埃尔·朗西埃（Danièle Rancière），内心会感到沮丧。在福柯的指导下，达妮埃尔·朗西埃开始撰写有关 19 世纪博爱观念的论文，但朗西埃发现福柯不太善于指导学生。[13] 当选院士后的福柯，受到了精英知识分子的尊敬和高度认可，走上了公共领域的神坛。在福柯眼中，法兰西学术院已经成为尘封的化石，而法兰西公学院则不同，它处于知识分子生活的最中心。当选院士，还给福柯带来了一些更实在的好处。学院的学年很短，从 11 月下旬持续到来年的 5 月份，福柯的讲座通常到 1 月份才真正开始。他因此可以自由旅行，到其他地方担任访问教授。通常情况下，秋季学期至少有一段时间他会在美国度过。

242

然而，正如福柯发现的那样，在法兰西公学院的生活并不总是一帆风顺。与柏格森一样，福柯的讲座吸引了大量听众，但当福柯站在无名的人群中间时，他只感到自己是如此的孤立无援，而且与瓦莱里一样，他发现这种孤立令人生厌。

毫无疑问，他会重复前辈的悲叹："哎，如果我只有五个听众就好了，就像勒南那样！那么，一切都会顺利进行。但是满屋子的陌生人令人疲倦。这时候，你就很想知道，讲课针对的人是谁，你应该去满足的这些人有着怎样的文化水平、要求和不安。"[14]法兰西公学院的一位历史学家将这里的教师大致分为三类：隐士、党派领袖和先知。先知还可细分为大祭司和弥赛亚。[15]就像巴特在1978年被选入法兰西公学院一样，福柯有些不太愿意扮演大祭司的角色。一些不经意的旁听者，出于好奇心而溜达进福柯的课堂，他们会有一种清晰的感觉：他们是在参加某种世俗的高级弥撒。

这位新当选的思想史教授开始宣读他的就职演讲，他希望自己本可以悄然滑入今天的演讲中，他宁愿被语言包裹而远离所有可能的开端，亦不愿成为始作俑者，而是想成为话语展开过程中的任意一点。他真希望能听到一个声音讲话：

> 我必须继续，我无法继续，我必须继续……你得念念有词，只要还有词可念，直到它们发现我，直到它们说到我，我才应该去说这些话，也许这一切已经发生了，也许它们已把我带进我自身历史的门槛，在开启我历史的门前。如果它真的开启，我将倍感惊奇。

福柯并未指出这段话的出处，但这段话是从塞缪尔·贝克特《无法称呼的人》（L'Innommable）的最后几行话改编而来。[16]福柯在这段话中表达了对匿名的渴望，但这种渴望却被既存的话语吞噬，这种表达某种程度上是一种修辞策略，在福柯后来的言谈中更加昭然若揭。它在更加普遍的意义上代表了福柯对匿名的渴望，但也显露了另一种迹象：福柯很紧张，而且每次他必须在学院上课时都会感到紧张。

243　　就职演讲的最后，他向自己的"模范们"致敬，向杜梅泽尔、康吉莱姆和伊波利特致以无限的敬意。福柯第一次遇见杜梅泽尔是在瑞典，"在我还认为写作是一件乐事的时候"，杜梅泽尔鼓励福柯去工作，教导福柯要用"与传统诠释学方法或语言形式主义方法完全不同的方式，去分析话语的内在经济"，而正是康吉莱姆的作品第一次表明科学史是"一套合乎逻辑的、可变换的理论范式和概念工具"。[17] 然而，他的最高赞誉留给了让·伊波利特。"我们的整个时代"都试图通过逻辑学或认识论来逃离黑格尔哲学，

> 但要真正摆脱黑格尔，其前提便是我们对脱离他的代价有一个精确的评估，知道黑格尔（也许是诡秘的）离我们有多近，知道在让我们反对黑格尔的东西中又有多少仍是黑格尔式的，以及能够衡量出我们用以反对他的手段在多大程度上也许正是他用以反对我们的一个策略，而在其尽头，他等待着我们，一动不动，安之若素。[18]

在逃离黑格尔的路上，伊波利特是重要的领路人，因为正是他的开创性工作，才使我们可能读懂黑格尔。对伊波利特的致敬使福柯回到他的起点：

> 现在，我更理解为什么开始就职演讲是如此之难。我现在知道我本喜欢有谁的声音在我之前，带着我，邀我言谈，并置身于我的话语之中了。我知道我为什么在发言时诚惶诚恐，因为我发言的地方是我曾聆听他讲话的地方，可现在他不在了，听不到我讲话了。[19]

福柯以这种方式向伊波利特致敬，当然是将自己置于法兰西公学院的历史中，并在一系列思想家中占据了一个合法位置。他简略提及了曾获得联合优胜奖的细胞遗传学教授弗朗索瓦·雅各布（François Jacob），以及1965年的诺贝尔奖得主雅克·莫诺和安德烈·勒沃夫（André Lwoff）的相关作品。他的这番举动，其实是将自己铭刻在这些人中间。[20] 福柯谨慎地提及这些人——他没有提到雅各布的《生命的逻辑》（La Logique du vivant），他刚刚在《世界报》发表了对这本书的评论[21]——但这足以表明，福柯已自觉地融入了学术界。

福柯在环形结构的就职演说中优雅谈及的主题，早已在《知识考古学》的后半部分出现。1969年2月，他在法国哲学学会发表的关于作者概念的演讲中也涉猎了这些内容。在这里，福柯认为"作者是赋予了令人不安的虚构语言以统一性、连贯性，并使之与现实相连的人"，作者也被看作"话语的分类原则，被认为是其意义的统一和来源，是其连贯性的焦点"。[22]

他还概述了一个"未来几年我想在这里进行的工作"的计划。这些工作

以反向原则、断裂原则、特殊性原则和外在性原则为特征。福柯介绍了反向原则，他暗示我们应拒绝连续性和作者身份这样的观念，而去支持削弱和稀释话语的消极活动。一些未被言说或思考之物往往在最后会变得易于被人们分析和感知，但是断裂原则表明，任何分析都无法成功揭示一些未被言说或未被思考之物："话语必须被当作不连续的实践来对待，彼此互相交叉，有时相互比邻，但同样可以相互排斥或彼此全无意识。"[23] 特殊性原则意味着，我们不能把话语融入一套预先存在的意义中："我们视话语为我们强加于事物的一种暴力，或无论如何强加于其上的一种实践。而正是在此种实践中，话语事件发现了它们的规律性原则。"[24] 外在性原则表明，最后，我们的分析不要走向话语隐秘的核心内部，而应该从话语本身出发，寻找其外部的可能性条件。

福柯在《标题与作品》（*Titres et travaux*）中概述了关于遗传研究的明确计划。在就职演讲中，他勾勒了一个更加宏观的方案，其中遗传问题只是一个可能的研究对象。他提到了两个有交集的概念，一个是"批判"，另一个是"谱系学"。第一种批判性研究，针对的是各种各样的"排斥机制"，比如像古典时期对理性和疯癫的区分。禁止谈论性则是另外一个问题。福柯的意思并不是禁令逐渐被取消了，而是从忏悔实践（在忏悔实践中，禁令得以命名并按等级划分）转移到了 19 世纪的医学和精神病学中。福柯在《认知的意志》中进一步深化了这个主题：探讨伴随着诡辩家的言说，有效的话语如何围绕着真假话语的划分而被组织起来。之后围绕着同一主题，福柯将考察 17 世纪自然哲学中相同的"意志"。自然科学的建立，工业社会的形成，以及随之萌发的实证主义思想意识，将会产生第三个维度："这将是我们求真意志形态的三个断面，我们庸俗无知的三个阶段。"[25] 医学、惩罚制度的起源、文学批评对作者和作品中人物形象的建构，也是可能会涉猎的主题。所有批判性的例子都表现了一种对"话语控制机构"的分析。谱系学关注话语的实际构成，既着眼于机构的内部和外部，也着眼于横跨机构的要素，或者是话语控制的实例。

福柯概述了一个庞大的研究计划，或毋宁说是一系列可能实施的计划。福柯并没有将所有计划都付诸实践。比如，福柯实际上就没再研究文学批评和作者建构问题。然而，就职演讲的确预示了未来书中和演讲中的诸多主题，特别预示了犯罪、精神病学和性的主题。

福柯每周的演讲通常会吸引大量听众,人数之多超过了演讲厅的容量,学院不得不在另一个房间安装闭路电视。就像拉康研讨会的活动盛宴,福柯偶尔也会参加。福柯的讲座也是整个巴黎的奇观,不仅如此,他的课也吸引了很多外国游客。[26] 比如,"每次课前人群中嘈杂刺耳的外语"都令詹姆斯·伯纳尔感到震惊。[27] 人群中也包括一些照例必有的怪人,比如有一位老太太就告诉丹尼尔·德费尔,过去 60 年里,法兰西公学院开设的每一堂哲学课她都会参加。她可能是唯一一个既听过福柯也听过柏格森(于 1941 年去世)演讲的活人。[28]

对福柯自己来说,演讲厅是一个孤独而荒凉的所在,他时常向朋友和侄女安妮·塔拉米抱怨他的孤立感。在课堂上,福柯与听众缺乏交流,听众也不去问他问题。[29]1975 年,面对记者,他表达了同样的想法:

> 有时候,当讲座效果不好的时候,只需有一点东西,比如,一个问题就可以把所有问题澄清。但这个问题从未出现过……由于没有反馈途径,讲座变成了一场独角戏。我之于那些人,正如演员或杂技演员之于观众。当我讲完课的时候,我会陷入彻底的孤独之中。

年复一年,福柯总是看到同样的人坐在同样的位置上,但却无法与他们交谈:"当我离开教室的时候,他们也已经走了。有时,我很想中断我的讲座,问问他们为什么会来这里,他们又在寻找些什么。"[30] 那些在讲座结束时冲向福柯的人,不是想问他问题,而是着急取回放在讲台上的录音机或麦克风。同年年末,福柯对电台记者雅克·尚塞尔(Jacques Chancel)说,他每次上课前都无比紧张,他感觉自己就像面临重要考试的学生一样。那种感觉,就好像那些匿名的公众永远在评判他、审判他。[31]

但他的孤立却有一些好处。福柯对尚塞尔说,当他在法兰西公学院讲课时,他不觉得自己是在教书,也不觉得自己处于与听众的权力关系中。当他抱怨自己的孤独处境时,似乎遗忘了一个事实:在多达 2 000 名听众面前提问,会令多数人感到害怕。他还忽略了一个问题,那就是他自己的公众形象令人生畏。即使有些人鼓起勇气接近他,也会发现福柯身边的人同样令人紧张不安。阿莱特·法尔热同福柯合作出版了《家族的混乱》(Le Désordre des familles),刚开始合作时,她同意在课后与福柯见面。当她走在通往他教室的楼梯时,她感到敌意的

246

目光向她袭来，似乎所有人都在默念："她以为她是谁？"[32]

当福柯穿过聚集在讲台周围的人群，清理讲台上杂乱堆放的麦克风以腾出放讲稿的地方时，当他一刻不停地投入一场持续两小时的讲座时，没人注意到福柯有一丝紧张的迹象。他讲话语速很快，以"普通而近乎单调的声音"讲课[33]，他阅读事先准备好的文稿，几乎很少即兴发挥。另一位听众描述了这个场景：

> 人们提前两小时就在教室门口挤来挤去，就好像这是第一次上课的夜晚一样。教室内，人们犹如间谍般占着座位。人们互相推搡、撕扯着，只是为了自己的半边屁股能坐在四分之一的折叠椅上，那些从高档小区来的老太太们则炫耀着她们的高级定制服装。福柯站在讲台上，站在擦得锃亮、不计其数的木质课桌中间，他那凹凸不平的光头犹如正午的太阳一样亮，数以千计的麦克风与数千个录音机相连，一群时髦的年轻人围坐在他的脚边，福柯要开始讲课了。[34]

无论是克劳德·莫里亚克，还是漫画家皮埃尔·维亚泽姆斯基（Pierre Wiazemski）都认为，演讲厅的灯光，使福柯看起来像是蜷缩在一堆笔记前的炼金术士。[35]当他演讲时，演讲厅里一片寂静，正是在这里，柏格森曾经讲授了同样令人难忘的课程。

福柯的课程遵照的是就职演讲概述的蓝图，而非《资历与作品》中的计划。在法兰西公学院授课的第一年，福柯开始讲授名为"知识意志"的课程，研究亚里士多德的《尼各马可伦理学》（*Nichomachaean Ethics*）和尼采的《快乐的科学》（*Gay Science*）中的不同范式，这些书提供了"寻求自己相关知识的基本范式，知识作为意志的事件得以产生的过程，并通过证伪来判定真实效应"。[36]在亚里士多德看来，快乐同感觉有着直接关系，因此，在快乐的强度和由感官知觉提供的一定数量的知识之间也有着直接的关系。人们对知识的欲求，是对幸福和"善"的自然追求的一种变体。在尼采那里，知识是本能和欲望之间冲突游戏的产物，是一种占有和支配意志的产物。这样的知识总是临时的、不稳定的，是原始和暴力本能的奴隶。之后，福柯将尼采的范式应用于一系列古希腊历史和制度的例子中，也就是说，福柯研究了在法律冲突中所运用的誓言，并以此探究城邦商业交易和社会关系中的中庸之道，寻求一种既能保证城邦秩序又能反映宇宙秩序的公正法律，以及寻找谋杀行为背后的赎罪仪式。

福柯作为法兰西公学院的一员，他的第二个义务是每周举办一次研讨会。因此，接近年底的时候，他宣布讨论班将在1971年年初开始，并请那些希望参加研讨班的人写信给他，概述他们的兴趣，并说明他们想要谈论的内容。福柯要求大家写书面报告，是为了限制研讨班的人数。福柯认为，研讨班是一个"工作的地方"，他希望研讨班成员仅限于那些想进行严肃学术研究，并愿意进行集体创作的人。研讨班也会邀请演讲者举办论坛，这些演讲者可以扩大研讨班的影响力，并贡献专业力量。

福柯宣称研讨班会限制人数，这是在有意违背法兰西公学院的精神和信条。令写信给福柯的人感到惊讶的是，一个小团体在1971年的法兰西公学院结集。对福柯来说，与一个小型而忠诚的团队一起工作，是生活可喜的调剂。偶尔会有些旁听生出现在课上，让福柯非常恼火，因此他有时想要结束研讨班，结果学院当局不允许他结束。围绕这件事的争论持续了几年。

研讨班在周一上课，第一年的研讨班致力于探讨复辟时期刑事精神病学 248
的发展，但短时期内这些内容没有发表出来。研讨会的研究材料来自当代杂志《法院新闻》和《公共卫生和法律医学年鉴》。多数案例描述的都是骇人听闻的谋杀案，这是一系列谋杀故事：女仆毫无征兆地杀害了托管的孩子；母亲杀害并吃了自己的孩子；一个住在森林里的人，之前是个葡萄酒农，他试图强奸一个女孩，但没能成功，便肢解了女孩，还喝了她的血……尽管这些案件无疑会令人感到毛骨悚然，但福柯之所以对这些案件感兴趣，是因为案子是由医学杂志报道的，这些案例是医学和法律话语有关精神错乱和犯罪行为的交叉点。[37]简而言之，这些主题预示了《规训与惩罚》中的一些重要主题，也预示了一系列论文的出现，比如在1978年约克大学举办的"法律与精神病学"研讨会上，福柯就"危险的个人"这一主题发表了演讲。[38]

正是在《公共卫生和法律医学年鉴》上，福柯第一次看到了皮埃尔·里维埃（Pierre Rivière）的案例，此案例为未来两年的课题提供了素材。与此同时，每周讲座的主题是"刑罚理论和制度"，福柯开始阐释他的"权力－知识"（power-knowledge）理论："如果没有权力对知识的提取、占有、分配或维持，任何权力都无法运转下去。从这个角度来说，我们既没有知识也没有社会，既没有科学也没有国家，我们只有'权力－知识'的基本形式。"[39]

在第二年研讨班的工作概要中，福柯列出了参与者的名单，其中有让－皮埃尔·彼得（Jean-Pierre Peter）、罗贝尔·卡斯代勒、吉尔·德勒兹、阿历桑德罗·方塔纳（Alessandro Fontana）、菲利普·里奥（Philippe Riot）和玛丽冯·塞松（Maryvonne Saison）。然而，德勒兹并不经常出席。在《我，皮埃尔·里维埃》（*Moi, Pierre Rivière*）一书中，还列有布兰丁·巴里特－克里格尔（Blandine Barret-Kriegel）、珍妮·法弗雷（Jeanne Favret）、乔吉特·莱格（Georgette Legée）、吉尔伯特·巴雷特－托维奇（Gilbert Barlet-Torvic）和帕特里夏·穆林（Patricia Moulin）的名字。巴里特－克里格尔是一个后来者，研讨班组建一段时间后他才加入进来，而法弗雷则明显很少参与研讨。研讨班人数略有浮动，但固定参加的人数不超过 15 人。

对让－皮埃尔·彼得来说，发现里维埃案是一个苦乐参半的惊喜。彼得是一名历史学家，同布罗代尔一起从事历史研究，他对丑闻的历史很感兴趣。然而，令布罗代尔不满的是，彼得开始远离经济和社会历史，他接受了勒华拉杜里的邀请，协助拉杜里研究 19 世纪的医学档案。他在医学档案领域深耕细作，因此发现《临床医学的诞生》有些抽象，而且远离日常医学实践，但他仍渴望与福柯合作。因为这一点，他彻底与布罗代尔决裂了，两人之间发生了激烈争吵，导致彼得的事业受到重创。彼得心里半信半疑，若是他再研究三个月，里维埃案的发现将是他的研究成果。事实上，他将成为这个紧密联系的研讨会小组的重要人物。

福柯提议对皮埃尔·里维埃的历史进行系统研究。《年鉴》杂志上刊登的里维埃陈述并不完整，据说里维埃的手写陈述可以在诺曼底找到。彼得并不乐观，他到卡昂查询卡尔瓦多斯省的档案。和诺曼底的很多城镇一样，在 1944 年的盟军入侵中，卡昂几乎被夷为平地，许多城市档案也随之被摧毁。彼得听说了一个可怕的故事：在档案馆附近的街道上，烧焦的文件碎片四处翻飞。然而，一份皮埃尔·里维埃写的"回忆录"却在战火中幸存下来。彼得分外欣喜，他带着一份完整的影印件回到了巴黎。卡昂的部门档案奇迹般地保存了所有与此案有关的法律文件和新闻报道。尽管公务员罢工推迟了档案的移交，但在福柯的请求下，整个档案被移交到了巴黎的国家档案馆。如今，誊写档案成为可能，这就是彼得的主要任务。如今，研讨班有了一套真正的工作档案。[40] 福柯在课程摘要中对这个案例的描述是平淡的，没有任何迹象表明，里维埃案件激发了小组成员真正的学术激情。皮埃尔·里维埃——19世纪一个鲜为人知的谋杀犯，二十岁时，他割断了母亲、哥哥和妹妹的喉咙。在被捕后，他写了一份说明性的回忆录，交给了审讯他的法官和负责撰写精神病学报告的医生。[41]

1835年，年轻的皮埃尔·里维埃用一把镰刀残忍地屠杀了他的母亲、妹妹和哥哥，然后逃到诺曼底乡下过着艰苦的生活。他很快被逮捕，并移交审判。在法国农村，杀害父母并非特别罕见的罪行，里维埃的案件之所以吸引了大量关注，主要是因为他向法院提交的那份令人震惊的回忆录。尽管很多人都认为他是个文盲，比乡下的白痴强不了多少，但事实证明，他能写出一份冗长而复杂的记录，并且还能引用《申命记》（*Deuteronomy*）和《民数记》（*Numbers*） 250 来为自己辩护。里维埃的罪行是确定无疑的，他的回忆录是这样开始的："我，皮埃尔·里维埃，杀了我母亲、我妹妹和我哥哥……"他详细解释说，他杀了母亲，是为了给父亲报仇，因为他的母亲迫害他父亲，而他杀死哥哥和妹妹，是因为他们爱母亲。他一直在执行着上帝和他的天使的命令。人们怀疑他杀人时是否头脑清醒。1832年的法律引入了基于"从轻处罚情节"而辩护的概念，这一范畴就包括了精神错乱。因此里维埃对自我行为的陈述，无论对于法官，还是福柯的研讨班来说，都非常重要：

> 谋杀的故事……是他理性或非理性行为的组成部分。有些人说，在他谋杀的事实和叙述的细节中，都能看到疯狂的迹象；另一些人说，在他准备谋杀和谋杀发生的环境中，一些相同的证据表明，他当时神志清醒，而且他写下的一些事实也表明了这一点。简而言之，里维埃的杀人行为和写作行为，他的所作所为和书写的事实交织在一起，就像具有相同本质的元素缠绕在一起一样。[42]

围绕着里维埃的自述文本，人们提出了有关真理的三个问题：事实的真理，有关公众舆论的真理，科学的真理。[43]这位年轻的农民陷入了来自别处的话语中，有人询问他过去的经历，有人询问他过去是否残忍地虐待动物和孩子，问他踽踽独行时是否自言自语，这些问题是为了确定他是不是一个"危险的个体"。

最终，里维埃被判有罪，并被判处死刑。在这里，其他的情节发挥了作用。

杀害父母被人们看作变相弑君，而当时总是有人企图谋害国王。里维埃被处死，似乎是意料之中的。但人们并没有预料到，此案上诉后，法院判定里维埃因宗教幻觉而导致杀人，他因此被减刑为无期徒刑。1840 年，他在监狱中自杀。

里维埃案的历史和理论魔力是显而易见的，因为它是法律和精神病学之间相互作用的鲜明例证。不仅如此，此案还有自身独特的吸引力。很明显，研讨小组成员被里维埃的美文吸引：我们被这双红棕色眼睛的弑亲行为迷惑住了（这是一种奇怪的表达，红棕色通常用于描述发色）。[44] 无论小组成员的性取向如何，里维埃案是否吸引着小组的每位成员，我们很容易将这番话看作福柯迷恋同性恋问题的证据。里维埃案闯入了他们所有人的生活，成为他们数月谈话的主导内容。他们与凶手之间假想的情感纽带是如此之强烈，以至于研讨班成员不愿从出版的案件陈述中抽取版税，并且考虑用这些版税筹措资金，建立一个以里维埃为名的基金会。这个计划没能实现，但至少表明他们对此案相当着迷。

251

在出版的文本中，皮埃尔·里维埃的回忆录和当时的陈述、档案是书中的重头戏，而伴随的论文——他们仅仅称之为"笔记"——并没有去解释案情，尤其没有对案情进行精神分析阐释。[45] 他们允许里维埃为自己辩护，他的陈述自成系统，而不是由研讨会的稿件来阐释。最终，围绕着这起三重谋杀案，唯一的解释来自凶手本人。勒内·阿里奥对《我，皮埃尔·里维埃》进行了电影改编，福柯在讨论此事时说，这本书"与精神病学这位绅士展开了一场对话：'没错，你已经存在 150 年了，这个案例与你诞生于同一时期。为此，你想说点什么？与你那些 19 世纪的同行相比，你是否能更好地谈论它？'"[46]

研讨班成员很快就一致决定出版里维埃的档案。一定程度上，这是一个惶恐不安的决定。在法兰西公学院官方的坚持下，福柯的研讨会开始向公众开放，或者正如愤怒的彼得看到的，研讨会向"吸血鬼般成群结队的知识消费者"开放了。研讨会变成了第二个讲座课程，配有扰人的麦克风和录音机。围绕着里维埃的谣言四散开来，有人传播着缩略版的回忆录，同时配有基于研讨会磁带录音的评论。谣言背后的真实性从未得到证实。[47]

发表里维埃档案的决定，在原本和谐的讨论组内部引发了争议。人们争论的焦点并不涉及档案的内容，尽管据说，福柯残忍地拒绝了一个女性的稿件，小组成员没人愿意透露她是谁。相反，人们冲突的焦点在于出版物的格式。福

柯显然对伽利玛出版社的编辑、"档案"丛书的合作主任皮埃尔·诺拉谈论了他
正在进行的工作。诺拉当即认定《我，皮埃尔·里维埃》应该被收入这套丛书
中。1964 年，"档案"系列丛书开始发行，最初由朱利亚出版社出版。这本书后 252
来由朱利亚－伽利玛出版社联合印发，并以平装本发行，旨在使原始档案（由
知名专家精选和编辑）以百姓负担得起的价格面向公众（《我，皮埃尔·里维
埃》的价格是 12.5 法郎；7 年前，《词与物》的价格是 26 法郎）。从人民阵线的
纪实历史到对法国共产党成立的当代叙述，都是此书的早期标题。[48]

诺拉认为这本书是为他准备的，但研讨班成员对此则不以为然：他们认为，
"档案"版式太小，印刷设计太简陋，作为藏书的声望不足……他们认为伽利玛
出版社的另一个系列更好。面对这样的情况，福柯这一次立场坚定。虽然他在
整个研讨班的工作生涯中，一直保持着思想开明、宽容、非常民主的行事风格，
但现在他充分行使了自己的教授权威。他不愿做损害他和伽利玛出版社关系的
事，也不愿说损害他和诺拉的"历史图书馆"关系的话。这本书如期出现在了
"档案"系列中，后者在排版和印刷格式上做出了让步。

人们对此书评价很高，但评论界的反应还是安静了些。与日后出版的《家
族的混乱》一样，这本书不是福柯独著，这一事实有损它的吸引力。有一篇评
论尤其令福柯愤怒不已。这篇评论来自勒华拉杜里，虽然他对这本书也给出了
一些肯定评价，但他批评《我，皮埃尔·里维埃》忽视了社会和经济的历史，
并得出结论，认为这本书"缺乏地方性，由福柯组建的这支才华横溢的团队，
唯一缺少的人就是诺曼人，一名诺曼社会人类学家"[49]。这一评论在两个方面具
有讽刺意味。勒华拉杜里本人就是一名诺曼人，他想表达的意思昭然若揭，那
就是他认为自己可以写出一本更好的书。虽然小组中没有诺曼人，但珍妮·法
夫雷是一位人类学家，她当时正在诺曼底从事巫术研究。据参与者观察，这项
研究提供了有关法国乡村文化的独特视角。[50]接下来的几周，福柯逢人便说，
那位著名的蒙太罗历史学家是个愚蠢而毫无同情心的傻瓜。[51]

无论是福柯在万森纳的那两年，还是在法兰西公学院的第一年，从出版的
成果来看，福柯并不是特别多产。他仍旧会涉猎文学领域，但与从前相比，文
学生活已变得无足轻重。到了 1970 年秋天，尽管福柯仍旧担任《批评》编委会
的顾问，但他不再是杂志编委会的积极分子。他之所以离开编委会，不是因为 253
他对这本他亏欠了很多的杂志不再感兴趣，只是因为他没有时间。

福柯对《批评》杂志最后的贡献是一篇长文，内容是关于德勒兹的两本书。这两本书皆出版于 1969 年，分别是《差异与重复》（*Différence et répétition*）、《感觉的逻辑》（*Logique de sens*）。[52] 他曾评论过《差异与重复》，认为这本书与"针对形而上学开端和终结的第 N 次叙述非常不同。这本书是一个剧场，一个舞台，它在每一页荒芜的纸张上排演着新哲学"。[53]《哲学剧场》这篇文章更像是对《差异与重复》的赞颂，而非对此书的批判性评论，而且毫无疑问，这篇文章直接回应了德勒兹在《一位新档案员》中对福柯《知识考古学》一书的赞颂。

德勒兹于 1969 年出版的两本书，标志着反柏拉图主义的攻坚战取得了进展，这场战争始于 1961 年的《尼采与哲学》。[54] 这两本书既有严谨的思考，也满含趣味，融合了文学、哲学和艺术的主题和参考资料，风格十分独特，这种风格在德勒兹 1972 年出版的《反俄狄浦斯》（*Anti-Oedipus*）中达到巅峰。[55] 在评论中，福柯没有阐述德勒兹的文本，而是将德勒兹置于一个思想家的舞会中，以此来赞颂德勒兹。德勒兹的舞伴包括莱里斯、萨德、巴塔耶、克洛索夫斯基和刘易斯·卡罗尔（Lewis Carroll）笔下的爱丽丝。在福柯的描述中，德勒兹的语言是"一台不断去中心化的留声机"，这意味着它捕捉了语言的形成过程和"思想的闪电"。福柯还将德勒兹的语言与布里希的作品相比较，布里希是"一位不可思议的语法学家，一位忧郁阴沉的前辈，他很好地发现了去中心化语言的非凡特质"。[56] 从传统意义上的哲学视角来看，德勒兹的功劳在于，他发现了将想象和类似事件概念化的前提条件："对分类的压制，强调存在的普遍性，强调围绕着差异的重复革命。"[57] 重复和由此产生的"愚蠢"，令人想起安迪·沃霍尔（Andy Warhol）和福楼拜的《布瓦尔和佩库歇》（*Bouvard et Pécuchet*）。

然而，这篇文章最令人惊讶的地方在于，福柯以抒情的口吻描述了迷幻药的优点：

> 一个人能够轻易发现，迷幻药逆转了坏脾气、愚蠢和思想之间的关系。它刚刚将大脑中分门别类的宗主权弄得短路，就撕裂了脑中冷漠的大地，并将愚蠢那死气沉沉的伪装化为乌有。它不仅将整个意义明确、分门别类的想法转变为彩虹色的、不对称的、去中心化的、螺旋转动而且彼此发生共鸣的事物，而且，在迷幻药的作用下，梦幻事件不断涌入脑海。当思想从紧张性神经症的蝶蛹中获得解放，滑过这个斑点状且强烈震动的表

254

面时，思想总是在思索着无限的对等，这种无限的对等已经变成一件尖锐的事件，一种奢华装饰般的重复。[58]

　　之后，福柯探讨了大麻非同寻常的性质，正是在大麻的刺激下，大脑呈现出"失重的静止"状态，然后他猜测大麻也许能将人从愚蠢的想法中解脱出来。脑中蔓延开来的鬼火，取代了转瞬即逝的闪电般的思想，从而促成了一种"半成熟思想"的诞生。关于这一点，德勒兹在注脚中自问："那么，人们会怎么看我们？"[59]

　　真正的谜团不在于"人们"如何看待大麻引发的幻觉，而是福柯为什么以及基于什么而写下了这番文字。福柯对大麻、鸦片带来的快乐并不陌生，但那时他还未尝试过迷幻药。直到1975年，他才第一次尝试了迷幻药，那是一次在加利福尼亚的经历。在1970年的巴黎，迷幻药并不是紧缺商品，大量的文学作品都在为它而欢欣鼓舞。由于缺少与此相关的真实资料，我们只能推测，这位法兰西公学院的教授对"地下的"迷幻药文化有着不同寻常的了解，但有可能只是间接地熟悉这种文化。让我们回到这篇文章中更容易了解的哲学论述，福柯在结尾赞颂了德勒兹的"增殖的思想，肯定的思想，以及非分类思想"，在德勒兹的建构下，哲学不再是一种思想，而是柏拉图、邓斯·司各脱（Duns Scotus）、斯宾诺莎和康德在其中举办化装舞会的剧场。当到达金字塔顶端时，莱布尼茨发现天体的音乐实际上就是勋伯格的《月光下的皮埃罗》（Pierrot Lunaire）。最后，一个奇怪的身影出现了："在卢森堡的小屋里，邓斯·司各脱从环形的弦月窗探出头来。他有着令人印象深刻的小胡子，好像是尼采伪装成的克洛索夫斯基。"[60]

　　虽然《哲学剧场》很大程度上是福柯和德勒兹之间进行的一场令人迷惑又富有神秘感的游戏，但我们很容易就理解了最后的意象。福柯仍与克洛索夫斯基保持着联系，尽管两人的交往将不会持续太久，福柯最近又反复阅读了他的最新作品。[61]《活生生的货币》是克洛索夫斯基想象力的奇特产物之一，在这本书中，经济发展到了一个乌托邦阶段。在这个阶段，交换媒介不再是货币，而是生命。黄金标准将让位于快乐标准，生产者的酬劳将是男孩和女孩们。1969年的一幅石墨画描绘了这一过程，画中将"剩余价值的再生产"描绘为一种同性性行为。[62]这个观念对于欲望哲学家来说有着非凡的吸引力。[63]看完后，福柯激动得难以呼吸。正如他对克洛索夫斯基所说，《活生生的货币》深谙布朗肖和

255

巴塔耶的精髓:"以下是我们必须思考的问题:欲望、价值、拟象——在数个世纪的历史中,这个'铁三角'主宰和建构了我们。那些在摩尔的道路上努力前行的人过去常常说:'弗洛伊德-马克思。'如今,我们可以嘲笑他们了,而且我们知道这一切的原因。"[64]

也许,在法兰西公学院的墙内,人的思想是自由的,但是在墙外,思想并非如此。从自己的经历中,福柯了解到,在蓬皮杜的法国,政治和性领域的审查制度是一个非常现实的问题。丹尼尔·德费尔回忆道,当福柯被邀请为巴塔耶的《作品全集》(Oeuvres complètes)作序时,福柯满心希望自己日增月盛的声望和地位能保护文本不受官方审查。是否正是与福柯的关系,使巴塔耶的作品免受审查,如今仍有争议,但记录在案的资料显示,审查机构没有阻挠这位声名狼藉的作者,他写下了《眼睛的故事》和《艾德沃妲夫人》。与巴塔耶相比,鲜为人知的皮埃尔·古约塔(Pierre Guyotat)在遭遇控制机构审查时,就没那么幸运了。

1970年9月,经过一年的犹豫,伽利玛出版社最终出版了古约塔的《伊甸园,伊甸园,伊甸园》(Eden, Eden, Eden),巴塔耶、雷利斯和索莱尔斯三人为这本书作序,为它保驾护航。古约塔的第一本小说是《五十万士兵冢》(Tombeau pour cinq cent mille soldats),此书出版于1967年,以阿尔及利亚战争为背景,作者以强烈的抒情笔触描写了战争的图景,描写了弥漫于战争中的身体暴行和性暴力。这本书卖得还算不错,卖出了1 500本,并被翻译成了几种外语出版。《伊甸园,伊甸园,伊甸园》中描写的内容更加令人震惊:一位富有同情心的记者称之为"永无尽头的通奸",男人、女人、孩子、阿拉伯人、黑人和士兵进行着无休无止的通奸。[65]

在给古约塔的一封公开信中,福柯警告说,他的书可能会引起公愤,但随即赞扬了他在书中对性的想象。古约塔所说的一切早已为人所知,但人们为了维护主体的主导地位和个体的统一性,小心翼翼地隐瞒了这一切。换句话说,性

　　既不是作为身体之界限的"性",也不是人们之间交流的手段。性,甚至不是个人基本的或原始的欲望。性的特征在于,它是一种先于个体的过程性存在。个体,只不过是性延伸出来的一部分,摇摇欲坠,转瞬即逝,

256

很快就被抹去了，最终，个体不过是一种苍白暗淡的形式，在既顽固又重复的伟大血统中昙花一现。个体，是性的假足，很快缩了回来。如果我们想了解我们自己的所思所想，我们必须放弃想象我们的个体性，我们的自我，我们作为主体的地位。在你的文本中，个体与性的关系是开放的、完全颠倒的，也许这是第一次有人这么写。它们不再是为了元素、结构或人称代词而被抹去的字符。性，移动到了个体的另一边，而不再是主体化的。[66]

福柯、雷利斯、巴塔耶、索莱尔斯等人预感到，古约塔小说的出版会出现一些问题，他们自封为"这部小说的担保人"，试图阻挠审查制度，为这部小说保驾护航。他们支持此书的姿态并非徒劳无功。这部小说没有被彻底封杀。然而这部小说既不能打广告，也不能陈列在书店中，且不能卖给21岁以下的人。禁令一直持续到1981年，直到那时，这本《伊甸园，伊甸园，伊甸园》才终于开始公开出售。

11 "无法容忍"

在法兰西公学院发表就职演说仅两个月后，福柯就开展了非常特别的活动。在接下来的两年里，福柯主要过着政治激进分子的生活，一连串的混乱事件将他卷入其中，他总是快速地对这些事件作出反应，采取行动，但这些反应并非总是明智的。政治阵地与街头巷陌取代了演讲者的讲台。关于巴塔耶和布朗肖的那些优雅而博学的随笔，如今变成了仓促向媒体起草的声明。在法兰西公学院，福柯继续过着自己的学术生活，但与此同时，他还过着一种令人筋疲力尽的政治生活。在政治生活的舞台上，一次又一次的会议，一场接一场的示威游行，一次又一次的对抗，将他卷入其中。无论是突尼斯那些暴风雨般的日子，还是万森纳大学的动乱，过去的经历无法让他从容应对未来几年的动荡。在突尼斯和万森纳的事件中，福柯是被卷入的。然而，在监狱信息小组（Prison Information Group）建立的过程中，他成了一名煽动者。福柯政治活动的目标是为他人争取权利，比如，在囚犯应有的权利被忽视的情况下，福柯为那些囚犯争取发声的权利。因此，他自己的声音减弱了，或者说，他的声音汇入了一个集体的话语中。1971 年到 1973 年间，福柯卷进了一连串的戏剧性事件中，他的传记是集体传记的一部分，也是他所参与的一系列事件的一部分。福柯新的生活方式，也意味着他要花很多时间去完成一些世俗事务，这是任何一个政治团体要存活下去都必须完成的任务：在信封上填写地址，起草新闻稿，分发传单都是他日常生活的一部分。

1970 年 12 月 2 日，在柏格森曾发表演说的演讲大厅，福柯面对拥挤的人群发表了演说。1971年2月8日,在蒙帕纳斯(Montparnasse)火车站下方,一处洞穴般幽暗的圣伯纳教堂内,福柯发表了演讲。新闻发布会在这里进行着,快结束的时候,人们将麦克风递给了福柯,教授开始讲话了:

> 我们之间没有人敢肯定自己能不进监狱。而今天比任何时候都更不敢 258
> 肯定。警察加强了对我们日常生活的限制:在街上和公路上;外国人和年
> 轻人又成为舆论犯罪的对象;禁毒措施变换花样,逮捕更加肆无忌惮。我
> 们处于被"严加看管"的气氛中。[1] 人们对我们说司法部门已无法控制局
> 面,我们已经注意到了,但假若是警察使之无法应付呢?人们告诉我们说
> 监狱已经人满为患,但若是过多的百姓被关进监狱的缘故呢?
>
> 媒体很少刊载有关监狱的报道,这是我们社会体系中的一个隐秘区
> 域,是我们生活的阴暗面。为此,我们组织了一个有法官[2]、律师、记者、
> 医生、心理学家参加的监狱信息小组。[3]

监狱信息小组的目的不是促进改革,而是收集和传播监狱系统的信息。监狱信息小组确信,他们想要的资料无法在官方出版物中找到,于是小组决定向任何了解监狱制度的人分发调查问卷,这些人包括:囚犯、刑满释放人员、社会工作者、法官等。

监狱信息小组的前期筹备工作历时六七个月,福柯本人没有直接参与其中。1970年5月27日,雷蒙·马塞兰宣布无产阶级左派为违禁组织。《人民事业报》编辑勒当泰克(Le Dantec)和布里斯(Le Bris)正在监狱等待审讯。在无产阶级左派被宣布为违禁组织的当晚,一场五千人的大会在共济大厅召开,人们呼吁释放被逮捕的左派人士。在大会的高潮,1968年"五月风暴"中著名的人物阿兰·吉斯玛(Alain Geismar)呼吁在场的所有人走上街头,发起抗议。会议结束后,他就被逮捕了,后来因煽动暴力罪被判处两年监禁。5月28日,勒当泰克和布里斯分别被判处八个月和一年监禁。随后是拉丁区的暴乱之夜,理学院和桑西耶学院被人们临时占领了。[4] 第二天,官方宣布《反破坏法》(loi anti-casseurs)开始生效。现在,示威的组织者对街头可能发生的任何暴力破坏或财产损失负有总责。

无产阶级左派,或媒体日常描述中的"前无产阶级左派",实际上并没有

259 消失，而是继续在半隐秘状态下蓬勃发展。《人民事业报》没有被取缔，萨特成为这本杂志名义上的编辑，尽管街头贩卖此杂志的小贩要不断面对警察的侵扰，许多杂志被警察非法没收。随后爆发了广泛的抗议活动，大多数活动都是由红色救援队组织的，这是萨特等人为支持"被迫害者"而组织的广泛阵线。[5]同年秋天，大约 30 名激进分子为争取政治犯身份，在狱中进行了绝食抗议，他们中最年轻的 18 岁，年纪最大的才 26 岁。

　　绝食抗议是有先例的。1960 年 8 月通过了一项法案，针对民族解放阵线的囚犯施行特殊的管理制度，因为，在阿尔及利亚战争最激烈的时候，戴高乐政府最不希望看到的事，就是因绝食抗议导致的自杀流行。美洲国家组织成员国的囚犯也享有更为宽松的管理制度，他们有权获得书和报刊，并享有更广泛的结社自由。1970 年 9 月，上诉法院做出的裁决出人意料，将普通法范围内的罪行——人们在公共建筑的墙上涂写标语，呼吁人们团结在被监禁的无产阶级左派领袖周围——认定为"客观上具有政治性质"。[6]

　　1970 年 9 月 1 日，一份《写在法国监狱》的声明出现在报纸上：

　　　　我们要求当局切实承认我们的政治犯资格。然而，我们并不要求享有与其他普通法犯人不同的特权。我们认为，他们是某种社会体制的牺牲品，这种社会体制把他们塑造出来之后，拒绝改造他们，只想抛弃他们。此外，我们希望这场揭露监狱现行制度的斗争有益于所有犯人。[7]

　　虽然司法部部长勒内·普利文（René Pleven）拒绝了犯人们要求的政治犯资格，但绝食者的拘留条件得到了改善，绝食在三周后结束，因为那时因犯们已经身体虚弱，生命垂危。

　　年底时，新一轮的罢工浪潮席卷而来，这次罢工涉及 13 名"政治犯"。这次罢工的要求与以往有些不同。这次罢工要求犯人特别制度应惠及任何因政治行动而被监禁的犯人。所有政治犯都应被关在少数几个监狱里，最好在巴黎附近，而不是将他们发放到法国各地的监狱。监狱应改善探监条件，允许政治犯

260 每天会客，根据犯人的要求提供所有书和报纸。清单的最后一项是要求监狱加快邮件传递。[8]

　　抗议活动蔓延开来，就连议会的声音也在这温和的抗议声中凸显出来。时

任涅夫勒省议员的弗朗索瓦·密特朗（François Mitterrand）在写给司法部部长普利文的书面问题中，表达了自己对政治行为的看法，他认为那些男人、女人的行为，不管怎样值得批评，都只是出于"一种意识形态的抉择"，这些行为遭受了"政府的无情镇压"。[9] 示威活动在巴黎持续进行着，到了1971年2月，暴力正危险地升级。2月5日，先贤祠附近的警察局遭到了燃烧弹袭击，停在警局外的警车也受到了攻击。四天后，那件声名狼藉的事件发生了，在克里希，红色救援队举行的示威游行遭到了警察的武力镇压。在一片混乱中，年轻的"革命万岁派"激进分子理查德·德海斯（Richard Deshayes）[10] 试图帮助一个被撞倒在地的女孩。在这个过程中，一枚不明型号的手榴弹击中了他的脸部，令他失去了一只眼睛，脸部伤得很重，当他奄奄一息地躺在一片血泊中，防暴警察还在不停地踢他。德海斯成了非法向头顶投掷手榴弹战术最著名受害者，他的照片出现在2月18日的革命万岁派报纸《一切》（Tout）的头版上，没多久，他的照片，连同"他们要杀人"的标语，一同出现在巴黎街头巷尾的墙上。在示威活动附近地区，一名叫吉尔斯·吉奥特（Gilles Guiot）的高中生也遭到了逮捕。警方证实吉奥特殴打了一名警察，因此他被判了6个月。吉奥特没有参加示威活动，也没有参加政治活动的历史。几天之内，巴黎的高中生就开始罢课了，一万名学生走上街头，和平抗议。在人们的大声疾呼之下，吉奥特因缺乏证据被释放了。

街头示威并非人们团结一致的唯一形式。索邦大学第一次绝食抗议之后，红色救援队的11名激进分子占领了圣伯纳教堂。教堂主教伯纳德·费耶（Bernard Feillet）神父坚称人们占领教堂非他所愿，但他同时声明绝食罢工者有寻求庇护的权利。[11] 教堂成了人们进行政治会议的固定场所，在这里，绝食罢工者接待了一大批名人访客，其中包括莫里斯·克拉维尔、西蒙·西涅莱、伊夫·蒙当和福柯，他们恳求罢工者在事态恶化之前结束罢工。[12] 1月29日，一些罢工者在萨特的陪同下前往司法部，要求会见普利文。会见部长的敏感度堪比见玛丽－安托瓦内特（Marie-Antoinette），内阁首长声称部长正参加一个官方午餐会，因此无法接见他们。然而，不久之后，普利文就妥协了，2月8日星期一那天，监狱激进分子们的辩护律师乔治·基耶日曼、亨利·勒克莱克（Henri Leclerc）在教堂举办了新闻发布会，宣布他们的委托人基本上得到了赔偿。正是在这个时候，发言人将麦克风递给了福柯。

261

福柯对这次事件的了解并非来自报纸上的"残羹冷炙"。他通过德费尔与吉斯玛相识。在万森纳大学的时候，福柯就已结识许多无产阶级左派人士。当年这些左派人士以阿尔都塞主义哲学家自居的时候，福柯就认识他们中的一些人。更重要的是，在普利文禁止无产阶级左派后，丹尼尔·德费尔本人加入了这一组织。他立即投入"政治犯"组织的工作中，该组织使政治犯的家人和朋友聚集在一起。德费尔建议设立一个委员会，以便评判监狱制度，并调查拘留条件。他当时想建立一个类似于"人民法庭"的机构，该机构设立在北部小镇朗斯，旨在调查 1970 年年末海宁－列塔德（Hénin-Liétard）6 号矿井甲烷爆炸的原因，那次爆炸导致 16 人身亡。[13] 正如德费尔后来所言，左派领导人认为"福柯应该去监狱并且说：'我来自监狱信息小组，我想要参观监狱'，当然他们会拒绝福柯，然后，我们将在报纸上强烈抗议监狱的行径"[14]。但这并非德费尔和福柯的想法。德费尔最初建议应该由卡萨马约尔（Casamayor）担任委员会主席。卡萨马约尔是一名律师，他在左派人士中享有传奇地位，人们只知道他神秘的笔名，让他担任委员会主席，对法律机构是一个恒久的刺激。卡萨马约尔拒绝了德费尔的邀请，他认为让－马利·多梅纳克可能会感兴趣。福柯打了个电话，最后促成了监狱信息小组的成立。福柯在圣伯纳教堂宣读的声明由让－马利·多梅纳克、米歇尔·福柯和皮埃尔·维达尔－纳杰（Pierre Vidal-Naquet）联合署名，所附地址是福柯的住处。

福柯撰写了一份未注明日期的小册子，连同调查问卷一起分发给 2 月 8 日在场的人士：

监狱里的条件令人无法忍受。他们把犯人当狗一样对待。犯人们仅有的一点点权利也得不到尊重。我们要把这种罪行公布于众。

如今，最近发生的事件使公众舆论和新闻界注意到人们是如何被关进监狱，以及一旦进了监狱，等待他们的将是怎样的生活。但是，我们不希望这场运动就此衰退或被人遗忘。

我们必须看到监狱的情况得到改观，为了达到这个目的，我们打算发动一场长期运动。

为了获得有关犯人真实处境的具体信息（而不只是政府告诉我们的信息），我们需要你们的帮助。

> 首先，我们希望了解和公布监狱的生活条件：监狱的状况、卫生条件、食物、受害者的性质以及他们受到的刑罚；探访以及探访室的情况，犯人和家人们的关系，那些犯人被政府蔑视的权利，以及犯人与法律制度之间的关系。为了帮助我们搜集到这些材料，请你们同犯人或被释犯人一起填写这张调查表。
>
> 如果你无法亲手交给我们，请将材料寄到巴黎第十五区沃吉拉尔街285号监狱信息小组。[15]

第二份调查问卷聚焦于犯人与法律机构之间的关系，已分发给一些地方司法官员。这份调查问卷的调查结果没有发表出来，但它或许有助于夯实监狱信息小组和法律界激进分子的联系。1968 年 6 月，监狱信息小组同法官联合会建立起了至关重要的联系，福柯对该组织评价很高。福柯的一个侄女正在学习法律，福柯将联合会推荐给她，认为她可以将联合会当作了解法律机器的"瞭望塔"。[16]

在 1971 年 7 月发表的一次采访中，福柯明确地将监狱信息小组的创建与去年冬天那场绝食抗议联系起来："去年 12 月，为了争取普通法和政治权益，为了改善拘留条件，一些政治犯、左派人士进行了绝食抗议。这项运动始于监狱之内，发展到了监狱之外。正是从这场运动开始，我对监狱问题感兴趣。"[17] 在同一篇采访中，福柯认为，自己之前的工作聚焦于科学史这样的抽象主题上，如今，他想摆脱这些抽象概念。特殊的境况和事件，促使福柯将注意力转移到监狱问题上。他还可以借此机会摆脱无聊的"文学问题"。

长久以来，疯癫与监禁问题都是福柯的兴趣点。如今，福柯对监狱问题的关注显然是这种兴趣的延伸。年轻的福柯在弗雷纳监狱与韦尔多一起工作时，就以个人化的专业视角深入洞察了监狱系统的运作机制。在法兰西公学院的研讨班上，福柯也正研究 19 世纪的刑事精神病学。随着监狱信息小组的建立，不同的思想潮流汇聚在了一起。监狱信息小组的建立，并不是某些抽象理论的简单实践。在突尼斯的时候，福柯本能地支持他的学生，但从未宣称与他们一样信奉马克思主义思想。如今，他在行动上支持"毛派"——尽管监狱信息小组的关注点很快发生了重大转变——但福柯不赞同内战即将来临的设想。相反，1972 年的夏天，他预测社会主义－共产主义将在选举中获胜，随后右翼势力则很快重新掌权。[18]他"很难想象自己会给出任何其他形式的政治承诺"。[19]他的行为一以贯之的一点是，他在政治活动中身体力行，全情投入，甘愿奉献自己，同时对无法容忍之事满含厌恶。

同福柯联合签署的名字具有重要的象征意义，多梅纳克是《精神》杂志的编辑。他年轻时曾参加过抵抗运动，在监狱信息小组，他将重拾自我组织的自发精神，找回 1944 年自己在韦科尔山脉中即兴创作的精神。20 世纪 60 年代早期，《精神》杂志是反对阿尔及利亚战争的平台之一，他认为监狱信息小组延续了此前的批判事业。虽然福柯和多梅纳克存在政治分歧，但《精神》杂志成了监狱信息小组的重要阵地，而《现代杂志》差不多完全忽略了监狱信息小组的存在。皮埃尔·维达尔-纳杰是一位著名的古典历史学家，是最早谴责法军在阿尔及利亚广泛使用酷刑的人之一。维希政府和阿尔及利亚时期的经历，使这两个人深深怀疑甚至是蔑视法国的法律系统，无论是在占领期间，还是阿尔及利亚战争时期，法国的法律系统处处妥协，名声尽失，当时，地方行政官和法官纵容人们驱逐犹太人。在他们看来，法律系统的行为公然违反了人权和法国的法律。[20]

事实证明，比起这三人的早期分歧，一起抵抗无法容忍之事才是最重要的。多梅纳克对《词与物》一直持怀疑态度；维达尔-纳杰是《理性存在》杂志的创始编辑，该杂志公开反对福柯的"人文科学考古学"。

264　　虽然创建声明是由三个人签署的，但监狱信息小组很大程度上是福柯和丹尼尔·德费尔共同创建的。实际上，当贝尔纳·库什纳为了给《时事月刊》写文章，想要获取监狱信息小组的资料时，他最先接触的人不是福柯，而是德费尔。[21]维达尔-纳杰大方承认，他多半是象征性地出席监狱信息小组的活动，几乎没有参加过小组的日常活动。相比于纳杰，多梅纳克要积极得多，但他认为，正因福柯不知疲倦、全情投入地工作，才使得监狱信息小组发挥效力。打电话四处联系他人的是福柯，在法国各地会议上发表讲话的人也是福柯，不仅如此，福柯还敞开沃吉拉尔街的公寓大门，迎接监狱信息小组的激进分子和支持者们。

监狱信息小组没有任何特定的统一思想或任何政治路线。基督徒和无党派人士在这里成功地并存，尽管他们的相处并不总是一派和谐。甚至有时候，小组的无组织状态似是组织者有意为之。这里没有正式章程，不发放会员卡，也没有订阅。我们无法统计参与该小组的人数，估计人数从数百到上千人不等，但毫无疑问，监狱信息小组能动员数量可观的人员进行游行示威活动。监狱信息小组没有固定的办公场所，大多数非公开会议都在福柯的公寓里举行。

虽然小组强调的自发性可能唤起了多梅纳克的战时抵抗记忆，但自发性也十分吻合无产阶级左派的精神气质。然而，在支持监狱信息小组的问题上，无产阶级并不总是团结一致的。当罗伯特·林哈特在福柯的支持下，提议以 1971年 12 月在图勒监狱爆发的囚犯暴动为背景，在《人民事业报》制作一期特刊时，很多像克里斯蒂安·贾贝特（Christian Jambet）和皮埃尔·维克多（Pierre Victor）这样的工人同志争辩道，并非所有的抵抗都是"政治正确的"，而那些雷诺公司的工人们也无法理解福柯对这些事业的支持。但最后林哈特和福柯赢得了这场辩论。[22] 然而，无产阶级左派操纵监狱信息小组的可能性总是存在的，在达妮埃尔·朗西埃的记忆中，福柯不得不三令五申："这里是监狱信息小组，不是红色救援队，也不是无产阶级左派。"[23]

人们出于种种原因聚集在监狱信息小组的周围。许多人，都像德勒兹一样，只是因为对福柯的忠诚和爱戴而加入进来。让·热内过去多次入狱，有着犯罪历史的他加入监狱信息小组也许是必然之举，但他一直徘徊在小组的边缘，从未成为小组的核心人物。对无产阶级左派来说，他们参与监狱信息小组的主要动机，是为了声援他们被囚禁的领袖，并借此寻求革命式变革。由于一些无产阶级左派成员有着强烈的无政府主义倾向，而且对土匪活动多少怀有一些浪漫的幻想，因此他们往往倾向于将监狱中的囚徒看作冒名的无产者。福柯本人有时乐于将犯罪行为描述为一种政治抵抗行为，并引用维克多·雨果《悲惨世界》中的话："犯罪是一场'自下而上的政变'。"[24] 他还乐于从政治的角度为超市的扒窃行为辩护，尽管他本人从没将这项"技艺"付诸实践。[25] 这些想法不单停留在理论层面，在被禁止的三周前，无产阶级左派成功组织了一场对高档熟食店的突袭行动。他们把战利品分发给了郊区棚户区的移民。

当时是一位年轻的社会学家，如今是颇受欢迎的电台播音员的菲利普·梅耶，感受到了父母抵抗运动的影响力，他也谈到了乔治·布拉桑（Georges Brassens）诗歌中的囚犯形象，那些形象展现了神话的力量。在他看来，有着受苦受难形象的囚徒蕴含着基督教色彩，这些形象无疑会吸引那些具有宗教信仰的人。他觉得自己的立场是典型的自由派民主党人，并乐于合作，但当"革命

265

来临"时，他深信自己会被枪毙。从另一个角度来说，监狱信息小组的意识形态是易变的。[26]

福柯的朋友和同事，比如达妮埃尔·朗西埃（她在圣克卢与德费尔一起复习教师资格考试时与福柯初次相识）和埃莱娜·西克苏觉得自己加入监狱信息小组是自然而然的，只有在面对媒体的时候，她们才会想想当初为何加入小组的事。[27]西克苏最终意识到，她第一本小说的主题与她在监狱信息小组的经历有关[28]，但她是行动在先，得出结论在后。在年轻的支持者中间，1968年"五月风暴"的记忆依旧富于影响力，并激发了年轻人的政治热情，尽管他们的热情总是演变为滑稽而天真的行动。无论是多梅纳克还是梅耶都饶有兴致地回忆起一件往事，当时他们接到了外省小镇中学生群体发来的声援电报。中学生们说自己完全支持监狱信息小组的行动，但他们唯一遗憾的是自己什么都做不了……因为很不幸，他们的镇上没有监狱。[29]

事实证明，虽然监狱信息小组的工作卓有成效，但却有着自身的政治局限性。监狱信息小组促使大众舆论开始关注监狱的条件。然而，小组的政治立场使它无法与工会或政党合作。对于法国共产党来说，任何无产阶级左派的活动都是一种挑衅行为，他们认为这些活动"客观上"服务于统治阶级的利益。福柯与亲共的法国总工会联合会监狱官工会书记艾梅·派斯特（Aimé Paistre）进行了一场论战，论战过程中，福柯无疑带着满足的语气，引用了当地共产党报纸的话，报纸上将监狱信息小组描述为一个"流氓"工会。[30]派斯特本人是戴高乐主义政党共和国民主人士联盟的右派人士，与联盟其他成员一样，他支持对杀人犯的死刑判决。据说，在1969年的总统选举中，他是唯一号召工会成员支持蓬皮杜的总工会秘书。[31]虽然多梅纳克利用他在教会的关系成功地宣传了监狱信息小组的工作，但他完全无法说服他的朋友即法国劳工民主联盟书记艾德蒙·梅贺（Edmond Maire）接受囚犯加入工会一事。法国劳工民主联盟与总工会一样，也有监狱官部门，他们不愿因支持叛乱的囚犯而冒犯自己的成员。然而，梅贺认为，监狱信息小组后来可能对工会中的自由派人士产生了影响。[32]

一份未注明日期而标题为《调查问卷：不可容忍》的小册子上描述了小组"调查研究"的性质。作者——或作者们——仍旧是匿名的，但我们可以肯定福柯至少参与了它的起草工作。

在允许的范围内，这项调查

——必须给那些关押在不同监狱的人们机会，让他们能谈论监禁的条件，谈论他们格外无法容忍的事，以及他们希望我们在监狱外采取的行动。这是避免"改良主义"的唯一途径。

——必须毫不犹豫地揭露监狱里发生的事情，以及发生时的情况（虐待，自杀，绝食，骚动，叛乱）。调查是对抗狱政管理的有力武器，也是唯一的方式。

——我们必须最快、最广泛地把犯人们自己表达的这些事实传播出去。这是把人们团结起来参加这场监狱内外的战斗的唯一方法。[33]

当前紧要的任务是分发调查问卷，并与监狱人员取得联系。监狱信息小组成员被分配到了不同的监狱，福柯负责第十四区的拉桑特监狱，多梅纳克负责调查南部郊区的弗雷纳监狱。第三支队伍负责位于首都以北 25 公里处的"模范监狱"弗勒里－梅罗吉（Fleury-Mérogis）。监狱信息小组的成员显然无法自己进入监狱，他们在探监时间聚集在监狱外，试着与犯人家属取得联系。

尽管最初遭遇了一些挫折，但结果却出乎意料地鼓舞人心。福柯和维达尔－纳杰在采访中描述了这一过程：

举个例子：每周六，我们都会去拉桑特监狱大门那里，犯人家属在那里排队等候探视。我们向犯人家属分发调查问卷。第一周，人们的反应很冷淡。第二周，人们仍旧抱着怀疑的态度。第三周，有人对我们说："这些都是纸上谈兵。有些事早该做了。"突然，这个女人打开了话匣子。她满腔愤怒地谈到了探视，谈到了给囚犯的钱，那些从未坐过牢房的富人，那些猥琐肮脏的东西。她说话的时候，在场的所有人都发现便衣警察竖起耳朵在听。

第四周的情况更加不同寻常。在我们到达之前，排队的人就已在谈论我们的调查问卷和监狱丑闻了。那天，他们没有像往常一样让人们在街上等到 1 点 30 分，而是提前 45 分钟打开了拉桑特监狱的大门。[34]

一些证据显示，调查问卷和其他监狱信息小组的出版物的确在监狱的高墙内传播。德费尔声称，调查问卷的副本是被人偷带到监狱里的，并津津有味地谈起了这本私下里传阅的书。这份调查问卷最初刊登在《精神》杂志上，杂志的目标读者通常包括一些社会工作者。1971 年 2 月，多梅纳克向当局抗议，克莱尔沃（Clairvaux）监狱不允许犯人订阅他的杂志，随后，他收到了当局奇怪的答复。普利文答复："由于地方行政的原因，克莱尔沃中央监狱要求犯人不要订阅新杂志。但他们可以买单期期刊。"[35] 言下之意，"颠覆性的资料"正在监狱里广泛传播。正如塞尔日·利洛兹特（Serge Livrozet）所说，非法这一事实从未阻止任何资料在监狱里流传，他当然知道这些内幕，因为他参加了 1971 年到 1972 年在默伦（Melun）中央监狱组织的抗议活动。[36]

268　　在福柯公寓举办的一系列非正式聚会上，人们对调查问卷进行分类，并对调查结果进行整理。福柯家的大门总是敞开的，许多犯人的妻子和刑满释放人员在这里进进出出，这样的场景也许会令福柯的门房以及那些卓越的中产阶级居民感到惊讶，但没有记录显示，这样的开放行为引发了邻里间的纠纷和冲突。在绝大多数参会者的回忆中，虽然有时会议混乱无序，但总是富有效率。福柯的典型姿态是躺在地板上，一些文件散落在他身边，他就这样与被调查者畅聊数个小时。他享受这份工作，喜欢他的工作伙伴，他会怀着幸灾乐祸的心情吓唬那些比较开明的同志，低声和他们说某某是赦免的无期徒刑犯人。[37]

德勒兹回忆起

> 那些妙趣横生的时刻，尤其小组成员第一次与刑满释放人员见面的时刻。这些犯人会互相竞争，很难一起见两三个人，因为每个人都想表现得比其他人更像囚犯。如果一个人坐了五年牢，另一个会说"我服刑七年"，他们总是想超越前一个人。"那么，你在哪儿服刑？哦，那是一个环境舒适的监狱。"[38]

正是在这些调查问卷的基础上，监狱信息小组的第一本小册子《二十所监狱的调查》（*Enquête dans vingt prisons*）诞生了，小册子出版于 1971 年 6 月初。[39]这本小册子有 48 页，白底绿字，长 29 厘米，宽 10 厘米，格式怪异，由热拉尔·勒伯维西（Gérard Lebovici）经营的有无政府主义倾向的自由论坛出版社出版，售价 3 法郎，大致相当于一本简装书的价格。从此书的封底，我们可以了解监狱信息小组的一般立场。封底上简洁地列出了"不可容忍的"名单："法院、警察、医院、收容所、学校、兵役制度、媒体、电视、国家"。

《二十所监狱的调查》刊登了两份完整的调查问卷，之后附上了两份监狱生活的第一手资料，一份资料来自拉桑特的囚犯，另一份则来自纳韦尔监狱。调查选择"最典型的答案"完成了小册子，小组没有任何分类统计，这里所谓的"典型"概念相当可疑。

这篇长达3页没有署名的引言，实际上由福柯撰写，值得详细一引：

> 1. 这些调查不是用于改善、减轻某种压迫系统，使之容易接受一些。它们的目的是在这种系统以另一种名义——以法律、技术、知识、客观性的名义——表现的地方抨击它。因此，每项调查都应是一个政治行动。
>
> 2. 这些调查针对一些特定的目标，一些有名称、地点的机构，一些管理者、负责人和领导人——这会制造牺牲品，引起反抗，甚至引起那些负责的人的反抗。因此，每项调查都应是一场战争的先奏。
>
> 3. 这些调查围绕上述特定目标把不同的社会阶层聚集在一起——由于社会等级制度和不同的经济利益之间的相互作用，统治阶级将这些阶层分开。应该团结犯人、律师和法官，还有医生、病人和医务人员，拆除对权力必不可少的障碍。每项调查都应在每个重要战略点上构成一条阵线和一条战线。
>
> 4. 这些调查不应由一些技术人员从外部完成，在这里，调查者就是被调查者自己。应该让他们讲话，由他们清除隔离板，表述什么是不可容忍和不能再容忍的。让他们进行阻止压迫实施的斗争。[40]

这篇引言进一步说明了一个问题，那就是"被剥削阶级"总能意识到自己受到的压迫，并发出抵抗。这篇引言的新颖之处在于，如今，对于那些间接的受害者来说，压迫也是无法忍受的：社会工作者、律师、新闻工作者和其他专业人士，都在抗议他们深陷其中的权力结构。

"被调查的调查者"应该开始为自己说话，监狱信息小组无意代表他们说话，这是不言自明的。德勒兹曾对福柯说："在我看来，正是你，第一次给我们上了根本性的一课：代表他人说话是可耻的。"[41] 福柯并不期望他口中的"新

269

社会阶层"以普遍的价值观（比如正义）为名发言，而是希望他们能从自己的
特殊实践出发去言说，这些特殊实践将他们卷入与权力的冲突之中。在后来的
著作中，福柯概述了"特殊知识分子"的概念。他认为，"特殊知识分子"以
自己的专业知识为基础，公开反对不可容忍之事，福柯通常引用的例子是罗伯
特·奥本海默（Robert Oppenheimer），他以核物理学家的身份大声疾呼并反对
核能。[42] 1971 年 12 月，图勒发生了一件引人注目的事件，事件的主人公是监狱
的精神病医生伊迪丝·罗斯（Edith Rose），她对狱中所见所闻的叙述，产生了
毁灭性的政治影响力。

270

福柯在引言结尾提出了旨在废除犯罪案底制度的四项要求。案底制度起源
于 1850 年，是一种保留犯罪记录的制度。所有的罪行都会被记录在案，不同的
罪行案底在经过不同时间段后会失效。通过查阅民事登记总处的登记簿，便有
可能追查个人记录。犯罪案底是审判过程中用以审查个人身份的材料。与法国
的犯罪案底制度不同，在英国的罪行制度中，每个人都有一份犯罪案底，如果
英国的驾照可以用干净与否来形容，那么犯罪案底可能是"干净的"，也可能不
是。因此，如果雇主或潜在雇主有需要，就可以获知个人的犯罪案底。[43] 在监
狱信息小组看来，犯罪案底制度使罪犯几乎不可能改过自新，他们被限制在低
薪工作和劳动力市场的灰色地带，因此，对他们来说，再次犯罪几乎无法避免。[44]
监狱信息小组宣称要发行相关问题的小册子，但从未兑现。监狱信息小组主张
废除犯罪案底制度，并不是要求改革刑法制度，而是对整个制度发起挑战。正
如福柯在接受《时事月刊》采访时所说，监狱信息小组的重点是模糊清白与罪
恶、善与恶之间的界限。[45]

1971 年 5 月 1 日，监狱信息小组的一小群积极分子和支持者聚集在拉桑特
监狱和弗雷纳监狱外。5 月 1 日是劳动节，银行也放假了，这些组织者除了分
发传单和调查问卷外，还遵照左派长期以来的传统，给人们发山谷百合的嫩枝。
虽然一开始示威游行是和平进行的，但没多久，警察就介入进来，并逮捕了现
场的所有人。在弗雷纳监狱外，多梅纳克和三名同志被拘留了，警方对他们进
行了四个半小时的"身份审查"。他没有抱怨自己的遭遇，但他在后来的报道对
谈中说道："警官说，'大多数囚犯重回监狱的事实证明，监狱的条件很好'。多
梅纳克说，'正好相反。恐怕监狱的目的是使犯人成为更好的人。但在现实中，
监狱让犯人彻底变坏'。"他最后总结道："我们还有很长的路要走。"[46]

在拉桑特监狱外，福柯等人也被逮捕了，理由是他们发的传单没有正式注册版权。福柯后来评论道："街道开始成为警察的私人领地。警察专横的决定也具有法律效力：往前走，继续前进，不要说话，不要把你写的东西发给任何人，不要群聚。在离监狱大门很远的地方，监狱就已经存在了。监狱就在你家门外。"[47]对福柯们来说，这样的事件似乎无足挂齿，没有人过分担忧自己被捕。在达妮埃尔·朗西埃的记忆中，当他们被警察驱逐的时候，每个人都高兴地唱着歌，这令逮捕他们的警察非常恼火。在缅因大街第十四区的警察局内，事态变得越发糟糕了。当警察要求被拘留者亮明身份时，也问他们中有多少人有"真正的法国名字"。一名年轻女子承认，她的名字不是"真正的法国名字"，在法国被占领期间，正是"真正的法国名字"这一话题，导致她的家人死在了毒气室里。一刻钟后，一名警察拿着假想中的手枪瞄准她，向她射击，嘴里喊着"希特勒万岁"。一位颇有风度的高级军官就在旁边，面露难色，尴尬不已。[48]有人听到警察说"肮脏的犹太婊子"和"肮脏的同性恋"，在这个过程中，警察戳打福柯的背部，公开羞辱他，还跟踪他走了很长一段路。[49]

这一次，福柯决定提出控告，他想向法院证明警察越发滥用权力。这些指控包括错误逮捕、非法监禁、蓄意暴力行为和使用羞辱性语言。如果警方曾控告监狱信息小组违反版权法发传单，那么，福柯控告警方错误的逮捕行为，则是回应了警方的控告。法国法律并不要求每份出版物都印上出版商的名字，但一定要印上印刷者的名字。传单上写有福柯的地址，实际上表明他就是印刷者。福柯对警察殴打和错误逮捕的指控被带到了地方预审法官萨布莱罗莱斯的面前，福柯的代理律师是乔治·基耶日曼。所有涉案人员都被传唤到了，福柯指认了殴打他的警官。即便如此，萨布莱罗莱斯还是裁定此案不予起诉，并驳回了基耶日曼的反对意见。

随后，版权案递交到了基耶日曼十分尊敬的一名预审法官面前。律师的辩护理由是，传单是福柯复制的，因为传单上印有福柯的地址。事实上，他将一台名为"越南人"的简陋复印机夹在手臂下，带到了法庭上。地方法官不认可基耶日曼的辩解，裁定沃吉拉尔街285号不是印刷商的地址。法院责令福柯支付象征性的罚款。[50]

尽管失败了，福柯仍然称赞基耶日曼对此案的处理方式，认为他的举动"颇具王者风范，如果这个词可以用来形容革命性的抗辩的话"。事实上，福柯

271

后来给律师寄了一份有他签名的《我，皮埃尔·里维埃》，福柯在书中写道，如果基耶日曼做里维埃的辩护律师，里维埃将被无罪释放。[51]

272　　　一年过去了，监狱信息小组从法国监狱内部收到了很多信件，信件内容的变化令福柯感到震惊：

> 6月，犯人在信中谈论的是严寒和螺丝钉；9月，他们开始谈论阿提卡州监狱（Attica State Prison）和孟加拉。从6月到9月，监狱外的世界开始渗透到囚犯的生活中。实际上，因为犯人们重获自由，看守们怨声载道。当克莱尔沃监狱一事告吹时，他们立即谴责报纸。那个犯人自杀案是一个错误，是封闭世界的典型产物。[52]

"克莱尔沃事件"是那个酷热夏天最严重的事件。9月22日，克劳德·布菲（Claude Buffet）和罗杰·波坦斯（Roger Bontems）在克莱尔沃监狱劫持了一名护士和看守。克莱尔沃监狱原来是一座修道院，在神秘主义历史上占有崇高地位，但人们总是将这里看作法国最邪恶凶险的监狱。这两个犯人在监狱医院前设置了路障，并躲在监狱医院里，他们需要武器和汽车逃亡。在警察对监狱医院的突袭过程中，两名人质都被杀害了。1971年2月，在普罗旺斯地区的艾克斯，一名护士和一名社会工作者被劫持为人质，两人在警察的突袭中丧生。到了7月，一名看守在里昂的圣保罗监狱内被枪杀；10月，在马赛的波麦特监狱，一名囚犯在另一起劫持人质事件中受重伤。普利文对这件事的处理既简单粗暴又非常失败。1971年11月2日发布的通告中，他宣布不再允许囚犯接受家人寄来的圣诞包裹。他们认为这是犯人的权利，但实际上这只是犯人的特权。第二次世界大战结束时，人们普遍认为法国的监狱条件糟糕透顶，因此，囚犯有权利从家人那里接收食物包裹，但到了1958年，这一权利被取消了。犯人收包裹，是圣诞节期间的一个例外。11月的通告提到的"近期事件"表明，即使采取严格的安全防护措施，寄送包裹的惯例也令监狱蒙受无法承受的风险。而且狱警彻底搜查包裹必然导致包裹内的物品损坏，最后就变成监狱服务人员没有时间去搜查包裹。

普利文的通告有助于宣传监狱信息小组。11月11日，监狱信息小组在共济大厅组织了一场大型公众集会。人们在这场大会上讲述法国和美国监狱的情况，放映了有关阿提卡（1971年9月在纽约发生暴乱和封锁的地方）、加利福尼亚州圣昆廷监狱的影像，大家关注的重点是乔治·杰克逊（George Jackson）的 273
死亡，他是与"黑人权利"运动有关的年轻犯人。国内的形势也很突出：刑满释放人员和他们的家人第一次对公众讲述他们在监狱系统中的经历。对监狱信息小组来说，这是一个历史性事件，但这些"算不上是无产阶级"的演讲者们，却令听众中的政治纯化论者尴尬不已。[53]

废除犯人接收包裹的"权利"立刻引发了人们的强烈抗议。12月5日，包括福柯和克劳德·莫里亚克在内的50名抗议者聚集在旺多姆广场的司法部门外。在五六辆警车的监视下，他们将一个象征着被禁包裹的巨大袋子交给了一位官员。[54]官方允许少数妇女代表进入司法部，但事实证明，她们与那些官员展开的讨论毫无意义。对福柯来说，那是漫长的一天。那天，福柯在国家图书馆待了一上午，早些时候他曾在巴黎金滴街区短暂露面，那里正进行着针对种族主义的抗议活动。莫里亚克发现福柯的午饭吃得很节俭，在街上，他只吃了一块巧克力和一块牛奶面包。[55]对福柯来说，未来两个月将会更加忙碌。

热内发出抗议，认为普利文的通告是滥用权力的表现；接收包裹，是犯人参与正常生活为数不多的事情之一，部长无权干涉。[56]监狱信息小组的通讯稿中提到，监狱故意在内部制造一种"精神疾病的氛围"，这令监狱工作人员确信自己的生命总是处于危险之中。[57]法国总工会联合会的代表显然认为情况的确如此，但同时也赞赏部长的通报。[58]艾梅·派斯特声称严重的焦虑感充斥着自己的内心，监狱官们惊恐万分，害怕克莱尔沃事件会重演。[59]前监狱医生达尔斯·达扬特（Charles Dayant）在给当局的一封公开信中警告称，圣诞节晚上可能会爆发自杀事件，情况非常危险，紧急万分。[60]拉桑特监狱的一名囚犯让·拉孔布（Jean Lacombe）给部长本人写信说："最后的象征崩塌了。唯一使我们和他人一样的东西已经消失了。是的，这件事很严重，比它看起来的更严重。难道剥夺了我们的自由还不够吗？"拉孔布立刻被转移到了弗雷纳监狱，在那里，他独自一人被囚禁在单人牢房（一个不供暖的惩戒室），供应的食物只有面包和水。随后，他宣布圣诞节之前，他将一直绝食抗议。[61]监狱信息小组在评价拉孔布事件时指出，法国监狱正变得更加非人性化。[62]多梅纳克则认为，所有的 274
囚犯都因波坦斯和布菲的行为而受惩罚，监狱为保证犯人的良好行为，把所有犯人都变成了终极人质。[63]

面对各界的反应，普利文做出让步，并于 12 月 8 日在电视上宣布女囚犯和未成年犯人可以接收家人寄来的包裹。人们可以通过红十字会和教会机构给犯人寄送包裹，包裹内物品的价值不能超过 30 法郎，免得触发犯人们的小嫉妒和紧张情绪，包裹里也不能包含监狱小卖部买不到的东西。[64] 法国监狱里的囚犯实际上享有战俘待遇。

11 月，德拉吉尼昂（Draguignan）和普瓦西（Poissy）的犯人开始绝食抗议，但绝食真正爆发是在图勒，图勒是一个仅有 1.5 万人的小镇，政治上以保卫共和联盟为主导，并以哥特式教堂而闻名于世，《米其林指南》将图勒评为两颗星（"应该绕道而行"）。图勒距离巴黎 283 公里，距离南锡 23 公里。内伊中心监狱坐落在小镇郊区。这座监狱始建于 1917 年，最初是一个军营，在 1947 年变成了监狱。1971 年 12 月，监狱建筑两翼共关押了 540 名囚犯。12 月 5 日，200 名囚犯抗议监狱的监禁条件，在操练结束后拒绝回牢房。最后，在神父费尔滕的劝说下，他们返回了牢房。在接下来的两天里，青年犯人发生了骚乱，200 名囚犯被转移到了其他监狱。12 月 9 日爆发了大规模的骚乱：人们点燃了图书馆，洗劫了木工商店。犯人们涌上屋顶，高喊着"多点土豆，少点劳动"的口号。如今，人们口中谈论的是革命，犯人们要求监狱长和三名以暴行闻名的看守下台。犯人们与费尔滕神父和他的同事进行了谈判后，监狱恢复了平静。囚犯们确信他们不会成为受害者，而且他们的投诉也得到了监狱关注。他们还相信自己得到了保证，监狱长加利亚纳将被调往其他地方。

一夜之间，数百名共和国治安部队和特别行动队警察进入小镇，包围了监狱。12 月 13 日，监狱的其他部分被犯人洗劫一空，之后，三支防暴警察分遣队残酷地镇压了暴动。一名狱警幸灾乐祸地告诉记者，警察打犯人头的时候，步枪枪托都折断了。[65] 在此之前，暴力只是针对监狱本身。没有人被犯人劫持为人质，当暴动者接管了军械库之后，他们就把剩下的看守护送到了安全的地方。监狱中的小教堂是唯一没被破坏的地方，礼拜堂的门上刻着一行文字：我们尊重那些拿我们当人的人。

骚乱持续进行着，"关于内伊中心监狱事件的真相委员会"（以下简称"真相委员会"）成立了，并开始组织会议和分发传单。"真相委员会"是一个松散的联盟，通常由红色救援队和无产阶级左派组织，旨在宣传那些不可容忍的境况。图勒事件的真相是具有毁灭性的。在监狱风暴爆发前夕，一位刑满释放人

275

员在发传单时，说起自己如何因一系列微不足道的违法行为而受到惩罚。比如，他在厕所里发现了面包屑，在橱柜里发现了大量面包补给；他没有充分的理由要求去看医生；他的工作产出并不令人满意，而且他还穿着帆布鞋出现在车间里；他在工作时喜欢和他人交头接耳、窃窃私语。他因这些小事受到惩罚，在单人牢房被关了数个周末，这是在对犯人施压，因为周末是探监日。从监狱外寄给他的明信片汇单被监狱扣留了几个月之久。[66] 在接下来的几天里，许多令人咋舌的真相从内伊中心监狱的墙后浮现出来。

最具毁灭性的控诉不是来自犯人，而是监狱的精神病医生伊迪丝·罗斯，她给监狱管理总督察、共和国总统、司法部部长和医学协会的主席写了一封公开信。这封信被报纸杂志广泛引用，先以《我控诉》为标题刊登在《人民事业报》上，而后以付费广告的形式刊登在 12 月 26 日至 27 日的《世界报》上。罗斯医生评价了加利亚纳管理下的监狱风气，并以此展开论述。囚犯没有权利参加体育活动，除非他因一年的良好表现而赢得"功绩条"。囚犯的权利仅限于在牢房里保留一些照片，而她最近治疗了一位有"精神问题"的年轻人，因为狱警拿走了他弟弟的照片，这张照片是母亲寄给他的。一名患有重度抑郁症的患者拒绝服用她开的抗抑郁药，因为他害怕这些药会降低工作效率，并因此受到狱警的惩罚。一名患有精神疾病的囚犯因为拒绝工作而被关在了单人牢房，她对狱警发誓，这位犯人没法工作。拘身衣被频繁使用，她听说犯人每次被"约束"长达一周，据说是为了防止犯人自杀。据说有些犯人被迫躺在自己的粪便中。在监狱里，犯人们试图自杀是常有的事，有时他们还上吊自杀，其他一些 276 自杀的犯人，则吞下了叉子、勺子或几段霓虹灯管。骚乱开始时，她被监狱拒之门外。有人告诉她，那次骚乱是两名牧师为了"出名"而煽动起来的。

也许，伊迪丝·罗斯的声明中最关键的部分是她对监狱人群本性的关注："内伊中心监狱里没有'逞凶斗狠的人'。"随后，她描述了典型年轻囚犯的形象：他是婚姻破裂的产物，或者是一个酒鬼的儿子，当他还是个孩子的时候就被拘留了。

> 他们中的很多人第一次入狱时才 14 岁。当他们揣着 100 法郎离开时，所有的门都向他们关闭了，他们心里只想着一件事，即实现他们多年来的美好梦想——开一辆漂亮的车子飞驰在路上。于是，他们偷了一辆汽车后

又回到了监狱。然后他们就成了"危险的惯犯"。

罗斯医生最后说，她没有宗教信仰，也不隶属于任何党派。不用说，她最后被迫离开了监狱服务系统。面对她的发言，监狱内部的工作人员万马齐喑。[67]

《快报》的一名记者补充了更多生动的细节。一名囚犯想要给他四个孩子的母亲写信，监狱拒绝了他的请求，因为他们没有结婚。一个社工以无可辩驳的逻辑解释道："要么她是一个值得尊重的姑娘，那么她应该和那个家伙无关，要么她不是一个值得尊重的姑娘，那么他就没有权利给她写信。"他试图自杀。每周都会有犯人自杀或自残的事件发生。监狱里的一名护士评论道："当狱警经过时，犯人割腕，我不认为这是自杀。"根据官方的说法，给犯人穿拘身衣是一种医疗举措，除非医生签署了医疗许可，不然监狱不能给犯人穿拘身衣。罗斯说，她最担忧那些严重精神失常的犯人。她从来没签署过有关拘身衣的证明。《快报》记者简洁地称内伊中心监狱为"摩泽尔的阿提卡监狱"。[68]

对福柯来说，罗斯医生的声明是"有关图勒监狱的话语"：

> 图勒的精神病学家说话了。她泄露了秘密，冲破了禁区。她作为权力系统中的一员，没有批评这个系统的运行，而是谴责某天、某地、某种情形下所发生的事情……毕竟，虽然她的知识是权力的一部分，参与了权力的运行，但她却有非凡的勇气说"我发誓"……"图勒的演说"也许是刑罚和精神病机构历史中的重要事件。[69]

福柯还将图勒的情况与十年前阿尔及利亚的问题相提并论：谈论军队使用酷刑是一回事，但谈论某个上尉严刑拷打某人，或者说，谈论如此多的尸体从某个警察局被抬出来则是另一回事了。医生伊迪丝·罗斯是那个有勇气以后一种方式行动的人。大约有40人聚集在阿拉戈大街上。信号烟火在黑暗中闪烁，黑夜中响彻着鞭炮的轰隆声。那天晚上很暖和，拉桑特监狱的犯人透过牢房的窗户热情地呐喊着。[70]新年前夜，福柯在弗雷纳监狱外参加了一场类似的和平示威活动。

图勒和南锡的会议上群情激昂，会议吸引了超过一千名听众。在德勒兹的描述中，图勒的会议上，一群狱警大嚷大叫，试图淹没演讲者的声音。那些刑

277

满释放人员让这些狱警安静下来，他们打算讲述自己入狱的原因，并且公开指认那些虐待他们的狱警。"我知道你是谁"，当初狱警曾用这句话来恐吓犯人，如今，这句话成了犯人让狱警沉默的武器。[71] 然而，并不是所有的狱警都沉默不语。1月初，他们中的40人举行了一次会议，在会上谴责"真相委员会"散播的"诽谤"[72]，法国总工会（CGT）、法国劳工民主联盟（CFDT）和法国工人力量总工会（FO）联合发布声明称，他们很惊讶，"监狱体制外"的人竭尽全力让监狱的犯人们对抗"那些负责看守他们的人"，而不是去平息局势。[73] 暴力的可能性一直存在，有时甚至成为现实：当多梅纳克离开在梅茨召开的会议时，他险些被故意撞向他的车压死。

有一次会议具有特殊的意义，不是因为它揭露了图勒监狱的内幕，而是因为它揭示了福柯和监狱信息小组成员的政治倾向。1972年1月5日，福柯在图勒的真相委员会会议上发表了讲话，敦促普利文说出真相。国家媒体没有报道　278　福柯的演讲。《世界报》详细报道了会上宣读的萨特来信：

> 警察从内伊中心监狱带走了200名年轻人。200名年轻人参与了抵抗行动，因此，他们为了共同的志趣，从个人主义的抵抗转变为了共同的行动。他们很可能将他们的境遇和行为的新面向带进监狱中：一场集体起义……如果全面抵抗运动爆发了，我们会怀着复杂的心情冷眼旁观吗？我们会从中看到这地狱般的种族的另一重罪恶——囚犯吗？我们会任由这腐败的政府兀自解决这件事吗？政府声称派出共和国治安部队是为了保护我们，或者我们将这场集体起义看作人们反抗压迫制度的开始，这种压迫制度就是束缚我们的集中营。[74]

福柯当时对此作出评论，他觉得遗憾，因为《世界报》花了那么大篇幅刊登萨特的信，却没有提及囚犯的要求。[75] 福柯本可以说很多，但他没有。萨特似乎认为他找到了一个"多元共融的团体"甚至是一个可以引发革命变革的代理人。因此，多梅纳克在书中对萨特进行了批判，他认为，全面抵抗运动不太可能发生，200人的抵抗运动也不是任何事的开端，这些抵抗运动将遭到严厉镇压。[76] 也许更重要的是，萨特提到了"集中营天地"。正如他所知，萨特在1940年曾与大卫·鲁塞（David Rousset）合作过，《集中营天地》（*L'Univers concentrationnaire*）是大卫·鲁塞关于集中营的经典研究[77]，因此，这个术语既带有情感色彩，又承载着意识形态意义。法国毛主义者宣称法国已被资产阶级占领，他们的斗争是一种新的抵抗。在 20 世纪 70 年代初期，这样的言论并不罕见，但正如多梅纳克所说，"群众"不太可能同意萨特的观点。福柯声称，"没有人能保证自己就不进监狱"——这个观点是咄咄逼人的，但与很多年轻人的经历并不相悖——萨特则声称我们全都活在集中营世界里，两人观点的差异之处，昭显了两人各自的政治判断。

279　　1972 年 1 月的头几个星期，监狱里时不时就会发生绝食抗议和骚乱：尼姆（Nîmes）、亚眠（Amiens）、洛奥－里尔（Loos-lès-Lille）、鲁昂（Rouen）、埃克鲁韦（Ecrouves）和弗洛里－梅诺吉（Fleury-Mérogis）等城市先后被这场运动波及。在所有事件中，犯人都提出了改善监狱条件的要求。1 月 15 日早晨 7 点 30 分，南锡的查理三世监狱发生了暴动。下午 1 点 30 分的时候，警察开始对监狱发起进攻，地上的警察部队，盘旋在监狱上空的宪兵直升机，向监狱齐发催泪弹。不到一个小时，警察就掌控了局面，此次暴动估计损失 200 万法郎。与此同时，叛乱分子成功地向聚集在监狱外大街上的 3 000 名旁观者派发了传单，传单列出了犯人们的要求。十几名年轻人因支持暴动，对暴动表现出异乎寻常的热情而遭到逮捕。在传单中，犯人们表达了在监狱中伸张正义的需要，并呼应了监狱信息小组的说法，即监狱如此荒谬地处于法律之外。传单上，犯人们还要求监狱改善伙食，不再审查报纸，提供良好的卫生条件，以及所有宿舍都能供暖。据监狱信息小组所说，南锡暴动的发展轨迹与图勒暴动相同：在一次和平示威之后，犯人们得到官方承诺，官方将关注他们的诉求，并且不会采取任何报复行动。然后，他们被官方说服，但狱警却将他们从运动场直接扔进了惩罚区。[78]

暴动平定后不久，普利文向媒体发布了一份声明：

> 今天上午爆发的暴动，起因并非那些引发不满的严重原因。显而易见，犯人们在各个刑罚机构挑起的危险动乱，却被一些颠覆分子竭力利用，可犯人们却要承担这些动乱所引发的后果……挑起当前麻烦的人，其真正目的是阻碍已经宣布的改革，以便找理由挑起暴动。[79]

2月，弗雷纳监狱发生骚乱时，官方再次使用"颠覆分子"这套说辞。当时，监狱信息小组的激进分子正积极为囚犯家庭组织会议，而地方长官声称，抗议是监狱外的人"遥控"宣传的直接结果。在抗议当中，囚犯在没有使用任何武器的情况下将看守长制服。官方的这番说辞是"外部煽动者"主题的绝妙变体。福柯只是答复说，囚犯们的能力足以组织他们的抗议，不需要任何远程操控。[80]

南锡事件发生后不久，福柯收到了默伦监狱内的一份声明，那里的局势虽然紧张，但依旧平静。他提议在司法部的新闻发布会上公布这份声明。1月18 280日，莫里亚克、德勒兹和萨特——德勒兹打趣称萨特为"我们的吉祥物"——以及萨特的密友兼情人米歇尔·维安（Michelle Vian）一行人，汇聚在卡斯提葛里奥大街上，这条街通往南边的旺多姆广场。福柯和一大群支持者加入了他们，他们一同向旺多姆广场挺进，之后走进了司法部的大门。第二支队伍沿着和平大街汇入他们的队伍中。路障被队伍推开了，示威者向不知所措的搬运工说他们是来参加新闻发布会的。

当福柯开始宣读他的声明时，共和国治安部队出场了，开始把参加新闻发布会的人群推到街上。人们在抵抗着，福柯走在最前面，因用力而满脸通红、肌肉隆起。司法部门外爆发了混战，记者阿兰·若贝尔（Alain Jaubert）被一名警察逮住不放。萨特因为年龄和健康情况，不可能帮多大忙，福柯和其他人立刻攥住若贝尔的胳膊，想要把他拉开。现场宛若一场闹剧：一群共和国治安部队的人将这些参加拉锯战的人包围起来，他们只是看着这个场面，没有采取任何行动。

最后，若贝尔连同玛丽亚娜·梅洛－庞蒂（Marianne Merleau-Ponty）和一些记者被警察塞进警车带走了。莫里亚克试图从中斡旋，他出示了自己的记者证，并获准与高级主管警官进行交涉。他同意，如果警察释放他们的同志，游行示威的人群就会散去。当警察知道他们逮捕的是谁时，一定很尴尬，最后三个人都被释放了：若贝尔指控警察对他的非法拘留和人身攻击。尽管气氛紧张，危险一触即发，但当梅洛－庞蒂——这位律师兼哲学家的女儿被捕时，人们发出歇斯底里的笑声和呼喊，"我们绝不能失去玛丽亚娜"——玛丽亚娜一直是共和国的象征，每一个市政厅都伫立着她的雕像。

当福柯靠近在警车前列队的共和国治安部队时，一把枪托砸在了他脚上。

他怒气冲冲地把它推到一边，防暴警察却仍像机器人一样无动于衷。最后，一位公务员来了，宣布他将保证部长收到请愿书。福柯尖刻地答道，这是一份报告，不是什么请愿书，部长应该像其他公民一样，明天就能读到它，并补充说，部长也不配享有特殊待遇。事件结束后，人们针对南锡事件和默伦监狱的情况，在杜索布街的解放新闻社（Agence de Presse Libération）召开了临时新闻发布会。[81] 有关默伦的声明一开始就指出，犯人引起公众舆论关注的方式有两种：屋顶抗议和暴力行为，或者发表声明，如果人们忽略了这些暗示，暴力将接踵而至。声明的主要诉求是经由民主选举建立囚犯委员会，并授权该委员会与监狱当局进行谈判，而不是像往常那样将囚犯委员会看作"罪魁祸首"和"麻烦制造者"。声明中的其他要求包括释放被保释囚犯，七年后将犯人的无期徒刑改为有期徒刑，取消犯罪案底制度，使犯人获得社会保障权、工作的权利，确保犯人获释后的钱财足以维持 3 个月的生活，并废除阻止囚犯与外界自由通信的法律。[82]

281

监狱信息小组和红色救援队呼吁人们在 1 月 21 日的巴黎举行示威游行活动，同时动员人们建立囚犯委员会，并保证不进行报复行为。那天，约有 800 人涌向林荫大道，在人们互相投掷燃烧瓶和瓦斯手榴弹的过程中，示威活动结束了，这几乎成了示威活动的惯例。[83] 为了防范警察提前介入，最初的传单没有写明具体开会地点，传单仅告诉那些可能的示威者去联系红色救援队，以便获取更多信息。在半保密状态下，监狱信息小组只需几天时间就可以动员 800 人，足以证明小组的组织动员能力不容小觑。

为应对图勒监狱的暴动，政府任命罗伯特·施梅尔克（Robert Schmelck）为调查委员会主席，施梅尔克是上诉法院的检察官，也是欧洲刑事问题委员会的主席。1972 年 1 月，委员会的报告得出结论，称图勒的训诫制度过于严苛：仅在 10 月和 11 月，监狱就对囚犯进行了 191 次训诫惩罚。这对于 540 人的监狱来说有点太多了。调查显示，主要问题出在年轻犯人区，这里是骚乱开始的地方，一方面，这些年轻犯人无聊至极，另一方面，训练设施又不足。委员会认为，他们既不能承认，也无法否认罗斯医生的声明。施梅尔克还提到了监狱帮派组织的存在，他猜测这些组织试图决一胜负，从而引发了骚乱。[84]

报告发表不久后，监狱长加利亚纳被调到了另一个职位。监狱信息小组在新闻稿中对施梅尔克团队持负面评价，认为他们的工作是"不充分的"，因为施梅尔克团队决定召开的新闻发布会仅持续了五分钟，而且几乎是在秘密的状态下召开的。说得更具体些，监狱信息小组批评施梅尔克未能指出一个问题，那 282 就是加利亚纳对犯人施加的惩戒程序，导致许多犯人的释放日期被推迟了。监狱信息小组呼吁对此事件进行独立调查。

新闻稿是监狱信息小组的主要武器之一，人们很快就会发现，小组很善于利用媒体。《新观察家》和起源于抵抗运动的《基督教见证》（*Témoignage chrétien*）通常会刊登对监狱信息小组有利的报道。整个 1972 年，《世界报》定期报道监狱自杀浪潮，并习惯性地将官方数据和监狱信息小组的数据并列刊发。

另外，电视处于官方严格管控之下，对于监狱信息小组几乎遥不可及。1972 年 2 月，每周一次的《荧幕档案》专门讨论监狱问题。节目采取了常规模式：先放一个故事片，然后进行一个半小时的讨论。这部具有争议的电影是1956 年莫里斯·克劳（Maurice Cloche）的《女子监狱》（*Prison de femmes*），周末广播电视节目认为这部影片是典型的监狱情景剧。[85] J. 派诺特（J. Parrot）针对节目所写的两页介绍中都是一些声名狼藉的女杀人犯的故事。然而，派诺特指出，女子监狱的确需要改革，他希望观众的关注有助于讨论这个问题。

不过相关讨论仍充满局限性。受邀讲述监狱生活的人士包括法国总工会的派斯特、勒科尔尼（Le Cornu），以及一名监狱精神病学家、一名律师，还有监狱探访组织的主席和一名修女。没有监狱信息小组的代表受邀参加节目，荧屏上也没出现任何刑满释放人员的身影。克劳德·莫里亚克认为这是一场空洞的讨论："这场讨论不仅没有提及我们的任何政治介入……而且没有提到最近监狱里发生的严重事件，更糟糕的是，节目甚至没有提到施梅尔克的报告。"[86] 《荧幕档案》节目通常会接受观众电话提问，并对讨论进行实况转播。监狱信息小组成员心里很清楚，节目不会理会他们的问题，于是，一些监狱信息小组的成员和支持者们给节目打电话，他们是：萨特、波伏瓦、多梅纳克、西克苏、德勒兹、法耶（Faye）、福柯和克拉维尔（Clavel）。然而，节目没有播出他们提的任何一个问题。所幸，这些问题及时地刊登在了《新观察家》上，比如，为什么罗斯医生没有受邀参加节目，节目为什么没有讨论巴黎女子监狱罗盖特监狱的生活条件等问题。[87]

尽管政治活动以及监狱信息小组占据了福柯的大部分时间，但他的学术生活还在继续。据德勒兹说[88]，4 月，福柯有些不情愿地去了美国，并在布法罗市

283　的纽约州立大学布法罗分校举办讲座，讲座题目是《真理的历史》。在明尼苏达大学，他做了关于 17 世纪法国"政治仪式"的演讲。[89]这不是他第一次到访此地，去年冬天他已去过布法罗，但不太喜欢那里的气候。唯一令福柯感到安慰的是西克苏的到来，在这次演讲之旅中，寒冷的天气也同样让她内心沮丧。[90]福柯在美国的声誉尚未牢牢确立，也许，只能用法语讲课无法强化他在美国的影响力。此刻，福柯还没有真正感受到美国的魅力。那个年代，"像我这样有点迷惘，不那么机敏的欧洲人眼中，美国是一个庞大的、充满高科技的、令人有点害怕的地方，这幅皮拉内西风貌的图景渗透了许多欧洲人对纽约的看法"。[91]美国学生自以为是地认为，随时随地都可以与福柯展开谈论，这让福柯不太高兴，这种情况超出了大部分法国大学老师的经验范围。[92]

　　布法罗之行并非纯粹的学术之旅。布法罗的法语系主任约翰·K.西蒙（John K. Simon）安排福柯参观了阿提卡监狱。面对西蒙，福柯没说实话，他告诉西蒙自己从未踏进监狱半步，不提自己 20 世纪 50 年代在弗雷纳监狱工作的事。阿提卡监狱的景象令他"无法抗拒"：

> 在阿提卡，最触动我的地方可能是监狱入口，很像仿造的迪士尼乐园堡垒，这些伪装成中世纪塔楼的建筑，实际上是带有枪眼的观察哨。在这个令其他所有事物黯然失色的荒谬景象背后，你会发现它是一台巨大的机器……阿提卡是一台排除的机器，它像一个巨大的胃，一个吞噬、破坏、分解和排斥的肾脏，它为了排除它已然淘汰的事物而吞噬着。[93]

　　福柯返回法国之后不久，6 名南锡监狱反抗者被带上了镇里的轻罪法庭，阿尔伯特·诺（Albert Naud）和亨利·勒克莱克为他们进行辩护。监狱信息小组在南锡组织的示威活动，再次遭到了警察的镇压。在一次事件中，埃莱娜·西克苏被警棍击倒在地，不省人事。[94]在此期间，6 个反抗者——他们中最小的才 19 岁——被警方追加五到八个月的监禁，并被警方勒令缴纳 250 法郎的

284　罚款。法院承认存在"减轻罪行的情节"，公诉人为保卫社会免受骚乱而提出的"长期监禁"请求也被法院驳回。最后总结的时候，公诉人将监狱信息小组称为"公众洗脑小组"。在福柯看来，这 6 个"叛乱头目"成了替罪羊，其中两人有一长串的犯罪记录，但这一切并非偶然。[95]

法院对南锡叛乱者的判决是比较仁慈的，监狱信息小组认为自己获得了部分胜利。但法官的策略挫败了诺和勒克莱克试图将诉讼程序政治化的所有努力，他们本想通过提出谁进入监狱的问题，以及犯人如何被对待的问题来达到这一目的。然而，在勒克莱克和看守长之间的对话中，也浮现出一些令人不快的细节。查理三世监狱从未给犯人放过电影，而且那里也没有电视，没有任何运动设施。尽管南锡的冬天异常寒冷，但监狱里并不供暖。宿舍被铁丝隔成了一些"圈"，供 4 到 6 个人居住，在这样的环境里，囚犯不可能去写作、阅读或吸烟。兼职牧师认为，建筑的使用年限和状态，以及监狱中个人隐私的缺失和缺乏供暖的情况，给犯人暴动提供了充足理由，只将涉案的 6 个囚犯带上法庭似乎是不公平的。但当他谈到这些的时候，法官却让他保持安静，不要讲话。

德费尔以及监狱信息小组的积极分子出席了这次审判。他们详细地记录了法庭审理程序。[96] 7 月，在万森纳的卡尔杜什利剧场，在纪念 1792 年的演出结束后，法国太阳剧团又表演了一个小短剧，小短剧的剧本正是在法庭记录的基础上创作而成。亚莉安·莫努虚金（Ariane Mnouchkine）的好友西克苏将她拉进了监狱信息小组。在这出小短剧中，莫努虚金在剧中扮演勒克莱克，福柯则扮演副评审员，德费尔和梅耶扮演警官。在万森纳的剧场，演出结束后，人们进行了公开讨论。莫努虚金的声誉，以及太阳剧团常驻观众的素质，保证了小短剧反响良好。其他的表演似乎不那么成功，但并不是因为警察的介入。监狱信息小组成员试图在街上进行短剧表演，由于警察干涉其中，使表演很快结束了。监狱信息小组在克雷泰伊的户外露天场所放映了这部短剧，但人们的观影反应似乎没有被记录在案。

监狱信息小组原本还计划在鹌鹑丘之路（rue de la Butte aux Cailles）举行一场演出，但在万森纳演出的前一天，警察在这里进行了驱逐行动。一场暴风雨驱散了在场的演员们。现场只剩下一群政治激进分子，他们设法阻止警察的驱逐行动。这个街区的居民没有出来，尤其因为在场的大部分激进分子都准备第二天晚上去万森纳，继续抵抗下去似乎变得毫无意义。结果，克劳德·莫里亚克发现福柯独自一个人，一筹莫展地坐在当地一家咖啡店里。[97] 很不幸，南锡的审判小短剧没有一张照片。尤其是莫努虚金，她坚称这部短剧不是展现演员个性的媒介，而是纯粹的政治行动。[98]

并不是所有监狱信息小组的作品都如此复杂精妙。福柯平时参加的宣传动

285

员短剧则更为典型。典型的小短剧往往基于对谚语的巧妙改编，比如，这条谚语是"小时偷针，长大偷金"（He that will steal a pin will steal a pound），之后这则谚语被改编为"偷针的人进监狱，偷金的人进议会"①（He who steals a pin goes to prison；he who steals a pound gets into Parliament）。⁹⁹剧院并非唯一的武器，监狱信息小组还制作了一部关于监狱的纪录片。此片由专业人士指导拍摄，技术上非常成熟，影片通过一些蓬勃发展的"另类"网络得到了成功传播。

南锡事件之后，一系列监狱报道的浪潮逐渐平息。如今，监狱调查小组将注意力转向了法国监狱自杀率的惊人增长上。到 1971 年为止，自杀率一直呈下降趋势。然而，到了 1972 年和 1973 年，自杀率变得格外高，这两年分别有 37 人和 42 人自杀。从统计数据来看，1972 年至 1975 年间，每 10 万人中就有 131 人死亡，大多数受害者的年龄在 20 岁以下。一项研究表明，监狱里 20 岁年轻人自杀的可能性是监狱外 20 岁年轻人的 20 倍。官方对待自杀的态度颇为严厉。《世界报》引用了勒科尔尼的说法，他认为大多数囚犯自杀是为了转移到医疗区，因为他们相信在那里计划逃跑会更容易。因此，犯人的自杀企图——官方称之为自残——会受到监狱的严厉惩罚。司法部很快彻底否认了这一说法。¹⁰⁰但监狱信息小组的第四本也是最后一本小册子复制了从拉桑特监狱偷偷带出来的文件：这是一张命令囚犯出席纪律听证会的传票，因为这位犯人砍伤了自己的手臂。¹⁰¹

因犯自杀问题很快获得了广泛关注，并成为 11 月司法行动运动组织公开会议的主题。监狱信息小组的成员、法官、律师和刑满释放人员参加了此次会议，这次会议清晰地展现了福柯以及监狱信息小组与刑法系统的专业群体是如何合作的。会议吸引了 200 到 300 名听众，吉恩 - 杰克斯・德・菲利斯（Jean-Jacques de Félice）律师主持此次会议，他已经从普利文的政治地位需求调查委员会辞职。福柯和莫里亚克都在现场，连同吉尔斯和范妮・德勒兹（Fanny Deleuze）。尽管会议很严肃，但也不乏欢声笑语的时刻，大多数时候都是一名同性恋革命行动阵线（1971 年建立的同性恋解放组织）的成员惹得大家发笑，当人们谈论法官的角色时，他用女性化的语调插话说，他们也穿长袍，但这个长袍既是"法衣"也是"长裙"。会上，在提及杰拉德・格兰德蒙塔尼（Gérard

286

① 类似庄子散文中的"窃钩者诛，窃国者为诸侯"，意思是偷钩的要处死，夺权篡位的人反倒成为诸侯。旧时用以讽刺法律的虚伪和不合理。——译者注

Grandmontagne）一案时，人们也以非常不同的方式提到了同性恋问题。杰拉德是一名 25 岁的吸毒者，警察设圈套将其逮捕入狱。尽管他被医生诊断出有自杀风险，但他还是因为"同性恋行为"而被关进了弗雷纳监狱的单人牢房。结果可想而知，他用一根从灯具上扯下来的电线上吊自杀了。[102] 因此，他理所当然地成了同性恋革命行动阵线的殉道者，对这个案件的讨论几乎主导了整个会议。

当人们请福柯代表监狱信息小组发言时，福柯拒绝了。他只是说，虽然他们知道格兰德蒙塔尼事件，但对这一年发生的其他 27 起自杀事件所知甚少，并呼吁大家多多了解案件信息。会议开始的时候，福柯一直在和德勒兹说笑。后来他变得非常严肃，耐心地回答陌生听众的问题。[103]

11 月 29 日凌晨 5 点，克劳德·布菲和罗杰·波坦斯因谋杀克莱尔沃监狱的护士和狱警而被送上断头台。在此之前的 6 月，法庭举行了这宗案件的听证会，当时争议不断，尤其因为法庭通过广播喇叭向法院等候室的人群播报了审议过程。波坦斯身上只有一把三英寸长的、廉价的欧皮耐尔小刀，而且刀上没发现血迹，陪审团认为他没有杀害任何一名人质。然而，法庭认为他是布菲的"共犯"，最后将他判处死刑。许多旁观者认为，布菲的观点动摇了法庭的判断。布菲声称他的同谋者必须和他一起承担责任，他似乎已经认定波坦斯应和他一起上断头台。[104]

和许多人一样，福柯相信蓬皮杜将会赦免布菲，因为蓬皮杜曾公开反对死刑。[105] 但福柯错了，蓬皮杜的赦免从未到来。福柯在《新观察家》发表了一篇恶毒的文章，他认为这是蓬皮杜故意作出的政治决定。如果只有布菲被处决，那么这台死亡机器可能会卡住，而蓬皮杜本来有幸成为最后一位推动这一进程 287 的总统，虽然这项荣誉并不值得羡慕。波坦斯的死，至少部分归咎于布菲，因为布菲减轻了总统的责任。法庭通过引入集体责任和罪行的原则，以"同谋罪"处决波坦斯，实则是对所有犯人的一种警告。从更一般的情况来看，在福柯看来，对于以死亡为主导的制度来说，断头台不过是此制度的可见象征物。死亡，尤其是自杀的可能性，是任何监禁刑罚所固有的。无期徒刑和死刑其实是同一件事："当你确定自己永远无法出去了，还有什么可做的呢？即便冒着死亡的危险也要去拯救自己，即使自己可能会死，也要拿性命赌一回。这就是布菲和波坦斯所做的事。"最后，福柯指控监狱制度犯有谋杀罪。[106] 尽管封面上的日期是"1972 年"，但《狱中的自杀》（*Suicides de prison*）其实是在 1973 年 1 月初出版的。开篇部分列出了 1972 年发生的 32 起自杀事件，并补充道，考虑到这些数据取决于监狱医生签署的死亡证明，它们可能并不完全准确。这也许解释了监狱信息小组和沙奈（Chesnais）数据之间的不一致。其中四分之一的自杀受害者是移民，而且他们大部分才二十多岁。文章接下来讲述了一系列"案例历史"。这是一些临床诊断式的记录，灰暗而单调：

> 弗勒里－梅罗吉，1972 年 3 月 27 日生。赛义德·布莱德，19 岁。阿尔及利亚人，居住在法国。一位法官将他安置在了"云杉之家"（为面临刑事指控的年轻人提供的临时宿舍）。之后，他被逮捕。他从监狱释放后，门厅的监狱长拒绝将他送回"云杉之家"。官方认为他没有固定住所，从而将他驱逐出境。由于在阿尔及利亚没有家庭，他又回到了法国。他最后自缢而亡。[107]

《狱中的自杀》很好地利用了连词"de"：这些自杀事件并不是碰巧发生在监狱里的。正是监狱制度引发了这些自杀事件，这是狱中的自杀。

小册子最感人的部分，是署名为"H. M."的监狱信件。H. M. 是一名轻罪犯人，他的犯罪记录可以追溯到少年时期，那时他因偷窃糖果被关进少年犯管教所。1972 年的夏天，他因贩毒指控被关进监狱（他曾卖鸦片给假扮成毒贩的警察），H. M. 像格兰德蒙塔尼一样，也因"同性恋行为"而被关进了单人牢房。最后，他也上吊自杀了。H. M. 是在服用镇静剂的情况下写下的这些信，内容从请求一份萨特的《圣热内》（Saint Genet）的副本，到讨论莱恩和库伯的反精神病学著作。H. M. 谈到了瑜伽，谈到了他过去想去印度的梦想，讨论了他正接受的心理治疗，描述了他正在制作的画框，画框上装饰着约翰·列侬有关爱的口号。他在信中没有提到身体的逃离，但很显然，逃离到另一个空间的想法渗透在字里行间。信件还附有一篇未署名的评论，几乎可以肯定是福柯写的。结尾是这样写的：

288

> 与此有关的不只是普遍意义上的社会体系及其社会排斥和判罚，而是有意识的、人格化了的教唆。社会体系通过这些教唆运作并确保其秩序，并通过它们制造排斥和判罚，后者与权力、警察和监管政治沆瀣一气。某

些人士应为 H. M. 的死负直接责任和个人责任。[108]

《狱中的自杀》由监狱信息小组、犯人行动委员会（Comité d'Action des Prisonniers）和保护犯人权利协会（Association pour la Défense des Droits des Détenus，ADDD）联合出版，但当这本书真正出版时，监狱信息小组实际上已经不复存在了。成立于 1972 年 11 月的犯人行动委员会，基本上是由魅力人物塞尔日·利洛兹特创建的，他是默伦抗议运动的参与者之一。像监狱信息小组一样，犯人行动委员会也没有设立正式成员资格，整个委员会主要靠创始人强有力的个性而凝聚在一起，利洛兹特曾是一名抢劫犯，刑满释放后转向写作和政治活动。在利洛兹特看来，监狱信息小组已经指明了方向，如今，轮到监狱信息小组中的那些新近释放的囚犯自我组织了，在他们的组织下，那些高墙后和屋顶上展开的抗议将继续进行下去。[109] 犯人行动委员会维持到了 1980 年，其明确目标是不断改善犯人在监禁期间和被释放后的命运。

由于监狱信息小组一直声称不代替犯人发言，而是给犯人提供表达的渠道，如今它的低调隐退也在情理之中。个人的疲倦，政治方面的倦怠，也可能导致了监狱信息小组的终结。至少，当监狱信息小组解散的时候，达妮埃尔·朗西埃承认，她松了口气，因为她发现这两年来，与犯人和他们的家属密切接触是一段累人的、最终令人感到窒息的经历，这样想的不止她一个人。1972 年夏天，红色救援队的解散，至少也使监狱信息小组损失了一部分天然支持者。如今，289 无产阶级左派进入了一段危机时期，并很快走向了衰亡。福柯对监狱问题的参与并未就此结束，但监狱信息小组在 1972 年年底就已悄然终结。

正是在福柯的建议下，保护犯人权利协会（ADDD）成立了，虽然他很少参加他们的活动。协会与没有正式法律身份的监狱信息小组不同，它是一个合法成立和注册的协会，它的宗旨是代表犯人行动，并确保失去自由是犯人遭受的唯一制裁。保护犯人权利协会的成立也回应了犯人家属的愿望，因为与监狱信息小组内的无产阶级左派关系过密，家属们担心自己的合理诉求可能会被后者利用，这种担心是可以理解的。[110] 保护犯人权利协会的委员都非常受人尊敬，享有很高的声望，委员会成员包括诗人的遗孀多米尼克·艾吕雅（Dominique Eluard）、克劳德·莫里亚克和吉尔·德勒兹。协会的荣誉主席是《海的沉默》（Le Silence de la mer）的作者韦科尔（Vercors），在所有描写战时抵抗的文学作品中,《海的沉默》可能是最著名的一部了。(韦科尔是让·布鲁勒的笔名。这个名字来自山区,在那里他见证了抵抗历史上最悲情也最英勇的事件。)

很大程度上,正是由于监狱信息小组的努力,在法国,监狱问题得以进入公众视野和政治议程,远远超过了英国和美国。在英国和美国,没有任何类似组织能在监狱外成功组织大规模的行动。[111] 犯人行动委员会和保护犯人权利协会以不同的方式继续着监狱信息小组的工作,但正如《世界报》所指出的,人们非常怀念福柯这位领导者。[112]

12　激进的教授

从 1971 年到 1973 年初，福柯的政治关注点主要聚焦于监狱信息小组。但这并不是他唯一的关切。有时，他的身影活跃于世界各地，参加反对越南持续战争的游行示威活动。在法国，他反对法国的种族主义，反对那些对移民的威胁。[1]人们会在一些奇怪的地方看到他的身影，偶尔还能看到他在移民家庭偷住的房子里挥舞着扫帚扫地。有人看到他和利洛兹特等人在林荫大道上散发犯人行动委员会的传单。[2]然而，福柯并不总是如人所愿。

当人们想效仿监狱信息小组这个为监狱服务的组织，建立一个为精神病医院服务的团体时，福柯显然是他们可以联系的人。1971 年年末，在第十四区一个教堂的礼堂里，福柯和罗伯特·卡斯特尔一起参加了第一次会议，此次会议吸引了大约两百名听众，包括痊愈的精神病人、反精神病学的狂热分子，以及流派各异的左派分子。会议如暴风骤雨一般，充满了暴力，会上的人们经常指名道姓地对个人和机构进行暴力攻击，这是完完全全的人身攻击。福柯和卡斯特尔认为当时的气氛混乱无比，他们静静地听着，很快就得出结论：他们与这些"极端左派"合作不会有所作为。[3]精神病院信息小组（Groupe d'Information sur les Asiles）的确成立了，此组织多年都鲜为人知，但其成立和运作没有获得福柯的任何帮助。

与此相比，至少在早期，福柯对健康信息小组（Groupe d'Information sur la Santé）要积极得多。他与其他 6 名成员一起进行了圆桌讨论，讨论结果成了1972 年年末发表的一篇宣言："我们的目标不是与其他不同科学的实践者合作，并形成一个跨学科的小组，而是要挑战科学知识和日常实践、体力劳动和脑力劳动之间的界限。"[4] 健康信息小组几乎没留下任何证明它存在的记录，但小组

291 调查了里昂工厂发生的中毒事件，并参与了谴责此事件的相关运动。他们谴责制药行业的盈利动机，抨击医生以知识名义对个体施加的压制。[5]

由于参与了监狱信息小组，福柯不可避免地卷入了法国政治之中：签署政治请愿书和公开信，这是法国或巴黎政治的典型表征。人们常将请愿书或公开信这种现代政治实践形式追溯到德雷福斯事件，但最近的研究表明，人们公认的第一份请愿书，实际上是 1887 年知识分子群体为抗议修建埃菲尔铁塔而签署的请愿书。[6] 传统意义上的请愿书，是一封附有签名的公开信，以付费广告的形式发表在《世界报》这样的日报上，后来《解放报》则变成了请愿书的经典坐标。签署请愿书和收集签名是一项微妙的工作，没有人希望自己与政治不正确的人物为伍。人们立刻会问："谁已经签名了？""谁将要签名？"请愿书有意利用了文化资本或签名者的知名度，福柯的签名显然比不知名小说家的签名更有"价值"。它还有确认签名人地位的效力：通过签名这一行为，他（她）变得更像个知识分子了。当然，若这个人签署了太多请愿书，他的签名也会有贬值的风险。给人的感觉似乎是，这个人会不分青红皂白地支持一些完全不搭边的事业。萨特和玛格丽特·杜拉斯都经常为请愿和抗议签名，他们也总是冒着这般风险。法国一位研究"知识分子"的历史学家，总结了经典请愿书背后的三个主要假设：知识分子有权掀起公愤；他们有权团结起来，使他们的抗议更有分量；他们有权将自己的学历作为权威的象征。[7]

大体上说，福柯对请愿书并不抱有特别乐观的态度。大多数情况下，他签请愿书是迫于朋友的压力。当《文学新闻》（*Nouvelles littéraires*）周刊的一名记者问他对请愿书有什么看法时，他叹了口气说："为所有的请愿书签名，或什么都不签，其实是同一回事。"他继续说道，他确实签署了，但"仅仅在个体的生命或自由危如累卵之时，他才会签名"。[8] 这番言说或许并不完全确切，但的确表明福柯签名会经过一番选择。有时，签署请愿书的请求如此频繁，福柯必须推托一些。福柯的电话号码，从来都不是严格保守的秘密，他拒绝买一台答录

292 机，如果那样他就不得不回电话。福柯与朋友之间会用暗号，先让电话响两声，挂掉，然后再打过来。或者德费尔会接电话，并对电话那边的人说今天请愿的数字；或者他会建议对方下周的签名应另谋他处。[9] 1979 年，福柯带着一丝绝

望，希望他在《文学新闻》发表的评论会令签名请求变得少些。他声称几乎每天都有人请求他签名，这种说法无疑有些夸张。[10]

福柯签署的第一份请愿书是关于越南战争的：法国科学家和研究人员发表联合声明，抗议美国轰炸北越堤坝的威胁（《世界报》，1972年7月9日—10日），并谴责美军使用现代技术的好战姿态（《世界报》，1972年12月23日）。他还支持人们以巴勒斯坦人民的名义发出呼吁（《世界报》，1973年1月14日—15日）。在福柯活跃的圈子中，反对越南战争是必需的，声援巴勒斯坦人民也是一项广受欢迎的事业，他对此类抗议活动的支持，只是他对公众广泛立场的一般性承诺。

然而，福柯签署请愿书这一举动，与他对知识分子角色的看法相左。虽然福柯有意拒绝了"普遍的知识分子"的概念——其原型是1898年左拉的《我控诉》（*J'Accuse*）——但他必然使用一套普遍知识分子的措辞。福柯对普遍知识分子的诸多批判都是针对萨特的，但左拉仍旧是普遍知识分子的典型。正如1978年福柯对一名日本记者所说，左拉能写出《萌芽》，并不是因为他是一名矿工。[11]

在实际情况中，福柯经常违背他自己宣称的原则。例如，1973年年初，他在一本世界主义的第三世界期刊上挂名，并同意担任此杂志名义上的编辑，这本杂志主要报道北非和西撒哈拉独立阵线的斗争情况。这本《亚非新闻》（*Nouvelles Afrique-Asie*）杂志很快就更名为《风暴区》（*Zone des tempêtes*），此杂志只在1973年春季和夏季出版了三期，之后就停刊了。[12]正如萨特是《人民事业报》的编辑一样，福柯也是这本杂志名义上的编辑，这是人们利用知识分子力量保护政治抵抗权利的典型例证，但福柯不是北非的游击队员，正如左拉不是个矿工。福柯有意识地利用自己法兰西公学院教授的声望。福柯的知名度，使他受到种种左翼团体的鼓动，繁重的事务，则意味着福柯面临着过度消耗和透支精力的危险。但总的来说，他避免令自己陷入太多议题中，并且他的承诺也是有选择性的。其中有许多引人注目的议题，令福柯身体力行地参与其中。

阿兰·若贝尔的事例更证实了福柯的说法：在被捕这件事上，没人能幸免于难。1971年5月29日，星期六下午，《新观察家》的记者、万森纳大学讲师若贝尔离开了克里希一家名为海报酒馆的餐厅，在那里，他刚和妻子以及家人共进午餐。此时，在一个西印度学生组织的召集下，这里正在进行声援马提尼克人民的示威游行，大批警察集结在此。示威游行的队伍刚刚和平地散去，但

293

在巴贝（Barbès）地区，警察小队正奋力驱赶游行的队伍。当若贝尔和家人穿过克里昂库（Clignancourt）大街时，一个头破血流的男人迎面走了过来。后来证实，他因携带武器而被管理者逐出游行队伍。若贝尔一行人协助他找到了附近一家药店，对他进行了急救。然而，当人们拨打了警察急救电话后，这名受伤的男人被粗暴地拖进了警车。身材瘦小、戴着眼镜的若贝尔，走到警察面前，出示了自己的记者证，对警察说自己目睹了整个事件，并准备陪同这名男子去医院。警察没有拒绝他，于是若贝尔跨上了警车。接下来发生的事，请看警察总局新闻稿中给出的官方版本：

> 当警察刚要将受伤的男子送往医院时，一名男子出现了，他声称自己认识伤者，希望能帮助他，陪他一起去医院。警官同意了，并允许这位插手此事的人上车。此人便是 M. 阿兰·若贝尔。警车行进了大约 200 米后，他变得非常焦躁不安，他开始侮辱这些警官，称他们为"猪"和"纳粹党卫军"。当时警官们忙于照顾那名受伤的人，若贝尔利用警官疏忽大意的间隙，打开了行驶中的车门，一跃而下，跌倒在地，摔伤了自己。当时，有一辆警车跟在此车后，车中警察试图将 M. 阿兰·若贝尔扶起来。但他激烈反抗，对着警察拳打脚踢，致使 3 名警官受伤。[13]

294 若贝尔被带到了拉布阿谢尔医院，之后被送到了主宫医院（Hôtel-Dieu），最后被警察逮捕，并被关押了 48 小时。预审法官立即对他提出了违抗拘捕和袭击警察的指控。

若贝尔完全否认官方编造的故事，他说，当时他试图安抚伤者，一名警察突然无缘无故地打了他。警长叫他的部下"把他扔下车"。警察猛击若贝尔的腹部，将他推出了行驶中的汽车。他直挺挺地躺在路上，发现自己被大约 15 名警察团团包围。其中一名警察打碎了他的眼镜。警察殴打他，将他拖进第二辆警车，在那里，警察无休止地对他拳打脚踢。他发出抗议，称自己只是个记者，什么都没做，但回应他的只是更多的暴力。警察扒光了他的裤子，猛击并撕扯他的睾丸。他确信自己快被打死了，最好的情况也是被人阉割。当他最后被送到急救室时，一名护士联系了他的妻子玛丽－何塞（Marie-José），他的妻子立刻联系了媒体。[14]

新闻界没有人会对同事遭毒打感到大惊小怪。如今，警方和新闻界的关系陷入了低谷。就在几周前，四名警察在早上6点逮捕了《新观察家》的米歇尔·芒梭（Michèle Manceaux）。警察搜查了她的公寓，拿走了她的文件，将她关在拉丁区的警察局里长达6个小时。警察抓人，既没有逮捕令，也没有提出任何指控。警察之所以逮捕她，只是因为在弗林斯的雷诺工厂外看到了她的轿车，芒梭在那里研究她的《毛主义者在法国》（*Les Maos en France*）。《政治周刊》（*Politique Hebdo*）记者克劳德·安杰利（Claude Angeli）被数名拒绝透露身份的警员跟踪了数周。[15] 众所周知，警察常使用伪造的记者证来搜集记者们的档案信息。今年早些时候，在艾克斯大学，中央情报总局的一名卧底警察的身份被曝光。他当时拿着一张伪造的记者证。人们在万森纳大学、楠泰尔大学以及格勒诺布尔大学也发现了一些伪造的记者证。[16]

如今，这桩"若贝尔事件"令本就恼怒的记者团体更加怒火中烧。6月4日爆发了一场前所未有的示威游行，记者们从香榭丽舍大道的《费加罗报》办公室出发，一直游行到位于博沃广场的内政部，要求马塞兰辞职。这一次，《费加罗报》和《人民事业报》团结在了一起。

6月1日，亨利·勒克莱克和帕斯卡尔·勒让德（Pascale Legendre）代表若贝尔提起诉讼，指控警察殴打和非法拘留若贝尔。6月2日，总理的国务大臣召开了例行新闻发布会，发布会被现场数名记者的提问打断，包括令人敬畏的、颇有影响力的让·丹尼尔。国务大臣里奥·阿蒙（Léo Hamon）并未正面回答问题，他辩解道，此事已提交法院审理，应该允许法官按程序进行审理。这样的回答有些缺乏说服力。[17] 就在同一天，一些知识分子与新闻记者保护委员会联手，成立了一个调查委员会，成员包括丹尼斯·朗格鲁瓦（Denis Langlois，他是一名律师，也是《法国警局黑色档案》的作者，当时他因这本书被警方以诽谤罪起诉[18]）、丹尼尔·蒂姆西（Daniel Timsit）博士、克劳德·安杰利、米歇尔·芒梭、一位名为卡札利（Cazalis）的新教牧师、皮埃尔·维达尔-纳杰和米歇尔·福柯。委员会的目标是收集5月29日相关目击证人的证词，继而公布调查结果，确定涉案人员的责任。在委员会成立的新闻发布会上，福柯宣称警察的残暴行径如今抵临了一个新的门槛。若贝尔被警察攻击，仅仅因为他是个记者。警察讨厌记者，因为记者见多识广且会谈论他们。地方预审法官对若贝尔的指控，实则是在包庇警察。最后，福柯援引《1958年宪法》第15条，此法条规定，社会有权要求公务人员证明自身行为的合法性。[19]

若贝尔委员会还将有一名成员加入。在最初的新闻发布会上，福柯注意到了克劳德·莫里亚克的存在，他当时代表《费加罗报》参会。在莫里斯·克拉维尔的建议下，福柯致电莫里亚克，问他是否愿意协助调查。这通电话促成了一场看似不太可能却分外长久的友谊。莫里亚克是小说家弗朗索瓦·莫里亚克的儿子，他自己也是一位广受赞誉的小说家，年轻时曾担任戴高乐的秘书，而他本人并不以同情左翼著称。克劳德·莫里亚克还是个日记作者。在那个纷纷扬扬的年代，莫里亚克的日记细致生动地描述了福柯进行的活动。无论在文学界还是政治圈，莫里亚克都有良好的人脉，他后来成了福柯的密友，是沃吉拉尔街那所白色公寓的常客。福柯的邀请得到了答复，福柯和德费尔经常在莫里亚克位于西岱岛的家中进餐。莫里亚克在那间满是书、画和照片的公寓里接待客人，在那里，他最得意的东西无疑是让·科克托的一幅绝妙的黑白画。

6月12日，莫里亚克去了沃吉拉尔街285号，若贝尔给他开了门。

296

在那里，在那个洒满阳光的八层公寓里，我身处于这些素不相识的人中间，其中一些人声名卓著，其中就有我们的主人，这位法兰西公学院的教授，这位非常重要的哲学家，此刻就坐在我身边的沙发上。此外，这里还有很多人，坐在我左侧地板上的，是一位年轻人，他的皮肤晒得黝黑，光头剃得锃亮（离他不远的地方，另一位声名远扬的哲学家吉尔·德勒兹，就静静地坐在那里，他留着一头灰白的长发，一脸的疲惫不堪……）。此刻，我突然产生了一种感觉，我已经穿越了一道社会的帷幕，这道帷幕将那些代表国家行使权力的人和其他人隔开了。[20]

对若贝尔事件的调查持续进行着。调查委员会追查到了现场的一名巴士司机。在他们的询问下，这位阿尔及利亚司机说他当时看到了一个流血的男人，这个人应该就是被送往医院途中的若贝尔。在寻找证人的过程中，福柯第一次走进了古德多（Goutte d'Or）贫民窟，到那一年年底，福柯会经常去那里。但结果证明，调查是徒劳无功的。这位证人最终被调查委员会找到时，他当然很乐意与莫里亚克和福柯谈话，但他们有一种明显的感觉，这位证人说的都是他们想听的话。

事实证明，巴士司机的证词是至关重要的。他看到警车在 5 点 40 分驶离了克里昂库大街；拉布阿谢尔医院的记录显示若贝尔于 6 点 15 分入院。同样的一段路，莫里亚克和蒂姆西花了正好五分钟就走完了。6 月 28 日，警务总监办公厅主任 M. 鲍里尼（M. Paolini）在电视上声称，警用车在 7 分钟内抵达了医院。警察这半小时的失踪，增加了若贝尔指控的真实性。当时，交通并不拥挤，对于警车走这么短的路为什么要花那么长的时间，警方没有给出看似合理的解释。

令人遗憾的是，接受采访的人中没人愿意透露身份或出席法庭，很显然，这是警察一直在克里昂库大街忙碌的结果。很多人透过窗户看到警察殴打若贝尔，那些敢于向陌生人敞开大门的人，如今声称他们在 5 月 29 日就离开家了。[21]福柯感到很不安，这让他想起了占领期间，法国人民对盖世太保的看法。福柯和莫里亚克所见略同，他们都相信，警察局是这偌大国家的国中国。[22]

6 月 21 日，福柯和其他调查者向媒体公布了他们调查的事件。福柯在公开声明中宣称，若贝尔事件代表了一场严重的危机，而警察正处于这场危机的风口浪尖。在福柯看来，警方和内政部经过一番商议，组织了一场散播虚假消息的运动。法院了解若贝尔事件的真相不是难事，证据两天内就能集齐。然而，预审法官却没有这样做，他没有经过任何调查就轻易相信了警察的话。[23]九天之后，德勒兹、福柯、朗格鲁瓦、莫里亚克和丹尼斯·皮雷－达维尔（Denis Perrier-Daville）联名签署了一封公开信，在信中，他们强烈谴责鲍里尼在电视上撒谎。[24]警署随后的沉默显得意味深长。

1973 年 4 月，这件事迎来了尾声，殴打若贝尔的警察被判缓刑 13 个月。若贝尔自己因袭警被罚款 500 法郎。[25]

从很多方面来看，若贝尔事件都是警察暴行的一个平平无奇的例子。在监狱信息小组的工作中，权力的专横经常在福柯面前上演，如今又在若贝尔事件中展现。对许多无产阶级左派来说，对警察滥用权力的答复将是"人民的正义"。"人民的正义"这一说法最初是在 1970 年年初发生那场矿难之后被提出的，当时海宁－列塔德的 6 号矿发生了甲烷爆炸，致使 16 人死亡。这一事故立刻引发当地居民和相关政治支持者的暴力反应，他们开始向煤矿办公室投掷燃烧弹。临近年底的时候，人们在附近的朗斯镇建立了一个人民法庭，萨特是领导人之一。或许这正是人们预想的结果，经法庭裁决，霍利雷斯国有公司和负责

269

6 号矿坑安全的工程师共同犯有谋杀罪，因为他们为了利润而牺牲了工人的安全。法庭在公布的结论中，戏仿了刑法的开篇语，"任何人都不应忽视人民的法律"。[26]

　　福柯本人与朗斯法庭没有丝毫关系，但朗斯法庭却激发了德费尔最初的灵感，并促成了监狱信息小组的建立。1972 年年初，福柯与无产阶级左派的主要代表围绕着人民正义议题进行了一场讨论，这是一场事先精心安排的讨论。与此同时，人们还想尝试在巴黎、格勒诺布尔、克莱蒙费朗等地组织人民法庭，去解决其他议题。在所有的活动中，最引人入胜的将是在 1971 年 6 月人民法庭对警察的审判。然而，这些计划中的审判都没有实际发生。因为政府的反对，这些计划被放弃了，政府认为，如果人民法庭继续下去，可能会引发严重的暴力事件。组织者不无幽默地说道，一个不公开的人民法庭是没有意义的。然而，这些计划的确有利于将人民正义的观念纳入政治议程中。这一次，福柯依然没有直接参与审判，但他公开表示支持法国人权联盟，更令人惊讶的是，他还表示了对托派革命共产主义联盟的支持。一份来自福柯及其前组织的声明指出，权力和正义是不可分割的，只有掌握权力的人，才能建立法庭，做出严肃裁决。然而在当前的情况下，很遗憾，划定被审者和法官的标准是模糊不清的。相比之下，若贝尔事件中运用的调查委员会模式似乎更可取。[27]

　　无产阶级左派秘密武装派别的存在表明，它可能转变为新一轮的人民抵抗运动，旨在对"占领"法国的资产阶级发动攻击。潜在的暴力也可能引向其他方向。据德费尔所说，这一特殊事件促使福柯关注人民正义问题，并对监狱信息小组的发展趋势产生了严重的怀疑。

　　1971 年秋天，监狱信息小组得出结论，负责北方事务并一直躲在比利时地下的穆萨·福法纳（Moussa Fofana）是一个叛徒，是一名警方线人。监狱信息小组让福法纳相信一场武装斗争即将开始，并将他诱骗到一个洞穴，他错误地相信那里有一个军火库。他的同伴们拔出枪，对他说，他是被人民的正义判处死刑的。然后，小组成员对他说，判决被延缓了，并希望他自行消失。那些拔出的枪并没有上膛。

　　在《人民事业报》看来，只有真正意义上的人民正义才能宣布和执行这样的判决，若人民法庭秘密进行，便与人民法庭公开审理的本质相冲突。因此，当下的人民法庭，依旧是一个空洞的形式，是一种人民对未来的展望而已。[28] 人们说福法纳是监狱信息小组为数不多的黑人干部之一，这种说法并无事实根据。

　　福柯与监狱信息小组的领导人反复讨论了福法纳这件事，他欣然同意围绕此事进行更正式的讨论，并公之于众。福柯主要的谈话对象是皮埃尔·维克多。皮埃尔·维克多是班尼·莱维（Benny Lévy）的化名，他在 1972 年 12 月成为萨特的最后一位秘书。维克多是一名高师人，是监狱信息小组的创始人之一，也是小组的重要理论家。在成为一名左派领袖之前，他曾长期浸淫在学生政治的复杂世界中。1971 年的时候，维克多的指挥部就设在乌尔姆街的巴黎高师，他很少离开那里。1945 年，他出生于埃及的一个犹太家庭，因政治迫害背井离乡。他是无国籍人士，尚未获得法国国籍。这名监狱信息小组的领导者因自身情况所迫，竭力避免小组的暴力冲突，因为一旦被捕，官方必定将他驱逐出境。

　　在监狱信息小组的配合下，这场辩论被录了下来，之后小组成员将内容转录，发表在《现代杂志》的特刊上，标题为《新法西斯主义，新民主主义》（*Nouveau Fascisme, nouvelle démocratie*）。实际上，这是一场鸡同鸭讲的对话。用福柯自己的话来说，他主要的兴趣是探究"国家司法机器的历史"[29]，而维克多和他的同志"吉勒斯"（Gilles）急切地想要捍卫他们教条的思想。当福柯问维克多如何理解所谓"无产阶级意识形态"时，得到的回答是"毛泽东思想"，他评论道："对的。不过你会向我承认说，法国广大无产者所想的并不是毛泽东思想，而且也不一定是革命思想。"[30]

　　福柯的基本假设是，法庭不能自然表达人民正义，一直以来，法庭的历史功能是将人民正义重新吸纳到国家机器的制度特征中，以此来掌控和扼杀人民正义。福柯所理解的人民正义，主要以 1792 年的九月屠杀为代表。在走到瓦尔米（Valmy）之前，巴黎监狱的囚徒就被革命军队处决了，革命军队的理由是，在万分危急的时刻，不能让叛徒活着，不能让这些人从内部威胁到革命。在福柯看来，大屠杀"至少最初与人民的正义行为是相近的。人们以大屠杀来反对压迫，战略上讲是有利的，政治上讲也是必要的"[31]。相反，真实法庭的出现标志着"资产阶级统治者"与"巴黎平民"在制度上的分化。

　　福柯坚持谈论法国大革命，令他的对谈者有些恼怒。维克多不断试着将话题拉回对中国的讨论，福柯承认他对中国知之甚少。在当代问题上，维克多也没有热烈赞赏福柯的立场。他认为，人民正义的有效形式尚未发明："人们回应阶级敌人的正义行为不能被赋予一种转瞬即逝的自发性，这种自发性行为没有

299

300

经过深思熟虑，也没有融入全面的斗争中。在人民中间，肯定有他们自己的回应形式，我们必须通过讨论和资料才能详细说明这个问题。"[32] 危险的是，这些潜在的斗争形式将被国家机器重新吸纳和同化。

这场讨论快接近尾声的时候（文字记录已超过了 30 页），朗斯的问题才被真正提及，而两个人一直没有触及福法纳事件。福柯认为人民法庭并不是一个"反司法机构"，但他也同意，人民法庭在提供信息以对抗"资产阶级法庭"方面发挥了至关重要的作用。即便如此，莫里亚克与福柯的一段对话中表明，福柯之所以表达上述观点，是出于情感考虑而非政治原因："福柯心软了，这么做是为了让维克多高兴。而且他也疲惫不堪了。"[33] 然而，从总体上看，福柯坚称："我不认为有任何严格意义上的反司法机构。因为司法机器作为一种国家机器，它的功能必然是分化民众。因此，无产阶级反司法的观念是自相矛盾的，它不能存在下去。"在维克多看来，福柯的立场表明，他是一个"彻头彻尾的理想主义者"。[34]

在这场辩论中，福柯的立场有些令人困惑且含混不清。他运用了很多"毛派"术语，只因为他需要让自己的表述贴合对方的话语。他使用的"国家机器"这一概念，反映了他曾阅读过有关意识形态和意识形态国家机器的论文，这篇文章是阿尔都塞在 1970 年写的 [35]。但他很快就完全拒绝了"国家机器"的概念甚至是意识形态概念。"平民"这一术语将变得非常重要，这一术语在新哲学家尤其是格鲁克斯曼的作品中产生了不同的反响。"平民"这一术语显然要归功于马克思主义的流氓无产者概念，但也来源于福柯十年前在《古典时代疯狂史》中关于排斥和边缘化机制的描述。"平民"中包含了"危险的个体"，权力必须将"危险的个体"从社会中清除出去。刑罚系统通过将他们污蔑为不正常的人或罪犯，从而将他们从无产阶级队伍中分化出去，以防止他们成为"人民抵抗运动的先锋"。[36] 福柯一再回避维克多提出的问题：罪犯（或平民）和无产阶级之间的矛盾，是人民群众内部的主要矛盾吗？维克多的思想与福柯关于平民的辩解，两者之间的张力昭然若揭，这种张力反映了他们对囚犯运动的不同看法，然而，这个问题至今也没有得到解决。

福柯关于"人民正义"可能性的相关观点并非凭空而生，而是反映了他对特殊事件的反应方式。其中一个事件尤其意义深远。1972 年春夏，布律阿·昂·阿尔图阿（Bruay-en-Artois）——一个巴黎以北 213 公里，距里尔 40

公里的衰落的矿业小镇——成了戏剧上演的舞台，吸引了整个法国的目光，包括福柯在内。[37] 4月6日，16岁的布丽吉特·德维尔（Brigitte Dewevre）的尸体在当地的一块荒地被人发现。她被人掐死了，还被剥去了一部分衣服。她的乳房被割得四分五裂，但没有被强奸的迹象。尸检显示她的伤口是在她死后造成的。

　　女孩是一名矿工的女儿，她是在高耸入云的废石堆阴影中长大的。她被发现的荒地周围有一道高高的篱笆，越过篱笆就是家具店店主莫妮克·马耶尔（Monique Mayeur）的房子，她是著名公证人、当地扶轮社成员皮埃尔·勒鲁瓦（Pierre Leroy）的未婚妻。警方立刻将勒鲁瓦锁定为嫌疑人：在这片区域，警察发现了他的车，目击者看到的一个男人，与对他的描述相符合，他的母亲向警方承认，她用氨水洗了他两件衣服，而没有将它们送到洗衣店。篱笆最近被人砍低了，在正对着篱笆的缺口处，人们发现了尸体。被指派处理此案的预审法官亨利·帕斯卡尔（Henri Pascal）根据间接证据，将勒鲁瓦关押到了贝蒂讷监狱等待调查。谋杀案件使小镇两极分化，并很快染上了政治色彩。马耶尔和勒鲁瓦在小镇都不受欢迎，勒鲁瓦曾参与以霍利雷斯公司为名进行的土地交易，这场交易颇为可疑，而马耶尔在人们眼中则是个难相处的女人。最重要的是，他们是当地资产阶级的代表。在一个工资低、失业率高的地方，他们吃得起昂贵的食物，勒鲁瓦还拥有一艘船。勒鲁瓦在当地的酒吧和妓院也很出名，据说他有施虐的癖好。小镇的人们越来越相信，布丽吉特是在一场施虐狂欢中被杀害的，而当凶手将她的尸体拖过篱笆和镶满安全玻璃的围墙时，造成了她身上撕裂的伤口。简而言之，人们推测，一个资产阶级的施虐狂和他的未婚妻串通起来，残忍地杀害了矿工无辜的女儿。

　　当扶轮社团结一致，开始要求法官免除勒鲁瓦的预防性拘留时，那种阶级分化的味道变得更加鲜明。一群叫嚣着要报仇雪恨的人，用石头砸了马耶尔的房子，他们咆哮着，要阉了勒鲁瓦，还要将他拖在超速行驶的车后穿过街道。一块标语牌很快就出现在了废墟上，上面写着："在这个地方，矿工的女儿布丽吉特·德维尔被资产阶级的勒鲁瓦谋杀了。" 302

　　两年来，布律阿一直是无产阶级左派活动的中心，他们创办的"反硅肺病委员会"取得了一定的成绩，并在传统上法国共产党主导的领域内取得了政治上的进展。弗朗索瓦·埃瓦尔德是当地一所中学的哲学教师，他年纪轻轻，精力充沛。起初，监狱信息小组对这桩谋杀案几乎不感兴趣，认为这仅仅是一桩没有政治意义的刑事案件。但他们的看法很快发生了转变。正如埃瓦尔德所说，监狱信息小组相信"始终与民众在一起"是必要的，而民众必定对这个案子深感兴趣。[38] 最初的犹豫转瞬即逝，监狱信息小组开始深入此案。那张出现在案发现场的海报，很可能出自监狱信息小组成员之手。在埃瓦尔德的倡议下，真理与正义委员会成立了，此委员会既得到监狱信息小组的支持，也得到当地红色救援队成员的支持。

监狱信息小组试图插手一桩现成案例并不稀奇，不同寻常之处在于，监狱信息小组发现自己正支持的这位法官，相信预防性拘留颇有好处。对大多数左派来说，预防性拘留是对人的极端压制。帕斯卡尔面临着很大压力，他要么选择释放勒鲁瓦，要么就指控勒鲁瓦。最后，他拒绝释放勒鲁瓦，这使他与检察官部门的上级产生了冲突。

5月1日，《人民事业报》的通栏标题赫然在目："现在，他们开始屠杀我们的孩子。"矿工数个世纪遭受的暴力剥削在这桩谋杀案上得到了延伸，这是有钱人在社会中对同类的残杀，他的钱多到仅一顿饭就要吃掉800克肉，而他的女朋友有钱到吃得起小龙虾。《人民事业报》的报道引发了人们道义上的愤慨："主要问题不在于那些资产阶级的肮脏生活暴露在了光天化日之下，其实人们能窥探到、闻到那种肮脏生活。此外，这些资产阶级的道德状况，这些肮脏的放荡行为实在是臭不可闻。矿工们不喜欢谈论他们，他们的存在就已经够丢人的了。"[39] 这篇文章已迫不及待地要去证明，阉割或处死勒鲁瓦是合法的了。

303　　如今，布律阿成了媒体关注的焦点。记者直接用左拉的语言描述矿工宿舍[40]的砖房，令当地居民恼怒不已，因为他们对住处的鲜花、菜地和一尘不染的室内环境非常自豪。这件事也吸引了很多名人前来，其中包括克拉维尔和萨特，萨特很快对暴民动用私刑的行为发出警告。萨特认为，人民正义暗含了一个假设，即勒鲁瓦在被证明有罪之前是清白无辜的。《人民事业报》的集体答复是，任何事都不能阻挡人民对正义自发而本能的追求。[41]

6月，福柯和德费尔也开车去了布律阿，想去了解那里发生的事。虽然福柯曾经在里尔教书，但他此前从未去过矿区，他惊讶地发现矿工住宅区与"资产阶级城镇"是如此不同，这里更像是"北方灰暗的"贫民窟。[42]福柯勘探了犯罪现场，用令人惊讶的植物学专业知识指出，这里并不是大多数人所说的山榉树篱笆，而是千金榆，他很快得出结论，勒鲁瓦确实有罪。在本月晚些时候与克劳德·莫里亚克的对话中，他为监狱信息小组和其他人的"外界干涉"进行辩护，理由是若没有这些外部干涉，帕斯卡尔法官也会在上级的压力下做出让步，而勒鲁瓦可能已被释放。"这使一直受保护的北方资产阶级第一次失去了保护。正是在这一点上，布律阿·昂·阿尔图阿发生的事情才意义非凡。"[43]

福柯曾短暂游览过布律阿，但只在那里待了一天，弗朗索瓦·埃瓦尔德接待了他，并担任他的向导，也许正是这一事实促使他得出上述结论。然而，埃瓦尔德坚称，人们不应夸大福柯的作用，福柯只是过来看看发生了什么而已："大体上来讲，福柯是一个什么都不说就先来看看的人，而萨特在什么都没看到的情况下就会开始讲话。"[44]

福柯的朋友对萨特通常抱有轻视态度。但在这个案例中，埃瓦尔德的态度可能有点过于轻蔑了。事实上，萨特探访过与朗斯审讯有关的布律阿，对这个地区的情况略知一二，而且那时他已经与福柯的另一个主要向导很熟悉了。[45]这个人就是安德烈·泰雷特（André Théret），一名老矿工和"毛派"的支持者，他曾长期从事政治和斗争活动。[46]在加维引用的一段对话中（对话中出现的都是他们的名字），泰雷特是一名坚定的"阶级对抗阶级"路线的支持者，另一个支持者则是被监狱信息小组看作"模范工人"的约瑟夫（Joseph）。不管怎样，埃瓦尔德、泰雷特和图内尔（Tournel）应对声名狼藉的5月1日版《人民事业报》负有一定责任。

从福柯当时的政治倾向、他身边的政治伙伴来看，他都不太可能相信勒鲁 304瓦是无辜的。关于这件事，他只字未写，但他显然与朋友们讨论过。[47]他基本上认为，勒鲁瓦是杀人凶手，而矿工团体和他们的支持者则成功地将这桩肮脏罪行政治化了，这是前所未有的。在后来的几年里，他改变了看法，并在1976年向莫里亚克承认他不再相信那位律师有罪，大笑着摒弃了他之前的所有假设。[48]

这起凶杀案至今仍未侦破。同年7月，帕斯卡尔在此案中被除名，而勒鲁瓦被无罪释放。一位当地少年承认自己是凶手，但随后他撤回了供词，理由是他之前的举动是一时逞能。从来没有人因谋杀布丽吉特·德维尔而受到审判。

此次事件，抑或是《人民事业报》对此事的报道，成了监狱信息小组的一个转折点。让－皮埃尔·勒当泰克（Jean-Pierre Le Dantec）、罗伯特·林哈特、克里斯蒂安·贾贝特和安德烈·格鲁克斯曼这批著名的激进分子，强烈反对

《人民事业报》5 月号的语气和内容。尤其是勒当泰克，他抗议这份宣扬无产阶级道德纯洁性的幼稚报道，抗议报道中呈现的"纯洁无瑕的矿工孩子 / 扶轮社成员性变态"的粗浅二分法。然而，抗议者的意见被杂志否决了，他们被杂志斥责为"毒害编辑委员会的毒蛇"。[49] 勒当泰克很快意识到，他已被激进大家庭排除在外。布律阿事件还揭示了无产阶级道德中那令人不快的真相，尤其是当泰雷特在《现代杂志》上坚称"贝蒂讷所有的资产阶级"都是"同性恋"而"没有矿工是同性恋"时，就更令人感到沮丧了。[50]

下一期的《人民事业报》呼吁对勒鲁瓦处以死刑。在皮埃尔·维克多看来，在布律阿发生的事情代表了"人民法庭的开始，这种人民法庭与资产阶级的法庭截然不同，在人民的法庭中，调查与判决、判决与执行密不可分"。[51] 杂志冷酷而傲慢地驳回了人们的反对意见。当一个年轻女人对勒鲁瓦的罪行表示怀疑时，该地区的主要骨干塞尔日·朱利（Serge July）希望她能保留自己的意见，只是因为："你是一个资产阶级的女儿，你害怕看到你父亲的头被插在长矛上。"[52]

305　　福柯当时没有评论《人民事业报》的立场，但当地民众的反应令他深感不安，在他看来，民众的行为近乎是法西斯主义的。布律阿事件象征着一个重要的阶段，从此，福柯开始远离人民法庭的观念。然而，福柯并未完全远离。7 月13 日、14 日的夜间，巴黎郊区伊西莱穆利诺（Issy-les-Moulineaux）的棚户区遭到大约 40 个暴徒的攻击，他们每人都手持棍棒和瓦斯手榴弹。这些非法占用公地的人是南斯拉夫的移民，他们与红色救援队关系密切，而那些攻击者是来自附近雪铁龙工厂的突击队员，他们受控于法国劳工民主联盟，这是一个恶毒的反共"流氓"组织，在维希政府时期就已经存在了。在攻击的过程中，两名年轻妇女被绑架，其中一名被强奸多次。

两名袭击者被当地人抓获、毒打，第二天人们才将他们移交到警察局。这一幕让人回忆起巴黎解放时的情景，他们被迫穿过街道来到人民委员部，身上的牌子写着："我是来自法国劳工民主联盟的法西斯主义者。我隶属的突击队突袭了一场舞会，我们打伤了五个人，绑架了两个女孩，其中一个女孩被我们强奸了三次。人们能拿我怎么样？"[53]

"一些社会名流"向媒体发布了一份声明，谴责这次突袭，呼吁大众声援受害者，呼吁人们加入"要求真理与正义的民众反抗"中。在这份声明上签名的人有萨特、代表红色救援队的皮埃尔·哈布瓦赫（Pierre Halbwachs）、玛格丽特·杜拉斯、演员黛芬·赛丽格（Delphine Seyrig）和福柯，声明中提及的"真理与正义"明显说明，幕后组织者是监狱信息小组成员。在 1972 年的夏天，尽管心存疑虑，福柯仍准备为人民的声音大声疾呼，为人民的正义展开辩护。

当年，福柯在寻找那位阿尔及利亚人时，第一次踏入了古德多贫民窟，就是那位阿尔及利亚人当时看到受伤的若贝尔被送往医院。如今，福柯对这个地方再熟悉不过了。他还与熟人凯瑟琳·冯·比洛再度合作，后者活跃于当地的红色救援队中。[54] 比洛在伽利玛的职责之一，就是在热内偶尔到访巴黎时照顾他。由于没人知道热内的地址，而且热内总是一连几天消失得无影无踪，比洛的这份工作并不容易。冯·比洛必须得照顾他，关照他的物质需求。而且，热内并不是个容易相处的人。正如冯·比洛告诉莫里亚克的那样，她只有一次成功地让热内谈论自己的写作。热内除了拥有正在阅读的书之外，一无所有，一旦读完了书，他就会随意将其丢弃。[55] 通过冯·比洛，福柯终于见到了热内，　306
他非常欣赏热内的作品。但没有任何迹象表明热内曾读过福柯的书，而且他也没有想读的意思。在短暂的时光里，他们曾是并肩作战的伙伴，但热内流浪的本性意味着他们之间不可能成为挚友。

古德多地区位于第十八区，从蒙马特山峦和圣心大教堂可以俯瞰到这一地区。与蒙马特区一样，这个位于夏贝尔大道、巴贝大道、杜德维尔街以及马克思 - 多尔穆瓦街之间的四边形社区，在巴黎的城市和民间文学中占有一席之地。这里是左拉的《娜娜》（Nana）诞生的地方，但是到了 20 世纪 50 年代，这里变为了移民区，这些移民大多挤在多人居住的房屋里。即便是《娜娜》出版之后，这里的居住条件也没有得到改善，甚至比以前更糟糕了。当福柯与莫里亚克第一次来到这里时，福柯说这里并不是他期盼中的"麦地那"，也不是真正的贫民窟，与其说这里以种族一致性而著称，不如说这里因贫穷而闻名。到 20 世纪 70 年代初，据估计，这里约有五分之一的人口有北非或非洲黑人血统。很少有移民拥有财产，他们多数人住在配有家具的旅馆里，或租住在隶属于法国国营铁路公司（该地区的主要楼主）的大楼里。另外，当地几乎所有的商店和咖啡馆都是由移民控制的。这里平时很安静，到了周末，古德多地区变得热闹而富有生气，来自巴黎其他地区甚至首都以外的阿尔及利亚人、非洲人都会来这里购物，在咖啡厅里聚会、谈天说地。星期六早上，妓院外排起的长队是该地区最臭名昭著的场景之一，但警察对此无动于衷。福柯绝无理由造访小镇的这个场所。

在古德多，15 岁的杰拉利·本·阿里（Djellali Ben Ali）的家庭并不是这里的典型。他是家里 9 个孩子中的老大，他的父亲是一名工人，1971 年在巴黎全区快速铁路（当时巴黎新的交通系统）工作。这个大家庭挤在煤炭街的一个房间里，这意味着杰拉利不得不和他的叔叔 M. 贾哈菲（M. Djahafi）生活在一起，贾哈菲自己有 4 个孩子。他在古德多算是比较富裕的人，他自 1948 年就生活在法国，是"东方织物和丝绸"的店主。那是一家位于古德多街 53 号的布店，橱窗里色彩斑斓的布料与灰暗的街道形成了鲜明对比。[56] 贾哈菲实际上是在街头长大的，并有轻微犯罪的历史。他因打架战斗力强而著称，是典型的阿尔及利亚年轻人，这些年轻人很快成为"巴黎顽童"传奇的继任者。

307　　　杰拉利叔叔的富裕生活可能让他的白人邻居心生嫉妒。的确，他们与丹尼尔·皮戈特（Daniel Pigot）关系紧张，这位邻居与房东以及他们的 5 个孩子住在一起。杰拉利很快成了他们种族主义侮辱的对象，没多久，皮戈特就在他的保留剧目中增加了暴力威胁。1972 年 10 月初的某个夜晚，皮戈特在巴贝大道上的一家枪店合法买了一把猎枪。10 月 27 日一大早，杰拉利出门去买面包和牛奶当早餐，皮戈特在楼梯上开枪打死了他。[57]

这件谋杀案成了当地唯一的话题，使得大批白人记者涌入古德多地区。大多数报道渲染了谋杀的恐惧，但这些报道带着对异国情调的猎奇感，飘着一股羊肉肠三明治的味道。这桩谋杀案也吸引了一批知识分子的目光，其中就包括福柯、莫里亚克、德勒兹、热内和电影制片人米歇尔·德拉赫（Michel Drach），他们成立了杰拉利委员会（Comité Djellali）进行抗议。10 月 30 日，两千多名示威者手持红色康乃馨穿过狭窄的街道，他们中的一些人被警察逮捕了，其中一个年轻女孩被拘留了 30 个小时，最后她被判处 6 个星期监禁，还有 3 人被判处缓刑。女孩说她在被拘留的时候，警察称她为"阿拉伯人的妓女"。警察还说，所有的"外国佬"和他们的白人朋友都应该被机枪扫射而死。[58] 所有人都对她的说法深信不疑。

这一地区的局势变得紧张，大批警察驻扎在此。用杰拉利叔叔的话说，阿尔及利亚战争又打响了。在那场战争中，这片街区毁坏严重。古德多街一所房子的地下室被臭名昭著而又凶残的哈吉人（法国部队"本土备用部队"的成员）当作酷刑室。目前，清理这一区域的委员会散发的传单上，抱怨古德多地区的"哈莱姆化"以及移民在此地过于集中。在谋杀案事发当天，一封寄给当地保卫共和联盟议员的请愿书流传开来，请愿书呼吁释放皮戈特，以平息民众的"复仇之心"。[59]另一份传单呼吁政府改善街道照明，并加强警力部署。10月30日那位被逮捕女性所说的话表明，非白人民众为何不太可能认可最后一项提议。因为，在阿尔及利亚人中间，流传着一则令人毛骨悚然的传言，据说有人看见附近的乌尔克运河上漂浮着尸体。事实证明，这些谣言子虚乌有，但早在10年前，阿尔及利亚人的尸体的确漂浮于塞纳河上，相信这样的故事并不难。

308

　　11月27日和12月3日，杰拉利委员会在古德多地区又组织了两次示威游行，并开始扩大关注范围。委员会认为该地区受到有组织的种族主义威胁，呼吁白人和非白人民众团结起来。在加利马代神父（Abbé Gallimardet）的支持下，委员会在圣布鲁诺礼堂设立了办公室。该礼堂隶属于当地教会（但令人迷惑的是，该教堂实际上是献给圣伯纳德的）。萨特公开表示想要与委员会合作，福柯和莫里亚克勉强接受了他的这番好意。事实上，他的到来的确发挥了效力。12月27日，他领导了示威活动，分发传单，有时通过喇叭向围观者讲话，虽然他自己几乎听不见。警察显然接到了不许逮捕萨特的命令，而萨特发挥了"避雷针"的效果。[60]他的角色仍旧是象征性的，热内成功地说服了萨特，让他相信自己身体不佳，无法帮忙管理办公室。[61]福柯也讲话了，但他并不需要扩音器。

　　虽然福柯在古德多的工作强度很大，但他也只是偶尔参与，他的重心在监狱信息小组，这占据了他大部分时间。在游行示威和起草申诉之前，福柯一方面调查杰拉利的死亡事件，另一方面调查那些对阿尔及利亚年轻人的指控，正是这些指控促使这些年轻人被逮捕和殴打。调查工作是由福柯和莫里亚克来做的，他们在当地的咖啡馆会花几个小时讨论事态，并经常请一位阿拉伯语翻译来帮忙。福柯唯一的担心是人们将他误认为警察。这件事最终并没有发生，但令他感到好笑的是，在一家餐厅里，他被人误认为萨特。[62]

　　就像在监狱信息小组一样，对此福柯很乐意与监狱信息小组的红色救援队成员合作，但并不完全认同他们的政治观点。特别值得一提的是，在古德多的一次会议上，毛主义者与当地青年爆发了激烈争吵。在后者看来，他们的口号是徒劳无功的：这些人在这一地区贴满了印有杰拉利的画像，并呼吁大家复仇，但其实他们什么都没做。

人们随后呼吁杀死皮戈特，对此福柯并未心生怜悯，但他也相信人们对这些人的激进批判，他们的问题是一以贯之的：总是说些大话（这个案子里的复仇口号），而不去回应现实和采取行动。[63] 事实上，所有要求惩罚皮戈特的呼吁都令福柯为难，因为监狱信息小组是"反对监狱"的，他发现自己甚至不能要求监禁他。[64] 他也没有支持反种族主义与争取人民友好自由运动，他故意地，甚至是粗暴地忽略了他们。[65] 这是福柯的典型反应：据莫里亚克观察，如果福柯对讲话者说的内容不感兴趣，他就会有针对性地阅读杂志，或者开始与他身旁的人聊天。[66] 总的来说，监狱信息小组的亲巴勒斯坦派必然视古德多为潜在的招募基地，这与福柯的亲以色列倾向产生了矛盾。

显然，并不是每个活跃在古德多的人都有相同的夙愿。比如，热内就拒绝形容自己是政治活跃分子。他的战斗精神仅限于美国的黑人聚居区和巴勒斯坦难民营。在法国，他只是个诗人，仅此而已。[67] 因此，热内在古德多的出现，仅为表达亲阿拉伯人的姿态。莫里亚克最关心的是正义的实现，但在福柯看来，正义只是一个抽象的概念，没多大意义。福柯本人对他在古德多的工作保持沉默，但古德多的议题肯定与福柯谴责不可容忍之事有交集，谴责不可容忍之事是监狱信息小组成员的常态。

介入古德多事件，并不是福柯深思熟虑的结果，他很快就不再参与此事。调查委员会与当地巴勒斯坦委员会发生的冲突，以及当地青年的言语暴力，大有演变成真正暴力的趋势，这些情况很快促使莫里亚克和他的伙伴们离开了古德多地区。然而，当1977年皮戈特终于走上法庭时，杰拉利委员会短暂地恢复了往日生机。他被判处5年监禁，3年缓刑，但这次没有人上街游行了。[68]

1972年12月，福柯介入了一些事件，这些事件虽然与监狱议题并无直接关系，但确实像若贝尔和杰拉利事件一样，提出了有关权力的滥用问题。这些事也引发了他们与警察之间令人不快的人身冲突。穆罕默德·迪亚卜（Mohammed Diab）的死因毫无悬念：1972年11月29日，星期三，在凡尔赛警局，机枪射出的三枚子弹结束了迪亚卜的生命。但有关这件事的情况引发了争议。当晚早些时候，32岁的卡车司机、4个孩子的父亲迪亚卜去看望了因重病而住院的母亲。当医生要求他离开医院时，他拒绝离开，而且情绪变得越来越激动。警察来了，认为他喝醉了，并带他到当地的军需站验血。在这里，他脱掉了鞋子，被警察搜身。没过多久，人们听到三声枪响，迪亚卜死了。在预审法官五个小时的听审会上，副队长马凯（Marquet）坚称他的行为是出于自卫。 310

据马凯所说，迪亚卜抓住一把金属椅子打碎了窗户，并将两名警察打倒在地。警察的枪掉到地上，迪亚卜触手可及。马凯没有佩带常规手枪，而是莫名其妙地从橱柜里拿出了一把机枪。据马凯的陈述，迪亚卜抓住了枪管，就在这时，枪走火了，造成了致命后果。

12月2日、3日，迪亚卜的妹妹法特玛·萨赫利奥伊以及他的妻子莎拉自愿去警局，向一群富有同情心的学者讲述了一个完全不同的故事。她们看到迪亚卜被警察殴打，并遭受种族主义侮辱。他抓起一把椅子想自卫，结果引发了一场混战。马凯捡起枪朝迪亚卜走去，迪亚卜退到了走廊里，在五六米的射程内，马凯击毙了迪亚卜。[69]

此案成为媒体广泛报道的主题，媒体普遍的结论是，没有一个白人法国人会被警察如此对待。迪亚卜也成为政治行动的焦点。萨特起草了一份声明，请莫里亚克等人签字。这份声明最终集齐了136个签名。莫里亚克很不情愿地签了名字，他觉得这份声明太长了，在他看来，福柯能用十行字说清楚的东西，萨特用十页纸都说不清楚。

这份声明最终以萨特的名义发表在《新观察家》上。萨特详细讨论了此事，认为迪亚卜之死是阿尔及利亚战争结束后，警察队伍中种族主义死灰复燃的必然结果。情况已到了没有退路的地步，要么消灭种族主义，要么法国就必须屈从于一个"恐怖的政府"，令人恐惧的资产阶级在1968年之后重新掌权。"1956年到1962年间，我们努力确保胜利仍掌握在阿尔及利亚人手中。为了他们，也为了我们：我们要让种族主义的耻辱从法国人的思想中消失。"[70]热内说，这个声明仅以萨特的名义发表，没有做任何改动。[71]

萨特呼吁"直接行动"，从杰拉利委员会壮大起来的移民劳工生命和权益保护委员会，计划在12月16日举行游行示威。周五，警方告知萨特，他们不接受这个计划路线。人们计划从佳音地铁站和平前进到位于旺多姆广场的司法部。警察反对说，示威者将穿过一条繁华的商业区，街区将拥挤不堪，而且组织者没有充分告知大家。 311

包括莫里亚克、吉斯玛和皮埃尔·维达尔－纳杰在内的代表团前往该辖区

(萨特因病未能参加)，但他们被告知禁令仍然有效。莫里亚克建议游行队伍可以走另一条共和国广场的路线，这也是一处示威游行的传统场地，但他的建议被否决了。那些无视禁令的人将受到法律的严厉制裁，必要时会遭受武力镇压。他们准备了一份新闻稿，指出现在叫停示威活动已经太迟了，组织者认为哪怕是为了道义，也要在 12 月 16 日下午 4 点去佳音地铁站与大家汇合。

在这个节骨眼作出这样的决定远非不言而喻，但佳音地铁站的确有其政治意义。当沮丧的代表团离开该辖区时，话题转移到了 1961 年 10 月 17 日死于警察之手的阿尔及利亚人身上。那时，政府为阻止巴黎的阿尔及利亚人参加民族解放阵线的活动，对他们实施了宵禁。民族解放阵线为抗议宵禁，呼吁人们和平示威。手无寸铁的阿尔及利亚人试图进入巴黎市中心，他们中的很多人为了看起来体面，穿着他们最好的衣服，却遭到了警察的严酷镇压。这次游行，警方逮捕了 11 000 人。我们至今仍不清楚确切的死亡人数，通常的估计是 250 人。主要的杀戮场地是警署的院子。之后几周的时间里，塞纳河上都漂浮着尸体。

在不同的语境下，福柯和维达尔－纳杰在一次访谈中指出了现代法国历史一个令人尴尬的特点：人们对 1961 年 10 月阿尔及利亚人的死亡缄默不语，但是每个人都知道，在第二年的反对秘密军事组织的示威游行中，警察在沙隆（Charonne）地铁站杀害了 9 名法国示威者，200 万人参加了葬礼。直到 1991 年，为铭记 1961 年 10 月的大屠杀，反种族歧视团体才组织了示威游行。20 年前，福柯曾经对维达尔－纳杰说过：

312

> 在我们看来，这意味着总会有一个人类群体……受到其他群体的摆布。在 19 世纪，这个群体被称为危险阶级。今天仍然如此。这个群体，是住在棚户区的人们，是那些拥挤在郊区的人们，是移民，是所有的边缘人，还有那些年轻人和老人。人们通常在法庭前或监狱里找到他们，这并不令人感到惊讶。[72]

星期六下午早些时候，一场策划会议在巴黎高师召开，一群熟悉非法示威活动人士在黑板上仔细地画着一张佳音大道周围街道的地图。到场的人很少，令这些激进分子很是恼火，他们抱怨这些人太过散漫。热内和福柯一起来了，他们声称自己没有签署萨特的请愿书，也不知道是谁写的，这种举动无疑很不诚实。

到了下午 3 点的时候，当北非人从地铁站里出来时，警察开始检查他们的身份。相比于示威游行，大多数人可能对圣诞节购物更感兴趣。当示威者开始聚集的时候，一个戴着三色旗饰带的警长走向热内，以近乎谄媚的语气叫热内"大师"，请求热内停止示威。热内回答说"叫我先生就好"，并且继续组织活动。一个示威小分队利用电影院外的长队作为掩护，开始沿着小巷游行。游行队伍多次被警察冲散。没过多久，当示威者给排队的人群发传单时，一队警察冲向了示威者的队伍。当时正值假期，雷克斯影院正在放映迪士尼动画《101 斑点狗》(101 Dalmatians)，恐慌随之而来。一个 6 岁的男孩和他的祖母被撞到了，小孩开始流鼻血。目睹着流血的小孩被抬走，人群顿时陷入恐慌。

警察很可能是执行上级指令，一开始就把注意力放在了阿拉伯示威者身上，而忽略了在场的知识分子。结果，热内、福柯和其他人从警察手中抢回了很多被逮捕的人。当他们抢回第 6 个人时，知识分子的豁免权被警察解除。在现场示威者的掌声和叫喊中，一车囚犯被警车拉走了，然而就在这时，警察再次发起了进攻。警察拿警棍击打莫里亚克的肾脏部位，对准他的腹股沟就是一击，差点打中要害。福柯被警察包围，并被拖进警车，很快莫里亚克也被拖上了车。福柯气得脸色苍白，但他最担心的是德勒兹也可能被捕。一位年轻的共和国治安部队警员对福柯说，如果他想要小聪明，就让他把眼镜吃了。福柯 313 说，你敢再说一遍吗？在另一名警官的调停下，一场令人难堪的事件才被压制下去。

这次游行，警方共逮捕了 161 人。福柯和莫里亚克被逮到了位于博容街的警察拘留中心，在那里，他们遇到了同样被逮捕的热内和吉斯玛。该中心恶名远扬，1969 年，福柯因占领万森纳大学被逮捕时，第一次知道了这里。正如吉斯玛所说，1968 年 5 月，正是在这里，游行示威的学生被挥舞着棍棒的共和国治安部队层层夹击。在这次事件中，没有发生暴力事件，虽然热内故意羞辱逮捕他的人，令危险指数陡然升级。不同寻常的是，警方允许人们打电话，福柯打电话告诉他母亲不能和她共进晚餐了。福柯和莫里亚克、吉斯玛分开了。福柯与另外 45 人被关在可容纳 20 人的牢房里。10 点刚过，警察就告诉他可以离开了，但直到他的临时狱友都被释放后，他才离开。大约到了午夜时分，所有人都被释放了。确保没有北非人在押，是福柯内心最关心的事。[73]

虽然迪亚卜事件在短时间内产生了巨大的影响力，但它很快从媒体上销声匿迹，事实上，失去媒体关注之时，也是有关此案的公开讨论终结之日。马凯被控过失杀人罪，但直到 1975 年 10 月，凡尔赛法庭才听取了他的案件，法庭当即宣布由于迪亚卜的死存在"引起恐慌的情形"，案件不在其管辖范围内，此案应移交给更高当局审理。1976 年 4 月，此案移交到上级法庭，但马凯因身体抱恙未能出席。福柯和莫里亚克都作为证人被吉赛勒·阿利米（Gisèle Halimi）传唤，作为迪亚卜家族的代理人，吉赛勒·阿利米希望证实马凯杀人是出于种族动机。福柯和莫里亚克都拒绝露面，理由是没有获知案件的第一手资料，而且他们不愿指证任何人。1980 年 5 月，这件事过了将近 8 年之后，检察长裁定马凯是出于自卫而采取的行动，并建议法庭撤销对他的指控。[74]

若贝尔事件、杰拉利的死亡，以及迪亚卜事件的副作用之一，是人们越发需要一个出版物来报道诸如此类的事件，而不是深陷于《人民事业报》的教条主义中。这些想法最终的结果是《解放报》的诞生，此报的记者和读者亲切地
314 称之为"Libé"。然而，《解放报》成了不满左翼的同义词，开始关注性问题和生活方式等政治议题。《解放报》最初是一家相当无序的企业，它以集体经营的方式运转，给所有员工发同样的、较低的薪水。经历过多次分家、危机甚至是濒临破产，《解放报》成为一家重要的左翼日报，许多年轻记者的第一份工作经验正来自此。这份报纸迅速成为年轻人生活中不可分割的一部分，他们将报纸通信栏和分类广告当作小道消息。"低廉"这个词，成了某些文化群体的独特俚语。

《解放报》最初不是一份报纸，而是一家名为"解放新闻社"的新闻机构，成立于 1971 年 6 月 18 日。机构的名字是一个巧妙的双关语，APL 是法语"人民解放军"的缩写，这里显然指中国人民解放军。1940 年 6 月 18 日是戴高乐呼吁法国人民继续抵抗德国占领的日子。"APL"和"appel"在发音上难以区分。为了与新的抵抗运动的思想观念相称，解放新闻社发布了一个新的 6 月 18 日呼吁。以下是它的第一份宣言：

> 面对新闻战线的新战役，一批革命报刊和传统媒体的记者们与我们并肩作战。我们想要创造一个捍卫真理的新工具，这是我们所有人的新工具。

这个新工具就是解放新闻社……若贝尔事件之后，街头上的人们萌发了对
自由的强烈渴望。尽管政府试图压制记者们的愤怒，但无济于事。解放新
闻社的目标是成为一个新的法庭，这里会给那些想要讲述一切的记者，想
要了解一切的人们发言权。这里将会让人民发出自己的声音。[75]

解放新闻社的运营主要由让－皮埃尔·威尼尔（Jean-Pierre Vernier）带领
的一个非常小的团队负责，他是圣伯纳教堂的绝食抗议者之一。莫里斯·克拉
维尔则是新闻社的主编，在他的带领下，解放新闻社更像是一个手工作坊，解
放新闻社第一批发行的报纸印刷在劣质纸张上，这些报纸由威尼尔家里的二手
复印机印制。解放新闻社最初的尝试没有奏效，因为这些新闻缺乏吸引力，而
且内容往往不可靠。到了 9 月，团队找到了经营场址。解放新闻社定期发行一
份 10 页的简报，一个志愿者团队在杜索布街辛勤工作着，不仅如此，解放新
闻社还建立了全国范围的通信网络。12 月，解放新闻社第一次发布了独家新
闻：阿兰·吉斯玛获释。第二年 3 月份，解放新闻社的独家新闻做得更好了。　315
当皮埃尔·奥维内（Pierre Overney）和他的同志在布洛涅－比扬古（Boulogne-
Billancourt）的雷诺工厂附近分发传单时，警卫射杀了他们，一名解放新闻社的
摄影师就在现场。这份证据确凿无疑：双方没有互相打斗，奥维内只带了根棍
子，他是被蓄意谋杀的。这些照片被媒体广泛刊印，并在电视台上播出。此时
的解放新闻社必须严阵以待了。

奥维内的葬礼于 3 月 4 日举行，共有 20 万人走上街头，其中就包括福柯。
阿尔都塞也在现场，他颇有先见之明地冷嘲热讽道，被埋葬的不是奥维内，而
是左派本身。[76]四天后，新人民抵抗组织为了给被杀的奥维内复仇，绑架了雷诺
的一名社会关系官员。新人民抵抗组织的枪没有上膛，最终，受害者毫发无损
地被释放。他们没有选择进行恐怖主义行动。

没过多久，解放新闻社就商讨要创建一份日报，这一想法来自无产阶级左
派。在解放新闻社报道吉斯玛获释之前，无产阶级左派对解放新闻社并无多大
兴趣，虽然解放新闻社明显"左"倾，但大家逐渐产生了一个共识，那就是这
份日报应摆脱特定政治立场的束缚。这份日报取名为《解放报》，这个名字来自
一篇抵抗运动的文章，表现了报纸诞生时的意识形态氛围："解放运动萌发于
1941 年，那时，武器给了人民发言权……如今，我们需要再次揭露法国的软

肋。《解放报》因此应运而生……从这个意义上讲，我们认为，我们这项事业延续了抵抗运动的传统。"[77]

运营日报的资金是个大问题，而且这个问题将持续存在。因此，他们必然会请平日里那些志同道合的伙伴来帮忙。克拉维尔向解放新闻社捐赠了一本书和一部电影的版权，萨特捐出了他与伽利玛出版社谈妥的 30 000 法郎图书预付款，这是一本萨特与菲利普·加维（Philippe Gavi）、皮埃尔·维克多的对谈集。[78] 福柯捐赠了一笔钱，但数目不详。

1972 年 12 月，为创建《解放报》，人们召开了第一次全体会议。当克劳德·莫里亚克走进解放新闻社位于布列塔尼街的新场址时，他看到大约有 15 人围坐在两张桌子旁。[79] 萨特和福柯并排坐在那里，两边分别是监狱信息小组的皮埃尔·维克多和犯人行动委员会的塞尔日·利洛兹特。莫里亚克尴尬地意识到，他是现场唯一一个穿西装打领带的人。福柯像平时一样穿着那件高领毛衣，他一会儿大量记笔记，一会儿盯着自己的手指甲发呆。

316　　当菲利普·加维提出"大众应该控制自己生活的方方面面"时，福柯恰到好处地插话了。在福柯看来，"控制"意味着四件事：控制信息，阻止权力实现其目的，阻止权力更替和革新。信息或新闻必须提供那些富于秘密色彩的话题，比如有关房地产经纪人和制药公司的工作信息。他举的如何抑制权力的例子有点匪夷所思：应该阻止女人购买化妆品，"那些都是垃圾"。"大众控制"意味着最终报纸之外的团体也应加入这个计划中来："大众控制必须经由报纸机构来运行，但也多亏了报纸以外团体的行动。如此，我们便不再空口无凭。"他同意加维的观点，认为《解放报》应该涵盖那些通常被左翼媒体忽视的话题，比如赛马运动，并补充说它还应该为"同性恋者……和罪犯"发声。[80] 报纸对布律阿的报道显然深入人心，福柯认为这是编辑的功劳，他想知道《人民事业报》到底是谁报道了布丽吉特·德维尔谋杀案，他也想知道编辑阶层是如何被组织起来的。福柯提的问题并未得到解决，很长一段时间里，《解放报》都腾出版面纠正它曾刊发的错误报道。

接下来，话题转移到了杰出同人可能做出的贡献上。萨特只是说，报纸约稿时，他就会写些文章。福柯的承诺更具体些。他对撰写"正义"专栏并不感兴趣，他打趣说自己已经鞠躬尽瘁了两年，是时候让犯人行动委员会接管监狱信息小组了。他们希望福柯要么针对特定主题自发写作，要么按报刊要求写作，这些设想福柯都不太感兴趣。福柯的建议是这样的：

> 我在思考有关工人阶级和无产阶级记忆的编年史，也就是 19 世纪的历史片段……或者更早，直到最近几年的这段历史。比如，纺织工人起义[81]，巴黎木匠在 1855 年（或 1845 年）的第一次大起义，以及监狱暴动。第一次监狱暴动要追溯到 1829 年，另一次则是 1830 年。所以，这将是一个与当代事件紧密相关的历史记录。我觉得这必将引起我们读者的兴趣。[82]

1973 年年初，《解放报》向新闻界发表了宣言。这份宣言由皮埃尔·维克多起草，加维改进，萨特修订，最终他们与福柯讨论后写成。《解放报》想要办成一份民主报纸，它将竭尽全力与新闻界的权贵做斗争。它的主要新闻来源将是大众：这是来自大众的新闻和面向大众的新闻。杂志开始大量约稿。这份日报是对人们日常生活的批判，它反映那些通常被媒体忽视之人的生活。报纸不刊登付费广告，报纸的经费来源是读者群体、资助委员会以及订阅费用。[83]据福柯在 1978 年 7 月的一次访谈中所说，"解放报委员会"被设计成一个集体作者，用费利克斯·瓜塔里的话说，整个企业就是一个"分子革命联盟"[84]，这意味着它是一个以信息流运转的开放企业，而不是一个静态的机构。

1973 年 4 月 18 日，在编号为"00"的四期报纸出版后，第一期《解放报》出版了，报纸头版刊登了一篇募捐启事，并列出了以前捐款人的名单。直到秋天，报纸才开始定期出版。2 月 22 日发行的"00"期刊登了福柯在此报的第一篇文章。在这篇名为《工人记忆编年史》的简短文章中，福柯回答了罗泽(José) 提出的问题，罗泽是来自比扬古地区雷诺工厂的一名工人。随后的问题进一步表明他是一个"半技术技工"移民，他还是摔跤委员会的成员，但因为政治原因被开除。无论是左派还是《解放报》的政治形象塑造，罗泽这样的人物都至关重要。雷诺是最大的战利品：雷诺是一家以镇压著称的公司，政治上主要由法国共产党和法国总工会掌控。解放新闻社将半技术技工移民争取过来是一种胜利，既打破了法国共产党的领导权，也打破了国家的霸权。关于罗泽，我们知道的就这么多，而福柯不仅是在和一个标志性人物说话，也是在和一个普通个体对话。

在第一次采访中，福柯描述了他在 1 月份勾勒的计划。在与罗泽的第二次谈话中，福柯主要谈了他对知识分子角色的看法。罗泽在开篇就指出，"为人民服务"的知识分子是一面镜子，反映他从被剥削者那里搜集到的信息。对此，福柯认为不应夸大知识分子的作用：

318

> 工人不需要知识分子来告诉他们在干什么，他们自己对此非常清楚。我认为知识分子是一种与信息机器而不是与生产机器相关联的类型群体。他可以让人们听到他的声音。他可以在报纸上写文章，阐明自己的观点。他还与过去的信息机构相联系。他大量阅读书，从中获取知识，而其他人却不能直接拥有这些知识。所以，他的作用不是培养工人意识，因为工人意识存在着，而是使这种意识、这种工人的知识进入信息体系……知识分子的知识与工人的知识相比，永远是局部的。我们所知道的有关法国社会历史的知识与工人阶级所拥有的大量经验相比，完全是局部的。[85]

福柯关于工人阶级斗争史的计划并未成为现实。这些对话是他在《解放报》成立第一年的唯一贡献。20世纪70年代，他又发表了几篇文章[86]，直到20世纪80年代，他才开始经常为日报撰稿。他在1972年12月报纸发行会议上的发言可以明显看出，他想为这份报纸发光发热，而不准备仅仅当个有名无实的领袖。因此，乍一看，他的沉默，他没能写出计划中的系列文章令人有些不解，但这里有许多可信的解释。《解放报》的工作是全职性的，人们常常会参与一些个人和政治的论战，很多纷争都是由集体内部的"毛派"人士引发的。正如克拉维尔所说，那些在《解放报》工作的人"很快就不再彼此关爱。如果他们拥有世俗的权力，他们将在几个月内消灭彼此"。[87]福柯身兼数职，他既是教师、研究者，也是作家，这使他不能如《解放报》办公室所愿，全力参与报纸运营。但还有另一种可能，正如菲利普·加维所说，日报团队日益变得专业化和工会化，使得团队不太愿意接受同行频繁的（而非偶尔的）投稿。[88]

当福柯表示他希望《解放报》能为同性恋发声时，他触及了一个重要的问题，这个问题在左派的话语中是个空白。尽管最终导致1968年"五月风暴"的那件臭名昭著的事件起因与性有关——禁止学生参观异性学生的房间——性政治的发展仍旧相对滞后。人们第一次尝试提出同性恋问题是在1968年5月，当时在索邦大学的墙上出现了8张署名为"同性恋革命行动阵线"（Front

Homosexuel d'Action Révolutionnaire）的海报，但海报很快被人扯下了，此后，人们再也没有听到这个组织的消息。[89]

最初阶段，法国女权主义的反抗主要针对的就是左派的"大男子主义"精 319
神。关于"大男子主义"精神，万森纳大学的风气并非就没有代表性。在那里，
有人试着组织一次妇女会议，但会议被一名突击队员的叫嚷声打断："权力来自
阴茎头。"反之，一群妇女组织的一个小型示威活动有力地显现了新兴女权主义
运动所看到的问题。1971 年停战日那天，凯旋门下无名战士的坟墓上摆满了花
圈，飘扬的横幅上写着"每两个男人中间就有一个是女人"，"比无名士兵更加
默默无闻的人：他的妻子"。[90]但警方对这件事的回应简单粗暴。

同性恋运动和女权运动曾一度荣辱与共，但在 1971 年春天，同性恋革命行
动阵线的出现标志着一场独立的同性恋运动的出现。同性恋革命行动阵线第一
次亮相，是在《一切》杂志 4 月刊上发表的一篇长达 4 页的文章。文章语调激
进，插图有些色情。同性恋革命行动阵线宣布其成员将不再生活在阴影中："是
的，我们与阿拉伯人做爱了。我们为此感到自豪，并且还会这样做。"[91]同性恋
革命行动阵线的会议主要在法国美术学院举办。大多数参与者都很年轻——经
验丰富的无政府主义者丹尼尔·盖兰（Daniel Guérin）是个例外——他们反对清
教徒左派，也反对所谓"正常"社会。不出所料，《一切》因为色情画被禁了。
同样不出所料的是，诺曼·白求恩书店以同样的理由拒绝引进《一切》。同性恋
革命行动阵线没有持续很久，这也许是精心设计的，一旦同性恋生活本身就可
以表达杂志观点，杂志就会自行销毁。

虽然福柯大体上赞同女权主义，但这并不是他最关心的问题。同性恋议
题更牵动他的心绪，但他并没有积极参与同性恋革命行动阵线的活动。他参与
了法国美术学院的几次聚会，奇怪的是，他对这个组织起了疑心。他乐于接受
同性恋革命行动阵线的存在，但担心这会带来一种新的区隔形式，他怀疑"同
性恋"会像其他标签一样具有压迫性。[92]在这样的背景下，福柯第一次见到了
年轻人盖伊·霍克纳姆（Guy Hocquenhem），他很快成为同性恋运动中最引人
注目的人物之一，将同性恋看作《古典时代疯狂史》中被排斥和区隔之人的
后裔。[93]

福柯与新同性恋运动的第一次公开亮相有些特别。1973 年 3 月，《探索》
出版了一期杂志，题目为《三十亿性反常者：同性恋百科全书》。匿名的同性恋 320

男女在这期杂志中撰写了各式各样的文章,内容从充满自我压抑感的书写,到极度色情化的幻想,一应俱全。这些艺术作品,大部分是由同性恋革命行动阵线的劳伦特·迪斯波特搜集的,《世界报》的一个相当挑剔的记者如此描述杂志内容:"照片、年代久远的版画……在这些画作中,阳具扮演着至关重要的角色。"[94]

在出版的过程中,费利克斯·瓜塔里冒着被起诉的风险,为了规避审查,福柯、德勒兹、萨特、热内和瓜塔里声称这些匿名材料都是他们写的。这番策略没有奏效,该杂志被查封和禁止,瓜塔里被控违反《淫秽出版物法》。这场由乔治·基耶日曼代表瓜塔里出庭的审判是一场闹剧,因为被告坚持在法庭上大声朗读杂志中最"色情的"段落。瓜塔里邀请福柯为自己辩护,但福柯没有出现,因为他正在进行巡回演讲。法院责令瓜塔里支持罚款,但他夸口说自己从未交过这笔钱。然而,这场审判带来了一个后果,那就是剩余的《探索》复印本在私下里卖得更火爆了。[95]

与此同时,福柯参与了性政治的另外两项运动。1972 年 6 月,医学博士让·卡尔庞捷(Jean Carpentier)被停职,并被医师公会禁止行医。他的过错是在科贝尔市郊的学校外散发传单,传单标题是"让我们学会做爱"。这份由"性解放行动委员会"(Comité d'Action pour la Libération de la Sexualité)制作的传单,写有一些基本的性知识,强调性快感的重要性,并提供了一些避孕方法。[96]这份传单的其他版本很快开始广为传播。这本小册子起源于一次小得可怜的事件:一个男孩和女孩被老师抓到在中学校园里接吻。学校给他们的父母写信抱怨此事。之后,这对夫妇把整件事的经过告诉了卡尔庞捷,他们希望能与校方公开对话。

在 6 月 29 日卡尔庞捷举办的新闻发布会上,福柯是发言人之一。他没有纠结于案件细节,而是借此机会讨论了医学作为道德卫道士的话题。在福柯看来,医师公会感到自己受到了攻击,因为卡尔庞捷的传单对医学传统的"个人主义实践"发起了挑战。他继续说道:

321   他们批评你(卡尔庞捷),因为你鼓励孩子付诸实践,他们说,"无论这件事正常与否,都不可避免地会导致孩子精神紊乱"。如今,自 18 世纪以来,包括心理学、精神病理学和神经病学在内的医学,当然是继承了宗

教的遗留，并将罪行转变为疾病……我看到这一段的末尾将这些行为定义
为"正常或不正常"，这些人突然就被认定为"道德败坏"，换句话说，医
学也具有司法功能。医学不仅界定了何为正常，何为不正常，而且最终定
义了何为合法，何为非法，什么是犯罪行为，什么不是犯罪行为，什么是
道德败坏的行为，什么是有害的行为。[97]

尽管这张传单很受欢迎，并且福柯为卡尔庞捷进行了辩护，卡尔庞捷自己
也进行了辩解，但这位医生最终还是被禁止行医一年。

该文本令人感兴趣的地方不仅在于它说明了福柯的政治作为，而且还证明
了他的理论具有惊人的现实适用性。语言的克制也同样值得注意。卡尔庞捷认
为："人们对同性恋的兴趣主要源自这样的事实，那就是虚伪的道德权威禁止年
轻人与异性（男孩或女孩）发生性关系（他们还有脸谴责同性恋吗）。然而，异
性恋关系似乎能给人带来更多的快乐。"10 月，人们为支持卡尔庞捷组织了一次
公开会议，在同性恋革命行动阵线的干预下，卡尔庞捷在会上被迫承认："在关
于同性恋的问题上，我想我还是有些落伍了。"[98] 福柯没有提及同性恋议题，他
的言论仅限于从普遍的角度对医疗权力进行阐释。

一年后，福柯卷入了性政治的一个完全不同的维度，但并非与此前毫无关
联。1973 年 10 月，在预审法官的指令下，福柯、阿兰·兰道（Alain Landau）
和让－伊夫·珀蒂（Jean-Yves Petit）被司法警察传唤。福柯被警方的传唤逗乐
了，他"面带讽刺意味的微笑（这种讽刺的笑容既充满了苦涩又得意扬扬）对
克劳德·莫里亚克说：'你知道的，我可能会被指控宣传堕胎……'"。[99] 警方认
为他和两名医生是一份宣传小册子的作者，这本小册子是健康信息小组印制的，
标题为《是的，我们堕胎了》。诸如此类的宣言不是第一次了。2 月，包括 3 名   322
诺贝尔奖获得者在内的 331 名医生，发布了一份声明，宣称他们帮他人堕胎，
强烈要求女性的堕胎权利，并认为社会保障体系应对堕胎进行补偿。从 1920 年
开始，堕胎在法国是违法的，一直持续到 1975 年。这不是福柯的伟大事业之
一，当福柯说自己可能会被捕时，德费尔不得不委婉地提醒他，堕胎和避孕之
间还是有区别的。[100]

我们无法确定福柯是否真的参与了此事，很有可能他只是以自己的名义支
持这份集体宣言。在一篇联合署名的文章中，这三人（未被起诉）描述了诊所

非法堕胎的方法，在文章结尾他们主张堕胎权，声称不想看到医学垄断的建立，害怕这种非法堕胎会成为牟利的来源。一项使堕胎合法化的法案正在讨论中，但政府试图利用这项法案来反对健康信息小组的做法，其实是在"好医生"和那些希望将堕胎和避孕确立为政治权利的人之间制造隔阂。[101]

13 痛苦的档案

1971 年到 1973 年，是福柯一生中最富政治色彩的时期，他参与各种各样的政治活动，几乎没时间写作。1969 年，《知识考古学》出版，之后福柯没有出版任何重要作品，直到 1975 年《规训与惩罚》出版。《我，皮埃尔·里维埃》是集体创作的成果，福柯在其中扮演引导者的角色，而非作者。这一时期的大多数出版物都是演讲、讨论和口头交流的笔录。福柯的访谈内容主要是关于监狱信息小组以及他对监狱的看法[1]，或者是他以国外大学访问学者的身份接受的采访。他为一些书写序言，比如利洛兹特的《从监狱到反抗》(*De la Prison à la révolte*)。1972 年春季，他还与《精神》杂志小组针对社会工作问题进行了圆桌讨论。[2] 也许福柯这一时期最引人注目的作品，是他为保罗·雷贝罗利 (Paul Rebeyrolle) 1973 年 3 月的画展所写的作品评论。

展览在声名显赫的玛格画廊举行，包括 10 个大型混合材料作品（布面油画、木质画、铁丝网画），作品的布置给观者一种感觉，那就是他们完全被困在了这里："你走进这里。现在，房间里布置的 10 幅画环绕着你，所有的窗户都被人小心翼翼地关上了。现在轮到你进监狱了？像你看到的那些狗一样跳起来，猛撞在铁丝网上。"[3] 在这幅画上，一只狗挣扎着逃离它身处的密闭空间。这些画的名字——"谴责""折磨""牢房"——都描述了一个监狱世界。大部分画作都笼罩在黑色和白色的阴影中，但"监狱里"这幅画有了一些变化，这是该序列的第 8 幅画。在这幅画中，当逃离最终成为可能的时候，占主导地位的白色让位于充满活力的蓝色：

324

墙壁从上到下裂开，好像是被一把蓝色的大刀劈开的一样。垂直的墙壁是权力的标志，但解除了支撑物的墙壁，如今成了通向自由的大门。这根支撑着大网的垂直棍棒并不能防止墙体开裂。裂缝中露出口鼻和爪子，挣扎着要打开它，火光迸溅。在人们抗争的历史中，任何伟大的成就都不会凭空获得，每一份成就通常是通过成功推倒墙壁而实现的。[4]

在下一幅画中，那只狗蹲下身子，准备从墙上跳下来，它凝视着一望无际的蓝色，在它与蓝色之间，现在只剩下一张撕破的网了。接下来：

最后一幅画呈现出来，并散布了一个新的空间，这是整个系列中一直缺席的画面。过去的黑暗堡垒和未来的彩色风暴将整张画分割开来。贯穿整个画面的，是飞奔的爪子的踪迹——"它描绘了一个逃亡者"。真理似乎像鸽子一样，悄悄地来临。大地上留下了一串它飞翔的爪印。[5]

这一时期，福柯显然还在继续做研究，他主要在国家图书馆，有时也去国家档案馆、阿斯纳图书馆以及警署档案室阅读材料。在万森纳，以及更远的南特，福柯进一步搜集、查阅了一批档案材料。福柯绝少向他人谈及正在进行的研究，但这些研究却为他的演讲和法兰西公学院的讲座注入新鲜血液，正是这些档案最后汇聚成了《规训与惩罚》。1972 年到 1973 年的系列讲座专门研究"惩罚的社会"，福柯开始在讲座中勾勒他下一本书的主题。正是在那时，他第一次提到了功利主义哲学家杰里米·边沁（Jeremy Bentham）那令人惊讶的"全景敞视监狱"（The Panopticon）计划（这种建筑结构确保一种使监狱完全可见的机制）。在这里，他第一次提到，从 19 世纪开始，人们进入"全景敞视主义"时代。[6]这一年的研讨课主要是为 1973 年皮埃尔·里维埃卷宗的出版做准备。1973 年到 1974 年间，讲座的主题是"精神病学的权力"，研讨班探讨了 19 世纪的医院建筑和历史，以及精神病学专家报告在法医学中的作用。研究医院建筑的研讨小组提供了福柯最爱的工作环境：一个愿意针对特定课题紧密合作的小组。小组成员在学院会面，但更随意地在福柯家里见面，有时他们甚至在咖啡馆里碰头。其中一位小组成员是福柯的侄女安妮·塔拉米，在她的记忆中，这段和福柯一起工作的经历很愉快，令她受益匪浅。成员们在一种轻松而宽容的

氛围中讨论，他们一起阅读报纸，将 18 世纪的医院计划从图书馆中发掘出来。　325
小组成员总是可以随时问福柯问题，塔拉米发现她甚至可以在国家图书馆打断
他，而不会惹得他不快。但她也承认，她可能无意中利用了他们的亲戚关系，
实际上，她的经历并不具有代表性。[7]

　　这次研讨班与以往不同，它从瓜塔里的机制性教育与探索研究中心获得了
研究经费，该中心是由精神病学家、城市规划师、经济学家和政治活跃分子组
成的联盟。机制性教育与探索研究中心出版了跨学科杂志《探索》，该杂志在博
马舍大道一处拥挤的场地运营。该组织多种多样的活动反映了这位自由主义创
建者广泛的兴趣，瓜塔里最初受过药剂学和哲学方面的训练，后来成为一名拉
康精神分析学家。费利克斯·瓜塔里于 1992 年 9 月去世，他在拉博德精神病治
疗中心工作了近四十年，是非主流精神病学运动的关键人物。他活跃于多个政
治前沿领域，从很多方面来看，他都是 20 世纪 60 年代末的精神化身。机制性
教育与探索研究中心以集体组织的方式运转，对广泛的制度问题展开研究，负
责整个机构运转的德勒兹和瓜塔里被一位成员称为"双生智者"。经过一番思想
斗争之后，机制性教育与探索研究中心得出结论，从政府那里拿钱不是什么大
罪，并开始招标研究项目。1973 年，它是一个相当富有的组织。[8]

　　那时，福柯已经和机制性教育与探索研究中心打过交道了。1971 年秋天，
机制性教育与探索研究中心的一个研究城市谱系小组曾来找过福柯，征求他
对小组工作的意见。其中一位接近福柯的人叫玛丽－黛蕾丝·韦尔内（Marie-
Thérèse Vernet），她是一位来自万森纳大学的经济学家。她发现福柯思想开放，
富有同情心，但他很不喜欢组织内部的建议，即应该找一位"专家"来提意见。
她也带着一丝好奇观察着福柯。在通往沃吉拉尔街的路上，她很高兴地发现，
这位著名的档案管理员并未像她预料的那样，生活在落满灰尘的故纸堆里，而
是住在现代化的崭新公寓里。[9] 这项研究是在混乱的状态下写就的，最终以《权
力装置》为名发表。[10] 福柯对此文的贡献仅限于他与德勒兹和瓜塔里的两次简
短对谈，他们探讨了城市作为生产力的角色。[11] 小组将这些交流内容融进了城
市化历史的讨论中，但结果并不令人完全满意，给人的印象是，外行专家被卷
入了一场集体行动中，这是很没必要的。

　　福柯在法兰西公学院的研讨班聚焦于 18 世纪健康政策的出现，以及 18 世　326
纪医学的职业化过程。这两个进程的结果是，医学被整合进了总体性的经济政

策和政治治理中，这种政治治理旨在使整个社会合理化。在课程概述中，福柯指出了主导这一讨论的三个主题：对儿童的新关注，以及家庭的医疗化；人们对卫生学越来越重视；医学日益转变为一种社会控制的工具。最后，讨论集中于作为特定医疗空间出现在历史中的医院，这种医疗空间有着自己的规划和建筑形式。[12] 小组的研究最终出版了，但几乎被人彻底忽略。只有康吉莱姆评论了这部作品，他将这部作品看作"关于法国现代医院起源的一份无与伦比的文献"。[13]

1973 年春天，福柯在巴西的一系列演讲清楚地表明了他当时的担忧。这是他第二次访问这个城市，部分原因是受到巴西机构的邀请，但福柯此旅也受到法语联盟的赞助。对法语联盟来说，他是一个"代表"，从严格意义上讲，这意味着他是一个"布道者"，一位传教士。他的日常安排并不轻松。他在里约热内卢的 5 天里（5 月 21 日至 25 日）为里约热内卢天主教大学热情洋溢的听众讲了 5 场重要讲座，总主题为"真理与司法形式"。[14] 在这个主题下，福柯对尼采和谱系学进行了一般讨论，并对俄狄浦斯神话进行了解读，在他看来，俄狄浦斯神话是"有关古希腊司法事件的第一份证言"[15]，他还分析了"全景敞视主义"在规训社会中的作用。

随后，福柯前往巴西北部，对米纳斯吉拉斯州（Minas Gerais）首府、巴西第三大城市贝洛奥里藏特进行了唯一一次访问。他只在这座城市待了 3 天，但在法语联盟和贝洛奥里藏特联邦大学哲学系做了非正式的演讲，演讲题目为《精神疾病与精神病学机构》以及《精神病学机构与反精神病学》。在里约热内卢，他的听众主要是学哲学的；在贝洛奥里藏特，福柯的交流对象主要是精神病学家和精神分析学家。在这些讲座中，福柯对精神健康专家通过诊断、开处方、矫正行为所行使的权力／知识进行了公开谴责，同时他考察了反精神病学提供的替代方案。

327　　主办方十分殷勤大方，但福柯并不买账。福柯此行备受关注，官方为此召开了一次新闻发布会，但福柯打断了发布会，抱怨现场有太多摄影师，闪光灯太刺眼了，这简直就是一种折磨。他感到局促不安，一边咬着手指，一边浮现出种种神经质的抽搐。[16] 他也不大喜欢他必须参加的社交活动。在孔苏埃洛·阿尔贝加里亚（Consuelo Albergaria）家里度过的那个夜晚，他认识了该市的许多学者，但他也深感折磨，因为这意味着他要对"那些身着长晚礼服的女士"彬彬有礼。福柯表现得顺从而有礼貌，但私下里对德费尔表达了他的恼怒之情。在这次访问中，德费尔是他的非官方伙伴。

除此之外，贝洛奥里藏特之行的其他方面则令人愉悦。福柯喜欢巴西的生活氛围和街头酒吧的轻松生活。虽然福柯现在已很少喝酒，但出人意料地喜欢上了凯匹林纳鸡尾酒的味道，这是一种以甘蔗酒为主的餐前酒，辅以柠檬、糖和冰块。吃了很多苦头的德费尔发现，喝太多凯匹林纳鸡尾酒会让人有丧命的危险。

福柯此行还对这里的精神病院进行了短暂访问，在精神分析师和讲师、福柯的主要向导和翻译西利奥·加西亚（Célio Garcia）的组织下，福柯与精神病院的病人和工作人员进行了交流。福柯遇到的很多年轻专业人士都熟悉他的作品，他们很高兴能和福柯讨论巴西精神病院脆弱的状态。这些活动结束后，福柯还有时间休闲放松一下，比如去里约热内卢东南方向 100 公里的黑金城（Ouro Preto）待上一天。城中小镇以矿山学校而闻名，已经被列为历史遗迹，陡峭的鹅卵石街道上的建筑，是巴西 18 世纪巴洛克建筑的最佳范例之一。福柯从这里出发，途经巴西利亚，前往贝伦，在那里的帕拉联邦大学做演讲，然后他去了亚马孙地区，去那里纯粹是为了享乐。[17]

回到巴黎，福柯又开始研究监狱制度的起源。像往常一样，各方人士都请他在请愿书上签名，他依然尽量避免在大多数请愿书上签名。然而，并非所有的请求都是政治方面的。福柯的声名卓著和媒体声望带来的不利影响之一，是那些有抱负的作家经常来找他，希望他能帮他们出书。这样的请求令他陷入深深的沮丧中，因为要求他阅读的这些手稿通常已经被出版商拒绝了无数次。1973 年圣诞节前夕，一天中午，一个陌生的年轻人打电话给他，坚持要他阅读自己的手稿。福柯搪塞说他没有时间，他说他不能为这位访客做任何事，而且他也不认识文学出版方面的人。那个陌生的声音坚持说没关系，福柯让步了，叫他下午两点带手稿过来。他之所以改变主意，在某种程度上是因为他烦了。在福柯的眼中，几千年来，圣诞节都是一个无所事事的节日。但他也被这美好而陌生的声音打动，他对德费尔说，他无法抗拒它的魔力。两点钟，一个紧张兮兮的年轻人来了，手里紧握着一大摞手稿。他几乎沿着沃吉拉尔街走了一整条街才来到八楼的公寓，在那里，他看到福柯和朋友们刚吃完午饭。他犹豫了一下，接过一杯咖啡，并将手稿交给福柯。

328

这个年轻人就是 23 岁的雅克·欧米拉（Jacques Almira）。他的小说曾被午夜出版社的罗伯－格里耶和伽利玛出版社的乔治·朗布利什拒绝，但他相信福柯会读这本书，而且能帮助他。欧米拉一直都很欣赏福柯，外省中学一位开明的哲学教师向他推荐了福柯的《词与物》。他与福柯一样，对雷蒙·鲁塞尔充满热情，还饶有兴致地追随着监狱信息小组的传奇故事。他在 1973 年搬到巴黎，并开始去法兰西公学院听福柯讲课，一直打算在课程结束后去找福柯。但他总是缺乏勇气，这个决定也就一再推迟。

新年前夜，没有电话的欧米拉收到了一封电报：福柯说他已经读了这部小说，且内心狂喜，并会尽他所能帮欧米拉在伽利玛出版社出书。

福柯既是一个有说服力的支持者，也是一个优秀的鉴赏家。1975 年，欧米拉的《瑙克拉提斯之旅》（Le Voyage à Naucratis）出版，并赢得了梅迪西斯文学奖（Prix Medicis）。让·勒马尔尚（Jean Le Marchand）就此书出版一事采访了欧米拉和福柯，这次采访从一个稀有的角度，让我们了解福柯在 20 世纪 70 年代中期在读哪些书。福柯早期对《泰凯尔》杂志形式化的文学实验的兴趣早已荡然无存，但他仍旧喜欢格拉克的《西尔特沙岸》。他还说他很欣赏马尔科姆·劳瑞（Malcolm Lowry）的《在火山下》（Under the Volcano），这本书一直是他最喜欢的作品，他也很欣赏托尼·杜维尔（Tony Duvert）的情色幻想。[18]

1975 年 11 月，欧米拉和福柯等人在沃吉拉尔街共进晚餐。共进晚餐的客人还有克劳德·莫里亚克和奥尔加·伯纳尔（Olga Bernal），伯纳尔既是福柯的朋友，也是罗伯－格里耶的朋友，她是最早对罗伯－格里耶作品进行严肃研究的人之一。[19] 当福柯忙着为来客端茶倒水的时候，欧米拉带着一丝不易觉察的低级趣味说道，50 年后，当福柯去世之后，他会向人们讲述他带着《瑙克拉提斯之旅》手稿来见福柯的那一天。

福柯和欧米拉成了经常在一起聚餐的好朋友，这位年轻的小说家在这位哲学家身上找到了精神父亲的感觉。这段友谊里没有性，尽管两人关系亲近，但一直用正式的"您"来称呼彼此。在欧米拉的记忆中，福柯不断鼓励他写作，当欧米拉怀疑自己的时候，福柯总是信誓旦旦地说他拥有真正的天赋。1984 年春天，欧米拉出版了他的第三部小说《特拉斯酒店》（Terrass Hôtel），并把它献给福柯。题词写道："这部小说是献给米歇尔·福柯的，以表达我诚挚的感激与钦佩，感谢他帮我出版了第一本小说，我为我们的友谊感到骄傲。"几乎可以肯定的是，福柯没时间读它了。

　　许多有抱负的作家都找过福柯，只有雅克·欧米拉以这种方式获得了福柯的帮助。艾尔维·吉贝尔，他从 20 世纪 70 年代末就和福柯保持着亲密关系，福柯喜欢也欣赏他的作品，即便如此，吉贝尔的文学之路也都是靠自己。一个令人信服的解释是，福柯被那个声音诱惑。[20] 在另一个例子中，福柯表现得更加随性慷慨。1975 年，热拉尔·杜邦（Gérard Dupont）找到福柯，希望他能接受采访，并解释说如果他接受采访，他将给福柯 500 法郎。福柯默许了。采访的结果是福柯在影片中对施虐狂进行了有趣的讨论。福柯后来告诉莫里亚克，他脑海里的第一件事就是确保杜邦付给他钱。[21]

　　"1757 年，罗伯特－弗朗索瓦·达米安（Robert-François Damiens）在试图刺杀路易十五不幸失败后，因弑君罪被判处死刑。根据对他的判决，刽子手用钳子从他的胸部、手臂、大腿和小腿上撕下肌肉之后，还将砍掉他那曾挥舞匕首的右手。然后，刽子手在他的伤口上涂抹熔化的铅、沸腾的油、燃烧的沥青以及炽热的蜡油与硫黄的混合物。最后，他被四马分尸，四匹马将他的躯干从身体上扯掉了。他的尸体被焚烧，骨灰随风散落。在这个事件中，达米安遭受的痛苦比判决本身更毛骨悚然。结果，马并不能胜任这一任务。即使把两匹马拴到他腿上的铁链上，也没能达到预期效果。达米安的四肢被刽子手砍断了。只有这样，马才能将他分尸。

　　"1838 年，列昂·福歇（Léon Faucher）发表了一篇关于监狱改革的文章，描述了他为巴黎少年监管所起草的规章制度。第 17 条规定：'犯人作息日冬天从早上 6 点开始，夏季从早上 5 点开始。在所有季节，他们每天都工作 9 个小时。2 个小时专门用于他们的教育。作息日冬天于晚上 9 点结束，夏天于晚上 8 点结束。'"

　　《规训与惩罚》的开头，是公开处决和时间表的双联画，这种文体令人回想起《临床医学的诞生》的开篇。[22] 死刑和时间表惩罚的既不是同一种罪行，也不是同一类罪犯，"但它们各自代表了一种惩罚方式。相隔不到一个世纪。但这是一个时代，正是在这段事件里，无论是在欧洲还是美国，整个惩罚体制都在重新配置"。[23]《规训与惩罚》展现的正是这种重新配置的历史。福柯的目标是提供"一种与现代灵魂相关的历史，一种裁决个体的新型权力的历史。这种惩罚权力在现代科学－司法复合体的谱系中找到了它的支撑点，获得了其合理性和规则，扩大了它的影响，掩盖它过分的特殊性"。他初步概述了 4 个方法论规则。我们不能仅仅将惩罚机制当作一种压制性的手段，它们也会产生积极的效果，惩罚应被看作一种复杂的社会功能。惩罚的方法不仅表现为法律规定，这些权力技术在更广泛的权力机制领域找到了自身的特征。因此，它们被看作权力策略。刑罚法律的历史和人文科学的历史并不是截然分割的系列，它们很可能都源自"司法 - 认识论"结构：权力技术决定了惩罚系统的人性化趋势，也会主导我们关于人的知识。最终，灵魂进入了法律的舞台，科学知识嵌入了司法实践，而这一切，是权力关系投资身体的模式转变的结果。[24] 从达米安的处决到福歇时间表的出版，这一转变使人们发现，身体从公共视野中消失了，使个体遭受无法忍受的痛苦的艺术被悬置权利的经济计算取代。具体表现为，这个过渡时期结束时，犯人们不再戴着镣铐列队前行到他们将遭放逐的港口，而是以配有单人囚室的封闭车辆被流放。在旧的体制中，罪犯攻击的是君主的象征性身体——在这里，福柯深受康托洛维茨关于国王两个身体的研究的影响 [25]——并在公共场合受到惩罚，如今，这种古老体制让位于一种新的机制，个体的犯罪与惩罚被一种复杂的标准衡量和矫正。

在福柯看来，酷刑在法律体系中的消失，以及监狱作为标准惩罚形式的出现，未必是一个渐进的、人性化改革的过程。18 世纪末改革的目标不是"惩罚得更少"，而是"惩罚得更好"，并将惩罚权力更深地嵌入社会体中："构建一种惩罚权力的新经济和新技术"。[26] 这种新的经济学和技术共同形成了福柯所说的"符号 - 技术"，这种"符号 - 技术"共有六条基本原则。[27] 他阅读了启蒙运动和法国大革命时期的一系列著作，在此基础上总结了这些原则，这些著作中，最重要的当属贝卡里亚（Beccaria）1764 年的《论犯罪与刑罚》（*Dei Delitti e delle pene*，福柯引用的是法文版本，而不是意大利文原版）。"原则"代表了一种范式而非一种现实，范式是通过精心研读建立起来的，是灰色的谱系学耐心而细致劳作的结果，福柯在《尼采、谱系学和历史》（"Nietzsche, la généalogie, l'histoire"）中描述了这种谱系学。

第一条是"最少原则"：惩罚对罪犯的伤害必须稍微超过罪犯从犯罪中获得的好处。在这里，对犯罪与惩罚的仔细校准，取代了主权者以"过剩权力"报复罪犯的炫耀性展示。第二条"充分想象原则"意味着肉体的痛苦让位于观念的痛苦，并让肉体从惩罚的景观中消失。第三条"侧面效果原则"描述了对

331

惩罚的恐惧进行传播的观念，最终，如果人们确信罪犯不会重蹈覆辙，那么就没有惩罚个体的实际需要了。第四条"绝对确定原则"几乎无须解释：针对罪行的惩罚应是绝对确定和必然的。因此，将会产生这样的观念，法院的法律机构必须与无所不察的警察机构相互补充。因此，还需要将法庭公之于众，使人们看到审判过程。

　　福柯确定的第五条"原则"与真理和真理的陈述有关，第五条原则与福柯在 1974 年巴西演讲中对俄狄浦斯神话的解读有关，也与他 1971 年以后在法兰西公学院的讲座有关。当人们开始关注真理以及证据标准，嫌疑与惩罚之间的逐级对等关系就被消除了，与数学真理一样，犯罪事实只有得到完全证明才能被人接受，实证调查取代了严刑逼供。法官不再独自负责判案，因为法庭越来越依赖大量的科学话语，其中就包括精神病学。第六条"详尽规定原则"表明，刑法符号学将整个非法行为和惩戒领域编撰为法典。人们在该时期自然界历史提供的模式中，寻找个体犯罪和犯罪类别之间的联系：理想的做法是建立一种犯罪、罪犯与惩罚的林奈式分类。这是一种个案化的过程：人们对罪犯的兴趣比犯罪行为本身更大。因此，人们才对皮埃尔·里维埃的性格以及他过去的生活进行详细调查，然而，很奇怪的是，福柯在《规训与惩罚》中没有提到这个案例。"一整个个体化的知识被组织起来，这套个体化知识参照的领域并不是犯罪行为……内在于个体的危险本质，显现为个体危险的行为，这种行为处于他人日常观察的目光下。"[28]

　　《规训与惩罚》的副标题是"监狱的诞生"（"Naissance de la prison"），但事实证明，这个福柯口中的机构不止诞生于一个地方。一系列的机构和话语共同促成了规训这个普遍概念的出现。在军队的技艺中，士兵成了规训的对象，他的每个动作，无论是真正的还是潜在的动作，都会人被测量和记录。兵营、教室和修道院提供了封闭或禁闭身体的典范，在这里，身体的每个怠慢的动作都会被观察和矫正。早期工业时代的工厂在很多方面都和监狱相似，工厂对完成任务所需的时间进行细分，工人需要做出与时间节奏同步的规定动作。[29]医院和诊所布置空间的方式使它们自己成为一台"治疗机器"或手术机器。话语、实践和机构的多样性之中出现了一种"规训权力……它被安排成一种复杂的、自动的和匿名的权力……在对纪律实行层层监督时，权力并不是一个被占有的物或一份可转让的财产，它作为机制的一部分起作用"。[30]规训本身既不是制

332

301

度，也不是装置，它是一种权力类型，"一种'物理的'或'解剖的'权力，一种技术……总而言之，从封闭空间中的纪律，到一种社会性的'隔离'，再到'全景敞视主义'机制无限泛化的运动，我们因此可以说，一个规训社会形成了"。[31]

当然，将规训社会展现得淋漓尽致的是杰里米·边沁的"全景敞视监狱"，福柯是这样描述它的：

> 四周是一个环形建筑，中心是一座瞭望塔。瞭望塔有一圈大窗户，对着环形建筑。环形建筑被分成许多小囚室，每个囚室都贯穿建筑物的横切面。各囚室都有两个窗户，一个对着里面，与塔的窗户相对，另一个对着外面，能使光亮从囚室的一端照到另一端。然后，需要做的就是在中心瞭望塔安排一名监督者，在每个囚室里关进一个疯人或一个病人、一个罪犯、一个工人、一个学生……这些囚室就像是许多小笼子、小舞台。在里面，每个演员都茕茕孑立、各具特色并始终可见……充分的光线和监督者的注视比黑暗更能有效地捕捉囚禁者，因为黑暗说到底是保证被囚禁者的。可见性就是一个捕捉器。[32]

虽然听起来像一个想象中的建筑，但全景敞视监狱的确为实际的监狱提供了图式。"监狱应该被视为形成关于犯人的临床知识的场所。全景敞视建筑既能监视又能观察，既安全又能获得知识，既能针对个人又能统观全局，既能隔离又能透明的想法在监狱中找到了实现自己的最佳场所。"[33]

《规训与惩罚》显然在研究历史，但它所研究的历史与当下有关。虽然福柯是基于对刑法学和犯罪学的长期研究，基于有关纪律的军事手册，以及那些"伤痛档案"的材料而写作此书，但这本书依旧充满了当代的典故和参考案例。福柯顺带提到了 1972 年 9 月 22 日拉桑特监狱对布菲和波坦斯的处决，与达米安的处决不同，这次处决在半秘密的状态下进行，仿佛现代国家对自己拥有的权力感到羞耻。[34] 他将 1945 年的监狱改革与 1847 年国会上提出的监狱改革并置在一起，证明监狱改革的徒劳无功，表明两次改革几乎完全相同。[35]1969 年在弗勒里－梅罗吉建立的模范监狱照搬了 1836 年小罗盖特监狱星形全景敞视设计，这一事实表明，"监狱制度"的历史源远流长。[36] 监狱改革的历史与监狱的

333

发展史是同步的。是当下而非过去，让福柯第一次认识到"一般而言的惩罚以及具体而言的监狱属于一种关于肉体的政治技术学"。最近，像克莱尔沃监狱的　334起义，目标就是反抗监狱恶劣的条件，反抗这个摇摇欲坠的监狱，但克莱尔沃也是以镇静剂和精神病医生著称的模范监狱：

> 实际上，它们是肉体层面上的反抗，反抗的就是监狱这种实体。问题并不在于监狱的环境是否太严酷或太令人窒息，太原始或太有章法，而在于它本身作为权力工具和载体的物质性。"灵魂"技术学——教育专家、心理学家或精神病专家的技术学——既无法掩饰也无法弥补的正是这种支配肉体的权力技术学。原因很简单，前者是后者的工具。我要撰写的就是这种监狱的历史，包括它在封闭的建筑物中所汇集的各种对肉体的政治干预。[37]

1975 年，《规训与惩罚》的出版引起了轰动。《新观察家》以《监狱的诞生》为题摘录了相关片段，无疑激发了许多潜在读者的兴趣。[38]四天后，《世界报》以两个版面的篇幅报道了"米歇尔·福柯的监狱的诞生"，辅以罗歇－保尔·德鲁瓦（Roger-Pol Droit）对福柯的采访，以及克里斯蒂安·贾贝特的评论文章，他将福柯的作品牢牢地置于布洛赫①、费弗尔和法国年鉴学派的传统之中。[39]《文学杂志》（*Magazine littéraire*）6 月号月刊的封面是福柯的肖像，还有一份 27 页的卷宗，都与福柯的这本书有关。其中有关于这本书的一篇长访谈，一份参考书目，一篇伯纳德－亨利·列维（Bernard-Henri Lévy）所写的有趣文章，以及雷蒙·贝洛和雅克·勒维尔（Jacques Revel）有关福柯与历史学家关系的讨论。[40]福柯接受了《文学新闻》（*Les Nouvelles Littéraires*）和意大利周刊《欧洲人》（*L'Europeo*）的长篇采访，尽管这本书的意大利语译本直到 1978 年才出版。[41]

　　所有日报和周刊上的评论都是一派赞扬语调，这些评论者好像被他们读的东西吓到了似的。让－保罗·恩多芬（Jean-Paul Enthoven）在《新观察家》中概述了他对福柯的总体看法，他认为，所有人读完福柯后，能做的就是聆听图尔暴动和"师范学院的纪律"交织在一起的轰隆声，倾听牢房里上吊自杀的无

---

① 马克·布洛赫（Marc Bloch，1886—1944），法国历史学家，年鉴学派的创始人之一。著有《封建社会》《法兰西岛》《国王和农奴》《国王神迹》《法国农村史》《历史学家的技艺》等。二战爆发后，他参加了法国的联合抵抗运动，是游击队组织"自由射手"在里昂的代表，最后被德国法西斯逮捕并杀害。——译者注

名少年发出的声音：

335 　　　　福柯在他们的反抗之上写作。这就是为什么，除了通常意义上的学识渊博，对档案非凡的理解力，以及巴洛克式华丽的文风之外，他的书还有其他优点。若一个作家才智非凡，但却让自己远离了那些浮现于字里行间的面孔，谈论它是不是一部杰作还有意义吗？[42]

　　曾经担任监狱教育部门教员的阿莱特·法尔热说，这本书给监狱教育和社会工作服务系统带来了"冲击波"。[43]

　　《规训与惩罚》真正引起轰动是在年底，那时，这本书已经重印了。去年12月，《批评》出版了"福柯"专刊，其中有三篇研究福柯的文章。[44]在让·皮埃尔的邀请下，菲利普·梅耶写了一篇有关福柯的文章，但这篇文章不是评论，而是试图追随福柯在书中的建议："应该对大革命期间有关家庭法庭、父亲惩罚和父母监禁子女权利的讨论进行完整的研究。"[45]弗朗索瓦·埃瓦尔德对《规训与惩罚》进行的长期研究，对他的写作事业产生了直接影响。正是这篇文章展现的实力，使得这位无产阶级左派、布律阿·昂·阿尔图阿调查的前组织者，成为福柯在法兰西公学院的助手。这篇文章对《规训与惩罚》中的尼采思想，进行了最为复杂巧妙的爬梳。比如，埃瓦尔德证明，福柯对规训策略历史的研究，与他致敬让·伊波利特时第一次概括的研究模式相符："在历史中起作用的力量不是服从于一个目的或机制，而是与斗争的危险相伴相生。这种力量并不在原初意图的连续形式中显现自身，也并不总是表现为事件的结果。它们总是在事件独特的偶然性中呈现出来。"[46]他提的建议颇具吸引力，认为将《道德的谱系》（*The Genealogy of Morals*）修补一下，修改一下尼采对"怜悯问题与怜悯道德"的思索，就是介绍《规训与惩罚》最好的方式，如下：

　　　　乍一看，"监狱道德"和监狱问题……似乎非常特殊，是一个微不足道的问题。当任何一个人坚持读下去，并学会如何提问，都会和我有相同的感受：将有一幅崭新的全景图在他面前打开，一种奇特的、令人眩晕的可
336 　　能性向他袭来。此时，各种怀疑、不信任、恐惧都会涌上他的心头，他对种种道德的信仰都开始摇摇欲坠。最后，他将不得不聆听新主张。[47]

埃瓦尔德的文章还表明，福柯面对公众的政治和哲学主张正发生重大转变。他问道："谁会对那些政治和工会组织进行政治解剖，谁会对那些'教育'群众、'规训'群众、给予群众'意识'的装置进行剖析？……'民主集中制'背后隐藏着怎样的'恶意'？"[48]

从某种意义上说，埃瓦尔德已经给出了问题的答案，他将《规训与惩罚》与安德烈·格鲁克斯曼关于苏联劳动营的研究联系在一起，就是一种暗示。[49]他认为格鲁克斯曼的书是对"马克思主义的'权力－知识'观点的剖析"，这本书确证了一个观点，那就是"我们信奉的真理可能建立在警察系统和司法程序的基础上，古拉格群岛潮汐拍打的韵律证明了这一切"。[50]福柯的确写道，"监狱群岛把这种技术从惩罚机构扩散到整个社会机体"，这句话显然暗指索尔仁尼琴。[51]这些主题在 1976 年的夏天——那个新哲学家的夏天——将会变得更加醒目。

对德勒兹来说，福柯的书是一部"惩罚的神曲"，其作者是"一位新的地图绘制学者"。[52]仿佛自马克思以来，终于有了新事物出现。像埃瓦尔德一样，德勒兹主要从当代政治意义的角度来解读《规训与惩罚》。德勒兹认为，监狱信息小组不同于无产阶级左派的组织形式，监狱信息小组能避免组织上的中央集权主义。《规训与惩罚》开篇章节中概述的权力理论，如今暗示着福柯抛弃了左派传统权力观。权力不是特定阶级攫取的"财产"，而是一种策略，福柯提出了一种"新功能主义"的权力观，这种有关权力的"功能分析当然不否认阶级或阶级斗争的存在，但相对于我们熟悉的传统权力历史，这种权力的功能分析指出了权力的不同特征以及不同的运作过程，描绘了一幅与众不同的权力图景"[53]。

原本会有一篇关于福柯的文章发表在 1975 年 12 月的《批评》杂志上。这篇文章的作者是弗朗索瓦·鲁斯坦（François Roustang），他是耶稣会士出身的精神分析学家，他和福柯在万森纳大学相识。鲁斯坦既赞扬也批评了这本书，他反对福柯对精神分析学的评价，认为如果可见性是犯人的陷阱，那么可见性也是权力的陷阱：当一切都变得可见之后，没有人能再看到任何东西，因为基本的明暗对比已经消失，每个人都消融在可见性之中。皮埃尔拒绝了这篇文章，可能是因为他不愿发表任何公开批评福柯的文章。当福柯得知这篇文章的内容时，他很愤怒，并明确表示如果这篇文章发表，鲁斯坦将会付出沉重代价。鲁斯坦明确表示他才不会被福柯吓倒，并在《现代杂志》上发表了这篇惹麻烦的

337

文章，福柯更生气了。福柯很擅长压制他人对他作品的批评，而且很长一段时间他都会怀恨在心，但这次，他的威胁没有奏效，这件事也就被他抛诸脑后。[54]

《规训与惩罚》出版之日，恰逢热拉尔·弗罗芒热（Gérard Fromanger）在珍妮·布赫画廊（Galerie Jeanne Bucher）的展览开幕。作品《欲望无处不在》的目录序言是福柯写的，名为《照相式绘画》（La Peinture photogénique），其中两幅画有着特别的意义。两个版本的《图尔监狱的起义》，正是作者基于屋顶囚犯照片创作的，这些照片经媒体广泛传播。这些作品是弗罗芒热运用特殊技术创造的，弗罗芒热将照片投影到画布上，并直接在画面上作画，之后再涂上明亮的色彩。

参展的其他作品中，有一些画的是中国某地和法国巴黎的街景，所有的画都是用同一种技术创作的。弗罗芒热的灵感不单来源于技术，他的一些画看起来很像中国陕西的"农民画"，这种"农民画"在当时的左派中相当流行。福柯与弗罗芒热相识多年，他为作品目录写序言是一种友好的表示，弗罗芒热承认这篇序言对他的事业帮助很大。[55]福柯认为弗罗芒热的作品是绘画和摄影之间长期复杂关系的完美结晶，他简单讨论了朱丽亚·玛格丽特·卡梅隆（Julia Margaret Cameron）和约翰·杰贝兹·埃德温·梅奥（John Jabez Edwin Mayall）的早期银版照相法，以证明自己的观点。波普艺术和超写实主义绘画引进了一种新的"对图像的热爱"，它允许艺术家在绘画中"插入"无限传播的图像。波普艺术家不仅将照片作为绘画的辅助手段，他们还在摄影图像上绘画，在一幅绘画中把照片当作图像加以利用。波普艺术和超写实主义把绘画投入了图像的海洋。然而，弗罗芒热引进了更加新奇的事物："当绘画覆盖摄影，当绘画大张旗鼓或偷偷摸摸地围困摄影时，它不会说相片真不错，它说得更漂亮：相片兼有胶片和画布的优点，是一种共生形象。"[56]

为了对这篇序言表示感谢，弗罗芒热为福柯画了一幅肖像。弗罗芒热运用了与《欲望无处不在》系列相同的技术，画了这幅《米歇尔》（1976，布面油画）。画面上的福柯自然是穿着白色高领衫，他笑着，眼睛闪闪发亮，仿佛呼之欲出，四处飞溅的色彩和头部周围的对角线，使这幅画充满活力四射的感觉。福柯去世之前，他都收藏着这幅《米歇尔》，如今，这幅画被米歇尔·福柯中心收藏。这幅画还有另一幅略微不同的版本，是罗伯特·巴丹泰（Robert Badinter）委托画家画的，这幅画就挂在他宪法委员会办公室的外面。

面对媒体对《规训与惩罚》的采访，福柯的反应一如往常：虽然他对记者的要求抱怨诸多，但没有拒绝采访，基本上还是享受整个过程的。随着宣传浪潮渐渐消退，福柯在法兰西公学院的教学还在继续，这一年的研讨会关注"精神病学报告"的法律作用，讲座的主题是"不正常的人"。在福柯看来，所谓不正常的人是一种医学－司法范畴。医学－司法范畴将某些像阴阳人这样的个体界定为"畸形人"，漫不经心地创造出不可救药的可怕罪犯，并谴责手淫是"不正常的"行为。针对不正常的人的改革运动，表明家庭开始转变为一种权力－知识装置。幼儿的性行为被问题化，以及一切可能与之相关的反常现象，是促使这种新结构出现的进程之一："这个小小的、乱伦的家庭刻画了我们社会的特征，这个微小的、渗透了性的家庭空间，正是我们成长和生活的地方。"[57]

5月，法兰西公学院的课程快结束的时候，福柯前往美国进行短期访问，并接受了利奥·贝尔萨尼（Leo Bersani）的邀请，准备担任加利福尼亚大学伯克利分校的法语客座教授。他曾多次来美国，但这是他第一次来加利福尼亚州（以下简称"加州"）。他旋即强烈地喜欢上了西部海岸，那里对他总有着一种乌托邦式的吸引力。他在校园里很受欢迎，虽然还要过几年，他才会取得突破性的成就，成为美国屈指可数的人物。如今，他已经学会了享受美国大学相对轻松的氛围，也不再像第一次访问美国那样，因学生们认为可以与他进行日常讨论而耿耿于怀。1971年以来，他的英语口语水平也有所提高，而且他的所有讲话都不再需要翻译。

福柯计划进行公开演讲并举办研讨班，但演讲内容只保留了一些片段。有两份不完整的打印讲稿，一份日期为1975年5月8日，另一份没有标注日期，标题分别是《话语与压抑》以及《有关幼儿的性》。这两份讲稿表明他当时正着手研究早期版本的《性经验史》。[58]

在两份讲稿中，福柯都说他想写一部《古典时代疯狂史》的续篇，还想尝试写一部有关"性反常"和性压抑历史的书，他最近已经在法兰西公学院开启了相关研究。但他没能完成这部作品，因为他没找到需要的档案。他认为，他没能找到相关资料，可能和压抑假说的影响有关，这种压抑假说与威廉·赖希（Wilhelm Reich）在20世纪30年代的"性政治"运动有关，人们相信性解放最终会驱散性压抑的阴影。与这种观点截然相反，福柯认为权力并不压制欲望，权力生产欲望，并创造了个体的主体形式。因此，更应研究的是权力的策略，

339

而非法律的律令。鉴于这些手稿的残缺不全和不确定性，我们所能说的也就这么多，但很明显，它展现了计划中的多卷本《性经验史》起源阶段的情况。

加州给福柯带来的乐趣绝不单纯是学术上的。在这里，福柯发现了一个在法国无法想象的同性恋社会，这里的开放令他心醉神迷。福柯在这次短暂的旅行中几乎没有时间一探究竟，但在后来的旅行中，他展开了更深入的探险。似乎正是在这时，福柯开始在这个皮革和施虐受虐的世界里逢场作戏，而这些只是加州的乐趣之一。到目前为止，他还没在报纸上提过这些事，即便提起了，也是以全然客观的语气。在加利福尼亚州，与两位同性恋学者一道，福柯第一次服用了 LSD。这次服药仿佛是一场仪式，幻觉场景是沙漠，背景音乐是施托克豪森（Stockhausen）的磁带。关于这场迷幻药之旅的谣言不胫而走，似乎每个人都心知肚明福柯的这段往事。一些报道说这场经历改变了福柯的生活，我们应对这种报道持怀疑态度，迷幻药赋予人的洞察力往往是转瞬即逝、虚无缥缈的，而非真实的。1975 年 11 月，福柯满含怀恋地对莫里亚克提及了"一个难以忘怀的迷幻药之夜，精心准备的剂量、沙漠之夜、宜人的音乐、友好的伙伴、适量的查特酒"。[59] 像许多用迷幻药的人一样，福柯声称迷幻药具有启示作用。我们不清楚他说的是不是这一次旅行，但据说他对德费尔说"这可怕的经历对他来说宛若一次精神分析"。在 1984 年 7 月与莫里亚克的一次谈话中，德费尔透露，福柯曾告诉他，这段经历使福柯发现丹尼尔取代了姐姐弗朗辛在他生命中的位置。[60] 如今，享乐处方里又增加了一项，迷幻药时不时会给福柯带来强烈的快乐。

福柯从加州回来之后，《世界报》的罗歇-保尔·德鲁瓦找福柯谈了一个写书的计划。德鲁瓦希望他们能合作进行一系列的采访，这些采访将成为"一本与众不同的书"。德鲁瓦设想了一系列对话，这些对话会阐明福柯作品中较为晦涩难懂的部分，并探究这些书中开启的研究方向。福柯同意了，于是，两人进行了大约 10 次工作会话，一共录制了 15 个小时的录音带，最终形成了一份约 300 页的打字稿。越发明显的一点是，德鲁瓦对福柯过去的关注令福柯有些恼怒。德鲁瓦要求福柯解释的事情越多，这本书就越像一本知识分子的自传，福柯并不喜欢这种体裁。让福柯兴致勃勃的是未来，是他的新计划，而不是过去。两人达成共识，放弃了这个计划。其中一个简短的摘录在福柯去世两年后发表，剩下的资料则在德鲁瓦的文件夹中慢慢凋零。

340

　　幸存下来的摘录主要是关于文学的，在某种程度上，可以将这些摘录当作福柯"文学时期"作品的附录。福柯现在几乎没时间去讨论《泰凯尔》和其他团体的观点，他们认为写作行为本身是具有颠覆性的，随着写作越发具有自反性，它也变得越来越具有革命性。福柯用过去时再一次描述了巴塔耶、布朗肖和克洛索夫斯基如何像尼采一样，从狭隘的哲学话语中逃离出来，在他们开辟的领域中，哲学开始渗入其他思想和语言形式中。这是一番充满遗憾的告别词。此刻，福柯更感兴趣的问题是理论和先锋话语如何有效地相互联结，将一些文本界定为"文学"，或者将这些文本提升到"文学"的水平。在发表的零星片段中，他没有提供这个问题的解决方案。[61]

　　在这些访谈中，福柯在怀旧的语气中重温了过去的文学时光，尽管他已不 341 再与克洛索夫斯基联系。德勒兹公开的一段谈话中解释了福柯这样做的原因。早在 1973 年，克洛索夫斯基与福柯进行了一次对话，在对话中，克洛索夫斯基谈到了在示威活动中如何与共和国治安部队打交道的问题。他声称，一排 30 个手持棍棒的英俊青年会令警察无法动弹，因为这些警察会被青年的美貌折服。福柯的回应没有被记录下来，但很显然，福柯的政治轨迹早已使他远离了克洛索夫斯基的世界。[62]

　　1975 年，福柯在诺曼底待了很长时间，在那里开始拍摄《我，皮埃尔·里维埃》的改编电影，每年 8 月，福柯都习惯和母亲待在旺德夫勒－杜－普瓦图，拍摄电影的事多少打乱了这个计划。这部电影的导演和编剧是勒内·阿利奥（René Allio），电影的取景地是发生谋杀案的村庄。[63] 演员是没有表演经验的当地人。导演是福柯选的，福柯很欣赏阿利奥 1972 年拍的《法国加尔文教徒》（Les Camisards），这部电影以浪漫主义抒情诗的语调颂扬了 1685 年清教徒对南特敕令的反抗。福柯花了相当长的时间勘探外景，也和德费尔一起探索了周边的乡村。德费尔非常兴奋地发现了一尊圣母像，他认为这是人们在里维埃谋杀案后竖立的赎罪雕像，而且他们还偶遇了一位老妇人，这位老人说她小的时候曾被大人吓唬，说如果她调皮的话，"皮埃尔·里维埃就会抓走她"。[64]

　　电影项目遭遇了资金困难，需要伽利玛出版社的资金支持。为了给现在的联合项目弄到资金，福柯签署了一份合同[65]，但他后来却后悔做这个决定。不仅如此，他还很后悔选择了这个导演。业余演员现实主义风格的呆板表演令福柯深感失望，如今他回想起，若是请德国导演施罗特执导这部影片，效果会更好。[66]

到了秋天，福柯的政治参与呈现出了一个新维度，反映了他如今在法国的地位，如今他是法国最引人注目的知识分子之一。同往常一样，外在的刺激促使福柯付诸行动。福柯并不是出于长期以来的公共承诺，才介入这些引发争议的事件。

那些垂死挣扎的极权政体有时会因最后火光四溅的野蛮行径而显得与众不同。西班牙的佛朗哥政权也不例外。1975 年 9 月初，两名巴斯克地区分离主义组织埃塔（ETA）成员荷西·安东尼奥·加文迪亚·阿托拉（Jose Antonio Garmendia Artola）和安赫尔·奥代吉·埃切维里亚（Angel Otaegui Echeverria），

342　因谋杀一名国民警卫队下士而被判处死刑，埃塔组织认定这名下士是施刑者。来自"反法西斯爱国革命阵线"（Frente Revolucionario Antifascista y Patriotica）的 8 名武装分子，也在等待处决。[67] 于是出现了世界性的反感，针对的与其说是判决本身，毋宁说是处决的方式：死刑犯，包括两名来自反法西斯爱国革命阵线的孕妇，将被绞刑处死。正是凯瑟琳·冯·比洛将囚犯即将被处决的消息告诉了福柯和莫里亚克，比洛坚持认为他们必须有所行动。他们的第一反应是感到恐惧，但实际上他们对西班牙的情况一无所知。福柯憎恨佛朗哥，认为他是"独裁者中最血腥的"[68]，许多西班牙政治的外行人也都感同身受。正常情况下，无论是福柯还是莫里亚克都不会支持埃塔或反法西斯爱国革命阵线的恐怖行动，但对即将来临的处决，生理上的强烈反感压倒了他们的疑虑。9 月 20 日，莫里亚克去了冯·比洛位于埃米尔·左拉（Émile Zola）大街的公寓，在那里，他看到了《基督教见证》杂志的代表、多明我会的神父拉杜兹（Ladouze），还有德费尔和福柯。当莫里亚克到达那里时，他惊讶地发现福柯充满柔情地抱着冯·比洛一岁大的儿子。也许是莫里亚克有些紧张，更令他感到惊讶的是，福柯还给孩子带了件礼物：一个灰色大象形状的睡衣礼盒。因为在人们的印象里，福柯并不擅长和小孩相处，他的这一举动更加令人感动。

很快，电影制片人康斯坦丁·科斯塔－加夫拉斯（Constantin Costa-Gavras）、让·丹尼尔和雷吉斯·德布雷也加入进来。雷吉斯·德布雷是一名巴黎高师人，同时也是巴黎左翼的知名人物，他有着丰富多彩的过去，他因为与切·格瓦拉在玻利维亚开展的注定失败的革命游击队运动有所牵连而在玻利维亚服刑数年。这个计划最初是由科斯塔－加夫拉斯提出的，他打算去西班牙以示威游行

的方式声援死刑犯。这个想法对福柯很有吸引力，他当即建议，当集会的人群在大弥撒之后走出教堂时，大家可以在教堂外向他们散发传单。然而，在德布雷看来，这种做法不太可能产生任何正面作用。最终，双方达成妥协：他们起草一份小册子，并在新闻发布会上散播。让·丹尼尔将《新观察家》的资源交由小组处理，并同意负责此次任务的后勤工作。实际上，大部分的工作都是由冯·比洛完成的。会议就这样结束了。离开的时候，莫里亚克说，去马德里却不能参观普拉多博物馆令他有些难过。让·丹尼尔开玩笑说，他此刻的窘境会　343
是克莱尔·布勒泰谢（Claire Brétecher）的好素材，后者是《新观察家》杂志极具批判力的漫画家，他的漫画是巴黎中产阶级生活的喜剧编年史。

傍晚时分，小组举行了第一次会议，西班牙共产党总书记圣地亚哥·卡里罗（Santiago Carrillo）也参加了会议。让·丹尼尔与马德里方面取得了联系，并了解到，如果代表团周日抵达马德里，将不会得到任何宣传，因为9月温暖的周末不适合进行任何政治讨论。这次考察被拖到了周一，也就是《新观察家》的出版日，这意味着让·丹尼尔没法去马德里了。现在，有人问卡里罗对这个计划的看法，人们立刻从他的表情中读出了不赞成。在他看来，大家真的没必要着急，因为一个星期之内都不会发生什么事情。他觉得在街上发传单的想法既危险又可笑。一方面，根据西班牙严酷的反恐怖主义法案，这些散播传单的人立刻就会被逮捕；另一方面，重要的人应该参加重要的活动，一群法国"名人"分发传单可能会冒犯当地人的感情。然而，新闻发布会至少能让这些法国"名人"发言，哪怕只是简短的发言。

针对卡里罗的反对意见，福柯是这样回答的。针对警方可能出现的问题，福柯认为这次行动的全部意义就是被警察逮捕。他并不认为自己是个"名流"，正相反，他以前的政治行动，他与监狱信息小组并肩作战的日子，都是为了打破等级制度，这表明他拒绝成为任何特定社会阶层的代言人。但他现在也确信，召开新闻发布会是最合适的行动方式。他提议应该把传单带到马德里，即使大众对此保持沉默，传单上的白纸黑字也会保留下来。

小册子是由福柯起草的，内容如下：

> 有十个男人和女人刚刚被判处死刑。他们无权获得公正的审判，是被特别法庭判处死刑的。

在特别法庭上，既没有为了定罪而需要证据的正义，也没有赋予被判刑者捍卫自身权利的正义。无论指控有多严重，这里没有确保他们得到法律保护的正义。这里既没有保护病人的正义，也没有禁止虐待囚犯的正义。

在欧洲，我们始终为正义而战。即使是今天，每当它受到威胁的时候，我们也必须为它而战。我们并不祈求西班牙政府宣称这些人无罪，我们也没这个手段。我们也不是在请求一个迟来的赦免，西班牙政权的种种过去不允许我们有这样的耐心。但是，我们要求正义的基本权利必须得到西班牙人的尊重，就像它们在别处受到人们的尊重一样。

我们来到马德里是为了传达这一讯息。情况十分严峻，我们不得不这样做。我们在这里，是为了表达这一事件带给我们的震惊和愤怒，我们将与其他人一道，声援这些被威胁的生命。[69]

当务之急是找到签名者。萨特和阿拉贡（Aragon）是显而易见的选择，而且有理由相信，说服他们签名不是难事。在西班牙问题上，安德烈·马尔罗的名字是逃不掉的，他参加过西班牙内战，后来，佛朗哥（Franco）法庭在他不在场的情况下将他判处死刑。他的小说《希望》（*L'Espoir*），至今仍是以西班牙战争为灵感的伟大的抒情作品。但问题在于，马尔罗近年来对西班牙只字未提，也很少在任何请愿书上签名。获得马尔罗签名的任务交由克劳德·莫里亚克来完成，他从 20 世纪 40 年代起就认识马尔罗，并且写过马尔罗。[70] 8 月份时他和马尔罗一起共进晚餐。在他们交谈的过程中，马尔罗开始谈到福柯，他认为莫里斯·克拉维尔的观点或许是对的，福柯在《词与物》中已经说出了他想说的一切。[71]

莫里亚克给苏菲·德·维勒默罕（Sophie de Vilmorin）打电话，苏菲反对他这么做，称马尔罗绝不会向佛朗哥要任何东西，哪怕是一个生命。然而，当她得知福柯一行人亲自将请愿书带到西班牙时，她还是被感动了。一个半小时后，她回电话了：即使马尔罗有些不情愿，但还是同意签字。马尔罗并不十分赞同这个计划，他声称他的签名会给组织带来厄运，但他还是愿意让自己的名字出现在请愿书上。马尔罗的签名对福柯来说意义非凡，当他还是学生的时候，就非常崇拜马尔罗了，而且他能凭记忆背诵马尔罗的全部作品。[72] 与此同时，福柯获得了他法兰西公学院的同事、诺贝尔奖获得者弗朗索瓦·雅各布的签名。

　　一件趣事打断了寻找签名的进程。凯瑟琳·冯·比洛放下电话时突然宣布，"王子"同意签名。当福柯问她是哪位王子时，她回答说"雷尼尔"（Rainier），这让福柯感到厌恶，他坚决表示，要是这个王子签名他就不参与此事了。最后，比洛澄清了这个误会：这位人们口中的"王子"是法兰西学术院的一名教授勒普兰斯－雷尼尔（Leprince-Ringuet），而不是摩纳哥格里马尔蒂家族的成员。然而，他的名字不知为何出现在最终的文件中。 345

　　最终决定由 7 个人将这封信送往西班牙，他们是：科斯塔－加夫拉斯、德布雷、福柯、神父拉杜兹、让·拉古特（Jean Lacouture）、克劳德·莫里亚克和伊夫·蒙当。令丹尼尔·德费尔感到懊恼的是，他被排除在了这个送信小队之外，因为大家觉得他缺乏社会和媒体曝光度，到了西班牙之后他可能会被粗暴对待。[73]他们 7 人中，德布雷的处境可能是最危险的，如今他认为这件事很荒谬，并拒绝讨论此事[74]：他之前曾被驱逐出西班牙，他与拉丁美洲世界的联系意味着他在那儿的名声仅比魔鬼本人稍微好一点。蒙当和科斯塔－加夫拉斯以合作《Z》等电影而为人所知。在法国知识分子界，莫里亚克是他父亲的化身，而他父亲以反对佛朗哥著称——这一点很不同寻常，因为法国天主教徒通常会支持这位讨伐无神论共和国的独裁者。

　　让·丹尼尔将代表团称为"突击队"，而这支"突击队"全部都是男性。[75]有人建议至少应有一名女性在团队里，作为赞同女性主义的象征姿态。有人提到了凯瑟琳·德纳芙（Catherine Deneuve）的名字，她和蒙当一起工作，但她一门心思投入演戏，不想因此分心。冯·比洛推荐了一个显而易见的人选，那就是西蒙娜·德·波伏瓦。她稀里糊涂地提了一个不能在福柯面前提的名字，这令福柯勃然大怒，断然拒绝了这个建议。有那么一瞬间，冯·比洛觉得福柯都要揍她了。事实上，没有一位女性参加"蒙当男孩们"的探险，这是冯·比洛的原话，她独自一人留下了。[76]

　　9 月 22 日上午，福柯和莫里亚克一同驱车前往戴高乐机场，他们携带着法语和西班牙语的文件（西班牙语版本是由圣地亚哥·卡里罗翻译的）。在机场，其他 5 位"蒙当男孩"也加入了他们的行列。飞机上几乎没有其他人，他们通过在小册子上签名来消磨时间。小册子如今多了一个结尾："我们来到马德里，是事件的严重性把我们召唤到这里。我们的到来是想表明我们内心的愤怒，它将我们、许许多多的其他人同这些生命受到威胁的人联系起来。" 346

海关和入境检查没有给他们制造障碍，这群人终于出现在了马德里的阳光下。科斯塔－加夫拉斯和蒙当在马德里托雷酒店的 20 层订了一间套房。该酒店也是新闻发布会的所在地。在拜访了一家秘密报纸的办公室之后，他们来到了酒吧。外国记者代表们和一些西班牙记者开始聚集在这里。伊夫·蒙当用法语朗读了那封签名信，但德布雷还没来得及读西班牙语版的信件，一些便衣秘密警察就冲进了会场，命令他们保持安静，原地坐下，不准乱动。科斯塔－加夫拉斯塞给莫里亚克一张纸片，上面潦草地写着法国大使馆的电话号码。福柯问："我们被捕了吗？"警察答道："没有，但所有人必须原地坐着。"警察要福柯把剩下的传单交出来。福柯拒绝交出，气氛顿时紧张起来。莫里亚克担心福柯会受到人身攻击，但是另一种恐惧突然盘旋在他的脑海中：这些人可能不是警察，而是右翼秘密非法军事组织，基督君王游击队的成员。福柯脸色苍白，气得浑身颤抖，似乎随时准备发起进攻，但他最终在莫里亚克的低声劝说下让步了，将传单交给了警察。不久，身着灰色制服的警察队伍来到了现场，多少缓解了这里的紧张氛围，因为很明显，令人害怕的游击队实际上不在这里。所有在场的记者都被逮捕了，《泰晤士报》的威廉·切斯勒特（William Chislett）则被警察戴上手铐带走了。警察将福柯他们单独关押，之后，福柯一行人得知他们将即刻登上飞往巴黎的航班。

小组中的两人在警察的监视下取了行李，其他所有人被押上了警车。当他们从酒店出来的时候，莫里亚克从酒店外旁观者的脸上看到了同情和友爱的表情，任何被警察队伍逮捕之人的命运都是个未知数。有那么短暂的一瞬间，蒙当独自站在酒店台阶上的画面，令莫里亚克想起了科斯塔－加夫拉斯的电影画面。福柯也是一样：

> 伊夫·蒙当宣读了安德烈·马尔罗和其他四位法国名人的签名信。当他在一片沉默中读完这封信时，便衣警察闯了进来。这些警察的样子有些古怪，蒙当的出现令他们非常尴尬：那些警察认出了他，这个在许多电影中化身为"抵抗战士"的男人突然发现自己正和警察针锋相对。这给现场带来了非同寻常的政治强度……伊夫·蒙当最后离开。他登上饭店最高一层台阶，全副武装的警察站在台阶两旁。台阶下面，警察已经清场，警车停在远处，车上约有几百人关注着事态的发展。这简直是影片《Z》中议

347

员惨遭警棍毒打场面的再现。蒙当神情威严，头微微后仰，缓缓走下台阶。正是在这里，我们感受到法西斯的存在。面对这样的场面，人们就像以前已经成百次地见过那样视而不见。与此同时，他们看过无数次的场景如今成真了，而他们在荧屏中看到的虚构英雄如今作为演员现身其中，看着这个场面，他们感到悲伤，可能还有些许茫然失措。在他们面前上演的，是一部揭示他们自身政治现状的影片。这沉默……[77]

这场景不仅唤起了福柯的电影记忆，还令他回到了普瓦捷的战时岁月：

> 我感受到了法西斯的存在，它的存在令人心生恐惧。我们还有着法国遭德国占领的童年记忆，但自从那时起，我们就忘却了法西斯的存在。但是，我在这里感受到了……我们再次看到了我们已然在德国占领期间所熟悉的景象：群众的沉默，什么也不看，什么也不说。[78]

在机场，很明显，代表团只是即将被警察驱逐出境。警察仔仔细细地将他们搜查了一遍，尤其仔细检查了他们的护照。在他们登上法航飞机的时候，其中一名警察开始用西班牙语咒骂拉杜兹神父。已经迈上飞机台阶的科斯塔－加夫拉斯开始高喊："打倒法西斯！打倒佛朗哥！"警察冲向他，但莫里亚克和其他人将警察拦了下来。科斯塔－加夫拉斯现在进到了飞机里，他发现自己的周围坐着一群冷漠的日本游客。警察命令科斯塔－加夫拉斯跟他返回机场。就在这个时候，飞行员来了。在机舱里进行了一番微妙的谈判之后，警察最终确信，如果他进一步行动将引发一场国际事件，因为法国飞机理论上来讲是法国领土的一部分。与此同时，蒙当把剩余的传单分发给飞机上的法国乘客。

飞机终于起飞前往巴黎。莫里亚克后来写道，他从未像那次那样享受飞机餐。这 7 个人在马德里一共待了 6 个小时。当他们抵达巴黎时，一群记者和媒体人立刻将他们团团围住，令这些人感兴趣的是蒙当而非福柯。福柯满含热情地向走来的凯瑟琳·冯·比洛打招呼，看起来就像一个想蒙骗校领导的小男生。[79]

9 月 27 日，5 名武装分子——其中 3 名来自反法西斯爱国革命阵线——被处决了，佛朗哥唯一的让步就是让他们被枪毙而不是被绞死。处决立刻受到国

348

际社会的谴责。9 个欧共体成员国召回了他们的大使，梵蒂冈则对处决表示不满。墨西哥提议将西班牙驱逐出联合国。法国政府则一言未发。

并非所有的抗议都以外交语言的方式表达出来。在里斯本，人们仍旧沉浸在去年革命的气氛中，这里的西班牙大使馆遭到洗劫和焚烧。面对这样的情况，警方没有干预。一个小时的暴力洗劫之后，西班牙大使馆被烧得只剩下一片冒烟的墙。在巴黎，示威者自发走上街头进行抗议，香榭丽舍大街成了战场。警察起初似乎难以把控现场局面，但他们很快重新部署，成功地封锁了通往大使馆的通道。一枚炸弹在西姆卡 - 克莱斯勒（Simca-Chrysler）展厅外爆炸，有人试图焚烧西班牙银行。直到凌晨城市才恢复了平静。

晚上 8 点左右，福柯、莫里亚克和德费尔出去探看发生了什么。当他们来到马尔索大街时，遇到了一支庞大的游行队伍。现场气氛火爆，但德费尔很快发现，他们看到的这支队伍实际上是法国共产党撤退回来的分遣队。街上还有一些年轻的示威者，他们中的一些人挥舞着红色、黄色和紫色的旗子，旗子上面印有 "FRAP"（反法西斯爱国革命阵线的缩写）。据莫里亚克所说，他们大多是西班牙人。那个从蒙田大道和博卡多大街拐角处向福柯走来的年轻人，大概不是西班牙人，而是法国人。这位年轻人相当不懂得时机的重要性，他问福柯是否愿意在他的组织范围内谈谈马克思。福柯回答道："你去找吃这碗饭的人谈吧！他们靠这发财，靠这升官，而我，早已与此没有任何关系！"[80]

349　　夜愈深，天越凉，福柯和德费尔想找辆出租车回沃吉拉尔街穿件毛衣。此时，莫里亚克发现他两边的人要和他挽着胳膊前行。当共和国治安部队集结前进的时候，示威者开始缓缓撤退。突然，催泪弹齐发，射向人群，人群炸开了锅，陷入了恐慌。莫里亚克在一座建筑的院子里避难，然后在一个安全的距离内看着人群互相扭打。他后来发现，即便没有人挑衅，共和国治安部队也会按命令行事。处决的时间越发临近，政府不惜一切代价清理通往大使馆的通道。莫里亚克离开了现场，不确定他在远处看到的两个人影是不是福柯和德费尔。事实上，福柯和德费尔在凌晨 3 点回到了这里，但没找到莫里亚克。

左翼政党呼吁人们在 9 月 29 日星期日举行全国示威活动。成千上万的市民从共和国广场（République）游行到了巴士底广场，许多人手持或佩戴着红色康乃馨。一群反法西斯爱国革命阵线的支持者试图取代左翼组织的位置带头游行，却被法国总工会的干事团团围住，他们认为总工会召集了此次游行，因此游行队伍应该由法国总工会领头。法国总工会干事们对待政治对手的态度一贯强硬，但这一次，他们却无力阻止这件事。游行队伍离开共和国广场的两个小时里，他们在"FRAP"的带领下，反复喊着"FRAP"这个口号，走进了巴士底广场。让戴高乐前秘书莫里亚克非常惊讶的是，他发现自己握紧拳头示威游行，却是为了支持一个恐怖组织。米歇尔·福柯也在人群之中。

　　9月的处决是佛朗哥政权的最后一次暴行。1975年11月20日，佛朗哥终于去世了。马尔罗比他多活了一年零三天，这无疑令他非常满足。正如他的传记作者所言，马尔罗最后的政治行动是让世人最终听见特鲁埃尔山脉战士们的声音。[81]次年3月，福柯在法兰西公学院的讲座中，用佛朗哥之死这一"小而令人高兴的"事件来阐明"生命政治"①这一新的研究。如今，人们可以在超越实际生物生命极限的情况下继续活着。佛朗哥能活下来是拜医疗技术所赐，"这个人曾掌握着成千上万人的生死大权，在他要死去的时候，进入了这个针对生命的权力领域，它不仅安排生命，甚至让他意识不到自己已经死了，甚至在他的死亡中使他活下来"[82]。1976年，福柯也评价了马尔罗之死："他所说的事情比他言说这个事实本身对他更重要。"随后，他将马尔罗同贝尔纳诺斯（Bernanos）、　350
塞林（Céline）做了一番比较，并问道："我们如今应该如何看待像他们这样的人？他们之中一个不仅是作家而且是圣人，一个不只是作家且可能不是卑贱之人，而另一个不仅是作家，20岁时既非革命者，老年时也非政治家。也许我们太专注于评价他们而忘记了去理解什么是生命！"[83]

　　福柯在马德里托雷酒店的酒吧里拒绝服从警察的举动，无疑证明了他的勇气和刚烈，尽管那时他对莫里亚克说，如果警察有冲锋枪的话，他会尽快撤退。在他看来，当时的情形也展现了一个基本原则："我认为警察的职业是施展身体的力量。因此，与警察对抗的人不应容忍警察以人们应立即服从命令来掩饰这种力量的虚伪性，应该让他们暴露自己的真实面目。"[84]个体的警察是权力的化身，我们必须不断抵抗这种权力。抵抗为看似不可能的联盟提供了基础：

　　我和某人（雷吉斯·德布雷）同时做一些事情，而他的想法其实和我

---

① "生命政治"是福柯在20世纪70年代提出的概念。18世纪中期，伴随着规训权力在整个社会的扩散，管理生命的另一种权力形式发展起来，这种权力形式关注的不是个体的肉体，而是作为类别的人，它围绕着生命–人口，关注人口的生物过程，对人口的出生率、死亡率、寿命、生育进行调节，旨在管理和优化生命。这种针对人口的调控技术，被福柯称为人口的生命政治。——译者注

背道而驰，我不知道了，我真的不知道。我所知道的是，我们必须抵抗权力，我们自始至终应该做的是，将权力逼入绝境……我们绝不能接受，接受它存在的理性，按照权力的特性，它绝不会投降：它会决定什么是允许做的，什么是不允许做的，什么是应该遭到谴责的，什么是需要被排斥的。我们绝不能停止对它的反抗，为了迫使它达到极限，不仅如此，我们应该总是试着去缩小它的运作范围。[85]

从马德里回来后不久，福柯就离开法国前往巴西进行了短暂的巡回演讲，他在里约热内卢和圣保罗都发表了演讲。这些为瓜纳巴拉州立大学（Guanabara State University）社会医学专业学生所作的讲座尚未出版，但内容涉及犯罪、城市化和公共卫生等主题。[86]福柯之前对巴西的访问是轻松愉快的，但此次出行，巴西的政治气候相当压抑，福柯因此中断了这次短暂的旅行。一件特殊事件令他心生反感，这里的一名警察亲手杀了一名犹太记者和秘密共产党员：

犹太社区不敢为他举行正式葬礼。圣保罗大主教埃瓦里斯特（Dom Evariste）为了纪念这位记者，在圣保罗大教堂组织了一场跨教派的纪念仪式。这场仪式吸引了成千上万的人走进教堂和广场，主教穿着红色的长袍主持仪式，仪式结尾，他一边走向信徒一边向他们问候："祝你平安，祝你平安。"广场上到处是全副武装的警察，教堂里也有便衣警察。警察让步了，他们对此也无能为力。我必须说，这场仪式如此庄严肃穆，饱含力量，其中蕴含着重要的历史意义。[87]

尽管大主教宣称自己不喜欢基督教，但他在拉比面前举行的盛大活动，确证了他对教会挥之不去的钦佩之情。[88]

1975年圣诞节的前一周，在一个寒冷的日子里，福柯、莫里亚克、让－皮埃尔·法耶（Jean-Pierre Faye）、丹尼尔·盖兰和皮埃尔·哈布瓦赫在游行最终结束前，在风中瑟瑟发抖地待了一个多小时。事实上，有两支游行队伍从巴士底广场鱼贯而出，一支大军由"左翼联盟"（Union of the Left）组成，另一支队伍由形形色色的左派人士、无政府主义者和名人组成。两列纵队不是被警察隔开的，而是由法国共产党和法国总工会干事组成的封锁线隔开的。

这次游行是为了支持一些面临审讯的士兵，国家安全法庭以败坏军队风气为由指控他们。[89]

征兵在法国通常不会引发争议，大多数应征入伍的人都认为，服兵役是浪费时间，是一段要尽可能忍耐的单调时光。然而，到了 20 世纪 70 年代中叶，服兵役确实成了一个问题，全面政治化的一代义务兵拒绝镇压清洁工人的罢工活动，并开始要求组织工会的权利。[90]对很多人来说，主要的问题是兵营的物质生活条件。1974 年葡萄牙革命中下级军官扮演的角色又为叛乱的记忆增添了新的维度，那些叛乱的身影毫无疑问像幽灵一样在许多军人的脑中挥之不去。在士兵运动内部，一股反军国主义潮流与一股几乎只关心民主权利的工会主义潮流的共存，相当令人不安。

福柯并不是这个运动的重要人物。然而，他参加了示威游行，签署了声明。[91]1976 年 2 月，他还在另一份文件上签名了，这份文件可能比任何请愿书都有损名声。这份文件由一众名人签署［德·波伏瓦、萨特、夏特、演员塞基·瑞基阿尼 (Serge Reggiani)、流行歌手马克西姆·莱福雷斯蒂尔（Maxime Leforrestier）、莫里亚克、福柯……］。他们承认持有传单这桩罪行，传单上提出了士兵委员会（Comités des Soldats）的若干要求，士兵委员会要求在军营中行使民主权利，支持士兵结社的权利。当年轻人被指控有罪的时候，这些签署人也面临指控。[92]　352

无论是莫里亚克还是福柯，他们都意识到自己可能处在十分荒谬的境地。要么他们将被起诉，在这种情况下，他们或许应该仔细检查他们签署的文件，要么他们将被人忽略，那么他们抗议的姿态将变得毫无意义。[93]他们的尴尬处境是意料之中的。福柯没太关注这件利害攸关的议题，却很乐意声援那些抗议另一种监禁形式的人们。

福柯更直接地卷入了另一桩事件。一部在图尔 705 空军基地秘密拍摄的电影《发怒的鹳》（*The Stork Gets Angry*）在第十四区一家小型影院上映。[94]福柯到场后与警察再一次发生了直接冲突。在场的年轻激进分子颇感惊讶，当影院遭到警察突袭时，人们不得不拉着福柯以阻止他攻击一名警官。随后，可能发生的暴力事件演变成了一场闹剧，当高级警官检查被捕者的证件时，他们将丹尼尔·盖兰——盖兰比在场的大多数人要年长得多——称为"福柯先生"。真正的"福柯先生"并不觉得这件事好笑，并开始大声抗议。[95]

14 快感的享用

1976 年 11 月 5 日，《世界报》宣告"福柯六卷本"即将出版。在头版右下角有一篇未署名的短文，很可能是罗歇－保尔·德鲁瓦写的：

> 我们的性被压抑了吗？我们一直反复说：西方国家似乎抑制、谴责和禁止健康的运动和健康的享乐。性解放已成为必要之举，但它显然既是势在必行的行动，也具有一定的破坏性。然而，我们这些年轻哲学家的"伟大导师"，法兰西公学院的米歇尔·福柯教授，如今驳斥了已经被大众视为理所当然的性压抑假说。

六卷本合称为《性经验史》，乐观估计，这六卷本将以每年一卷的速度出版。

多亏了容易激动的莫里斯·克拉维尔，实际上，公众在几个月以前就已知晓了福柯的这本书。在 7 月份与菲利普·索莱尔斯的一场电台辩论中，他曾这样说过："如果我的了解没错的话，福柯的下一本书是关于西方性问题的，这本书将再次改变一切！这本书表明，在过去的 300 年间，确实有着对性的压制，但总体上来说，从构成我们社会的动力机制来看，性没有被压抑！正相反，性被不断地煽动和激发。"主持人雅克·保加姆（Jacques Paugam）只是感叹了一声"天哪"。[1]

福柯早就在计划这本书了。在《古典时代疯狂史》最初的序言中，福柯认为应该写一部有关"性禁忌"的历史，这部历史将讲述"顽固的但不断改变形态的压迫形式，这部历史不是为了书写道德或压迫的编年史，而是去揭示有关欲望的享乐世界的悲剧性划分，这种划分成了西方世界及其伦理学起源的界限"。[2] 1963 年，福柯有关巴塔耶的一篇重要文章中，开头几行出现了相同的主题：

> 我们倾向于认为，性在当代经验中已被重新证实为一个自然过程，这 354
> 一事实长期以来笼罩在阴影里，并被各种伪装掩盖——直到现在才结束，
> 如今，我们对性的正面认识使我们能够对其加以解释，使之终于可用语言
> 直白表达。[3]

在一次采访中，福柯将疯癫史和性史描述为"双胞胎计划"，并补充说他对这个问题已经"思考"了 20 年。一天下午，当他听一个广播节目的时候，这个计划最终在他脑中明朗起来，节目中，一位精神分析学家和性学家就听众的性问题给出建议："他们只会问这个可怜的人：'你能不能勃起？'然而，在他和妻子经历的这桩难堪事背后，隐藏着非常不一样的东西。"[4]

福柯在 1970 年的讲座中透露，他放弃了写作性压抑史的计划，他解释说自己没法完成它，因为他找不到他需要的那些档案。[5]这个计划有时也被称为"儿童性行为"，这一年的 8 月，福柯在与莫里亚克的对谈中提到了这一点（"此文本讲述了弗洛伊德学说之前的儿童性行为"）。[6]

《性经验史》系列以《认知的意志》（*La Volonté de savoir*）开篇，最初的题目为《性与真理》（*Sexe et vérité*）。[7]最终的题目（《认知的意志》）暗指尼采的"权力意志"，尽管英译本完全丢掉了这层含义。[8]《认知的意志》是法兰西公学院第一年系列讲座的总称，尽管结合语境，这个词并不适合用来描述性。这本书很薄，封底写着福柯将要完成的系列作品：《肉体与身体》（*La Chair et le corps*）、《儿童十字军》（*La Croissade des enfants*）、《妇女、母亲与歇斯底里症患者》（*La Femme, la mère, l'hystérique*）、《性变态者》（*Les Pervers*）、《人口与人种》（*Population et races*）。福柯预告的几本书都没有出版，而且在接下来的 8 年里，《性经验史》的框架将会发生很大变化。福柯还在书的注释中预告了另一本即将出版的书，名字暂定为《真理的权力》（*Le Pouvoir de la vérité*），此书主要研究古希腊和罗马法中的酷刑。[9]福柯自 1970 年以来就经常触及这个话题，未来，

福柯还会经常回到这个话题上来，但他却一直未完成这本书。由于《认知的意志》是《性经验史》的导论，并起到提纲挈领的作用，它的大部分内容是概述未来几卷的内容。毫无疑问，这本书纲领性的特质，也说明它缺乏档案证据去证明它意义深远的假设。福柯后悔自己概述了未完成卷本的内容，觉得这样做招致了批评者的误解。[10]

计划中的第一卷本显然有许多不同的草稿版本，在修改的过程中，书中观点经历了戏剧性的变化。福柯起初认为，"性"是一种既定存在，而"性经验"作为一种话语制度结构则掩盖了性本身。由于不满意这个论点，他把视点颠倒过来，认为性是由性装置（dispositif）生产出来的。性话语并不关乎性，而是关乎身体、性器官、享乐以及三者之间的联盟关系。[11]装置概念是文本重要的理论创新点，某种意义上，装置概念取代了《词与物》中的知识型概念，在《知识考古学》中，知识型概念就已变得黯然失色。

福柯在与拉康主义者们进行讨论的过程中，最为清晰地定义了他所谓的装置概念。这个概念指话语、观点（哲学、道德、慈善等）、制度、法律和科学陈述构成的异质性集合体。装置本身就是将这些异质性要素关联在一起的网络，并支配着异质之间的游戏。它是一种构型过程，在特定的历史时刻，有一种主导的战略性要求，需要产生一种装置，比如，商品社会需要对过剩的流动人口进行消化吸收。对不堪重负的人口进行消化吸收的战略性要求，需要生产一种装置，来逐渐对疯癫、精神疾病和神经症进行主体化控制或压制。从某种意义上说，装置表明福柯试图分析"支持知识类型的权力平衡策略"。福柯如今承认，他在《词与物》中书写的知识型历史，把他带进了一条死胡同。知识型不过是一种特定的话语装置。[12]德雷福斯和拉比诺对装置概念进行了详细阐释："装置当然是由历史学家建构的可理解性网络。但它作为一种机器，一种工具，也是建构和组织主体的实践本身。"[13]

《认知的意志》中的基本论点很快就变得声名狼藉。福柯对"压抑假说"的解释揭示了这个计划自 1961 年以来的变化，解释如下："如果性受到压制，是被禁止的、沉默的非存在，那么，仅仅谈论它看起来都像是蓄意违反。在某种程度上，任何言说性的人都将自己置于权力之外，他使法律因此忧心忡忡，他期待着未来的自由，哪怕这自由只有一点点。"[14]

随后，他对压抑假说的准确性提出了三点疑问：一是性压抑可能并不是一个确凿无疑的历史事实，二是权力机制的核心可能并不是对个体进行压制，三是在性被压抑的时代和压抑的分析之间并不必然存在任何历史断裂。[15] 为了反驳压抑假说，福柯随后声称，人们在过去的 3 个世纪里，经历了一次"真正的性话语大爆炸"，经历了一场关于性的"话语发酵"。[16] 尤其是在 19 世纪，权力没有"将成千上万种异常的性排斥出去"，而是"详细说明每种异常性行为，并确定它们的特点"。[17] 正是通过这个过程，性反常被构建起来，或者说性反常在字面意义上被肉体化了，由此，个体被界定为不正常的人。例如，鸡奸曾是被禁止的行为，它的"创造者"不过是法律主体。相比之下，19 世纪的性宇宙创造了"同性恋"，同性恋与个体的"过去、历史和童年经历有关，它是一种角色，一种生活方式……"[18]

福柯认为个体被迫吐露性事的行为，源自基督教牧领制度以及忏悔仪式，这种忏悔仪式和萨德的《索多玛 120 天》（120 Journées de Sodome）中的强制命令有着奇怪的相似之处：讲述一切，和盘托出。福柯摘录了两段引文，一段来自利果里（Liguori）的《第六诫的戒律》，另一段文字则引自萨德的文本，两段引文被并置在一起，产生了令人震惊的效果。"不仅要说出圆房的行为，还要讲述感官享乐，所有不纯洁的眼神，所有淫秽的言谈……""你必须用最丰富和最细致入微的细节去修饰你的故事。如果你隐瞒任何情况，我们无法判断你所描述的激情与人类的特质、道德观念有什么关系。"[19]

福柯的另一个标志性文献是无名氏所写的《我的私生活》（My Secret Life），他读的是 1964 年格罗夫出版社（Grove Press）的那个版本，像许多读者一样，他能发现这本书多亏了史蒂文·马库斯（Steven Marcus）的《另一类维多利亚时代人》（The Other Victorians）。[20] 马库斯的研究为福柯提供了开篇章节的标题"我们是另一类维多利亚时代的人"。《我的私生活》这本书可能写于 1890 年至 1895 年间，由 11 小卷组成，超过 4 000 页，书中以匿名的维多利亚绅士的口吻，讲述了一系列放浪形骸的事迹，人们通常认为这位维多利亚时代的绅士就是作者"瓦尔特"。在瓦尔特看来，很多人都沉溺于他所描述的"奇怪的行为"，这个事实本身就是他出版日记的正当理由。对福柯来说，瓦尔特描述的性事是所有实践中最奇怪的一种，而它的原则已铭刻在现代人的心中长达 200 年。"在诸多探讨性的世俗劝诫中，瓦尔特的最直接，他在某种程度上也是最天真无知的代表。"[21]

357

福柯对这本书非常着迷，1978 年格罗夫版本的法语删节版出版的过程中，福柯发挥了很大作用。[22] 在给 1978 年版本写的序言中，他推测这本书的书写建立在新教国家"古老的精神传统"之上："在空白的纸张上记录自己的日常生活，以检视自己的良心。"[23] 这个观点很有趣，但并不完全令人信服。像瓦尔特这样的维多利亚绅士可能并不熟悉"古老的精神传统"，尽管他可能知晓英国教会的公共忏悔行为。在萨德的叙述者和忏悔手册之间建立联系是可能的，《我的私生活》中事无巨细的编年史，与圣餐礼拜仪式中模棱两可的"滔天大罪"之间的联系微乎其微。无论《我的私生活》来源于哪里，它都不大可能存在于从不强迫个体进行忏悔的教会实践中。福柯也忽略了这本书相当重要的社会学因素，瓦尔特可能与亨利·梅休（Henry Mayhew）、维多利亚城的编年史学家有更多的共同点，而非与忏悔传统相关。

任何妄图在《认知的意志》中找到性描写的粗心读者都会倍感失望，他们不会在这本书中找到像《性精神病理学》中那样的乐趣。福柯的目的不是写一本性行为编年史，而是"分析某种关于性的知识的形成，不是从压制或法律的角度，而是从权力的角度"。[24] 福柯未来将研究四个战略领域：女人肉体的歇斯底里化、儿童之性的教育学化、生育行为的社会化、反常快乐的精神病学化。[25]

在整本书中，福柯对比了关于性的主要话语：性爱艺术和性科学。福柯认为，性爱艺术广泛存在于中国、日本、印度、罗马或阿拉伯国家等，在那里，性爱艺术的真相是从快感中抽象出来的，"快感被理解为一种实践，被当作一种经验记录下来"。[26] 相比之下，西方则发展出一种沉闷的性科学，与性爱艺术的启蒙仪式截然不同，性科学是详细阐释的程序，这种程序主要围绕着权力－知识的形式组织起来。性的权力－知识的基本形式是忏悔技术，忏悔技术的真理标准起源于教会制度，逐渐转移到像教育和精神病学这些不同领域，并在这些领域中引入了对"正常与病态"的区分（显然是受到康吉莱姆的影响）。正是认知的意志支配着所有领域。性并非外在于性话语或性装置的鲜活经验，而是性装置的产物。从这个意义上说，唯一可能的解放，是将快感从性机制和性身份中解放出来。

不仅如此，性还是权力的目标和对象，权力谈论"健康、后代、种族的未来、社会肌体的活力……"[27] 权力－知识的运作是围绕着两极来组织的：规训技术产生了针对人身体的解剖政治，调控技术产生了针对人口的生命政治。福柯将重返他在《认知的意志》中概述的主题，这些主题并未呈现在出版的著作中，而是在1977—1978年的讲座《安全、领土与人口》，以及1978—1979年的讲座《生命政治的诞生》中出现。福柯大致定义了生命政治概念，"从18世纪开始，生命政治是一种试图将治理实践领域中的人口问题合理化的方式，人口由一系列生命现象构成：健康、卫生学、出生率、寿命、种族……"[28]渐渐地，"治理术"这个全新的主题开始呈现出来。

《认知的意志》并没有在媒体上引发热议。[29]大多数评论家似乎都觉得，鉴于这部作品只是系列作品的介绍，等到更多卷宗出版后再下定论也不迟。尤其是德鲁瓦，他对福柯关于性的历史观点有些怀疑，并不信服福柯的所有观点。他问道，为什么鼓励忏悔不被视为一种对个体的压制？为什么当谈到性的时候，福柯就很快忘了实际上有两种性别？[30]批评家的期望通常来说也是福柯读者们的期望，然而，这期望将变成失望。《认知的意志》并没有使福柯的作品纷至沓来，相反却是久久不散的沉默，直到1984年，福柯快要离世的时候，《快感的享用》（*L'Usage des plaisirs*）和《关注自我》（*Le Souci de soi*）才得以出版。这两卷作品与福柯1976年承诺的版本有很大不同，原始的六卷本系列手稿没有留存下来。

1977年1月和2月，开始出现针对《认知的意志》的评论。到了3月，让·波德里亚（Jean Baudrillard）①的《忘记福柯》（*Oublier Foucault*）对福柯发起了猛烈的攻击。这本有争议的小册子起因为何，仍旧扑朔迷离，据说这本小册子不过是一篇扩展的文章。一位波德里亚的英语研究者给出了两种说法，都是 359 道听途说。一种说法认为，这场争论起源于一个计划中的研究小组，这个小组包括波德里亚、福柯、利奥塔、德勒兹和瓜塔里，但大家觉得波德里亚递交的论文立场过于激进；另一个版本起源于一个未成行的计划，福柯和波德里亚本应在《现代杂志》上进行一场对话。[31]无论哪种说法都既不能证实也不能证伪，但我们不得不说，《现代杂志》明显是一个不适合此类对话的场合。另外，菲利普·梅耶称这本书起源于1975年12月发表在《批评》特刊上的一篇文章。正如之前提到的，弗朗索瓦·鲁斯坦本来要发表针对《认知的意志》的批评文章，

---

① 让·波德里亚（一译让·鲍德里亚，1929—2007），法国哲学家，现代社会思想大师，后现代理论家。著有《物体系》《象征交换与死亡》《消费社会》等，其中最能凸显波德里亚语言特色的当属《冷记忆》系列，该系列将波德里亚的思想碎片拼接在一起，书中充满了冥想与诗意的沉思。——译者注

但在让·皮埃尔的坚决阻挠下，鲁斯坦放弃了。据说福柯看了波德里亚的文章后，心情很糟糕。[32] 波德里亚本人部分证实了梅耶的说法，并指出《忘记福柯》来源于一篇受皮埃尔委托的文章。在一次主要讨论《冷记忆》(Cool Memories) 的访谈中，波德里亚声称福柯对权力的分析完美得令人不安。波德里亚继续说道：

> 他读了我的文章。我们就此讨论了三个小时。他告诉我他会回应这篇文章，所以我才从杂志上撤下了这篇文章，这样某天我们就可以一起发表我们的文章了。但过了一个月，福柯告诉我："我不想回复了。你想怎么用这篇文章就怎么用吧。"我立刻将它作为小册子出版了。然后一切都覆水难收了。此前一直玩着语言游戏的福柯，突然变得无比愤怒。《忘记福柯》这本书的书名显然比内容更具挑衅性，人们认为此书对福柯的知识权威发起了攻击。我因此被边缘化了，事到如今我仍承受着这种后果。[33]

波德里亚言辞犀利，这番批评着实伤人。福柯的话语本身就是一种权力话语，他的话语是其所描述的权力的一面镜子："福柯之所以能描绘出一番令人赞叹不已的时代图景，是因为他的工作正是在一个完全崩塌的时代边界处展开的（这个时代可能是"古典时代"，而他可能是那个时代最后的落伍之人）。"[34] 波德里亚小册子中的大部分内容，都是重复他自己的诱惑、拟象和超现实等论点，但正是他对福柯的攻击令他声名狼藉。

360 这位"伟大的落伍者"回应了《忘记福柯》引发的争议，他带着讥讽的语气对朋友说，他都不太记得波德里亚是谁了，但他也承认那些批评的确伤害了他。[35] 在公开场合，他对此事一言不发，以保持尊严。福柯只是在《快感的享用》中回应了波德里亚的指责，波德里亚指责福柯"对权力的拟象只字未提"，针对这番指责，福柯暗示我们需要摆脱这样的另类设想，即"认为权力占支配地位，或者将权力谴责为一种拟象"。[36] 更糟糕的是，没有人发表文章为他辩护。福柯死后，波德里亚回到了"忘记福柯"这个话题，他的评论富有洞见但无比傲慢：

> 矛盾的是，福柯活在人们病态的仰慕中，这些意见困扰着他。他那成千上万的追随者，以及他私下里瞧不起的那些人（至少有些人希望他这么做）都对他百般奉承，这令他备受困扰，这些人滑稽地剥夺了福柯对自己

作品的全部判断力。真的，忘了福柯就是在帮他。人们的奉承对他来说是
有害的。[37]

在针对福柯的所有评论中，波德里亚对福柯最后的评价是最奇怪的："福柯
已死。他对自己的天赋丧失了信心。撇开性的方面不谈，福柯免疫系统的崩溃
不过是另一个进程的生物表达。"[38]

当然，福柯的沉默只是相对的。他继续教书，在不同的国家讲学，不时会
写一些文章。这段时期，福柯的计划都没有付诸实践，他开始了这些计划，然
后不知何故又放弃了。几年来，福柯计划在巴士底狱档案的基础上写一本书，旨
在考察 17、18 世纪国王封印密札（lettre de cachet）的历史和功能。直到 1982 年，
这本书才得以出版，但在这段时间里，他似乎偶尔会收集一些相关资料。巴士
底狱的计划还催生了另一项计划。1977 年 1 月，福柯发表了一篇文章，据说这
篇文章是即将出版的书的序言，这本书的名字叫《声名狼藉者的生活》（La Vie
des hommes infâmes）。[39]这本书即将出现在伽利玛出版社的"道路"系列中。

"道路"丛书的编辑是乔治·朗布利什，这个系列主要致力于出版实验性
文学文本，但也出版一些文学批评研究，比如福柯自己的《雷蒙·鲁塞尔》。在
他所谓的序言中，福柯强调这本书"不是一部历史书"，而是一本关于"存在的
文选。其中讲述的各种生活，有的短短数行，有的寥寥几页。多少不为人知的
苦难和艰辛包含在只言片语之间"。有一天，他在国家图书馆读到一份 18 世 361
初的拘留记录，就在那时，这个想法浮上他的心头。福柯选择这个文本纯粹是
出于主观原因，他第一次阅读这个档案时，既感到惊讶、喜悦，又夹杂着一丝
恐惧。这里有一个显而易见的典型例证，福柯在《公共卫生和法律医学年鉴》
（Annales d'hygiène publique et de médecine légale）落满灰尘的纸堆里，与皮埃
尔·里维埃偶遇了。福柯对这些档案材料感同身受：

> 我很难准确描述阅读这些片段时的内心感受……毫无疑问，在这些感
> 受中，有一种可以称作"感同身受"，我这么说，好像除此之外还会有其他
> 什么感受似的。我必须承认，这些"小故事"历经两个半世纪的沉寂之后，
> 突然出现在我面前，比通常的所谓"文学"更能触动我。[40]

很明显，这一未实现的计划与福柯对国王封印密札制度的迷恋有很大关系，这种迷恋在《古典时代疯狂史》中就有迹可循[41]，也正是在那时，福柯萌生了关于巴士底狱的计划：

> 国王封印密札－监禁制度不过是一个相当短暂的插曲，它存在的时间几乎不到一个世纪，而且仅仅在法国本土存在。然而，存在时间的短暂，并不影响国王封印密札制度在权力技术历史中的重要性。国王封印密札无法确保君主的独断专权自发地侵入日常生活的方方面面。相反，国王封印密札通过复杂的回路、群众需求和君主应答的整体互动，来确保君主权力的散播。[42]

一年后，伽利玛出版社推出了由福柯编辑的丛书，名为"平行人生"。这套丛书的第一部也是唯一一部要出版的书名为《双性人巴尔班》（*Herculine Barbin dite Alexina B.*），这本书讲述了一个 19 世纪双性人的故事，福柯在 1874 年塔迪厄（Tardieu）的《身份的法医学问题，从与性器官构造缺陷的关系出发》一书中发现了这个故事。这一系列的灵感部分来自普鲁塔克（Plutarch）：

> 古人喜欢把名人的生平事迹变成列传，人们可以在几个世纪后听到这些名人精灵的声音。我知道编写列传是为了能永远相遇。让我们设想与他们不同的另一些人。没有交汇点，也没有接受他们的地方：除了对他们的审判，他们往往没有留下任何其他反响。应该在分离他们的运动的冲击中把握他们；当他们急速奔向黑暗或"不再有人说他们的事了"或"声名已逝"时，也许应该重新发现他们留下的瞬间、闪光的踪迹。这会与普鲁塔克的做法相违，名人们被放在如此平行的比较点上，以致任何人都不能赶上他们。[43]

双性人本来是《性经验史》系列中未完成卷宗的主题，这个主题与 1974—1975 年法兰西公学院的讲座内容有关，讲座的主题是"不正常的人"。[44]《双性人巴尔班》是一部以第一人称叙事的小说，这部小说措辞华丽，富有浪漫色彩，带有些许色情小说的魅力。小说讲述了巴尔班或阿莱克西纳（Alexina）的生活，

362

她从小被当成女孩养大，却发现自己在生理上是个男性。在最终面对自己的男性身份之前，"她"与一个女性朋友谈了一段奇怪而浪漫的恋爱。福柯将自己从文本中抹去，只是对故事的出处以及一些当代来源的档案做了简短说明。1980年，这本书的英译本出版了。英译本中添加了序言，序言中介绍，奥斯卡·帕尼札（Oscar Panizza）的《修道院丑闻》（A Scandal at the Convent）正是根据巴尔班的案子写成的。在 1979 年阿卡迪（Arcadie）学术会议发言稿的基础上，福柯写成了这篇序言。阿卡迪是法国最早的同性恋组织，尽管用"同性恋"（gay）这个词来命名此组织，会令一些人感到不舒服。他们通常将自己界定为"同性恋权利支持者"（homophile）。正如阿卡迪早期发布的会议记录封面内页所言："无论是过去还是将来，阿卡迪都将是一个平和、平静和有尊严的组织，它将致力于阐明同性恋者的问题，这样同性恋们就会过上更好的生活，异性恋的世界将会增进对同性恋的理解，将会如其所是地接受同性恋，换句话说，在尊重同性恋本性的情况下接受他们。"

阿卡迪的创始人安德烈·博德里（André Baudry）在开幕词中进一步表示："我希望有一天阿卡迪这个组织会消失，正如 1954 年 1 月当我创建这个组织时期望的那样，到那一天，我们将真正地与他人肩并肩走在一起，与他人一同走下去。到那时候，我们将和其他人没有任何区别，而整个社会将接受我们本来的样子。"[45]

1979 年 5 月，福柯受到阿卡迪的会议邀请，在巴黎会议宫殿（Palais des Congrès）发表演讲，通常情况下，人们更习惯巴黎会议宫殿里举办像法国市长协会年会这样的活动，而不是 850 名同性恋者的大型聚会。福柯以前从未接触过这个组织。鉴于他过去对同性恋革命行动阵线的支持，他的出现一定显得有些反常；对同性恋革命行动阵线那些年轻的激进分子和继任者来说，阿卡迪这个组织，以及那些"无差别"未来的讲话更像是一种远古的遗迹。[46]1972 年，363 盖伊·霍克纳姆带着些许冷漠的语气，将阿卡迪描述成一个"非常审慎的同性恋组织……它是一个会员制俱乐部，每周都有舞会和公共信息讲座，在那里人们可以互相搭讪。听众里有相当多的中产阶级，还有不少年轻的办公室职员，一些有钱的老同性恋者，还有一小部分女同性恋"。[47]在阿卡迪成立三年之际，1957 年，阿卡迪的俱乐部成立，官方名为拉丁国家文学和科学俱乐部，该俱乐部分外强调自身的体面和审慎。[48]

深思熟虑之后，福柯才接受了阿卡迪的邀请。他称赞阿卡迪在同性恋解放运动初期表达的观念，但也担心年轻一代会丢掉过去的传统。会议结束时，博德里把一个装有 2 000 法郎的信封悄悄塞给福柯。福柯旋即递了回去，说一个同性恋男人与其他同性恋者交谈无须付费。博德里吐露，福柯是阿卡迪整个历史上唯一拒绝酬金的演讲者。[49]

三年后，博德里解散了他的组织，不是因为同性恋者最终被人们接受了，而是因为他非常厌恶同性恋群体的商业主义行为。他抱怨说，法国的同性恋者"只想着性。他们懦弱地沉沦，淹没在色情而下流的作品之中，或者干脆被政治吞没，面对这样的情形，阿卡迪成员无所作为"。[50]

福柯是 1979 年大会上的四位特邀发言人之一，其他三位分别是小说家兼学者罗伯特·梅尔（Robert Merle）、让－保罗·阿隆，还有一个来自巴黎高师的老朋友保罗·韦纳。保罗·韦纳自 1976 年 3 月起在法兰西公学院担任罗马史教授。福柯和韦纳在大会上的出现，令学院里古板的教授感到震惊，这让韦纳和福柯感到很好笑。其实他们演讲的大部分内容都没什么挑衅性，他们致力于研究这样的命题，即古代社会并不将男人的爱与女人的爱相区分，而是将主动与被动相区分。"主动的就是男性，不管所谓被动伴侣的性别是什么。"[51]英国文学专家梅尔谈到了奥斯卡·王尔德受到的审判，以及玛格丽特·撒切尔（Margaret Thatcher）在英国进行反同性恋立法的可能性，福柯的老同事阿隆谈到了"邪恶审判"的相关话题。

364 福柯演讲的主题是雌雄同体或阴阳人，他首先提出了一个问题，西方社会如何以及为什么将男性、女性进行二元区分，而不是像韦纳所说对性进行"主动－被动"二元划分。他以双性人的形象为例来论证这个论点。他认为，同性恋概念受到了双性人旧观念的影响，双性人在传统上被视为违反法律的罪行，因为法律将个体认定为男性或女性，正因如此，像双性人或同性恋者这样的人将被社会排斥，成为社会中"不正常的人"。性快感必须从法律的束缚中解放出来，必须从"性真理"的命令中挣脱出来："快感在个体之间流传，快感不应被藏匿在身份之下。快感没有护照，没有身份证明。"[52]

《认知的意志》对性解放理论发起了直接挑战，这种性解放理论的基础是压抑假说。在威廉·赖希看来，压抑假说表明存在着本质上的性，只有打破强加于性之上的种种束缚，性革命才是可能的。然而，《认知的意志》中也包含着一种乌托邦理想，它呼吁另一种解放：

> 如果我们想通过一种对不同的性经验机制的策略性翻转，利用身体、快感、知识的多样性及其反抗的可能性来反对权力的控制，那么我们一定要从性权威中摆脱出来。反对性经验装置的支点不应该是性欲，而是各种身体和快感。[53]

为宣传此书而接受的两次采访中，福柯以更生动形象的措辞表达了同样的观点。在一次访谈中，福柯对玛德琳·沙普萨说："我支持所有快感的去中心化、区域化。"[54]在一次更长的、范围更广的对谈中，福柯对伯纳德－亨利·列维谈起了一项正在兴起的运动，它并不要求"更多的性"或"关于性的更多真相"："重点是，我不会说'重新发现'，而是制造其他形式的快感、关系、联系、爱情和强度。"[55]就此，他举了两个例子来支撑他的判断：艾尔维·吉贝尔的小说，以及"施莱尔（Schérer）和霍克纳姆（Hocquenhem）的书"。据福柯所说，吉贝尔曾试图发表一些儿童故事，结果被拒绝了。然后，他写了一本图文并茂的"关于性"的书，结果成功出版了："他使用肮脏的材料建构身体、幻想、城堡、联盟、亲切、种族、陶醉。关于性的一切时髦因素全被发散……这是单调无味的性事沙漠的终结，性专制的终结。"[56]福柯举的第二个例子，是 365 "施莱尔和霍克纳姆的书"，这本书"清楚地表明，儿童拥有一种快乐的制度，对他们来说，'性'网格构成了一个名副其实的监狱"，该书是《研究》的一期特刊，该特刊首次出版是在1976年5月，它被描述为"系统的童年专辑"，这本书实际上是一本"优美的"恋童癖辩解书。[57]

福柯将"快感"（复数是重要的）和"性欲"对立起来，因此，他让自己与德勒兹和瓜塔里的所谓欲望哲学保持了距离。在1978年7月的一次访谈中，他解释道：

> 我之所以提出"快感"这个词，是因为在我看来，这个词摆脱了欲望概念中固有的医学和自然主义内涵。欲望概念已经被当作了一种工具……这是一种依照常态对个体的矫正："告诉我你的欲望是什么，这样我将告诉你你是谁，告诉你是否正常，然后我就可以限定或排斥你的欲

望……"与欲望相比，"快感"这个词是一块处女地，几乎没有意义附加其上。没有病态的快感，也没有"不正常的"快感。它是"外在于主体"或在主体边缘处发生的事件，它既非肉体也非灵魂的事件，既不在内也不在外，简而言之，这是一个尚未被定性的概念。[58]

在同一篇访谈中，福柯提到了男子气概的标志，这种男子气概甚至在同性恋群体中也能找到。并表明强调"快感"并非大男子主义或男权主义的回归，而是尝试"创造自我，将自己的身体当作生产异常多样的快感的场所……重要的是将自己从男性快感模式中分离出来，这种男性快感模式被称为欢爽，这是一种射精意义上、男子气概意义上的欢爽"。[59]在这一刻，福柯几乎就是在谈论他自己的性经验。

去性化是福柯有关同性恋文化想象的一部分。他的贡献并不单纯是理论上的。在阿卡迪大会发言的一个月之前，福柯为新月刊《盖皮耶》(*Gai Pied*)撰写了一篇文章。杂志名字是福柯起的，在他与创始编辑让·勒比图（Jean Le Bitoux）共进晚餐时，第一次提出了这个名字。这两个词的字面意思是"快活的脚"。[60]《盖皮耶》很难被翻译。"Gai"这个词无论是在法语还是英语中都有着双重含义，但在法语中，这个词性方面的含义并未被广泛使用，法国的大多数同性恋仍然称自己为"同性恋者"(homosexuel)。"Prendre son pied"的含义有些简单粗暴，意思是"获得性高潮"，通常用于性方面。福柯后来进一步扩展了这一双关语，把杂志的撰稿人和读者称为"轻快步行者"(les gais pietons)。同性恋新闻往往和贫民窟俱乐部以及圣安妮街的酒吧缠绕在一起，《盖皮耶》旨在摆脱这一形象，并拒绝局限于同性恋"公认的角色"中（对同性恋的辩护和说明）。[61]杂志畅销，于1982年11月改为了周刊。

第一期登载了福柯的一篇文章，这篇文章是对自杀主题的一种苦乐参半的冥思。福柯从日常生活的观察以及精神病学的论文中发现，"同性恋者经常会自杀"，他想象一个"身体纤细、面色苍白的男孩"，"他无法跨进异性恋的门槛"，他们毕其一生进入死亡候客厅，最后离开了那里，在出去的路上关上了大门。他论证了自杀的权利，但附带条件是人们应在富有尊严而舒适的环境中死去，而不是在（不同程度的）恐惧中死去，这种恐惧常常与自杀行为如影随形。他在最后天马行空地建议，潜在的自杀者应该可以获得类似于他在1978年的日本见到过的"情侣酒店"的东西……"在那些装饰怪异的房间里……你会有机会与匿名的伙伴一道,没有任何身份地死去"。以这种方式死去,是"如此简单的快乐"。[62]虽然自杀的主题偶尔会浮现于福柯的笔端,但它不是一个经常出现的主题,有传闻说福柯在学生时代曾试图自杀。克劳德·莫里亚克确信,福柯在1982年的未来计划中就设想过自杀。[63]

福柯并未成为《盖皮耶》的常驻撰稿人,他只在上面发表了两篇文章。[64]第一篇稿子是友情的表达,但却不是个友好的开始。当一位身份不明的采访者问他对杂志的看法时,"作为一个五十多岁的人",福柯立刻反对杂志将"同性恋"与"年轻男人之间的爱"混为一谈,他认为这种看法既可疑又令人反感:

我们对他人做出的让步之一,是纯粹将同性恋看作短暂的享乐,你们知道,两个年轻人在街头相遇了,他们用眼神勾引对方,将他们的手放在对方的屁股上,然后几分钟就彼此告别。同性恋的形象在我们心中如此整齐划一,排除了所有干扰这一形象的潜在因素,其中有两个原因:这样的同性恋形象符合一种令人安心的美的标准,它摧毁了爱情、柔情、忠贞、同志之情、友谊之中令人不安的因素,一个严密管控的社会是不可能为这种关系腾出空间的,人们害怕同性恋者之间形成联盟,害怕出现意想不到的力量阵线。我认为正是这些因素,让同性恋"令人感到不安":同性恋的生活方式比同性行为本身更令人不安。想象一种违反法律或自然规律的性行为并不让人忧心忡忡。然而,当这些个体开始彼此相爱时,问题就出现了。[65]

友谊是《性经验史》最后几卷中的重要主题,但它不是同性恋文化的唯一元素,这一点可以从福柯的其他采访中略知一二。1982年,福柯在纽约接受了《克里斯托弗街》(*Christopher Street*)杂志吉尔斯·巴贝黛特(Gilles Barbedette)的长篇采访。没多久,他又接受了《倡导者》(*Advocate*)杂志鲍勃·加拉赫(Bob Gallagher)和亚历山大·威尔逊(Alexander Wilson)的采访。这两篇访谈中,福柯都是在和朋友交流。巴贝黛特是来自巴黎的年轻朋友,福柯在多伦多结识了加拉赫和威尔逊,他们都是著名的同性恋活动家。在《克里斯托弗街》的访谈中,福柯主要探讨了同性恋权利,以及创造同性恋文化的可能性。从某种意义上说，这两个问题相互交织在一起："与同性做爱自然而然地与一系列另类价值观联系在一起。同性恋者不仅将稀奇怪异的同性性行为融入既存文化中，而且通过同性性行为去建构一种文化形式。"[66] 这种文化形式包括"认可男性之间形成的临时共同体"，还包括"收养"关系，即一个成年人被另一个成年人收养（福柯和德费尔可能正是这样的关系。据克劳德·莫里亚克所说，他们讨论过福柯收养德费尔的可能性，福柯去世前不久还咨询了一位律师[67]）。

福柯从更普遍的意义上进行了一番设想：

> 同性恋文化创造了一种人与人联系的方式、交流的类型，并且形成了一种生存美学，这是一种全新的文化，与现存的文化形态既不相同也无重叠之处。如果这是可能的，那么，同性恋文化将不仅仅是同性恋的选择。同性恋文化将创造一种关系模式，某种程度上，这种关系模式也将在异性恋领域里大放异彩。[68]

文化的创造带来了身份问题。同性恋必须做的不仅是宣称自己的身份，他们还必须去创造自己的身份，但对于那些宣称创造了身份就是解放了同性恋的说法，福柯持谨慎态度。他不相信同性恋者写同性恋小说就是富有创造力的活动，比如，所谓"同性恋绘画"在他看来几乎是毫无意义的观念。性和伦理选择，为创造"某种同性之爱"提供了起点。在福柯看来，将同性恋问题转换到其他领域，比如绘画和音乐领域，几乎是不可能的事。虽然他没有明确提及，但似乎一个特殊的同性恋哲学在蓬勃发展——或者那个叫作米歇尔·福柯的"同性恋哲学家"的存在方式——也被他忽略了。另外，福柯对展现同性恋文化的文学杂志《面具》（*Masques*）颇感兴趣，这是一本制作精良的"同性恋文学评论"，1979 年起，由福柯的朋友让－皮埃尔·乔克（Jean-Pierre Joecker）出版。在这本杂志中，福柯围绕多佛（Dover）关于古希腊同性恋的研究，撰写了一篇评论。[69]

在福柯看来，在创造同性恋文化的过程中，最富积极意义的发展之一，是酒吧和公共浴室的出现，它们"减轻了生活中男女有别给同性恋带来的负罪感"。[70] 福柯指的是美国城市中同性恋"聚居区"的酒吧和俱乐部，即纽约的克里斯托弗街以及旧金山的卡斯特罗街区。20 世纪 70 年代的同性恋解放运动催生出了这些价值上亿美元的产业。[71] 旧金山的俱乐部浴室一次能容纳 800 名顾客，一周能接待大约 3 000 名男士。[72] 在《倡导者》的访谈中，福柯生动地描绘了这些公共浴室的吸引力，并且提到了施虐受虐（sado-masochism）的亚文化：

> 有种观点认为，施虐受虐行为（SM）极端暴力，它是一种释放暴力的实践，是一种对个体的侵害，这种观点是愚蠢的。我们非常清楚地知道，所有这些人的行为并非攻击性的，他们通过将身体色情化，通过激发身体陌生部位的快感，创造了一种新的快感形式。我认为 SM 是一种创造，它富有开拓精神，它的主要特征之一，就是我所说的快感的去性化……把我们自己的身体当作无穷快感的源泉，是一件很重要的事。比如，如果你对传统享乐结构加以观察，你会发现，身体或肉体的愉悦，通常总是与食色性欲有关。这种理解限制了我们对自己身体的想象，也限制了我们对快感的想象。[73]

369

快感的疆界超越了食色性欲，创造出一种新的身份。重点不是释放欲望，而是创造快感。施虐受虐行为便是这种可能性之一：

> 我们会说 SM 将权力色情化了，将双方的战略关系爱欲化了……SM 有意思的地方在于，它是一种战略关系，这种关系总是变动不居的。当然存在着角色扮演的问题，但每个人都心知肚明这些角色是可以互换的。一开始的场景是主人和奴仆的关系，但在结束的时候，奴仆变成了主人。或者，即便是角色固定了，你也会非常清楚这终究是个游戏而已：要么违反规则，要么双方心照不宣或明确地达成一致，这些会让他们意识到明确的界限。这种战略性游戏妙趣横生，是身体快感的来源。[74]

在一个相关的采访中，福柯提出了非常相似的观点，他提到"一种全新的性实践……这种性实践试图探索性行为全部的内在可能性。在洛杉矶和纽约这些地方，你会发现涌现了一些进行性实验的场所"。[75] 它们是性行为的副产品："正是因为性行为对同性恋来说变得如此唾手可得，如此轻而易举，所以同性恋性行为也就冒着很快变得无聊的风险。因此，为了增加性行为的乐趣，我们必须尽一切努力去创造新的变化。"[76] 他同意采访者的观点，即金色沐浴、污秽实践和类似的 SM 场景"现在更加公开地上演"。在其他场合，他对"这样的性爱试验场所还未在异性恋中存在表示遗憾。想象一下，他们能在白天和夜晚的任何时候，去一个应有尽有、妙不可言而且满足人类一切想象的地方，在那里，人们能遇到那些顷刻显现却转瞬逃逸的肉体，对他们来说难道不是一件奇妙无比的事吗？"[77] 毫无疑问，福柯假想这种性实验室也会向异性恋开放，而这将是同性恋领域带给异性恋的福利之一。艾滋病流行病史研究者羞怯地指出，苏特罗大浴场是"男女共浴的"，而且每周都在宣传"两性狂欢"，福柯显然没有意识到这一点。[78]

奇怪的是，福柯不是以第一人称的口吻去评价这些事。他评论某事的时候，从来不会说很多的"我，米歇尔·福柯……"，不过，他的诸多评论也并非来源于二手资料。但福柯参加 SM 活动或许更像一个谣言，而不是客观存在的事实。没有目击者看到他参加了，而且在这种性文化中，人们会在性行为之后而不是之前"顺便问一句，'你叫什么名字？'"[79]

福柯对濒死体验的极乐有一番自己的理解。1978 年 7 月下旬的一个晚上，当福柯穿过沃吉拉尔街时，被一辆出租车撞倒在地。他被汽车撞向半空，然后落在了汽车的引擎盖上，玻璃碎片扎进了他的脸和头。他立刻被人送往附近的沃吉拉尔医院，在医院待了将近一个星期才恢复。这件事的第一个知情者是西蒙·西涅莱，当时丹尼尔·德费尔人在伦敦，他去伦敦的朋友朱莉·克里斯蒂那里做客。他和福柯不得不通过电话联系。[80] 关于西尼奥雷为什么参与这件事，有两个可能的解释。一种解释来自迪迪埃·埃里蓬，他认为是福柯要求与她联系的[81]；还有一种说法，据说福柯当时处于半昏迷状态，没有带身份证件，人们在他的口袋里找到了她的地址和电话号码，医院打电话给她，她则通过医生的描述认出了福柯。警察和医院的工作人员都没能认出福柯，这令她深感震惊和惊恐，我想每个人都会理解她那一刻的感受。

在被车撞上的一刹那，福柯立刻意识到自己要死了，一种宿命感涌上他的心头。[82] 1983 年，他对一位加拿大的采访者说：

> 有一天我走在路上，被车撞了。有那么两三秒，我觉得自己就要死了，那真是一种非常强烈的快乐。那天天气很好。那是夏天晚上 7 点钟

的光景。夕阳西下，天空湛蓝，风光无限。这一直是我最快乐的记忆之一[笑]。[83]

濒死体验可能是一种强烈的快乐，但它的后果可一点都不愉快。那之后的一年里，头痛、间歇性的恶心和眩晕令福柯痛苦不已。[84]1979 年 9 月，他向克劳德·莫里亚克承认，他没有从这次事故中真正恢复过来，当他全力以赴创作"《性经验史》第二卷"时，头痛仍不时侵扰他。[85]

那个 7 月的夜晚，福柯极有可能受到了毒品影响。大麻是沃吉拉尔街常见的"助消化药"。在与克劳德·莫里亚克的对话中，福柯对毒品实验进行了系统描述，而且并不排除撰写这一主题的可能性。[86]虽然莫里亚克有些不情愿，但福柯甚至成功说服了他进行大麻实验，然而，这个实验对象失望地发现，大麻似乎对他不起作用。[87]福柯还告诉查尔斯·鲁亚斯，他那个"自 19 世纪以来的毒品文化研究"计划，"必须被搁置了"。[88]1982 年，在和莫里亚克的对话中，福柯争辩说毒品具有"文化融合能力"，不应让他们随意实验。他自己的实验也并非总是平安无事的，他承认在纽约的一次实验如此糟糕，以至于他当时走进警察局要镇静剂。[89]他也在更可控的环境下服用迷幻剂，他感觉服药后自己非但没有脱离现实，而且整个体验都无比真切，历历在目。[90]药物的乐趣也包括使用"硝酸戊酯胶囊"，他声称，硝酸戊酯胶囊是唯一与性行为鱼水交融的药物，而且它能"极大地倍增和强化"快感的效果，它所带来的快感是"独特而令人难忘的"。[91]

我们通过福柯 20 世纪 70 年代中期的一个研究项目，可以进一步洞悉福柯有关快感享用的观点。这是福柯与蒂埃里·福尔策尔的合作项目，1975 年，年 372 轻的蒂埃里·福尔策尔通过搭便车认识了福柯。《二十年之后》由一系列对话组成："蒂埃里非常年轻，他对一位年长的朋友讲话。他也在对我们说话，我们在惊讶、犹豫和拒绝之后，也将成为他的朋友。录音机录下了这段对话。在长久以来我们所读的书中，这本对话录将是最令我们震惊的一本。"[92]这位"年长的朋友"当然就是米歇尔·福柯，但书中并未提及他的名字。

1976 年 7 月，当莫里亚克听完福柯和福尔策尔对话的原始录音带之后，立刻给当时在旺德夫勒－杜－普瓦图的福柯打电话。莫里亚克对录音内容深感震惊，称这段录音是"史无前例的档案"。莫里亚克认为，福柯如果更直接地发问，这就是一场现代苏格拉底式的对话，是年长朋友扮演的苏格拉底与蒂埃里扮演的亚西比德之间的对话。莫里亚克经福柯同意，准备将磁带放给阿谢特（Hachette）出版社的编辑听，但磁带最后被格拉塞（Grasset）出版社出版（格拉塞是阿谢特出版集团的一部分）。莫里亚克还想给蒂埃里找一些其他对话者，比如他的女儿娜塔莉（Nathalie），一个与蒂埃里背景完全不同的同龄人。福柯很喜欢娜塔莉，她将《词与物》的最后几行字贴在了自己公寓的墙上。然而，这个计划却未能实现。[93]

这个夏天，福柯录下了一系列对话，并对这些对话进行了转录和编辑。福尔策尔描述了自己的生活，那是一个处于法国社会边缘的年轻同性恋的生活。他在时装街的服装区做临时工，也在医院打工，他与那些移民、极左人士，以及同性恋革命行动阵线的同性恋政客等相关群体往来。他们谈话的内容从摇滚乐到电影和文学，从性经验到毒品，甚至包括对宗教的态度。在两人的谈话中，为了让福尔策尔有所回应，福柯经常假装无知，温和地提醒福尔策尔。正如莫里亚克所言，这是一份惊人的档案，尤其是它捕捉到了一个放松的，几乎处于忏悔情绪之中的福柯。

或许保持匿名让福柯有安全感，相比于其他文本，福柯在这场对话中更直接地谈到了自己的快感。他谈到了硝酸戊酯胶囊和其他药物，并如此评价它们：

> 这些药物解构了局部化的性快感……吃着药亲吻两个小时，感觉无比美妙……这种快感偏离了时空的轨迹，因为它不再与局部的性有关，不再与性高潮有关，这一切让我开始琢磨赖希主义中有关性高潮的界定是否太过狭隘……在我看来，赖希主义者关于性高潮的辩白，局限了性快感的可能性。然而，像黄色药丸这样的东西可以引爆你的快感，并将这快感弥散到整个身体。快感在整个身体四处游走，从这个意义上说，我们必须摆脱既定的性观念。[94]

虽然福柯做了五花八门的实验，但他不是个吸毒成瘾的人。这些毒品作为兴奋剂并不实用。即使当他写作《快感的享用》陷入瓶颈的时候，他也没有使用毒品，不像萨特，在写作《辩证理性批判》时，他毫无节制地使用安非他命，令他声名狼藉。当莫里亚克举出萨特这个负面例子时，福柯欣然表示他不会服用

373

兴奋剂。[95]毒品给他带来强烈的快感，但矛盾的是，他对这种快感的享用节制而自律：

> 其实，我在体验快乐方面有严重的困难……因为，对我来说真正的快乐，是如此深邃而富有强度，如此势不可当，以至于我无法承受它。我宁愿为它而死去……有些药物对我来说真的无比重要，因为正是通过它们，我体会到了富有强度的、无法比拟的快乐，那正是我梦寐以求的快乐，仅仅靠我自己是无法体验到的……快乐必须是非常强烈的东西。[96]

按照这个标准，与死亡的亲密接触也是一种快乐。福柯感到很惊讶，在《认知的意志》出版将近一年以后，一个政府委员会与他联系了，这个政府委员会致力于调查刑法典改革的可能性。据说，这份邀请来自司法公会（Syndicat de la Magistrature）的一位熟人，他同时隶属于政府委员会。这份邀请说明《规训与惩罚》如何将福柯转变为公共权威和潜在的"君主谋臣"。委员会咨询了福柯关于审查制度和性问题的一系列看法。他对委员会问题的答复没有公之于众，但通过已出版的两篇讨论，我们可以清楚地了解福柯答复的内容和主旨。第一篇来自一次圆桌讨论，与会者包括福柯、英国反精神病学专家大卫·库伯，以及《变革》（*Change*）杂志的编委会成员。第二场讨论大约在一年后举行，是一场关于法国文化的电台辩论。[97]诚如福柯所言，他决定答复委员会的问题显示了他立场的转变，他不再认为知识分子的作用纯粹是谴责和批评，也不再认为立法者和改革者应自生自灭。[98]如果在几年前，他不会采取这样的立场。在监狱信息小组看来，提供监狱改革信息并不在它的职能范围内。

　　总的来看，福柯的立场表明，性，原则上不应由立法来控制，但他立刻指出了两个问题领域：强奸和儿童的性。他关于强奸的看法引发了争议。他提出的观点，同样出现在霍克纳姆的《同性恋欲望》（*Le Désir homosexuel*）一书中。福柯认为，在强奸案中，应该受到惩罚的是肉体的暴力行为，但他也承认，女性也许不会赞同这个观点。马林·兹卡（Marine Zecca）和玛丽－奥黛尔·法耶（Marie-Odile Faye）分别是库伯的共事者和《变革》的助理编辑，他们都不赞同福柯的观点，尽管兹卡承认强奸是暴力行为而非性行为，但他们实际上陷入了福柯设的圈套里。福柯认为，如果说强奸比揍人更严重的话，那么就等于承

374

认了性器官在身体中的优越地位，当性器官与身体其他器官的价值不同时，就应授予它不同的法律地位。正如德·韦特（de Weit）阐释的那样，霍克纳姆和福柯的观点是这样的："女权主义主张对强奸进行更严厉的惩罚，其理由本身就是以生殖器为中心的，因为这个观点暗示了身体的某些器官比其他器官更重要，比如性器官。"[99] 福柯还引用了他与司法公会一位匿名成员的对话：那位官员认为没有理由将强奸判定为刑事犯罪，强奸他人要负民事责任，与"损害和利益"问题相关。[100]

福柯对强奸的评价表明，他关于女性主义的知识惊人地匮乏，对女性主义诉求也不求甚解。强奸不可能等同于揍人这样的个人暴力行为，但福柯没有谈到这一点。他似乎也不知道，当时法国大多数的强奸投诉最终都以"暴力袭击"或"猥亵"的罪名被审判。[101] 在 1978 年 5 月的《女性主义议题》上，莫妮克·普拉萨（Monique Plaza）尖刻地回复了福柯，谴责福柯没有理由禁止强奸：

> 强奸是被允许的，"只有"被强奸的妇女会要求损害赔偿。换句话说，她将因一个男人未经她允许和她发生性行为而索取赔偿。因此，每个女人都是男人的性猎物。无论这个女人保持缄默还是说"同意"，无论她在性行为（卖淫）之前还是性行为（强奸）之后索要赔偿，都是一样的。[102]

这番答复没有争辩之意，而是饱含批判，一位女性主义者总结道："正如普拉萨所言，福柯的去性化策略并不适用于强奸的法律领域，因为将强奸'去罪化'的直接影响是将潜在的暴力叠加在女性身上。"[103]

福柯从未回应过普拉萨的批评，甚至没有证据表明他知道这些批评。然而，他后来改变了立场，认为"性选择自由"并不意味着"性行为的自由"，因为"无论是男人和女人之间，还是两个男人之间，像强奸这样的性行为都不应被允许"。[104] 在女权主义者眼中，福柯最初是从抽象的法律主义本质的视角去评论强奸行为的，这番评论反映了一个事实，那就是他以男性的视角在评头论足。这显然表明，他当时对女性主义政治所知甚少。苏珊·布朗米勒（Susan Brownmiller）法译本的《违背我们的意志》（1975）触手可及，但福柯从未提及她的观点，布朗米勒认为强奸"不过是一种有意识的恐吓过程，通过这种方式，所有的男人会让所有的女人陷入恐惧的状态"。[105] 也许，福柯关于强奸的观点和

《认知的意志》中的"去性化"主题是一致的，但诚如一位女性主义批评家提醒我们的，福柯的作品具有"根深蒂固的男性中心主义"特征。[106]

尽管福柯对强奸问题的评论表明，他对一些重要的辩论不太熟悉，但在儿童性问题的讨论中，福柯占有一席之地。尽管他指的是儿童的性行为，但实际上，这场争论的落脚点是成人和儿童的性关系。此刻，福柯卷入了一场以恋童癖为核心议题的运动。在与库伯的讨论中，福柯顺带提到了一个迫在眉睫的议题[107]，关于三名男子（一名医生和两位教师）因涉嫌与未成年人发生性关系而面临凡尔赛法庭的指控。勒内·谢黑收到了其中一人的来信，来信者在未经审判的情况下已经被关押了将近三年，他已经开始组织一场签名运动，呼吁撤销指控并修改相关法律。[108]罗兰·巴特已经同意在请愿书上签名，最近刚刚出柜的路易·阿拉贡（Louis Aragon）也同意签字，签字的还有大约四十人。在获知此案更多的细节后，福柯也同意签字。签名运动没有对此案产生实质影响。三人被判有罪，但立即被释放了，因为他们已经被拘留了很长时间。正是在这样的背景下，福柯和改革委员会探讨了儿童和性的问题。与此同时，关于儿童性骚扰和儿童色情文学的新闻运动也如火如荼地开展着，正是在这样的背景下，人们讨论了儿童的性问题。[109]

在与《变革》杂志进行讨论的过程中，福柯提出了"引诱孩子的问题。或者孩子引诱你的问题。是否可以对立法的人建议说：可以和一个同意的孩子、一个不拒绝的孩子发生关系，而这不属于法律裁定的范围？"他立刻回答了自己的问题："我真想说：在孩子不拒绝时，没有任何理由去惩罚任何事。"[110]福柯口中的孩子实际上是青少年或临近青春期的孩子，而不是非常幼小的儿童，虽然从讨论本身来看，并不能很清楚地表明这一点。另外，他建议将同意年龄降到 13 岁到 15 岁之间，但他立马显露出了一丝怀疑："考虑到目前社会的性风气，以及孩子们读到的内容，或者他们在墙上、上学的路上看到的一切，对儿童的性进行立法将会万分复杂，困难重重。"[111]

儿童的性和恋童癖的问题再次出现在《研究》杂志的讨论中。福柯在开场白中指出了相关研究的两种趋势。一方面，委员会的存在本身就显示一种自由主义的出现，一种改革的新气象。这种自由主义的趋势与镇压的态势背道而驰，1960 年《米尔盖修正案》（Mirguet Amendment）通过后，这种镇压的态势愈演愈烈，达到高潮。1960 年的法案将同性恋界定为"社会祸害"，不仅如此，第

331 号法条增加规定，任何与同性未成年人发生猥亵或反自然性行为的人将受到惩罚（21 岁以下的人被界定为未成年人）。然而，如果说该委员会的出现标志着风气的转变，其他方面的发展则更加令人担忧。反对"儿童猥亵者"的媒体运动正如火如荼地进行着，福柯认为，在美国，由安妮塔·布莱恩特（Anita Bryant）倡导的（从同性恋手中）"解救我们的孩子"的运动，极有可能在法国重演。霍克纳姆等人发起了一场废除第 331 号法条的运动，这场运动获得了法国共产党成员的支持，甚至弗朗索瓦兹·多尔多（Françoise Dolto）也站在了他们一边——弗朗索瓦兹·多尔多是法国精神分析的"祖母"。霍克纳姆所言极是，人们无法轻易将多尔多描述为一个恋童癖。福柯强烈支持法律改革，并指出所谓的公众羞耻心很容易被冒犯，但法律对此没有明确界定。从更一般的角度来看，福柯利用电台辩论，对心理学和精神分析学中的"幼儿性欲"理论发起猛烈抨击，这些理论认为"幼儿性欲""有自己的领地，成年人不能介入。这是一片处女地，也是一片性的沃土，当然，这片土地必须保持它的纯洁"。[112] 福柯反对这一观点，即认为儿童不能也不会引诱成人。心理学认为，这种处境中的孩子很可能会遭受心理创伤，因此需要保护孩子免遭自己欲望的侵扰，因为在不远的将来，在孩子的欲望之上将萌生一个反乌托邦的梦魇：

> 我们将置身于一个危险的社会中：一方面，有一些处于危险中的人；另一方面，有一些人则给他人带来危险。性，不再是一种有着特定禁忌的行为。性，将是一种普遍的危险……因为法律机构在医疗机制的支持下形成的一系列具体干预措施，将会产生一个全新的装置，即控制个体性经验的装置。[113]

15 异议分子

1976 年 12 月 17 日，星期五的晚上，福柯出现在了"阿波斯特弗"
(*Apostrophes*) 节目上，这档一流的书籍节目由贝尔纳·皮沃 (Bernard Pivot)
主持。这一次，节目是在卢浮宫华丽的背景下录制的。福柯，以及记者、历史
学家安德烈·方丹 (André Fontaine) 和生物学家让·哈尔伯格 (Jean Halburger)
受邀参加一场关于"人之未来"的讨论。与此同时，节目也给了福柯一个平台，
福柯可以在这里宣传他最近出版的《认知的意志》。皮沃的问题充满讽刺意味，
因为他让这些研究人之死的理论家谈论人类的未来。他们发言之后，皮沃调侃
了一番，之后人们将注意力转向了福柯。

令主持人和听众感到惊讶的是，福柯拒绝谈论自己的书。相反，他谈论了
伽利玛出版社最近出版的一本书，名为《苏联的一件普通诉讼案》(*Un Procès
ordinaire en URSS*)。这本书根据米哈伊尔·斯特恩 (Mikhail Stern) 医生的一
份审判记录写成，他被指控犯了贿赂和贪污腐败罪。斯特恩是乌克兰文尼察内
分泌科的负责人，是一名有 24 年从医经验的医生。当时斯特恩的两个儿子想
移民伊朗，克格勃试图阻止他们，便唆使斯特恩以父亲的身份给两个儿子施
压，但斯特恩拒绝了。当福柯参加这档广播节目的时候，斯特恩已在哈尔科夫
(Kharkov) 附近的劳动营服刑了三年。在某种程度上，正是福柯参与的电视节
目，使斯特恩成了著名案例。

国际委员会对医生米哈伊尔·斯特恩的营救，使赫尔辛基会议注意到了这
个案子，而后斯特恩获释并前往巴黎。[1] 在评价"阿波斯特弗"事件时，克拉维

尔对福柯的"克制"称赞不已。²福柯本人对这一事件的描述相当有节制。福柯觉得自己已享有足够的媒体曝光度，因此就想利用自己的媒体形象，让观众注意到一些"有价值但不为人知的"事情。在这种情况下，对他来说，斯特恩的379 书比他的书更引人入胜。³周日的时候，莫里亚克致电福柯，祝贺他在电视上露面。他很钦佩福柯在节目中表现的姿态，但当他说到自己的失望时，其实也表达了很多人的心声。⁴他无疑也想听福柯谈谈他自己的书。在克拉维尔看来，这个故事还有更多的转折。福柯显然与法国共产党文化和理论杂志《新评论》(*La Nouvelle Critique*) 有了接触，该杂志急于出版关于皮埃尔·里维埃的内容。作为回应，福柯给杂志提供了一篇斯特恩的文章，但福柯此举却让双方的交流戛然而止。

"阿波斯特弗"节目播出两天后，福柯又摆出了一副故意挑衅的姿态。埃德加和露西·富尔 (Lucie Faure) 正在为瓦莱里·吉斯卡尔·德斯坦 (Valéry Giscard d'Estaing) 筹备午宴。总统渴望会见知识分子和作家代表团，午宴嘉宾名单上有女权主义律师吉赛勒·阿利米、漫画家克莱尔·布勒泰谢、让-路易斯·波禾 (Jean-Louis Bory)、勒华拉杜里、菲利普·索莱尔斯和罗兰·巴特。当然，福柯也受到了邀请，但他告诉爱丽舍宫，只要他能向总统提及拉努奇的案子，他很乐意接受邀请。克里斯蒂安·拉努奇 (Christian Ranucci) 因在马赛附近谋杀一名儿童而于今年7月被送上断头台，吉斯卡尔拒绝赦免拉努奇。实际上，在关于拉努奇的审判中，对拉努奇不利的证据至少都是非决定性的。福柯被告知在午宴上不能和总统谈这个话题，因此，他没有和总统共进午餐。⁵

斯特恩事件标志着福柯开始对苏联和东欧异议分子产生浓厚兴趣。很快，福柯就在一些活动中找到了讲述这件事的机会。1977年6月，新晋国家主席、苏联共产党的总书记列昂尼德·勃列日涅夫 (Leonid Brezhnev) 对巴黎进行了国事访问，并出席了法国接待官方访客的所有仪式。不仅如此，他还受到了非官方的礼遇。当勃列日涅夫访问爱丽舍宫的时候，一小群心怀不满的人沉默地看着这一切。然而，就在两个小时以前，由新势力党动员的右翼示威者就与警察发生了暴力冲突。⁶在歌剧院广场上，警察冲向一群和平示威的人，这些人响应苏联犹太人团体的呼吁聚集在这里。⁷6月21日晚上，人们在其他地方举行了一场别开生面的招待会。邀请函如下："适值勃列日涅夫访法之际，谨请您参

加 6 月 21 日 20 点 30 分在雷卡米（Récamier）剧院举行的同东方国家持不同政 380
见者的联谊会，地址是巴黎 75007 号雷卡米街 3 号。"请柬由米歇尔·福柯、罗
兰·巴特、皮埃尔·戴克斯、安德烈·格鲁克斯曼、弗朗索瓦·雅各布、让 -
保罗·萨特和洛朗·施瓦茨（Laurent Schwartz）联合署名。[8]

与皮埃尔·维克多讨论的时候，福柯脑中浮现了这个想法。正如福柯对莫
里亚克所说，这是一个"绝妙无比的想法。在勃列日涅夫招待会当晚，我们将
为持不同政见者举行一次招待会，如此说来，记者们将参加两场招待会。为此，
我们找了苏联音乐学院的场地，那是个非常漂亮的房间……"然而，令福柯感
到惊讶的是，莫里亚克提出异议，他认为这样做非常不礼貌，因为勃列日涅夫
是法国邀请的客人。但最终莫里亚克还是同意和福柯他们一起操办接待会。特
设委员会没有借到音乐学院的场地，但借到了雷卡米剧院，这个精致而优雅的
剧院就坐落于拉斯帕尔林荫大道附近的小巷中。莫里亚克的妻子玛丽 - 克劳德
（Marie-Claude）同意负责大会餐饮，但她很快就负担不起了。参与招待会的出
版商为他们提供了资助，解了他们的燃眉之急，而赛尔夫街的老牌百货公司乐
蓬马歇（Le Bon Marché）则负责招待会餐饮。[9]

作为招待会的主要组织者之一，福柯全神贯注于大会的准备工作，几乎没
有留意到 6 月 21 日当天发生的另一件事。这一天，塞尔日·利洛兹特带领的一
支犯人行动委员会代表团受到了司法部佩雷菲特（Peyrefitte）的接待，两者就
克莱尔沃事件后在监狱引进"高级别安全小组"进行了讨论。犯人行动委员会
称这次讨论的内容很"具体"，同样出席这次讨论的克劳德·莫里亚克称这是一
次"历史性的会议"。然而，福柯只说这次讨论不会有什么结果。[10]

在雷卡米剧院，面对台下人群，身着白色毛衣、举止优雅的福柯站在舞台
上，言简意赅地说道：

> 这不是一场会议——将于 6 月 29 日在共济大厅举行的那种会议——而
> 且最重要的是，它与此时此刻在爱丽舍宫举办的那场招待会并不旗鼓相当。
> 我们只想说，在这个吉斯卡尔·德斯坦先生隆重接待勃列日涅夫先生的夜
> 晚，其他法国人也可以接待其他的苏联友人。[11]

然后，他邀请来宾们随心所欲地交谈，而自己则消失在幕布后。正如福柯

所言，这不是一场政治会议，而是轻松随意的聚会，人们从吧台徜徉到自助餐桌前，伴随着苏联乐曲，三五成群地交谈着。招待会上，福柯无处不在，他既是主办者又是领班。这些尊贵的苏联客人，似乎没有一人拒绝这份邀请。这伙人包括弗拉基米尔·马克西莫夫（Vladimir Maximov）、阿图尔·伦敦（Artur London）、弗拉基米尔·布科夫斯基（Vladimir Bukovsky）、米哈伊尔·斯特恩（Mikhail Stern）、阿尔马里克·辛纳夫斯基（Almarik Sinavsky）、亚历山大·加利奇（Alexander Galitch）以及娜塔莉亚·戈尔巴涅夫斯卡亚（Natalia Gorbanievskaya）。晚会结束时，娜塔莉亚如此总结她的希望："此刻，我们希望这里的人们将开始思考东方发生的事情，仅仅运用他们的良知和智慧，就能知晓这些。'独立左派'是我们的希望。"[12]

法国这边的参加者包括格鲁克斯曼、德·波伏瓦、德勒兹、让－皮埃尔·法耶、雅克·欧米拉、皮埃尔·维克多和《世界报》的菲利普·鲍彻（Philippe Boucher）。萨特夫妇的出现与整个场面有些不太相称，在德·波伏瓦的搀扶下，萨特步履蹒跚地走进会场。尤奈斯库（Ionesco）①的出场则吸引了现场大多数人的目光。"巴黎知识分子"以声援受害者的名义，逾越了彼此间的政治分歧，正如《新观察家》所言，"巴黎知识分子"团结在了一起，几乎是第一时间团结在了一起。

然而，巴黎知识分子的这种团结并不像看起来的那样紧密。比如雷吉斯·德布雷仍在谴责"古拉格马戏团的骗子"，他更愿意支持托洛茨基派共产党，在他眼中，托洛茨基派共产党是"法国唯一一个恰如其分地纪念切·格瓦拉逝世十周年的政治组织"。因此，他决定把因《燃烧的雪》而获得的费米娜奖（Fémina）奖金捐赠给托洛茨基派共产党，在他看来，托洛茨基派三十年来一直都在谴责丑恶，与此同时，他们并没有放弃为社会主义而奋斗。[13] 萨特的出场也引发了争议，后来是福柯开车将萨特送回家的。[14] 不久前，当福柯会见斯特恩时，他惊讶地获悉许多苏联异议分子仍憎恶萨特，因为1966年萨特访问莫斯科时曾拒绝与索尔仁尼琴（Solzhenitsyn）见面。[15] 面对这种情况，福柯觉得，还是让过去的都过去吧，念念不忘那些理应忘记的事是毫无意义的。福柯还声称，萨特在与莫里亚克的谈话中说，如今自己最大的愿望是见索尔仁尼琴一

---

① 尤奈斯库，法国剧作家，荒诞派戏剧最著名的代表人物之一。1970年成为法兰西学院院士。代表作有《秃头歌女》《犀牛》等。——译者注

面，或者和索尔仁尼琴签署一份联合声明：萨特甚至想给福柯提供往返美国的机票，希望福柯能说服这位他素未谋面的苏联作家，与他一起签署一份宣言。[16]要么是机票没能兑现，要么是福柯没有接受，总之，这份联合声明并没有成为现实。

他们中的许多人还与所谓新哲学家密切相关。1977 年的夏天，福柯与新　382
哲学家的联系越发明朗化。"新哲学家"这个说法源于伯纳德－亨利・列维（Bernard-Henri Lévy）在 1976 年 6 月《文学新闻》上发表的卷宗，在这份卷宗中，列维将自己、让－玛丽・贝诺斯特（Jean-Marie Benoist）、米歇尔・盖兰（Michel Guérin）、克里斯蒂安・贾贝特和居伊・拉德罗（Guy Lardreau）统称为新哲学家。一个月以后，《新观察家》发表了热拉尔・帕迪让（Gérard Petitjean）撰写的长篇文章《新领袖》，这次的阵容包括保罗・多莱、贝诺斯特、贾贝特、拉德罗、安德烈・格鲁克斯曼、波德里亚、霍克纳姆以及尼科斯・普朗查斯（Nicos Poulantzas）。鉴于尼科斯・普朗查斯通常被当作马克思主义者，他的名字出现在这里，有点令人匪夷所思。[17]从某种程度上来看，虽然"新哲学家"是个变幻不定的命名，但上述名单却主导了当时公众的认知。在接下来的一年里，每当人们阅读报纸或打开收音机，似乎就会发现关于新哲学的报道。列维是这个变幻不定"星群"的核心人物，尤其是因为大多数的"新哲学家"作品，都发表在由列维主编、格拉塞出版社出版的"人物"和"理论家"系列中。他卓越的创业能力和广告技巧，有助于发行和推广这些作家的作品，而他那富于浪漫情调的俊美容颜，配上那上相的浓密黑发，最大限度地确保了他在媒体上的曝光度。

从某种程度上来讲，如果在多样化的团体工作中能发现某种统一，那么，这也是一种消极统一。大多数新哲学家过去都曾是左翼人士，例如，贾贝特和拉德罗就是无产阶级左派的创始人之一。正是在这样的背景下，他们认识了福柯。他们中的大多数人都是巴黎高师人，像列维一样都是阿尔都塞的学生。如今，新的理论庇护人是拉康、福柯和索尔仁尼琴。拉康提供了大师的形象（话语的神秘轨迹，主张一切人和事都必须服从于法律，而且全面认识世界是可能的），福柯提供了圆形监狱的形象，而索尔仁尼琴提供了压倒性的经验证据以及救世主般的热情。[18]

在 1974 年 11 月举行的最后一次党代会上，无产阶级左派正式解散，但在　383

此之前至少一年的时间里，无产阶级左派就已经名存实亡了。一些人对布律阿以及人民正义的信念大失所望。人民正义与恐怖主义的"调情"令很多人感到恶心，或仅仅是感到害怕。然而，大多数评论者都会同意，1973 年 10 月的事件敲响了最后的丧钟。当时贝桑松（Besançon）利普（Lip）手表工厂的工人拒绝接受裁员通知，他们在非法的情况下，成功地占领了工厂，开始自产自销手表。在这个过程中，他们没有得到那些故步自封的、秘密的先锋激进分子的帮助。某种无产阶级左派的时代已经过去了，而 1974 年 5 月吉斯卡尔当选后开创的更为自由的总统制，无疑加速了无产阶级左派的灭亡。

　　然而，这些新哲学家几乎立刻就成了人们争论和嘲笑的对象。嘲笑有时是衡量社会心态的指标。1977 年夏天，《新观察家》发布了一项测试游戏，这项测试游戏列出了一系列的多项选择题，让读者测试自己是不是新哲学家。那些诚实地宣称去年拒绝了阿尔都塞思想的人，最多得三分，那些否定福柯的人连一分都得不到。[19] 新哲学家流派的媒体曝光度如此之高，以至于出现了一个新名词：广告哲学（pub philosophie，这个词从 publicité philosophie 而来，可以被翻译为 ad-philosophy）。当然，这些哲学家们都很自命不凡，并且互相祝贺对方，实际上，每一位新哲学家，都对出版和宣传他们作品的"朋友们"发自肺腑地感激不已。1948 年出生的列维，在《带有人的面孔的野蛮》的开头写道："如果我是个诗人，我要高声吟唱生活的恐怖，唱出在不远的未来等待我们的新群岛。"[20] 很明显，谦逊质朴的哲学风格不符合当时的风气。

　　格鲁克斯曼一直否认自己是一名新哲学家，虽然他的《厨娘与食人者》（La Cuisinière et le mangeur d'hommes）比列维的宣传策划早了两年，但他的作品的确以某种方式将福柯和索尔仁尼琴融合在了一起。《厨娘与食人者》的基本观点是"无论是苏联还是纳粹，集中营就是集中营"。[21] 支撑这一观点的大部分论据都来自《古拉格群岛》这本书。1973 年年底，俄文版《古拉格群岛》在巴黎出384 版，1974 年 6 月法文版第一卷出版，紧随而来的是同年 12 月出版的第二卷。《古拉格群岛》的摘录刊登在了 1974 年 1 月的《快报》上，但至关重要的事件在 1975 年 4 月 11 日发生，作者本人出现在了"阿波斯特弗"节目上。忽视索尔仁尼琴证词的力量是不可能的事，当列维将这位《古拉格群岛》的作者描述为"我们的但丁"、一位新《神曲》的诗人时，他很好地捕捉到了这本书给人们带来的冲击。[22]

索尔仁尼琴并不是最易被人接受的史诗诗人。让·丹尼尔有些不安,一方面他急于给索尔仁尼琴留下"深刻印象",但另一方面,他又不愿承认,虽然越南的殖民化是错误的,但越南的去殖民化会让越南很快沦为其受害者。在 1975 年的春天,这个观点并不容易被人接受。这位《新观察家》的编辑对自己的表现并不完全满意,但他给福柯留下了很深的印象,福柯写信对丹尼尔说,只有丹尼尔你,能让索尔仁尼琴"开门见山"。[23] 这位《古拉格群岛》的作者也给福柯留下了深刻的印象,福柯认为,人们若因为索尔仁尼琴具有右翼倾向或赞同一种宗教思想就反对他,是毫无意义的,因为他所说内容的历史准确性不容置疑。[24]

然而,尽管格鲁克斯曼对索尔仁尼琴推崇备至,但索尔仁尼琴的论辩中仍旧残留着老旧左派的修辞技巧。当他气喘吁吁地谴责总医院的极权主义,谴责纳粹主义、"智利秩序"时[25],人们轻易就会发现,他的这些指责如此笼统,与他早期谴责法国蓬皮杜法西斯主义的腔调异曲同工。讨论中,人民的概念依然存在。[26] 到了 1977 年,"乌合之众"由普通法罪犯、嬉皮士、边缘化的工人、移民和同性恋群体组成。所有这些人,都是未来集中营的"潜在居民",理解苏联的异议分子有助于西方社会更好地理解自身。[27]

"左"倾的监狱信息小组,总是有着一种认同平民身份的想象性元素,但"平民"这个术语本身也暗含着一种蔑视之情。在新哲学家声称保护不同政见者的姿态中,德勒兹发现了与前者非常相似的东西。"很简单,正是这些事令我感到作呕:新哲学家们正在制造一个殉道者列传……他们一边啃噬着这些尸体, 385 一边指责这些古拉格的居民没能早点'理解'发生的一切……如果我是这个团体的一员,我将会大声控诉这些新哲学家们,因为他们太过轻视这些古拉格的居民了。"[28] 雅克·朗西埃为《新观察家》"目标 78"讨论所写的文章中,同样发现了新哲学家的轻蔑姿态:"在这满含热情的哑剧表演中……处于主宰者位置的知识分子,认同所有被迫害的人(苏格拉底、基督、犹太人、古拉格的受难者),然而,我在其中只看到了一种广告展示,这种广告展示标志着哲学进入了一种话语风格,这种话语风格打上了国家 - 商品统治机器的烙印。"[29]

如果索尔仁尼琴是一个新的但丁,那么对格鲁克斯曼来说,福柯就是他的先知。《厨娘与食人者》很好地利用了《古典时代疯狂史》的素材:"俄国的大禁闭已经赶超了'开启西欧资产阶级秩序的大禁闭',20 世纪依然重复着 17 世纪的大禁闭。"[30] 这本书一开始被视为精神病学历史著作，后来被看作反精神病学专著，如今，这本书成了批判所有极权主义政体的著作。

福柯本人赞同此书对他作品的重新诠释。[31] 他还从新的关注点出发重新解释了自己在东欧的经历，1978 年他对一位采访者说，他已经完成了波兰版的《古典时代疯狂史》，"我一边写作，一边情不自禁地想起那时在我周围发生的一切"[32]。无论是在《古典时代疯狂史》的文本中，还是在当时的任何采访中，都没有证据表明事实确实如此，福柯显然是在重新阐释 20 世纪 70 年代中期背景下他的书和经历。

虽然福柯确实认为"古典时期的禁闭"是古拉格谱系的一部分，但他对于那些将两者等同起来的观点，对于"我们都有自己的古拉格"的主张报以谨慎态度。正如他回复雅克·朗西埃的书面答复时所说，这种观点的危险之处在于，法国共产党会通过玩弄这两个观点来摆脱自己的责任（换句话说，苏联的问题和其他国家的问题是一样的，法国共产党批判古拉格的事实表明，古拉格并不是苏联的专属产物）。法国共产党为了回避真正的问题，"将苏联的古拉格问题转变为普遍性的政治禁闭问题，实际上是将古拉格问题拖入政治浑水中，从而消解了问题本身"。[33]

福柯从 1975 年起就认识列维了。这位新哲学家有一次不那么成功的冒险，那就是和米歇尔·巴泰尔（Michel Butel）共同创办《意外》日报，一定有人认为这份日报创下了新闻界的记录，因为报纸仅仅办了 11 期就停刊了（从 1 月 27 日到 2 月 7 日）。看来列维的家境很富有，可以承受报纸停刊带来的巨大经济损失。为了支持这份日报，福柯在前两期接受了采访。[34] 我们更关注列维在著名的《厨娘与食人者》中是如何援引福柯观点的。在这本书的开篇，列维以福柯式的口吻将这本书界定为"当代的考古学"。[35] 这本书实际上没有描绘当代的"考古学"，总的来说，这本书主要对马克思主义、科学主义和进步主义进行一番讨论。这位曾经支持革命和激进变革的人，如今发现自己在问革命是否值得，而不再问革命是否可能。[36]

列维像格鲁克斯曼一样总结。[37] 像格鲁克斯曼一样，列维发现《古典时代疯狂史》对大禁闭的描述也适用于苏联，并呼吁对苏联社会进行"福柯式的分析"。[38] 福柯《古典时代疯狂史》的开篇也为列维攻击德勒兹提供了一番图景，列维写道，"圣斗士吉尔和圣斗士费利克斯，是现代愚人船上的水手"，若是德勒兹和费利克斯得知他们被当作"马克思主义哲学家，他们运用的修辞功能与唯物主义者的模式相一致"，他们一定会感到有些惊讶吧。[39] 然而，《规训与惩罚》中阐发的权力理论才是重头戏。对列维来说，极权主义国家意味着"科学家掌权"，权力完全是知识的同义词，而现代社会笼罩在边沁全景敞视监狱的阴影之中。如果在一个社会中，人们有义务"坦白一切"，那么，极权主义的威胁甚至更大，这正是性科学和相关实践的危险之处。[40] 在这样的构想中，福柯成为新哲学《圣经》的一部分。

当然，福柯和列维都对"革命的合理性"持怀疑态度，但列维试图拉拢福柯的举动，却令福柯陷入了奇怪的矛盾之中。在一次关于《认知的意志》的采访中，为了反对欲望哲学，福柯概述了快感理论，并告诉列维去阅读"霍克纳姆和谢黑的书"。[41] 毫无疑问，列维没有接受他的建议，因为这些人令列维感到尴尬：他自己曾公开抨击这些成问题的文本，称这些人的作品是"野蛮的"，代表了"另一种堕落的模式"。[42] 如此说来，福柯是个有点让人不安的盟友。 387

福柯支持新哲学家的最重要姿态是发表在 1977 年 5 月《新观察家》上的一篇长达三页的文章，此文是对格鲁克斯曼《大思想家》(*Les Maîtres penseurs*) 的评论。这本书重复并扩展了《厨娘与食人者》中的许多观点，但进一步对格鲁克斯曼口中的"革命国家"展开批判，并认为所有哲学家都展现了一种统治意志，这种统治意志必然导致他们与暴君相互勾结。正如福柯所指出的，格鲁克斯曼论述的基本问题是："德国哲学用什么诡计把革命转变成了对真正的、好的国家的预示，而又是如何将国家转变成一种平静安详、已然结束的革命形式？"[43]

两个月前，在与克劳德·莫里亚克聊天时，福柯已表达了相同的观点。两人在国家图书馆附近的风雅信使 (Mercure Galant) 餐厅里见面，福柯在那里消磨了一整天。谈话中，两人的话题转向了法国的政治形式，涉猎了其他更广泛的问题。福柯觉得，他们那一代人是"懦弱的"，因为他们默认古拉格群岛的存在，认为它的存在是必然的。如今，这个观点不言自明，那就是集中营并非意外事件。莫里亚克同意这个观点并试图争辩说，或许人们可以找到一些马克思以外的思想。他认为这正是福柯的职责所在。然而，福柯仅仅回答说，这一切都"太晚了"。[44]

福柯的政治演变历程与新哲学家的政治道路是相互交织的。福柯自己的左 388

派生涯结束了，如今，他进入一个由不同政见者和人权主导的政治舞台。他所处的政治星群也在斗转星移。人们普遍认为，他的作品，尤其是《规训与惩罚》中详细阐释的权力理论，奠定了新哲学家们的思想基础。克拉维尔写道："无论福柯是否喜欢这种说法，他都击败了启蒙思想。"而所有的新哲学家"都走在福柯最初指明的道路上。而福柯另一边的人连最微弱的反击能力都没有"。[45]在这个阶段，福柯和克拉维尔关系密切，而这番评论是克拉维尔言辞夸张、自命不凡个性的又一佐证。然而，当德勒兹开始攻击新哲学流派时，他声称新哲学家的思想是无效的，因为新哲学家用了"很多大而空泛的概念，比如法律、权力、大师……"，这番言论剑指《规训与惩罚》和《认知的意志》，不偏不倚正中靶心。福柯和德勒兹对待新哲学的不同态度，使他俩渐渐疏远了。

但福柯并不热衷于和新哲学家以及他们的宣传机器保持太紧密的联系。1977年秋天，一本很特别的季刊《弧线》出现在人们的视野中，通常情况下，杂志每期会专门讨论一个主题、一个作者及其作品。第70期原本是要专门讨论福柯的，杂志还按主题做了宣传。当新哲学粉墨登场时，这期杂志的编撰工作已经做得差不多了。新哲学家的"意识形态营销"行为，令福柯感到心烦意乱，他也不愿参与其中，他抗议说，不希望看到自己的名字出现在封面上，而这期杂志的题目是《脑中危机》。[46]

1977年的夏天，福柯与克劳德·莫里亚克关系破裂似乎近在眼前。莫里亚克指出，这场特别的争论就发生在法国大选前一年。他还强烈表示，不扼杀人们的希望才是至关重要的，这意味着必须维护左翼联盟。左翼联盟是1972年社会主义－共产主义签署选举协议的结果。如今左翼联盟陷入了危机，主要原因是两党在国有化问题上产生了分歧。[47]福柯与克拉维尔、格鲁克斯曼、索莱尔斯、贾贝特、拉德罗一起参加法国电视一台的《真理》节目。这档节目在克拉维尔位于韦兹莱的家中录制，节目录制的过程中，福柯说道："自1956年以降，哲学家们不能再用预设的范畴来思考历史了。因此，他们必须对各种事件保持敏感，他们必须成为记者。"[48]

莫里亚克担心因此滋生"一种阴险而有害的逻辑"。他的文章至少暗示了一个事实，那就是福柯接受甚至宣传这样的逻辑。两周后，他接到了福柯的电话，"福柯显然很赞同我的观点，但现在（1977年9月）我在想，这是不是福柯的一种优雅的道别方式？"[49]他的这份担心毫无道理，但这篇文章无疑让他俩的友谊变得如履薄冰。

福柯之所以不支持左派共同纲领，主要是因为法国共产党的存在，他对法国共产党的选举前景也不抱希望。然而，福柯同样拒绝被拉进吉斯卡尔的阵营，他大体上保持清醒态度。当然，他的幡然醒悟正是基于他的权力理论：

> 社会主义不需要一份新的自由宪章或权利宣言：如此简单，因而毫无用处。如果他们想要成为值得人们爱戴的对象，而不是被排斥的所在，如果他们想要成为人们的渴望，他们必须回答权力及其运行的相关问题。他们必须找到一种方式，在不给人们灌输恐惧的情况下去运行权力。只有这样，他们才会焕然一新。[50]

福柯在这里指的是《自由》（*Liberté*）宪章，《自由》是罗伯特·巴丹泰领 390 导的社会党研究小组的产物。[51]《自由》基本上是一部关于权利和自由的宪章，然而当他在司法公会组织的暑期学校演讲中讨论它时，福柯声称它代表了一种"权力技术的突变"，这种权力技术扩大了法官和法院的职能范围，将市民社会更多的领域纳入其职责范围内。也就是说，它并未履行承诺去提供一种全新的治理模式。[52]

福柯这一时期的出版计划也基于类似观点。1973 年 3 月，当时福柯正在研究《规训与惩罚》的相关内容，与此同时，他还参加了法国国家科学研究中心（CNRS）在巴黎高师举办的学术研讨会，研讨会的主题是"犯罪与社会排斥"。[53]研讨会的其中一位演讲者是米歇尔·佩罗特（Michelle Perrot），两年前，她进行了博士论文答辩，这篇颇有影响力的博士论文主题是法国 19 世纪的罢工问题。[54]1973 年，她写了一篇关于 19 世纪违法犯罪和监狱制度的论文，当福柯向她要论文复印件时，她感到很高兴。福柯适时地在《规训与惩罚》中引用了这篇论文，但却错误地将作者的名字写成了"Michèle"（应是"Michelle"）。[55]

让－皮埃尔·巴鲁促成了福柯和佩罗特之间的友谊，巴鲁一开始向这位历史学家介绍自己，是因为他很欣赏她的《罢工工人》，并希望出版她的作品。1984 年他终于如愿以偿，他作为门槛出版社的编辑，出版了她的节略版论文《罢工青年》。虽然他曾在斯特拉斯堡的一所工程学校接受训练，但从那时起，他就开始了自己的文学生涯，并在 20 世纪 60 年代末出版了名为《珊瑚礁》的微型杂志，第一期的主题是"保罗·尼赞"。[56] 在"五月风暴"之后，他成为《我控诉》和《人民事业报》的一名记者。正是以这样的身份，他出现在了那个著名的场合，当时萨特藏在一辆面包车后面被偷运进了瑟甘岛（Ile Séguin）堡垒般的雷诺工厂里。正是通过报刊的工作，巴鲁认识了福柯。他定期造访福柯的公寓，去那里搜集复印稿或监狱信息小组的新闻稿（并非所有稿子都有福柯的签名），福柯经常穿着睡袍把稿件交上来，有时候甚至当场奋笔疾书。[57]

在与佩罗特交谈的过程中，巴鲁建议佩罗特和福柯展开合作，因为他们志趣相投。佩罗特被这个建议吓得脸色发白。她曾经见过福柯，但一想到要直接和他接触，她感到有些害怕。最终，她和巴鲁突然想出了一个主意：出版边沁关于全景敞视监狱的文章。他们两人一致认为，边沁的这篇文章因《规训与惩罚》而广为人知，但人们却很难找到这篇文章，这件事真的不太正常。"全景敞视监狱"存在着两个不同版本：边沁作品集的第四卷全文，以及 1791 年边沁受法国国民议会委托写的简短版本。后者是 20 世纪 70 年代中期书目中的稀世珍品，但是佩罗特作为一个收藏家，从一个古董书商那里买到了此书的复印本。这个计划日臻成熟完善：两人将重新出版边沁的法语文本，并请福柯撰写序言，或至少请福柯做一个访谈，再将访谈作为序言。巴鲁当时是一家小型出版社的组稿编辑，这家小型出版社的拥有者和经营者是皮埃尔·拜勒丰（Pierre Belfond）。因此出版方面不成问题。福柯很高兴见到巴鲁，并立即同意接受采访。他毫不犹豫地同意在一家几乎没有库存书籍目录并且毫无广告能力的小书屋出版此书，这件事或许表明福柯开始从商业出版抑或作为伽利玛作者的生涯中真正醒悟过来。

1976 年 7 月一个炎热的早晨，巴鲁和有些紧张的佩罗特来到了福柯的公寓。令他们吃惊的是，福柯穿着一件日本和服打开了门，并且一整个上午都穿着这件奇装异服。福柯心情轻松愉快，采访不时被大伙的笑声打断。最后，采访结束了，三人来到露台喝果汁。三人都重读并修订了这份录音记录，这份访谈记录成了边沁论文的序言。[58]

这是一次日常讨论，讨论的内容涉猎甚广。这次访谈的大部分内容重复了《规训与惩罚》中的全景敞视主义论述，佩罗特还将全景敞视主义与泰勒主义（Taylorism）以及 19 世纪的工业化联系起来。在最后的印刷版本中，福柯对法国左派和权力的冷嘲热讽都被抹去了，但存留下来的批判与其说具有历史意义，不如说更具当代价值。福柯认为仅仅从法律或宪法的角度提出权力问题是不够的:"相比于法典和国家机器,权力更加复杂、密集,更具有弥散性。"[59]福柯最后与佩罗特的对话颇有几分讽喻色彩。佩罗特认为,中央瞭望塔作为控制犯人的权力中心,对于犯人来说,却是毫无意义的。福柯回答说,这样的监视是有意义的,"但并不是权力运作的终极意义。如果犯人们坐在瞭望塔里,操纵这个全景敞视机器,你真的认为情况会比看守们操纵瞭望塔要好很多吗?"福柯　392以全景敞视监狱的隐喻表明:如果左派没有深入思考权力的本质,那么,即便左派在选举中获胜,也不会真正改变什么。[60]

到了 1977 年秋天,与其说福柯关注的是索尔仁尼琴,不如说他更关注不同类型的异议分子。这一年夏天,联邦德国律师克劳斯·克鲁瓦桑(Klaus Croissant)悄悄越过法国边境,出现在一场新闻发布会上。在 1975 年审判红军旅(Rote Armee Fraktion)成员的法庭上,克鲁瓦桑是红军旅的主要辩护律师之一。媒体称红军旅为巴德尔 - 迈因霍夫集团(Baader-Meinhof gang,法国媒体称之为"巴德尔帮")。如今克鲁瓦桑宣称自己正寻求 1946 年的宪法所提供的政治庇护,宪法规定,任何人,只要他因为"支持自由的行动"遭受迫害,都会得到政治庇护。针对该律师的最初指控是根据 1975 年的一项法律提出的,该法律规定,任何支持犯罪组织的人将失去辩护律师的资格。据说,克鲁瓦桑试图"通过联邦共和国内外不计其数的游行示威、新闻声明和政治运动"来"唤起国际社会对该犯罪组织成员及其政治目的的兴趣"。[61]在许多人眼中,他真正的罪行是使公众开始关注斯坦海姆堡垒的监狱条件,然而,这份关注最终导致安德斯·巴德(Andreas Baader)、古德伦·恩斯林(Gudrun Ennslin)和扬 - 卡尔·拉斯普(Jan-Karl Raspe)在十分可疑的情况下于 1977 年 10 月自杀身亡。有时候人们会说他们是被"判处自杀的"。当巴黎的克鲁瓦桑事件达到高潮时,10 月 19 日,也就是集体自杀事件的第二天,联邦德国雇主协会主席汉斯 - 马丁·施莱尔(Hans-Martin Schleyer)被谋杀一事,进一步激化了事态的发展。

克鲁瓦桑两度被关进牢房。警方没收了他的护照,而且他被迫每周向警察报告自己的情况。他告诉法国媒体,因为无法再为德国的委托人辩护,他选择了流亡,希望在法国能继续自己的事业。[62]当克鲁瓦桑向法国方面正式提交避难请求时,联邦德国当局开始在法庭上进行引渡诉讼。到了 9 月末,克鲁瓦桑在第十四区属于伊莲·卡特林(Hélène Châtelain)的房子里被捕。伊莲·卡特林既是一名演员，也是一名电影制片人，并且是福柯的熟人，监狱信息小组在拍电影时曾与她合作。她和另一名妇女被警方逮捕，法官指控她们窝藏逃犯。

解救克劳斯·克鲁瓦桑的委员会旋即成立，该委员会树立了一种崭新的政治姿态：1 000 个羊角面包①被分发给律师、政客和其他民众，每个羊角面包都小心地包在箔纸里，并附上一张纸条，上面写着：为什么一个羊角面包可以在欧洲共同市场上自由流通，而一个律师却无能为力。[63]

声援克鲁瓦桑的团体开始组织起来，这个"名人"团体呼吁立即释放克鲁瓦桑，因为在他们看来，"将克鲁瓦桑移交给联邦德国政府就意味着放弃了欧洲公认的传统……引渡克鲁瓦桑一事，违反了宪法规定的政治庇护原则，并且使人们屈从于德国政府施加的压力"。50 名签名者中包括德·波伏瓦、克拉维尔、德勒兹、基耶日曼、萨特和弗朗索瓦兹·萨甘（Françoise Sagan），却没有米歇尔·福柯的名字。然而，福柯实际上活跃于其他多种多样的活动中。

在《新观察家》发表的一篇文章中，福柯对此事展开了第一轮炮轰，他认为权利是克鲁瓦桑事件中利害攸关的所在：

> 被治理者的权利包括一项权利，一开始，这项权利被承认的过程缓慢曲折，但这项权利却至关重要：这就是法庭上的辩护权。如今，这项权利不单局限于一个律师以多少有些矛盾的方式对着检察官谈论你，就好像你不在那里，或者你就像是……一个惰性的所在，你要么仅能接受质询，要么供认不讳，要么就得保持沉默。被治理者的权利之一是拥有律师，但这里的律师与东欧国家的律师不同。在东欧国家，为你辩护的人会明确告诉你，若他们运气好而你不走运的话，他们将成为你的法官审判你。在这里，你有权拥有自己的辩护律师，他将为你辩护，与你站在一起，让别人听见你的声音，保护你的生命，维护你的身份，赋予你拒绝的力量……他们想通过迫害巴德尔的律师来否认巴德尔组织的这项权利。[64]

11 月 16 日，法庭将审理联邦德国最后的引渡请求和克鲁瓦桑的上诉。在本案开庭的三天前，福柯和安德烈·格鲁克斯曼起草了一份声明，声明中，他

---

① 克鲁瓦桑，原文 croissant 这个词也有羊角面包的意思。——译者注

们赞同了法国司法公会在斯特拉斯堡会议上的立场，在大会上，法国司法公会反对将克鲁瓦桑引渡回国，因为克鲁瓦桑很有可能出于政治原因被长期监禁。[65]   394

福柯在与克劳德·莫里亚克打电话时说："这件事的重点不是说联邦德国是法西斯主义的，也不是说克鲁瓦桑是自由律师的典范，而是要反对引渡。"[66] 签名者中的很多人都与福柯关系紧密：巴特、布列兹、克拉维尔、多梅纳克、科斯塔－加夫拉斯、蒙当、莫里亚克和西蒙娜·西尼奥雷。

在政治请愿的微观世界里，一场不易觉察的战斗正在打响。福柯拒绝为费利克斯·瓜塔里正在散发的一份请愿书签名。这份请愿书也反对引渡克鲁瓦桑，但它将联邦德国形容为"法西斯主义国家"，这是福柯不能接受的。[67] 换句话说，福柯准备为克鲁瓦桑的庇护权而战，但他不想让自己的名字与任何支持红军旅的声明沾边。鉴于瓜塔里和德勒兹之间的密友关系，福柯与这位好友的痛苦决裂似乎已近在眼前。他因拒绝支持恐怖主义而遭到一些人的强烈谴责。虽然热内和福柯没有公开的交流，但两人的立场背道而驰。热内区分了"制度"的暴行和"抵抗"的自然暴力，认为所有人都应对巴德尔－迈因霍夫集团以及红军旅感恩戴德，因为它们证明了唯有暴力方能终止人类的暴行。[68] 在法国，支持这种观点的人不占少数，但热内在同一篇文章中声称，尽管苏联失败了，但它仍旧是所有被压迫人民的朋友。热内的观点肯定让很多人敬而远之。

11月15日，一场计划从共和国广场到巴黎民族广场的游行示威被警察总监制止。因此，一支自发的队伍从蒙帕纳斯火车站向圣日耳曼街进发，在圣日耳曼街狭窄的小巷里，人们激烈地扭打在一起。福柯当时不在现场，然而，到了第二天晚上，当克鲁瓦桑输掉了官司，警察将他从拉桑特监狱遣返回德国监狱时，福柯出现在了拉桑特监狱门外。福柯、德费尔和一小群人试图排成一条象征性的长龙阻挡警察，不料40多名全副武装的防暴警察突然向他们发起攻击。在这个过程中，福柯被打伤了。当时克劳德·莫里亚克正在收看法国对战保加利亚的世界杯比赛，像大多数人一样，他是通过电话得知这一消息的。第二天，他打电话给福柯，福柯对他说：

　　是的，我遭到了警察的粗暴对待。我们只是做做样子。我的意思是，我们总共只有20来个人，他们真的没理由如此残暴地殴打我们……警察对我   395
尤其"感兴趣"……殴打我时，他们显然享受其中……警察对着我的脊椎尾狠狠一击。我的肺部？那时我感到呼吸困难。我无法坐下，更别说躺下了。

听了福柯的话，莫里亚克立刻判断出福柯断了一根肋骨，但福柯仍像往常一样，不愿去看医生。在德费尔的百般劝说下，他才去看了医生。事实证明，福柯那根肋骨真的被打断了。尽管福柯受了伤，他还是在电话中号召大家在 11 月 18 日举行示威游行活动。[69]

示威游行那天早上，福柯在《晨报》（Le Matin）上讲述了自己落在警察手中的经历："我认为这种粗鲁的反应是警察工作'快乐奖金'的一部分。拿左派人士出气是他们薪水的一部分，没有这份奖金的话，警察就没那么可靠了。"他认为政府对法律和秩序如此痴迷，这意味着政府将对安全的考虑置于法律之上："目前，我们正迈向一种政治正义之下的世界市场，这个世界市场旨在削减避难所的数量，而正是这些避难所保证了政治异议的存在。"[70]

当晚的示威游行活动是由一个临时小组召集起来的，这个小组的成员包括福柯、雅克·德布西－布里代尔（Jacques Debû-Bridel，他是法国庇护所组织的主席）、玛格丽特·杜拉斯、萨特、韦科尔和莫里亚克。尽管受了伤，福柯还是参加了游行，但他并未全程步行，有一段路他是坐地铁的。人们很快就发现，这两场示威游行是同时进行的。当游行的人们高喊着口号谴责引渡克鲁瓦桑时，一些自称"自制主义者"的人手持铁棍，开始打砸德国独资银行，甚至打砸德国制造的汽车。眼看着暴力蔓延开来，福柯和莫里亚克感到万分悲痛，最终他们离开了现场，却又卷入了另一场小规模冲突中。当他们在等火车的时候，一个头破血流的男子跑进了车站，他身后是一群追着他的共和国治安部队。福柯和莫里亚克试图干预，看起来福柯似乎又要挨打了，就在此刻，那些对福柯来说完全陌生的人开始发出抗议："离他远点！他是福柯！"警察撤退了，这令现场的人感到很吃惊。[71]虽然克鲁瓦桑已经被驱逐出境，现在被关押在斯坦海姆，但福柯对这件事的参与并没有结束。在一封写给"某些左翼领导人"的公开信中，他认为那些对克鲁瓦桑的引渡表示愤慨或本可以早点表示愤慨的人，如今应该去保护因"窝藏逃犯"而面临指控的伊莲·卡特琳和玛丽－约瑟夫·西娜（Marie-Josèphe Sina）。福柯再次提出了这个问题，那就是被治理者有权质疑国家：

　　你渴望治理我们……很重要的一点是，我们要知道你对这样的事情会有什么反应：两名妇女以"包庇""恐怖分子"的法律辩护人的罪名被起诉，即便事实证明她们做了这些事，她们的行为也符合历史传统的老派绥靖姿态。难道她们被恶毒指控不是国家意欲煽动恐惧的迹象？而恐惧中的恐惧，不正是安全国家运转的先决条件之一吗？你是否同意我们应该以社会的名义，以我们的社会的名义对国家发起控告？[72]

　　左翼领导人没有公开回复此事，但福柯随口提到了一件事，当"一位司法部部长在法庭宣布结果之前就将引渡正当化"的时候，阿兰·佩雷菲特（Alain Peyrefitte）的确回应了这件事，福柯此前就已在监狱问题上与佩雷菲特起过冲突。在巴黎高师就认识福柯的佩雷菲特在一封公开信中，礼貌地称福柯为"我亲爱的同志、老师和朋友"，在信中，佩雷菲特质疑福柯对事件的描述，他声称自己拒绝评价一桩尚未判决的案件。福柯的回复非常直接：佩雷菲特或许没有提及克鲁瓦桑的名字，但他在一次会议上发表讲话时，笼统地谈到了打击欧洲恐怖主义的必要性。如果他说的不是克鲁瓦桑事件，又在说些什么呢？"你基本上提前证明了即将被批准的引渡令是合理的。是的，你的确没有公开要求引渡，但你通过将一种政治气候扩展到法国而让人们接受它，这种政治气候正是我们必须加以拒绝的。"[73]"论战"到此戛然而止。

　　随着克鲁瓦桑事件的发展，福柯和德费尔在12月去了柏林，访问了东柏林地区。他们在跨越边境时与警察发生了冲突，闹得很不愉快，那些官僚摆起了官架子，复印了他们的文件和笔记，还要求他们解释笔记中的参考文献和书名。因此，东柏林没给他们留下什么好印象，西柏林也是一样。当他们两人离开酒店时，却突然被佩带机枪的警察团团围住，他们站在街上，双手举过头顶被警察搜身。他俩吃早餐时疏忽大意了，他们讨论一本关于迈因霍夫的书时被人听到了。正如福柯就此事件接受《明镜》（Der Spiegel）杂志采访时所说，他们被警察骚扰可能只是因为，在警察眼中知识分子就是"不洁的物种"。[74]此刻，德费尔和福柯处于一个悲喜交加的境地，在法国，他们因为不支持巴德尔－迈因霍夫集团而受到批评，而在德国，他们又因支持巴德尔－迈因霍夫集团差一点被逮捕。

397

1月，福柯再次来到西柏林，参加突尼克斯（TUNIX）①组织的大型集会。突尼克斯这个名字来源于一个俚语，意思是"无为"，它是一个松散的联盟，不是一个政党，甚至连阵线都不是，它把那些不抱任何幻想的年轻人聚集起来，突尼克斯真正的政治理念是拒绝以任何方式与官方合作。伴随着音乐和戏剧小组的演出，这里呈现出马戏团般的氛围，生态主义者、女权主义者、无政府主义者、私自占地者和自治论者在这里快乐地聚会，共融共生。福柯沉浸在这种欢乐的气氛中，忙于和这些反主流文化人士进行非正式的讨论。

毫无疑问地说，这些人是他的德国读者，而他则是他们的理论家，他的"权力微观物理学"理论使他成了意大利自治主义者的导师，这些自治主义者中，还有一些人因为自由制度得以在监狱中读福柯的书。[75]在美国，福柯的作品主要通过大学传播，在德国，学院派哲学家对福柯反应迟缓。福柯的朋友彼得·根特（Peter Gente）和海蒂·帕里斯（Heidi Paris）创办经营的另类报刊，以及默夫（Merve）这样的小型出版社，在普及福柯方面发挥了极大作用。[76]在这样的环境中，福柯是一个令人兴奋的思想家，甚至是一个危险的思想家。尼采哲学为福柯作品添加了一丝打破禁忌的兴奋感。[77]因此，福柯的作品令学院派哲学家感到惶恐不安。几年后，《世界报》采访了曼弗雷德·弗兰克（Manfred Frank），他是最早对福柯进行严肃研究的德国学者之一。他对福柯早期作品颇为欣赏，然而，在他看来，福柯的思想正滑向非理性主义，他认为正是这一点影响了福柯在德国的接受，"这是一种不加批判的接受，这让一种政治态度的复苏有了托词，而这种政治态度正源于德国的折中主义传统"。[78]

突尼克斯的聚会并没有什么特定主题，但福柯乐在其中。他也很喜欢和凯瑟琳·冯·比洛一起探索柏林，尤其喜欢柏林鱼龙混杂的一面，他们发现的肮脏街头小馆最具代表性，还有那些俱乐部和酒吧，福柯经常在晚上消失在那些酒吧里，而凯瑟琳只好一人留在酒店。[79]没有任何记录记载了福柯的这些夜间冒险，但柏林以拥有各种各样的俱乐部为傲，这些俱乐部迎合了客人的不同口味，在声色犬马之间，福柯应该不会节制自己。

福柯在德国的探险也有非常严肃的一面。福柯和冯·比洛回来时途经汉诺威，在那里，他们参加了一场声援彼得·布鲁克纳（Peter Bruckner）的游行示

---

① TUNIX，突尼克斯，柏林另类左翼组织。——译者注

威活动。布鲁克纳因为参与一篇文章的出版而被所在大学解雇，这篇文章旨在
为谋杀联邦总检察长布巴克的行为辩护——布巴克是国家重要的恐怖分子追捕
者，1977 年 4 月，他在一场伏击战中被人射杀。实际上，这篇有争议的文章发
表在哥廷根的一份学生报纸上，作者是化名为"梅斯卡勒罗"的组织。布鲁克
纳并不特别赞同这篇文章的内容，也不赞同该组织对布巴克之死毫不掩饰的喜
悦之情，但他坚持认为这位作者有发表文章的权利。当政府采取法律行动制裁
该报纸时，他和其他一些教师重新发表了这篇文章。结果，布鲁克纳因为早期
与乌尔丽克·迈因霍夫（Ulrike Meinhof）的联系，成了"国家公敌"，继而成了
职业禁止规范的牺牲品。然而，他因为对红军旅某些行为的谴责，导致那些所谓
"国家敌人"将他斥责为叛徒，他为了逃离不堪忍受的处境，逃亡到了丹麦。[80]

当福柯为了声援布鲁克纳与游行队伍一起穿过汉诺威寒冷的街道时，一个
好战教授的典型形象跃然纸上。到了 2 月，福柯又将扮演一个完全不同但不那
么危险的角色。福柯受到皮埃尔·布列兹的邀请，与巴特和德勒兹一起参加了
"音乐研讨会"。"音乐研讨会"由音乐与音响协调研究所（IRCAM）在每周五
晚上举办，地点是最近开放的乔治·蓬皮杜中心。福柯和布列兹在 20 世纪 50
年代初偶然相识，但他们并不是特别亲密的朋友。到了 1976 年，他们才更加了
解彼此，令作曲家感到惊讶的是，福柯为了振兴法兰西公学院，提名竞选法兰
西公学院讲席。

"音乐研讨会"将表演利盖蒂、梅西安、施托克豪森、卡特（Carter）和布
列兹本人的作品，与三位来宾的研讨会相结合。布列兹自己都感到惊讶，过去
的那一晚，他竟在 2 000 多名听众面前促成了一场讨论。现场的人太多了，其实
并不适合展开真正的讨论。巴特讲了一个"道家故事"，这个故事讲了一个屠夫
将精神和智识聚焦于所要屠宰的牛身上，这意味着，最终呈现在他面前的仅仅
是"解剖的规律"①。福柯实际上没有参与讨论，他满足于提出问题。只有德勒兹
满怀热情地参与了公众讨论。另外，相比于公众讨论，他们私下举行的预备会
议则更成功。某种程度上，我们可以透过布列兹发表的文章来重建福柯的贡献，
福柯简要分析了巴黎知识分子的音乐文化，他惊讶地发现，他的同事和学生中
很少有人对现代音乐兴趣浓厚，也很少有人考虑自己的哲学趣味和音乐品味之

399

---

① 这个故事实际上就是庄子"庖丁解牛"的故事，出自《庄子·养生主》。比喻经过反复实践掌握了事物的客
观规律，做事便能得心应手。——译者注

间的差异：那些热衷于海德格尔和尼采哲学的人，追随着平庸摇滚乐队的命运，而不关注音乐与音响协调研究所的实验音乐。在福柯看来，在音乐方面，这些知识分子是快装式文化的受害者。他们谴责当代音乐的"精英主义"倾向，这促使他们去听一些更平庸但更有社会根基的音乐。[81] 在后来由布列兹发起的一场对话中，福柯说自己当时的评价，是为了唤起人们对音乐与音响协调研究所的讨论，他继而说道："摇滚乐不仅是许多人生活中不可分割的一部分（比过去的爵士乐重要得多），而且还是一种文化感应器。喜欢摇滚乐，喜欢这种而不是那种摇滚乐，也是一种生活方式、一种反抗方式。这是一整套的音乐品味和生活态度。"另外，音乐中看似历史悠久的精英主义倾向，实际上更贴近现代知识分子的文化主流：塞尚和立体派作品的特点之一是对"形式"的探究，在勋伯格（Schoenberg）和俄罗斯形式主义者的作品中，以及布拉格学派语言学家的作品中也能发现"形式"研究。[82] 长期以来，福柯本人对序列音乐保持着浓厚兴趣，尽管他也是马勒（Mahler）的狂热爱好者，最近通过布列兹－谢罗（Boulez-Chéreau）制作的《指环》(The Ring)，福柯又开始对瓦格纳（Wagner）产生了兴趣。他的音乐品味还有另一面，在德费尔的影响下他还喜欢大卫·鲍伊（David Bowie）的音乐。[83] 福柯关于摇滚乐社会学的评论掩盖了一个事实，那就是他似乎对摇滚乐并不十分了解：在与蒂埃里·福尔策尔的谈话中，他将大卫·鲍伊和米克·贾格尔（Mick Jagger，滚石乐队主唱）混为一谈。[84]

1978 年 4 月，福柯第二次访问日本。与 1970 年第一次访问日本相比，这次的访问由官方组织。这一次，他不是日本的游客，而是受法国文化部资助造访日本。另一个不同是，这一次他有德费尔作伴。两人终于实现了这个至少从 1963 年起就开始考虑的计划。

他们的访问持续了三周，日程安排得很紧。4 月 21 日，在东京文化中心的法语学校，阿利奥版的《我，皮埃尔·里维埃》电影放映后，福柯参加了一场映后讨论。[85] 通过这次放映，福柯得以勾勒出知识分子理论的基本要素。作为一个知识分子，福柯让里维埃开口说话，他给了陌生主体以发言权。无论从他的出身还是本性来说，里维埃对于权力结构来说都是异质性的。在日本的佛朗哥研究所发言时，他还指出，随着社会的不断发展，种种迹象表明，一种非纪律的社会开始出现了。[86] 在 4 月 27 日的第三次公开演讲中，他从更为宏观的角度谈到了权力，他希望哲学可以成为反权力学科，前提是哲学家放弃预言性的

角色，并反思具体的政治斗争，而不仅关注普遍性的政治问题。他还试探性地
提出，如果将哲学分析应用于合适的话语领域，哲学将为话语领域提供一种权
力分析。[87]

那时候，福柯已开始研究基督教领域中的"纪律"问题，访问日本则给他
提供了一个机会，去探究与禅宗相关的自我技术问题，在自我技术的问题上，
禅宗和基督教形成了鲜明对比。福柯对此次旅行的准备包括阅读和学习有关禅
宗的基本书籍，其中有阿伦·瓦茨（Alan Watts）的书，也有铃木大拙的书。在
拥有1 400年历史的京都广隆寺待了几天后，福柯得以从理论转向实践，开始尝
试冥想练习，尽管这种练习对他有些难度。福柯后来对基督教和佛教的差异进
行了研究，这段禅宗学徒生涯为日后这番平平无奇的评论奠定了基础。在福柯
看来，基督教是一种忏悔的宗教，信仰之光对于探索自身的灵魂是必需的，在
这种宗教中，只有净化的灵魂才能抵临真理，而在"佛教中，正是这种同一类
型的自我教化引导你发现自己是谁，让你了悟真理何为。与此同时，当你教化
自我，了悟真理的时候，会发现自我不过是一种幻觉"。[88]

公共讲座和禅宗启蒙并不是这三周的全部活动。福柯和德费尔还南下九州，
一部分原因是德费尔对早期耶稣会士传教日本的故事感兴趣，他想看看他们最
初进入日本的那个港口。福柯与相当于法国司法公会的组织成员，与日本社会   401
民主党代表进行了非正式的讨论，不仅如此，他还与那些参加示威运动的人进
行了讨论，这些人试图阻止日本政府在东京外建设成田机场。这场运动很像黑
泽明的电影：小农和激进学生结成了非凡的联盟，并与警方进行了激烈交战。

虽然行程紧张，但福柯还有时间去东京、京都的同性恋场所一探究竟。在
返回欧洲大约一个月之后，福柯在一次采访中描述了这段经历。东京的小俱乐
部多如牛毛，福柯拜访了其中的一些：

> 这些俱乐部很小，至多能容下五六个人。人们坐在板凳上，一边聊天
> 一边喝酒。人们几乎没法在这里会见任何人，有新人来这里是一件大事。
> 这是一种集体生活，与日本人成年后就必须结婚类似。然而，当夜幕降临，
> 你就可以去附近的俱乐部，到你所在街区的俱乐部里去。这是一种小型的、
> 可靠的、有些许流动性的社群聚会。[89]

在返回巴黎的途中，福柯在莫斯科短暂停留。在那里，他为了发泄自己的情绪，拒绝购买鱼子酱，要知道他平时十分喜欢这种食物，他只是不愿在他从未去过的苏联身上花钱。[90]

一回到巴黎，福柯就立即投入繁忙的学术活动中，首先便是关于《规训与惩罚》的大讨论。这本书大获好评，当然也引起了一些专业历史学家的注意。说得更具体点，这本书引起了1848年革命史学会及其主席莫里斯·阿居隆的注意。阿居隆是研究19世纪历史的专家，他最近对1848年历史的相关研究出版在"档案"丛书中。[91]20世纪50年代，他在法国共产党的时候就认识福柯了。佩罗特是1848年革命史学会的一员，在年度大会上，她宣读了一篇题为《1848年的革命与监狱》的文章。革命史学会于是提议出版一册关于19世纪刑罚制度研究的书。[92]有人建议，这本书应该包含对福柯最新作品的批判性研究。研究19世纪医学史的专家雅克·伦纳德（Jacques Léonard）被委以重任，撰写书评。

伦纳德的标题是"历史学家和哲学家"，此标题暗示了福柯和学院派历史学家之间的距离，也有效地指明了福柯在他们的学术环境中被理解的方式。伦纳德并非不赞同福柯，他称赞福柯的"古典主义"写作风格，认为福柯的写作规避了法国左岸的巴黎土话。针对福柯的文本，伦纳德展开了三方面的批评。首先，他批判了福柯"令人眼花缭乱"的分析方式：福柯"像一个野蛮的骑兵"匆匆掠过了三个世纪的历史。对于法国大革命这段历史，福柯基本上轻描淡写、一笔带过，他既没有探讨"九月大屠杀"，也没有讨论恐怖的革命法庭。[93]然而，更令人感到惊讶的是伦纳德自己的疏漏，他没有指出这一点，那就是福柯早在1972年与皮埃尔·维克多讨论"人民的正义"问题时就曾讨论过这些法庭。伦纳德还很惊讶地发现，福柯丝毫没有谈论王政复辟时期，而且对巴涅（坐落于土伦和布雷斯特等军港的劳役营，那里的罪犯被处以强制劳动[94]）也只字未提，而且福柯在书中提供的19世纪犯罪统计信息也少之又少。更重要的是，他认为福柯口中的装置概念含混不清，并以嘲讽的口气质问装置概念究竟指的是"机构"还是"阴谋"。他还质疑福柯作为一名档案管理员的能力，他指出，法国历史学家并不认可在国家图书馆印刷书室进行的研究，也不认可在某个落满尘埃的地方长老会教堂中进行的研究。伦纳德的这番评论不乏生动幽默，但也十分尖酸刻薄，比如他评论福柯统计资料的那些话，言外之意，福柯就是一个业余历史学家。[95]伦纳德将这篇评论送给福柯，希望他能回复，但直到1980年《不可能的监狱》（*L'impossible Prison*）出版后，福柯才回复。这篇回复聚焦于三个方法论要点：问题分析与历史时期研究的方法论差异，历史分析中现实原则的应用，论点和分析对象之间的区别。第一点和第三点与福柯对《规训与惩罚》的看法有关，这两点几乎是不言自明的。第二点指的是，他坚称有必要将"现实的总体情况作为一个有待重建的整体"，必须将现实的总体情况去神秘化。换句话说，他的作品并不涉及 19 世纪监狱制度的全貌，而是"'惩罚理性'的一个历史片段"。[96] 他在结尾表达了一种希望，并对《规训与惩罚》的第三部分进行了有趣的引用。福柯认为，探究权力和知识之间的关系并不会让"历史学家"和"哲学家"发生一种"跨学科的冲突"，而是让那些试图"摆脱特定学科"限制的人可以共同创作。[97]

尽管福柯对伦纳德持批评态度，大体上认为这位历史学家没能把握这本书 403 的要点，但福柯也很高兴一位专业人士如此认真地研究他的书。他给佩罗特打电话说他很愿意参加讨论，讨论将围绕着伦纳德的评论和福柯的答复进行。佩罗特同意在 1848 年革命史学会的资助下举办一场圆桌讨论。这场讨论于 1978 年 5 月 20 日举行。参加圆桌讨论的历史学家有莫里斯·阿居隆、尼可·卡斯坦（Nicole Castan）、凯瑟琳·杜普拉特（Catherine Duprat）、阿莱特·法尔热，卡洛·金斯伯格（Carlo Ginzburg）、雷米·戈塞兹（Remi Gossez）、雅克·伦纳德、佩罗特和雅克·勒维尔。福柯与弗朗索瓦·埃瓦尔德、阿历桑德罗·方塔纳以及帕斯奎尔·帕西诺（Pasquale Pascino）一起出现在了现场，他们当时都是法兰西公学院福柯研讨班的成员。整场讨论大约持续了两个小时，为了方便发表，整个过程都被录了下来，但文字记录繁杂冗长，必须找到折中的办法才能发表。这并不是全然开心的一天。埃瓦尔德和佩罗特压缩了辩论内容，所有的个人评论都署名为"历史学家团体"。在所有的参与者中，只有福柯以自己的名义讲话。这样处理并未让所有人满意，阿居隆强烈反对集体署名，坚持要署自己的名。阿居隆将他的那部分稿件寄给了福柯，福柯收到后勃然大怒，他打电话给佩罗特，要求她撤掉阿居隆的稿子。佩罗特不希望因为在两个男人中间斡旋而使自己处于尴尬境地，更何况这两个男人从学生时代起就彼此相识，她坚持说他们俩应自行解决这个问题，而不需要她的帮助。因此，出版的册子最终出现了阿居隆的序言以及两篇"后记"——一篇后记由福柯所作，而另一篇后记则是阿居隆所写的。

这场由埃瓦尔德、佩罗特编辑和压缩的辩论，聚焦于四个问题，福柯对此做了相当详细的回答，这些问题是：为什么研究监狱、"事件化"、合理性问题，以及这本书产生的所谓"麻醉效果"。一开篇，福柯就摆出了拒绝被局限于特定学科的典型姿态："我的书既不是哲学论文，也不是历史专著。这本书至多是历史建筑遗址上的哲学碎片。"之后他表明，在聚焦于监狱问题的过程中，他试图通过追踪"道德技术"的转变来重拾道德谱系的主题。虽然他没有直接谈到他自己的政治活动或监狱信息小组，但他坚称，考虑到最近监狱系统内发生的事件，他的监狱主题具有直接的政治意义和现实意义。[98]

404　　谈到"事件化"，福柯认为，他对"事件"的关注是一种挑战真理的方式，这种真理往往是"不言自明的"，是知识和实践的基础：理论－政治的功能表明疯子被当作精神病患者并非不言自明。社会对危险的个体做的唯一一件事就是把他关起来，这并非理所应当。[99]在这里，福柯故意引发一些争议。1949年，布罗代尔出版了《菲利普二世时代的地中海和地中海世界》（*La Méditerranée et le monde méditerranéen à l'époque de Philippe II*）一书，自从他在这本书的序言中运用了"历史事件"（有时也被翻译为"event-bound history"）一词后，这个词就成了一个贬义词。[100]然而，这不过是福柯与年鉴学派术语的一场"调情"，毫无疑问，福柯设计"事件化"这个词的目的就是发起挑衅，正如福柯接下来对"事件化"的定义所言，"事件化"试图理解理性是以何种形式铭刻在具体实践中的。人们认为有更高的理性将其他形式贬斥为"非理性"，这样的观点并非不证自明："我的问题是了解人们如何通过真理的生产来治理自我和治理他者……我将一系列特定的实践事件化，以便揭示它们不同的治理方式和真理化机制。直白点说，这才是我想做的。"[101]

当福柯被问到此书的传播情况时，据说，辩论最终转向了《规训与惩罚》的"麻醉效果"上："举个例子，如果有人和监狱教育者共事，那个人会指出，看了你写的书，他们的精神仿佛被消了毒，或者说起到了麻醉作用，在这个意义上，你的逻辑是如此坚不可摧，以至于他们无法摆脱它。"[102]福柯并非完全满意自己对术语的选择，但他也同意，他的目标之一就是确保某些"不言自明的真理"变得可疑，让关于疯癫和犯罪的陈词滥调变得站不住脚，比如说，为了让监狱服务部门的社会工作者变得不知所措、不知所云，要将那些看似不言自明、千真万确的话语和实践问题化。[103]

正如一位评论家所说，福柯和阿居隆在他们的"孪生后记"中借"单挑"相遇。[104] 从任何严格意义上看，阿居隆的观点都是政治和伦理方向的，而非历史学的。他批评"进步论"的传统社会主义的乐观主义和自我满足，他甚至怀疑，19 世纪的自由主义和博爱，甚至启蒙运动本身，都是极权主义的一种征兆，他指责福柯促成了这一观点的形成。言下之意，作为社会党的支持者，阿居隆既不赞赏新哲学，也不赞赏福柯和新哲学的联系。他尤其反对福柯文中的那些对比：在福柯的描写中，铁链绑缚犯人的古老习俗，与单人牢房的囚车革新形成了鲜明对比。[105] 在福柯笔下，戴着镣铐的一队队囚徒前往港口的路上，总是伴随着民众暴力和狂欢式的场景，而这些场景随着囚车的出现而消失了，福柯似乎在暗示旧习俗比马车里的单人牢房"更好"。

在阿居隆看来，旧制度的消失显然是刑罚制度迈向人性化的一步。他最后反问道："认识到有不同程度的恐怖是可怕的吗？承认监狱的存在方式可以变得人性化，是否意味着要去保卫监狱？"[106]

福柯首先回复了阿居隆的第二个疑问，他说："我试着揭露'锁链'背后的实践制度，不是要否认它的可憎，就好比说监禁是不人道的惩罚，也不是给不理解监禁的运作机制找理由一样。"随后，他否认自己攻击理性主义，声称自己的兴趣在于揭示特定制度化实践背后的合理性形式。最后，他对阿居隆及其合作者提出了建议：我们为什么还不开始一种重要的历史质询，质询 19 世纪和 20 世纪的欧洲是如何理解、思考、体验、想象、驱散、诅咒、复活启蒙运动的？这可能是历史 – 哲学工作中一个颇为有趣的部分。历史学家和哲学家的关系是经得住考验的。[107]

福柯的建议并未被采纳。正如阿居隆在《不可能的监狱》的序言中所说，这场辩论是福柯和历史学家们相互增进理解的第一阶段[108]，但此后就没有下文了。巴黎高等社会科学研究院从未邀请他讲学，这让他懊恼了很久。[109] 无论是 5 月 27 日福柯在法国哲学学会的讲座，还是 2 月份在法兰西公学院的讲座，阿居隆都参加了，他很惊讶地发现，福柯非但没有贬低启蒙运动，反而开始将启蒙运动的价值观融入自己的作品中，尤其是在阐释治理术理论的过程中，治理术理论很大程度上取代了早期的权力／知识理论。对福柯来说，启蒙运动意味着一种批判的态度，而非历史时期。正如福柯自己的理论表明的，被治理者挑战政府的权利是与生俱来的，或者，被治理者对政府的权力加以限制，这些观

405

406

点与自然权利的理论非常接近。[110]

到了年底，福柯的学术兴趣，甚至他对国内政治的兴趣，都被一种全新的东西弄得黯然失色。1978 年 9 月 28 日，米兰日报《晚邮报》在头版宣布，它新近招揽了一位杰出的合作者，允诺将发表"一系列名为'米歇尔·福柯调查'的报道，这些报道将成为欧洲新闻界的新事物"。将近两个月以后，福柯表达了他的意图。他介绍了计划系列中的第一部——阿兰·芬凯尔克劳特（Alain Finkielkraut）的报道，内容是关于卡特领导下的美国：

> 这之后将有一系列的其他调查，我们称之为"知识分子报道"。有人说，伟大的意识形态正在消亡，另外一些意识形态的单调乏味令我们难以忍受。当代世界各种观点交错混杂、层出不穷、变幻莫测、来去无踪，它们震撼着人与物。这些观念不仅只产生于知识界或西欧大学里，而且还产生于整个世界，尤其是中小国家。直至今天，历史仍然没有赋予这些国家讲话或让他人听它讲话的习惯。
>
> 地球上存在着许多知识分子意想不到的观念，而且它们比"政客们"所想象的更有活力、更有威力、更坚定、更诱人。应该促使这些观念萌发，使它们的活力爆发出来：不是在陈述它们的书本中，而是在显示它们力量的事件中，在围绕这些观念所展开的或拥护或反对的斗争中。
>
> 这些观念并不能支配世界。但正因为世界拥有观念（而且还不断地产生观念），这个世界才不是被动地任凭其统治者或那些希冀一劳永逸地教他们如何思考的人去摆布。
>
> 这就是我们理解的这些报道的意义，在这些报道中，对人们所思的分析将与对正在发生的事情的分析联系起来。在观念和事件的交点上，知识分子与记者共同工作。[111]

福柯说他已经在巴黎建立了一个常驻合作团队。这个团队成员由蒂埃里·福尔策尔、安德烈·格鲁克斯曼和阿兰·芬凯尔克劳特组成，时年 29 岁的芬凯尔克劳特正沉浸在第一本书的成功之中，这本书是他与帕斯卡·布鲁克纳（Pascal Bruckner）合写的，书中谴责了"男性身体在性生活中会留下生殖器减退的印记"。[112] 福柯的团队中没有一名专业记者。

　　长期以来，福柯都对新闻工作很感兴趣，作为"临时撰稿人"，他频繁为《新观察家》撰稿。福柯不仅参与了监狱信息小组、杰拉利委员会的活动，还参与了若贝尔案件的调查小组，因此他相信自己至少有一些"调查"和"新闻搜集"能力。20世纪70年代，他偶尔在《世界报》上发表文章。1973年《解放报》创办时，他是创始人之一，但他并不是常驻撰稿人。福柯与《晚邮报》巴黎记者站主任阿尔贝托·卡瓦拉里（Alberto Cavallari）接触过，两人讨论的过程中，卡瓦拉里建议福柯进行系列文章报道，福柯欣然同意。[113] 福柯从未解释过自己的意图，但他或许在考虑改变研究方向。从报纸的角度来看，这样的安排有利于提高福柯的声望，他的作品和报道将被翻译成意大利语，将会被广泛阅读。这些文章的版权由报纸和里佐利出版社共同拥有，这至少表明，福柯已经在考虑以后以书的形式出版这些报道。

　　结果，宣称的系列文章没有成为现实，只有芬凯尔克劳特的文章发表了。福柯则发表了关于伊朗的系列文章。伊朗系列文章在法国引起很大争议，对福柯的声誉并无好处，这让他意识到，一个公众曝光度很高的人从事新闻事业是有风险的。正如他后来承认的：

> 　　我不会书写未来的历史，我是一个探索过去的笨拙之人。我想驻足于"正在发生的事情"，因为在伊朗的这些日子，没有任何事是事先决定的，因为大局未定。或许这正是记者的工作，但说实话我只是个新手。[114]

　　这位新手记者不是伊朗专家，尽管有段时间他对伊朗的人权问题颇感兴趣，主要是因为福柯与律师蒂埃里·米尼翁（Thierry Mignon）很熟。在监狱信息小组的那些日子，福柯和米尼翁是并肩作战的伙伴，如今，米尼翁在伊朗政治犯辩护委员会工作：为此，福柯在《世界报》签署了一份请愿书，抗议对19名"反法西斯激进分子"的处决。[115] 如今，克劳德·莫里亚克深深卷入一桩人权活动中，最近他还为释放一群伊朗人而四处奔走，这群伊朗人因谋杀指控被入狱。他显然和福柯讨论过这场运动，福柯确信法国警察和萨瓦克（SAVAK）①相互勾结——萨瓦克是国王的秘密警察，因在欧洲大学的秘密活动而臭名昭著。[116] 福柯

408

---

① 萨瓦克是伊朗国家安全情报组织。——译者注

萌生了一个想法，那就是利用这个事件挑起吉斯卡尔和知识分子群体的对抗。福柯提议应邀请吉斯卡尔共进午餐，以便同他讨论伊朗局势，但他立即修改了这个提议：应该邀请吉斯卡尔参加"绝食"活动。这个提议也是为了让那些1976年12月接受吉斯卡尔午餐邀请的人难堪，尤其针对其中一位客人："长期以来，索莱尔斯都在决定何为对、何为错。现在轮到他接受审判了。"凯瑟琳·冯·比洛留下来负责安排事宜，福柯开玩笑说，若是她不小心的话，就可能把他们送到德黑兰去。莫里亚克笑着说，如果她真这么做了，他们就再也回不了家了。[117]"绝食"计划没有付诸实践，但福柯真的去了德黑兰，也确实回来了。1978年9月和10月，福柯在福尔策尔（而非德费尔）的陪同下，对伊朗进行了两次短期访问。在出发之前，福柯做了一些准备工作，他通过米尼翁联系到了一些人，并与他们交谈。他与德费尔在万森纳的学生交谈，这些学生是地下工作者，在那种秘密的环境中，他们甚至不确定谁是真正的反对派成员，谁是萨瓦克特工。[118]这是一个充满恐惧的环境："害怕被人发现他们和左派人士混在一起，害怕萨瓦克特工发现他们读的是什么书。"[119]此刻，他至少对伊朗形势有了一定了解，他在"黑色星期五"几天后抵达德黑兰，军队已然在"黑色星期五"向示威者开火。

福柯第一次访问写出了两篇文章，都是他回巴黎后用法语写的，而不是在电话里口述的，一篇为《晚邮报》而写，一篇为《新观察家》而写，报纸称福柯为"特派通讯记者"。[120]他与社会学家取得联系，在德黑兰郊区与反对派成员秘密会面，他还与一些军方成员交谈，但总的来说，他更喜欢和街上偶然碰到的熟人讨论局势："'你想要什么？'待在伊朗的这段时间里，我从未听到过'革命'这个词。但五次中有四次，我得到这样的答案——'一个伊斯兰政府'。"[121]他很快就确信军事政变后的独裁政权不可能出现，因为军队内部四分五裂，伊斯兰国家面临的压力也越来越大。从清真寺传来的祈文被制成录音带传遍全国，这声音令福柯想到佛罗伦萨的萨伏那洛拉（Savonarola），想到再浸礼教徒（Anabaptists），想到克伦威尔时期的长老会教徒（Presbyterians）。而毛拉并非传统意义上的革命力量，伊朗正浮现出一种全新、危险而令人兴奋的势力："自古以来，什叶派作为一种宗教，不断赋予人民内部以不可削弱的力量，使人民能够对抗国家权力。"[122]

福柯的采访对象并不局限于匿名发言人和学生。他还获准在圣城库姆采访阿亚图拉·马达利（Ayatollah Madari）。后来任总理的迈赫迪·巴扎尔甘（Mehdi Bazargan）也参加了此次会谈，此次会谈在严密的安保下进行，佩带手枪的警卫在门外看守。巴扎尔甘的言论令福柯很震惊，巴扎尔甘声称，尽管伊斯兰政府会限制公民主权权利，但它也无法逃避宗教义务的约束，如果它试图违背宗教原则，人民就会利用伊斯兰教来对抗政府。马达利的声明也让福柯印象深刻，马达利认为伊朗人民并不期待迈赫迪的归来，但为了建立一个更好的政府，人们正日复一日地战斗。[123]

福柯并未被这番批评吓到，他继续在《晚邮报》上发表他的报道。伊朗局 410 势给他留下了深刻印象，他对这里的局势完全陌生，这里更不是 1968 年 5 月的法国。伊朗正在发生一场政治风暴，没有政治先锋，也没有政党领导。[124] 他确信，自己看到了一种统一的、集体意志的涌现："这或许是反对全球体制的最伟大的起义，是最现代的反抗形式，也是最猛烈的形式。"[125] 正是深刻的宗教因素，赋予伊朗革命以独特的力量，宗教成为"一种真正的力量……宗教的力量促使全体人民揭竿而起，他们反抗君主和警察，反抗整个政权、整个生活方式、整个世界"。[126] 这场集体意志的壮观景象令福柯印象深刻，但他可悲地低估了阿亚图拉·霍梅尼（Ayatollah Khomeini）的力量，也错判了未来可能的发展，未来他将亲眼见证这一切。福柯认为伊朗不会有霍梅尼政党，也不会有霍梅尼政权，因为阿亚图拉更是匿名性集体力量的核心点。[127] 正如他在《新观察家》的一篇文章中所言，伊朗运动令他想起西方自文艺复兴和基督教危机之后就已经遗忘的东西：政治精神性。[128]

不是所有的福柯读者都能接受这番言论。福柯深知自己在巴黎会被嘲笑，但他相信自己是对的。即便是对福柯忠心耿耿的莫里亚克也对"精神政治"表示怀疑，但他最终还是承认"没有精神的政治"同样危险。[129]

克罗蒂（Claudie）和雅克·布罗耶尔（Jacques Broyelle）在《晨报》上对福柯发起了异常猛烈的抨击。他们批评福柯为"一种规训与惩罚的精神性"辩护，为一个非法的政权辩护。他们的攻击中还夹杂着对福柯的人身攻击，"福柯论及的所有内容都打上了同样的反民主、反法律和反司法的标签"。两人还回顾 411 了福柯与"毛派"关于"人民正义"的辩论，暗示此辩论与伊朗集体意志的愿景一脉相承。[130]

福柯不屑于回复，说自己一贯对论战持拒绝态度，更拒绝"承认自己的错误。他们的表达，他们所谈到的内容，倒让我想起一些事情，想起很多事情。我曾与他们战斗过。这场形式和效果都令人憎恶的游戏，我是不会参加的，即便这是一场纸上的战斗"。[131] 不过，他之后却表示愿意参加辩论，而且《晨报》希望在本月底伊朗全民投票后发表福柯的一篇文章。但这篇文章从未出现过。

伊朗事件有两个结局。第一个结局是一封给霍梅尼政府现任总理迈赫迪·巴扎尔甘的公开信，福柯曾相信霍梅尼政府绝不会执政。福柯写这封信的时候，那些旧制度的官员和支持者被集体审讯。在信中，福柯回忆起了早些时候，他们在库姆关于革命精神性的讨论。如今，伊朗政府要履行自己的义务了："被治理者理应奋起反抗，他们应该想起，自己不单赋予了统治者权力，而且还打算让他们承担责任，这是件好事。任何政府都无法逃避这项基本职责。从这个角度来看，伊朗进行的审判令人担忧不已。"[132]

不出所料，伊朗方面没有任何回应。5 月《世界报》的一篇文章中，出现了福柯关于伊朗的最后言论。他并没有为伊朗一波又一波的处决事件道歉，但却在知识分子职责问题上陷入窘境。福柯回复了他想象中的战略家，在战略家看来，与崇高的需要相比，任何人的死亡都可以置之度外，不仅如此，战略家以特殊境遇需要为由，可以牺牲任何的一般性原则，福柯认为自己的理论道德恰恰是"反战略的"：

> 当特殊性出现时，我尊重它；当权力触犯普遍规律时，我违抗它。这是一种简单的选择，一项艰难的工作：因为这需要既在历史下面窥视与之决裂并使之动摇的东西，又要在政治的背后关注那些必须对它进行无条件限制的东西。总之，这就是我的工作：我既不是第一个，也不是唯一一个这样做的人。但是，我选择了它。[133]

412　　20 世纪 70 年代初，福柯在请愿书上签名，以谴责美国入侵越南。他和无数同人一起，走上街头反对越南战争。到 20 世纪 70 年代末，越南不再是反抗压迫的象征。对福柯和其他许多人来说，这种改变的第一个迹象呈现在 1977 年 6 月雷卡米剧院的招待会上。当时，名为彭安的小个子越南女子站在台上说："当我反抗阮氏政权时，成千上万的法国人和我站在一起。如今，成千上万的越南人被关进监狱，没有一个法国人抗议。到底发生了什么？现在的你们为谁而战？"[134]

1978 年 11 月 8 日晚，全世界的电视屏幕上首次出现了"海虹号"货船的画面，这艘遭受重创的货船载有 2 564 名越南难民，在马来西亚被海军阻止进港停靠。自此，"船民"（boat people）这个词进入了法语和英语中。面对此景，许多人的脑海中立刻涌现出《出埃及记》（Exodus）这部电影：一船难民遭到海军进犯的场景催人泪下，令人想起 1947 年英国海军向犹太定居者船只开火的情景。[135]

午夜时分，贝尔纳·库什纳接到了雅克和克洛迪·布鲁瓦耶勒打来的电话：必须有所行动。库什纳是一名医生，1968 年比亚法拉（Biafra）的经历，促使他创建了国际救援组织无国界医师组织。[136] 他的政治背景与布鲁瓦耶勒非常不同，20 世纪 60 年代早期，他曾是一名活跃的激进分子，后来投身于医学和第三世界事务。在库什纳看来，寻求福柯帮助是自然而然的，谈起福柯时，他仍满怀深情地称福柯为"市民社会的战士"。在他眼中，福柯还是监狱信息小组这种社团的创始人，监狱信息小组拒绝政府赋予的"权利"，这种所谓权利将个体削减为"政治残余物"。因为与库什纳的联系，福柯成了塔尼尔学术院会议的常客，塔尼尔学术院是一个研讨小组，他们常在塔尼尔医院的演讲厅会面。福柯经常现身会议，他通常坐在第二排，有时西蒙·西涅莱坐在他的旁边，他常常双手托腮，听着从乍得或黎巴嫩问题到社会保障体系问题的论文。[137] 在他人的劝说下，福柯成为最早的签名人之一。福柯一开始并不相信这艘船能扬帆起航，他只是说会支持呼吁行动。[138] 然而，事实证明，福柯是"为越南派艘船委员会"的得力干将。委员会的名字"为越南派艘船"取自 1966 年的一份传单，这份传单呼吁为北越提供医疗救助。阿兰·吉斯玛发现了这份传单，并把它交给了库什纳。许多积极分子来自 20 世纪 60 年代蓬勃发展的"越南基地委员会"。其他支持者有着不同的政治背景，此次运动最令人惊讶之处，是它成功将形形色色的人汇聚在同一个平台上。在该委员会日复一日的活动中，福柯并非领导人物，但他的名字和影响力以多种方式极大地促进了这份工作的发展。

11 月 20 日，伊夫·蒙当在电视新闻采访中发起了"越南之船"运动："是的，我们要帮助越南独立。我们与杀死越南人民的美国炸弹作战，我们是正确的。现在，越南人的船快沉没了，我们也必须帮助他们。"[139] 这次运动进行得异常艰难，饱受政治争议，尤其对库什纳本人来说，更是痛苦不堪。无国界医师组织前成员指责库什纳此举是为了吸引媒体的注意力，是为了宣传自己，指责他的船是为了圣日耳曼，而不是为了越南，用英国人的话说，这等于是贬低他参与了"汉普斯特政治"。[140] 该组织最终四分五裂，1981 年，库什纳成立了替代前者的"世界医生组织"。

从政党政治的角度来看，这项工作也是困难重重。所有的托洛茨基组织都拒绝参与，社会党也敬而远之。

"越南之船"最著名的一则插曲中，福柯只在其中扮演了一个小角色。1979 年 6 月，在拉斯帕尔林荫大道和塞夫尔大街街角的豪华酒店鲁特西亚里，萨特和雷蒙·阿隆不期而遇。20 世纪 20 年代，两人在巴黎高师就是朋友，他们共同见证了保罗·尼赞的婚礼，阿隆原来还是萨特《现代杂志》的编委会成员。然而，他们因政治分歧闹翻，在之后的几十年里，他们之间的激烈论战从未停歇。6 月 20 日，安德烈·格鲁克斯曼战战兢兢地将萨特带进房间，让他坐在阿隆旁边。他们握手的照片，连带着阿隆问候萨特"你好，我的小同志"的报道，传遍世界各地，正如阿隆在他的回忆录中写的，这些报道掩盖了他们见面的真正原因。[141] 尽管媒体推测，在萨特那里，这次会面并不代表和阿隆和解，[142] 他只关心越南问题。过了很久，福柯才抵达会场，此时会议已经开始，[143] 他加入阿隆、萨特、西蒙·西涅莱、阿兰·吉斯玛、伯纳德·斯达吉（Bernard Stasi，国民议会副主席）和弗朗索瓦兹·彭修的讨论中——彭修领导的组织所代表的，是那些从法国被驱逐到奥斯威辛集中营的幸存者。在场的所有人都呼吁增加援助，提高难民配额。福柯不是主要发言人，但他后来完成了组织新闻发布会的基本任务。

6 月 26 日，福柯在法兰西公学院举行了第二次新闻发布会，参会的委员会代表团成员为克洛迪·布鲁瓦耶勒、萨特、格鲁克斯曼和斯达吉。代表团受到了总统瓦莱里·吉斯卡尔·德斯坦的接见，遗憾的是，吉斯卡尔对局势一知半解，但他最后还是同意接受难民，也就是说，法国将接受"光明之岛号"船上的所有难民。代表们沮丧地离开了爱丽舍宫，他们不相信承诺之事能真正兑现。随后签证方面遇到的困难，说明他们的悲观情绪并非毫无理由。[144] 但困难最后被克服了，"光明之岛号"扬帆起航，开启了它的慈善之旅，库什纳在他的同名作品中详细记载了此事。

16　死亡之舞开始了

　　25 年多以来，福柯只要在巴黎，几乎每天都会在国家图书馆工作。1979 年夏天，他终于抛弃了这个习惯。据德费尔所说，国家图书馆的送书服务日益延误，加上福柯和馆长发生了激烈争吵，这一切都令福柯深感沮丧。在罗杰·斯特法尼（Roger Stéphane，批评家，也是马尔罗、T. E. 劳伦斯和恩斯特·冯·萨罗蒙经典研究的作者[1]）举办的晚宴上，斯特法尼将福柯介绍给了米歇尔·阿尔巴里克（Michel Albaric）。阿尔巴里克是附属于冰川街多明我会修道院的苏尔索瓦图书馆的主任。他聆听了福柯有关国家图书馆的苦恼后，向福柯保证到那里会受到热烈欢迎。

　　福柯发现那里正合他意。苏尔索瓦是一个小型图书馆，里面带有一个舒适的阅览室，四周环绕着一个下沉花园。如果说国家图书馆像很多大型图书馆一样吵闹得出奇，那么，苏尔索瓦则分外安详宁静，经常光顾这里的往往是修女、修道士、神父和学生，而不是从四面八方涌入黎塞留街大图书馆的人群。这种氛围很适合福柯，他与阿尔巴里克建立了牢固的友谊。无论是这个图书馆，还是这里的图书管理员，都迎合了福柯苦行的一面，他曾对克劳德·莫里亚克开玩笑说："倘若我不是一位彻底的无神论者，我就会是一位隐士……一位名副其实的隐士。"[2]

　　苏尔索瓦的综合馆藏以哲学和宗教学科为主，人们可以在开放书架上找到标准的经典文本和神父的著作。福柯正是在这里度过了他生命的最后几年。他通常坐在靠窗的同一张桌子上，只有偶尔路过的有魅力的年轻男孩，才会分散他的注意力。苏尔索瓦是一个私人基金会，但并不富裕。接下来的几年里，福柯低调地向基金会捐款，具体数额不详。[3]

对福柯来说，苏尔索瓦是个理想去处，因为原计划的《性经验史》现在有了一个全新的、截然不同的写作方向。《认知的意志》指出的现象之一，是现代的"性"经验与基督教"肉体"经验之间的对比。然而，无论哪种经验似乎都被"欲望之人"的形象主宰。因此，福柯开始对欲望的谱系学和欲望主体问题进行研究。对此，他面临一个选择："要么保持原来的计划，对欲望主题的历史进行快速考察，要么围绕古代主体解释学的缓慢形成过程来组织整个研究。"他选择了后一种方案，并开始为"真理的历史"搜集资料。[4]

如今，福柯正对古希腊哲学和基督教传统历史进行深入研究。他坦率承认，自己不是古典主义者[5]，让他重新捡起学校里学的那些古典语言文学知识是件痛苦的事。这项工作进展缓慢，他显然也使用了翻译本和双语版本。福柯说，在他研究的过程中，保罗·维纳经常帮助他，"他知道真正的历史学家探寻真理意味着什么，而且也知道一旦人们想创造真理与谬误游戏的历史，就会陷入迷宫。如今，很少有人愿意面对真理的历史问题给每一种思想带来的危险。而他却是这些少有的人当中的一个"。[6]维纳则说自己和福柯仅有过普通对话，否认给予过福柯任何实质帮助或建议。[7]

当时福柯在法兰西公学院的讲座基本上与《性经验史》的研究方向相同。正如1978年福柯在法国哲学协会讲座上所言，1979年到1980年间，他的研究主题是"对活人的治理"（Du Gouvernement des vivants），聚焦于"治理术概念①……从广义的角度看，治理术指的是旨在引导人类行为的技术和程序。治理包括儿童的治理、灵魂或良心的治理、家政治理、自我的治理"。[8]因此，"治理术"主题开始取代过去的权力－知识图景。[9]对人的治理，不仅要求这些被引导的人有遵守和服从行为，还需要有"真理行为"。福柯因此问道："治理，不是简单地要求一个遵从，而是要通过一种陈述来揭示他自身，这样一种对人的治理模式是如何形成的？"福柯认为，要在早期基督教的忏悔实践与古代哲学学派的良心审查实践的差异中寻找答案。然而，与此相反，研讨班主要探讨了19

---

① 福柯对治理术的论述主要集中于《安全、领土与人口》《生命政治的诞生》等著作。在《安全、领土与人口》中，福柯勾勒了从牧领权力、国家理性治理术到自由主义治理术的治理术谱系；在《生命政治的诞生》中，福柯通过分析德国秩序自由主义和美国新自由主义来论述新自由主义治理术。——译者注

世纪自由思想的各个面向。

接下来一年的讲座主题是"主体性与真理",旨在对自我认知模式的历史进 417
行考察。福柯没有考察灵魂、激情或肉体的哲学理论,而是考察了

> "自我技术",即根据特定的目标,为了改善、维持或转变个体的身
> 份,针对个体规定的一套程序或方法……当个体本身就是这些行为的对象
> 时,个体如何通过引导行为来"治理自我",其应用的领域、求助的工具和
> 行为的主体是怎样的?[10]

"治理自我"的研究起点是柏拉图的《阿尔喀比亚德》(*Alcibiades*),因为
"在这个文本中,'关心自我'的问题似乎是文章的总体框架,正是在'关心自
我'的框架内,认识自己才具有意义"[11]。

福柯用法兰西公学院的讲座来概括最后两本书的主题。在他生命的最后几
年里,几乎所有的客座讲座和研讨班都与这些主题相关。如今,福柯的关注点
从性装置转变为了"生存美学",这是福柯最后一次采访的题目。[12]我们逐一阅
读这一时期的演讲和访谈时,会发现这些访谈彼此重复,福柯会从略微不同的
角度一遍一遍地讲述同样的主题。

福柯重返古希腊研究,颇有些讽刺意味。20世纪70年代中期,在撰写《规
训与惩罚》时,他认为一种思想趋势"令人沮丧",它起源于海德格尔,在法
国的德里达那里成为典型。这种思想趋势将柏拉图看作"衰落的表征,之后一
切开始变得具体化"。他避免谈论古希腊,因为他不想"陷入希腊风格的拟古
主义"中。对福柯来说,对疯癫、治安和贫穷的哲学思考要有趣得多。[13]事实
证明,回到古希腊和罗马确实没那么有趣。当丹尼尔·德费尔告诉福柯他是
多么欣赏《快感的享用》时,福柯回答说:"但你知道,这并不是我最喜欢写
的书。"[14]

当然,福柯写《性经验史》最后几卷的初衷不是为了享乐。福柯写道,他
的写作动机"非常简单"。那是一种好奇心,"一种值得你执拗追求的好奇心。
那种好奇心,不是让我们吸收令我们心旷神怡的事物,而是让我们抛弃对自我
的执着"[15]。正是在这种好奇心的驱动下,福柯开始探索斯多葛学派和基督教传 418
统问题。1983年,他在加州接受采访时说:"基督教文化业已形成了一种观念,

如果你想以正确的方式照看自己，必须以牺牲自己为代价。"[16] 这也与福柯的信念相一致，这种信念部分源于尼采。在尼采看来，自我，是赋予个体性格以风格的"伟大而罕见的艺术"[17]，正如同性恋文化一样，自我塑造是一个审美创造的问题，而非对某种个人本质淋漓尽致的表达。我们可以将"抛弃对自我的执着"理解为去个体化观念的变形，甚至是一种去性别化。福柯通过精心设计的快感享用来达到这个目的，个体性的抹除也是福柯、德勒兹和克洛索夫斯基的共同旨趣。尽管福柯运用的术语和哲学框架有所改变，但他仍旧"为了成为没有面孔之人而写作"，或者说"为了成为另外的人而写作"。

在某种程度上，福柯的哲学甚至教学关注点也发生了变化，但透过他零星的政治活动，我们发现，过去的那些关注点对他仍旧重要。例如，1980年春天，他参与创建了自由辩护协会。此协会旨在谴责对辩护律师的限制，谴责控诉制度的滥用职权，抨击对诉讼人的权利侵犯。5月，协会第一次会议在土伦附近举行，但福柯似乎没有出席。他与律师卡萨马约尔、克劳德·莫里亚克、雅克·韦尔热斯（Jacques Vergès）、克里斯蒂安·勒翁（Christian Revon）等人一起起草了筹备文件。协会导言的部分内容由福柯起草，这份导言令人想起他在监狱信息小组时期使用的术语：

> 我们要避免改良主义和反改良主义的陈腐问题。为需要改革的机构负责不是我们的分内之事。我们应该做的是好好保护自己，这样那些机构就会被迫进行自我改革……在"保卫自己"的表达中，这个反身代词是至关重要的。重要的是，在法律实践中铭刻生命、存在、主体性和个体的客观现实性。[18]

拉努奇事件是激发该协会创始的案件之一，正是这个案子，促使福柯拒绝了瓦莱里·吉斯卡尔·德斯坦的午餐邀请。福柯仅仅参与了自由辩护协会的创建工作，但他的出现表明，他仍将监狱信息小组的经验铭记在心。1980年5月，多明我会的弗朗索瓦兹·德尔托姆贝（François Deltombe）出版了一本橙色封面的小册子，其中一篇文章提供了一个令人惊讶的指标，指明了福柯尤其是《规训与惩罚》的影响力有多广泛。《规训与惩罚》成了犯罪学学生的推荐阅读书目，这并不让人觉得惊讶，但《规训与惩罚》还引起了法国主教会议机构"天主教

419

正义与和平委员会"的注意，这倒是超出了福柯的预期。[19]

福柯很早就认识自由辩护计划的一些参与者。多米尼加人克里斯蒂安·勒翁曾是一名精神科护士，后来转行成为律师，自监狱信息小组时期就和福柯相识。安托万·拉扎勒斯（Antoine Lazarus）也是如此，他曾在弗勒里－梅罗吉监狱的医疗部门工作，如今他是监狱多元专家小组巴黎分部的负责人。1979 年11 月，拉扎勒斯、弗朗索瓦兹·科尔科贝特（François Colcombet，司法公会前主席）和"路易斯·阿佩尔"（Louis Appert）进行了监狱信息小组回顾研讨。路易斯·阿佩尔被描述为"监狱信息小组的成员"，实际上这个人就是福柯。关于他使用的笔名，没人能给出令人信服的解释，但有趣的是，他选择的名字和他母亲的婚前姓马拉派尔很相似。

某种程度上，这场辩论描述了监狱信息小组的历史开端，如果福柯想的话，本可以写下这段历史。当人们问他对监狱信息小组的"资产负债表"有什么看法时，他不知道该说些什么。监狱信息小组开拓了将理论和实践相结合的新方法，即便从这个角度说，小组的工作经验也富有积极意义。对一般政治团体而言，理论和现实由于"教义规定和实践约束"结合在一起。另外，在监狱信息小组中，"知识、分析、社会学家的实践、一点历史知识、一点哲学知识、一些无政府主义思想、一些我们读过的书……所有这些都发挥了作用，这一切在我们周围循环流通，形成了缠绕在我们周遭的胎盘"。然而，福柯根本不相信监狱信息小组真的改变了什么，在他看来，绝大部分问题依然遗留在那里。[20]发表在《精神》上的文字记录并不是讨论的完整记录。在最初的录音带背景音中，可以听到丹尼尔·德费尔嘟囔着关于企鹅的事，引得现场的人发出朗朗笑声。德费尔并非无缘无故将话题扯到鸟类学，因为一名右翼政客十分严肃地提议，真正解决犯罪问题的办法是将罪犯流放到南极岛上。[21]

正是对滥用权力的关注促使福柯与自由辩护协会合作，显然也正是这个原因，他积极参加保护委员会的工作，该委员会旨在确保罗杰·克诺伯斯皮斯（Roger Knobelspiess）获释。1972 年，克诺伯斯皮斯因盗窃 800 法郎银铛入狱，人们除了谴责他，找不出任何证据。尽管他声称自己是无辜的，但还是被判了15 年。随后，他多次绝食和自残，但上诉从未获得批准。1976 年，克诺伯斯皮斯获准出狱，但在 48 小时的时间里，他消失了，再次被警方逮捕后，他被指控在此期间实施了几次武装抢劫。如今，他被看作危险的惯犯，被关在监狱新建

420

的严管牢房。在克莱尔沃等地区发生暴动后，这些严管牢房建立起来，用来关押少数危险的囚犯，这里的条件非常艰苦。单独监禁和视频监控是严管牢房制度的一部分，这里的犯人与其他犯人几乎没有联系。[22] 对于1980年就停办的犯人行动委员会来说，严管牢房就是一种折磨人的手段。在福柯看来，他们是在滥用法律，因为严管牢房是监狱中的监狱，它违背了监狱的原则，即剥夺自由就是对犯人的终极惩罚。[23] 没有法庭能判处一个人去重型监狱，但监狱内部的行政部门却这样做了。严管牢房的建立对未来有着可怕的影响，鉴于1981年春当选的社会党政府很有可能废除死刑，严管牢房代表了一种潜在的威胁，犯人无限期被关在严管牢房将取代死刑，这并非不可能。[24]

克诺伯斯皮斯保护委员会成员包括福柯、热内、格鲁克斯曼、莫里亚克、蒙当、西涅莱和《精神》的编辑保罗·蒂博（Paul Thibaud）。在监狱里，克诺伯斯皮斯写成了他的第一本书，书中部分是自传，部分是对监狱的谴责，32岁的他，一半时间都是在监狱里度过的。由于保护委员会的努力，此书得以出版，福柯撰写了序言："这是一份未经修饰的档案。这本书没有写成，也没有出版，它只是对监狱生活的另一种描述……只有彻底的批评、坚定的否定和难以压制的声音，才会促使监狱真正发生改变。克诺伯斯皮斯的这本书就是这场战役的一部分。"[25] 在给克诺伯斯皮斯撰写的序言中，福柯阐明了监狱的逻辑，以及监狱建构危险个体的方式，围绕着同一个主题，福柯此处的论述比任何"理论"文本都要清晰明了[26]：

421　　　让我们来看看罗杰·克诺伯斯皮斯的案子：他因一个自己断然否认的罪行被判刑。当他本人不承认自己有罪时，他能同监狱合作吗？然而，我们却看到了这样一种机制：由于他抗拒，所以被关进严管牢房。如果说他被关进严管牢房，就意味着他是危险人物，那么既然在监狱里是"危险的"，一旦获释，他会变得更加危险。所以他才能够真的犯下人们指控他的罪行。他否认也没用。他本来就已犯过这样的罪。严管牢房就是证明，监狱显示了调查可能显示的不足之处。[27]

1981年11月，罗杰·克诺伯斯皮斯案件之所以能开庭审理，部分原因在于保护委员会组织的运作，莫里亚克在其中扮演了重要角色，审判结果是克诺伯斯皮斯被弗朗索瓦·密特朗赦免。[28] 对于武装抢劫的指控，克诺伯斯皮斯供认不讳。另外，主审法官似乎在告诉陪审团，他之所以犯罪，一方面是因为悲惨而贫穷的童年，另一方面是因为 1972 年在证据不足的情况下将他定罪。[29]如今，克诺伯斯皮斯俨然成了明星，他出现在电视上，和总统站在一起拍照，他成为广受欢迎的晚宴嘉宾，还写了自己的第二本书，这次由莫里亚克为他撰写序言。然而到了 1983 年 6 月，克诺伯斯皮斯在翁弗勒尔（Honfleur）被逮捕，因持枪抢劫和枪击两名警察而再次被指控。进一步的指控随之而来。克诺伯斯皮斯再次入狱，最终在 1990 年 8 月获得假释，他坚称对他来说最重要的事就是成为一名普通公民。[30]

1983 年，当克诺伯斯皮斯被判持枪抢劫罪时，很多人都感到惊讶，人们的反应让福柯感到诧异。人们认为克诺伯斯皮斯此时的认罪，就意味着他在 1972年也有罪，福柯认为这种看法是荒诞的。更糟糕的是：

> 你们对于我们和对于你们自己都是危险的，如果你们不愿意像我们一样有一天受到麻木不仁的法律专制的伤害。你们还是一种历史的危险，因为一种法律应该不断扪心自问，正如一个社会的生存只能建立在它对自身及其制度所进行的研究之上一样。[31]

克诺伯斯皮斯案子显然让福柯有些尴尬，也让他成为不少人嘲弄的对象。媒体谈论福柯式"突发奇想"带来的灾难性后果，还谈到那些为他辩护的"诺贝尔奖"知识分子们。[32] 尽管福柯受到了他人的冷嘲热讽，但他在保护克诺伯斯皮斯的过程中，没有表现出幼稚的自由主义倾向。在类似的案件中，福柯介入事件与否，是基于一种政治上的精明考虑，这种精明可能会令他的一些天然盟友深感不安。1974 年，皮埃尔·戈德曼被控在 1969 年的一次抢劫案中犯有双重谋杀罪，左派世界的大多数人都相信他是无辜的。戈德曼是一个浪漫主义人物，他曾是法国共产党最优秀的街头斗士，与左派关系密切，并且与拉丁美洲的游击运动有关。他被判处终身监禁，但在 1976 年第二次审判后获释。虽然在某些左派人士眼中，戈德曼成了英雄，但福柯在公开场合对此只字未提，而且没有参与宣传戈德曼的案子，他确信戈德曼有罪。[33]

福柯和莫里亚克以及西涅莱关于戈德曼的简短交流，揭示了福柯个人道

422

德方面的基本信念。作为戈德曼忠诚的支持者，西涅莱抱怨戈德曼未能如期和她见面时，莫里亚克则回应说，没人有权期望戈德曼的感谢。听到这番言论，福柯的表情变得有点扭曲，莫里亚克第一次感受到了福柯曾经发泄在凯瑟琳·冯·比洛身上的愤怒，当年凯瑟琳愚蠢地建议让西蒙娜·德·波伏瓦和"蒙当男孩们"一起去马德里。福柯不顾一旁结结巴巴解释的莫里亚克，冲口而出："我忍受不了这种事！我永远都不会容忍的。年纪越大，我越相信友谊包含着一种责任。左派总是冷淡随意地说，'我不欠任何人的，尤其是那些为我而战的人'……我忍受不了这些。"[34]福柯这次短暂的爆发深深地撼动了莫里亚克。

图书馆问题并不是福柯遭遇的唯一困难。20世纪70年代末80年代初，尽管福柯名声斐然，但无论从个人生活还是职业角度看，他陷入的孤立境地都令人感到惊讶。在克鲁瓦桑事件上产生分歧后，福柯和德勒兹以及瓜塔里的关系不复往昔。他关于伊朗的那些文章不但让他失掉了一些朋友，而且对他的名声也没什么好处，由此引发的争议使他和《晚邮报》的合作戛然而止。[35]1981年拉康去世，福柯为悼念拉康，写了最后一篇报纸文章，这篇简短的文章名为《精神分析的解放者》。[36]人们仍旧一口咬定福柯为霍梅尼辩护，认为福柯将"新兴的蒙昧主义看作新的曙光"，而福柯本人却没有对此进行自我批评。[37]福柯在1978年秋天表达的立场，实际上和《解放报》甚至是《新观察家》的立场并无不同。[38]职业记者的判断失误被公众遗忘，福柯的知名度却确保他的失误被人铭记在心。

1979年6月，索邦大学举办了"全国哲学大会"，众多哲学教师和学生前来参会，对法国哲学的现状展开讨论[39]，福柯没有参加这次会议，或许因为会议的主要组织者是德里达。直到1981年，德里达因他人捏造的毒品指控在捷克斯洛伐克①被逮捕时，两人才握手言和。当时，福柯是率先为他辩护的人之一。福柯为波德里亚的《忘记福柯》所伤，而且他认为，阿隆和肯普夫（Kempf）对19世纪性问题的研究是对《认知的意志》发起的新一轮攻击。福柯如此理解也不无道理。这些作者向"目前公认的论点"发起挑战，即"国家机构……把教化的使命转交到了独立的微观权力机构手中，这些机构是托儿所、学校、收容所和医院"[40]，福柯对这些挑衅他的作者很是不满。这本书，

---

① 1993年解体为捷克与斯洛伐克两个独立的国家。——译者注

单凭其题目（《西方的阳具和道德败坏》）就值得一读，在评论家看来，这本书当然是"反福柯的"。[41]

1980 年 5 月，一份新杂志的出现导致福柯和一位老朋友兼同事发生了激烈争吵。《争鸣》（*Le Débat*）的主编是皮埃尔·诺拉，自 1966 年起，他就以伽利玛出版社编辑的身份与福柯合作。诺拉之所以给杂志起名为《争鸣》，正是因为在他看来，法国没有争鸣。杂志第一期就承诺进行公开辩论：这份新期刊没有强加的制度，也没有要传递的信息。然而，这份杂志似乎没有对福柯敞开大门，杂志没有邀请福柯参加辩论，据福柯很多朋友说，福柯也没有询问过这个辩论。第一期刊登了诺拉的一篇谈论知识分子角色的文章，或者说，这篇文章是关于知识分子角色的缺失的。诺拉认为，知识分子的"批判功能"掩盖了知识分子在政治上的不负责任，他在结尾呼吁一种知识分子的民主政治，认为这种民主政治将终结知识分子不负责任的局面。[42]福柯似乎认为，这些评论是针对他的，是在攻击他开展的政治活动。毫无疑问，其他一些暗示也令他怒火中烧。虽然福柯可能也同意知识分子的功能退化了，但诺拉尖锐地表示，无论从哪点来看，西蒙·西涅莱都能被选进法兰西公学院，如此说来，碧姬·芭铎（Brigitte Bardot）总有一天也会被选进法兰西公学院[43]，诺拉的这番话似乎在故意激怒福柯：福柯非常喜欢西涅莱，那段时间和她关系亲近。因为诺拉的文章，福柯和诺拉发生激烈争吵，福柯威胁说要离开伽利玛出版社，到其他地方出版他的《性经验史》。[44]现在，大家都知道他俩的关系糟透了。据保罗·韦纳所说，其中有职业竞争和嫉妒的成分。福柯从未担任过重要系列丛书的编辑，他有点嫉妒诺拉的角色。[45]还有一些谣传，说福柯想将诺拉从"人文科学书库"总编辑的职位上赶走。 424

与诺拉关系恶化并非福柯对《争鸣》不满的唯一原因。在对保罗·韦纳进行的一场肤浅而诙谐的讨论中，《争鸣》杂志编辑马塞尔·戈谢（Marcel Gauchet）引用了韦纳的一段引文，这段引文出现在《人如何书写历史》（*Comment on écrit l'histoire*）后附加的一篇文章中，认为福柯否定自然对象。对韦纳来说，正是这种否定赋予福柯的作品以相应的高度。然而，戈谢评论道："哲学，是高度否定性的活动，哲学实践只能以牺牲环境为代价。为了哲学家的成长，森林就必须得缩减。"[46]福柯并不缺乏幽默感，但这些评论增加了他对诺拉新杂志的不满。另外，福柯本人与《争鸣》杂志的关系也颇为紧张。戈谢和格拉迪斯·斯温（Gladys Swain）共同撰写了埃斯奎罗和萨尔佩替耶（Salpetrière）的历史，戈谢在书中反对《古典时代疯狂史》的结论，在戈谢看来，声称宽容时代之前就存在理性和非理性的划分，只是一种怀旧式的错觉。[47]这本书还与《词与物》出现在相同的系列中，这无疑是雪上加霜。福柯同意为《世界报》和其他报纸撰写这本书的评论，但他一再拖延，如此这般，不仅确保了他的评论不发表，而且确保其他人也不能评论这本书。这些做法没能改善福柯同《争鸣》的关系，一点都不令人惊讶。据诺拉所说，福柯"害怕"戈谢，戈谢与编辑的联系令他感到不安，福柯认为《人文精神的实践》的出版辜负了他的信任。[48]

此时，福柯肯定在考虑离开伽利玛出版社。当初他决定在一家非常小的出版社出版全景敞视监狱的文本，便第一次表达了内心深处的不满。福柯打算换出版商的谣言迅速传开，引起了很大轰动。福柯究竟打算做什么还不完全清楚，但他的焦虑不安却昭然若揭。福柯对一些朋友谈到想换到弗林出版社的事，弗林出版社专门出版学院哲学家的书，1964 年曾出版福柯的康德译本。弗林是一家古典学术出版社，它的经营场址名义上在索邦大学内。这家出版社在专业领域颇受尊重，但它不打任何形式的广告。有一次，福柯甚至和出版社讨论，是否有可能直接出版打字稿形式的文本。他不知何时对冯·比洛说过，希望建立一个"学者共同体"系列，出版学术著作、法兰西公学院讲座的缩略本，甚至是出版一些博士论文。一场全员男性的聚会在冯·比洛家里进行，当冯·比洛煮咖啡的时候，福柯他们在讨论建立"哲学学会"的计划，成员将包括福柯、拉德罗、贾贝特和格鲁克斯曼。[49]莫里亚克还提议建立一个"福柯基金会"，但这个基金会没能成立，因为基金会成立之前，福柯有太多的手稿需要筛查了，还有一些手稿需要销毁。[50]诺拉声称，即便与福柯吵得不可开交的时候，福柯还试着说服他离开伽利玛出版社，去建立一个联合企业，福柯的版税将用以资助企业。福柯还有一个更严肃的选择，那就是换到门槛出版社。[51]当然，福柯换出版社的障碍是他与伽利玛的合同。当年福柯为了解决《我，皮埃尔·里维埃》的电影拍摄资金问题，转而向伽利玛出版社寻求帮助，现在看，这份合同成了一个沉重的负担。1983 年，福柯仍宣称《关注自我》（*Le Souci de soi*）将由门槛出版社出版[52]，但他最后的作品仍不可避免地出现在伽利玛出版社的"人文科学书库"中。

正是在这样的语境下，福柯半开玩笑地告诉《世界报》，在这一年里，他所有的书都应匿名出版，这样，批评家们就不必从那个在知识界占据一席之地的作家出发，来评论这些作品。[53] 这件事，这些建议，表明福柯对个体的匿名性、性的匿名性反复发作的迷恋，但他却从未付诸实践。

最终，福柯对出版环境的不满的结果，是一种新丛书的诞生，这套丛书名为"著作集"（Des Travaux），由门槛出版社出版，主编是福柯、语言学家和精神分析学家让－克劳德·米尔纳（Jean-Claude Milner）、保罗·韦纳和弗朗索瓦·瓦尔。这套丛书旨在出版那些因经济或其他原因无法出版的研究：长期研究项目，正在进行的短小精悍的研究和作品翻译。第一本书于 1983 年出版：保罗·韦纳的《古希腊人是否相信他们的神话？》（*Les Grecs ont-ils cru à leurs mythes?*）。福柯如此解释丛书标题："'著作集'可能给知识领域带来富有重要意义的差异，无论是读者还是作者，在这个过程中都会感到力不从心，然而，他们也会获得某种乐趣，换句话说，他们将会感知真理的另一重形象。""著作集"（travaux，是 travail 一词的复数形式）这个词对福柯来说有着特殊意义。他 426 讨厌成为一部全集的作者，当他说"这是一部著作"时，是在对这部作品大加赞赏。[54] 新丛书的宣传活动也列出了福柯的新书：《治理自我与治理他者》（*Le Gouvernement de soi et des autres*），但这本书从未出现过。

在最后一场访谈中，福柯不断表达他对出版业以及法国知识分子生活的不满。1984 年 4 月 25 日，也就是福柯去世之前一个月①，在接受阿历桑德罗·方塔纳的采访时，福柯再次谈及他的"匿名出版"计划。媒体制造的信息和虚假信息掩盖了书籍的本来面目，使人们无法真正地阅读书籍，终结这种局面的一个办法，是采纳一种法律，此法律禁止媒体两次以上使用作者的名字，鼓励作者匿名或使用假名。在大多数情况下，作者的名字都是无关紧要的。确切地说，是除了一些"伟大的作者"之外，名字不重要："比如说，像我这样的人就不是伟大的作者，我仅仅是一个生产书籍的人，我希望人们读这本书是因为自己想读，不管这本书满是瑕疵还是品质上乘。"[55]

同一时期，在与迪迪埃·埃里蓬的对谈中，福柯也表达了类似的关切。法国之所以没有真正的辩论，其中一个原因是书店的橱窗里堆满潦草写就的图书，

---

① 原文如此。福柯于 1984 年 6 月 25 日去世，故实应为两个月。——编者注

这些书用谎言和错误发音写就世界诞生以来的一切，并以口号和陈词滥调重写晚近的历史。[56] 真正的争论已不再有表达的场所，那些期刊和评论，它们或者是宗派团体的喉舌，或是温和的折中主义的支持者。在智识生活中，普遍存在着熵趋势，它影响着人们对福柯作品的态度：如今，哲学问题变成了一句句口号，这不是某个人的责任，但我们亲眼看着哲学思想由此衰落，或者说，哲学问题变成了消费品……人们花了 15 年的时间将我那本关于疯癫的书变成了一句口号：在 18 世纪，所有疯子都被关起来了。甚至 15 个月都不到，人们只花了 3 个星期，就将那本《认知的意志》转变成了一句口号："性，从未被压抑。"[57]

427 　　福柯不是唯一一个对法国出版业现状持悲观态度的人。1980 年，皮埃尔·布尔迪厄在一次访谈中抱怨，当知识领域引入了市场营销手段，滥竽充数、良莠不齐便成了知识领域的常态。[58]

　　新的 10 年开始之际，福柯的不安与日俱增，如今，他开始失去一些朋友。1979 年 4 月，莫里斯·克拉维尔突然去世。尽管克拉维尔称福柯为"新康德"时，总是让他尴尬和恼火，但他还是非常喜欢克拉维尔。周日，克拉维尔还在电话中与福柯讨论了很多话题：弗洛伊德，基督教的忏悔和坦白真相的义务……到了周一，福柯就接到了《晨报》的电话，请他谈谈对克拉维尔去世的看法。他无话可说，这一天都不足以凭吊这份痛苦。[59] 4 天后，他在《新观察家》上动情写道，"克拉维尔：他总是热切期盼着，一有什么风吹草动就跳起来，在半明半暗处哭泣，呼唤着暴风雨的来临……发现过去和未来彼此交叠的伟大历史循环，并不是他关心的事，他唯一感兴趣的是使当下发生断裂的此时此刻"[60]。4 月 25 日，维泽莱的大教堂里挤满了人，各色人等充斥其中，看起来有些奇怪，他们中有戴高乐主义者、左派人士、保皇党以及新老哲学家们。让·丹尼尔说："我们越来越感到，我们失去了最后一位伟大的犹太 - 基督教捣乱分子。"[61]

　　回想起来，这个捣乱分子的死亡，更像是一场死亡之舞的开始，这场死亡舞会将一直持续到年底。死神的下一个搭档是巴特，1976 年年底，巴特在福柯的帮助下获得了法兰西公学院教席。1980 年 2 月 25 日，罗兰·巴特、其他一些知识分子与社会党第一书记弗朗索瓦·密特朗共进午餐。总统竞选将于 1981 年举行，这次午餐会由后来成为密特朗文化部部长的雅克·朗（Jack Lang）操办。社会党无疑想通过这次午餐会，试探在 1981 年竞选中自己能获得多大程度的支持，并且沿袭了瓦莱里·吉斯卡尔·德斯坦著名的午餐会先例。巴特从马莱街区走回拉丁区的路上，当他在法兰西公学院外面过马路的时候，被一辆厢式送货车撞倒了。事故发生在法兰西公学院附近，他当场鲜血直流，失去了知觉，被救护车匆匆送到了萨尔佩替耶医院。由于他没带任何证件，直到几个小时之后，他才告诉人们他的身份。事故似乎不是特别严重，受重伤的巴特很快就开始接待探视者了，包括他向其咕哝说"真愚蠢"的福柯。一个月后，巴特去世，享年 64 岁。 428

巴特的医生宣布，这场事故并不是巴特死亡的直接原因，但事故加重了巴特的呼吸问题，巴特年轻时的大部分时间都在结核病疗养院度过。他的很多朋友都认为，巴特只是丧失了活下去的意志，他敬爱的母亲于 1977 年去世之后，他从未真正从悲伤中恢复过来。有人说，就在他走向人行道的时候，他一直朝送货车的方向看，他当时一定看到了向他驶来的货车。在与《雷蒙·鲁塞尔》翻译者的谈话中，福柯反驳了那个广为流传的观点，在福柯看来，声称巴特想自杀的传言"完全是假的"，他与巴特医生的讨论证实了他的想法。神秘的是，他还声称事发当时他和巴特在一起，但没有证据证实这一点。事故发生一个星期前，福柯听了巴特的课："我在想，巴特如今正当年，他拥有杰出男人的风度、明智、平静、成熟。我记得自己曾认为，他会活到 90 岁，那么，他的那些最重要的作品将在 60 岁到 90 岁之间完成。"[62]

3 月 28 日星期五，当巴特被装在一口敞开的棺材里抬出来时，巴特的几个朋友和学生聚集在萨尔佩替耶医院后的院子里，准备参加遗体告别仪式。送葬者向巴特表达他们最后的敬意后，棺材被密封起来，装入灵车，之后灵车长途跋涉，向西南前进，最后抵达于尔特的私人墓地。[63]

对福柯来说，巴特之死是"一桩丑闻"，因为巴特处于自己智识力量的巅峰时期。[64]这种充满神秘感的场景，也让福柯回忆起 1978 年的那次车祸，那次车祸让福柯在医院住了一个星期。在济济一堂的法兰西公学院教授们面前，福柯宣读了悼词，向他已故的朋友表达了敬意。福柯将巴特描述为一位伟大的作家和优秀的老师，一个为了自己的声誉而甘愿承受孤独之苦的人，最后福柯总结道：

命运选择了残酷的一面，带来即使命运本身也会憎恶的现实——一切都结束在我们曾迎接他到来的学院大门前。我知道他曾经在此度过快乐的

429 时光，我有充足的理由向大家传递巴特略带微笑的友谊的标志，这多少可以释放我们本应难以承受的悲伤吧。[65]

死亡之舞还在继续。1980 年 4 月 15 日，萨特在布鲁萨医院去世。4 天后，他的遗体被送到拉雪兹神父公墓火化。萨特的葬礼，是继 1968 年"五月风暴"之后的最后一次示威活动。游行队伍大概有两万到三万人，庞大的游行队伍浩浩荡荡地跟随萨特的灵车穿过巴黎的大街小巷，人群中弥漫着歇斯底里的氛围。福柯、德费尔、克劳德·莫里亚克、罗伯特·伽利玛和凯瑟琳·冯·比洛走在队伍的最后面。[66]

在德费尔的劝说下，福柯才参加了葬礼。当德费尔问他是否要去参加葬礼时，福柯回答："我为什么要去？我又不欠他什么。"最后德费尔说服了他必须参加，即使只是为了向萨特作为战后时期典型的"法国知识分子"所扮演的角色表示尊敬。结果，他却发现葬礼很令他感动。[67]当他们缓缓地穿过街道时，福柯对冯·比洛聊起了他的青年时代，被萨特和他周围的人操练的"智识恐怖主义"。[68]当莫里亚克说，现场的人里很少有人真正读过萨特的书时，福柯表示赞同。据莫里亚克观察，萨特在法国扮演的角色，是其他国家的知识分子望尘莫及的。莫里亚克得出结论：法国知识分子对现实的介入，以及他们的社会地位，在美国媒体和英国议会面前变得毫无意义。[69]他的结论令人震惊，他并不像人们想象中的那样非常了解英语国家的情况。

福柯对萨特的憎恶可以追溯到 1967 年，《现代杂志》对《词与物》进行了非常负面的评论，不仅如此，媒体试图勾勒一幅福柯 – 萨特的敌对图景，更加剧了福柯对萨特的厌恶之情。福柯和萨特在哲学方面没有任何共同之处，虽然他们时常共享一个平台，但他们的政治分歧也是相当大的。即便如此，当谈到萨特这个人时，福柯有时也表露出一丝喜爱之情。[70]媒体对萨特之死的报道也没有改善福柯对萨特的看法。克里斯蒂安·齐默尔（Christian Zimmer）口中的左派人士萨特，曾参与《世界报》的创建，参加了古德多反种族主义示威游行，介入了 1972 年监狱暴动相关活动。[71]但媒体遗漏了一个事实，那就是古德多示
430 威游行是福柯和莫里亚克呼吁的，媒体也没有提到监狱信息小组的存在。在媒体的描述中，就好像萨特是唯一坚定的知识分子一样，福柯对此表达了不满，这是可以理解的。

德费尔继承了福柯对《现代杂志》的敌意，他同福柯一样不想与这个杂志产生任何瓜葛。当编辑克劳德·朗兹曼（Claude Lanzmann）请德费尔为 1990 年出版的两卷本《萨特的见证者》撰稿时，他的反应相当糟糕。朗兹曼请他写一篇名为《萨特和福柯》的文章，德费尔答复说，他只能写《福柯和萨特》，并以 1967 年的评论开头。[72] 他最终撰写了一篇短文，文中对两人关系的描述并不完全客观。

福柯对法国的不满，几乎与他对美国的迷恋成正比，尤其是对加州。作为欧洲杰出的知识分子，他那与日俱增的卓著声誉为他带来了既定的读者群。他越来越想在加州定居，或者至少定期在那里住上一段时间。他发现那里的学术生活比法国更自由、开放。加利福尼亚为福柯进一步探索"快感的享用"提供了大把机会。他说，就连美国菜都对他有吸引力，与其吃精致的法国菜，不如"配可乐吃一块美味的俱乐部三明治。这是我的快乐，这是真的。再来一个冰激凌就更好了，真的快乐。"[73]

这个时期，德里达在美国的声望也变得牢不可破，但他和福柯似乎对美国进行了势力划分。解构主义垄断了耶鲁大学和常春藤大学联盟，福柯则在纽约和美国西海岸找到了他的听众，那里没有代表性的职业哲学家。在美国，两人有着不同的势力范围，这意味着两人不会有直接的接触或对抗。

1979 年 10 月，福柯受邀到加州帕洛阿尔托的斯坦福大学，做泰纳人文价值讲座。[74] 如今，福柯已然精通英语，可以用英语授课了。在研讨会上，他偶尔疏忽会讲几句法语，尤其是在他疲倦的时候。他向斯坦福一个讨论小组解释说，他不得不临时招募一个翻译，因为疲惫不堪的时候，他的英语会像孩子讲话一样幼稚贫乏。[75] 像任何讲第二门外语的人一样，他对自己的口语能力感到自豪，并且特别喜欢习语"放马后炮的人"（the Monday-morning quarterback），　431他以此来描述历史学家事后诸葛亮的特点。

福柯在加州时第一次见到了保罗·拉比诺（Paul Rabinow）和休伯特·L. 德雷福斯（Hubert L. Dreyfus），他们都来自伯克利，分别是海德格尔派的人类学家和哲学家。拉比诺最近参加了一个由德雷福斯和约翰·希尔勒（John Searle）举办的研讨会，会上，他反对将福柯界定为一个"典型的结构主义者"。[76] 随后的讨论，促使一个联合撰文计划的诞生。1979 年夏天，他们提议撰写的文章逐渐形成了一本书。两位联名作者与福柯本人进行了长时间的讨论后，成了福柯的好朋友。此书按照福柯作品的时间顺序，对福柯作品进行了彻底而细致入微的考察，令人惊讶的是，此书强调了《词与物》和《知识考古学》的重要性，尤其强调《知识考古学》中发现的"严肃言语行动"理论。

第二年的 10 月底，福柯重返伯克利做了"霍文森讲座"，讲座主题是"真理与主体性"。[77] 此讲座得到广泛宣传，吸引了大批听众。福柯"被这番大肆宣传搞得有些茫然无措"[78]，但还是一如既往地喜爱加州。11 月，他在纽约人文研究院做了"詹姆斯讲座"。此讲座是福柯与密友社会学家兼小说家理查德·桑内特（Richard Sennet）二重奏的一部分。[79]

如今，福柯的名望让他在一些地区很受欢迎，他与利奥·贝尔萨尼、约翰·希尔勒的关系越来越密切。但他在美国也受到了批评。《村声》（Village Voice）杂志嘲讽福柯"对历史细节的运用华而不实"。在《时代周刊》上，耶鲁大学的彼得·盖伊（Peter Gay）嘲讽福柯"不做任何研究，只凭直觉行事"。[80] 再比如，理查德·罗蒂（Richard Rorty）怀疑福柯的政治主张，将福柯的"所谓无政府主义"斥为"自我放纵的激进时髦"，这些评价表明罗蒂对福柯的了解不是基于具体的知识，而是基于一些道听途说的传闻。[81] 在 1981 年的"詹姆斯讲座"中，尤尔根·哈贝马斯批评福柯是一个"年轻的保守主义者"，斥责福柯以二元对立的方式将"工具理性"和"只有通过描述才能理解的原则，比如权力"并置在一起。[82] 尽管普林斯顿高等研究院的人类学家克利福德·吉尔兹（Clifford Geertz）对福柯的著作并非无动于衷，但他开始重新评价《规训与惩罚》，从整体上爬梳人们对福柯作品的一些怀疑。在他笔下，

432　　　　福柯是个无法界定的人：他是一个非历史的历史学家，一个反人道主义的人文学者，一个反结构主义的结构主义者。不仅如此，福柯的作品有着紧张而有力的散文风格，他的文字似乎充满怀疑，与此同时又盛气凌人，他以古怪的细节以偏概全，这使他的作品很像埃舍尔（Escher）的一幅画——楼梯通向比它们更低的平台，通向外面的门把你带回门内——作品完成了。[83]

当然，对方将福柯描述为难以捉摸的人，描述为无法界定的对象，毫无疑问，既让福柯感到自豪又觉得好笑。然而，其他一些批评就不那么受欢迎了。

在一篇持续引发争议的文章中，H. C. 埃里克·米德尔福（H. C. Erik Midelfort）认为，福柯不仅夸大了《古典时代疯狂史》的"大禁闭"在欧洲的普及程度，而且他认为福柯笔下的愚人船（Narrenschiff）只是一种纯粹的文学现象，几乎没有证据能证明，过去真有这样的船在北欧的运河上漂流。[84]

疯子在海上被放逐的画面，如今呈现在变态心理学历史的标准教材中。愚人船存在的权威证据自然来自福柯。威妮弗雷德（Winifred）和布伦丹·马希尔（Brendan Maher）对愚人船的真实性展开实证主义调查，发现愚人船的存在纯粹是个寓言。[85] 马希尔随后写信给福柯，询问他的资料来源。1980 年 12 月 10 日，福柯回复了一封富有法语风格的信：

> 你的问题和其他类似的问题一样，对我来说，回答你的问题并不容易。我在《古典时代疯狂史》中使用的大部分资料都来自乌普萨拉的图书馆，在巴黎很难找到这些资料。与此同时，我会试着检索那些你提到的问题，最后我会将你需要的引文发给你。[86]

与此同时，我们通过福柯与两位评论家以及乌普萨拉图书管理员的通信发现，福柯能够使用的资料仅有勃兰特的《愚人船》以及一本再现勃兰特图像的16 世纪选集。因此，作者得出结论：这艘愚人船并不存在，福柯之所以写愚人船，是屈从于"结构主义"的需要，使社会行为与"象征主义理论模式"相一致。

福柯并没有回应这些批评。不过，他却对劳伦斯·斯通（Lawrence Stone） 433 在《纽约书评》（*New York Review of Books*）发表的一篇针对"疯癫"的长篇评论做了回应。在斯通看来，福柯对疯癫的研究主要挑战了"18 世纪启蒙运动的成就以及人道主义价值观"。[87] 他承认福柯作品的影响力，但对福柯实证主义的基础发起严峻挑战："福柯……向我们展现了现代社会的黑暗图景，但这景象只与部分历史事实相符。他的书中充斥着抽象的表达和隐喻，他对时间或地点的历史细节，对严肃档案的漠不关心……"[88] 此外，斯通质疑"大禁闭"的存在，怀疑所谓"新原则即疯癫是不道德的，最好的治疗方式是在训练有素的医生的管理下，对疯人进行强制性的社会隔离"。之后，他使用了最不同寻常的论据："疯子远没有被社会隔离，在精神病院肮脏的笼子里，20 多名戴着镣铐的疯子一边语无伦次地嘟囔着,一边摇晃着锁链发出咔咔的声音,16 世纪早期到 19 世纪早期,疯人院是伦敦最著名的旅游景点之一。"[89]

福柯总是声称自己"不愿参与论战"[90],但这一次,他回应了他的批评者,并毫不犹豫地利用了斯通关于疯人院评论的弱点:"你真的相信把人关起来展览,就证明他们没有被排斥和隔离吗?你只需告诉我,如果你戴着镣铐,在院子里咆哮,在监狱的栅栏后面打滚,面对那些带着嘲讽看热闹的旁观者,你难道不会感到一丝孤立,不会感到自己被隔离了?"[91]针锋相对的回应毕竟是少数,但福柯驳斥了斯通,指出了斯通的"九个主要错误"。然而,他没有谈论所谓反启蒙主义立场的一般性问题,也没有提供更多的实证观点和来源资料,来证实他在《古典时代疯狂史》中提出的观点。他辩护的主要理由是,他认为斯通没有真正读过他的书,并通过提供详细的参考文献来证明这一点。

让我们把这场论战的最后一句话留给斯通,他基本上重复了最初的指控,如今,他又添加了一个最离奇的指控。他带着赞同的语气引用了一位医学博士发表在《医院实践》(*Hospital Practice*)上的文章,文章写道,"最近,无数无助的精神病患者被流放到纽约冰冷的街道上",如此景象,"是福柯对皮内尔慈善梦想否定性评价的副产品,再加上英国修正主义精神病学家 R. D. 莱恩的时髦主张:精神分裂症不是一种疾病"。就好像福柯是那些"流浪女"的始作俑者一样。[92]据说,加利福尼亚大学有人问福柯,他为什么忽视那么多批评,反而选择回答斯通的问题?福柯答道:"因为驳倒他太容易了。"[93]

1980 年 11 月 16 日清晨,当时福柯还在纽约,一件事残忍地打破了巴黎高师的宁静。这天早晨,皮埃尔·艾蒂安被一阵猛烈的敲门声惊醒。当他打开门时,看到了发了疯的阿尔都塞,阿尔都塞说他杀了自己的妻子。当艾蒂安走进阿尔都塞的公寓时,他发现埃莱娜四肢摊开躺在床上,她已经死了,身体已经凉了,但没有搏斗的迹象。艾蒂安和校方决定立即把阿尔都塞送到圣安妮医院,他们叫了救护车,然后才报了警。尸检证实,埃莱娜是被勒死的。[94]警察和预审法官试图探视阿尔都塞,但却发现这位哲学家根本听不懂他们在说什么,因此,阿尔都塞被托付给医生照看。他们最终判定,阿尔都塞谋杀妻子时处于暂时性精神失常状态,因此他没有受到审判。根据 1838 年的法律,任何被判定为精神失常的人,都无法判定有罪或轻罪。该法律还规定,精神病犯人可以被无限期关押在精神病机构。

阿尔都塞的余生都是在圣安妮医院度过的，他已经非常熟悉这里了，之后他也在一系列的私人诊所待过（偶尔也去外面的世界转转），他在这里尝试重新开始写作。早在 1976 年，阿尔都塞就写了一部残缺不全的自传《事实》（*Les Faits*），如今他写了一部加长版的《来日方长》（*L'Avenir dure longtemps*，1985）。在阿尔都塞看来，《来日方长》是一本"自我批评的'认罪'书"，相当于皮埃尔·里维埃的回忆录。[95]他带着一丝绝望，幽默地将这本书称为"创伤传记"。[96]根据 1838 年的法律，阿尔都塞已然被剥夺了任何法律或公民身份，用他的话说，自己"现在是一个失踪的人，不死不活，没有被掩埋，但却没有作品（sans oeuvre）——这是福柯形容疯癫的华丽辞藻——如此消失了"[97]。阿尔都塞的失踪一直持续到 1990 年 10 月 22 日他在一家养老院迎来自己的第二次死亡，此时距他从精神病院出院已两年。

当时，阿尔都塞的亲密伙伴都对这起谋杀案不置一词。比如，德里达只说了一句"太沉重了"，并拒绝进一步评论此事。[98]福柯也沉默不语，但接下来的10 年里，他与自己尊敬的老师一直保持着联系，有记录的拜访至少有 3 次。随着阿尔都塞日渐康复，他开始能讨论一些知识分子世界的发展，讨论一些时事了。两人平时往来的中间人是神父斯坦尼斯拉斯·布雷顿（Stanislas Breton），他是左翼天主教徒，也是阿尔都塞自 20 世纪 60 年代中期以来的密友。福柯给了布雷顿一个"特别的"电话号码，布雷顿可以在任何时候联系到他。无论是阿尔都塞还是布雷顿都提到了与福柯的一次交流。福柯描述了他对基督教"价值观"的研究，并指出，虽然教会总是强调爱的伟大价值，但总是怀疑友谊的价值。在福柯看来，基督教对友谊的惊恐，与对同性恋的矛盾性排斥和对同性恋的病态压制相关。面对福柯的这番话，布雷顿描述了他的生活。15 岁时，他成了一个新牧师，一直过着没有朋友的生活，友谊总是与同性恋的爱慕和罪恶相伴相随。爱是一种从友谊的诱惑中解脱出来的方式。神父借用福柯的一句话说，"你知道，人是修道院的晚近发明。"[99]

17　伟大而顽强的波兰自由之光

1981 年 5 月 10 日，欢腾的人群涌进巴士底狱广场，巨大的屏幕上宣布密特朗在总统竞选中击败了瓦莱里·吉斯卡尔·德斯坦。仅一个多月之后，社会党在国民议会上赢得了多数选票。

在密特朗获胜前的一个月，福柯被评为法国"第三名最有影响力的知识分子"（他的影响力被列维－斯特劳斯和雷蒙·阿隆超越）。[1] 然而，福柯并没有利用他所谓影响力为密特朗或其他政治家争取支持。在他看来，选民们都是成年人，他们在投票时能够自己拿主意。福柯不愿扮演救世主角色的知识分子，也不愿建议别人投票给他支持的政治家。[2] 福柯对社会党的胜利并不抱乐观态度，1980 年的时候，他认为一切都不会有太大改变：密特朗在民意调查中仍处于往常的位置，法国共产党仍获得了 20% 的选票。[3] 左派联盟不太符合福柯的胃口，主要因为若是社会党政府当选，法国共产党的角色便会变得至关重要。他对选举模式的看法是错误的。5 月选举最显著的特征之一，便是法国共产党支持率的下跌。虽然他没有呼吁他人为某个政党投票，但福柯对自己在 5 月 10 日的决定感到满意：人们在投票时能自己拿主意。但福柯也觉得未来可期，"左派逻辑"将终结统治了法国 13 年的右派政治。新政府对核能、移民和监狱问题的态度尤其令他印象深刻。在更一般的层面上，政府和被治理者之间真的有可能建立一种新型的治理关系。[4] 当被问及是否愿意与政府合作时，福柯答道："对政府工作既不表示隶属也不表示全盘接受。人们可以在工作时保留意见。我甚至认为这两者是相辅相成的。"[5] 这里的"一起工作"是"合作"原则的变体，10 年前，

"合作"原则主导着福柯对毛派的态度，这同时意味着福柯有权对法国共产党保持批评态度。

从很多方面来看，福柯对社会党报以审慎的乐观态度自有他的理由。8月，在政府的邀请下，大约30万名非法移民的政治处境被"合法化"。新任司法部部长罗伯特·巴丹泰非常欣赏福柯的《规训与惩罚》，他很快废除了死刑，关闭了重型犯监狱（福柯在7月公开呼吁这一举措[6]），并取消了国家安全法庭。1970年的《反破坏法》被废除，当年正是因为这个法条，许多左派人士被警察逮捕。8月，1960年颁布的《米尔盖修正案》被废除，政府命令警察局不再保存"已获知的同性恋"档案。然而，福柯以官方身份与政府合作的希望落空了。政府给他提供了纽约"文化参赞"的职位，但考虑到自己的年龄和在法国的地位，福柯以不合适为由拒绝了这个职位。有一个职位他的确很渴望，那就是当国家图书馆馆长，但最后被任命的却是密特朗的亲信。

当时福柯并没有官方职务，但他在政治领域仍异常活跃。7月，一场关于海盗问题的国际会议在日内瓦的联合国机构召开，走廊上装饰着巨幅照片，照片拍的是马来西亚的海边，船民从受创的船只上蹒跚上岸。福柯在没有事先宣传的情况下在会上发言。他在一张小纸片上草草写就了简短的发言，之后在没有修改的情况下毫不犹豫地宣读了它。[7]福柯强调，他和来自世界医生组织的朋友们是以个人身份出席会议的：

> 那是谁委托我们在这里讲话的？没有人。正是这一点给我们说话的权利。我认为，我们必须牢记3项原则……
>
> 1. 一个国际公民有自己的权利和义务，这意味着面对权力的滥用，他会奋起反抗，无论发起人是谁，无论受害者是谁。毕竟，我们都是被治理者，照这样看，我们的命运紧紧相连。
>
> 2. 因为政府声称自己对社会的幸福负责，并妄称自己有权利衡量人类苦难带来的利益和损耗，然而，正是政府的决策和他们的疏忽大意，引发了人类的诸多苦难。国际公民的职责之一是向政府的耳目揭露人类的苦难，政府对这些苦难不负责任是不对的。人类的苦难，绝不应该成为政治运作的沉默残余。人类的苦难，奠定了人们向掌权者喊话和奋起反抗的权利的基础。

438

3. 我们必须拒绝他们给予我们的劳动分工角色，轮到每个个体表达愤慨、展开对话了。不仅如此，这也取决于政府的思考和行动……在国际特赦组织、地球社和世界医生组织的倡导下，这一新的权利得以诞生：个人有权利有效干预国际政策和战略秩序。个体的意志必须铭刻在现实中，而政府总是希望垄断我们的现实，我们必须逐步将政府的垄断权夺到自己手中。[8]

福柯的这番话在他去世后有了回响。1987 年 1 月，在波兰政治家莱赫·瓦文萨（Lech Walesa）和南非德斯蒙德·图图大主教（Desmond Tutu）的共同资助下，贝尔纳·库什纳和世界医生组织办了一场国际会议。会议坚称，以人权的名义介入他国事务，既是个体的权利也是义务。公开发表的会议序言，正是福柯在日内瓦会议上有关介入的论述，我们有理由相信，福柯的介入观念，正是库什纳"介入义务"观念的基础。[9]这场巴黎会议的直接结果，是库什纳在 1988 年被弗朗索瓦·密特朗任命为负责人道主义行动的部长。

1981 年夏天剩下的时间都是在平静中度过的，但在 10 月底，福柯参加了南加利福尼亚大学的一个题目（"知识、权力与历史，关于福柯作品的跨学科研究"）颇为宏大的会议。[10]福柯的出现，引起了媒体的极大兴趣，《时代周刊》甚至专门发表了一篇文章，通常情况下，《时代周刊》并不以关注哲学著称。[11]

这次会议热闹非凡。大学的戴维森会议中心挤满了学者、学生和记者，以及一个希望录制会议过程的拍摄团队。这必然是一个展示学术水平的论坛，一个个人竞争的平台，一个炫耀知识的舞台。但这里也有一些古怪的抗议发生，比如一个无名女士将讲台上的麦克风称为"变音阳具"。福柯本人在 10 月 31 日，也就是闭幕日当天发表了演讲，考虑到他的听众人数，他以简单明了的方式回溯了自己的思想历程。最后，他提到了目前有关"牧师权力"的研究，换句话说，这种权力模式起源于宗教实践，既要照顾羊群，又要建立信徒个人与基督之间的联系。最后，福柯问道："我们是什么？我们又能成为什么？我们能创造出何种新的主体性形式，而这种主体性形式并不起源于服从？"[12]

不久后，福柯卷入了一场事件中，在这场事件中，被治理者陷入了真正意义上的"屈从"，而且被治理者的权利也被否定了。1981 年 12 月 13 日，这一年 2 月被任命为波兰总理的沃伊切赫·雅鲁泽尔斯基（Wojciech Jaruzelski）将军宣布波兰进入"战争状态",并实施了军事管制,从而使一年前"波兰八月"带来的希望烟消云散,戛然而止。[13]第二天一大早,福柯就接到了皮埃尔·布尔迪厄的电话。虽然他们已经认识了将近30年,但关系并不密切,而且布尔迪厄也不是政治上的积极分子。在布尔迪厄眼中,福柯显然是抗议波兰事件的合适人选。这通电话的结果是一份号召书的诞生,福柯和布尔迪厄在福柯的公寓里草拟了这份名为《爽约》(Les Rendez-vous manqués)的号召书,在年轻记者迪迪埃·埃里蓬的帮助下,这份声明于12月15日、17日发表在《解放报》上,此文摘要发表在12月18日的《世界报》上,福柯在20世纪70年代中期就认识迪迪埃·埃里蓬了。除作者外,主要的签名者包括:戏剧导演帕蒂斯·谢罗(Patrice Chéreau)、科斯塔-加夫拉斯、安德烈·格鲁克斯曼、贝尔纳·库什纳、克劳德·莫里亚克、伊夫·蒙当、罗日·桑普兰(Jorge Semprun)、西蒙·西涅莱和皮埃尔·维达尔-纳杰。这份声明是对雅鲁泽尔斯基"掌权"的愤怒回应,也是对法国政府立场的控诉。这份声明,使福柯为首的签名者与政府发言人发生了激烈争吵。法国外交部部长克劳德·谢松(Claude Cheysson)12月13日在欧洲1号电台上发表讲话时称,他对波兰的事态发展表示惊讶,但他随即补充说,这一事件纯粹是波兰内政,法国政府"显然"不会干预。他希望波兰人能自己化解这场危机,没有迹象表明"外部干预"的可能性。[14]谢松应对自己的措辞表示遗憾,这是他的严重误判,因为他未能料到,人们对波兰自发同情的浪潮很快席卷了法国。这位部长至少还有始终如一的美德。在竞选活动期间,《世界报》问他对波兰的局势是报以乐观还是悲观态度,他拒绝回答这个问题,并说这是波兰人自己的事。他祝波兰好运,但坚称他对波兰内政无话可说。[15]　440

　　12月15日上午,蒙当在欧洲1号电台上宣读了这份《爽约》声明,之后福柯对此进行了讨论。广播节目刚刚结束,一名骑着摩托的情报员从爱丽舍宫赶来,带走了福柯和蒙当的谈话录音带。

　　福柯深知,法国不会通过派遣伞兵和坦克真的干预波兰内政,但他确信出　441 于"道德原因",法国也应该明确表示"拒绝接受"波兰现在正发生的事。与此同时,法国的被治理者应该表明,自己"拒绝接受政府的不抵抗政策"。[16]在此次事件中,密特朗政府不是全然被动,而是表示抗议。12月事件发生后,皮埃尔·莫鲁瓦(Pierre Mauroy)立即取消了他作为总理的第一次正式访问:华沙之旅。[17]然而,谢松的话仿佛播下了争议的种子,福柯在5月选举中的乐观被这场争论彻底摧毁。

首先做出回应的是社会党第一书记利昂内尔·若斯潘（Lionel Jospin），在法国联合电台面向公众的节目中，他谴责福柯－布尔迪厄的声明是一种"智识的疯狂"，转而对福柯等人进行人身攻击。[18]

一周后，文化部部长雅克·朗也开始公开抨击福柯－布尔迪厄的声明。他用"小丑""不诚实""结构主义者典型的不负责任"等词来形容"福柯们"，并指责格鲁克斯曼、福柯和蒙当"不经思考就大声疾呼"。[19]抛开当前的政治议题不管，朗的评价有一点怪异的过时感：1981年的冬天，他肯定是法国唯一一个还相信"结构主义"的人。《世界报》的编辑雅克·福韦（Jacques Fauvet）也加入了这场大合唱，他在一篇社论中称"某些左派知识分子"显然难以接受社会党在5月10日的胜利。在他看来，他们没这样做很容易解释：左派在1968年没能掌权。[20]福韦的反应激怒了福柯，他决定再也不读《世界报》。若是朋友们偶尔粗心大意地问他是否看过报纸上的这篇、那篇文章，福柯就会勃然大怒。[21]

442   虽然《世界报》批评了谢松的错误言论，但它明显还是站在政府的立场上说话，并拒绝刊登一封更早的抗议信，这封抗议信是科内利乌斯·卡斯托里亚迪斯在12月14日起草的。除了卡斯托里亚迪斯以外的签名者，还有让－马利·多梅纳克和皮埃尔·维达尔－纳杰。他们指出，纳粹在战前德国的独裁政治当时也属于"德国内政"，但与福柯－布尔迪厄声明遭受的口诛笔伐不同，这份声明没有遭到批评。这份声明最终于12月21日发表在了《解放报》上。

如今，围绕着波兰的请愿书和公开信开始激增。12月23日，《世界报》上刊登了一篇《来自左翼作家和科学家的呼吁》。"我们以自己的名义宣告一个显而易见的真相，以下文字表达了我们的心声：'法国的立场给了波兰人民另一重希望，使他们相信自己有能力避开迎面而来的危险。'"这段引文来自密特朗，暗示了政府和知识分子之间的和解。这份声明以广告的形式发布，政府是资助者，值得注意的是，福柯并没有在上面签名。

然而，他的确签署了法国劳工民主联盟的呼吁书，这份呼吁书在第二天
443 公布。五十个签名者中，很多人都是福柯的朋友和亲密伙伴：阿利奥、谢罗、多梅纳克、埃瓦尔德、法尔热、芬凯尔克劳特、吉斯玛、格鲁克斯曼、雅各布、朱利亚、莫里亚克、诺拉、桑普兰、西涅莱、斯特法尼、韦纳、皮埃尔·维达尔－纳杰。

12 月 22 日晚上，人们为了表达对政府立场的支持，为了巩固分裂的官方 - 知识界联盟，在巴黎歌剧院举办了盛大集会。11 名政府成员和 2 000 名受邀嘉宾出席了晚会，聆听米盖尔·安吉尔·艾斯特莱拉演奏的肖邦乐曲以及歌剧合唱团演唱的《斯拉夫人合唱》——《斯拉夫人合唱》来自《拿布果》(Nabucco)。一位不速之客也在现场。在庆祝活动的当天早上，福柯在法国劳工民主联盟的会议上就波兰问题发表了讲话。晚上，他在歌剧院附近的一家咖啡馆里与莫里亚克、西涅莱、科斯塔 - 加夫拉斯等人碰头。在场的人里，只有福柯没有收到正式的晚会邀请函。信使的确将邀请信送到了沃吉拉尔街，但是是给丹尼尔·德费尔的。"尖刻与嘲讽中带着几分扬扬自得"[22]，福柯确信自己被故意忽略了，而莫里亚克则确信，莫里瓦政府认为，在波兰问题上，福柯应对自己批评法国政府的立场负责。

邀请函名单上没有福柯的名字，这究竟是政策问题，还是仅仅因疏忽大意所致，仍有待商榷，但他不费吹灰之力就进入了剧院。这一点或许令福柯感到失望，从莫里亚克的讲述中可以明显知道，福柯预计自己会被拒之门外，并盼望着自己给《解放报》打电话揭穿这场丑闻。然而，就这场活动来说，福柯没必要打这通电话了，他加入了熙熙攘攘的宾客中，之后，在他不喜欢的琼·贝兹（Joan Baez）上台之前就离开了。[23]

《世界报》的一份报道，说明了知识分子在示威活动中所面临的一些问题。福韦对福柯 - 布尔迪厄声明的态度已经非常刻薄了。如今，一位记者带着嘲讽的口气说，知识分子已经从库波勒和巴尔扎尔酒馆（分别在蒙帕纳斯区和拉丁区）迁徙到了"爱好音乐的资产阶级领地"，从庆祝 5 月选举的第一次大聚会，到在"波兰自由的旋律中"翩然起舞。[24] 面对这些嘲讽，福柯的答复是更实际的政治行动。 444

12 月 15 日，法国劳工民主联盟宣布已经有"一些知识分子"与他们联系，他们希望在法国建立一个"工人 - 知识分子联盟"。第二天晚上，第一次会议在法国劳工民主联盟的总部召开。出席会议的知识分子有布尔迪厄，他认为有必要在工会和这些学院支持者之间建立一种永久的联系，而福柯则强调有必要建立一个信息中心或新闻社。12 月 22 日，福柯、布尔迪厄和法国劳工民主联盟的秘书长艾德蒙·梅贺在一场更大的会议上发表了讲话。[25] 正是在这次会议上，徽章运动启动了。几个小时后，许多巴黎人开始购买并佩戴白底红字的徽章，这些徽章上印着红色的团结工会徽标。

福柯将徽章佩戴了好几个月。福柯声援波兰的方式是公开发表声明，并身体力行地投入平凡琐碎的任务中。福柯作为财务委员会成员，会提交满是统计数字的详细报告。一位委员会资深成员惊讶地发现，他总是会依赖福柯，但他总是不由自主地想到，福柯自己一定有更重要的工作要做。[26]

当福柯和布尔迪厄决定与法国劳工民主联盟联系的时候，他们也走进了一个几乎一无所知的工会世界，尤其是与团结工会建立联盟的决定意义重大。法国劳工民主联盟的前身是法国基督教工人联合会，这是一个成立于 1919 年的基督教联盟，长期以来，会议以人们的祈祷仪式结束，人们会说"劳动的圣母，为我们祈祷吧"。1964 年，它切断了与宗教的联系，更名为法国劳工民主联盟。不过，该联盟与像《精神》杂志这样的左翼天主教组织一直保持着联系。在很多人眼里，法国劳工民主联盟的章程标志着"第二个左翼"的出现。[27]法国劳工民主联盟早就与团结工会取得了联系：1981 年 10 月，当瓦文萨访问巴黎时，
445 他便与梅贺会面了。梅贺说道："使我们联合在一起的纽带超越了普通的友谊，甚至超越了相似的兴趣。这纽带让我们休戚与共。"[28]

1958 年福柯在华沙的经历，使他对波兰人民的感情始终不渝，但他却不喜欢波兰统治者。[29]1980 年 1 月，他公开支持"波兰自由学习"运动，并在《纽约书评》发表的联名公开信上签名。

"波兰自由学习"运动是为了捍卫飞行大学并促进波兰学者和其他国家学者之间的交流。请愿书的签名者包括：阿尔弗雷德·艾耶尔、法兰克·柯莫德、纲纳·缪达尔、琼·罗宾逊、爱德华·汤普森、让·斯塔罗宾斯基、让－皮埃尔·韦尔南。[30]

波兰政变透露了一个明显的讯息，那就是法国劳工民主联盟和福柯这样的知识分子志趣相投，可以联合在一起。他们之间的兴趣点并不局限于波兰问题。一份法国劳工民主联盟的内部文件显示，当福柯和他的伙伴们与梅贺会面时，他们也表达了对法国政府的批判态度。法国劳工民主联盟很清楚，对社会党政府抱有敌意是一种危险举动，但他们也认为福柯等人表达了真实的诉求。他们不希望成为同路人，也不希望仅仅在请愿书上签字，"他们希望在自己的能力范围内，去找到一种共同工作的方式，促进对 1981 年 5 月 10 日以来国家历程的思考"[31]。对福柯来说，与政府合作似乎不太可能，但与一个独立工会合作却是

可能的，他在与艾德蒙·梅贺的对话中探索了多种多样的计划，但这些计划都未能实现。[32]

从更长的时期来看，福柯参加了由法国劳工民主联盟发起的社会安全体系讨论，并发表了关于这个问题的论集。[33]福柯的对谈者是罗伯特·布鲁诺（Robert Bruno），在对谈过程中，他对福柯产生了钦佩之情： 446

> 他以哲学家和 17 世纪"正派人"的视角来体察 20 世纪，也就是说，他是一个 20 世纪的"正派人"，拥有自启蒙运动以来关于社会的一切知识。我在他身上看到了相同的坚持，他致力于理解同时代的事件，不是带着偏见从局部来理解这些事件，而是从整体上理解这些事件，从事件的相互关系上理解这个时代。[34]

1982 年秋，福柯对波兰的参与有了具体的形式，但在此之前，他与密特朗总统有过短暂会面。9 月，他受邀参加爱丽舍宫举行的正式午宴，同行的还有让·丹尼尔、皮埃尔·维达尔－纳杰、西蒙娜·德·波伏瓦（福柯对她的态度冷淡而客气）和阿兰·芬凯尔克劳特。他们在这种场合了聊了些什么，没有记录下来，但我们知道，午宴时讨论的话题涉及以色列和中东问题。随着讨论的深入，密特朗对来宾进行了一番经济政策的说教。福柯沉默不语，但当他和其他人一同离开时，他开始向皮埃尔·维达尔－纳杰抱怨共和国总统在经济上"明显的"无能。[35]这是福柯与总统的唯一一次会面。

爱丽舍宫聚会的几天后，一辆蓝色面包车连同一辆大卡车离开巴黎，前往 3 000 公里外的华沙。这辆面包车上坐着 5 名乘客：福柯、西蒙·西涅莱、贝尔纳·库什纳、雅克·勒巴（Jacques Lebas）、让－皮埃尔·莫贝尔（Jean-Pierre Maubert），最后 3 人代表世界医生组织。车上载有食品、药品，还秘密地藏有书和一些印刷设备。来自法国的书籍在华沙很受欢迎，当格鲁克斯曼跟着更早的车队抵达华沙时，那里的接待委员会却不太热情，因为他们发现卡车上装满了奶酪和巧克力，却没有一本书，甚至格鲁克斯曼本人书籍的复印本都没有，这让他们有些失望。[36]

福柯加入救援车队的目的有两个。福柯越发确信，为了自己能够和法国人谈论波兰，有必要继续与波兰人接触，与波兰人交谈。[37]同时对福柯来说，这 447

次出行无疑是一次愉快的短假，可以让他从工作中跳脱出来，从国家图书馆漫长的时光中解脱出来，在那里，他正在研究《性经验史》剩下的两卷本。

这将是一次愉快的旅行。西涅莱和福柯互敬互爱，他们仿佛是《丁丁历险记》漫画中的人物：西涅莱扮演卡斯塔费欧雷夫人的角色，福柯则成了向日葵教授（le professeur Tournesol，英文版是微积分教授）。他们轮流开车，他们在车上唱歌、开玩笑，聊聊各自的生活经历来消磨时间。人们为了缓解紧张的心情，在车上唱歌欢闹，福柯最后竟然紧张得尿了裤子。因为当初觉得没必要带换洗的裤子，这场不幸的事故迫使他改道机场，以恢复自己的体面。人们在车上唱皮雅芙和蒙当的歌曲。福柯的音乐品味令库什纳和勒巴达感到惊讶。福柯偏爱布列兹和瓦格纳，而非法国传统的香颂，而且他熟知蒙当所有歌曲的歌词。但福柯还有一个惊喜让人笑不起来，那就是他唱歌跑调。这场旅行的第三个惊喜，是福柯透露他25年前曾在波兰居住。尽管他与库什纳相识多年，但从未向库什纳提及此事。

去往华沙的旅程并非没有紧张的时候，人们预计卡车途经民主德国边境时会耽搁很久。此刻，福柯的脑海中，一定浮现出了1978年与东柏林边防部队那次不快的交锋。西涅莱着装朴素，看起来不像一个国际明星，她第一个通过了海关。当她摘下墨镜，出示她的护照时，她的真名"卡明可"（Kaminker）跃然纸上，边境警察惊讶地倒吸了一口气，说道："你就是西蒙·西涅莱呀。"他立刻挥挥手让他们通过，并告诉他的上级长官，不要阻拦女演员和她的同伴们。她在东欧的地位近乎传奇，她仍记得1956年与蒙当在东欧的巡演。救援车队顺利抵达华沙，没有发生其他事故。

在华沙，救援小组成员住在维多利亚酒店，这是一个"假妓女和真间谍"经常光顾的地方，酒店离布里斯托尔酒店不远，如今，布里斯托尔酒店被木板封了起来，已然废弃不用。当年正是在那里，福柯伴着烛光完成了《古典时代疯狂史》。[38] 来访嘉宾与学生、知识分子和不同政见者（其中包括未来的克拉科夫市市长）进行了一轮会谈，教堂外的鲜花和团结工会的十字架映入人们的眼帘。商店外排队的队伍，比西涅莱记忆中战时法国的队伍还要长。[39]

卫生部部长接待了救援小队，对他们带来的医疗补给表示感谢，但当福柯他们询问瓦文萨的健康状况时，对方却冷若冰霜，沉默不语。尴尬的局面没有丝毫缓解，因为福柯拒绝与部长握手。自始至终，这位在政委陪同下的部长都显得非常紧张。

他们从华沙出发前往克拉科夫，这也是福柯熟悉的地方。他比自己想象中更熟悉这个地方。面对老酒店和不知名的现代酒店，小组成员选择了前者。第二天早上，勒巴、莫贝尔和库什纳发现福柯和西涅莱在一起谈笑风生。巧合的是，福柯被安排在1958年他住过的那个房间，正是在这个房间里，法国教育部的巡视员发现福柯和一个"迷人的年轻人"躺在床上。行程还包括对奥斯威辛集中营的短暂游访，奥斯威辛离克拉科夫不远。他们一个接一个地走过红砖建筑，独自沉默地伫立在焚尸炉前——用库什纳的话说，"这是如此漫长的瞬间"——之后他们走向当年点名的广场。那天天气很好，鸟儿欢快地歌唱着。库什纳觉得广场小得惊人，他本以为这里大到能够容纳600万名种族屠杀受害者。福柯从未提及这段经历。[40]

如今，福柯花了很多时间在国际巡回演讲上。1982年5月，福柯在鲁汶大学做了一系列名为"恶行诚言（Mal faire, dire vrai）——司法供认的功能"的讲座。当福柯在鲁汶时，他与犯罪学系的安德烈·贝尔丹（André Bertin）的对话被录了下来。[41]那年夏天，他还在多伦多大学教授研讨会课程。 449

人们对福柯的演讲主题再熟悉不过了，比如说话的禁忌和坦白的义务，关心自我和自我修养，以及基督教和苦行主义哲学传统。[42]福柯很高兴能访问加拿大。福柯一直很喜欢这个国家，尤其是魁北克。1971年第一次访问那里之前，他有些焦虑不安，他预计自己将看到一个压抑的、牧师权力统治的社会。让他感到惊讶的是，他发现了一个富有生气的开放性社会，还有一个蓬勃发展的同性恋群落。[43]

这次横跨大西洋之旅，也给福柯提供了短暂探访纽约的机会，在那里，他远离了学术界，做了关于同性恋文化和性经验的更为直白的访谈。毫无疑问，福柯关于性的话语，与他身体力行的探索和他对快感享用的体验紧密相关。在多伦多，快感也日益服从于一种新的制度。当地政府最近关闭了许多S&M俱乐部和浴室。尽管多伦多当局自称宽容，但感到有责任支持"大多数人的"观点，当同性恋群体依旧沉迷于"过分荒淫的行为"时，他们选择不再接受。在《盖皮耶》发表的一篇访谈中，福柯主张不妥协：在容忍与不容忍之间不可能有折中选项。警察应该与个人的性生活无关。[44]福柯关于澡堂实验室的颂文是在一个艰难的时刻写成的。当时已经有人在谈论神秘的"同性恋癌症"，也有人因此死亡。在与朋友们聊天时，福柯像他的大多数性实验伙伴一样，在怀疑的笑声中打发了"同性恋癌症"的观念。但围绕"同性恋癌症"的恐惧也弥散开来。"在洛杉矶，这种传染病首先是通过皮革俱乐部传播的。男同性恋开始满含狐疑地盯着酒吧里帮助消除烟雾的离子器。他们总是觉得，也许那些小配件在散发一些其他的、致命的东西。"[45]

9月，福柯去了波兰。10月，他在佛蒙特大学参加了一场关于"自我技术"的学院研讨会。[46]福柯在佛蒙特大学待了3周，既做了研讨会发言，也进行了公
450 开演讲。讲座主题是"个体的政治技术"，是泰纳人文价值讲座的缩略版，讲座内容与《性经验史》第三卷的内容非常相似。[47]除佛蒙特大学本校教师外，研讨会还邀请了来自其他大学的杰出学者，他们分别是：杜克大学的弗兰克·伦特理夏（Frank Lentricchia），罗切斯特大学的克里斯托弗·拉许（Christopher Lasch）和爱荷华大学的艾伦·梅吉尔（Allan Megill）。尽管有重量级知识分子在场，研讨会的氛围还是很轻松愉快。这种场合，意味着福柯被迫登上讲台进行公开演讲，福柯的害羞还是令主持人深感意外。

像往常一样，福柯避开了"知识分子鸡尾酒会"，然而，除了酒会，福柯对"当地的夜生活"和教师孩子们的问题都很感兴趣。据活动组织者所说，福柯"和学生们在一起时最开心"。[48]10月25日，福柯接受了自由记者露克丝·马丁（Rux Martin）的访问，访谈中的福柯显得很放松，在访谈的最后，福柯提到他曾在法国的监狱和精神病院工作，谈到他阅读是为了获得快乐，他说，"这些人的书最能激发我的感情：福克纳、托马斯·曼、马尔科姆·劳瑞的《在火山下》"。他还承认，若是更年轻些，他或许会移居美国。[49]

福柯自己可能很放松，但他也可能无意中伤害了他人。雅娜·萨威基（Jana Sawicki）花4年时间写了一篇关于福柯批判人道主义的博士论文，并试图将文中观点用于女权主义领域。在她将论文提交审查的第二天，她有幸参加了福柯在佛蒙特大学的探讨会。"我告诉他，我刚刚写完一篇关于他批判人道主义的论文。不出所料，他带着几分尴尬又有些严肃地答复了我。他建议我不要花费精力谈论他，相反，他建议我做他正在做的事，去进行谱系学研究。"福柯不愿被人看作哲学丰碑，这是可以理解的，但萨威基因为写了4年的作品被人轻视而烦恼不已，也是可以理解的。然而，这并没有阻止她勾勒出"福柯式女权主义的轮廓"。[50]

当福柯在佛蒙特大学的时候，法国爆发了"珊瑚"（Coral）丑闻。珊瑚位于加尔省的山区，是一家"替代性疗法"的治疗中心，是一个"生活社区"，专门收治患有严重精神疾病的儿童，该治疗中心深受反精神病学运动和种种"反主流文化"意识形态的影响。10月，该中心主任克劳德·希贾拉（Claude Sigala）和中心的一位教师让－诺埃尔·贝迪（Jean-Noël Bardy）被逮捕，并被带到预审法官面前。人们怀疑他们与指控他们的人发生了性关系，治疗中心成了一桩重大恋童癖丑闻的焦点。 451

希贾拉和贝迪之所以受到指控，是由于让－克劳德·克里夫（Jean-Claude Krief）提供的一份情报——克里夫是一名有精神病史的年轻男子，人们都怀疑他是警方线人。克里夫称"珊瑚"是一个庞大的恋童癖团伙的中心，该团伙的活动包括在阿姆斯特丹制作儿童色情作品。他进一步声称，他对谢黑说，自己从希贾拉那里给他带了本书，便获准进入谢黑家中，在那里他发现了谢黑是该团伙成员的证据。谢黑曾被邀请到"珊瑚"参加讨论，如今他被指控"煽动未成年人淫乱罪"。丑闻开始发酵，明显带有政治色彩：现在据说该团伙名单上包括一位政府部长。这件事变得很严重。尽管法国的政治生活可以容忍一系列在英国难以想象的性行为，但恋童癖却突破了人们的底线。这张名单上还有米歇尔·福柯的名字。

"珊瑚"丑闻引发的后果从未被完全澄清。克里夫撤回了他的指控（但随后又反悔了），但他的名单被证明是假的。他究竟是一个自主行动的臆想狂，还是警方不同派系所利用的一枚棋子，目前仍不清楚。对于珊瑚中心的捍卫者来说，答案不证自明，正如给共和国总统的一封请愿书上所说，法国正在目睹"一场含沙射影的运动，一场针对同一社交圈的恐吓运动。针对所有替代性的'生活社区'，针对所有同性恋者和左派"。[51] 政府对此事刻意保持沉默，辩护运动主要由同性恋反压迫紧急委员会组织，在费利克斯·瓜塔里和谢黑的组织下，一系列抗议会议和示威活动如火如荼地开展起来，两人最后在未受指控的情况下被释放。然而，与此同时，盖伊·霍克纳姆公布了一份据说与"珊瑚"事件有关的名单。福柯得知这件事后勃然大怒，他和霍克纳姆的友谊也变得岌岌可危。

霍克纳姆对这件事的看法可以从他的小说《小男孩》（Les petits Garçons）中窥见一斑，小说对这件事的描述几乎没有虚构成分。在小说中，福柯以"库福尔德教授的形象出现"，"他是历史学科领域的权威，几乎是一个诺贝尔奖得主"。[52]《小男孩》中有一段幕间曲，标题为《致友人的一封信》，信中对那些没有捍卫谢黑的人发起了猛烈攻击，因为，尽管他们先前的立场如此鲜明，但他们突然意识到，他们从未反抗所有的警察、所有的法律系统和所有的压迫。[53] 收信人在自己的作品中谴责"几个世纪以来，那些痴迷于忏悔者特征的神父、警察、法官和精神病学家"，但现在公众生活的需求告诉他，应该"忘记昨日你紧拥在怀里的男子的电话号码"。[54]霍克纳姆公然将谢黑等同于那个冤假错案和偏见的受害者阿尔弗雷德·德雷福斯（Alfred Dreyfus），并且问道："如果德雷福斯回来了，你认为人们会认出他吗？"[55]1982 年 10 月 22 日，在《世界报》发表的一封信中，谢黑本人已经勾画出了这条平行线：此事件确实令人想到德雷福斯事件，"知识分子恋童癖"扮演了犹太人的角色，但不幸的是左拉还没有出现。霍克纳姆显然是在暗示福柯并非左拉。

福柯回到法国后，的确为谢黑和其他卷入"珊瑚"事件的人展开辩护，并与霍克纳姆和解了。福柯联合夏特莱、德勒兹、德里达、法耶、瓜塔里、霍克纳姆和利奥塔（Lyotard）签署了一份声明，抗议法庭和新闻界处理整个事件的方式，并表明他们将制作一本"白皮书"，重新调查整个事件。[56]"白皮书"从未成真。指控被撤销，丑闻也渐渐从公众的视野中淡出，直到最后，这件事都扑朔迷离。[57]

1982 年的大部分讲座都以各种方式与《性经验史》计划联系在一起，并与1981—1982 年法兰西公学院的讲座"主体解释学"相关。[58]然而，到了年底，福柯最终完成了在《性经验史》中提到的古老计划。在谈论"矫正世界"的过程中，福柯提到了 17、18 世纪的国王封印密札，并评论道："放荡、挥霍、不可告人的关系和可耻的婚姻是禁闭最常见的动机。"他补充道："这种压迫性的权力，并不来自司法裁决，也不完全是宗教管制，这种权力直接与王权相关，它不代表专制的武断和任意，而是来自家庭的严格要求。专制君主把禁闭他人的权力移交到资产阶级家庭手中。"[59]国王或警局中尉可以通过国王封印密札无限期监禁个人，国王封印密札被看作专制主义的典型表现，更是启蒙运动者眼中的忌讳，而巴士底狱通常被看作压迫的象征。比如，萨德就是在这样的制度下被关到了巴士底狱。事实上，国王封印密札主要针对的并不是贵族浪荡子。通常是非常卑微低下的家庭申请国王封印密札，正如德勒兹评论的，"国王封印密札是精神病学中'自愿接受拘押'的原型"。[60]在福柯的眼中，这些信件成了社会档案，这些社会档案有助于构建截然不同的权力理论。

在《古典时代疯狂史》中，福柯以丰克－布伦塔诺（Funck-Brentano）1903年的国王封印密札以及一份来自阿斯纳图书馆手稿中的案例，来阐明权力的压制性。这些问题档案被称为巴士底狱档案，由最初保存在巴士底狱的警察报告组成，革命期间这些档案散落各处，后来又重新被汇聚在一起。福柯所举例子涉及一个名为诺埃尔·罗伯特·休伊特（Noël Robert Huet）的人，他的亲戚难以忍受他的放荡行径，请求君主监禁他，因为诺埃尔的行为令他们蒙羞。虽然福柯并没有对此进行详细阐释，但他似乎第一次暗示了后来的理论，即权力并不必然是由君主权力从上面强加于个体的，权力也来自下面。

发现巴士底狱档案之后，福柯很快计划将档案结集成书。1964年福柯签订了一个关于巴士底狱犯人之书的合同，这本书本应出现在"档案"丛书中，"档案"丛书是皮埃尔·诺拉最近在朱利亚出版社主编的。[61] 该系列被列为"即将出版的"早期卷宗，题目为"疯癫：米歇尔·福柯的讲述，17世纪至19世纪，从巴士底狱到圣安妮医院的暗夜之旅"。但这本书从未写成。

1980年，年轻的历史学家阿莱特·法尔热从邮局收到了一包影印本。她感到很惊讶，这份包裹是福柯寄来的，里面有巴士底狱档案材料的抄本。两人见过面，但法尔热不是福柯朋友圈的一员，时至今日，她都没参加过福柯在法兰西公学院的讲座。法尔热最初是一名律师，后来转而研究历史。1978年5月，她参加了福柯和一群历史学家举行的圆桌讨论。在专门讨论法尔热《18世纪巴黎的街头生活》（*Vivre dans la rue à Paris au XVIIIᵉ siècle*）的无线电广播节目后，两人也曾短暂碰面。这本书出现在1979年春天的"档案"书系中，法尔热利用档案材料以及像让－塞巴斯蒂安·梅西埃（Jean-Sébastien Mercier）等作家的作品，对18世纪的巴黎街头生活进行了详细而生动的描述。他们也熟识彼此的工作。法尔热是《规训与惩罚》的崇拜者，而福柯则两次提到法尔热的《18世纪巴黎的食品盗窃案》。[62] 在《18世纪巴黎的街头生活》的前言中，法尔热认为福柯对权力装置的敏锐分析，启发自己从一个新的视角来研究档案的来源。最后，法尔热和福柯都认识菲利普·阿利埃斯，他俩不仅在学术上非常尊重阿利埃斯，还对阿利埃斯抱有真挚的感情。包裹里还有福柯的一封信，信中福柯就档案材料出版的可行性向法尔热征求意见，这份档案包含对各种类型个体的监禁请求。福柯解释说，自己被这些档案的文字之美吸引，想知道能否在没有任何评论的

454

情况下出版这些档案。福柯尤其被序言与正文之间的对比震撼，序言通常由公共作家撰写，文风华丽，富有传统风格，信件的正文则通常以通俗法语写成，既不正式，也不合乎语法。

法尔热也觉得这些文本写得很美，但反对不加评论就出版这些文本。犹豫再三之后，她带着一丝焦虑给福柯写信说，她的确认为这些文本有助于复原某种集体记忆，但还需要一些介绍和阐释。她仍归记得，写这封间断的信花了"非常长的时间"，但这封信达到了预期效果。福柯打电话说，自己对她的意见深信不疑，并问他们是否可以在这个项目上展开合作。法尔热几乎不敢相信自己的耳朵，犹豫片刻后便接受了这份邀请。

《混乱的家庭》（Le Désordre des familles）一书分为两个部分，分别讨论了婚姻冲突以及父母和孩子之间的关系，结尾是一篇名为《当有人写信给国王时》的文章。此书每部分前面都有一个简介，剩下的内容则是原始档案。第一个任务显然是从福柯多年来收集的档案中挑选材料。由于这些材料非常脆弱易碎，没办法进行影印，而那些写在羊皮纸或破布纸上的信件也不总是保存完好，因此，这些档案都是福柯一笔一画抄写下来的。福柯是在国家图书馆读到的这些档案，在阿斯纳图书馆，他开始誊写这些材料，这是一项"乏味而奇怪的操练"，"辛苦而摆脱不掉的工作"。[63] 18 世纪的文字并不那么容易辨认，无论是拼写还是标点符号都可能不符合规范。

455　　即便有可能复印他想要的文件，福柯可能也不会这样做。他经常使用国家图书馆的复印机，但对它们的态度却很矛盾。他对克劳德·莫里亚克说："这太诱人了……一切变得轻而易举……但复印机让我们不再需要真正的阅读……最重要的是，它破坏了文本的魔力，当你的眼前、你的手中不再是印刷的书页时，文本几乎就变得死气沉沉。"[64] 在阿斯纳图书馆，倒是没有复印机诱惑他了，他只好辛苦地誊写材料。然后，他誊写的笔记由秘书打印出来，鉴于福柯的字迹几乎难以辨认，这位秘书一定是天赋异禀，有着非凡的耐心。这位秘书是个单亲妈妈，而且身体也不好，福柯将一部分稿酬悄悄分给了她。

这是个合作项目，但没有明确分工，尽管法尔热说婚姻关系的部分主要是她的工作，而关于父母和孩子关系的长篇段落主要是福柯的成果。人们将法尔热写的东西归到福柯身上，令她感到相当可笑。她补充说，福柯不愿过分涉足夫妻关系的讨论，他担心自己若是过于强调性政治的部分，可能会使女权主义者迁怒于他。

海上美丽岛是布列塔尼沿海的一座美丽岛屿，法尔热至少有一段时间都在海上美丽岛度假时工作。福柯更愿意留在巴黎，他不明白在这样的环境中人怎么能工作。他确信他会因为看海而分心。福柯与合作者之间的大部分讨论都是在他的公寓里进行的。在法尔热的记忆中，她和福柯之间没有太大分歧，但她亲切地回忆起自己和福柯之间的对话，"哲学家富有智慧，但他善变、恶毒，有时还很滑稽，他让我变得健谈多了"。[65] 人们有时会谴责福柯有厌女症，在相处的过程中，法尔热没感觉到这一点，她反而发现福柯非常善良，甚至非常谦恭。显然，皮埃尔·里维埃小规模研讨会的氛围非常民主。合作者之间的讨论并不局限于手头的工作，福柯在 5 月社会党胜利之后的姿态，以及他拒绝成为社会党同路人的选择，都令法尔热印象颇深。她还回忆起，在她的同意下，福柯取消了在电视节目"阿波斯特弗"上宣传《混乱的家庭》的计划，相反，福柯在克里斯蒂娜·奥克朗（Christine Ockrent）的时政节目中讨论波兰。另一个吸引福柯的因素是奥克朗——法国电视台的"克里斯蒂娜女王"——这是他最喜欢的媒体人物之一。 456

早期《声名狼藉者的生活》中的素材也出现在了《混乱的家庭》中。并非所有由福柯抄录的材料都被用于后一卷，其中一些资料被收录进了法尔热对《私人生活史》（Histoire de la vie privée）的贡献中。生病的阿利埃斯曾请法尔热去写完这本书，阿利埃斯在 1984 年 2 月去世。她获得了福柯的允许，使用了一些福柯在阿斯纳图书馆找到的素材。这是福柯和法尔热向阿利埃斯致敬的方式。然而，福柯于同年晚些时候去世了，法尔热的作品便也成了她向福柯的致敬。

《混乱的家庭》并没有大获成功，也没有吸引太多批评的目光。[66] 阿莱特·法尔热认为这本书有些失败的原因在于，它包含了"太多的文本而没有足够多的福柯评论"。直到福柯去世后，人们才开始向她问起这本书的渊源。[67]

18 未竟一生

1983 年 4 月，福柯重回加利福尼亚大学伯克利分校，担任那里的特聘教授。这次访问是他在美国真正的巅峰时刻：这场有关“自我的文化”的公开讲座吸引了两千多名听众。尽管日程紧张，福柯仍愿意与学生进行非正式讨论，并参加了不同院系的讨论和会谈。4 月，福柯与法语系座谈，4 月 26 日和 5 月 3 日则参加了拉比诺的研讨会。在其他的一些计划中，他探讨了秋天返回这里教一门完整课程的可能性，他也在考量长期驻扎在这里的办法，比如，获得永久性的客座教授职位，这将使他定期重返这里。[1] 福柯对在美国工作的热情一如既往，与此同时，他对法国的失望之情则与日俱增。如今，心头的失望如此强烈，以至于他开始聊到辞去法兰西公学院的教席。[2]

“自我的文化”讲座没有出版，但正如题目所示，它的内容与一年后出版的《关注自我》非常接近。福柯回到加州后，重新与德雷福斯和拉比诺取得了联系。1983 年 4 月 15 日至 21 日期间，福柯与他们进行了一系列的长篇对话，对话用英语录制而成。[3] 这些对话有些漫无边际，但最后汇编为“伦理学谱系：作品进展概述”。这些对谈为福柯写作《性经验史》提供了有用的档案材料，福柯发现，这些讨论对他的“理论和方法论重构工作”也大有裨益。[4]

在这个阶段，福柯正在进行的《性经验史》计划仍充满变数甚至混乱不已。第一卷是《快感的享用》，随后是《肉体的供认》（Les Aveux de la chair），这一卷主要“聚焦于基督教的自我技术问题”。如今，福柯认为《关注自我》已经“脱离了性经验史系列”。他还声称，“这不仅是一本关于 16 世纪性伦理的书稿，

它还表明，无论是在新教还是天主教中，自我技术、自我检查和灵魂疗愈的问　458
题都是至关重要的"[5]。

　　从伯克利访谈中涌现出来的，既是一个相当令人困惑的未来出版计划，同时也是一个关于自我美学的更一般的伦理学计划。如今，福柯虽然精通古典文学的知识，但他却并不将古代看作黄金时代。这个时期没有提供可供选择的享乐伦理标准，这种情况关系着一个崇尚男子气概的社会，"这个社会的性，是不对称的，排斥他者，迷恋插入，并害怕耗费自己的精力，等等。这一切都让人觉得恶心！"[6]然而，在希腊伦理学和当代问题之间有着某种相似之处。只有将伦理学建立在关于自我的所谓科学知识的基础上，建立在自我的欲望和无意识的基础上，现代解放运动才有可能诠释一种伦理学。[7]福柯在《认知的意志》中已经表达了对性解放观念的质疑，这同时意味着福柯没时间沉迷于"加州式的自我崇拜"，在这个过程中，"人应该发现真正的自己，从可能隔绝或隐蔽自我的事物中将其分离出来，从能告诉你真我为何的事物中破译出自我的真理"。[8]在福柯看来，萨特的真实性理论回归了真正的自我观念。在采访者的触发下，福柯认为他自己的观点更接近尼采，也即

　　　　给人的性格"赋予风格"是必要的，这是一门伟大而罕见的艺术。这种"伟大而罕见的"艺术只能由这样一些人来从事：这些人"通晓他们本性的全部长处和弱点，并将它们适当地安排到一项艺术方案里，直到所有这些长处和弱点都以艺术和理性的形式表现出来，连弱点都显得赏心悦目……这件事是通过长久的、日复一日的推敲和琢磨来完成的"。[9]

也就是说，个体与自我的关系，应该是一种创造性的活动，而非去揭示什么"真实的"自我。

　　无论是学术、气候上，还是情色文化上，加州都近乎一个迷人的乌托邦。加州的迷人与巴黎的沉寂形成了鲜明对比。在巴黎，福柯陷入了一场论战的旋涡，这场论战既不是他引发的，也不是他喜欢的。福柯不是唯一一个对1981年社会党在选举中获胜持保留态度的人，基于"知识分子的沉默"现象，一种普遍的观点业已形成。1983年的夏天，政府发言人马克思·盖洛（Max Gallo）发表在《世界报》上的文章表达了他的担忧，他担心在文化和知识领域，一股右

459 翼势力正卷土重来。他指出，法国知识分子作为"标志性的群体"，在 1981 年
5 月至 6 月期间没有发挥特别积极的作用："我们都知道 1968 年老战士的路线：
从回归上帝到进入新闻业，再到成功地融入经济生活。在很多情况下，这是对
政治的抛弃，并对权力问题视而不见。"最后，他呼吁一场新的辩论，并希望知
识分子重新参与其中："在一个民主国家，知识分子是集体意识表达的渠道。可
以毫不夸张地说，左派的成功乃至法国的命运，很大程度上将取决于思想的运
动，而思想的运动将自由地激发人们的思想。"[10]

在法国，仲夏时节很少有事发生，《世界报》上的大事件更是寥寥无几，这
或许解释了为何随后的论战引发了如此多的关注。人们普遍意识到，尽管 1936
年的知识分子团结在人民阵线的政府周围，但 1981 年的他们仍旧冷漠以待。历
史上的比较或许并不十分准确。让·丹尼尔毫不迟疑地指出，1936 年让知识分
子和政府团结在一起的，首先是人们感受到的法西斯主义的威胁[11]，但在 1983
年的夏天，这还不是一个非常现实的问题。与 1936 年历史的一番对比，也会令
如今的法国政府隐隐尴尬，历史仿佛在重演，勃鲁姆在西班牙内战中的不干涉
政策，与谢松对波兰的评价高度相似。《世界报》的菲利普·博希奥（Philippe
Boggio）围绕知识分子的沉默问题，对一些有影响力的人物进行了简短调查。
他们对这个问题往往不感兴趣，他们表达了对这个问题的厌倦，而非提出什么
高明的见解。一些人的回答具有挑衅性质。列维带着某种典型的末世情绪推测
说，某种许诺形式的整体历史，开始于德雷福斯事件，终于走向终结。福柯像
西蒙娜·德·波伏瓦一样，只是拒绝回答博希奥的问题。[12]

在这场论战中，福柯的名字常被提及。博希奥评价道："这位哲学家保持着
超然态度，对自己的命运则保持沉默。"[13] 从某种意义上看，这是一场荒谬的辩
论。福柯在 1981 年当然不是沉默的，相反，他曾直言不讳地谴责谢松关于波兰
的不当言论。正如他告诉朋友的那样，1981 年 12 月当他想讲话时，他们让他保
持沉默；当他保持沉默时，人们又大惊小怪了。[14] 让 - 克劳德·米尔纳和福柯

460 一起编辑了"著作集"，他认为福柯将要出版新书时总是会远离公共辩论，鉴于
此，他推测福柯的沉默或许表明他正要说些什么。[15] 米尔纳的推测对错参半。

福柯确实想说点什么。他计划出一本和迪迪埃·埃里蓬对谈的书，分析导
致法国左派政府遭受失败的所有错事。他认为社会党缺少"治理的艺术"，为
了阐明自己的观点，他开始研究莱昂·布鲁姆的作品以及人民阵线时期的历

史。暂定的题目是：社会党人的头脑。[16] 这本书从未写成，但它的主题很可能
与 1977 年福柯给司法工会写的东西类似。福柯不太可能给社会党提供任何实际
建议，但社会党肯定很有兴趣读读福柯关于"党派以及党派功能"的分析。

这本计划之书的部分内容，出现在了福柯最后一次访谈中。在接受弗朗索
瓦·埃瓦尔德的采访时，福柯称，整个"知识分子沉默"论战都建立在谎言的
基础上。这场论战是设计好的，社会党政府不惜一切代价消除与法国共产党有
关的潜在分歧。他们告诉知识分子要保持沉默，至少知识分子心里清楚政府不
想听他们发表任何言论：

> 事实是你们对联盟的迟疑阻碍你们在有利的时机同知识分子一起进行
> 思想研究，而这种研究是会加强你们的治理能力的，而不是用其他的陈旧
> 口号和缺少现代性的技术来治理国家。[17]

福柯对密特朗评价很低。在福柯看来，密特朗就是当代贝当，他在国民议
会上关于"团结和牺牲的新文化模式"的讲话，也是贝当的那套话。[18] 福柯对
社会党本身的态度充其量也就是模棱两可。过去的 15 年里，新左派思想似乎总
是"对任何政党组织心怀厌倦，除了团体和个体，他们无法找到其他真正的表
达方式"，在某种程度上，新左派已经被社会党吸收，尤其是被米歇尔·罗卡
尔（Michel Rocard）所代表的派别吸收。罗卡尔的光芒如今"被隐藏起来"，"当
前许多社会党领导人死板的声明，早已背叛了大部分左派思想早期表达的希望。　461
他们也背叛了社会党的历史传统，他们以相当独裁的方式，压制了党内某些派
别的声音"。[19]

1983 年夏天，这本计划详尽的与埃里蓬合作的书，并不是福柯唯一放弃的
计划。第二个计划，是福柯与罗伯特·巴丹泰关于"惩罚的社会功能"的讨论，
皮埃尔·诺拉建议将讨论录下来，并发表在《争鸣》上。巴丹泰之前是法学教
授，如今是司法部部长，是福柯真正钦佩的少数政府官员之一，巴丹泰长期以
来都很欣赏福柯"作品中不容置疑的才华"。[20] 两人初次见面是在 1977 年，当
时，在让·丹尼尔的建议下，福柯、巴丹泰与精神分析学家让·拉普拉什一起
参加了一场有关死刑的讨论。[21] 从那以后，他们便会偶尔碰面，当巴丹泰成为
部长之后，他们的关系更密切了。巴丹泰会在司法部举行晚宴，福柯偶尔会成

为座上宾，但只有在饭菜朴素到合乎他胃口的情况下，他才会接受邀请。这里的布置很合他胃口，他喜欢墙上褪色的真丝壁挂。共和国辉煌的魅力已有些褪色，他在这里看到了"往昔节庆的魅力和时光的印记"。[22] 福柯发现他们之间有关法律和刑法问题的讨论很吸引人，于是一个新的计划渐渐浮出水面。这场关于正义和法律制度的研讨会将在法国高等研究实践学院举行。这场研讨会一方面对正义概念的谱系进行探究，另一方面则返回到《规训与惩罚》中提出的问题，这次讨论鲜少漫谈，用语更加实际。福柯的去世将这个计划终结在雏形中，但巴丹泰确实与米歇尔·佩罗特组织了一场类似的研讨会。[23]

另一场福柯提议但并未举办的研讨会涉及尤尔根·哈贝马斯——他与福柯首次见面是在 1983 年。3 月，"福柯建议我们和美国的同事们在 1984 年举办一场私人会议，讨论康德 200 年前的一篇论文，'对一个问题的答复：何谓启蒙？'"[24]。参与者将会有德雷福斯、拉比诺、理查德·罗蒂和查尔斯·泰勒（Charles Taylor）。拉比诺没意识到，1978 年福柯在法国哲学协会的讲座上就已经探究过此文本了，他在 1983 年第一次的法兰西公学院讲座中又回到了这个文本。[25]

462　　到了秋天，福柯重返伯克利执教，这次是做法语和哲学的联合访问教授。由于他不在欧洲，无法接受国际法学院秘书的邀请。这场研讨会在海牙举办，名为"多元世界中国际法的未来"，福柯本应在大会上"以哲学家的身份建议建言"，代替他的是弗朗索瓦·埃瓦尔德。[26] 在加利福尼亚大学伯克利分校，福柯做了六次系列讲座，主题为古希腊的"直言"或"说真话"。如今，这些演讲稿以厚重打印稿笔记的形式，保存在西北大学的约瑟夫·皮尔森（Joseph Pearson）那里。[27] 虽然对美国听众来说，这些讲座似乎很新颖，但福柯在 20 世纪 70 年代初就开始挖掘这个主题，这次讲座是对这一主题的继续"开采"，并在某种程度上与《关注自我》的主题重叠。福柯通过分析欧里庇得斯的悲剧、民主制度的危机和"关心自我"的一般主题，来探究"直言"一词的含义和演变。

应哲学系主任汉斯·史拉格（Hans Sluga）邀请，福柯还同意在一个小型的、非正式的聚会上发言。史拉格不同意公开这次活动，但传闻还是在校园里不胫而走。当福柯走进讲堂，他本想与史拉格好好聊聊明年计划的研讨会，但他猛然发觉自己面对的不是哲学家的非正式聚会，而是至少 150 名迥然不同的听众。他脸色发白，低声说不希望所有人都在场，但最后他还是用法语讲了下去，他又讲了一遍康德的《何谓启蒙？》。[28] 这次讲座很大程度上重复了福柯早年关于这个主题的讨论，但有一处新颖的内容给人留下了印象，福柯提到了任何一个现代性讨论中都会出现的关键人物：波德莱尔的"闲逛者"（flâneur）。[29] 这意味着，无所不在的现代性、现代主义和后现代主义的讨论已将福柯裹挟其中。实际上，福柯对后现代主义这个术语略表怀疑。

此外，福柯还创建了一个未来的研究计划。如今，福柯期盼研究一个当代主题："关于西方社会当前公共政策的历史和政治批判……以及治理的实践和治理的目标"。在探讨了诸多方案之后，他将研究主题定位在第一次世界大战时期，并研究一战带来的创伤，因为"第一次世界大战见证了治理实践的诞生和散布，而这种权力的运作模式在今天依然伴随着我们"。[30] 相似的回归现实的倾向（即使不是当代），也出现在雅克·欧米拉和福柯的对话中，福柯告诉他，自己计划阅读或重读左拉的所有作品，以便了解左拉小说的纪实价值。在另一个 463 极端，经常参加福柯讲座的多米尼克·塞格拉尔（Dominique Seglard）想起，福柯曾说过想研究拜占庭文化中的"讲真话"主题，这意味着至少要掌握中古希腊语的基础知识，但福柯并未因此望而却步。[31]

像往常一样，无论是在校内还是校外，福柯都喜欢和学生进行日常交流。一位大学生在一本小杂志上撰文，记录了那年夏天他与福柯之间令人惊讶的交流。他试图让福柯解答他的一个疑惑，即关于"艺术家身份"的问题，但令他惊讶的是，在这之后，福柯竟邀请他一起去喝咖啡。聊天的背景有些匪夷所思。当他们坐在咖啡厅里等咖啡的时候，广播里正放着一档性爱谈话节目："玛莎，你认为你很难达到高潮是因为吉姆不敏感吗？""我不确定，医生。如果我知道答案，我就不打电话来了。"随后，福柯开始和霍维茨（Horvitz）谈论艾滋病的话题：

　　同性恋在向官方寻求指导，如医生、教会。他感到很愤怒，因为这样一个群体（同性恋）冒了如此大的风险，在危急时刻却寻求官方权威的指导。这太荒谬了，令人难以置信。"倘若和男人的性行为给予我快感……当我可能死于车中的时候，我怎么可能害怕艾滋呢？"之后他又回到了理论话语：这个世界，这个游戏是危险的。这就是你得到的，你毫无选择……他说，"祝你好运，不要害怕！"我回答说："你也是！你也不要惧怕。"他

415

以法国人特有的方式耸耸肩，表示他的不以为然。"哦，"他笑着说，"如果我死了，不要为我哭泣。"话音未落，福柯已转身离开。[32]

1984 年 2 月，菲利普·阿利埃斯去世，享年 69 岁。福柯为悼念阿利埃斯，在《世界报》上发表了一篇文章，并在《晨报》上发表了与阿莱特·法尔热的对话。最后，福柯第一次描述了这个所谓"香蕉商人"如何在 23 年前出版了《古典时代疯狂史》。[33]在《新观察家》的文章中，福柯描述阿利埃斯是一个"很难让人不喜爱的人"，尤其因为他喜欢戴着耳塞参加弥撒。阿利埃斯不是一个思想史学家，尽管他自己曾用过这种表述。确切地说，他是一个实践历史学家。在这里，福柯把他自己精雕细琢的生存美学投射到了阿利埃斯身上：

464

> 他写下了一部实践的历史，其中，既有人们谦卑而固执的习性，也有那些创造华丽艺术的身影。他试图探究人的态度、人的存在方式或行为方式，以及关联两者的深层原因。他的目光凝视着延续了几千年的无声姿态，也关注着沉睡在博物馆中的独特艺术品，他创建了"存在的风格学"法则，我指的是对一种存在形式的研究，通过这种形式，人这种终将死亡的存在，得以显现自己、发明自己、否定自己。

阿利埃斯给了学院历史学家一份意外的礼物，那就是他的"新视角"，"他的笑声中混合着贵族般的慷慨、讽刺和超然"。阿利埃斯能很好地处理自身政治立场所带来的问题，这是福柯一直钦佩他的一点。一个信奉国家统一性的君主主义者，如何能接受那些标志着社会情感和态度的断裂点？当一个人将历史看作模糊姿态和无名群体的产物时，历史的政治结构又怎会得到他的重视？福柯写道，他厌倦了之前的那些人，他们喧闹地改变自己的原则和价值观，但仍像过去那样漫不经心地思考。相比于这些人，福柯更赞同像阿利埃斯这样的人，他既保持着自己的价值观，又会因为"对真理的关注"而重新思考自己的选择，并试着改变自己。[34]

3 月 10 日，莫里亚克打来电话，福柯当时正校对《关注自我》的校对稿，但他同意去见莫里亚克和一个代表团——代表团中有德·布罗格利神父，他是福柯在古德多的旧相识。一个月前，57 人被赶出了位于古德多波隆梭街的一间房子，房子的一部分已被拆除。官方宣称他们是非法占屋者。莫里亚克和他的朋友们都确信，是臭名昭著的住宿商人害了他们，这些商人按小时出租床位给移民。被驱逐的移民如今被安置在圣布鲁诺的大厅内，移民们向巴黎市长和其他政治人物发出了一封抗议信，要求重新安置他们。福柯应莫里亚克的请求起草了请愿书，最终的签名人为福柯、德勒兹、夏特莱和莫里亚克。任何回应都将寄往"米歇尔·福柯，圣布鲁诺大厅"。

当大家聊起古德多时，往昔活动的记忆被唤醒，人们也简单讨论了不同活动形式的有效性。莫里亚克提到，公开逮捕可能会发挥作用，并继续说："我见过你被关在牢笼里……我自己也被关进过牢里。"福柯说他曾被逮捕过几次，但令莫里亚克感到吃惊的是，他自己竟忘了1972年两人在迪亚卜游行时被逮捕的事。当福柯起草这封信时，莫里亚克望向窗外，他看到了"广阔的风景，巴黎所有的红色短烟囱里，只有一个烟囱在冒烟"。这将是他最后一次来这个公寓，但不是最后一次见到它的主人。[35] 他最后一次见到福柯是在两个月后。

465

5月14日，当福柯离开位于塞巴斯蒂安·博坦大街的伽利玛出版社时，莫里亚克碰到了他。福柯一边开心地笑着，一边拿着《快感的享用》第一版的样书走出来。尽管莫里亚克反对这样做，福柯还是坚持送他一本书，并签上一段话："给莫里亚克，作为相遇的见证，作为友谊的象征。米歇尔·福柯。"（赠言中还提到了莫里亚克日记的第七卷《签名，相遇，密会》。）莫里亚克觉得，看到自己的新书印出来，手里拿着自己的第一本样书，那真是一个美妙的时刻，伴随着强烈的喜悦。福柯表示同意莫里亚克的说法，然后匆匆离开。这是他们最后一次见面。[36]

莫里亚克在伽利玛出版社门外获得的书里，有一张名为"请予以刊登"的小活页。这是法国独有的现象：作者以第三人称口吻在小纸片上描述自己的书。鉴于这些小纸片的性质，这样的文本往往会丢失，但它是作者意图的有益提示。《快感的享用》插入的内容如下：

> 《认知的意志》（1976）陈述的这一系列研究的初步计划不是重构性行为和性实践的历史，也不是分析那些（科学的、宗教的或哲学的）思想——人们通过这些思想表现这些行为，而是弄清在现代西方社会中，像"性经验"这样的东西是如何被构造的。这个概念人所共知，但在19世纪

初之前却从未出现。

把性说成是一种历史建构的经验意味着研究欲望主体的谱系学，意味着不仅要上溯基督教传统的形成初期，还要追溯古代哲学思想。

福柯从现代通过基督教返归古代文化的过程中，遇到了一个简单却又常见的问题：为什么性行为，为什么属于性行为范畴的活动与快感会成为伦理学关心的对象？为什么在不同时期这种对伦理学的关注显得比人们对诸如滋养行为或履行公民义务之类的个体或群体生活的其他领域的关注更重要呢？这种应用于希腊－拉丁文化中的生存问题似乎也涉及人们可以称作"生存艺术"或者"自我的技术"的实践的整体。它们具有十分重要的意义，值得全面研究。

这就是我最终将我的广泛研究全部重新集中在古典时代文化至基督教的最初几个世纪的欲望之人的谱系学上的原因。

原本是六卷本系列，现在变成了四卷本：《认知的意志》《快感的享用》《关注自我》以及《肉体的供认》，最后一卷被介绍为"即将出版"。第二卷的部分内容已在发行中，《关注自我》第一章的早期版本也是一样 37，第四卷很可能永远不会出版了。1982 年发表的一篇文章，后来被认为是第三卷的一部分，这篇文章发表于该系列重新编排之前，推测起来应该是未出版的第四卷的部分内容。38 这篇文章讨论的内容，正如卡西安所描述的，是与淫乱做斗争和保持贞洁的问题。甚至在前两卷即将出版的时候，福柯仍不确定出版的顺序。最后，他没有选择出版一本约 750 页的书，他想先出版《肉体的供认》——这是他最先动笔写的书，现在几乎快完成了。终于，他接受了诺拉等人的建议，同意遵照书中内容的时间顺序，同时出版这两卷书。39

改动的不仅仅是计划的形式。在《认知的意志》中，福柯初步区分了性爱艺术（ars erotica）和性科学（scientia sexualis），并指出古希腊、罗马和东方都存在着性爱艺术。然而，正如他在 1983 年 5 月告诉德雷福斯和拉比诺的那样，他后来意识到自己错了："古希腊和罗马文化中没有任何性爱艺术可以和中国的相提并论（至少性爱艺术在他们的文化中并不是很重要）。古希腊、罗马文化拥有的是'生活的艺术'（art of life），在'生活的艺术'中，对快感的节制扮演了重要的角色。"40 如今认为传说中的性爱艺术存在于中国，但从未被真正地探究过任何细节[41]，它作为福柯长期关注的"西方理性的局限"的化身而发挥作用。

到目前为止，《性经验史》的第二卷和第三卷是福柯写得最平实的书。这些 467
书没有以双联画的形式展开叙述，也没有早期作品的华丽风格。福柯的文字朴
素无华，甚至有些平淡。参考材料的使用也与以往不同。福柯运用了五花八门
的二手文献，其中英文作品占的比例多得令人惊讶。这两卷书都含有参考书目，
这是福柯自《临床医学的诞生》以来的作品中所没有的，尽管这里的参考书目
也并非面面俱到。福柯经常因参考文献匮乏而受到批评，但这几卷作品不会。
相反，这些书中大量引用了福柯在苏尔索瓦图书馆查阅到的作品。说起来有些
不可思议，福柯给人的印象并不总是一种完美学者的形象，而是他仍在探索自
己未能完全掌握的领域。有时，人们会感觉自己阅读的是一篇将要完成但需
要在文体上加以润饰的工作草稿。他在书中总结和阐释文本，并花很大篇幅
解释和定义概念。比如，在《快感的享用》中，福柯用超过两页的篇幅来
阐释"控制"一词，这个词指的是隐含在快感伦理学中的"个体与自我的关
系形式"。[42]

福柯很清楚自己不是个古典学者，他专注于界定术语似乎折射了这种自我
意识。这种行为也反映了他的受众情况。一个面对古典学者写作的古希腊文化
研究者是不会这么写的。福柯是为他过去二十年来建立起来的受众而写，他们
当中很少有人是拉丁语学者或希腊文化研究者。书中内容重复的程度比其他文
本要大，这或许表明了一种轻微的不确定，但这不确定旋即被福柯的坚持克服。
因此，他的读者会被告知，对希腊人来说，性行为本身并不坏，"原则上不应被
当作消除的行为"，仅仅在几页之后，福柯就说，"对希腊人来说，性行为当然
不是什么坏事，对他们来说，性行为在伦理上不应成为剥夺的对象"。[43]

福柯在作品中假定，"在丰富而复杂的整个历史性领域中，个体被要求承
认自己是性行为的道德主体"。[44]他的目标是去探究"从古希腊思想到基督教牧
领的教义及其关于肉体的学说中，主体化是如何被定义和转变的"。因此，《性
经验史》第二卷并不着眼于现代意义上的性经验，而是处于一个由名词化的形
容词"ta aphrodisia"或拉丁语"venerea"涵盖的领域，这两个词的大致意思是 468
"恋情"或"性快感"，"性关系"或"肉体行为"。

在《认知的意志》中，福柯真正关注的并非性实践，而是性关系的道德反
思，正是在这种反思的基础上，"希腊人所谓'快感的享用'的风格建立起来"。

一般来说，"ta aphrodisia"这个词指性行为，但这个词也指"个人进行性活动的方式，他在事物的秩序中的行为方式，他管理自己的方式，他实施性行为的条件，以及性活动在他生活中扮演的角色"。[45] 关键是关于自我的整个计划，个体与其生活和快感的关系。福柯通过阅读大量关于家庭和家政经济的古典文献，来追溯这种自我技术的出现（这些文献规定了婚姻内外的性关系中哪些是允许的，哪些是不允许的），不仅如此，他还追溯了那个时期的营养学（对调节身体和性生活至关重要），以及自我控制和自由辩证法，这一系列内容正是斯多葛学派的思想基础。关于自由辩证法，福柯写道："古希腊人对性行为的道德反思，并不是试图为禁忌行为辩护，而是使自由风格化地存在：这是自由之人的操练。"[46]

古希腊同性恋问题不可避免地贯穿全书始终。事实上，福柯并不确定"同性恋"一词在古希腊的运用方式，因为在古希腊，这个词指的是一种完全不同的经验。现代习俗将同性恋界定为一种异常的欲望，这种欲望并不针对异性。而在古希腊，个体将同样的欲望投射在心仪的对象身上，这对象可能是男孩，也可能是女孩，但当涉及两个同性个体时，便会出现一种特殊的行为模式。[47] 他并不认为古希腊是黄金时代，对古希腊人来说，"同性恋"是一个"令人焦虑的主题"，充满了道德上的困境。[48]

典型的例子当然是积极参与城邦生活的年长男子对一个男孩的爱。尽管这种关系被普遍接受，但却是成问题的：

> 一方面，年轻人被认为是快感的对象，甚至是男人的男性伴侣中唯一高尚和正当的对象……但是另一方面，因为男童在青春期过后必然要成为一个成年人，所以他不可能自认为是这种关系中被支配的对象：他不能，也不应该认同这种角色……简言之，在与男童的关系中体验快感和成为快感的主体，这对希腊人来说不成问题；相反，成为快感的对象和自认为是快感的对象对男童来说则构成了一个主要困难。为了成为一个自由男人、自己的主人，并且能够压倒其他人，他应该确立的与自身的关系是无法与一种他成为另一个人的快感对象的关系形式相一致的。[49]

因此，男孩若最后让步了，就必须和对方谈判，他会拒绝服从被动的角色，设置一些条件（金钱、社会进步、持久的友谊……）。因此，性爱成了向其他关系转变的手段："男童之爱只有包括（由于情人奉献了充分的好处，由于爱人有所保留地取悦于情人）将这种爱转化为一种最终的和有社会价值的友谊关系的基础的各种要素，才能在道德上是高尚的。"[50]

古希腊人强调自我控制和节制，如果不是禁欲主义的话，快感的享用意味着古希腊人的性活动不取决于禁忌和禁止："在古希腊思想中，性行为是一种以性欲为形式的道德实践领域，是一种从难以掌握的斗争力量场中产生的享乐行为。"[51]

在某种程度上，《关注自我》讲述了我们时代的头两个世纪里同性之爱这一形象的消逝，以及同性之爱被异性恋婚姻关系取代的过程。在这个姐妹篇中，福柯通过多种多样的文本来追溯性经验的历史，一些文本广为人知，其他一些文本则因为晦涩难懂而引人注目，这些文本招来了乔治·斯坦纳的批评："这本书（《快感的享用》）的内容出奇地老旧，书中的学术话语围绕着古希腊和拉丁口语的性经验文本、主题展开，这些文本要么意义重大，要么常被忽略。"[52]

有点让人出乎意料的是，在《关注自我》的开篇，福柯花了很大篇幅阐述阿特米多鲁斯（Artemidorus）的《释梦》（Oneirocritica）——这是古代最著名的释梦书籍之一。福柯并不特别关注梦的解析，但他认为这本书描述了以插入为核心的"性爱透视法"。从《释梦》可以指引未来行为的角度看，关于插入的梦境是重要的；一个人梦见与自己的儿子、女儿或者奴隶发生关系，是未来行为的预警信号，应当避免此类行为发生。[53] 从这个意义上说，释梦是生存技巧的一部分。

在《性经验史》第三卷讨论的那两个世纪里，人们见证了一种新的个人主义模式以及相关的"自我文化"的发展。自我文化在柏拉图那里早已存在，如今呈现出不同的形式。"自我文化"成为"一种态度，一种行为方式，并渗透到生活方式中。'自我文化'演变成了一种可以反思、发展、完善和传授的方法、实践和秘诀。因此，它形成了一种社会实践，引发了个体之间的关系、交流以及沟通，有时甚至演变成相应的制度"。[54] 个体应习惯于每天检查自己的行为和举止，这是关注自我的一部分。医学艺术也是如此，这是一种"自发而理性的行为结构"。[55] 作为一种调节饮食和预防治疗的实践（避免吃某些食物），个体的医学知识为个体的日常生活提供了"永远的盔甲"，如此，个体便达到了一定程度的理性自控。[56]

性或性行为，是由同样的自我技术或自我技艺所治理的。性是需要治理的，人们需要在恰当的时间，与合适的伴侣，以适当的方式沉溺于性之中。因为性是一种力量，是一种不受控制的激情和欲望，所以性既是快感的来源，也是潜在危险的源头。"对于一个合乎理性的制度来说，其任务就是不再将快感看作追求的目标：沉溺于性欲之中而不受快感的引诱，就当快感不存在一样。"节制性欲的制度提供了诸多主题，这些主题随后呈现在早期基督教之中："性行为混乱导致个人不幸和集体疾病的恐惧久久萦绕在人们心头，必须严格控制自己的欲望……不能将快感当作性关系的目标。"[57]

1984 年 6 月 2 日，就在福柯把签了名的《快感的享用》交给莫里亚克两周后，福柯晕倒在家中，他被送到了圣米歇尔私人诊所。6 月 9 日转院到萨勒贝蒂尔医院。6 月 7 日星期四，德费尔哭着打电话给莫里亚克，告诉他福柯病得很重。莫里亚克自己也不太舒服，但三天后还是去了萨勒贝蒂尔医院。莫里亚克未能见到福柯，那时福柯在接受检查，他只能在一本书上草草给福柯留言："希望很快见到你，爱你的……"[58] 虽然病了，但福柯仍确信自己会在两周内出院，德费尔则认为他需要两个月左右的时间才能恢复。

471　接下来的两周，福柯的状况有所好转。他继续制订计划：和德费尔一起去安达卢西亚（Andalusia）度假，和艾尔维·吉贝尔一起去厄尔巴岛（Elba）旅行。他还计划在弗尔吕厄购买、修复一处前牧师的宅邸，这里离旺德夫勒 - 杜 - 普瓦图只有几公里远，"不算远也不算近"。[59]当福柯必须接受治疗而不能在电视上观看巴黎网球公开赛时，他满腹牢骚，他特别想看马克安诺 - 伦德尔（McEnroe-Lendl）的比赛。[60]福柯接受采访，看到了他新书的最初评论，并接待探访者，查收信件。其中一封信来自德勒兹，福柯很高兴他们终于和解了。[61]

6 月 24 日，福柯的病情严重恶化，开始发高烧。[62]第二天，一切都结束了：米歇尔·福柯去世，享年 57 岁。

6 月 29 日星期五，数百人聚集在萨勒贝蒂尔医院太平间外的院子里。人群鸦雀无声，然后一个因悲伤而走调的声音响了起来：

> 如果对知识的渴望仅仅应该保证知识的增长，而不是以这样或那样的方式，或在可能的程度上使有知识的人踏上迷途的话，那它还有什么价值可言？……当今的哲学是什么呢？——我指的是哲学活动——如果它不是

思想本身的批判研究，或者如果它不是要努力弄清如何以及在何种程度上可以进行别样的思考，而是把已知的东西合法化的话，那么它的意义究竟何在？

这个声音来自德勒兹，这段话是《快感的享用》序言中的片段。[63]

达妮埃尔·朗西埃迷失在了人群中——她认识福柯20余年了——当她望向人群时，看到了来自不同阶层的人，正是这些人组成了福柯复杂而又活跃的生活。她的印象并非没有道理。据悉，福柯的葬礼将是完全私人的，灵柩从太平间被庄严抬出的时刻，是很多人最后告别的唯一机会。福柯的老朋友们和他20世纪70年代激进时期的同志们聚在一起。德·布罗格利神父（Abbé de Broglie）的出现，令人想起福柯对古德多移民的支持，而埃莱娜·西克苏的身影，不仅让人想起了两人深厚的友谊，也让人想起福柯开展监狱信息小组工作时所面对的暴力，以及他在万森纳大学第一年面临的动荡与混乱。20世纪50年代中期，生物化学家让-弗朗索瓦·米格尔在瑞典认识了福柯，此刻他悲伤地看 472
着乔治·杜梅泽尔设法安慰他的女儿——福柯的教女。人群中还有罗伯特·巴丹泰以及来自不同领域的代表。伊夫·蒙当扶着几近崩溃的西蒙·西涅莱。人群中，还有来自哲学界的雅克·德里达和米歇尔·塞尔，以及来自出版界的皮埃尔·诺拉、克劳德·伽利玛（Claude Gallimard）和午夜出版社的热罗姆·兰东（Jérôme Lindon）。保罗·韦纳、皮埃尔·布列兹、历史学家雅克·勒戈夫（Jacques Le Goff）、亚莉安·莫努虚金也在现场，国家图书馆主任安德烈·米格尔（André Miquel）也出席了——福柯在那里度过了大部分的工作时光。克劳德·莫里亚克和他的女儿纳塔莉站在人群后面哀鸣，他们周遭是无名的面孔，"苍白世界的白色阴影"令他们迷失其中。5月30日，纳塔莉曾与福柯共进晚餐，她对自己的所见感到震惊，她发现福柯几乎无法呼吸，当他从烤箱里取食物时他的手颤抖不已。[64]让·丹尼尔和塞尔日·利洛兹特站在伯纳德-亨利·列维、贝尔纳·库什纳和阿兰·若贝尔的旁边。玫瑰花被放在了灵柩上。[65]人们的献花中，有一些花圈上镶嵌着团结工会的标志，那是一群波兰流亡者送来的。还有一个重要人物缺席了：据密特朗的文化部部长雅克·朗暗示，鉴于1982年密特朗与福柯关于波兰问题的冲突过于公开化，他的出席将不会受到欢迎。[66]

聚集的哀悼者依次走过敞开的灵柩，随后，灵柩被密封并抬上了一辆殡仪车，开始了回到旺德夫勒－杜－普瓦图的 300 公里的旅程，在那里福柯被埋葬在望得见勒皮诺阿的地方。这场葬礼也有妥协的部分。比其长子多活了两年的福柯母亲希望有一个完整的宗教仪式，但丹尼尔·德费尔不同意这么做。福柯家人已经找过一位有名的神父，但未能如愿，德费尔建议由苏尔索瓦图书馆的米歇尔·阿尔巴里克来完成仪式。阿尔巴里克和福柯非常亲近，同意埋葬他的朋友，但他清醒地意识到这场宗教仪式可能看起来像是在"挽救"福柯，有趣的是，他认为福柯是个不可知论者，而不是一个无神论者。因此，他建议举行一场赦免仪式（ceremony of absolution），而不是完全的安魂弥撒（requiem mass），于是精心安排了一个祷告、默哀和冥思的组合。最后，阿尔巴里克一边把玫瑰投进墓穴一边说道，"愿上帝与你同在，米歇尔"。这个朴素的仪式简短而感人，人们还朗读了勒内·夏尔一首诗的节选：

473 一对狐狸搅动着积雪，

它们践踏着通往婚礼的土地；

夜晚，残酷的爱在它们周身闪现

那一片血中，是它们燃烧的渴望。

这些献给福柯的诗行来自《克勒兹半日游》，创作日期是福柯去世的 4 天前，但实际上并不是写给福柯的。夏尔把诗歌手稿交给了保罗·韦纳，他们都住在法国南部，离得很近。如今，这些诗行的副本仍钉在韦纳办公室的墙上。[67] 夏尔不知道的是，福柯在巴黎高师的外号就是"狐狸"。福柯最早的作品中引用了这位诗人，《性经验史》最后两卷的封底上写道："人类的历史，是围绕单一词语的一连串同义词，反驳它是一种义务。勒内·夏尔。"

福柯于 6 月 25 日下午去世。萨勒贝蒂尔医院神经科主任保罗·卡斯太尼教授（Paul Castaigne）和布鲁诺·索伦医生（Dr Bruno Sauron）发表了如下公告：

米歇尔·福柯先生自 1984 年 6 月 9 日在萨勒贝蒂尔医院神经系统疾病科就医，对由败血症导致的神经病症状进行必要的全面检查。检查结果显示脑部化脓。开始时，抗生素治疗产生了良好效果，因病情好转，米歇尔·福柯先生可以了解他刚出版的两卷书的最初情况。但病情突然恶化，致使有效治疗的希望彻底破灭，福柯先生于 6 月 25 日 13 时 15 分去世。

福柯的去世震惊了很多人，引发了媒体的广泛报道。教育部部长阿兰·萨瓦日（Alain Savary）也发布了官方悼词：

> 米歇尔·福柯的去世，使我们失去了他那一代最伟大的哲学家。他是结构主义运动的缔造者之一，结构主义彻底革新了人文科学的方方面面。然而，他对我们国家知识分子生活的重要性，或许主要由于他在哲学实践方面的独创性，以及他为知识和历史反思开辟新领域的方式：疯癫、刑罚制度、医学，以及最近的性经验领域。不仅如此，这位哲学家也是一位不知疲倦的自由捍卫者，他在许多场合公开声明他拒绝限制和压迫。对于所有那些希望了解 20 世纪晚期现代性的人来说，福柯仍是基本的参照之一。[68]

474

仅仅是媒体的报道，就足以说明人们对福柯的尊敬和爱戴。6 月 27 日，《世界报》在头版刊登了福柯的死讯，并用三页篇幅刊登了像皮埃尔·布尔迪厄等朋友和同事的颂词，以及杂志定期供稿人罗歇-保尔·德鲁瓦和贝尔纳·波洛-迪尔佩斯（Bernard Poirot-Delpech）的悼词。前一天的《解放报》头版刊登了米歇尔·班西仑（Michèle Bancilhon）的一张精彩照片，照片上的福柯正在法兰西公学院讲学。光源来自照片下方，福柯身边放着一瓶水，他一边朗读讲稿，一边举起了右手，手指微微张开，这个福柯特有的姿态令莫里亚克和维亚泽姆斯基想起了炼金术士。[69] 黑底白字的标题简明扼要地写道："福柯去世了。"报纸用了六页篇幅讲述福柯的生活和工作。6 月 30 日至 7 月 1 日的周末特刊还有十页，被粗暴地称为"福柯专刊"。6 月 26 日，巴黎的《晨报》头版也报道了福柯去世的消息，并用三页内页来致敬和追忆福柯。

当所有媒体都在报道福柯的死讯时，谣言也传播开来。一些报纸——《人道报》、《观点报》（Le Point）、《费加罗杂志》、《新闻周刊》（Les Nouvelles）、《费加罗报》——报道了福柯的去世，但没有详细说明死亡原因，而另一些报纸，像《十字架报》（La Croix）则提到了脑瘤。在英国，《泰晤士报》仅仅报道了福柯"突然"去世，《卫报》提及了"一种罕见的脑部感染"。《纽约时报》提到了"神经性紊乱"，但也声明了"他的死因并未立即公开"。《解放报》上刊登一篇未署名的文章，无疑是出于好心，但很不幸，这篇文章加剧了混乱的局面：

> 他一去世，谣言就开始四下传播。据说福柯死于艾滋病。好像一位出类拔萃的知识分子因为他也是同性恋——是的，一位谨言慎行的同性恋者——便是这种时髦疾病的理想目标。更何况，无论是福柯的医疗档案，还是他被转移到卡斯太尼教授和索伦医生的神经科的事实，都无法提供证据证明米歇尔·福柯患上了一种癌症，而且只有不到 2% 的患者患有这种"现代"疾病，流言的恶意令人们惊讶不已。这么说，好像福柯不得不死得很丢脸。[70]

475

在《解放报》上读到这样的评论令人非常不安，因为私人广告栏通常刊登征婚广告，"羞耻"抑或"谨慎"在这里似乎毫无意义，福柯曾将这个栏目描述为"情爱的舞台，任何人都可以在这个舞台上铭刻自己，在这个舞台上徘徊，即便他们没有寻找什么，也没有期待任何东西"。[71] 应该补充一点，特别是在晚年，福柯对自己的性取向并不特别"谨小慎微"。然而，《解放报》的尴尬标志着公开谈论艾滋病的难度系数很大。在 1984 年夏天，媒体公开谈论艾滋病还非常罕见。

在美国，同性恋媒体对福柯的死因守口如瓶。在福柯死后不久发表的 1982 年采访的脚注中，《倡导者》杂志评论道"福柯一直患有神经系统疾病"[72]，而《纽约人》则批评《纽约时报》没有提出艾滋病作为福柯的死因……并报道说他死于"一种感染，这种感染袭击了他的脑部中枢神经系统"。[73] 其他写讣告的记者可没那么谨慎了，甚至不赞成这种说法。爱德华·萨义德（Edward Said）批评福柯晚年明显缺少政治介入，并评论道："值得注意的是，如果不是放纵自我的话，他也越来越热衷于探索。他爱好旅行，为了享受各种各样的快乐（他频繁旅居加州就是一个象征）而四处漫游，与此同时，他对政治地位的渴求也日渐稀薄。"[74] 对许多欧洲男同性恋者来说，去加州旅行的政治重要性，等同于欧洲和美国的犹太人去以色列旅行，但这种重要性被萨义德忽略不计。[75] 20 世纪 70 年代末，福柯在旧金山同性恋浴室时期发表的相关谈话，也具有同样的政治意义。[76]

谣言滋生谣言，另一篇关于艾滋病流行病的"感人"文章写道，福柯向

"所有人，包括他的挚爱""隐瞒了"艾滋病诊断。[77]福柯肯定怀疑自己感染了
艾滋病，可能是在 1982 年的加州，但没有进行艾滋病阳性确诊。在他去世的前
几天，他的医生仍在说："如果是艾滋病的话……"[78]巴黎方面的医生似乎普遍
不甘心接受这个诊断，也不愿把诊断结果透露给他们的病人。男同性恋者偷拿
医生随手留下的病例来了解自己的诊断结果并不稀奇，因为医生不愿意也不能
公开说出病情。据他的朋友兼翻译者阿兰·谢里登（Alan Sheridan）所说，福
柯曾对他说："医生……不知道他出了什么问题。在其他的可能性中，他谈到
了艾滋病，但没有深究。"[79]保罗·韦纳确信福柯自己知道问题所在，而皮埃
尔·诺拉坚称福柯已经将自己知道的告诉了身边的人。[80]

476

　　回想起来，人们只会对这些谣言感到惊讶，如今，再看看讣告中提到的
"罕见脑部感染"和"神经性紊乱"这样的字眼，明显就是对艾滋病相关症状的
隐喻，就像"勇敢地忍受长期疾病"是在说癌症一样。福柯去世前 18 个月左右
时表现的症状，现在看来似乎很明显就是艾滋病症状：类似流感的症状，头痛，
体重严重下滑，反复发烧和持续性干咳。1984 年 2 月，阿兰·谢里登见到了福
柯，他惊讶地发现福柯外貌的改变："他现在看起来比实际年龄老了十岁。"当
时，英国第四频道电视研究员卡尔·加德纳（Carl Gardner）也有同样的感觉。
他第一次见到福柯是在 1983 年的夏天，当时他试着说服福柯参加一档深夜谈话
节目《声音》，但没能成功。福柯不想参加这档节目，并说他正要去加利福尼
亚。第二年春天，加德纳希望制作一系列关于性、监狱和医学的影片，并希望
听听福柯的意见，最终出现在他面前的这个男人有些老态，疲惫不堪，福柯告
诉加德纳自己再也不会去加州了。[81]回想起来，这句话颇具讽刺意味。1983 年
春天，福柯在伯克利，也一遍遍对着保罗·拉比诺和阿尔弗雷德·德雷福斯重
述这句话。当被问到接下来的计划时，福柯答道："我会多关心自己。"[82]这句
话当然指《性经验史》第三卷的书名，但现在看，这句话带有一种悲剧意味。

　　疾病没有使福柯停下工作的脚步。在住院之前，他仍旧每天在苏尔索瓦图
书馆工作，他仍坐在窗边面对入口的桌子旁，那是他通常坐的位置。莫里亚克发
布了他在 7 月初与丹尼尔·德费尔的一次谈话，德费尔说福柯自 12 月起就已经
"知道了"，并"严肃地警示"过他。那时，福柯不知道自己能否活 2 周抑或 6 个
月，但知道自己快要死了。他确信任何治疗都不会有效，因此决定不看医生，
而是继续工作。[83]就在福柯去世的几周前，他的身体还很好，还会经常举重。[84]

他最后病的时间很短，这是不幸中的万幸。

477　　纵观福柯的一生，他会因没有更公开地宣称自己的同性恋身份而受到批评。实际上，他有时的确在公开辩论中回避同性恋问题。1975 年 3 月，福柯接受了《透视》的详细采访，雅克·尚塞尔问福柯是否有孩子。这个问题显然富含深意，但福柯有些笨拙地回避了它，他说："没有，因为我没结婚。"[85] 死后，福柯又会因为未"公开"自己的病情而受到批评。

　　第一个"公开"自己患有艾滋病的法国知识分子是让 - 保罗·阿隆。阿隆自 1950 年起就认识福柯了，他在 1987 年发表了自己的艾滋病故事。文章本身既无畏又感人，但其中也有一些令人反感的言论。在《现代杂志》的讨论中，他高度批评福柯所谓话语凌驾于生活经验之上的论断。阿隆评价道："他是个……同性恋。他羞于承认自己的身份，但却过着同性恋的生活，有时会过那种疯狂而时髦的生活。他面对疾病的缄默不语令我深感不安，因为这沉默是可耻的，一个知识分子不应如此沉默。这与他一贯捍卫的一切都背道而驰。这让我觉得很荒谬。"虽然阿隆很有风度地承认，他在《现代杂志》对福柯的批评仅仅是受到了嫉妒的驱使，但似乎对自己的其他言论并不后悔。[86] 正如一位激进分子在《纽约人》上所言，阿隆此番言论"在道德上是站不住脚的"。[87] 由于当时没有任何支持网络能让艾滋病患者以受害者之外的身份发言，他们的错误也是时代使然。

　　阿隆的评论让德费尔怒火中烧。在他的伴侣去世后，德费尔与总部位于伦敦的泰伦席金斯基基金会等组织商议后，建立了"艾滋病"患者协会（如今是一个重要的、遍及全国的艾滋病患者咨询和协助组织）。针对阿隆的评论，他说道："让 - 保罗·阿隆似乎想说：'我敢说的话，福柯没有勇气说。'……23 年来，我分享福柯的生活，也了解他的道德选择。如果我们真的像阿隆说的那样，为自己是个同性恋而感到羞耻，那么，我就不会创建'艾滋病'患者协会了。"[88]

　　《世界报》刊登了福柯去世的新闻，也刊登了福柯的最后一篇短文。福柯呼吁释放被囚禁在波兰的两名法国青年。福柯以他通常的速度和流畅的文笔起草了文本，但他的笔迹有些颤巍巍的，最后不得用打字机完成草稿。[89]

　　福柯或许不确定是否还去加州，但他生命的最后几周里，还在考虑是否再
478　次离开巴黎。按照计划，他将乘坐世界医生组织租赁的船只前往南海，力图营救越南船民。当他躺在病床上时，贝尔纳·库什纳向他保证他将统率"让·夏

科号"。当第一批难民登上这艘船时，人们将以米歇尔·福柯的名义欢迎他们的到来。[90]

福柯去世 6 年后，艾尔维·吉贝尔的小说《致没有救我命的朋友》(*A l'Ami qui ne m'a pas sauvé la vie*) 出版，使福柯陷入了丑闻的旋涡。1977 年，吉贝尔出版了他的早期色情作品《死亡宣传》(*La Mort propagande*)，从此跻身福柯的圈子。他是个很有才华的摄影师，为《世界报》写过摄影文章，有着惊人的美貌，天使般的面容富于迷惑性。他与出版商热罗姆·兰东的儿子即记者马蒂厄·兰东 (Mathieu Lindon) 在一起，并很快成为福柯的密友之一。福柯恢复了他与巴特交往时养成的习惯，每周与这两个年轻人共进三次晚餐。一些人说吉贝尔是福柯最后的情人，另一些人则说他们之间有的只是强烈的柏拉图式恋情。

1988 年，吉贝尔出版了短篇故事《一个男人的秘密》(*Les Secrets d'un homme*)，书中，外科医生为哲学家做了开颅手术。外科医生在哲学家的大脑表层，发现了"面具之下的话语"；在脑部更深的层面上，"大脑隧道中充满了积蓄、贮藏品、秘密和未发表的理论"。接下来，他有了一个伟大的发现："童年的记忆埋得最深，以免被人愚蠢地阐释，伟大而虚假的透明面纱编织的树荫，遮蔽着他的作品。"在它们中间，有"三幅可怕的透视画"。第一幅画中，一个外科医生"为了把小男孩变成一个男子汉"，带着小男孩来到普瓦捷医院的病房，让他看一个截肢的人。第二幅画中，当小男孩经过一个院子时害怕得瑟瑟发抖，这个院子正是《普瓦捷的囚徒》中描写的院子，被囚禁的人曾在这里奄奄一息。第三幅画展示了故事的开端。由于普瓦捷涌进了一批来自巴黎中学的孩子，这个一直在班上名列前茅的中学生失去了优势。他诅咒他们，诅咒那些逃离巴黎的犹太孩子死在集中营里。

这位未命名的哲学家拼尽全力完成他的书，尽管他的脑中有三处脓肿，他还是每天去图书馆查阅笔记。然而，他还是忍不住要毁掉所有作品，于是命令一个朋友烧掉他的手稿。当他去世的时候，只有两份手稿摆在他的桌上。离开巴黎被送往外省的灵柩上，放着玫瑰花和一张签有三个名字的卡片。在这漫长的旅程中，这卡片一动不动。[91]　479

1990 年，吉贝尔阐释了他短篇小说的起源。在福柯弥留之际，吉贝尔一直在写日记，记录下了和这位朋友的对话。福柯去世后，吉贝尔沉默不语，还好几次拒绝谈论他们的友谊。之后，他写下了《一个男人的秘密》。《致没有救我命的朋友》来源于同一本日记，但之所以创作它，是因为吉贝尔突然意识到"当讲述他的痛苦和死亡时，我也是在讲述我自己的命运。仿佛提前预演了自己的死亡，就好像我无意中知道自己得了艾滋病似的。"他补充道："我最好的朋友和我一样也生病了。他对我说：'在背叛这件事上，你是专家。'他透过背叛的三棱镜看我所写的所有内容。或许正是背叛，驱使我写下这些……"[92] 1991年12月27日，艾尔维·吉贝尔去世了，那一年他36岁，因服用过量抗艾滋病药物自杀。

《致没有救我命的朋友》部分是作家自传，部分是真人真事小说。书中人物很容易辨认，哲学家穆齐尔（Muzil）显然就是福柯，他的朋友斯特凡纳（Stéphane）就是丹尼尔·德费尔，马林（Marine）就是女演员伊莎贝拉·阿佳妮（Isabelle Adjani）——她在小说中的名字来自她与赛吉·甘斯布（Serge Gainsbourg）录制的一首歌的歌名。刻画这些肖像是残忍之举，也显示了吉贝尔背叛的天赋。因此，"斯特凡纳"向叙述者"艾尔维"吐露他的内疚之情，因为穆齐尔之死使他发现了"一所满是漂亮男孩的漂亮房子"，这所房子正是福柯计划和吉贝尔参观的厄尔巴岛别墅。为缓解他的愧疚感，斯特凡纳前往伦敦联系一个艾滋病自助组织，继而在法国建立了一个类似的组织。[93]

穆齐尔死后，斯特凡纳在橱柜里发现了一个袋子，袋中装满了皮鞭、手铐、皮质头罩和其他施虐受虐装备："穆齐尔极为喜欢桑拿室中的暴力狂欢。"艾尔维有时看到他离开公寓，他穿着黑色的皮衣，戴着链子，肩章上镶嵌着金属指环，前往十二街区的一家酒吧寻找"受害者"。由于害怕被认出来，他对巴黎的桑拿室避而远之，但当他在加州的年度研讨班上课时，便会充分利用那里的桑拿室和密室。1983年，穆齐尔带着干咳回来了，但他仍旧滔滔不绝地讲着旧金山桑拿室的乐趣：

> 那天，我对他说："因为艾滋病，那里一定一个人都不剩。""那是你的想法而已。正相反，桑拿室里的人变得比任何时候都多，一切都变得非同寻常。这种徘徊在人们周围的威胁创造了新的共谋、新的柔情、新的团结。此前，人们彼此都不吭声；如今，人们彼此交流。每个人都确切地知道自己为何在那里。"[94]

480

我们既无法证实也无法证伪吉贝尔描写的福柯－穆齐尔的真实性。很明显，这部作品掺杂了作者本人的幻想，而不是纪实性的。总体来看，这是一张精准的照片，许多细节点可以被其他文本证实。穆齐尔像福柯一样在医院看了巴黎网球公开赛。他正准备写一本有关"社会主义与文化"的书。在他还是个小男孩的时候，他就想变成小金鱼，虽然他厌恶冷水。这部小说和早期短篇故事中的其他细节——比如截肢的故事；再比如，斯特凡纳和穆齐尔的家人因缺乏合适的遗嘱而产生了矛盾；或者是斯特凡纳在公寓里发现价值数百万法郎的未兑现支票；又如，书中还声称，由于哲学家的姐姐坚持篡改死亡证明，实际上从哲学家那里"偷走了他的死亡"——无法确认。

福柯喜欢说他所有的作品都是"虚构的"，但未必意味着它们是不真实的。比如，当莫里亚克问他是否曾想过写一本小说，他答道："不，从来没想过。我从未想过写小说。但在我的书中，我的确喜欢以虚构的方式来组织我搜集的素材，我故意以虚构的结构来组合真实的要素。"[95] 1967 年，福柯还告诉雷蒙·贝鲁，《词与物》是"一部'虚构作品'，它纯粹而简单；它是本小说，但不是我编的……"[96]福柯的虚构观念来源于尼采的《朝霞》(Daybreak)："事实！是的，虚构的事实！历史学家所要研究的，与实际发生的事无关，而仅仅与理应发生的事件有关……所有历史学家谈论的事物只在想象中存在，在其他地方并未存在过。"[97]《致没有救我命的朋友》是尼采式的，并诉诸福柯"对真理的关注"。在传记与小说之间，福柯无疑更偏爱小说。

后记：死后的生活

20 世纪 80 年代末 90 年代初，戴维·梅西研究并撰写了这本杰出的传记。在《言论与写作集》(*Dits et écrits*) 出版之前，戴维·梅西就已经在工作了。《言论与写作集》最初是四卷本选集，随后再版时变为两卷本，书中按时间顺序，共收录了福柯已出版的 350 多篇短文。对于研究福柯的人们来说，这本书是宝贵的资源，虽然有一些文本被遗漏，未授权的文本也未能收录在内。相比之下，梅西不得不从原作中寻找这些文本，在他的描述中，这项任务非同小可，但仿佛"噩梦"般苦涩。[1]他的参考书目建立在詹姆斯·伯纳尔、雅克·拉格朗日和迈克尔·克拉克之前的劳动之上，这份参考文献仍是一份有价值的档案。

在参考书目中，梅西只引用了一两个"未出版的"文献，这些文献的来源是苏尔索瓦图书馆。苏尔索瓦是一家巴黎图书馆，是隶属于多明我修道士会的研究资源，福柯生命中的最后几年正是在这里工作的，他的研究引领他重返早期牧师档案和古代异教徒文献。[2]福柯中心的藏品在这里存放了数年，之后这些文本被转移到了如今位于卡昂的当代出版纪念研究所 (l'Institut Mémoires de l'édition contemporaine)。多年来，这些珍贵但有限的藏品，一直是研究人员的重要文献，另一批重要文献藏于加利福尼亚大学伯克利分校的班克罗夫特图书馆 (Bancroft Library) 中。这两个系列的藏品有诸多重合之处。收藏福柯文本的第三个地方是法国国家图书馆，在这里，你可以找到《知识考古学》的早期草稿，发现《性经验史》已经出版的第二卷和第三卷几乎所有章节的草稿。比如，米歇尔·福柯中心藏有福柯那篇关于康德《实用人类学》的导论。这篇导论是福柯副论文的一部分，还附加了相关翻译，福柯将导论和《古典时代疯狂史》一起提交为博士论文。虽然福柯在 1964 年就出版了译文，但直到他去世后，这篇冗长的导言——也可以在索邦大学找到——才得以出版。当梅西利用了当时几乎所有可利用的资料后，他感叹"现存的资料和文集是如此残缺不全"。[3]   482

    这些文本之所以残缺不全，是福柯仔细考虑的结果。梅西引用了 20 世纪70 年代晚期的一段对话，在这段对话中，福柯对让－皮埃尔·巴鲁说："我死后，不会留下任何手稿。"[4]梅西说："他几乎兑现了这一承诺。艾尔维·吉贝尔——福柯的密友，据说也是福柯最后的情人——奉命摧毁《性经验史》最后一卷的草稿以及所有的准备材料。"[5]梅西引用了福柯的信，这封信也被看作一份有效遗嘱，在信中，福柯把他的公寓以及公寓里的所有家当都留给了他的长期伴侣丹尼尔·德费尔，并和德费尔约定"不得出版遗作"。

> 他希望家人和朋友尊重他的想法，即便有手稿保留下来，学者和传记作家也得不到它们……将不会有"米歇尔·福柯全集"。出于同样的原因，那种多卷本的通信集也不大可能出现……争议围绕着《性经验史》第四卷发生。早在 1984 年 6 月，第四卷实际上已经完成了，但不太可能出版。福柯引发的局面着实令人沮丧，但却提前遏制了那种遗作出版产业，随着越来越多"未知的"手稿从各种橱柜中被发掘出来，萨特和波伏瓦周遭兴起的遗作出版产业高效得令人难堪。福柯认为尼采的"全集"也许应包含他的笔记，笔记中流水账和格言大纲混杂在一起。福柯认为这并不适合他自己。[6]

    当梅西写下这段话时，他的判断完全准确。这么多年过去了，福柯的愿望得到了家人的尊重，那些幸存的手稿被深锁柜中。然而，梅西写下这些句子后的 25 年里，这些愿望渐渐被侵蚀，如今完全被人抛诸脑后。《性经验史》第四卷——《肉体的供认》于 2018 年出版。在国家图书馆黎塞留分馆的档案室和手稿阅览室里，人们得以查阅更多手稿，这些手稿如今被存放在一个大柜橱里。这种转变是如何发生的？

    1994 年《言论与写作集》出版，这本书不是福柯的遗作，而是在他死后出 483版的文集。此书编辑为德费尔和弗朗索瓦·埃瓦尔德——福柯在法兰西公学院时，他们曾一起工作——他们只搜集了福柯在世时出版过的短文。为了节省读者的时间和精力，他们不但将这些文章汇编在一起，而且还将一些文章翻译为（翻译回）法语。梅西也发现福柯作品中有许多外文文章——葡萄牙语、意大利语、英语或德语——还有一些鲜为人知的外文文本（比如日语）。一些文本，编辑悄悄地用了现存的法语原稿，但文集的绝大部分文章都是重新翻译的。此外，汇编的文章呈现出多种风格——访谈、文章、序言、新闻发布会、小册子、报纸杂志和其他体裁。尽管英语读者很早就接触到了像《权力／知识》（*Power/ Knowledge*）或《福柯读本》（*The Foucault Reader*）这样的短文集子，还有一些意大利语和德语福柯文集，但《言论与写作集》是第一本法语文集。因为没有囊括福柯的著作，这本书算不上"全集"，而且，相比于梅西自己研究和搜集的资料，这本书的文献没有超出太多。但对那些对福柯感兴趣的人来说，这本书给予的帮助将是无价的。

　　3 年后，福柯在法兰西公学院的第一次讲座课程出版了。这本 2003 年出版的《必须保卫社会》（*Society Must Be Defended*）由梅西翻译，在梅西的 60 本译著中，只有一本是福柯的书。从 1976 年初开始的这门课程与《性经验史》第一卷有一些重合的材料，它们都聚焦于"死亡的权利和管理生命的权力"，但 1976 年的课程在全新的背景下论述此问题。这门课程从完全不同的角度解读了传统的政治思想史，它重点分析了在建立现代国家的过程中，高卢人、法兰克人、诺曼人和撒克逊人等不同种族的种族矛盾。书中的分析表明，历史书写本身通常是一种政治行为。关于福柯为什么写下《性经验史》的其中一卷，这本书给我们提供了新视角，不仅如此，此书还呈现了《性经验史》中"人口和种族"主题的最初面貌，以及那些被放弃的计划。《必须保卫社会》为我们理解福柯的生命政治概念提供了新见解，并让我们了解治理术概念的发端。当时，人们只能通过后来的《安全、领土与人口》（*Security，Territory，Population*）中的一篇讲稿来了解治理术思想——这篇讲稿最先以意大利语出版，随后被翻译成英语。

　　授权整个课程出版，是对过去做法的突破。《必须保卫社会》中的两节课早已出版，这两节课出现在英语版的《权力／知识》中，福柯在巴黎各种讲座中的片段也已经出版了。福柯 1983 年在伯克利关于"直言"的课程以地下出版物的形式广为传播，最终由 Semiotext(e) 出版社在 2001 年以未授权的版本出版，2016 年，此课程以法语评论版的形式正式出版。福柯的许多课程录音带都可以在伯克利和当代出版纪念研究所找到，两次课程录音已正式公布，其他录音有的被个人收藏，有的则可以通过非官方渠道获得。官方法语版本的法兰西公学院课程，最初正是在这些磁带的基础上制作而成的。在接下来的 18 年里，法兰西公学院的所有课程都陆续出版，这些课程由埃瓦尔德和阿历桑德罗·方塔纳主编，并由门槛出版社、伽利玛出版社和高等社会科学研究院联合出版。除了第一本书之外，其余课程都是由格雷厄姆·柏歇尔（Graham Burchell）翻译的。最初的一卷对磁带进行了转录，绕过了"不得出版遗作"的限制，出版人声称，这只是让已在公共领域散播的文本更容易获得。第二个不太明确的原因是，有一个未经授权的意大利语版本正在运作。从中期的课程到晚期课程，再回到一些打乱时间顺序的讲座，最后是最早的讲座。随着一系列讲座的出版，出版限制逐渐放宽。早期出版的课程录音中的空白被省略号代替，后来的课程则补充了福柯课堂笔记中的细节。有时讲稿的部分内容并没有真的在课上讲授，而是作为附录出现。福柯的前三门课程没有现存的记录。德费尔自己编辑了早期的课程，比如《知识意志讲稿》（*Lectures on the Will to Know*，1970—1971），他仅在福柯课程笔记的基础上，增加了麦吉尔大学的尼采讲座，以此来代替缺失的材料，并加入了"俄狄浦斯知识"作为附录。针对第三门课程"惩罚的社会"，伯纳德·哈考特（Bernard Harcourt）用了 20 世纪 70 年代福柯自己改过的抄本，在此基础上出版了《惩罚的社会》，而用于转录的磁带已经没有了。福柯的第二门课程是最后一门要编辑的课程，这门课程是"刑事理论与刑事制度"（Penal Theories and Institutions），这门课程刚刚被翻译成英文，由哈考特在福柯笔记的基础上编撰而成。声称这些书不是"死后出版物"是说不过去的。

梅西在传记中指出，福柯通常会在课程结束几个月后的 6 月撰写课程总结，这些年度课程总结是对课程内容的有效概括。根据业已出版的完整课程来看，我们现在知道情况并非总是如此。在课程总结中，福柯有时会强调相对次要的主题，有时甚至会汇报他在课程结束后关于某个主题的思考进展。其他情况下，总结中几乎只字未提课程的核心主题。例如，在《必须保卫社会》的总结中，几乎没有提到种族问题；《刑事理论与刑事制度》前半部分的主题是 17 世纪诺曼底的赤足汉起义（*nu-pieds* revolts），福柯在总结中也未做评论。即便福柯的年度总结仅仅反映了课程内容，我们仍能学到其他东西。在《知识意志讲稿》中，我们可以看到福柯对古希腊的理解有多深，这比他所谓"转向"古代早了整整 10 年。我们也可以了解他对尼采的解读，更加清楚地了解谱系学概念和权

485

力问题如何出现在他的作品中。《刑事理论与刑事制度》以及《惩罚的社会》让我们深入了解福柯是如何解读马克思主义历史学家的，以及他如何将自己的研究与马克思主义历史学家关心的问题联系起来。接下来的一系列课程概述显示，若按照最初的计划，《性经验史》可能会如何书写。福柯去世时未完成的系列，与他 20 世纪 70 年代中期本来的计划有很大差别。1976 年年底出版的第一卷概述了六部分主题的研究方案。然而，到了 1984 年的 5 月和 6 月，当第二卷和第三卷真正出现时，我们发现，这些书是按新计划写成的。

在福柯去世后的头 20 年里，人们在有限材料的基础上，以多种方式发展和应用了治理术概念，如今这个概念得以在福柯自己的思想中复原。《生命政治的诞生》（The Birth of Biopolitics，1978—1979）的题目具有误导性，福柯在书中讨论和概括了新自由主义，而当时新自由主义在法国、德国、英国和美国都获得了政治支持。那些关于福柯到底是新自由主义最有预见性的批评家还是支持者的讨论，实则毫无启发性。福柯最现代的课程仍有许多值得一说的地方。到了 20 世纪 80 年代，福柯正在探究《性经验史》，直到去世，他都未完成这本书。《对活人的治理》写于 1979 年至 1980 年间，关于早期教会的部分内容与《性经验史》系列的第四卷有所重叠，同时，次年的《主体性与真理》（Subjectivity and Truth）与实际出版的《性经验史》第三卷相关。在他最后的三门课程——《主体解释学》（The Hermeneutics of the Subject）和两卷本的《对自身与他人的治理》（The Government of Self and Others）——中，福柯的研究超出了已出版书目的内容。虽然有的资料在《性经验史》第二卷和第三卷中也能查到，但在这些课程中，福柯概述了计划项目，这些关于自我技术、治理术和直言的计划没有完成。实际上，我们有很多这一时期的材料，因为福柯的名声太大了，他几乎每次在某地讲话都有录音记录，大部分记录都从口头演讲转录而来。当然，他将如何结束这些研究，我们并不确定。有强烈的迹象表明，福柯那时对古代的研究即将结束，他打算转而关注更为现代的议题，去研究治理艺术和惩罚的人类学问题。

除了巴黎的课程外，福柯的其他资料也都出版了。亨利－保罗·弗罗查德（Henri-Paul Fruchaud）领导的团队正与弗林出版社合作，编辑福柯的一个重要系列作品，团队中还有达妮埃尔·洛伦吉尼（Daniele Lorenzini）。起初，这个系列提供了过去未经授权的重要法语版文本，这些文本通常基于转录的录音

486

制作而成。编辑们用手稿材料补充了录音和最初的出版内容，形成了更为可靠的文本。这些作品包括之前提到的从 1983 年开始的加利福尼亚大学伯克利分校课程，1980 年在加利福尼亚大学伯克利分校和达特茅斯学院的两场讲座《自我解释学的起源》（*About the Beginning of the Hermeneutics of the Self*），以及福柯 1983 年在加利福尼亚大学伯克利分校做的另一场讲座《自我的文化》（*La culture de soi*），搭配 1978 年在巴黎的一场讲座《什么是批判？》（*Qu'est-ce que la critique?*）。该系列的最新一卷是福柯于 1982 年在多伦多开设的一门课程，即《诚言自身》（*Dire vrai sur soi-même*），这本书过去从未以任何形式出版。其他的卷本也在计划中，他们将之前未授权或未收录的出版物编进全集中，或者将那些过去只能在档案室查阅的资料编入其中。福柯其他一些篇幅长如书本的材料也被其他出版社出版，这些材料包括他 1981 年在鲁汶大学的讲座《做错事，讲真话》（*Wrong-Doing, Truth-Telling*），以及福柯和克劳德·博纳富瓦、罗歇-保尔·德鲁瓦的访谈，还有一些关于文学的演讲和广播演说，如《语言、疯狂与欲望》（*Language, Madness, Desire*）等。许多较短的篇目已出现在其他文集和期刊上，虽然不是全部，但其中大部分文本迅速被人翻译成了英文。具有某种讽刺意味的是，福柯一生中选择出版的很多材料，包括那些被收录进《言论与写作集》中的材料，都没有被翻译，而他不想出版的很多内容却立刻被翻译出来。福柯晚期的一本书《混乱的家庭》直到 2017 年才被翻译成英文，福柯在 1982 年将巴士底狱档案馆的书信集交给了阿莱特·法尔热，最终形成了这本书。2015 年，福柯获得了法国文学界的一项荣誉，他的大部分书籍和一些小短文以 著作集的形式被声望卓著的七星文库收录。[7] 487

　　许多以前未出版的文本在伯克利和当代出版纪念研究所中都无法找到。正如法兰西公学院讲座的编辑们常常会承认，为了帮助他们完成任务，德费尔会向他们提供档案材料。我们越发清楚地看到，大量的文本被保存了下来。编者使用的文本表明，福柯的课程笔记，以及他为研究所做的阅读笔记和相关材料都被保存了下来。但编辑们却无法获得其他文本，比如《肉体的供认》。当被问到这份手稿时，德费尔说，要么每个人都能查阅它，要么所有人都不可以：他不会允许个别读者查阅它。德费尔解释说，自从福柯死后，他为了保证手稿的安全，将大部分重要手稿从公寓搬走。在去厄尔巴岛度假之前，德费尔将这些手稿锁进了当地一家银行保险库的保险箱中。德费尔说太多人有公寓的钥匙了，而且他很担心这些手稿的安全。福柯的出版商皮埃尔·诺拉提议将手稿放在伽利玛的保险箱里，但德费尔担心他可能会出版这些手稿。德费尔回想起来，这些手稿已经被锁了将近 30 年。

2013 年，德费尔将自己继承的所有手稿材料都卖给了国家图书馆。这些手稿共有 37 000 页，分装在 117 个箱子中。为了有更直观的感受，举个例子，之前国家图书馆收藏了《知识考古学》的草稿和《性经验史》的第二卷和第三卷，这些材料共装了 5 个箱子，而班克罗夫特图书馆收藏的书面材料只有一个箱子。如今，大量有价值的材料都在巴黎存档，许多箱子中的文本目前都未编进目录。长久以来，梅西、德费尔和其他人都在谈论手稿被完全摧毁的事，福柯及其一些熟人的评论也印证了这一说法。然而，实际上，很多文本被保存起来了。和《性经验史》第四卷一样，该系列其他卷的相关材料也得以保存。综上所述，《性经验史》的写作计划几经演变，相当复杂，可以通过福柯在巴黎和别处的讲座来追溯这本书的部分内容，但福柯也计划了数卷作为这个系列的部分内容。此外，福柯还计划撰写中世纪晚期教会、反对未成年人手淫的改革运动、乖张的成年人、歇斯底里的女人、真理的政治、阴阳人，以及自我技术的相关卷册。或许，档案中至少有一些为撰写这些卷本而准备的资料和草稿素材。[8]

即便福柯的确毁了一些手稿，但他保留了更多，包括从 20 世纪 50 年代关于尼采的文章，到 60 年代关于艺术和文学的文章，再到关于性经验和自我技术的草稿和相关材料。从最早的里尔和巴黎高师，到克莱蒙费朗的课程，从 20 世纪 60 年代突尼斯和万森纳大学的课程，到 70、80 年代已经出版的讲座材料，几乎他所有的讲座课程都被保留下来了。除此之外，20 世纪 60 年代和 70 年代的一些课程尚未出版，其中包括福柯在巴西圣保罗和纽约州立大学布法罗分校的讲座。似乎从 20 世纪 50 年代中期开始，福柯的教学记录有了一个非常明显的断档，当时他在乌普萨拉管理一个文化项目，同时在大学担任教职，之后 10 年间，他在华沙和柏林担任文化官员的时候，也做了一些讲座。

和那些未发表的文本一样，《知识考古学》有两份草稿，一份完整，另一份残缺不全。还有一些草稿材料与其他几本出版书目相关，其中包括《规训与惩罚》。虽然一些材料被精心保存下来，但福柯却将一些手稿或打字稿当作草稿纸，将一些阅读笔记记录在这些纸张的背面。由于福柯没有标注笔记日期，他用来写写画画的纸张，或是与一组笔记叠在一起的纸片，有时却是最有用的标

488

记，标记了笔记记下、整理和重排的日期。因此，福柯还使用了带信头的信纸、传单和信件。档案并未完全开放，而且至少从公开的情况来看，它的目录也是残缺不全的。人们按照福柯留下的顺序保留材料，这样做当然是正确的，尽管对一些研究者来说，一些交叉引用和索引会更有帮助。未来几年，可能有更多的文章出版，这将会继续丰富我们对福柯的认知，有时还会改变我们对福柯思想轨迹的理解。

梅西对这一切都一无所知，也未曾料到会发生这些事。值得注意的是，梅西的书通常是一个缩影，他从整体上勾勒了我们如今接触到的事物。过去几年里，我一直试图利用已有的资料对福柯的思想演变进行广泛的研究。最初的研 489究成果以这两本书呈现出来，即《福柯的最后十年》（*Foucault's Last Decade*）和《福柯：权力的诞生》（*Foucault: The Birth of Power*）。[9] 在阅读福柯出版的著作、课程，他去世后的出版物和档案材料，尤其是研究他的阅读笔记时，我也设法发展和加深对福柯作品的认知。如今，我正在写一本名为《早期福柯》（*The Early Foucault*）的书，这本书聚焦于福柯在 20 世纪 50 年代的思想发展，关于 60 年代福柯思想的最终卷也会紧随其后——因为 60 年代的资料现在已经可以获得。但我很清楚自己不会写传记，主要是因为梅西的传记写得太好了。

唯一可与之媲美的传记是迪迪埃·埃里蓬的《米歇尔·福柯》，此传记自 1989 年出版以来已修订了两版。英语版传记只有第一版，但 2011 年出版的第三版包含了许多新资料，还有一些有价值的档案附录，以及对福柯新出版作品的评论。[10] 虽然埃里蓬写的《福柯与其同代人》（*Michel Foucault et ses contemporains*）也很出彩，并且在其他作品尤其是《侮辱和同性恋自我的形成》（*Insult and the Making of the Gay Self*）[11] 中讨论了福柯，但这 25 年来没有新的福柯传记出现。1993 年初，梅西的福柯传记出版前不久，詹姆斯·米勒的《福柯的生死爱欲》（*The Passions of Michel Foucault*）出版。[12]

然而，到了今天，当年那些传记作者可以获得的资源，很大程度上已不复存在。福柯去世时年仅 57 岁，因此，当时不仅他的很多同辈还活着，他的老师和导师也都活着。从梅西的注释和致谢中我们发现，他采访了如此多的人，这些人遍布于福柯各个阶段的生活和事业之中。这些人包括皮埃尔·布尔迪厄、罗伯特·卡斯特尔、乔治·康吉莱姆、埃莱娜·西克苏、德费尔、埃瓦尔德、阿莱特·法尔热、福柯的妹妹和兄弟及姐夫、皮埃尔·克洛索夫斯基、克劳德·莫里亚克、乔治和雅克利娜·韦尔多、保罗·韦纳、皮埃尔·维达尔－纳杰和其他一些人。尤其是德费尔，他在多个场合接受了采访。梅西联系的人当中，只有少数人拒绝接受采访，通常是因为他们说自己已经与埃里蓬聊过了，但他们还是和梅西谈了自己必须说的内容。在梅西撰写的传记中，有几个重要段落，梅西仅仅参考了这些丰富的口述史。这些采访的记录和笔记，连同一些通信，都保存在梅西的私人文件中。[13] 梅西这本传记的笔记中还有许多有益的启示，比如笔记中记载的新闻报道、回忆录和其他证词，还有一些文学作品和当代评论，它们构成了大量未经开发的佐证资料。如今，当年梅西采访的人里，很多人都已不在人世，虽然还有很多福柯出名后认识他的人，但现在，那些目睹了福柯思想演变的人几乎都已不在了。

490

虽然最新的出版物丰富了我们对福柯作品的理解，但当任何一个新的传记作家，追随埃里蓬和梅西的脚步，面对那些艰巨的任务时，将不得不面对那些见证者的缺失，而那些尚存的见证者的记忆也逐渐褪色了。然而，关于死后出版物的其中一个方面，梅西的看法仍旧是正确的。我们仍旧无法触及福柯的通信，除了一些最近出版的文集中的少量通信，以及他的通信者档案中的信件外，我们一无所知。德费尔说福柯经常会丢弃寄给他的信件，他在自己的档案中也没有列出邮件收藏。那些保存在其他地方的信件，通常只能通过严格的手续获得，人们既不能复印也无权引用信件。那些和福柯通信的人说，那些信件将同他们一起入土。因此，埃里蓬和梅西后继无人是有充分理由的：他们的作品品质上乘，特别是目睹了福柯早期生活的人都已不在了，而且相比于福柯的作品，关于他生活方面的新资料是匮乏的。

然而，福柯生活和事业的很多方面仍应得到更全面的探索。尤其是福柯的20世纪50年代更应得到关注，这是福柯未成名的时期，也是福柯发展自己思想的时期。那些福柯在里尔和巴黎高师的课程，将使我们更加了解他早期的思想发展和作品出版情况。他在乌普萨拉的时光，虽然梅西的书中讨论了一些细节，但仍旧晦暗不明。虽然最近对波兰的研究增加了我们对福柯早期生活的了解，但我们对他在华沙和汉堡的生活仍然知之甚少。关于这段生活，有一篇评价福柯这段时期思想洞见和缺憾的法语长文，英语和法语的翻译文章也会很受欢迎。[14] 未来将出版的克莱蒙费朗、突尼斯和万森纳的课程，会使人们重新认识福柯在20世纪60年代的作品。近年来，福柯关于文学、绘画和戏剧方面的作品获得了重新评价，很大一部分原因是新资料的出现。[15] 福柯在 20 世纪 70 年代初的政治激进主义仍旧是一个非常有趣的话题，这一时期的内容，得益于菲利普·阿蒂埃尔斯（Philippe Artières）及其同事编辑的文集，文集内容是关于福柯与监狱信息小组的工作的。不仅如此，福柯最后 10 年对伊朗革命的新闻报道也同样引人入 491 胜。1965 年到 1976 年间福柯对巴西的 5 次访问，以及他与反独裁运动之间千丝万缕的联系，最近都成为重要的研究主题。[16] 福柯的阅读笔记，是他几十年来在图书馆所做研究的宝贵记录。福柯自己的藏书却有些残缺不全，有些书留在了德费尔现在住的公寓里，一些他人献给福柯的文集如今归耶鲁大学百内基图书馆所有。对这些内容进行研究将是明智之举。最引人入胜的或许是福柯的思想笔记，这是一种工作日志，如今它仍尘封在档案馆中，据我所知目前尚无法查阅。梅西和其他人都认为福柯的一篇毕业论文丢失了——写于 1949 年的这篇论文是关于黑格尔的《精神现象学》的，指导教师是让·伊波利特。[17] 福柯去世时，他的公寓里没有这篇作品。但弗罗查德在他祖母（福柯的母亲）的房子里发现了这篇论文，并将它和福柯早期的其他资料一起捐赠给了国家图书馆。[18]

若不是 62 岁的梅西在 2011 年不幸去世，他当然有可能进一步研究福柯。他最后的重大项目是一本优秀的弗朗茨·法农传记和《企鹅批评理论词典》（*The Penguin Dictionary of Critical Theory*）。[19] 2004 年，他利用本书的素材为瑞克森图书的"关键人物"系列撰写了篇幅更短的《福柯》（*Michel Foucault*），并在前一年翻译了《必须保卫社会》。[20] 不过这本再版的福柯传记仍旧是一项重要研究，这本书打开了一个绝佳的空间，作者详细评估了福柯的生活，并对福柯的职业生涯进行了概述。梅西在书的开头提到，福柯采取了尼采对于传记作品的不屑态度，即"传记中的学问都是浮云"[21]，而他在书的结尾表示，福柯或许更喜欢艾尔维·吉贝尔的小说化叙述。[22] 尽管如此，福柯或许也会从梅西的工作中受益良多吧。

斯图尔特·埃尔登，2018

注　释

493

序言

1. Michael Holroyd, *Bernard Shaw. Vol 1. 1856–1898. The Search for Love*, Harmonds-worth: Penguin, 1990, p. 4.
2. Friedrich Nietzsche, *Untimely Meditations*, tr. R. J. Hollingdale, Cambridge University Press, 1983, p. 97.
3. 福柯的一般性研究中最有价值的是：Alan Sheridan, *Michel Foucault: The Will to Truth*, London: Tavistock, 1980；Angèle Kremer Marietti, *Michel Foucault: Archéologie et Généalogie*, Paris: Livre de poche, 1985；Gary Gutting, *Michel Foucault's Archaeology of Scientific Reason*, Cambridge University Press, 1989；James W. Bernauer, *Michel Foucault's Force of Flight*, Atlantic Highlands, New Jersey: Humanities International Press, 1990。
4. Jürgen Habermas, 'Taking Aim at the Heart of the Present', in David Couzens Hoy, ed., *Foucault: A Critical Reader*, Oxford: Blackwell, 1986, p. 107.
5. Hubert L. Dreyfus and Paul Rabinow, *Michel Foucault: Beyond Structuralism and Hermeneutics*, Hemel Hempstead: Harvester, 1982.
6. Claudio Pogliano, 'Foucault, con interpreti', *Belfagor*, vol. 40, 1985, p. 147. 有关辩论本身的文字记录，请参阅 'Human Nature versus Power' in Fons Elders, ed., *Reflexive Water: The Basic Concerns of Mankind*, London: Souvenir Press, 1974, pp. 139–197。
7. 'L'Intellectuel et les pouvoirs'（propos recueillis le 14 mai 1981 et résumés par Christian Panier et Pierre Watté），*La Revue nouvelle*, vol. LXXX, no. 10, October

1984, p. 339.

8. Rux Martin, 'Truth, Power, Self: An Interview with Michel Foucault. October 25, 1982', in Luther H. Martin, Huck Gutman and Patrick H. Hutton, eds., *Technologies of the Self: A Seminar with Michel Foucault*, London: Tavistock, 1988, p. 11.

9. Charles Ruas, 'An Interview with Michel Foucault', in *Death and the Labyrinth: The World of Michel Foucault*, tr. Charles Ruas, London: Athlone Press, 1986, p. 184.

10. 'The Minimalist Self', in Lawrence D. Kritzman, ed., *Politics, Philosophy, Culture. Interviews and Other Writings 1977–1984*, New York and London: Routledge, 1988, p. 16. The interview by Stephen Riggins, conducted in English on 22 June 1982, originally appeared in the Canadian journal *Ethos*, vol. 1, no. 2, Autumn 1983, pp. 4–9.

11. *L'Archéologie du savoir*, Paris: Gallimard, 1969, p. 28.

12. *La Pensée du dehors*, Montpellier: Fata Morgana, 1986, p. 37.

13. Michel de Certeau, 'The Laugh of Michel Foucault', *Heterologies. Discourse on the Other*, Manchester University Press, 1986, pp. 193–194.

494   14. 'Mal faire, dire vrai', unpublished lecture, Université Catholique de Louvain, May 1981. Typescript, Bibliothèque du Saulchoir, D202.

15. 'Che cos'è lei, Professor Foucault?', *La Fiera Letteraria*, 28 September 1967, p. 11 （interview with Paolo Caruso）; 'Conversazione senza complessi con il filosofo che analizza le strutture del potere'（interview with Jerry Bauer）, *Playmen* 12, 1978, p. 30.

16. 'Truth, Power, Self', p. 9.

17. Interview with Douglas Johnson.

18. Interview with Daniel Defert.

19. Jonathan Rée, personal communication.

20. Laurent Dispot, 'Une Soirée chez Michel Foucault', *Masques* 25–26, May 1985, pp. 163–167; interview with Laurent Dispot.

21. Interview with André Green.

22. Interview with Jean Laplanche.

23. 'Le Gai Savoir', interview with Jean Le Bitoux, *Mec Magazine* 5, June 1988, p. 36. The interview, dated 10 July 1978, was originally published in Dutch as 'Vijftien vragen von homosexele zijde san Michel Foucault' in M. Duyves and T. Maasen, eds., *Interviewen mit Michel Foucault*, Utrecht: De Woelsat, 1992, pp. 12–23.

24. Pierre Klossowski, 'Digression à partir d'un portrait apocryphe', *L'Arc* 49, *Deleuze*, new edn., 1990, p. 11.

25. 'Le Philosophe masqué', Christian Delacampagne, *Le Monde dimanche*, 6 April 1980, p. 1.

26. 'Deuxième Entretien: Sur les Façons d'écrire l'histoire' in Raymond Bellour, *Le Livre des autres*, Paris: L'Herne 1971, p. 203; originally published in *Les Lettres françaises*, 15 June 1967.

27. 'Sur "Histoire de Paul" par Michel Foucault et René Feret（Entretien）', *Cahiers du cinéma* 262–263, January 1976, p. 65.

28. Maurice Blanchot, *Michel Foucault tel que je l'imagine*, Montpellier: Fata Morgana, 1986, pp. 9–10.

29. Alan Sheridan, 'Diary', *London Review of Books*, 19 July–1 August 1984, p. 21.

30. Interview with Daniel Defert.

31. Reproduced in *Michel Foucault: Une Histoire de la vérité*, Paris: Syros, 1985, pp. 112–113.

32. *Les Mots et les choses*, Paris: Gallimard 1966, p. 7.

33. Jorge Luis Borges, *Obras Completas*, Buenos Aires: Emecé, 1974, p. 708.

34. 'Polemics, politics and problematizations: an interview', tr. Catherine Porter（an edited version of interviews with Paul Rabinow, Charles Taylor, Martin Jay, Richard Rorty and Leo Lowenthal, Berkeley, April 1983）, in Paul Rabinow, ed., *The Foucault Reader*, Harmondsworth: Penguin 1986, pp. 383–384.

35. 'The Minimalist Self', p. 7.

36. Jean-Pierre Barou. 'Il aurait pu aussi bien m'arriver tout autre chose', *Libération*, 26 June 1984, p. 4.

37. Ibid.

38. Cited, Claude Mauriac, *Le Temps accompli*, Paris: Grasset, 1991, p. 43. 想了解吉贝尔的小说化叙述，请参考其 *A l'Ami qui ne m'a pas sauvé la vie*, Paris: Gallimard, 1990。

39. Mauriac, p. 43.

40. See Pierre Nora, 'Il avait un besoin formidable d'être aimé', *L'Evénement du jeudi*, 18–24 September 1986, pp. 82, 83.

41. *L'Archéologie du Savoir*, p. 35.

42. 'Maurice Florence'（i.e. Michel Foucault and François Ewald）, 'Foucault, Michel,

495

1926-）', in Jean Huisman, ed., *Dictionnaire des philosophes*, Paris: PUF, 1981, Tôme I, p. 942; interview with François Ewald.

43. 'Un Problème qui m'intéresse depuis longtemps, c'est celui du système pénal', cited, Jélila Hafsia, *Visages et rencontres*, Tunis, 1981.

44. François Ewald and Pierre Macherey, 'Actualité de Michel Foucault', *L'Ane* 40, October–December 1989, pp. 4–5.

45. 'Sur la sellette', entretien avec Jean-Louis Ezine, *Les Nouvelles littéraires*, 17 March 1975, p. 3.

46. *Power/Knowledge. Selected Interviews and Other Writings 1972–1977*, edited by Colin Gordon, Brighton: Harvester, 1980; interview with Colin Gordon.

47. Duccio Trombadori, *Colloqui con Foucault*, Salerno: 10/17, 1981, tr. R. James Goldstein and James Casaito as *Remarks on Marx*, New York: Semiotext（e）, 1991.

48. Mauriac, *Le Temps accompli*, p. 32.

49. Bernauer, *Foucault's Force of Flight*; Michael Clark, *Michel Foucault: An Annotated Bibliography*, New York: Garland, 1983. 伽利玛出版社即将出版的书收录拉格朗日的参考书目。参考书目副本可以在苏尔索瓦图书馆找到。

50. Thierry Voeltzel, *Vingt Ans et après*, Préface de Claude Mauriac, Paris: Grasset, 1978; interview with Claude Mauriac.

51. 'Faire vivre et laisser mourir. La Naissance du racisme', *Les Temps Modernes* 535, February 1991, pp. 37–61.

52. 'Sur la Justice populaire: débat avec les Maos', *Les Temps Modernes* 310bis, 1972, pp. 335–366.

53. Interview with Dominique Seglard.

54. 以此通用标题出版: *De la Gouvernementalité*. *Leçons d'introduction aux cours des années 1978 et 1979*, Paris: Seuil/Productions de La Licorne, KS531, KS532.

55. Michel Foucault, *Résumé des cours 1970–1982*, Paris: Julliard, 1989.

56. Didier Eribon, *Michel Foucault*, Paris: Flammarion, 1989.

第一章

1. 除了注释中明确提到的资料来源外，这些叙述来自丹尼斯·福柯、弗朗辛·弗罗查德、亨利·弗罗查德、西尔维–克莱尔·德·阿尔维塞内、安妮·塔拉米和丹尼尔·德费尔的口述记录。

2. Paulin Malapert, *De Spinoza politica*, Paris 1907；*Les Eléments du caractère et leurs lois de combinaison*, Paris: Alcan, 1906；*Leçons de philosophie*, Paris: Hatier, 1918；*Psychologie*, Paris: Hatier, 1913.

3. Jean Plattard, ed., François Rabelais, *Oeuvres completes*, Paris: Association Guillaume Budé, 1929（five vols.）；Michel de Montaigne, *Oeuvres complètes*, Paris: Association Guillaume Budé, 1931–1932（four vols.）.

4. Eribon, *Michel Foucault*, p. 21.

5. Sheridan, 'Diary'；Voeltzel, *Vingt Ans et après*, p. 156.

6. Ibid., p. 182.

7. 'The Minimalist Self', p. 4.

8. Ibid., pp. 6–7.

9. Interview with Jacqueline Verdeaux.

10. 'Structuralism and Post-Structuralism: An Interview with Michel Foucault', *Telos* 55, Spring 1983, p. 208, tr. Jeremy Harding；this interview with Gerard Raulet was originally published as 'Um welchen Preis sagt die Vernuft die Warheit?', *Spuren* 1–2, May–June 1983.

11. 'Hospicios, sexualidade, prisões'（interview with Claudio Bojunga）, Versus（Rio de Janeiro）, 1 October 1975.

12. 'Le Philosophe masqué', *Le Monde*, 6 April 1980.

13. Pierre Bourdieu and Jean-Claude Passeron, *Les Héritiers: les étudiants et la culture*, Paris: Minuit, 1964.

14. Mona Ozouf, *L'Ecole, l'église et la république*, Paris: Armand Colin, 1964.

15. *Radioscopie de Michel Foucault, propos recueillis par Jacques Chancel*, Radio-France, 3 October 1975. 这次访谈的录音带可以在苏尔索瓦图书馆（C42）、公共资讯图书馆和蓬皮杜中心查到。

16. Emmanuel Le Roy Ladurie, Montpellier-Paris. PC-PSU, 1945–1963, Paris: Gallimard, 1982, pp. 25–26.

17. Eribon, *Michel Foucault*, p. 25.

18. Etienne Burin des Roziers, 'Une Rencontre à Varsovie', *Le Débat* 41, September–November 1986, p. 134.

19. Eribon, *Michel Foucault*, p. 27.

20. Voeltzel, *Vingt Ans et après*, p. 55.

496

21. *khâgne*（文科预科班学生）这个词来源于 cagneux（膝盖外翻）这个词，意思是 "八字脚的"。显然，在教育领域，理科生用这个词来表示对人文学科学生的蔑视 —— 在他们眼中，文科生身材不匀称、粗鲁、笨手笨脚。

22. Eribon, *Michel Foucault*, pp. 28–29.

23. Voeltzel, *Vingt Ans et après*, pp. 127–128.

24. Hervé Guibert, 'Les Secrets d'un homme' in *Mauve le vierge*, Paris: Gallimard, 1988, p. 106.

25. André Gide, La Séquestrée de Poitiers, in *Ne jugez pas*, Paris: Gallimard, 1930.

26. 'Deuxième Entretien: sur les façons d'écrire l'histoire', in Raymond Bellour, *Le Livre des autres*, Paris: L'Herne, 1971, pp. 201–202（originally published in *Les Lettres françaises*, 15 June 1967）.

27. Eribon, *Michel Foucault*, p. 29.

28. Interview with Jeannette Colombel.

29. Interview with Michel Albaric.

30. 'De l'amitié comme mode de vie', *Gai Pied* 25, April 1981, p. 4.

31. 'The Minimalist Self', p. 13.

32. Eribon, *Michel Foucault*, p. 30.

33. Interview with Jean Piel.

34. Le Roy Ladurie, *Paris-Montpellier*, p. 28.

35. 'Jean Hyppolite（1907–1968）', *Revue de métaphysique et de morale*, vol. 74, no. 2, April–June 1969, p. 131.

36. Eribon, *Michel Foucault*, p. 40.

37. Ibid.

38. Jean-Paul Aron, *Les Modernes*, Paris: Folio, 1984, p. 9.

497 39. Jacques Piquemal, 'G. Canguilhem, professeur de Terminale（1937–1938）. Un Essai de témoignage', *Revue de métaphysique et de morale*, 90-année, no. 1, January–March 1985, p. 78.

40. Interview with Dominique Seglard.

41. Louis Althusser, *L'Avenir dure longtemps, suivi de Les Faits: Autobiographies*, Paris: Stock/IMEC, 1992, p. 324.

42. Interview with Georges Canguilhem.

43. Interview with Jeannette Colombel.

44. 福柯如此描述骑脚踏车在巴黎兜风的生活："我发现了一个外出时不会做梦的好方法：骑自行车出行。这是我现在唯一的出行方式。在巴黎，这是一项绝妙的运动。在那里，人们骑自行车旅行，欣赏美好的一切。似乎在 9 月晚上 7 点钟的时候，若是飘起一点薄雾，皇家大桥那边的景色美轮美奂。事实上，我从未看到过那番景象；那时候，我在和堵车较劲，在和路上的汽车较劲。力量的制衡又开始了。" 'A Quoi rêvent les philosophes' (interview with Emmanuel Lossowsky)，*L'Imprévu*, 28 January 1975, p. 13.

第二章

1. Jean-François Sirinelli, 'La Khâgne', in Pierre Nora, ed., *Les Lieux de mémoire. II La Nation*, Paris: Gallimard, 1986, vol. 3, p. 607.

2. Eribon, *Michel Foucault*, p. 42; Sirinelli, 'La Khâgne', p. 607.

3. 私人通信。

4. Regis Debray, *Teachers, Writers, Celebrities: The Intellectuals of Modern France*, tr. David Macey, London: Verso, 1981, p. 49.

5. Jean Hyppolite, 'La "Phénoménologie" de Hegel et la pensée française contemporaine', *Figures de la pensée philosophique*, Paris: PUF, 1971, p. 232.

6. Althusser, *L'Avenir dure longtemps*, p. 155.

7. Yann Moulier Boutang, *Louis Althusser: Une Biographie. Tome I. La Formation du mythe (1918–1956)*, Paris: Grasset, 1992, p. 362.

8. Elisabeth Roudinesco, *Jacques Lacan & Co.*, tr. Jeffrey Mehlman, London: Free Association Books, 1990, p. 376.

9. Boutang, *Louis Althusser*, p. 363.

10. Ibid., p. 461.

11. Ibid., p. 237.

12. Louis Althusser, 'Is It Simple to be a Marxist in Philosophy?', tr. Graham Locke in *Philosophy and the Spontaneous Philosophy of the Scientists and Other Essays*, edited with an Introduction by Gregory Elliott, London: Verso, 1990; *Montesquieu. La Politique et l'histoire*, Paris: PUF, 1959, tr. 'Montesquieu: Politics and History', in *Politics and History*, London: New Left Books, 1972.

13. Douglas Johnson, 'Althusser's Fate', *London Review of Books*, 16 April–6 May 1981, p. 13.

14. Régis Debray, 'In Settlement of All Accounts', in *Prison Writings*, tr. Rosemary Sheed, London: Allen Lane, 1973, p. 197.

15. Interview with Douglas Johnson.

16. Althusser, *L'Avenir dure longtemps*, p. 124.

17. Ibid., p. 321.

498 18. Louis Althusser, *For Marx*, tr. Ben Brewster, London: Allen Lane, 1969, pp. 32, 256.

19. Boutang, *Louis Althusser*, pp. 449–459.

20. 私人通信。

21. Jean-François Sirinelli, 'Les Normaliens de la rue d'Ulm après 1945: une generation communiste?', *Revue d'histoire du monde moderne*, vol. 32, October–December 1986, pp. 569–588.

22. Interview with Jean Laplanche.

23. Maurice Agulhon, cited, *Libération*, 30 June–1 July 1984, p. 16.

24. Interviews with Didier Anzieu and Jacqueline Verdeaux.

25. Interview with Denys Foucault.

26. Interview with Jeanette Colombel.

27. Jean Delay, *La Jeunesse d'André Gide*, Paris: Gallimard, two vols., 1956, 1957; interview with Daniel Defert.

28. Interview with Jacqueline Verdeaux.

29. Maurice Pinguet, 'Les Années d'Apprentissage', p. 126.

30. 'Hospicios, sexualidade, prisões' (interview with Claudio Bojunga), *Versus, 1* October 1975.

31. Interview with Francine and Henri Fruchaud.

32. Pinguet, 'Les Années d'apprentissage', p. 122.

33. Claude Mauriac, *Et comme l'Espérance est violente*, Paris: Livre de poche, 1986, p. 482; Bibliothèque du Saulchoir, C40.

34. Interview with Paul Veyne.

35. Janine Mossuz-Lavau, *Les Lois de l'amour. Les Politiques de la sexualité en France (1950–1990)*, Paris: Payot, 1991, p. 239.

36. Alexandre Koyré, 'Rapport sur l'état des études hégéliennes en France', *Etudes d'histoire de la pensée philosophique*, Paris: Armand Colin, 1961, pp. 205–230.

37. Maurice Merleau-Ponty, *Sens et non-sens*, Paris: Nagel, 1948, p. 125.

38. Georges Canguilhem, 'Hegel en France', *Revue d'histoire et de philosophie religieuses*, 4, 1948–1949, p. 282.

39. Jean Hyppolite, 'La "Phénoménologie" de Hegel et la pensée française contemporaine', *Figures de la pensée philosophique*, p. 235.

40. Vincent Descombes, *Modern French Philosophy*, tr. L. Scott-Fox and J. M. Harding, Cambridge University Press, 1980, p. 10.

41. 然而，我们可以认为，柏格森对德勒兹的影响仍旧是深远的。参见他的 *Le Bergsonisme*, Paris: PUF, 1966。

42. Alexandre Kojève, *Introduction à la lecture de Hegel. Leçons sur 'La Phénoménologie de l'Esprit' professées à l'Ecole des Hautes Etudes réunies et publiées par Raymond Queneau*, Paris: Gallimard, 1947. On the French reception of Hegel, see Judith P. Butler, *Subjects of Desire. Hegelian Reflections in Twentieth-Century France*, New York: Columbia University Press, 1987. The special issue of *Magazine littéraire* (293, November 1991) devoted to *Hegel et 'La Phénoménologie de l'esprit'*, 也包含了大量信息。我在作品中探讨了科耶夫与解读拉康的关联，参见我的作品 *Lacan in Contexts*, London: Verso, 1988。

43. 'Jean Hyppolite', p. 131.

44. Jean Hyppolite, *Genèse et structure de la 'Phénoménologie de l'esprit'*, Paris: PUF, 1948. 伊波利特对他作品的叙述可以在 1957 年的讲座中找到，讲座名为 'La "Phénoménologie" de Hegel et la pensée française contemporaine'。

45. 阿尔都塞的论文被收录在他未出版作品的三卷本中，当代出版纪念研究所宣布将出 499 版这三卷本著作。 Extracts have been published under the title 'Esprit d'Iéna contre la Prusse' in the 'Hegel' issue of *Magazine littéraire*.

46. 'Le Retour de la morale', interview with Gilles Barbedette and André Scala, *Les Nouvelles*, 28 June–5 July 1984, p. 40.

47. Althusser, *L'Avenir dure longtemps*, p. 323.

48. Mauriac, *Et comme l'Espérance est violente*, p. 530.

49. 'Structuralism and Post-Structuralism', p. 198.

50. Interview with Paul Veyne.

51. 'La Vie: l'expérience et la science', *Revue de métaphysique et de morale*, 90- année, no. 1, January–March 1986, p. 4; originally published in Carolyn Fawcett's translation as the preface to Canguilhem, *On the Normal and the Pathological*, Boston: Riedel,

1978.

52. Pierre Bourdieu, 'Aspirant Philosophe. Un Point de vue sur le champ universitaire des années 50', in *Les Enjeux philosophiques des années 50*, Paris: Centre Georges Pompidou, 1989, pp. 19–20.

53. Cited, Mauriac, *Et comme l'Espérance est violente*, p. 600.

54. 'Le Retour de la morale', p. 40.

55. Jean Beaufret, 'M. Heidegger et le problème de l'existence', *Fontaine* 63, November 1947.

56. Edouard Gaede, 'Nietzsche et la littérature', in *Nietzsche (Cahiers de Royaumont)*, Paris: Minuit, 1967, pp. 141–152.

57. See for example *Colloqui con Foucault*, p. 27.

58. Maurice Pinguet, 'Les Années d'apprentissage', pp. 129–130.

59. 'Structuralism and Post-Structuralism', p. 198.

60. *Colloqui con Foucault*, p. 31.

61. Ibid., p. 39. On Bachelard, see Mary Tiles, *Bachelard: Science and Objectivity*, Cambridge University Press, 1984.

62. 关于这一时期的心理学教学，以及心理学教学和精神分析学的关系，参见 Didier Anzieu, 'La Psychanalyse au service de la psychologie', *Nouvelle Revue de psychanalyse* 20, Autumn 1979, pp. 59–76。

63. Daniel Lagache, *L'Unité de la psychologie*, Paris: PUF, 1949.

64. Interview with Didier Anzieu.

65. 阅读安齐厄最好的入门书目是他的 *A Skin for Thought. Interviews with Gilbert Tarrab*, tr. Daphne Nash Briggs, London and New York: Karnac Books, 1990。

66. Eribon, *Michel Foucault*, pp. 61–62.

67. *Colloqui con Foucault*, p. 33.

68. Ibid., pp. 28–29.

69. Cited, Otto Friedrich, 'France's Philosopher of Power', *Time*, 6 November 1981.

70. Interview with Francine Fruchaud.

71. Interview with Paul Veyne.

72. Pinguet, 'Les Années d'apprentissage', p. 127.

73. Eribon, *Michel Foucault*, p. 73.

74. Emmanuel Le Roy Ladurie, *Paris-Montpellier*, p. 46.

75. Georges Cogniot, 'Les Communistes et le sionisme', *La Nouvelle Critique* 44, March 1953, cited, Maxime Rodinson, *Cult, Ghetto, and State*, tr. Jon Rothschild, London: Al Saqi Books, 1983, p. 44, n. 19.   500

76. *Colloqui con Foucault*, pp. 31–32.

77. Ibid., p. 72.

78. Annie Besse, 'A Propos du sionisme et de l'anti-sémitisme', *Cahiers de communisme*, February 1953, cited, Rodinson, p. 43. 贝斯当时是法国共产党的组织者。随后，她在政治上转向"极右"，成为一名犹太复国主义的辩护者。她以安妮·克里格尔的名字写作，成为一名了不起的冷战斗士，但她还是研究法国共产党最好的历史学家之一。See in particular her *Aux Origines du communisme français*, two vols., Paris: Mouton, 1964.

79. Pinguet, 'Les Années d'apprentissage', p. 127.

80. Cited, Friedrich, 'France's Philosopher of Power'.

81. Emmanuel Le Roy Ladurie, *Paris-Montpellier*, pp. 165–166.

82. Cited, Mossuz-Lavau, *Les Lois de l'amour*, p. 251.

83. Interview with Paul Veyne.

84. 'Postscript to *Death and the Labyrinth*, p. 174.

85. Aron, *Les Modernes*, Folio, 1984, pp. 75–76.

86. Mauriac, *Et comme l'Espérance est violente*, pp. 341–342.

87. Claude Mauriac, *Mauriac et fils*, Paris: Grasset, 1986, p. 291. The 'further montage' was published as *Une Certaine Rage*, Paris: Laffont, 1977.

88. Eribon, *Michel Foucault*, pp. 74–75.

89. Interview with Didier Eribon.

90. Rodinson, *Cult, Ghetto, and State*, p. 54.

91. Mauriac, *Et comme L'Espérance est violente*, pp. 557–576; *Mauriac et fils*, p. 291.

92. *Colloqui con Foucault*, p. 32.

93. 若想全面了解李森科事件，请参考 Dominique Lecourt, *Lysenko. Histoire réelle d'une science prolétarienne*, Paris: Maspero, 1976; tr. *Proletarian Science? The Case of Lysenko*, London: New Left Books, 1977。

94. Pinguet, 'Les Années d'apprentissage', p. 127.

95. 'Vérité et pouvoir', interview with Alessandro Fontana, *L'Arc* 70; *La Crise dans la tête*, 1937, p. 16.

96. Eribon, *Michel Foucault*, pp. 54–55.

97. Boutang, *Louis Althusser*, p. 469.

98. Ibid.

99. Interview with Jean Laplanche.

100. Pinguet, 'Les Années d'apprentissage', p. 123.

101. On Aron, see Jean-Pierre Joecker and Alain Sanzio, 'Rencontre avec Jean-Paul Aron', *Masques* 21, Spring 1984, pp. 7–17.

102. Eribon, *Michel Foucault*, p. 56.

103. Interview with Georges Canguilhem.

104. Sironelli, 'La Khâne', p. 608.

105. Interview with Denys Foucault.

501 第三章

1. 'La Recherche scientifique et la psychologie', in Jean-Edouard Morène, ed., *Des Chercheurs français s'interrogent*, Paris: PUF, 1957, pp. 178, 184.

2. Yvon Belaval, *L'Esthétique sans paradoxe de Diderot*, Paris: Gallimard, 1950.

3. Cited, Eribon, *Michel Foucault*, p. 83.

4. Jean-Paul Aron, *Le Mangeur au XIX siècle*, Paris: Robert Laffont, 1973; tr. Nina Rootes, *The Art of Eating in France. Manners and Menus in the Nineteenth Century*, London: Peter Owen, 1975.

5. 'La Bibliothèque fantastique' in Gérard Genette and Tzvetan Todorov, eds., *Le Travail de Flaubert*, Paris: Seuil, 'Points', 1984; originally published as the afterword to Flaubert, *Die Versuchung des heiligen Antonius*, tr. Anneliese Botond, Frankfurt: Insel, 1964. First French publication as 'Un Fantastique de bibliothèque', *Cahiers Renaud-Barrault* 59, March 1967.

6. Aron, *Les Modernes*, pp. 72–73; 'Quelques souvenirs de Pierre Boulez, propos recueillis par Alain Jaubert', *Critique* 471–472, August–September 1986, p. 745.

7. 'Che cos'è lei Professore Foucault?', p. 14.

8. The most complete source of information on Barraqué is *Entretemps. Numéro spécial: Jean Barraqué*, 1987. This includes the valuable 'Essai de chrono-biographie' by Rose-Marie Janzen. See also G. W. Hopkins, 'Jean Barraqué', *Musical Times*, November 1966, pp. 952–955.

9. 'The Minimalist Self', p. 13.

10. Jean Barraqué, 'Propos impromptu'（extracts）, *Entretemps*, p. 133.

11. André Hodeir, 'Barraqué: Le Pari de la discontinuité', *Entretemps*, p. 39.

12. Friedrich Nietzsche, *Thus Spoke Zarathustra*, tr. R. J. Hollingdale, Harmonds-worth: Penguin, 1961, p. 265–266. For the full French version used by Barraqué, see the score, *Séquence*, Florence: Hinrichsen Edition Ltd, 1963.

13. *The Death of Virgil*, tr. Jean Starr Untermeyer: New York: Pantheon, 1945.

14. Michel Habart, 'Hermann Broch et les rançons de la création poétique', *Critique* 83, April 1954, pp. 310–322.

15. Articles now in Maurice Blanchot, *Le Livre à venir*, Paris: Folio, 1986, pp. 160–172.

16. 'Pierre Boulez ou l'écran traversé', *Le Nouvel Observateur*, 2 October 1982, p. 51.

17. Jean Barraqué, *Debussy*, Paris: Seuil, 1962.

18. Fano, 'Le Temps de l'amitié', p. 61.

19. Maurice Pinguet, *La Mort volontaire au Japon*, Paris: Gallimard, 1984.

20. Pinguet, 'Les Années d'apprentissage', p. 125.

21. Interview with Serge Fauchereau.

22. Interview with Paul Veyne.

23. Pinguet, 'Les Années d'apprentissage', p. 130.

24. Nietzsche, *Untimely Meditations*, p. 104.

25. Friedrich Nietzsche, *The Gay Science*, tr. Walter Kaufmann, New York: Vintage Books, 1974, p. 81.

26. Pinguet, 'Les Années d'apprentissage', p. 124.

27. 'The Minimalist Self', p. 6.

28. 'Truth, Power, Self', p. 11.

29. *Maladie mentale et personnalité*, Paris: PUF, 1954, p. 108.

30. 'Michel Foucault. Conversazione senza complessi con il filosofo che analizza le "strutture del potere"', pp. 22–23.　502

31. The Minimalist Self, p. 6.

32. 若想了解中心的相关情况 , 请参阅 Dr Badonnel, 'Le Centre national d'orientation de Fresnes', *Esprit*, April 1955, pp. 585-592。

33. 'La Recherche scientifique et la psychologie', pp. 173-174. 莫里斯·潘盖在成为学院成员之前 , 曾在斯特拉斯堡大学任教。'La Psychologie de 1850 à 1950', in A. Weber and

D. Huisman, eds., *Histoire de la philosophie contemporaine*, Paris: Fischbacher, 1957, p. 607, 在他的这本书目注释中，福柯认为他 " 在思想史中，第一次在心理学中引入了真正的发生学方法 "。

34. Ruth Bochner and Florence Halpern, *The Clinical Application of the Rorschach Test*, New York: Grune and Stratton, 1942; tr. Jacqueline Verdeaux, *L'Interprétation clinique du test de Rorschach*, Paris: PUF, 1947; Jacob Wyrsch, *Die Person des Schizophrenen*, Bern: Haupt, 1949; tr. Jacqueline Verdeaux, *La Personne du schizophréne*, Paris: PUF, 1954.

35. 此作品（《梦与存在》）的英文版可以参阅 *Being in the World. Selected Papers of Ludwig Binswanger*, Translated and with a Critical Introduction to his Existential Psychoanalysis by Jacob Needleman, London: Souvenir Press, 1975, pp. 222–248。The text first appeared in *Neue Schweizer Rundschau*, 1930.

36. 'La Recherche scientifique et la psychologie', p. 199.

37. *Colloqui con Foucault*, p. 41.

38. Interview with Georges and Jacqueline Verdeaux.

39. 'La Folie n'existe que dans une société', *Le Monde*, 22 July 1961.

40. In addition to the introduction to Binswanger and 'La recherche scientifique en psychologie', Foucault's pre-1961 publications were *Maladie mentale et personnalité*, Paris: PUF, 1954; 'La Psychologie de 1850 à 1950', in A. Weber and D. Huisman, eds., *Histoire de la philosophie contemporaine. Tôme 2. Tableau de la philosophie contemporaine*, Paris: Fischbacher, 1957; translation, with Daniel Rocher, of Viktor von Weizsaecher, *Le Cycle de la structure (Der Gestaltkreis)*, Paris: Desclée de Brouwer, 1958.

41. Interview with Georges and Jacqueline Verdeaux.

42. 'Sur "Histoire de Paul" par Michel Foucault et René Feret（entretien）', *Cahiers du cinéma* 262–263, January 1976, p. 65.

43. Denis Huisman, 'Note sur l'article de Michel Foucault', *Revue Internationale de philosophie*, vol. 44, no. 73, 2/1990, pp. 177–178.

44. 'La Psychologie', pp. 36, 37.

45. Ibid., p. 51.

46. Ibid.

47. Georges Canguilhem, 'L'Objet de l'histoire des sciences', *Etudes d'histoire et de*

philosophie des sciences, Paris: Librarie philosophique J. Vrin, 1989, p. 13.

48. Reprinted in Georges Canguilhem, *Le Normal et le pathologique*, Paris: PUF, collection 'Quadrige', 1984. 可以获得的康吉莱姆英语著作几乎没有。See Colin Gordon, 'The Normal and the Biological: A Note on Georges Canguilhem', *I & C* 7, Autumn 1980, *Technologies of the Human Sciences*. The same issue contains Howard Davies's translation of Canguilhem's 'What Is Psychology?' and Graham Burchell's translation of Foucault's 'Georges Canguilhem, Philosopher of Error' (the preface to 503 the English-language version of *The Normal and the Pathological*). See also Mike Shortland, 'Introduction to Georges Canguilhem', *Radical Philosophy* 29, Autumn 1981; Dominique Lecourt, 'Georges Canguilhem's Epistemological History' in *Marxism and Epistemology*, London: New Left Books, 1975, and Gutting, *Michel Foucault's Archaeology of Scientific Reason*, pp. 32–54.

49. 'La Psychologie', p. 37.

50. 关于两个版本之间的差异，皮埃尔·马舍雷的相关研究是最好的，参见 'Aux sources de l'Histoire de la folie', *Critique* 471–472, August–September 1986, pp. 753–775, and Ch. 2 of Bernauer's *Michel Foucault's Force of Flight*。

51. *Mental Illness and Psychology*, tr. Alan Sheridan, London; Harper and Row, 1976; reprinted with an introduction by Hubert Dreyfus, Berkeley and London: University of California Press, 1987. 应谨慎使用这版翻译文本；此书"第二部分"是从第二版翻译过来的。

52. *Maladie mentale*, p. 9.

53. Ibid., p. 2.

54. Ibid., p. 34.

55. Ibid., p. 53.

56. Ibid., p. 89.

57. Ibid., p. 102.

58. 关于巴甫洛夫理论，以及法国共产党对该理论的利用，请参见 Roudinesco, *Jacques Lacan & Co.*, pp. 30–43, 177–181。另参阅此书相关章节，David Joravsky, *Russian Psychology. A Critical History*, Oxford: Blackwell, 1989。

59. *Colloqui con Foucault*, p. 45.

60. Macherey, 'Aux sources de l'Histoire de la folie', p. 755.

61. Georges Politzer, *Critique des fondements de la psychologie*, Paris: Rieder, 1928. 关于

波利策的工作 , 请参阅 Roudinesco, *Jacques Lacan & Co.*, pp. 60–67。

62. 'La Psychologie', p. 44.

63. Jean Lacroix, 'La Signification de la folie', *Le Monde*, 8 December 1961, p. 8.

64. Roland Caillois, *Critique* 93, February 1955, pp. 189–190.

65. Tr. Forrest Williams, 'Dream, Imagination and Existence', *Review of Existential Psychology and Psychiatry*, vol. XIX, no. 1, 1984–1985, pp. 29–78. For recent discussions in English, see Gutting, pp. 29– 78, Bernauer, pp. 25–35, and John Forrester, *The Seductions of Psychoanalysis*, Cambridge University Press, 1990, pp. 289ff.

66. Introduction to Binswanger, pp. 9–10.

67. Binswanger, 'Dream and Existence', p. 222.

68. Ibid., p. 223.

69. Ibid., p. 227.

70. Introduction, p. 9.

71. Ibid., pp. 11, 12.

72. Ibid., p. 15.

73. Ibid., p. 16.

74. 我们可以在雅克·拉格朗日的书中追溯到两者关系的演变 , 请参阅 'Versions de la psychanalyse dans le texte de Foucault', *Psychanalyse à l'université*, vol. 12, no. 45, 1987, pp. 99–120, and vol. 12, no. 46, pp. 259–280。

75. Introduction, pp. 18, 13.

76. Ibid., pp. 26–27.

77. Interview with Jacqueline Verdeaux. On Lacan's visit to Heidegger, see Roudinesco, *Jacques Lacan & Co.*, p. 298.

78. 'Merleau-Ponty à la Sorbonne. Résumé des cours établi par des étudiants et approuvé par lui-même', *Bulletin de la psychologie*, vol. XVII, nos. 3–6, 1964.

79. Daniel Defert, 'Lettre à Claude Lanzmann', *Les Temps Modernes* 531–533, October–December 1990, p. 1204. The texts by Sartre referred to are *L'Imaginaire. Psychologie phénoménologique de l'imagination*, Paris: Gallimard, 1940, and *Esquisse pour une theorie des émotions*, Paris: Herman, 1938.

80. The reference is to Gaston Bachelard, *L'Air et les songes. Essai sur l'imagination du mouvement*, Paris: Librairie José Corti, 1943.

81. 'Gaston Bachelard, le philosophe et son ombre: piéger sa propre culture', *Le Figaro*,

504

30 September 1972, p. 16.

82. Introduction, pp. 120, 125.

第四章

1. Georges Dumézil, 'Un Homme heureux', *Le Nouvel Observateur*, 29 June 1984, p. x; *Entretiens avec Didier Eribon*, Paris: Folio, 1987, p. 214.

2. See his *Sémantique structurelle*, Paris: Larousse, 1966 and *Du Sens*, Paris: Seuil, 1970.

3. Louis-Jean Calvet, *Roland Barthes*, Paris: Flammarion, 1990, p. 154.

4. 'The Minimalist Self', pp. 4, 5.

5. 'Postscript' to *Death and the Labyrinth*, p. 174.

6. Ibid., p. 5.

7. 'La Philosophie structuraliste permet de diagnostiquer ce qu'est aujourd'hui' (propos recueillis par Gérard Fellous）, *La Presse de Tunis*, 12 April 1967, p. 3.

8. *Colloqui con Foucault*, p. 42.

9. Interview with Denys Foucault.

10. Interview with Jean-François Miquel.

11. Eribon, *Michel Foucault*, p. 99.

12. 'Foucault à Uppsala, propos recueillis par Jean Piel', *Critique* 471–472, August–September 1986, p. 751. Piel's primary informant was Jean-François Miquel.

13. Interviews with Denys Foucault and Francine Fruchaud.

14. Mauriac, *Le Temps accompli*, p. 45.

15. *Histoire de la folie*, Paris: Gallimard, collection 'Tel', 1976, pp. 265–267.

16. Hyppolite's lecture on 'Histoire et existence' (December 1955）can be found in his *Figures de la pensée philosophique*, pp. 973–986. 他在斯德哥尔摩、奥斯陆和哥本哈根的法国研究所也作了同样的演讲。

17. 'Foucault à Uppsala', p. 751.

18. Cited, Eribon, *Michel Foucault*, p. 105.

19. Dumézil, *Entretiens avec Didier Eribon*, pp. 214–215.

20. Georges Dumézil, *Le Festin de l'immortalité. Etude de mythologie comparée indo-européenne*, Paris: Annales du Musée Guimet, 1924. 杜梅泽尔最有名的作品可能是三卷本的 *Mythe et Epopée: L'Idéologie des trois fonctions dans les épopées des peuples indo-européens. Types épiques indo-européens: un héros, un sorcier, un roi* and

Histoires romaines, Paris: Gallimard, 1968, 1971 and 1973。关于他作品的有益介绍，请参阅埃里蓬的 *The Entretiens* 。若想详细考察相关内容，请参阅 C. Scott Littleton, *The New Comparative Mythology. An Anthropological Assessment of the Theories of Georges Dumézil*, Berkeley: University of California Press, 1968。

21. See in particular Georges Duby, *Les Trois Ordres ou l'imaginaire du féodalisme*, Paris: Gallimard, 1978.

22. *Histoire de la folie*, Paris: Plon, 1961, p. x.

23. 'La Folie n'existe que dans une société', *Le Monde*, 22 July 1961, p. 9.

24. Yngve Lindung, 'En intervju med Michel Foucault', *Bonniers Litterära Magasin*, March 1968, p. 203.

25. Cited, Didier Eribon, *Michel Foucault*, second, revised edn. Paris: Flammarion, collection 'Champs', 1991, pp. 356–357. 我无法确定信件的年份，因为福柯习惯于标注信件的日期和月份，而不是年份。

26. Letter of 10 August 1957 to Stirn Lindroth, cited Eribon, pp. 107–108. Interview with Jean-François Miquel.

27. Eribon, *Michel Foucault*, pp. 89, 90.

28. Ibid., p. 104 ; Calvet, *Roland Barthes*, p. 154.

29. Postscript to *Death and the Labyrinth*, pp. 171, 172.

30. Ibid., p. 185.

31. Jean Ferry, *Une Etude sur Raymond Roussel*, Paris: Arcanes, 1953.

32. Interview with Jean-François Miguel.

33. *Le Monde*, 14 December 1957.

34. *Colloqui con Foucault*, pp. 42, 60.

35. Eribon, p. 111.

36. 法国共产党第十四次代表大会（1959 年 6 月）通过的决议，引自 M. Adereth, *The French Communist Party: A Critical History (1920–1984)*, Manchester University Press, 1984, p. 171; interview with Daniel Defert。

37. Cited, Eribon, *Michel Foucault*, p. 106.

38. *Colloqui con Foucault*, p. 71.

39. Neal Ascherson, *The Polish August*, Harmondsworth: Pelican, 1981, p. 76.

40. Ibid., p. 81.

41. 'L'Expérience morale et sociale des Polonais ne peut plus être effacée', *Les Nouvelles*

littéraires, 14–20 October 1982, p. 8.

42. *Colloqui con Foucault*, p. 72.

43. Cited, Mauriac, *Et comme l'Espérance est violente*, p. 574.

44. Interview with Zygmunt Bauman.

45. Etienne Burin des Roziers, 'Une Rencontre à Varsovie', *Le Débat* 41, September–October 1986, pp. 133–134.

46. Interview with Zygmunt Bauman.

47. Interviews with Daniel Defert, Bernard Kouchner and Jacques Lebas.

48. Interviews with Jacques Lebas and Daniel Defert.

49. 'The Minimalist Self', p. 5.

50. Sheridan, 'Diary'.

51. Claude Mauriac, *Le Rire des pères dans les yeux des enfant*, Paris: Livre de poche, 1989, p. 197; 'Postscript' to *Death and the Labyrinth*, p. 172.

52. Interview with Daniel Defert.

53. Pierre Gascar, 'La Nuit de Sankt-Pauli', in *Portraits et souvenirs*, Paris: Gallimard, 1991.

54. Ibid., p. 64.

55. 福柯的翻译是基于 1780 年的第二版。

56. 'Thèse complementaire', p. 4. 打字稿副本可以在索邦大学图书馆和苏尔索瓦图书馆　506
查到。

57. Ibid., p. 112.

58. Ibid., pp. 126–127.

59. *Les Mots et les choses*, Paris: Gallimard, 1966, pp. 396–397.

60. Cited, Boutang, *Louis Althusser*, p. 283.

61. Jean Lacouture, *Malraux: Une Vie dans le siècle*, Paris; Seuil, collection 'Points', 1976, pp. 337–338.

62. André Malraux, *La Tentation de l'Occident*, Paris: Livre de poche, 1972, p. 158.

63. See in particular Alexandre Kojève, *Introduction à la lecture de Hegel*, Paris: Gallimard, collection 'Tel', 1979, pp. 529–576.

第五章

1. Jean-Paul Sartre, *Critique de la raison dialectique*, Paris: Gallimard, 1960, p. 17.

2. Mossuz-Lavau, *Les Lois de l'amour*, pp. 239–240.

3. Interview with Daniel Defert.

4. Interview with Daniel Defert.

5. 'Titres et travaux de Michel Foucault', Paris nd（1969）.

6. 'Préface' *Histoire de la folie*（1961 edn.）, p. ix.

7. 除了序言以外，参考文献都是 1976 年的 "Tel" 版本。由于这个版本是不完整的，因此用英文译本似乎也是徒劳的。

8. Blaise Pascal, *Pensées*, tr. A. J. Krailsheimer, Harmondsworth: Penguin, 1966, fragment 414（Brunschwicg edition；412 in Lafuma）.

9. 'Préface', pp. i–ii.

10. Ibid., p. ii.

11. Ibid., p. iii.

12. Ibid., p. vi.

13. 'Deuxième Entretien: sur la façons d'écrire l'histoire', pp. 201–202.

14. *Histoire de la folie*, p. 366.

15. Ibid., p. 145.

16. Ibid., p. ix.

17. René Char, 'Partage formel' in *Fureur et mystère*, Paris: Gallimard, Poésies, 1967, p. 71. The earlier（acknowledged）quotation is on p. x: 'I will take away from things the illusion they produce to protect themselves from us, and will leave them the share they grant us'（'Suzerain', ibid., p. 193）.

18. 'La Folie n'existe que dans une société'.

19. *Histoire de la folie*, p. 13.

20. Ibid., p. 27.

21. Ibid., p. 75. 福柯在这里引用了伏尔泰的话。" 治安 "（police）这个词并非像他说的那样不证自明，这个词最初仅指政府或警察组织。

22. 福柯并没有过多关注工厂的发展。Bernard Doray, *From Taylorism to Fordism. A Rational Madness*, tr. David Macey, London: Free Association Books, 1988. 从某种意义上来说，此书的前几章补全了福柯的分析。

23. *Histoire de la folie*, p. 58.

24. Ibid., p. 85.

25. Ibid., p. 106.

507

26. Ibid., p. 129.

27. Ibid., p. 181 ff.

28. Ibid., p. 364.

29. 福柯的术语选择很有趣。《1789 年大恐慌》是乔治·勒费弗尔所写，作者在书中对 1789 年蔓延整个法国的恐慌氛围进行研究。萨特最近在《辩证理性批判》中对此书的使用赋予它新的意义。

30. *Histoire de la folie*, pp. 378–379.

31. Ibid., pp. 502–503.

32. Ibid., pp. 522–523.

33. Ibid., p. 115.

34. Ibid., p. 555.

35. Antonin Artaud, 'Le Pèse-nerfs' in *L 'Ombilic des limbes, suivi de Le Pèse-nerfs et autres textes*, Paris: Gallimard, Collection 'Poèsies', 1968, p. 107.

36. 'La Folie, l'absence d'oeuvre', *La Table ronde* 196, May 1964, p. 11. 在 1972 年伽利玛出版社出版的《古典时代疯狂史》中，这篇文章作为此书附录再版；此文章没有出现在 "Tel" 版本中。

37. Ibid., p. 15.

38. Ibid., p. 19.

39. 'L'Obligation d'écrire', *Arts* 980, 11–17 November 1964, p. 3.

40. 'Van Gogh ou le suicidé de la société', in *Oeuvres complètes d'Antonin Artaud*, Paris: Gallimard, 1974, vol. 13, p. 17. For an introduction in English to Artaud, see Ronald Hayman, *Artaud and After*, Oxford University Press, 1977.

41. Georges Canguilhem, 'Sur *L'Histoire de la folie* en tant qu'événement', *Le Debat 41*, September–November 1986, p. 38.

42. 'Préface', p. x.

43. Interview with Georges Canguilhem.

44. Now in Georges Canguilhem, *Etudes d'histoire et de philosophie des sciences*, Paris: Vrin, 1989（5th edn）. 早期的重要文章在下列文本中再版，*Cahiers pour l'analyse* 2, 1968, 我们在后面还会讨论相关内容。

45. See especially his 'L'Objet de l'histoire des sciences'（1966）in *Etudes*, pp. 9–23.

46. Canguilhem, 'Qu'est-ce que la psychologie?', pp. 364–365, p. 381.

47. 原始打字稿的副本可以在苏尔索瓦图书馆里查到。全文请参阅 'Annexe 2' in Eribon,

Michel Foucault（second, revised edition），pp. 358–361。

48. Canguilhem, 'Sur *L'Histoire de la folie* en tant qu'événement', *Le Débat*, 41, September–October 1986, p. 38.

49. Simon During, *Foucault and Literature: Towards A Genealogy of Writing*, London: Routledge, 1992, p. 32.

50. Brice Parain, *Recherches sur la nature et les fonctions du langage*, Paris: Gallimard, 1942; *Essais sur le logos platonicien*, Paris: Gallimard, 1942.

51. Annie Cohen-Solal, *Sartre 1905–1980*, Paris: Folio, 1985, pp. 222–224.

52. Dumézil, *Entretiens avec Didier Eribon*, p. 96; Pierre Assouline, *Gaston Gallimard*, Paris: Seuil, collection 'Points', 1985, pp. 126, 321.

53. For a brief profile, see 'Le Dernier Encyclopédiste: Roger Caillois, propos recueillis par Hector Biancotti', *Le Nouvel Observateur*, 4 November 1974, pp. 72–73. On the Collège, see Denis Hollier, *Le Collège de sociologie*, Paris: Gallimard, collection 'Idées', 1979.

54. Blanchot, *Michel Foucault tel que je l'imagine*, p. 11.

55. Eribon, *Michel Foucault*, p. 130.

56. Ibid.

57. Michel Foucault and Arlette Farge, 'Le Style de l'histoire', *Libération*, 21 February 1984, p. 20.

58. Michel Winnock, preface to Philippe Ariès, *Un Historien du dimache*, Paris: Seuil, 1980, p. 9. See also the interview with André Burguière published as 'La Singulière Histoire de Philippe Ariès', *Le Nouvel Observateur*, 20 February 1978. *L'Enfant* is translated as *Centuries of Childhood*, London: Jonathan Cape, 1962.

59. Interviews with Philippe Meyer.

60. 'Philippe Ariès: Le Souci de la vérité', *Le Nouvel Observateur*, 17 February 1984, pp. 56–57.

61. Interview with Arlette Farge.

62. Ariès, *Un Historien*, p. 145.

63. Cited, Eribon, *Michel Foucault*, p. 155.

64. Gilles Deleuze, *Nietzsche et la philosophie*, Paris: PUF, 1962. Deleuze's previous publications had been *David Hume, sa vie, son oeuvre*, with André Cresson, Paris: PUF, 1952, *Empirisme et subjectivité*, Paris: PUF, 1953, and *Instincts et institutions*（an

508

edited anthology）, Paris: Hachette, 1953.

65. Interview with Daniel Defert.

66. Gregory Elliott, *Althusser: The Detour of Theory*, London: Verso, 1987, p. 27.

67. See, for example, his *De l'Anathème au dialogue*, Paris: Editions sociales, 1965.

68. Eribon, *Michel Foucault*, p. 163.

69. Interview with Jean Duvignaud.

70. Interview with Pierre Vidal-Naquet.

71. Interview with Daniel Defert.

72. Aron, *Les Modernes*, pp. 216–217.

73. 'La Folie n'existe que dans une société'.

74. Eribon, *Michel Foucault*, pp. 136–137.

75. Interview with Pierre Macherey.

76. Aron, *Les Modernes*, p. 216.

77. Cited, Eribon, *Michel Foucault*, pp. 138–139.

78. See Maurice Blanchot, 'La Raison de Sade' in *Lautréamont et Sade*, Paris: Minuit, 1949.

79. See *Histoire de la folie*, pp. 32–33. The point is made by Roy Boyne, *Foucault and Derrida: The Other Side of Reason*, London: Unwin Hyman, 1990, p. 21.

80. 'Carceri e manicomi nel consegno del potere' (interview with Marco d'Erasmo）, *Avanti*, 3 March 1974; cited, Mauriac, *Et comme l'Espérance est violente*, p. 403.

81. *Colloqui con Foucault*, pp. 43, 44.

82. Interview with Jean-Louis Ezine, *Les Nouvelles littéraires*, 17 March 1975, p. 3.

83. 'Vérité et pouvoir', Entretien avc M. Fontana, *L'Arc* 70, 1977, pp. 16–17.

84. Robert Castel, 'Les Aventures de la pratique', *Le Débat* 41, September–November 1986, p. 43.

85. 'La Folie n'existe que dans une société'.

86. Gaston Bachelard, letter of 1 August 1961 to Foucault, reproduced in *Michel Foucault: Une Histoire de la vérité*, p. 119.

87. Henry Amer, 'Michel Foucault: Histoire de la folie à l'âge classique', *Nouvelle Revue Française*, September 1961, pp. 530–531. 509

88. Maurice Blanchot, 'L'Oubli, la déraison', *Nouvelle Revue Française*, October 1961, pp. 679, 683, 686.

89. Roland Barthes, 'De Part et d'autre' in *Essais critiques*, pp. 168, 172.

90. Jean Lacroix, 'La Signification de la folie', *Le Monde*, 8 December 1961, p. 8. 扩展版本请参阅 Lacroix's *Panorama de la philosophie française contemporaine*, Paris: PUF, 1966, pp. 208–216。

91. Octave Mannoni, *Les Temps modernes*, December 1961, pp. 802–805.

92. Robert Mandrou, 'Trois clefs pour comprendre la folie à l'âge classique', *Annales ESC*, 17 Années, no. 4, July–August 1962, p. 761.

93. Ibid., p. 771.

94. Michel Serres, 'Géométrie de la folie', *Mercure de France*, August 1962, pp. 682, 686, 691.

95. Ibid., September 1962.

96. Eribon, *Michel Foucault*, p. 147.

97. Allan Megill, 'The reception of Foucault by historians', *Journal of the History of Ideas*, vol. 48, 1987, p. 126.

98. 'Le Mallarmé de J.-P. Richard, *Annales ESC*, vol. 19, no. 5, September–October 1964, pp. 996–1004.

99. John K. Simon, *Modern Language Notes*, vol. 78, 1963, pp. 85–88; Jacques Ehrmann, *French Review*, vol. 36, no. 1, October 1962, pp. 99–102.

100. *Madness and Civilization: A History of Insanity in the Age of Reason*, tr. Richard Howard, New York: Random House, 1965; London: Tavistock, 1967.

101. Richard Howard, 'The Story of Unreason', *Times Literary Supplement*, 6 October 1961, pp. 653–654.

102. Robert Castel, 'The two readings of *Histoire de la folie* in France', *History of the Human Sciences*, vol. 3, no. 1, February 1990, pp. 27–30; cf. the same author's 'Les Aventures de la pratique'.

第六章

1. 克洛索夫斯基与皮埃尔－让·茹弗合作翻译了荷尔德林的 *Poèmes de la folie*，此书于 1930 年出版，1963 年由伽利玛出版社再版。他的重要译作 *Die fröhliche Wissenschaft* 可以追溯到 1954 年，他于 1961 年翻译了维特根斯坦的《逻辑哲学论》。

2. Leo Spitzer, 'Art du langage et linguistique' in *Etudes de style*, Paris: Gallimard, 1962, pp. 45–78. Original: *'Linguistics and Literary History'*, Princeton University Press,

1948, pp. 1–39. 福柯早些时候与丹尼尔·罗彻翻译过这本书，即 Viktor von Weizsaecker, *Le Cycle de la structure*（*Der Gestaltkreis*），Paris: Desclée de Brouwer, 1958。

3. Foucault's paper was published as 'Les Déviations religieuses et le savoir médical' in the conference proceedings: Jacques le Goff, ed., *Hérésies et sociétés dans l'Europe pré-industrielle 11–18 siècles*, Paris: Mouton, 1968, pp. 12–29.

4. Interview with Jean Piel.

5. Interview with Serge Fauchereau. See his 'Cummings', *Critique* 218, December 1964.

6. Eribon, *Michel Foucault*, p. 160. 这次讲座的内容没有被记录下来。 510

7. 比利时的讲座主题为"文学与语言"，与福柯这一时期文学文章的主题相同。相关打字稿可以在苏尔索瓦图书馆 D1 序列中查到。

8. 'L'Eau et la folie', *Médecine et hygiène*（Geneva）613, 23 October 1963, pp. 901–906; 'Wächter über die Nacht der Menschen', in Hanns Ludwig Spegg, ed., *Unterwegs mit Rolf Italiaander: Begegnungen, Betrachtungen, Bibliographie*, Hamburg: Freie Akademie der Kunst, 1963, pp. 46–49.

9. Preface to *Rousseau juge de Jean-Jacques: Dialogues*, Paris: Armand Colin, 1962, reviewed by M. Ciotti, *Studi Francesi*, vol. 8, 1964, p. 352.

10. Un Grand 'Roman de terreur', *France-Observateur*, 12 December 1963, p. 14, reprinted in Jean-Edern Hallier, *Chaque Matin qui se lève est une leçon de courage*, Paris: Editions libres, 1978, pp. 40–42. 阿利埃描述了和福柯的相识过程，但这番描述并不可靠，他对福柯的描述令人不快 —— 将福柯称为"拉丁区严于律己的甘地"，相关内容请参阅他的 'Cette Tête remarquable ne comprenait pas l'avenir', *Figaro Magazine*, 30 June–6 July 1984, pp. 76–77。

11. John Rajchman, *Michel Foucault: The Freedom of Philosophy*, New York: Columbia University Press, 1985. 此书最有趣的例外是第一章，忽略了惯常的规则。During's *Foucault and Literature* 这本书的出版恰到好处，它在很大程度上纠正了人们对福柯文学领域内容的忽视。

12. *Nouvelle Revue Française*, December 1961, pp. 1123–1124.

13. 'Le "Non" du père', *Critique* 178, March 1962, p. 201. The text under review is Jean Laplanche, *Hölderlin et la question du père*, Paris: PUF, 1961.

14. Ibid., p. 197.

15. Ibid., p. 204.

16. 'Un si cruel Savoir', *Critique* 182, July 1962, pp. 597–611（on Crébillon and Reveroni）;

'Distance, aspect, origine', *Critique* 198, November 1963, pp. 932–945 （on Sollers, *L'Intermédiare*, Pleynet, *Paysages en deux*, Baudry, *Les Images* and issues 1–14 of *Tel Quel*）; 'Guetter le jour qui vient', *Nouvelle Revue Française* 130, October 1963, pp. 709–716 （on Laporte）; 'Le Mallarmé de J.-P. Richard'.

17. 'La Bibliothèque fantastique', p. 107.

18. 'Le Langage à l'infini', *Tel Quel* 15, Autumn 1963, p. 48.

19. Ibid., p. 52. Borges's 'Library of Babel' is included in *Fictions*, tr. Anthony Kerrigan, London: Weidenfeld and Nicolson, 1962.

20. 'La Bibliothèque fantastique', p. 107.

21. 'Un si cruel Savoir', p. 597.

22. Alfred Jarry, *The Supermale*, tr. Barbara Wright, London: Cape Editions, 1968, p. 7.

23. 'Un si cruel Savoir', pp. 603–604.

24. Brisset's main works are *La Grammaire logique* （1878） and *La Science de dieu* （1900）. For Brisset, see Jean-Jacques Lecercle, *Philosophy through the Looking-Glass*, London: Hutchinson, 1985, and *The Violence of Language*, London: Routledge, 1990.

25. André Breton, *Anthologie de l'humour noir*, Paris: Livre de poche, 1970, pp. 36–237.

26. 'Le Cycle des grenouilles', *Nouvelle Revue Française*, June 1962, pp. 1158, 1159.

27. Preface to Jean-Pierre Brisset, *La Grammaire logique*, Paris: Editions Tchou, 1970, reprinted in book form as *Sept Propos sur le septième ange*, Montpellier: Fata Morgana, 1986. Other available texts by Brisset are *Les Origines humaines* （a revised version of *La Science de Dieu*）, Paris: Baudouin, 1980, and *Le Mystère de dieu est accompli, Analytica*, vol. 31, 1983.

28. *Sept propos*, pp. 23–24.

29. 若想了解 1988 年雷蒙·贝洛和丹尼斯·霍勒在福柯研讨会上的发言稿，请参见 *Michel Foucault philosophe*, Paris: Seuil, 1989; 也可以参考 Pierre Macherey, *A Quoi pense la littérature?*, Paris: PUF, 1990, pp. 177–192, 以及 During, *Foucault and Literature*, pp. 74–80。

30. Postscript to *Death and the Labyrinth*, p. 185.

31. Rayner Heppenstall, *Raymond Roussel*, London: Calder and Boyars, 1966, p. 16.

32. Ferry, *Une Etude sur Raymond Roussel*; Michel Leiris, 'Conception et réalité chez Raymond Roussel', *Critique* 89, October 1954, see also his earlier 'Documents sur Raymond Roussel', *NRF* 259, April 1935.

511

33. Postscript, *Death and the Labyrinth*, p. 181.

34. Eribon, *Michel Foucault*, p. 173.

35. *Histoire de la folie*, p. 371.

36. Postscript, *Death and the Labyrinth*, p. 173.

37. 'Dire et voir chez Raymond Roussel', *Lettre ouverte* 4, Summer 1962, pp. 38–51.

38. Interview with Jean Piel.

39. 'La Métamorphose et le labyrinthe', *Nouvelle Revue Française* 124, April 1963, pp. 638–661; 'Pourquoi réédite-t-on l'oeuvre de Raymond Roussel? Un Précurseur de notre littérature moderne', *Le Monde*, 22 August 1964, p. 9.

40. Heppenstall, *Raymond Roussel*, p. 18.

41. Postscript, *Death and the Labyrinth*, pp. 184–185.

42. Ibid., p. 185.

43. Gilles Deleuze, *Foucault*, Paris: Minuit, 1986, p. 106n.

44. Michel Leiris, *La Règle du jeu I: Biffures*, Paris: Gallimard, 1948; *La Règle du jeu II: Fourbis*, Paris: Gallimard, 1955. 该系列的最后两卷为：*Fibrilles*（1966）and *Frêle Bruit*（1976）。

45. *Raymond Roussel*, pp. 28–29.

46. Ibid., p. 22.

47. 'Pourquoi réédite-t-on l'oeuvre de Raymond Roussel?'.

48. *Raymond Roussel*, p. 51.

49. Ibid., pp. 82–83.

50. Ibid., p. 23.

51. Ibid., pp. 102–103. The motif of minotaur and labyrinth also features in the discussion of Reveroni in 'Un si cruel Savoir'.

52. 'L'Arrière-fable', *L'Arc* 29, 1966, pp. 5–12.

53. 'Pourquoi réédite-t-on l'oeuvre de Raymond Roussel?'.

54. *Raymond Roussel*, p. 61.

55. Ibid., p. 205.

56. Postscript, *Death and the Labyrinth*, p. 185.

57. Alan Sheridan, *Michel Foucault: The Will to Truth*, London: Tavistock, 1980, p. 37; J. G. Merquior, *Michel Foucault*, London: Fontana, 1985, p. 31.

58. Interview with Georges Canguilhem.

59. 'Entretien: Michel Foucault, *Les Mots et les choses*', in Raymond Bellour, *Le Livre des autres*, Paris: L'Herne, 1971, p. 139 (originally published in *Les Lettres françaises*, 31 March 1966) .

512 60. *Naissance de la clinique*, Paris: PUF, 1963, p. v.

61. Ibid., p. vii.

62. Ibid., p. xiv.

63. Ibid., p. ix.

64. *Histoire de la folie*, p. ii.

65. *Raymond Roussel*, p. 207.

66. *Naissance de la clinique*, p. 197.

67. Ibid., p. 182.

68. Jean Cavaillès, *Sur la Logique et la théorie de la science*, Paris: Librairie philosophique J. Vrin, 1987 (4th edn) , p. 78, pp. 25–26. On the relevance of Cavaillès to Foucault, see Gutting, *Michel Foucault's Archaeology of Scientific Reason*, pp. 9–11.

69. *Naissance de la clinique*, p. 197.

70. Ibid., p. xi.

71. Ibid., p. 127.

72. Ibid., p. xv.

73. Bernauer, *Michel Foucault's Force of Flight*, p. 188.

74. *Naissance de la clinique*, p. 2.

75. Cited, ibid., p. 2.

76. Ibid., p. 3.

77. Ibid., p. 8.

78. Ibid., p. 14.

79. Ibid., p. 58.

80. Ibid., p. 29.

81. Ibid., p. 31.

82. Ibid., p. 92.

83. Ibid., p. 95.

84. Ibid., p. 149.

85. Ibid., p. 170.

86. 'Un si cruel Savoir', p. 602.

87. Ibid., p. 610.

88. *Naissance de la clinique*, p. 175.

89. Ibid., p. 147.

90. The other contributors were Alfred Metraux, Raymond Queneau, André Masson, Jean Bruno, Jean Piel, Jean Wahl and Philippe Sollers. For more recent studies of Bataille, see the material collected in Allan Stoekl, ed., *On Bataille, Yale French Studies* 78, 1990. For Bataille himself in English, see Allan Stoekl, ed., *Visions of Excess: Selected Writings 1927–1939*, University of Minneapolis Press, 1985.

91. 'Préface à la transgression', *Critique* 195–196, August–September 1963, pp. 751–769.

92. Now in Georges Bataille, *Oeuvres complètes*, vol. I, Paris: Gallimard, 1970.

93. 'Présentation', Georges Bataille, *Oeuvres complètes*, vol. I, p. 5.

94. 'Préface à la transgression', p. 751.

95. Ibid., p. 753.

96. Ibid., p. 754.

97. Ibid., p. 756.

98. Ibid., p. 761.

99. Ibid., p. 763.

100. Roland Barthes, 'La Métaphore de l'oeil', p. 771.

101. 'Préface', pp. 765–766.

102. *Naissance de la clinique*, p. 173.

103. Ibid., p. 176.

104. Ibid., pp. 201–202.

105. Alain Robbe-Grillet, 'Enigmes et transparence chez Raymond Roussel', *Critique* 199, December 1963, pp. 1027–1033.

106. Yves Bertherat, *Esprit*, vol. 33, no. 1, January 1965, pp. 284–285, 286.

107. See, for example, Raphael Sorin, 'Le Pendule de Foucault, ou le critique dans le labyrinthe', *Bizarre* 34– 35, 1964, pp. 75–76 ; J. Bellemin-Noël, *Studi Francesi*, vol. 8, 1964, pp. 395–396 ; M. Lecomte, 'Signes kafkéens chez Roussel et Jules Verne, signes verniens chez Roussel', *Syntheses*, vol. 18, no. 207, 1963, pp. 95–98.

108. Philippe Sollers, 'Logicus Solus', *Tel Quel* 14, Summer 1963, pp. 46–50 and p. 50n.

109. F. N. L. Poynter, review of *Naissance de la clinique*, *History of Science* 3, 1964, pp. 140, 143.

513

110. François Dagognet, 'Archéologie ou histoire de la médecine', *Critique* 216, May 1965, pp. 436–447.

111. Bernard Kouchner, 'Un vrai Samurai', in *Michel Foucault: Une Histoire de la vérité*, p. 85; interview with Bernard Kouchner.

112. Jacques Derrida, 'Cogito et histoire de la folie', in *L'Ecriture et la différence*, Paris: Seuil, 1967, p. 51.

113. Ibid., p. 52.

114. *Histoire de la folie*, pp. 56–59.

115. 'Cogito et histoire de la folie', p. 52.

116. 若想全面了解福柯和德里达各自对笛卡尔的解读，请参见 Boyne, *Foucault and Derrida*。

117. 'Cogito et histoire de la folie', p. 57.

118. Ibid., p. 85.

119. Ibid., pp. 69, 88.

120. Ibid., p. 95.

121. Interview with Daniel Defert.

122. Calvet, *Roland Barthes*, pp. 172–173.

123. 'Conversation', in Gérard Courant, ed., *Werner Schroeter*, Paris: Cinémathèque/Institut Goethe, 1982, p. 43.

124. 'Préface', *Histoire de la folie*, p. iv.

125. Cited, Eribon, *Michel Foucault*, p. 168.

126. Interview with Daniel Defert.

127. 'Déclaration', *Tel Quel* 1, 1960, p. 3.

128. Julia Kristeva, *La Revolution du langage poétique*, Paris: Seuil, 1974.

129. Philippe Sollers, '*Tel Quel* aujourd'hui', *France nouvelle*, 31 May 1967, cited Stephen Heath, *The Nouveau Roman*, London: Elek, 1972, p. 221.

130. Cited, ibid., p. 219.

131. 'Débat sur le roman', *Tel Quel* 17, Spring 1964, p. 12. 福柯自己的描述（un homme naif avec mes gros sabots de philosophe）很难翻译；'je le vois venir avec ses gros sabots' 大致相当于"我一眼就看出他的用意"，但福柯也用木屐（sabots – clogs）一词表现一种笨拙之感。

132. Ibid., pp. 12–13.

133. Ibid., p. 14.

134. Ibid., p. 38.

135. Ibid., p. 45.

136. 'Débat sur la poésie', *Tel Quel* 17, Spring 1964, pp. 72, 73.

第七章

1. 'Nietzsche, Freud, Marx', in *Cahiers de Royaumont: Nietzsche*, Paris: Minuit, 1967, p. 186.

2. Friedrich Nietzsche, *Daybreak*, tr. R.J. Hollingdale, Cambridge University Press, 1982, no. 446, no. 2. 此书第一个片段是由福柯引用的。

3. 'Nietzsche, Freud, Marx, ' p. 186–187.

4. Friedrich Nietzsche, *Beyond Good and Evil*, tr. R.J. Hollingdale, Harmondsworth; Penguin, 1990, no. 39.

5. 'Nietzsche, Freud, Marx', p. 189.

6. Ibid., p. 196.

7. Gilles Deleuze, 'Fendre les choses, fendre les mots', in *Pourparleurs*, Paris: Minuit, 1990, p. 115; originally published in *Libération*, 2–3 September 1986.

8. 'Nietzsche, Freud, Marx', p. 191.

9. Gilles Deleuze, 'Sur la Volonté de puissance et l'éternel retour', pp. 276–277.

10. Gilles Deleuze and Michel Foucault, 'Introduction générale', in Friedrich Nietzsche, *Oeuvres philosophiques. Vol 5: Le Gai Savoir*, Paris; Gallimard, 1967, pp. i–iv.

11. Claude Jannoud, 'Michel Foucault et Gilles Deleuze veulent rendre à Nietzsche son vrai visage', *Le Figaro littéraire*, 15 September 1966, p. 7. See also the interview with Jacqueline Piatier, 'La Publication des *Oeuvres complètes* de Nietzsche: *La Volonté de puissance*, texte capital, mais incertain, va disparaître, nous déclare Michel Foucault', *Le Monde*, 24 May 1967, 'supplément', p. vii.

12. Claude Jannoud, 'Michel Foucault et Gilles Deleuze ...' .

13. Pierre Klossowski, 'Oubli et anamnèse dans l'expérience vécue de l'éternel retour du Même', *Nietzsche*, pp. 227–244.

14. Alain Arnaud, *Pierre Klossowski*, Paris: Seuil, 1990, p. 188. 此书或许是关于克洛索夫斯基最好的入门书，也是关于克洛索夫斯基为数不多的可靠传记资料之一。还可以参考克洛索夫斯基回顾展览的目录 , *Pierre Klossowski*, Paris: Editions La Différence/

Centre National des Arts Plastiques, 1990。

15. The trilogy, published in one volume by Gallimard in 1965, comprises *Roberte, ce soir* (1954), *La Révocation de l'édit de Nantes* (1959) and *Le Souffleur, ou le Théâtre de société* (1960).

16. See, for example, Anne-Marie Dardigna, *Les Châteaux d'Eros, ou l'infortune du sexe des femmes*, Paris: Maspero, 1980.

17. Cited, Arnaud, p. 26.

18. Cited, ibid., pp. 48–49, 52.

19. 'La Prose d'Actéon', *Nouvelle Revue Française* 135, March 1964, p. 447; Pierre Klossowski, 'Sur Quelques Themes fondamentaux de la "Gaya Scienza" de Nietzsche' (1958), in his *Un Si Funeste Désir*, Paris: Gallimard, 1963, p. 22.

20. Nietzsche, *The Gay Science*, p. 273.

21. *Les Lois de l'hospitalité*, pp. 146–147.

22. Gilles Deleuze, *Logique du sens*, Paris: 10/18, 1973, p. 382.

515 23. Interviews with Denise and Pierre Klossowski.

24. Arnaud, p. 19.

25. 'Les Mots qui saignent', *L'Express*, 29 August 1964, p. 21.

26. 'La Prose d'Actéon, ' p. 451.

27. *La Pensée du dehors*, p. 19.

28. Arnaud, p. 139.

29. *Le Grand Renfermement II*, Zurich, Galerie Lelong, reproduced in *Pierre Klossowski*, p. 153. There is also a related 'Ship of Fools', ex. cat. Interview with Pierre Klossowski.

30. Alain Badiou, *Almagestes*, Paris: Seuil, 1964.

31. 'Philosophie et psychologie', *Dossiers pédagogiques de la radio-télévision scolaire*, 15–27 February, 1965, p. 20.

32. 'Philosophie et vérité', *Dossiers pédagogiques de la radio-télévision scolaire*, 27 March 1965, pp. 1–11.

33. Communication from Chaim Katz and Roberto Machado.

34. 'Lettre à Roger Caillois' (25 May 1966), reproduced, *Cahiers pour un temps. Hommage à R. Caillois*, Paris: Centre Georges Pompidou, 1981, p. 228.

35. 'La Prose du monde', *Diogène* 53, January–March 1966, pp. 20–41; 'The Prose of the World', tr. Victor Velen, *Diogenes* 53, Spring 1966, pp. 17–37.

36. During, *Foucault and Literature*, p. 239, citing Susan Sontag's *Against Interpretation*.

37. 'Du Pouvoir', interview with Pierre Boncenne（1978）, *L'Express*, 13 July 1984, p. 58.

38. Sheridan, *The Will to Truth*, p. 47；Eribon, *Michel Foucault*, p. 183.

39. 'Foucault comme de petits pains', *Le Nouvel Observateur*, 10 August 1966, p. 58.

40. 'Les Succès du mois', *L'Express*, 8–14 August 1966, p. 32.

41. *Le Nouvel Observateur*, 26 May 1966, p. 33.

42. 'Sade mon prochain'（unsigned）, *Le Nouvel Observateur*, 18 May 1966, p. 31. 克洛索夫斯基讲座的修订版在 *Tel Quel* 28 出版，之后在 *Sade mon prochain*, Paris: Seuil, 1967 的修订版中以 'Le Philosophe-scélérat' 再版。Translated by Alphonso Lingis as 'The Philosopher Villain' in *Sade My Neighbour*, Evanston, Illinois: Northwestern University Press, 1991.

43. Eribon, *Michel Foucault*, p. 182.

44. Marietti, *Michel Foucault*, p. 52.

45. *The Order of Things*, p. viii.

46. 'Entrevista com Michel Foucault par Sergio Paolo Rouanet e José Guilhermo Merquior', *O Homen e o discorso: A Arqueologia de Michel Foucault*, Rio de Janeiro: Tempo Brasiliero, 1971, pp. 17–42.

47. Dreyfus and Rabinow, *Michel Foucault*, p. vii.

48. *Maladie mentale et personnalité*, p. 26.

49. 'Thèse supplémentaire pour le Doctorat ès lettres', p. 4.

50. Bellour, 'Entretien avec Michel Foucault', p. 139.

51. *L'Archéologie du savoir*, p. 173.

52. 'Réponse au Cercle d'épistémologie', *Cahiers pour l'analyse* 8, Summer 1968, p. 19.

53. 'Monstrosities in Criticism', *Diacritics 1*, Fall 1971, p. 60.

54. Bernauer, *Michel Foucault's Force of Flight*, pp. 45, 202. 伯纳尔以非凡的学识追溯到了这条引用，Kant's *Welches sind die wirklichen Fortschrifte, die die Metaphysik seit Leibnitzens und Wolfs Zeiten in Deutschland gemacht hat?* in vol. 20 of the 1942 edition of the *Gesammelte Schriften*。

55. *The Order of Things*, pp. xi–xii. 此书前言尚未以法语出版。 516

56. *Les Mots et les choses*, p. 177.

57. Ibid., p. 179.

58. Ibid., p. 214.

59. Ibid., p. 7.

60. *Les Mots et les choses*, p. 19.

61. Ibid., p. 31.

62. Eribon, *Michel Foucault*, p. 182.

63. *Les Mots et les choses*, p. 33.

64. Ibid., p. 42.

65. Ibid., p. 50.

66. Ibid., p. 55.

67. Ibid.

68. Ibid., p. 13.

69. Brice Parain, 'Michel Foucault: *L'Archéologie du savoir'*, *Nouvelle Revue Française*, November 1969, pp. 726, 727.

70. *Les Mots et les choses*, p. 60.

71. Ibid., p. 61.

72. Ibid., p. 89.

73. See in particular Gutting's study, pp. 139–216.

74. *Les Mots et les choses*, pp. 94–95.

75. Ibid., p. 100.

76. Preface to Antoine Arnaud and Pierre Nicolle, *Grammaire générale et raisonnée*, Paris: Paulet, 1969, pp. iii–xxvii. 序言的早期版本在 *Langages* 7, September 1967, pp. 7–15 中出版。

77. *Les Mots et les choses*, p. 106.

78. Ibid., p. 107.

79. Ibid., p. 133.

80. Ibid., pp. 142, 157.

81. Ibid., p. 215.

82. Ibid., p. 177.

83. Ibid., p. 268.

84. Ibid., p. 274.

85. Ibid., p. 281.

86. Ibid., p. 59.

87. Ibid., p. 313.

88. Ibid., p. 220–221.

89. *Les Mots et les choses*, p. 398.

90. 'La Folie, l'absence d'oeuvre', p. 13.

91. Judith P. Butler, *Figures of Desire*, p. 175 给出了同样的解释。

92. See also the minor interview with Marie-Geneviève Foy, 'Qu'est-ce qu'un philosophe?', *Connaissance des arts* 22, Autumn 1966.

93. Chapsal, 'Entretien avec Michel Foucault', p. 137.

94. Ibid., p. 141.

95. *La Quinzaine littéraire*, 1–15 July 1967, p. 19.

96. *Naissance de la clinique*, p. xiii（1963），p. xiii（1972）；关于修订版的注释，请参阅 Bernauer's *Michel Foucault's Force of Flight*。

97. Louis Althusser, 'Philosophy and the Spontaneous Philosophy of the Scientists', tr. Warren Montag in the volume of the same title.

98. 'Entretien', *La Quinzaine littéraire*, 16 May 1966, pp. 14–15.

99. 'L'Homme est-il mort?' *Arts et loisirs* 38, 15 June 1966, p. 8.

100. De Certeau, 'The Black Sun of Language: Foucault' in *Heterologies*, p. 171.

101. 'C'était un nageur entre deux mots', *Arts et loisirs* 54, 5–11 October 1966, pp. 8–9.

102. Simone de Beauvoir, *Les Belles Images*, Paris: Folio, 1976, p. 94.

103. 'Simone de Beauvoir présente *Les Belles Images*', interview with Jacqueline Piatier, *Le Monde*, 23 December 1966, p. 1.

104. Letter of 4 June 1966 to Magritte, in André Blavier, ed., René Magritte, *Ecrits complets*, Paris: Flammarion, 1972, p. 521.

105. 这篇文章出现在 *Cahiers du chemin* 2, January 1968, pp. 79–105；*Ceci n'est pas une pipe*, Montpellier: Fata Morgana, 1973, 1986 中。马格利特两封信的副本，请参阅此书的第 83–90 页。

106. Jean Lacroix, 'Fin de l'humanisme?', *Le Monde*, 9 June 1966.

107. François Châtelet, 'L'Homme, ce Narcisse incertain', *La Quinzaine littéraire*, 1 April 1966, p. 19.

108. Gilles Deleuze, 'L'Homme, une existence douteuse', *Le Nouvel Observateur*, 1 June 1966.

109. Madeleine Chapsal, 'La plus grande Révolution depuis l'existentialisme', *L'Express*, 23–29 May 1966, p. 121.

517

110. Robert Kanters, *Le Figaro littéraire*, 23 June 1966, p. 5.

111. François Mauriac, 'Bloc-notes', *Le Figaro*, 15 September 1966.

112. Jacques Brosse, 'L'Etude du language v-a-t-elle libérer un homme nouveau?', *Arts et loisirs*, 35, 25–31 May 1966.

113. Jean-Marie Domenach, 'Une Nouvelle Passion', *Esprit* 7–8, July–August 1966, pp. 77–78.

114. *L'Archéologie du savoir*, p. 19n.

115. 'Jean-Paul Sartre répond', *L'Arc* 30 October 1966, pp. 87–88.

116. Sylvie Le Bon, 'Un Positiviste désespéré'. *Les Temps Modernes* 248, January 1967, pp. 1299–1319.

117. Ibid., p. 1299.

118. Ibid., pp. 1303, 1304.

119. Ibid., p. 1313.

120. Michel Amiot, 'Le Relativisme culturaliste de Michel Foucault', *Les Temps Modernes* 248, January 1967, pp. 1295, 1296. 莫里斯·科尔韦兹也参与创建了斯宾格勒协会，详情参阅 'Le Structuralisme de Michel Foucault', *Revue thomiste*, vol. 68, 1968, p. 11。

121. Cited, Eribon, *Michel Foucault*, p. 190.

122. Jeannette Colombel, 'Les Mots de Foucault et les choses', *La Nouvelle Critique*, May 1967, p. 8.

123. Ibid., p. 13.

124. *Les Mots et le choses*, p. 274.

125. Olivier Revault d'Allonnes, 'Michel Foucault: Les Mots contre les choses', in *Structuralisme et marxisme*, Paris: 10/18, 1970, pp. 26, 34; originally published in *Raison présente* 2, 1967.

126. Ibid., p. 37.

127. Pierre Burgelin, 'L'Archéologie du savoir', *Esprit*, May 1967, pp. 859, 860.

128. Jean-Marie Domenach, 'Le système et la personne', ibid., pp. 776, 777.

129. Jean-Paul Sartre, 'M. François Mauriac et la liberté' (1939) in *Situations I*, Paris: Gallimard, 1947, p. 57.

130. Georges Canguilhem, 'Mort de l'homme ou épuisement du cogito?', *Critique* 242, July 1967, p. 599.

131. Ibid., p. 608.

518

132. Ibid., p. 617.

133. Interview with Daniel Defert.

134. *Colloqui con Foucault*, p. 51.

135. Ibid., p. 50.

136. Anne Coffin Hanson, *Manet and the Modern Tradition*, New Haven and London: Yale University Press, 1979, p. 119.

137. Chapsal, 'Entretien avec Michel Foucault', p. 15.

138. Eribon, *Michel Foucault*, p. 160.

139. 想了解此文的内容和重要性，请参阅 Sadie Plant, *The Most Radical Gesture: The Situationist International in a Postmodern Age*, London: Routledge, 1992, pp. 94–96。

140. 'La Pensée du dehors', *Critique* 229, June 1966, pp. 523–546. 1986 年，这篇文章以书的形式再版，此书作者为 Fata Morgana, Montpellier。此处参照的是书的版本。

141. 'La Pensée du dehors', pp. 12–13.

142. Ibid., p. 17.

143. Ibid., p. 19.

144. Ibid., p. 41.

145. 'Vérité et pouvoir', *L'Arc* 70, 1977；*La Crise dans la tête*, p. 23.

第八章

1. Interview with Georges Canguilhem.

2. Communication from Chaim Katz and Roberto Machado.

3. Eribon, *Michel Foucault*, p. 169.

4. Ibid., p. 199.

5. Interview with Daniel Defert.

6. Jean Daniel, *La Blessure*, Paris: Grasset, 1992, p. 183.

7. Gérard Fellous, 'Michel Foucault: "La Philosophie 'structuraliste' permet de diagnostiquer ce qu'est aujourd'hui" ' , *La Presse de Tunis*, 12 April 1967, p. 3.

8. Cited, Mauriac, *Mauriac et fils*, p. 235.

9. Interview with Denise and Pierre Klossowski.

10. 'Des Espaces autres', *Architecture-Mouvement-Continuité*, 5, October 1984.

11. Baltimore, Johns Hopkins University Press, 1957.

12. 阿利埃斯的文章发表在 vol. CIX, 1966 上；*Essais sur l'histoire de la mort en Occident du Moyen Age à nos jours*, Paris: Seuil, 1975, 这部作品重印了上述文章。*Images of Man and Death*, tr. Janet Lloyd, Cambridge, Massachusetts: Harvard University Press, 1985, 阿利埃斯这部作品最吸引人的地方是插图丰富。

13. Wilfrid Knapp, *Tunisia*, London: Thames and Hudson, 1970, p. 181.

14. Daniel, *La Blessure*, pp. 164–165.

15. Interview with Jean Duvignaud; it is also claimed by Monique Bel, *Maurice Clavel*, Paris: Bayard Editions, 1992, p. 221, 正是通过克拉维尔，福柯和丹尼尔第一次见面。

16. Daniel, *La Blessure*, p. 182. 最容易找到的伯克英文书是他的这本 *Arab Rebirth: Pain and Ecstasy*, tr. Quintin Hoare, London: Al Saqi books, 1983。

17. Daniel, *La Blessure*, p. 19.

18. Jean Daniel, 'Le Flux des souvenirs', *Michel Foucault: Une Histoire de la vérité*, p. 58.

19. Jean Daniel, 'La Passion de Michel Foucault', *Le Nouvel Observateur*, 24 June 1984.

20. Interview with Jean Duvignaud.

21. Interview with Daniel Defert.

22. Interview with Catherine von Bülow.

23. Cited, Daniel, *La Blessure*, p. 184.

24. M. B.（Marc Beigbeder）, 'En suivant le cours de Foucault', *Esprit*, June 1967, pp. 1066–1067.

25. Jalila Hafsia, *Visages et rencontres*, Tunis, 1981, p. 51.

26. 'La Bibliothèque fantastique', p. 107.

27. 刊登于法国大使馆的 *Mission culturelle Française Information*, 10 April–10 May 1978；在为期三天的福柯作品研讨会召开之际，*La Presse de Tunis*, 10 April 1987 转载了其摘要。

28. *L'Archéologie du savoir*, pp. 127–128.

29. Interview with Daniel Defert.

30. 'Linguistique et sciences sociales', *Revue tunisienne des sciences sociales* 19, December 1969, p. 251.

31. Samir Amin, *The Maghreb in the Modern World*, tr. Michael Perl, Harmondsworth: Penguin, 1970, pp. 198–210.

32. 拉帕萨德当时的主要兴趣是传统形式的心理剧，其典型特征是由拉丁美洲的马库姆巴、坎东布莱教和北非的斯塔姆布利诱发的恍惚状态。相关内容，请参阅他的 *Essai*

sur la transe, Paris: Editions Universitaires, 1976。

33. Georges Lapassade, *Joyeux Tropiques*, Paris: Stock, 1978, pp. 51–52.

34. Georges Lapassade, *Le Bordel andalou*, Paris: L'Herne, 1971.

35. Lapassade, *Joyeux tropiques*, pp. 55–56.

36. François Châtelet, 'Foucault precise sa méthode', *La Quinzaine litteraire* 58, 1 October 1968, p. 28.

37. Bel, *Maurice Clavel*, pp. 117–119.

38. Ibid., pp. 220, 221.

39. Mauriac, *Et comme l'Espérance est violente*, p. 564.

40. Cited, Bel, *Maurice Clavel*, pp. 222–223.

41. 'Foucault répond à Sartre', *La Quinzaine littéraire* 46, 1–15 March 1969, p. 21.

42. Une Mise au point de Michel Foucault', *La Quinzaine littéraire*, 47, 15–31 March 1968, p. 21.

43. Interview with Didier Eribon.

44. 'Correspondance. A Propos des "Entretiens sur Foucault"', *La Pensée* 139, May–June 1968. For the Montpellier debates, see 'Entretiens sur Foucault', *La Pensée* 137, February 1968.

45. See *Esprit*, May 1967.

46. Interview with Jean-Marie Domenach, then its editor.

47. 'Réponse à une question', *Esprit* 371, May 1968, pp. 850–874.

48. Ibid., p. 851.

49. Ibid., p. 858.

50. Ibid., p. 871.

51. 到目前为止最好的研究是 Gregory Elliott, *Althusser: The Detour of Theory*, London: Verso, 1987。

52. Kate Soper, *Humanism and Anti-Humanism*, London: Hutchinson, 1986, 此书描写的人道主义和反人道主义理论之间的论争令人信服。

53. Althusser, 'A Letter to the Translator', *For Marx*, p. 256. 阿尔都塞在世时，这封信并未在法国出版。

54. The others were Roger Establet, Pierre Macherey and Jacques Rancière.

55. Interview with Etienne Balibar.

56. Hervé Hamon and Patrick Rotman, *Génération. Vol I. Les Années de rêve*, Paris:

520

Seuil, 1987. 在这本书中可以找到对这一时期的描述，虽然偶有肤浅之处，但整体上可读性很强。

57. The editorial board consisted of Jacques-Alain Miller, Alain Grosrichard, Jean-Claude Milner, Alain Badiou and François Regnault. Most were also members of Lacan's Ecole Freudienne de Paris.

58. Althusser, *L'Avenir dure longtemps*, pp. 326, 344-345. 关于剽窃概念一事，请参考 Jacques-Alain Miller, 'Action de la structure', *Cahiers pour l'analyse* 9, Summer 1968, pp. 93-105。

59. *Roudinesco, Jacques Lacan & Co.*, p. 398.

60. 'A Michel Foucault', *Cahiers pour l'analyse* 9, Summer 1968, p. 5.

61. 'Réponse au Cercle d'épistémologie', ibid., pp. 9–40.

62. 'Nouvelles Questions', ibid., pp. 42, 44.

63. *Les Mots et les choses*, p. 13n.

64. 'Réponse à une question', p. 854n.

65. 'La Naissance d'un monde'（interview with Jean-Michel Palmier）, *Le Monde*, 3 May 1969, p. viii.

66. 'Truth, Power, Self', p. 11.

67. Frank Kermode, 'Crisis Critic', *New York Review of Books*, 17 May 1973, p. 37.

68. *L'Archéologie du savoir*, p. 27.

69. Ibid., p. 64 and n.

70. 'Nietzsche, Freud, Marx', pp. 198–199.

71. *L'Archéologie du savoir*, p. 74 and n.

72. Ibid., p. 9.

73. Ibid., p. 12.

74. Ibid., p. 38.

75. Ibid., p. 84.

76. Ibid., p. 64.

77. Ibid., p. 115.

78. Ibid., p. 107. See J. I. Austin, *How to Do Things with Words*, Oxford University Press, 1962, and John Searle, *Speech Acts*, Cambridge University Press, 1972. 当福柯创作《知识考古学》的时候，这两本书尚没有法文译本。在后来与希尔勒的通信中，福柯承认他口中的陈述实际上是言语行为，并补充道："我想强调一个事实，我看待它

们的角度与你不同。"请参阅 letter of 15 May 1979 to Searle, cited, Dreyfus and Rabinow, *Michel Foucault*, p. 46n。

79. *L'Archéologie du savoir, p.* 126.

80. Ibid., pp. 215–255.

81. Ibid., p. 250.

82. Voeltzel, *Vingt ans et après*, p. 72.

83. Cited, Eribon, *Michel Foucault*, p. 205.

84. *Colloqui con Foucault*, p. 73.

85. Ibid., p. 72.

86. Knapp, *Tunisia*, p. 184.

87. *Colloqui con Foucault*, p. 71.

88. Interview with Daniel Defert.

89. 'Folie et civilisation', cassette recording, Bibliothèque du Saulchoir, C32.

90. Régis Debray, *Contribution aux discoure et cérémonies du dixième anniversaire*, Paris: Maspero, 1978；Pierre Goldman, *Souvenirs obscurs d'un Juif polonais né en France*, Paris: Seuil, 1977, pp. 70–73.

91. *Colloqui con Foucault*, p. 74.

92. 关于"五月风暴"的文献数不胜数。比较中肯的英语著作，请参见 Patrick Seale and Maureen McConville, *French Revolution 1968*, Harmondsworth: Penguin in association with William Heinemann Ltd, 1968，以及 Charles Posner, ed., *Reflections on the Revolution in France: 1968*, Harmondsworth: Penguin, 1970。后者包含一个颇为有用的事件年表。

93. Daniel, *La Blessure*, pp. 184–185.

94. Cited, Eribon, *Michel Foucault*, p. 204.

95. Burin des Roziers, 'Une Rencontre à Varsovie', pp. 134–135.

96. Interview with Didier Anzieu.

第九章

1. Pinguet, 'Les Années d'apprentissage', p. 126.

2. 'Qu'est-ce qu'un auteur?' *Bulletin de la Société française de philosophie*, 63, July–September 1969, pp. 73–104.

3. A. Geismar, S. July, E. Morance, *Vers la Guerre civile*, Paris: Editions premières, 1969.

4. Interview with Hélène Cixous.

5. Robert Castel, 'The two readings of *Histoire de la folie* in France', p. 28.

6. *Surveiller et punir*, Paris, 1975, p. 229.

7. 'Présentation', *Garde-fous arrêtez de vous serrer les coudes*, revised edn, Paris: Maspero, 1975, p. 5.

8. For a general account, see Robert Boyers and Robert Orril, eds., *Laing and Anti-Psychiatry*, Harmondsworth: Penguin, 1972.

9. 围绕着译本的诠释而引发的争论，参见 Colin Gordon, '*Histoire de la folie*: an unknown book by Michel Foucault', *History of the Human Sciences*, vol. 3, no. 1, February 1990, pp. 3–26, and the various 'responses' published in the same issue and in vol. 3, no. 3, October 1990。

10. David Cooper, 'Introduction', *Madness and Civilization*, p. vii.

11. Ibid., p. viii.

12. *New Statesman*, 16 June 1967, p. 844. 库伯的文章是对以下作品的评论，Lacan's *Ecrits*, Thomas Scheff, *Being Mentally Ill*, K. Soddy and R. H. Ahrenfeld, *Mental Health and Contemporary Thought* and Abraham Levinson, *The Mentally-Retarded Child*。

13. R. D. Laing, 'The Invention of Madness', *New Statesman*, 16 June 1967, p. 843.

14. Edmund Leach, 'Imprisoned by madmen', *Listener*, 8 June 1967, pp. 752–753; Hugh Freeman, 'Anti- psychiatry through history', 4 May 1967, pp. 665–666.

15. W. Ll. Parry-Jones, *British Journal of Social and Clinical Psychology* 8, 1969, p. 191.

16. 'Carceri e manicomi nel consegno del potere'.

17. David Cooper, ed., *The Dialectics of Libération*, Harmondsworth: Penguin, 1968.

18. Proceedings published as 'Enfance aliénée', *Recherches*, September 1967, and 'Enfance aliénée II', *Recherches*, December 1968.

19. R. D. Laing and David Cooper, *Reason and Violence*, London: Laing's *The Divided Self*, London; Tavistock, 1959, 副标题是 'An Existential Study in Sanity and Madness', 第一章讨论了 'The Existential-Phenomenological Foundations for a Science of Persons'。

20. 关于进化论精神病学的起源和历史，请参阅 Elisabeth Roudinesco, *La Bataille de cent ans. Histoire de la psychanalyse en France*, vol. I, Paris: Ramsay, 1982, pp. 413–431。

21. 'Du Pouvoir'（interview with Pierre Boncenne, 1978），*L'Express*, 13 July 1984；

Colloqui con Foucault, p. 44.

22. 'La Conception idéologique de *l'Histoire de la folie* de Michel Foucault', *Evolution psychiatrique*, Tôme 36, fasc. 2, April–June 1971, pp. 225, 226.

23. Henri Ey, 'Commentaires critiques sur *l'Histoire de la folie* de Michel Foucault', ibid., pp. 257, 256.

24. Henri Sztulman, 'Folie ou maladie mentale', ibid., pp. 268, 277.

25. Georges Daumézon, 'Lecture historique de *l'Histoire de la folie*', ibid., pp. 228, 239.

26. Ibid., p. 282.

27. 'Intervention de E. Minkowski', ibid., pp. 218, 283.

28. 'La Situation de Cuvier dans l'histoire de la biologie', *Revue de l'histoire des sciences et de leurs applications*, vol. XXIII, no. 1, January–March 1970, pp. 63–92, 并附有随后讨论的记录。

29. 'Ariane s'est pendue', *Le Nouvel Observateur*, 31 March 1969, pp. 36–37.

30. 'Maxime Defert', *Les Lettres françaises*, 8–14 January 1969, p. 28.

31. 'La Naissance d'un monde', interview with Jean-Michel Palmier, *Le Monde*, 3 May 1969, p. viii. See also the interview with Jean-Jacques Brochier, 'Michel Foucault explique son dernier livre', *Magazine Littéraire* 28, April–May 1969, pp. 23–25.

32. François Châtelet, 'L'Archéologue du savoir', *La Quinzaine littéraire*, 1–15 March 1969, pp. 3–4.

33. Jean Duvignaud, 'Ce qui parle en nous, pour nous, mais sans nous', *Le Nouvel Observateur*, 21 April 1969, pp. 42–43.

34. Gilles Deleuze, 'Un Nouvel Archiviste', *Critique* 274, March 1970, pp. 195–209, reprinted in volume form, Montpellier: Fata Morgana, 1972. *Foucault*, Paris: Minuit, 1986, 此书再版时出了扩展版本，并以此书第一章题目作为书名，相关引用来自再版版本。

35. Ibid., p. 28, 22.

36. Ibid., p. 30.

37. 这篇文章的修订版如下：'Sur L'Archéologie du savoir（à propos de Michel Foucault）' in Lecourt's *Pour Une Critique de l'épistémologie*, Paris: Maspero, 1972, pp. 98–133。 523 Interview with Dominique Lecourt.

38. Ibid., pp. 133, 113.

39. Georges Canguilhem, *Ideologie et rationnalité dans l'histoire des sciences de la vie*

（second edn）, Paris: Vrin, 1988, pp. 9–10.

40. 'Carceri et manicomi nel consegno del potere', p. 6.

41. Althusser, *For Marx*, pp. 87–128.

42. V. I. Lenin, *What is to be done? Selected Works*, Moscow: Progress Publishers, 1963, vol. 1, p. 150.

43. Michèle Manceaux, *Les 'Maos' en France*, Paris: Gallimard, 1972, p. 49.

44. Ibid., p. 20.

45. Ibid., p. 23.

46. Simone Weil, *La Condition ouvrière*, Paris: Gallimard, 1951.

47. Robert Linhart, *L'Etabli*, Paris: Minuit, 1978; interview with Daniel Defert.

48. Interview with Daniel Defert.

49. Emmanuel Terray, 'Nous n'irons pas voter', *Le Monde*, 12 January 1969, p. 10.

50. Hélène Cixous, *L'Exil de James Joyce ou l'art du remplacement*, Paris: Grasset, 1968. 西克苏的第一部小说作品是 *Le Prénom de dieu*，这是一本出版于 1967 年的短篇小说集。

51. Eribon, *Michel Foucault*, pp. 216–217.

52. Roudinesco, *Jacques Lacan & Co.*, pp. 550–551. See J. Laplanche and J. B. Pontalis, *The Language of Psycho-analysis*, tr. Donald Nicholson-Smith, London: The Hogarth Press and The Institute of Psycho-analysis, 1973.

53. Roudinesco, *Jacques Lacan & Co*, pp. 552–553.

54. Interview with Robert Castel.

55. Jacques Lacan, *Le Séminaire. Livre XVII. L'Envers de la psychanalyse*, Paris: Seuil, 1991, p. 240.

56. 'Une Petite Histoire', *Le Nouvel Observateur*, 17 March 1969, p. 43.

57. 'Précision', *Le Nouvel Observateur*, 31 May 1969.

58. Eribon, *Michel Foucault*, p. 216.

59. Interviews with Daniel Defert and Etienne Balibar.

60. Cited, Sherry Turkle, *Psychoanalytic Politics: Jacques Lacan and Freud's French Revolution*, London: Burnet Books in association with André Deutsch, 1979, p. 175.

61. Friedrich Nietzsche, *Twilight of the Idols*, tr. R.J. Hollingdale, Harmondsworth: Penguin, 1968, p. 110.

62. See Jean-Paul Sartre, 'La Jeunesse piégée', in *Situations VIII*, Paris: Gallimard, 1972,

pp. 239–261.

63. *Le Monde*, 12 February 1969.

64. Ibid.

65. Hamon and Rotman, *Génération II*, pp. 57–58.

66. Ibid., p. 58.

67. Cited, Roudinesco, *Jacques Lacan & Co*, p. 558. The book in question is Michèle Manceaux and Madeleine Chapsal, *Les Professeurs, pour quoi faire?*, Paris: Seuil, 1970. See *L'Express*, 16–22 March 1970.

68. Interview with Bernard Doray.

69. Interview with Jacques Rancière.

70. Interview with Etienne Balibar.

71. Interview with Jeannette Colombel.

72. Letter of 3 July 1969 to Klossowski, in *Cahiers pour un temps: Pierre Klossowski*,　524 Paris: Centre Georges Pompidou, 1985. See Pierre Klossowski, *Nietzsche et le cercle vicieux*, Paris: Mercure de France, 1969.

73. 'Le Piège de Vincennes', propos recueillis par Patrick Loriot, *Le Nouvel Observateur*, 9 February 1970.

74. 'Jean Hyppolite（1907–1968）', *Revue de métaphysique et de morale*, vol. 74, no. 2, April–July 1969, pp. 131–136.

75. Ibid., pp. 131–132.

76. Jean Hyppolite, 'Projet d'enseignement d'histoire de la pensée philosophique'（October 1962）, *Figures de la pensée philosophique*, p. 998.

77. 'Nietzsche, La Généalogie, l'histoire', in *Hommage à Jean Hyppolite*, Paris: PUF, 1971, pp. 145–172.

78. Ibid., pp. 145–146.

79. Ibid., pp. 168, 167.

80. Ibid., p. 170.

81. Ibid., p. 169.

82. Bernauer, *Michel Foucault's Force of Flight*, p. 98.

83. *L'Ordre du discours*, pp. 77, 76.

84. Eribon, *Michel Foucault*, pp. 226–227.

85. Ibid., pp. 209–210.

86. 'Titres et travaux', 原版的影印本可以在苏尔索瓦图书馆查阅，具体位置为 D314。第二版埃里蓬所写的传记中转载了此文本。

87. *Titres et travaux*, p. 2.

88. Ibid. pp. 3–4.

89. Ibid. pp. 4–9.

90. Cited, Eribon, *Michel Foucault*, p. 231.

91. Ibid. pp. 231–232.

第十章

1. Interview with Daniel Defert.

2. 'Folie, littérature et société', *Bugei* 12, 1970.

3. *Paideia*, September 1971. 这篇回复作为 1972 年版《古典时代疯狂史》的附录被重印，参见 *Histoire de la folie*, pp. 583–603。

4. 'Mon corps ...', p. 602.

5. Postscript, *Death and the Labyrinth*, p. 171.

6. Reproduced in *Michel Foucault. Une Histoire de la vérité*, p. 58.

7. Interview with Daniel Defert.

8. 'Le 28 Juillet 1983, Michel m'écrit un vrai texte dans une lettre', *L'Autre Journal* 10, December 1985, p. 5.

9. Rouanet and Merquior, 'Entravista com Michel Foucault'. In his *Foucault*, London: Fontana, 1985, p. 137, 梅吉奥指出这是 1970 年的一次采访，但没有给出任何明确日期。

10. Jean Lacouture, 'Au Collège de France. Le cours inaugural de M. Michel Foucault', *Le Monde*, 4 December 1970, p. 8.

11. Christophe Charle, 'Le Collège de France' in Pierre Nora, ed., *Les Lieux de mémoire II. La Nation*, vol. 3, Paris: Gallimard, 1986, p. 422.

12. 私人通信。

13. Interview with Danièle Rancière.

14. Paul Valéry, letter to Mme Roth-Mascagni, cited, Charle, 'Le Collège de France', ibid., p. 419.

15. Ibid., pp. 417–420.

16. Foucault, *L'Ordre du discours*, Paris: Gallimard, 1971, p. 8；Samuel Beckett, *L'Innommable*, Paris: Minuit, 1953, pp. 261–262.

17. *L'Ordre du discours*, pp. 73–74.

18. Ibid., pp. 74–75.

19. Ibid., pp. 81–82.

20. Ibid., p. 71.

21. 'Croître et multiplier', *Le Monde*, 15–16 November 1970, p. 13. 雅各布遗传学历史的翻译者是 Betty E. Spillmann, 此书名为 *The Logic of Living Systems: A History of Heredity*, London: Allen Lane, 1973。

22. *L'Ordre du discours*, pp. 30, 28.

23. Ibid., pp. 54–55.

24. Ibid., p. 55.

25. Ibid., p. 65.

26. 福柯向记者这样描述拉康的研讨班："要弄懂这些深奥的专业术语几乎是不可能的。为了领会拉康所有的典故，你必须学识渊博。没有人能理解。但每个人都对这些内容很感兴趣，这就是他课程的美妙之处。在某个时刻，他的每一位听众都会有一种感觉，他们会觉得自己听懂了，而且是唯一听懂的人。因此，拉康每周都会在阶梯教室里完成这一教学壮举，他的这番抽象分析影响了讲堂里的每一位听众。" Cited, Gérard Petitjean, 'Les Grands Prêtres de l'Université française', *Le Nouvel Observateur*, 7 April 1975, p. 54.

27. Bernauer, *Michel Foucault's Force of Flight*, p. 3.

28. Mauriac, *Et comme l'Espérance est violente*, p. 498.

29. Interview with Anne Thalamy.

30. Petitjean, 'Les Grands Prêtres de l'université française', p. 55.

31. '*Radioscopie de Michel Foucault*. Propos recueillis par Jacques Chancel', 3 October 1975. 访谈的磁带记录保存在苏尔索瓦图书馆、公共资讯图书馆和蓬皮杜中心。

32. Interview with Arlette Farge.

33. *Foucault's Force of Flight*, p. 3.

34. Gérard Lefort, 'Au Collège de France: un judoka de l'intellect', *Libération*, 26 June 1984, p. 6.

35. Mauriac, *Et comme l'Espérance est violente*, p. 502.

36. *Résumé des cours*, p. 14.

37. J. P. Peter and Jeanne Favret, 'L'Animal, le fou, le mort' in *Moi, Pierre Rivière, ayant égorgé ma mére, ma soeur et mon frère. Un Cas de parricide au XIX siècle présenté*

par Michel Foucault, Paris: Gallimard/Julliard, 1973, p. 249 and n.

38. 'About the Concept of the Dangerous Individual in Nineteenth-Century Legal Psychiatry', *International Journal of Law and Psychiatry* 1, 1978, pp. 1–18.

526   39. Ibid., p. 20.

40. Interview with Jean-Pierre Peter；Jean-Pierre Peter, 'Entendre Pierre Rivière', *Le Débat* 66, September–October 1991, p. 128.

41. *Résumé des cours*, p. 24.

42. 'Les Meurtres qu'on raconte', *Moi, Pierre Rivière*, p. 266.

43. Ibid., p. 275.

44. 'Présentation', ibid., p. 14.

45. 除了已提到的文本外，还有其他文本如下：Patricia Moulin, 'Les Circonstances attenuantes', Blandine Barret-Kriegel, 'Regicide-parricide', Philippe Riot, 'Les Vies parallèles de P. Rivière', Robert Castel, 'Les Médicin et les juges', Alexandre Fontana, 'Les Intermittances de la raison'。A chronology was established by Georgette Legée, and a 'topography' of Rivière's wanderings by Gilbert Burlet-Torvic.

46. Pascal Kane, 'Entretien avec Michel Foucault', *Cahiers du cinéma* 271, November 1976, p. 52.

47. Peter, 'Entendre Pierre Rivière', p. 128.

48. Georges Lefranc, ed., *Juin 36*, Paris: Julliard, 1966；Annie Kriegel, ed., *Le Congrès de Tours*, Paris: Julliard, 1964.

49. Emmanuel Le Roy Ladurie, 'Bocage au sang', *Le Monde*, 18 October 1973, pp. 19, 25. 更多正面评论，请参见 Max Gallo, 'Histoire d'une folie', *L'Express*, 15–21 October 1973, pp. 59–60（'total success Foucault's fascinating book'）, and Marc Ferro, 'Au Croisement de l'histoire et du crime', *La Quinzaine littéraire*, 1–15 December 1973, pp. 25–26。

50. Jeanne Favret-Saada, *Les Mots, les morts, les sorts*, Paris: Gallimard, 1977.

51. Interview with Jean-Pierre Peter.

52. 'Theatrum philosophicum', *Critique* 282, November 1970, pp. 885–908.

53. 'Ariane s'est pendue', *Le Nouvel Observateur*, 31 March 1969, p. 61.

54. Ronald Bogue, *Deleuze and Guattari*, London: Routledge, 1989, 此书很好地阐释了这两部作品。

55. Gilles Deleuze and Félix Guattari, *L'Anti-Oedipe*, Paris: Minuit, 1972.

56. 'Theatricum philosophicum', pp. 895–896.

57. Ibid., p. 901.

58. Ibid., p. 903.

59. Ibid., p. 904.

60. Ibid., pp. 907–908.

61. Pierre Klossowski, *La Monnaie vivante*, Paris: Eric Losfield, 1970.

62. Reproduced, *Pierre Klossowski*, p. 89.

63. Deleuze and Guattari, *L'Anti-Odipe*, Jean-François Lyotard, *Economie libidinale*, Paris: Minuit, 1972.

64. Letter to Pierre Klossowski（winter 1970–1971）, *Cahiers pour un temps: Pierre Klossowski*, Paris: Centre Georges Pompidou, 1985, pp. 89–90.

65. Jean-François Josselin, 'Le Continent noir', *Le Nouvel Observateur*, 7 September 1970, pp. 40–41. 想从总体上了解古约塔，请参见他与吉尔斯·巴贝黛特的访谈 'Pierre Guyotat par qui le scandale arrive', *Le Monde dimanche*, 21 March 1982, pp. I, IX。

66. 'Il y aura scandale, mais ...', *Le Nouvel Observateur*, 7 September 1970, p. 40.

第十一章 {527}

1. 拘留（Garde à vue），指警察将未被指控的人关押长达 24 小时的一般警务行为。从理论上讲，警察只有根据高级官员的明确命令才能拘押嫌犯，而且他或她被指控的罪行必须通过监禁被惩罚，如此警察才会拘押嫌犯。警察拘留人的通常借口是声称需要检查他们的身份。

2. 法语单词 magistrature 比英语单词 magistrate 的含义宽泛得多，这个词适于直接受司法部控制的法院所任命的所有类别的法官和司法官员。

3. 'Création d'un Groupe d'Information sur les Prisons', *Esprit*, March 1971, p. 531. 完整声明最初发表在 *La Cause du peuple* 35, 17 February 1971；第一段声明发表在 *Le Monde* on 10 February。

4. Claude Angeli, 'Les Nouveaux Clandestins', *Le Nouvel Observateur*, 1 June 1970, p. 18.

5. 该组织的创建声明，部分是由萨特起草的："红色救援队将是一个民主的、独立的、合法建立的联盟。它的主要目标是确保被镇压的受害者在政治和法律方面获得保护，给予他们和他们的家人以物质和道义上的援助……如果我们不组织民众团结互助，就不可能捍卫民众的正义和自由。红色救援队是在人民中产生的，并将在人民的斗争中为人民服务。"Cited, Simone de Beauvoir, *La Cérémonie des adieux*, Paris:

Gallimard, 1981, pp. 17–18.

6. *Le Monde*, 22 January 1971.

7. *Le Nouvel Observateur*, 17 January 1972.

8. *Le Monde*, 21 January 1971.

9. *Le Monde*, 9 February 1971.

10. 革命万岁派，创立于 1969 年 3 月，该组织声称是毛派组织，算是最自由的毛派组织，并很快发展出一种鲜明的"地下"文化：它的报纸更倾向于刊登罗伯特·克朗布和沃林克西的漫画，而不是毛主席的画像。

11. *Le Monde*, 30 January 1971.

12. Simone Signoret, *La Nostalgie n'est plus ce qu'elle était*, Paris: Points, 1978, pp. 348–349.

13. See Jean-Paul Sartre, 'Premier procès populaire à Lens', *Situations VIII*, Paris: Gallimard, 1970, pp. 319–334.

14. Cited, Keith Gandal, 'Michel Foucault: Intellectual Work and Politics', *Telos* 67, Spring 1986, pp. 125–126.

15. Collection of Danièle Rancière；原本收藏在同一个文集中，上面是福柯的笔迹，内容写在一小张纸片的两面。

16. Interview with Sylvie-Claire d'Arvisenet.

17. Michel Foucault, Je perçois l'intolérable', interview with Geneviève Armedler, *Journal de Génève: Samedi littéraire*, Cahier 135, 24 July 1971, p. 13.

18. Mauriac, *Et comme l'Espérance est violente*, pp. 410–411.

19. Cited, Samuelson, *Il était une fois 'Libération'*, p. 99.

20. Interviews with Jean-Marie Domenach and Pierre Vidal-Naquet. 皮埃尔·维达尔 – 纳杰对阿尔及利亚的立场，请参阅他的 *La Torture dans la République*, Paris: Maspero, 1972, and the essays collected in *Face à la raison d'etat. Un historien dans la guerre d'Algérie*, Paris: La Découverte, 1990。由于法国的审查制度，*La Torture dans la République* 这本书最早是以英语版本出现的，即 *Torture: Cancer of Democracy*, Harmondsworth: Penguin, 1963。关于法国反对阿尔及利亚战争的内容，参阅 Hervé Hamon and Patrick Rotman, *Les Porteurs de valises*, Paris: Albin Michel, 1979。

21. Interview with Bernard Kouchner；see his 'Prisons: les petits matons blêmes', *Actuel* 9, June 1971, pp. 41–43.

22. Hamon and Rotman, *Génération. II.*, p. 380.

23. Interview with Danièle Rancière.

24. 'Michel Foucault on Attica: An Interview', *Telos*, 19, Spring 1974, p. 161.

25. Mauriac, *Et comme l'Espérance est violente*, p. 482.

26. Interview with Philippe Meyer.

27. Interviews with Danièle Rancière and Hélène Cixous.

28. Hélène Cixous, *Dedans*, Paris: Grasset, 1969.

29. Interviews with Jean-Marie Domenach and Philippe Meyer.

30. 'Réponse de Michel Foucault', *Le Nouvel Observateur*, 11 December 1972, p. 63.

31. Patrick Sery, 'De quoi meurt un prisonnier', *Le Nouvel Observateur*, 30 October 1972, p. 52.

32. Interview with Jean-Marie Domenach and Edmond Maire.

33. Collection of Danièle Rancière.

34. Michel Foucault and Pierre Vidal-Naquet, 'Enquête sur les prisons, propos recueillis par Claude Angeli', *Politique-hebdo*, 18 March 1971.

35. Cited, ibid. 中央监狱关押被判刑一年以上的囚犯，而拘留所则关押押候和短期囚犯。当时，这种区分与其说是真实的，不如说还停留在技术层面。

36. Interview with Serge Livrozet.

37. Interview with Pierre Vidal-Naquet.

38. 'Foucault and the Prison', an interview with Gilles Deleuze conducted by Paul Rabinow and Keith Gandal, *History of the Present* 2, Spring 1986, p. 2.

39. 还有另外三本小册子出版，名为 'Intolérable': *Enquête dans une prison-modèle: Fleury-Méroqis*（June 1971），*L'Assassinat de George Jackson* and *Suicides de prison*（1972）。最后两本小册子由伽利玛出版社出版。

40. Groupe d'Information sur les Prisons, *Enquête dans vingt prisons*, Paris: Editions Champ Libre, 1971, pp. 3–4.

41. 'Les Intellectuels et le pouvoir', p. 5.

42. See, for instance, 'Vérité et pouvoir', p. 23.

43. François Paul-Boncour, 'Le Fer rouge', *Le Nouvel Observateur*, 19 June 1972, pp. 44–45. 想全面了解这项制度及其历史，请参考 Christian Elek, *Le Casier judiciaire*, Paris: PUF, 1988。

44. Serge Livrozet's *De la Prison à la révolte*，上述作品提供了这一过程的第一手资料。

45. 'Entretien', *C'est Demain la veille*, Paris: Seuil, 1974, p. 34；一个略微修订的访谈版本，参见 'Par-delà le bien et le mal', *Actuel* 14, November 1971。

46. 'Les Détenus parlent', *Esprit*, June 1971, pp. 1182–1183.

47. Michel Foucault, 'La Prison partout', *Combat*, 5 May 1971, p. 1.

48. Ibid. Cf. *Le Monde*, 7 May 1971.

49. 关于这个故事，福柯实际上给出了两个略微不同的版本。文中关于这件事的描写摘自《战斗》（*Combat*）中的一篇文章。在 5 月 23 日至 24 日刊登在《世界报》上的一份声明中，福柯补充说，他被打是因为当他离开警察局时，无意中拿起了一件警察斗篷，而不是他自己的大衣。

50. Georges Kiejman, 'Un Combattant de rue', *Le Monde*, 27 June 1984；interview with Georges Kiejman, 23 November 1989. 确切地说，这个型号的复印机为什么被称为越南人，仍旧是个谜。推测来看，这个名字源于人们对越南游击战与法国的非法或半合法活动的类比。

51. Letter in the collection of Georges Kiejman; interview with Georges Kiejman.

52. Michel Foucault, cited, Madeleine Garrigou-Lagrange, 'Le Prisonnier est aussi un homme', *Témoignage chrétien*, 16 December 1971, p. 12.

53. Daniel Defert and Jacques Donzelot, 'La Charnière des prisons', *Magazine littéraire* 112–113, May 1976, p. 34.

54. Mauriac, *Et comme l'Espérance est violente*, p. 321.

55. Ibid., pp. 318–319.

56. Cited, *Le Nouvel Observateur*, 6 December 1971.

57. Cited, ibid.

58. 'I. A.', 'Prisons: réflexion faite', *L'Express*, 13–19 December 1971, p. 25.

59. 'L'Angoisse des "matons"', *Le Nouvel Observateur*, 17 January 1972, p. 25.

60. *Le Monde*, 8 December 1971.

61. Jacqueline Remy, 'Noël au pain sec', *Le Nouvel Observateur*, 6 December 1971.

62. *Le Monde*, 8 December 1971.

63. Jean-Marie Domenach, 'Le Sang et la honte', *Le Monde*, 25 December 1971.

64. *Le Monde*, 16 December 1971.

65. Katia D. Kaupp, 'Le "Malentendu" de Toul', *Le Nouvel Observateur*, 20 December 1971.

66. Cited, ibid.

529

67. Interview with Antoine Lazarus.

68. Danièle Molho, 'Toul: l'école du désespoir', *L'Express*, 20–26 December 1971, pp. 12–15.

69. 'Le Discours de Toul', *Le Nouvel Observateur*, 27 December 1971, p. 15.

70. Mauriac, *Et comme l'Espérance est violente*, pp. 337–338.

71. Gilles Deleuze, 'Ce que les prisonniers attendent de nous ...', *Le Nouvel Observateur*, 31 January 1972, p. 24.

72. *Le Monde*, 7 January 1972.

73. Cited, *Témoignage chrétien*, 23 December 1971.

74. Cited, *Le Monde*, 7 January 1972.

75. Mauriac, *Et comme l'Espérance est violente*, p. 354.

76. Jean-Marie Domenach, 'Le Détenu hors la loi', *Esprit*, February 1972, p. 167.

77. David Rousset, *L'Univers concentrationnaire*, Paris: Editions du pavois, 1946.

78. *Combat*, 18 January 1972.

79. *Le Monde*, 18 January 1972.

80. Ibid.

81. Mauriac, *Et comme l'Espérance est violente*, pp. 345–362.

82. 'Declaration à la presse et aux pouvoirs publics émanant des prisonniers de la Maison Centrale de Melun', *Politique-Hebdo*, 20 January 1972, pp. 10–11.

83. *Le Monde*, 23–24 January 1972.

84. *Le Monde*, 11 January 1972.

85. "艾丽丝·杜马斯（Alice Dumas）曾是一名妓女，因为嫁给了一位油漆工才得以脱离苦海。艾丽丝如今是一家药店的女售货员。她的老板雷内爱上了她，但她拒绝了他的示爱。有一天，她的丈夫被毒死了。她的婆婆非常痛恨她，指控她谋杀了丈夫……她被送到了哈格瑙女子监狱，那里管教严苛，绝望与反抗情绪反复拉扯着艾丽丝的心。" *La Semaine Radio-Télévision*, 29 January–4 February 1972, p. 75.

86. Mauriac, *Et comme l'Espérance est violente*, pp. 367–368.

87. 'Les Dossiers（incomplets）de l'écran', *Le Nouvel Observateur*, 7 February 1972.

88. Cited, Mauriac, *Et comme l'Espérance est violente*, p. 374.

89. See the English-language summary by Stephen Davidson, *Acts*（*Proceedings of the Fourth Annual Conference on XVIIth Century French Literature*）, Graduate School of the University of Minnesota, vol. 1, pp. 22–23.

90. Interview with Hélène Cixous.

91. 'Michel Foucault on Attica', p. 158.

92. Deleuze, cited, Mauriac, *Et comme l'Espérance est violente*, p. 381.

93. 'Michel Foucault on Attica: An Interview', *Telos* 19, Spring 1974, p. 155.

94. Interview with Hélène Cixous.

95. Cited, Mauriac, *Et comme l'Espérance est violente*.

96. 此过程的完整记录，还有一份序言记录，参见 Philippe Meyer, was published as 'La Justice telle qu'on la rend', *Esprit*, October 1971, pp. 524–555。

97. Mauriac, *Et comme l'Espérance est violente*, p. 416.

98. Interviews with Daniel Defert and Philippe Meyer.

99. Interview with Daniel Defert.

100. *Le Monde*, 28 October 1972, 31 October 1972.

101. GiP, *Suicides de prison*, Paris: Gallimard, 1973, p. 51.

102. Patrick Serry, 'De Quoi meurt un prisonnier?'.

103. Mauriac, *Et comme l'Espérance est violente*, pp. 430–435; cf. *Le Monde*, 22 November 1972.

104. *Le Monde*, 1 July 1972. 波坦斯的律师关于审讯完整而令人痛心的记录，请参见 Robert Badinter, *L'Exécution*, Paris: Grasset, 1973。

105. Mauriac, *Et comme l'Espérance est violente*, p. 415.

106. Michel Foucault, 'Les Deux Morts de Pompidou', *Le Nouvel Observateur*, 4 December 1972, pp. 56–57.

107. *Suicides de prison*, p. 9.

108. Ibid., p. 40.

109. Livrozet, *De la Prison à la révolte*, p. 220; interview with Serge Livrozet.

110. Mauriac, *Et comme l'Espérance est violente*, pp. 374, 397.

111. 相关问题美国和英国的经验，参见 Mike Fitzgerald, *Prisoners in Revolt*, Harmondsworth: Penguin, 1977。

112. *Le Monde*, 22 May 1973.

第十二章

1. 关于 1973 年 1 月福柯参加的越南游行示威活动，参见 Mauriac, *Et comme l'Espérance est violente*, pp. 477–482。1973 年 3 月福柯参加了示威活动，此次活动为抗议当局

用驱逐出境来威胁移民工人，相关内容的出处同上，参见其 p. 500。

2. Ibid., p. 490ff.

3. Interview with Robert Castel.

4. Michel Foucault et les membres du GIS, 'Médecine et lutte des classes', *La Nef* 49, October–December 1972, pp. 67–73.

5. See Serge Karenty, 'La Médecine en question', *Magazine littéraire* 112–113, May 1976, pp. 38–41.

6. Jean-François Sirinelli, *Intellectuels et passions françaises. Manifestes et pétitions au XX siècle*, Paris: Fayard, 1990, pp. 21–23.

7. Christophe Charle, *Naissance des intellectuels 1880–1900*, Paris: Minuit, 1990, p. 8.

8. 'Mais à quoi servent les pétitions? Enquête de Pierre Assouline', *Les Nouvelles littéraires, 1–8* February 1979, p. 4.

9. Interview with Daniel Defert.

10. 'Mais à quoi servent les petitions?'

11. 'La Société disciplinaire en crise, développement de la diversité et l'indépendance en crise', *Asahi Janaru*, 12 May 1978.

12. 'Un Nouveau Journal?', *Zone des tempêtes* 2, May–June 1973, p. 3.

13. *Le Monde*, 1 June 1971.

14. *Le Monde*, 2 June 1971; Hamon and Rotman, *Génération: 2. Les Années de poudre*, pp. 344–348.

15. 'Michèle Manceaux "interpelée"', *Le Nouvel Observateur*, 17 May 1971, p. 31.

16. Mariella Righini, 'Les Nouveaux passe-murailles', *Le Nouvel Observateur*, 22 February 1971, pp. 44–45.

17. *Le Monde*, 3 June 1971.

18. Langlois's *Dossiers noirs*, Paris: Seuil, 1971, 此文本是对警察滥用权力的审查。1972年 2 月，福柯在法庭上证明了朗格鲁瓦在追寻真理的过程中表现出的诚实和正直，参见 *Le Monde*, 6–7 February 1972。这是福柯唯一一次出现在证人席上。

19. 'Déclaration de Michel Foucault à la conférence de presse d'Alain Jaubert', *La Cause du peuple – J'accuse*, 3 June 1971.

20. Mauriac, *Et comme l'Espérance est violente*, pp. 300–301.

21. René Backmann, 'Quatre Questions sur l'affaire Jaubert', *Le Nouvel Observateur*, 14 June 1971, p. 27.

531

22. Mauriac, *Et comme l'Espérance est violente*, p. 307.

23. *Rapports de la Commission d'information sur l'affaire Jaubert*, pp. 1–3.

24. 'Questions à Marcellin', *Le Nouvel Observateur*, 5 July 1971, p. 15.

25. *Le Monde*, 12 April 1973.

26. Sartre, 'Premier Procès populaire à Lens', p. 331.

27. See René Backmann, 'Le Procès des tribunaux populaires', *Le Nouvel Observateur*, 5 July 1971, p. 18.

28. Hamon and Rotman, *Génération: 2*, pp. 435–457.

29. 'Sur la Justice populaire. Débat avec les Maos', *Les Temps Modernes* 31 obis, 1972, p. 338.

30. Ibid., pp. 357–358.

31. Ibid., p. 334.

32. Ibid., p. 360.

33. Mauriac, *Et Comme L'Espérance est violente*, p. 412.

34. 'Sur la Justice populaire', pp. 364–365.

35. Louis Althusser, 'Ideology and Ideological State Apparatuses（Notes Towards an Investigation）', in *Lenin and Philosophy and Other Essays*, tr. Ben Brewster, London: New Left Books, 1971, pp. 121–176.

36. 'Sur la Justice populaire', p. 348.

37. 布律阿事件引发了大量的媒体报道。关于此事件最有用和全面的记录，请参见 Philippe Gavi, 'Bruay-en-Artois: Seul un bourgeois aurait pu faire ça?', *Les Temps Modernes* 312–313, July–August 1972, pp. 155–260。菲利普·加维是革命万岁派的一员，他的文章也是一个很好的例子，表明左派的观点与《古典时代疯狂史》的观点发生碰撞时会擦出怎样的火花。在讨论疯子的犯罪可能性时，他说道（p. 186）："的确，正是资产阶级制定了标准来判定谁是疯子，谁不是疯子。资产阶级强迫性地将一切不符合生产功能的人事边缘化。资产阶级要打造一个正常的社会，以便更有效地行使权力。"

38. Interview with François Ewald.

39. Cited, Gavi, 'Bruay-en-Artois', p. 197.

40. 矿工宿舍（Coron）是这一地区矿工砖房的统称，它通常建造成中空的矩形。这个词最初是皮卡德方言，后来由于左拉的《萌芽》，这个词在法国全国流行起来，至少最后被收录进了法语词典。

41. Hayman, *Writing Against*, p. 416.

532

42. Mauriac, *Et comme l'Espérance est violente*, pp. 412–413.

43. Cited, ibid., pp. 402–403.

44. Interview with François Ewald.

45. Beauvoir, *La Cérémonie des adieux*, p. 25.

46. See his *Parole d'ouvrier*, Paris: Grasset, 1978. Théret also contributed an article on '1930–1939: Les Mineurs contre le fascisme' to the *Nouveau Fascisme, nouvelle démocratie* issue of *Les Temps Modernes*.

47. 一份收藏在苏尔索瓦图书馆（C40）的未注明日期的录音记录证实了莫里亚克的评论。

48. Mauriac, *Une Certaine Rage*, p. 73.

49. Hamon and Rotman, *Génération: 2*, pp. 432–433.

50. Cited, Gavi, 'Bruay-en-Artois …', p. 206.

51. Cited, Hamon and Rotman, *Génération: 2*, p. 435.

52. Cited, Hamon and Rotman, *Génération: 2*, p. 463.

53. René Backmann, 'La Bal des nervis', *Le Nouvel Observateur*, 24 July 1972, pp. 15–16.

54. 关于她的经历，参见 Catherine von Bülow and Fazia Ben Ali, *La Goutte d'Or, ou le mal des racines*, Paris: Stock, 1979；interview with Catherine von Bülow。

55. Mauriac, *Et comme l'Espérance est violente*, p. 315.

56. Ibid., p. 310.

57. Danièle Molho, 'M. Pigot achète un fusil', *L'Express*, 15–21 November 1971, p. 19. Katia D. Kaupp, 'L'Assassinat de Jillali', *Le Nouvel Observateur*, 15 November 1971, pp. 42–43.

58. 'Un Tribunal en France', *Le Nouvel Observateur*, 22 November 1971, p. 28.

59. Béatrix Andrade, 'Un Weekend à la Goutte d'Or', *L'Express*, 6–12 December 1971, p. 42.

60. Mauriac, *Et comme l'Espérance est violente*, p. 312.

61. Beauvoir, *La Cérémonie des adieux*, p. 37.

62. Mauriac, *Et comme l'Espérance est violente*, pp. 309, 318.

63. Ibid., p. 340.

64. Ibid., p. 411.

65. Ibid., p. 329.

66. Ibid., p. 349.

67. Interview with Daniel Defert. 关于热内参与巴勒斯坦活动的记录，请参阅他去世后出版的（相当令人失望的）作品 *Un Captif amoureux*, Paris: Gallimard, 1986。

533

68. *Le Monde*, 24 June 1977.

69. René Backmann, 'Fallait-il trois balles pour stopper un homme armé d'une chaise?', *Le Nouvel Observateur*, 11 December 1972, p. 58. Cf. Emmanuel Gabey, 'Après l'assassinat de Mohammed Diab', *Témoignage chrétien*, 21 December 1972, p. 10.

70. Jean-Paul Sartre, 'Le Nouveau racisme', *Le Nouvel Observateur*, 18 December 1972, p. 39.

71. Mauriac, *Et comme l'Espérance est violente*, p. 464.

72. Michel Foucault and Pierre Vidal-Naquet, 'Enquête sur les prisons', *Politique Hebdo*, 18 March 1971. 下文对 1961 年 10 月事件进行了生动而真实的描述，请参阅 François Maspero, *Le Figuier*, Paris: Seuil, 1988。

73. *Le Monde*, 19 December 1972；*Le Monde*, 21 December 1972；Jacques Derogy, 'Ratissage sélectif sur les grands boulevards', *L'Express*, 25–31 December 1972, p. 21；Claude Mauriac, *Les Espaces imaginaires*, Paris: Livre de poche, 1985, pp. 277–299；Mauriac, *Et comme l'Espérance est violente*, pp. 462–463.

74. *Le Monde*, 15 April 1976；11 June 1976；Mauriac, *Mauriac et fils*, pp. 329–331.

75. Cited, Samuelson, *Il était une fois 'Libération'*, p. 109. APL's manifesto first appeared in *L'Idiot international* 19–20, Summer 1971.

76. Althusser, *L'Avenir dure longtemps*, pp. 224–245.

77. Press release of 25 May 1973, cited, Samuelson, p. 128.

78. *On a raison de se révolter*, Paris: Gallimard, 1974.

79. Mauriac's account of the meeting is given in his *Et comme l'Espérance est violente*, p. 447ff.

80. Ibid., pp. 449–450.

81. 1831 年里昂纺织工人起义，是法国无政府主义历史上的一个重要日子。据说这是无政府主义的旗帜第一次迎风飘扬。

82. Mauriac, *Et comme l'Espérance est violente*, p. 454.

83. 此声明的全文转载，参见 Samuelson, pp. 140–145。

84. Ibid., p. 167. 关于瓜塔里的分子概念，参见他的 *Molecular Revolution: Psychiatry and Politics*, tr. Rosemary Sheed, Harmondsworth: Penguin, 1984。

85. 'L'Intellectuel sert à rassembler les idées ... mais "son savoir est partiel par rapport au savoir ouvrier"', *Libération*, 26 May 1973.

86. 'Sur la seconde révolution chinoise. Entretien 1. Michel Foucault et K. S. Karol', 31 January 1974, p. 10; 'Entretien 2', 1 February 1974, p. 10; 'Aller à Madrid', 24 September

1975, pp. 1, 7; 'Attention: danger', 22 March 1978.

87. Maurice Clavel, *Ce Que je crois*, Paris: Grasset, 1975, p. 98.

88. Interview with Philippe Gavi.

89. 参见同性恋革命行动阵线的年表, *Rapport contre la normalité*, Paris: Editions Champ Libre, 1971, pp. 16–18。

90. Hamon and Rotman, *Génération: II*, p. 225.

91. Cited, ibid., p. 336.

92. Interviews with Laurent Dispot and René Schérer.

93. Guy Hocquenhem, *Le Désir homosexuel*, Paris: Editions universitaires, 1972, translated as *Homosexual Desire*, London: Alison and Busby, 1978. 关于此内容的英语讨论, 参见 Philip Derbyshire, 'Odds and Sods', *Gay Left* 7, Winter 1978–1979, pp. 18–19, and John de Weit, 'The Charming Passivity of Guy Hocquenhem', *Gay Left* 9, 1979, pp. 16–19。 More generally, see *Cahier de l'imaginaire* 7, 1992: *Présence de Guy Hocquenhem*.

94. Bruno Frappat, 'Les Homosexuels par eux-mêmes', *Le Monde*, 19–20 August 1973, p. 14.

95. *Le Monde*, 7–28 May 1973; *Le Nouvel Observateur*, 9 April 1973; interviews with Laurent Dispot, Félix Guattari and George Kiejman.

96. 完整文本重刊于 *Le Monde*, 11–12 February 1973。1973 年 3 月, 马斯佩罗出版社以相同标题出版了扩展版本。

97. 'La Condamnation du Dr Carpentier par le Conseil de l'Ordre; Texte de l'intervention de Michel Foucault à la conférence de presse de Jean Carpentier, le 29 juin 1972', *Psychiatrie aujourd'hui* 10, September 1972, p. 15.

98. 'Sexe, parole et répression', *Le Monde*, 20 October 1972, p. 14.

99. Mauriac, *Et comme l'Espérance est violente*, p. 532.

100. Ibid., p. 533.

101. Michel Foucault, Alain Landau, Jean-Yves Petit, 'Convoqués à la P.J.', *Le Nouvel Observateur*, 28 October 1973, p. 53.

第十三章

1. 相关例子, 参见 'Entretien avec Michel Foucault: à propos de l'enfermement pénitentiare', *Pro Justitia*, vol. 1, no. 3-4, 1974; 'Gefangnisse und Gefangnisrevolten', *Dokumente: Zeitschrift fur übernationale Zusammenarbeit*, 29 June 1973, pp. 133-137。

534

2. 'Table ronde', *Esprit* 413, April–May 1972, pp. 678–703.

3. 'La Force de fuir', *Derrière le miroir* 202, March 1973, p. 1.

4. Ibid., p. 6.

5. Ibid., p. 6.

6. *Résumé des cours*, p. 44.

7. Interview with Anne Thalamy.

8. Interview with Félix Guattari.

9. Interview with Marie-Thérèse Vernier.

10. *Recherches* 13, December 1973. 第二版和修订版在 1976 年的 10/18 丛书中出版。弗朗索瓦·富凯和莱昂·米拉尔的介绍很好地说明了集体工作的开展情况。

11. *Recherches* 13, pp. 27–31, 183–186.

12. *Généalogie des équipements de normalisation*, Fontenay sous-Bois: CERFI, 1976. 一个略有些不同的版本是 *Les Machines à guérir*, Brussels: Pierre Mardaga, 1979。It includes Michel Foucault, 'La Politique de la santé au XVIIIè siècle'; Blandine Barret-Kriegel, 'L'Hôpital comme équipment'; Anne Thalamy, 'La Médicalisation de l'hôpital'; François Béguin, 'La Machine à guérir'; Bruno Fortier, 'Le Camp et la forteresse inversée'.

535   13. Georges Canguilhem, 'Les Machines à guérir', *Le Monde*, 6 April 1977, p. 16.

14. Published in a Portuguese translation by Roberto Machado as 'A Verdade e as formas juridicas', *Cadernos do PUC*, 1974, pp. 5–102.

15. Ibid., p. 29.

16. 'O Mondo é om grande hospicio' (interview with Ricardo Gomes Leire), *Jornal de Belo Horizonte*, May 1973.

17. Interviews with Célio Garcia and Daniel Defert. Communication from Chaim Katz and Roberto Machado.

18. 福柯没有提到杜维尔的特定书名，但他想到的可能是那本 *Récidive*, Paris: Minuit, 1967, 或者 *Paysage de fantaisie*, Paris: Minuit, 1973。

19. Olga Bernal, *Alain Robbe-Grillet: le roman de l'absence*, Paris: Gallimard, 1964.

20. 'La Fête de l'écriture. Un Entretien avec Michel Foucault et Jacques Almira, propos recueillis par Jean Le Marchand', *Le Quotidien de Paris*, 25 April 1975, p. 13; Jacques Almira, 'La Reconnaissance d'un écrivain', *Le Débat* 41, September–December 1986, pp. 159–163; Mauriac, *Mauriac et fils*, pp. 225–226; interview with Jacques Almira.

21. 'Sade sergent du sexe', propos recueillis par Gérard Dupont', *Cinématographe* 16, December 1975–January 1976, pp. 3–5; Claude Mauriac, *Une Certaine Rage*, p. 34.

22. *Surveiller et punir*, Paris: Gallimard, 1975, pp. 9–13.

23. Ibid., p. 13.

24. Ibid., pp. 27, 28.

25. Ernst Kantorowicz, *The King's Two Bodies: A Study in Medieval Political Theology*, New Jersey: Princeton University Press, 1957.

26. *Surveiller et punir*, p. 82.

27. Ibid., pp. 96–103.

28. Ibid., p. 129.

29. 劳工组织不是《规训与惩罚》的重要主题，但下列文本却详细探究了这个问题，参见 Bernard Doray, *From Taylorism to Fordism: A Rational Madness*, tr. David Macey, London: Free Association Books, 1988。多雷承认自己受福柯影响很深，并因此受到他的法国共产党朋友们的批评。

30. *Surveiller et punir*, p. 179.

31. Ibid., p. 217.

32. Ibid., pp. 201–202.

33. Ibid., p. 252.

34. Ibid., p. 21.

35. Ibid., pp. 274–275.

36. Ibid., p. 276.

37. Ibid., p. 35.

38. *Le Nouvel Observateur*, 17 February 1975.

39. 'Des Supplices aux cellules', *Le Monde*, 21 February 1975, p. 16; Christian Jambet, 'L'Unité de la pensée: une interrogation sur les pouvoirs', ibid., p. 17.

40. 'Entretien sur la prison: le livre et sa méthode', *Magazine littéraire 101*, June 1975, pp. 27–35, Bernard-Henri Lévy, 'Le Système Foucault', ibid., pp. 7–10; 'Foucault et les historiens', ibid., pp. 10–12.

41. 'Sur la sellette'（with Jean-Louis Enzine）, *Les Nouvelles Littéraires*, 17 March 1975, p. 3; Ferdinando Scianna, 'Il Carcere visto da un filosofo francese', *L'Europeo*, 3 April 1975, pp. 63–65.

42. Jean-Paul Enthoven, 'Crimes et châtiments', *Le Nouvel Observateur*, 3 March 1975, p. 536

58, 59; see also Adolfo Fernandez-Zoïla, 'La Machine à fabriquer des délinquants', *La Quinzaine littéraire*, 16–31 March 1975, pp. 3–4; Max Gallo, 'La Prison selon Michel Foucault', *L'Express*, 24 February–2 March 1975, pp. 65–66; Robert Kanters, 'Crimes et châtiments', *Le Figaro littéraire*, 22 February 1975, p. 17.

43. Arlette Farge, interviewed by Keith Gandal in 1985, cited, Gandal, 'Michel Foucault: Intellectual Work and Politics', p. 133n.

44. Gilles Deleuze, 'Ecrivain non: un nouveau cartographe', *Critique* 343, December 1975, pp. 1207–1227（revised as 'Un Nouveau Cartographe' in his *Foucault*, and cited here in that edition）; François Ewald, 'Anatomie et corps politiques', ibid., pp. 1228–1265; Philippe Meyer, 'La Correction paternelle, ou l'état, domicile de la famille', ibid., pp. 1266–1276.

45. *Surveiller et punir*, p. 304, n. See Philippe Meyer, *L'Enfant et la raison d'état*, Paris: Seuil, 1977; interview with Philippe Meyer.

46. Ewald, p. 1256, cited, 'Nietzsche, la généalogie, l'histoire', p. 161.

47. Ewald, p. 1228; Nietzsche, *The Birth of Tragedy* and *The Genealogy of Morals*, tr. Francis Golffing, New York: Doubleday, 1956, pp. 154–155.

48. Ewald, p. 1265.

49. André Glucksmann, *La Cuisinière et le mangeur d'hommes*, Paris: Seuil, 1975.

50. Ewald, p. 1232.

51. *Surveiller et punir*, p. 305.

52. *Foucault*, pp. 31, 51. In the interview published in *Les Nouvelles littéraires*, 17 March 1975, 福柯形容自己就像个"地图绘制者"。

53. *Foucault*, pp. 32, 33. Deleuze refers specifically to *Surveiller et punir*, pp. 32–33.

54. François Roustang, 'La visibilité est un piège', *Les Temps Modernes* 356, March 1976, pp. 1567–1579; interview with François Roustang.

55. 私人通信。

56. 'La Peinture photogénique' in *Fromanger: Le Désir est partout*, Paris: Galerie Jeanne Bucher, 1975. Unpaginated.

57. *Résumé des cours*, p. 79.

58. 打字稿保存在苏尔索瓦图书馆。副本还保存在 'History of the Present' collection in Berkeley。'Discourse and repression' was transcribed by John Leavitt.

59. Mauriac, *Mauriac et fils*, p. 222.

60. Mauriac, *Le Temps accompli*, p. 44.

61. Roger-Pol Droit, 'Foucault, passe-frontières de la philosophie', *Le Monde*, 6 September 1986, p. 12.

62. Mauriac, *Et comme l'Espérance est violente*, p. 473.

63. 剧本刊登在 *Cinéma* 183, 1977；相关档案也可参考 *Cahiers du cinéma* 271, November 1976。

64. Ibid., p. 631.

65. *Mauriac et fils*, p. 217.

66. Interview with Daniel Defert.

67. On FRAP, see *1 Congresso del Partido communista de Espana* (*Marxista-Leninista*)： *Informe de Comité Central*, Madrid: Ediciones Vanguardia Obrera, n.d., pp. 95–97.

68. Mauriac, *Et comme l'Espérance est violente*, p. 582；interview with Catherine von Bülow. 莫里亚克对这些事件的全面描述，请参阅他的 *L'Espérance*, pp. 600–640。

69. Cited, Mauriac, *Et comme l'Espérance est violente*, pp. 590–591.

70. Claude Mauriac, *Malraux ou le mal du héros*, Paris: Grasset, 1946.

71. Mauriac, *Et comme l'Espérance est violente*, pp. 259–260.

72. Ibid., p. 600.

73. Interview with Daniel Defert.

74. 私人通信。

75. Jean Daniel, 'Quinze jours en images', *Le Nouvel Observateur*, 29 September 1975, p. 28.

76. Catherine von Bülow, 'Contredire est un devoir', *Le Débat* 41, pp. 172–173.

77. Michel Foucault, 'Aller à Madrid', *Libération*, 24 September 1975, pp. 1, 7.

78. 'Hospicios, sexualidade, prisões' (interview with Claudio Bojunga)，*Versus*（São Paulo），1 October 1975.

79. Interview with Catherine von Bülow.

80. Cited, Mauriac, *Et comme l'Espérance est violente*, p. 628.

81. Jean Lacouture, *Malraux, une Vie dans le siècle*, Paris: Seuil, Points, 1976, p. 426.

82. 'Faire vivre et laisser mourir', *Les Temps Modernes* 535, February 1991, p. 47.

83. Foucault in 'Ils ont dit de Malraux', *Le Nouvel Observateur*, 29 November 1976, p. 83.

84. 'Aller à Madrid', *Libération*, 24 September 1975.

85. Mauriac, *Une Certaine Rage*, pp. 27–28.

86. 'Loucura-uma questão de poder' (interview with Silvia Helena Vianna Rodriguez)，

537

Jornal do Brasil, 12 November 1975.

87. Voeltzel, *Vingt Ans et après*, p. 157.

88. Mauriac, *Mauriac et fils*, p. 227.

89. Mauriac, *Une Certaine Rage*, pp. 30–36.

90. See *Le Procès de Draguignan*, Monaco: Editions du rocher, 1975；Robert Pelletier and Serge Ravat, *Le Mouvement des soldats*, Paris: Maspero, 1976.

91. See *Libération*, 8 December 1975.

92. *Le Monde*, 12 February 1976, p. 9.

93. Mauriac, *Une Certaine Rage*, p. 61.

94. *Le Cicogne en rogne* was also the title of the newsletter produced by the base's *comité de soldats*.

95. Interview with Jacques Lebas and Jean-Pierre Mignard.

第十四章

1. Maurice Clavel and Philippe Sollers, *Délivrance*, Paris: Seuil, 1977, p. 104.

2. 'Préface', *Histoire de la folie*, pp. iv-v.

3. 'Préface à la transgression', p. 751.

4. 'A Bas la dictature du sexe' (interview with Madeleine Chapsal)，*L'Express*, 24–30 January 1977, p. 56.

5. Lecture on 'Discourse and repression', Berkeley, 8 May 1975, typescript, Bibliothèque du Saulchoir D246.

6. Mauriac, *Et comme l'Espérance est violente*, p. 574.

7. 'Le Jeu de Michel Foucault', *Ornicar?* 10, July 1977, p. 76.

8. Tr. Robert Hurley, *The History of Sexuality. Volume I: An Introduction*, New York: Random House, 1978.

9. *La Volonté de savoir*, p. 79n.

10. 具体参见他在德语译本序言中的评论，*Sexualität und Warheit. 1. Der Wille zum Wissen*, Frankfurt: Suhrkamp, 1977。

11. 'Le Jeu de Michel Foucault', p. 76.

12. Ibid., pp. 63, 65.

13. Dreyfus and Rabinow, *Michel Foucault*, p. 121.

14 . *La Volonté de savoir*, p. 13.

538

15. Ibid., p. 18.

16. Ibid., pp. 25, 26.

17. Ibid., p. 60.

18. Ibid., pp. 58–60.

19. Ibid., pp. 30–31.

20. Steven Marcus, *The Other Victorians. A Study of Pornography and Sexuality in Mid-Nineteenth-Century England*, London: Weidenfeld & Nicolson, 1966. 福柯习惯性地称这个作者为"斯蒂芬"（原文如此）。

21. *La Volonté de savoir*, pp. 31–32.

22. *My Secret Life*, tr. Christine Charnaux et al., Paris: Editions les formes du secret, 1978.

23. 'Préface', ibid., pp. 5–6.

24. *La Volonté de savoir*, p. 121.

25. Ibid., p. 137.

26. Ibid., pp. 76–77.

27. Ibid., p. 194.

28. *Résumé des cours*, p. 109.

29. 相关代表性的评论，请参见 André Burgière, 'Michel Foucault: La Preuve par l'aveu', *Le Nouvel Observateur*, 31 January 1977, pp. 64–66; J. Postel, *Esprit* 4–5, April–May 1977, pp. 294–296; Jacques Lagrange, '*La Volonté de savoir* de Michel Foucault ou une généalogie du sexe', *Psychanalyse à l'université*, vol. 2, no. 7, June 1977, pp. 541–553; Dominique Wolton, 'Qui veut savoir?', *Esprit* 7–8, July–August 1977, pp. 37–47。

30. Roger-Pol Droit, 'Le Pouvoir et le sexe', *Le Monde*, 16 February 1977, pp. 1, 18.

31. Douglas Kellner, *Jean Baudrillard: From Marxism to Postmodernism and Beyond*, Cambridge: Polity, 1989, pp. 132, 231. Kellner's informants are, respectively, John Rachjman and Mark Poster.

32. Interview with Philippe Meyer.

33. Interview, *Lire*, June 1987, p. 87.

34. Jean Baudrillard, *Oublier Foucault*, Paris: Editions Galilée, 1977, pp. 12–13.

35. Interview with Jean-Pierre Barou.

36. Baudrillard, *Oublier Foucault*, p. 55; *L'Usage des plaisirs*, p. 11.

37. Jean Baudrillard, *Cool Memories*, Paris: Galilée, 1987, p. 198.

38. Ibid., p. 197.

39. 'La Vie des hommes infâmes', *Cahiers du chemin* 29, January 1977, pp. 12–29.

40. 'La Vie des hommes infâmes', p. 13.

41. *Histoire de la folie*, p. 105.

42. Ibid., pp. 22–23.

43. Foucault, cover note to *Herculine Barbin, dite Alexina B.*, Paris: Gallimard, 1978.

44. *Résumé des cours*, pp. 73–80. 讲座课程的大部分内容都是关于 19 世纪的反手淫改革
运动的, 福柯原本应在 Volume 3 of the *Histoire: La Croisade des enfants* 中研究这个
问题。

45. *Actes du Colloque Internationale*: 1, 2 and 3 November 1973, p. 9.

46. 下述文献以动人而几近真实的笔触描述了从阿卡迪到同性恋革命行动阵线的转变
过程, 参见 Dominique Fernandez's novel *L'Etoile rose*, Paris: Grasset, 1978。

47. Guy Hocquenhem, 'La Révolution des homosexuels', *Le Nouvel Observateur*, 10
January 1972, p. 34.

48. Mossuz-Lavau, *Les Lois de l'amour*, p. 246.

49. Interview with Daniel Defert.

50. Cited, Mossuz-Lavau, *Les Lois de l'amour*, p. 248.

51. Paul Veyne, 'Témoignage hétérosexuel d'un historien sur l'homosexualité', *Actes du
Congrès International: Le Regard des autres*, Paris: Arcadie, 1979, p. 19.

52. 'Le vrai Sexe', *Arcadie* 323, November 1980, pp. 617–625. 福柯的文章没有出现在会议
的议程中, 取而代之的是一份文章概要（p. 25）；随后, 名为 "Le vrai Sexe" 的单行
本被分发给了与会人员。在《双性人巴尔班》序言这个略微不同的版本中, 对没有
护照的快乐的提及消失了。*Being the Recently Discovered Memoirs of a Nineteenth-
Century French Hermaphrodite*, introduced by Michel Foucault, tr. Richard MacDougall,
Brighton: Harvester Press, 1980.

53. P. 208.

54. 'A Bas la dictature du sexe', pp. 56–57.

55. 'Foucault: Non au sexe roi', p. 98.

56. Ibid., p. 100. The reference is to Guibert's *La Mort propagande*.

57. René Schérer and Guy Hocquenhem, *Co-Ire. Album Systématique de l'enfance,
Recherches* 22（2nd edition, April 1977）.

58. 'Le Gai Savoir Ⅱ', *Mec Magazine* 6/7, July–August 1988, p. 32.

539

59. 'Le Gai Savoir', p. 34.

60. Jean Le Bitoux, 'Grandeur et décadence de la presse homosexuelle', *Masques* 25/26, May 1985, p. 75.

61. Frank Arnal, *'Gai Pied hebdo*, à l'origine de l'emergence de la visibilité homosexuelle', ibid., p. 85.

62. 'Un Plaisir si simple', *Gai Pied* 1, April 1979, pp. 1, 10.

63. Mauriac, *Mauriac et fils*, p. 368.

64. 'De l'Amitié comme mode de vie', *Gai Pied* 25, April 1981, pp. 38–39. 'Non aux compromis', *Gai Pied* 43, October 1982, p. 9.

65. 'De l'Amitié comme mode de vie', p. 38.

66. 'The Social Triumph of the Sexual Will', interview with Gilles Barbedette, translated by Brendan Lemon, *Christopher Street* 64, May 1982, p. 36.

67. Mauriac, *Le Temps accompli*, p. 25.

68. 'The Social Triumph of the Sexual Will', p. 38.

69. 'Histoire et homosexualité: Entretien avec Michel Foucault（with Joecker, M. Oued and A. Sanzio）', *Masques* 13–14, Spring 1982, pp. 14–24. 1986 年 ,《面具》杂志因财务问题停刊。

70. 'The Social Triumph of the Sexual Will', p. 40.

71. Randy Shilts, *And the Band Played On*, Harmondsworth: Penguin, 1988, p. 19.

72. Ibid., p. 89.

73. 'An Interview: Sex, Power and the Politics of Identity', *Advocate*, 7 August 1984, p. 28. Translated as 'Lorsque l'amant part en taxi', *Gai Pied hebdo* 151, January 1985, pp. 540 54-57.（Interview conducted in June 1982.）

74. Ibid., p. 30.

75. 'Sexual Choice, Sexual Acts: Foucault and Homosexuality', p. 298.

76. Ibid.

77. 'Le Gai Savoir', p. 36.

78. *And the Band Played On*, p. 23.

79. 'Sexual Choice, Sexual Act', p. 298.

80. Interview with Daniel Defert.

81. Eribon, *Michel Foucault*, p. 337.

82. Mauriac, *Le Rire de pères dans les yeux des enfants*, p. 619.

83. 'The Minimalist Self', p. 12.

84. Sheridan, 'Diary'.

85. Mauriac, *Mauriac et fils*, p. 328.

86. Ibid., p. 227.

87. Interview with Claude Mauriac.

88. Postscript, *Death and the Labyrinth*, p. 183.

89. Mauriac, *Mauriac et fils*, pp. 363, 364.

90. Voeltzel, *Vingt Ans et après*, p. 116.

91. Ibid., p. 119. For similar comments, see 'Sex, Power and the Politics of Identity'.

92. Claude Mauriac, 'Préface', *Vingt Ans et après*, p. 8.

93. Mauriac, *L'Oncle Marcel*, pp. 245–248, 243.

94. Voeltzel, *Vingt Ans et après*, pp. 119–120.

95. Mauriac, *Mauriac et fils*, p. 328.

96. 'The Minimalist Self', p. 12.

97. Michel Foucault, David Cooper, Jean-Pierre Faye, Marie-Odile Faye and Marine Zecca, 'Enfermement, psychiatrie, prison', *Change* 32–33, October 1977,（dated 12 May 1977）; Michel Foucault, Guy Hocquenhem and Jean Danet, 'La Loi de la pudeur', *Recherches* 37, April 1979（broadcast in France Culture's *Dialogues* series on 4 April 1978.

98. 'Enfermement, psychiatrie, prison', p. 109.

99. De Weit, 'The Charming Passivity of Guy Hocquenhem', p. 18.

100. 'Enfermement, psychiatre, prison', pp. 99–101.

101. 想了解这篇三段式文章，请参阅 Michèle Solat, 'Les Féministes et le viol', *Le Monde*, 18, 19 and 20 October 1977。

102. Monique Plaza, 'Our costs and their benefits', tr. Wendy Harrison, *m/f* 4, 1980, p. 32.

103. Winnifred Woodhull, 'Sexuality, Power, and the Question of Rape' in Irene Diamond and Lee Quinby, eds., *Feminism and Foucault*, Boston: Northeastern University Press, 1988, p. 170.

104. 'Sexual Choice, Sexual Acts', p. 289.

105. Susan Brownmiller, *Against Our Will*, Harmondsworth: Penguin, 1976, p. 15. Ann Villelaur's translation（*Le Viol*）was published by Stock in 1976.

106. Meaghan Morris, 'The Pirate's Fiancée', in Diamond and Quinby, *Feminism and*

Foucault, p. 26.

107. 'Enfermement, psychiatrie, prison', p. 104.

108. Interview with René Schérer.

109. See Guy Hocquenhem, 'Homosexuals, Children and Violence', tr. Simon Watney, *Gay Left*, Summer 1978, pp. 14–15（the original text appeared in *Gaie Presse* 1, January 1978）.

110. 'Enfermement, psychiatrie, prison', pp. 103, 104.

111. 'Le Gai Savoir', p. 32.

112. 'La Loi de la pudeur', p. 74.

113. Ibid., pp. 77–78.

第十五章

1. 参见西蒙娜·德·波伏瓦给赫尔辛基会议的信件, *Le Monde*, 12 January 1977, p. 9。

2. Maurice Clavel, '"Vous direz trois rosaires"', *Le Nouvel Observateur*, 27 December 1976, p. 55.

3. 'Du Pouvoir', interview with Pierre Boncenne, *L'Express*, 13 July 1984. 这段访谈是在 1978 年录的, 但直到福柯去世后才出版。

4. Mauriac, *Mauriac et fils*, p. 249.

5. 以下文本复原了拉努奇案, 并提供了令人信服的证据以证明他无罪, 请参阅 Gilles Perrault, *Le Pull-over rouge*, Paris: Ramsay, 1978。福柯对案件的评论, 以及对伯罗的书的评论, 都可以在下列文本中找到 : 'Du bon Usage du criminel', *Le Nouvel Observateur*, 11 September 1978, pp. 40–42。

6. *Le Monde*, 23 June 1977.

7. Bernard Guetta, 'Le Salut à Brejnev', *Le Nouvel Observateur*, 27 June 1977, p. 31.

8. Mauriac, *Signes, rencontres et rendez-vous*, p. 249.

9. Ibid., pp. 249–250.

10. *Le Monde*, 23 June 1977 ; Mauriac, *Signes, Rencontres et Rendez-vous*, p. 249.

11. Cited, *Le Monde*, 23 June 1977.

12. Guetta, 'Le Salut à Brejnev'.

13. Régis Debray, 'Lettre à la Ligue communiste', *l'Espérance au purgatoire*, Paris: Alain Moreau, 1980, p. 62.

14. Interviews with Jeannette Colombel and Daniel Defert.

15. 两人并未见面，但对于为何不见面说法不一。参见 Hayman, *Writing Against*, p. 387。据说索尔仁尼琴拒绝与萨特谈话，因为萨特声称"刽子手"沙洛霍夫应该获得诺贝尔奖。1965 年 10 月，萨特在罗马进行了一次特别的演讲，演讲中，萨特提到了一个"虚假的前卫派"，尽管前卫派本身是"传统主义者"并且介入"与死者的对话中"，这些前卫派包括乔伊斯、塞林、布列东、罗伯 - 格里耶……以及索尔仁尼琴。参见 Michel Contat and Michel Rybalka, *Les Ecrits de Sartre*, Paris: Gallimard, 1970, pp. 420–421。

16. Mauriac, *Signes Rencontres et Rendez-vous*, p. 247.

17. 'Les Nouveaux Philosophes', *Les Nouvelles Littéraires*, 10 June 1976；'Les Nouveaux Gourous', *Le Nouvel Observateur*, 12 July 1976, pp. 62–68. See also Claude Sales, 'Les "Nouveaux Philosophes": La Révolte contre Marx', *Le Point*, 4 July 1977, pp. 33–37. 关于"运动"的总体描述，参见 Peter Dews, 'The *Nouvelle Philosophie* and Foucault', *Economy and Society*, vol. 8, no. 2, May 1979, pp. 127–171, and the same author's 'The "New Philosophers" and the end of leftism', *Radical Philosophy* 24, Spring 1980, pp. 2–11。 François Aubral and Xavier Delcourt, *Contre la Nouvelle Philosophie*, Paris: Gallimard, collection 'Idées', 1977, 这本书受到马克思主义的启发，论战色彩和党派色彩浓厚，无法提供任何客观阐释，但确实包含了丰富的信息。新哲学家的代表性著作包括，Philippe Nemo, *L'Homme structural*, Paris: Grasset, 1975；Jean-Marie Benoist, *La Révolution structurale*, Paris: Grasset, 1975；Jean-Paul Dollé, *Haine de la pensée*, Paris: Editions Hallier, 1976；Guy Lardreau and Christian Jambet, *L'Ange*, Paris: Grasset, 1976。

18. J. Pasqualini, *Prisonnier de Mao*, Paris: Gallimard, 1975；Claudie and Jacques Broyelle and Evelyne Tschirhart, *Deuxième Retour de Chine*, Paris: Seuil, 1977.

19. 'Etes-vous un "nouveau philosophe"?' , *Le Nouvel Observateur*, 1 August 1977, p. 46.

20. Lévy, *La Barbarie à visage humain*, pp. 9, 10.

21. André Glucksmann, *La Cuisinère et le mangeur d'hommes*, Paris: Seuil, collection 'Points', 1977, pp. 37, 40.

22. Lévy, *La Barbarie à visage humain*, p. 180.

23. Jean Daniel, *L'Ere des ruptures*, Paris: Livre de poche, 1980, pp. 261, 264.

24. Voeltzel, *Vingt Ans et après*, p. 142.

25. André Glucksmann, *La Cuisinière*, p. 205.

26. Glucksmann, 'Fascismes: l'ancien et le nouveau', *Les Temps Modernes* 31 obis, 1972, p.

542

301.

27. Glucksmann, *La Cuisinière*, p. 11.

28. 'Gilles Deleuze contre les "nouveaux philosophes"', *Le Monde*, 19–20 June 1977, p. 16 (extracts from Deleuze, 'A Propos des nouveaux philosophes et d'une question plus générale', supplement to *Minuit* 24, 1977）.

29. *Le Nouvel Observateur*, 25 July 1977, p. 40.

30. Ibid., pp. 103–107.

31. 'Crimes et châtiments en URSS et ailleurs ...', *Le Nouvel Observateur*, 26 January 1976, p. 34.

32. 'Du Pouvoir' (interview with Pierre Boncenne）, *L'Express*, 13 July 1984.

33. 'Pouvoirs et strategies', *Les Révoltes logiques* 4, Winter 1977, pp. 89, 90.

34. 'La Politique est la continuation de la guerre par d'autres moyens' (interview with Bernard-Henri Lévy）, *L'Imprévu*, 27 January 1975; 'A Quoi rêvent les philosophes?', ibid., 28 January 1975.

35. Lévy, *La Barbarie à visage humain*, p. 10.

36. Ibid., pp. 10–11.

37. Ibid., pp. 184, 181–182.

38. Ibid., p. 231.

39. Ibid., pp. 20, 23–24.

40. Ibid., pp. 170, 173.

41. 'Foucault: Non au sexe roi', *Le Nouvel Observateur*, 12 March 1977, p. 100.

42. Lévy, *La Barbarie*, p. 138.

43. 'La Grande Colère des faits', *Le Nouvel Observateur*, 9 May 1977, p. 85.

44. Mauriac, *Une Certaine Rage*, pp. 85–86.

45. Clavel in *Nouvelle Action française*, 25 November 1976, cited Aubral and Delcourt, 543 p. 284.

46. Catherine Clément and Bernard Pingaud, 'Raison de plus', *L'Arc* 70, 1977, pp. 1–2.

47. Claude Mauriac, 'Il ne faut pas tuer l'espérance', *Le Monde*, 17 July 1977, p. 1; also in *Signes, rencontres et rendez-vous*, pp. 252–255.

48. Cited, *Le Nouvel Observateur*, 11 July 1977, p. 51. Cf. Bel, *Maurice Clavel*, pp. 338–340.

49. Mauriac, *Signes, rencontres et rendez-vous*, p. 257.

50. 'Crimes et châtiments ...' , p. 37.

51. *Liberté, libertés. Reflexions du Comité pour une charte de liberté animé par Robert Badinter*, Paris: Gallimard, 1976.

52. 'Michel Foucault à Goutelas: la redefinition du "judiciable"', *Justice* 115, June 1987, pp. 36–39.

53. 该文章随后以如下形式出现：'Délinquance et système pénitentiaire en France au XIXᵉ siècle', *Annales ESC*, vol. 30, no. 1, January–February 1975, pp. 67–91。

54. Michelle Perrot, *Les Ouvriers en grève*（*France 1870–1900*）, Paris: Mouton and CNRS, 1974. 此书简装本为 *Jeunesse de la grève*, Paris: Seuil, 1984, and translated by Chris Turner as *Workers on Strike*, Leamington Spa: Berg, 1987。On Perrot, see 'Michelle Perrot. Une Histoire des femmes. Propos recueillis par François Ewald', *Magazine littéraire* 286, March 1991, pp. 98–102.

55. *Surveiller et punir*, p. 287.

56. *Atoll 1*, November 1967–January 1968.

57. Interview with Jean-Pierre Barou.

58. Jeremy Bentham, *Le Panoptique, précédé de 'L'Oeil du pouvoir', entretien de Michel Foucault. Postface de Michelle Perrot*, Paris: Pierre Belfond, 1977. 该卷本包含法语文本的复印本、英语版本第一章的翻译，还包含了由佩罗特编辑的参考书目。

59. 'L'Oeil du pouvoir', p. 23.

60. Interviews with Michelle Perrot and Jean-Pierre Barou.

61. Sebastian Cobler, *Law, Order and Politics in West Germany*, tr. Francis McDonagh, Harmondsworth: Penguin, 1978, p. 114, 引用了斯图加特地方法院对克鲁瓦桑的逮捕令。

62. *Le Monde*, 14 July 1977.

63. *Le Monde*, 2 October 1977.

64. 'Va-t-on extrader Klaus Croissant?', *Le Nouvel Observateur*, 14 November 1977.

65. *Le Monde*, 15 November 1977.

66. Claude Mauriac, *Signes, Rencontres et Rendez-vous*, p. 266.

67. Ibid., p. 263.

68. Jean Genet, 'Violence et brutalité', *Le Monde*, 2 September 1977, pp. 1, 2.

69. Mauriac, *Signes, rencontre et rendez-vous*, p. 268.

70. 'Désormais, la sécurité est au-dessus des lois'（interview with Jean-Paul Kauffmann）, *Le Matin*, 18 November 1977, p. 15.

71. Mauriac, *Signes, rencontres et rendez-vous*, pp. 271–272.

72. 'Lettre à quelques leaders de la gauche', *Le Nouvel Observateur*, 28 November 1977, p. 59.

73. 'Alain Peyrefitte s'explique ... et Michel Foucault lui répond', *Le Nouvel Observateur*, 23 January 1978, p. 25.

74. 'Wir fühlten uns als schmutzige Spezies', *Der Spiegel*, 19 December 1977, pp. 77–78.　　544

75. Interview with Toni Negri. The key anthology is A. Fontana and P. Pasquino, eds., *Il microfisica del potere*, Turin: Einaudi, 1977.

76. See, for example, the anthologies *Mikrophysik der Macht*, Berlin: Maeve, 1976, and *Dispositive der Macht: Uber Sexualität, Wissen und Wahrheit*, Berlin: Maeve, 1978.

77. 关于德国对福柯的接受情况，参见 Uta Liebmann Schaub, 'Foucault, Alternative Presses, and Alternative Ideology in West Germany: A Report', *German Studies Review*, vol. XII , no. 1, February 1989, pp. 139–153。

78. Manfred Frank, 'Pourquoi la philosophie française plaît aux Allemands'（interview with Philippe Forget）, *Le Monde dimanche*, 24 October 1982, pp. xv, xvi.

79. Interview with Catherine von Bülow.

80. See Foucault's preface, dated 28 February 1979, to Pascal Bruckner and Alfred Krovoza, *Ennemi de l'état*, Claix: La Pensée sauvage, 1979, pp. 3–4.

81. 'Quelques Souvenirs de Pierre Boulez'（propos recueillis par Alain Jaubert）, *Critique* 471–472, August–September 1986, pp. 745–746.

82. Michel Foucault and Pierre Boulez, 'La Musique contemporaine et le public', *CNAC Magazine* 15, May–June 1983, p. 10.

83. Interview with Daniel Defert.

84. Voeltzel, *Vingt Ans et après*, p. 131.

85. Transcript of the debate made by Romei Yashimoto, Bibliothèque du Saulchoir.

86. 'La Société disciplinaire en crise: développement de la diversité et l'indépendence en crise', *Asahi janaru*, 12 May 1978.

87. 这次讲座的录音记录可以在苏尔索瓦图书馆查阅。

88. Michel Foucault and Richard Sennett, 'Sexuality and Solitude', *London Review of Books*, 21 May–3 June 1981, p. 5.

89. 'Le Gai savoir（Ⅱ）'.

90. Interview with Daniel Defert.

91. Maurice Agulhon, *Les Quarante-huitards*, Paris: Gallimard, collection 'Archives', 1975. 阿居隆主要是一位研究社会形态的历史学家，参见他的 *La Vie sociale en Province intérieure au lendemain de la Révolution*, Paris: Clavreuil, 1971。他后来的很多作品都是关于法国共和主义的意象和肖像学研究，参见他的 *Marianne au combat*, Paris: Flammarion, 1979。

92. Michelle Perrot, '1848. Révolution et prisons', in *L'impossible Prison. Recherches sur le système pénitentiare au XIXe siècle*, Paris: Seuil, 1980, pp. 277-312. 由于协会没有自己的出版物，佩罗特的研究，连同本卷的其他文章，首次刊登在 *Annales historiques de la Révolution française* 2, 1977。

93. Jacques Léonard, 'L'Historien et le philosophe' in *L'impossible Prison*, pp. 17, 16.

94. See André Zysberg, 'Politiques du bagne, 1820–1850', and Jacques Valette, 'Le Bagne de Rochefort, 1815–1856', in *L'impossible Prison*.

95. Jacques Léonard, 'L'Historien et le philosophe', especially pp. 11, 12, 14.

96. 'La Poussière et le nuage', ibid., pp. 30, 33, 34.

97. Ibid., p. 39.

98. 'Débat avec Michel Foucault', ibid., pp. 41, 42–43.

99. Ibid., p. 44.

100. Peter Burke, *The French Historical Revolution: The 'Annales' School 1929–1989*, Cambridge: Polity, 1990, p. 113.

101. 'Débat avec Michel Foucault', p. 47.

102. Ibid., p. 51.

103. Ibid., pp. 52, 53.

104. Maurice Duverger, 'Le Pouvoir et la prison. Michel Foucault contesté par des historiens', *Le Monde*, 4 July 1980, pp. 15, 21.

105. *Surveiller et punir*, pp. 261 ff.

106. Maurice Agulhon, 'Postface', *L'impossible prison*, pp. 313, 316.

107. Foucault, ibid., pp. 316–318.

108. Maurice Agulhon, 'Présentation', ibid., p. 6.

109. Interview with Arlette Farge.

110. 'Qu'est-ce que la critique?（Critique et *Aufklärung*）', *Bulletin de la Société Française de Philosophie*, vol. 84, 1990, pp. 35–63.

111. 'I "reportages" di idee', *Corriera della sera*, 12 November 1978, p. 1. Finkielkraut's

article was 'La Diversa Destra che viene dal Pacifico', ibid., pp. 1, 2.

112. Pascal Bruckner and Alain Finkielkraut, *Le Nouveau Désordre amoureux*, Paris: Seuil, 1977, reprinted in collection 'Points', 1979, p. 180.

113. Interview with Alain Finkielkraut.

114. 'La Rivolta dell' Iran corre sui nastri delli minicassette', *Corriere della sera*, 19 November 1978, p. 1.

115. *Le Monde*, 4 February 1976.

116. Mauriac, *Mauriac et fils*, pp. 250–251.

117. Cited, *Mauriac et fils*, p. 252.

118. Interview with Daniel Defert.

119. 'Entretien avec Michel Foucault' in Claire Brière and Pierre Blanchet, *Iran: La Révolution au nom de dieu*, Paris: Seuil, 1979, p. 236.

120. 'L'Esercito, quando la terra trema', *Corriere della sera*, 28 September 1978, pp. 1–2; 'Teheran: la fede contro lo Scià', ibid., 8 October 1978, p. 11; 'A Quoi rêvent les Iraniens?', *Le Nouvel Observateur*, 16 October 1978, pp. 48–49.

121. 'A Quoi rêvent les Iraniens?', p. 49.

122. 'Teheran: La fede contro lo Scià'.

123. 'Lettre ouverte à Mehdi Bazargan', *Le Nouvel Observateur*, 14 April 1979; 'Teheran: la fede contro lo Scià'.

124. 'Una Rivolta con le mani nude'.

125. 'Il mitico capo fella rivolta nell' Iran'.

126. 'Una polveriera chiamata Islam', *Corriere della sera*, 13 February 1979, p. 1.

127. 'Il mitico capo ...'.

128. 'A Quoi rêvent les Iraniens?'

129. Mauriac, *Mauriac et fils*, pp. 322–323.

130. Claudie and Jacques Broyelle, 'A Quoi rêvent les philosophes?', *Le Matin*, 24 March 1979, p. 13.

131. 'Michel Foucault et l'Iran', *Le Matin*, 26 March 1979, p. 15.

132. 'Lettre ouverte à Mehdi Bazargan'.

133. 'Inutile de se soulever?', *Le Monde*, 11 May 1979. 546

134. Cited, Bernard Kouchner, *L'Ile de lumière*, Paris: Presses Pocket, 1989, p. 42.

135. Ibid., p. 14.

136. 关于库什纳的简介 , 参见 Paul Rambali, 'Minister of Mercy', *Weekend Guardian*, 1–2 June 1991, pp. 14–15。

137. Bernard Kouchner, 'Un vrai Samouraï', *Michel Foucault, Une Histoire de la vérité*, pp. 86–87; interview with Bernard Kouchner.

138. Kouchner, *L'Ile de lumière*, p. 39.

139. Cited, ibid., p. 51.

140. Xavier Emmanuelli, 'Un Bateau pour Saint-Germain-des-Près', *Quotidien du médecin*, 4 December 1978.

141. Raymond Aron, *Mémoires*, Paris: Julliard, 1983, pp. 709–711.

142. Beauvoir, *La Cérémonie des adieux*, p. 146.

143. Mauriac, *Le Rire des enfants dans les yeux des pères*, p. 601.

144. Kouchner, *L'Ile de Lumière*, pp. 263–265.

第十六章

1. Roger Stéphane, *Portrait de l'aventurier*, Paris: Le Sagittaire, 1950.

2. Mauriac, *Mauriac et fils*, p. 226.

3. Interview with Michel Albaric.

4. *L'Usage des plaisirs*, Paris: Gallimard, 1984, p. 12.

5. Ibid., p. 13, n.

6. Ibid., p. 14.

7. Interview with Paul Veyne.

8. *Résumé des cours*, p. 123.

9. 关于治理术主题的总体概述 , 参见 Colin Gordon, 'Governmental Rationality: An Introduction', *The Foucault Effect*, pp. 1–52。

10. Ibid., p. 134.

11. Ibid.

12. 'Une Esthétique de l'existence', *Le Monde*, 15–16 July 1984, p. xi. 1984 年 4 月 25 日 , 阿历桑德罗·方塔纳进行了这次访谈 , 访谈最初是以相当不同的形式出现的 , 参见 'Parla Michel Foucault: Alle fonti del piacere', *Panorama*, 28 May 1984, pp. 186–193。

13. 'Carceri e manicomi nel consegno del potere', p. 6.

14. Claude Mauriac, *Le Temps accompli*, p. 32.

15. *L'Usage des plaisirs*, p. 14.

16. 'The Power and Politics of Michel Foucault', interview with Peter Maas and David Brock, *Inside*, 22 April 1983, cited, Bernauer, *Michel Foucault's Force of Flight*, p. 180.

17. Nietzsche, *The Gay Science*, p. 232.

18. Michel Foucault, Henry Juramy, Christian Revon, Jacues Verges, Jean Lapeyrie and Dominique Nocaudie, 'Se Défendre' in *Pour la Défense libre*: Paris, Centre de Recherche et de Formation Juridique, 1980（supplément à la revue *Actes* no. 24–25）, p. 5. Interview with Christian Revon.

19. François Deltombe, 'Un Justiciable devant les problèmes de defense', ibid., p. 21.

20. 'Luttes autour de la prison', *Esprit* 35, November 1979, pp. 106, 108.

21. Interview with Antoine Lazarus.   547

22. 具体描述请参见 Bernard Guetta, 'Une Journée en "Haute Sécurité"', *Le Nouvel Observateur*, 3 April 1978, pp. 84ff。

23. 'Il faut tout repenser la loi et la prison', *Libération*, 6 July 1981, p. 2.

24. 'De la Nécessité de mettre un terme à toute peine', *Libération*, 18 September 1981, p. 5.

25. '"Se Pretend innocent et n'accepte pas sa peine"'（31 March 1980）in Roger Knobelspiess, *QHS: Quartier de haute sécurité*, Paris: Stock, 1980, p. 11.

26. 比如，1977 年 10 月，福柯在多伦多研讨会上的演讲《危险的个体》。参见 *Politics, Philosophy, Culture*, pp. 125–151。

27. 'Se pretend innocent et n'accepte pas sa peine', p. 14.

28. Mauriac, *Mauriac et fils*, p. 349.

29. Irène Allier, 'Knobelspiess: un procès en trompe l'oeil', *Le Nouvel Observateur*, 31 October 1981, p. 30.

30. Dominique Le Guilledoux, 'La Libération de Roger Knobelspiess', *Le Monde*, 16 August 1990, p. 6.

31. 'Vous êtes dangereux', *Libération*, 10 June 1983, p. 20.

32. See François Caviglioli, 'Le Plongeon de Knobelspiess', *Le Nouvel Observateur*, 10 June 1983, p. 24.

33. Mauriac, *Mauriac et fils*, p. 254；interview with Daniel Defert. 关于戈德曼事件，参见 Goldman, *Souvenirs obscurs d'un Juif polonais né en France*, and Regis Debray, *Les Rendez-vous manqués*（*Pour Pierre Goldman*）, Paris: Seuil, 1975。1979 年，戈德曼在非常可疑的情况下被谋杀。

34. Mauriac, *Mauriac et fils*, p. 253.

35. See in particular Pierre Manent, 'Lire Michel Foucault', *Commentaire* 7, Autumn 1979, pp. 369–375.

36. 'Lacan, il "liberatore"', *Corriere della sera*, 11 September 1981, p. 1.

37. Bernard Henri-Lévy, *Les Aventures de la liberté*, Paris: Grasset, 1991, pp. 364–365.

38. Jacques Bureau, '*Libération* devant la révolution inattendue', *Esprit* 1, January 1980, pp. 56–58; Nicole Gnesotto, '*Le Nouvel Observateur*: "L'Histoire déraillée"', ibid., pp. 64–69.

39. *Les Etats généraux de la philosophie*（*16 et 17 juin 1979*）, Paris: Flammarion, 1979.

40. Jean-Paul Aron and Roger Kempf, *Le Pénis et la démoralisation de l'occident*, Paris: Grasset, 1978, p. 17 and n.

41. See for instance Emmanuel Le Roy Ladurie, 'L'Offensive anti-sexe du dix-neuvième siècle', *Le Monde*, 27 October 1978, p. 24.

42. Pierre Nora, 'Que peuvent les intellectuels?', *Le Débat* 1, May 1980, p. 17.

43. Ibid., p. 10.

44. Pierre Nora, 'Il avait un besoin formidable d'être aimé', *L'Evénément du jeudi*, 18–24 September 1986, p. 82.

45. Interview with Paul Veyne.

46. Marcel Gauchet, 'De l'Inexistentialisme', *Le Débat* 1, p. 24. The reference is to Paul Veyne, 'Foucault révolutionne l'histoire' in *Comment on écrit l'histoire*, Paris: Seuil, collection 'Points', 1978, p. 227.

47. Marcel Gauchet and Gladys Swain, *La Pratique de l'esprit humain: L'Institution asilaire et la révolution démocratique*, Paris: Gallimard, 1980, p. 498. See also 'Un Nouveau Regard sur l'histoire de la folie: Entretien avec Marcel Gauchet et Gladys Swain', *Esprit* 11, November 1983, pp. 77–86.

548 48. Pierre Nora, 'Il avait un besoin formidable d'être aimé'.

49. Catherine von Bülow, 'Contredire est un devoir', p. 176.

50. Mauriac, *Le Temps accompli*, p. 43.

51. 我在保罗·韦纳与弗朗索瓦·瓦尔的讨论中发现了这一点，让-皮埃尔·巴鲁在其中充当了中介的角色。Interviews with Paul Veyne, Jean-Pierre Barou.

52. Transcript of discussion with Hubert L. Dreyfus and Paul Rabinow, April 1983 （Bibliothèque du Saulchoir, D250 [5]）.

53. 'Le Philosophe masqué', p. 1.

54. Interview with Michelle Perrot.

55. 'Une Esthétique de l'existence', p. xi.

56. 'Pour en finir avec les mensonges', *Le Nouvel Observateur*, 21 June 1985, p. 60.

57. 'Structuralism and Post-Structuralism: An Interview with Michel Foucault', p. 211.

58. Didier Eribon, 'Pierre Bourdieu: La Grande Illusion des intellectuels', *Le Monde dimanche*, 4 May 1980, p. 1.

59. 'Le Moment de la vérité', *Le Matin*, 25 April 1979, p. 20.

60. 'Vivre autrement le temps', *Le Nouvel Observateur*, 30 April 1979, p. 20.

61. Bel, *Maurice Clavel*, p. 354.

62. Postscript, *Death and the Labyrinth*, pp. 186–187.

63. Calvet, *Roland Barthes*, pp. 293–297, 300–301.

64. Mauriac, *Le Rire des pères dans les yeux des enfants*, pp. 618–619.

65. 'Roland Barthes（12 novembre 1915–26 mars 1980）', *Annuaire du Collège de France*, 1979–1980, pp. 61–62.

66. Mauriac, *Le Rire des pères dans les yeux des enfants*, p. 616.

67. Defert, 'Lettre à Claude Lanzmann', p. 1201.

68. Bülow, 'Contredire est un devoir', p. 177.

69. Mauriac, *Le Rire des pères dans les yeux des enfants*, p. 617.

70. Interviews with Daniel Defert and Jeannette Colombel.

71. Christian Zimmer, 'Dans le combat gauchiste', *Le Monde*, 17 April 1980, p. 17. 当萨特去世时，《解放报》特刊的报道恰恰也犯了同样的遗漏之误。

72. Defert, 'Lettre à Claude Lanzmann', p. 1201.

73. 'The Minimalist Self', p. 12.

74. 'Omnes et singulatim: Towards a Criticism of Political Reason', *Politics, Philosophy, Culture*, pp. 57–85. A French version appeared as 'Omnes et singulatim: Vers une critique de la raison politique', *Le Débat* 41, September–November 1986.

75. 1979 年 10 月 11 日斯坦福大学讨论的录音记录，可以在苏尔索瓦图书馆（C9）查到。

76. Dreyfus and Rabinow, *Michel Foucault: Beyond Structuralism and Hermeneutics*, p. vii.

77. 这些讲座尚未出版。讲座文字记录可以在苏尔索瓦图书馆查到。

78. Keith Gandal and Stephen Kotkin, 'Foucault in Berkeley', *History of the Present*, February 1985, p. 6.

79. Michel Foucault and Richard Sennet, 'Sexuality and Solitude', *London Review of*

Books, 21 May–3 June 1981, pp. 3–7.

80. Carlin Romano, 'Michel Foucault's New Clothes', *Village Voice*, 29 April–5 May 1981, p. 1; Otto Friedrich, 'France's philosopher of Power', *Time*, 16 November 1981, p. 58.

549 81. Richard Rorty, 'Foucault and epistemology' in David Couzens Hoy, ed., *Foucault: A Critical Reader*, Oxford: Blackwell, 1986, p. 47.

82. Jürgen Habermas, 'Modernity Versus Post-Modernity', *New German Critique* 22, Winter 1981, p. 13. See also chapters 9 and 10 of his *Philosophical Discourse of Modernity*, tr. Frederick G. Lawrence, Cambridge: Polity, 1987.

83. Clifford Geertz, 'Stir Crazy', *New York Review of Books*, 26 January 1978, p. 3.

84. H. C. E. Midelfort, 'Madness and Civilization in Early Modern Europe: A Reappraisal of Michel Foucault' in B. C. Malament, ed., *After the Reformation: Essays in Honor of J. H. Hester*, Philadelphia: University of Pennsylvania Press, 1980, pp. 247–265. 关于福柯倾向于夸大"大禁闭"地理范围的类似评论，参见 Roy Porter, *Mind-Forg'd Manacles: A History of Madness in England from the Restoration to the Regency*, London: Athlone Press, 1987。

85. Winifred Barbara Maher and Brendan Maher, 'The Ship of Fools: *Stultifera Navis* or *Ignis Fatuus?*', *American Psychologist*, July 1982, pp. 756–761.

86. Cited, ibid., p. 759.

87. Lawrence Stone, 'Madness', *New York Review of Books*, 16 December 1982, p. 29.

88. Ibid., p. 30.

89. Ibid., p. 28.

90. 'Polemics, Politics and Problematizations', *The Foucault Reader*, p. 381.

91. 'An Exchange with Michel Foucault', *New York Review of Books*, 31 March 1984, p. 42.

92. Ibid., p. 43, citing G. Weissmann, 'Foucault and the Bag Lady', *Hospital Practice*, August 1982.

93. Andréw Scull, 'Michel Foucault's History of Madness', *History of the Human Sciences*, vol. 3, no. 1, February 1990, p. 64, n.

94. For initial accounts of these events, see K. S. Karol, 'La Tragédie de Louis Althusser', *Le Nouvel Observateur*, 24 November 1980, pp. 26–27; 节译本为 'The Tragedy of the Althussers', *New Left Review* 124, November–December 1980, pp. 93–95。最权威的文本如下, Yann Moulier Boutang, *Louis Althusser*。阿尔都塞本人关于谋杀埃莱娜的可怕描述, 参见他的 *L'Avenir dure longtemps*, pp. 11–12。

95. Ibid., p. 24.

96. Boutang, *Louis Althusser*, p. 59.

97. Althusser, *L'Avenir dure longtemps*, p. 19.

98. Philippe Boggio, 'Trop lourd', *Le Monde*, 19 November 1980, p. 16.

99. Althusser, *L'Avenir dure longtemps*, pp. 264–266；cf. 'Entretien avec le Père Stanislas Breton', in Lévy, *Les Aventures de la liberté*, pp. 423–425.

第十七章

1. See the poll published in *Lire*, April 1981.

2. 'Entretien: L'Intellectuel et les pouvoirs' (interview with Christian Panier and Pierre Watté, 14 May 1981), *La Revue nouvelle*, vol. 50, no. 10, October 1984, p. 338.

3. See *'Le Nouvel Observateur* e l'union della sinistra', *Spirali*, 15 January 1980, pp. 53-55. 550

4. 这个新词在法语中是可以接受的。例如，一个市长常常称呼其市镇上的居民为"我的被治理者"。

5. 'Est-il done important de penser?' (interview with Didier Eribon), *Libération*, 30–31 May 1981, p. 21.

6. 'Il faut tout repenser: La Loi et la prison', *Libération*, 6 July 1981, p. 2.

7 . Interview with Bernard Kouchner.

8. 'Face aux gouvernements, les droits de l'homme', *Actes: Les Cahiers d'action juridique* 54, Summer 1986, p. 22. 福柯生前从未出版过这个文本，1984 年 7 月 1 日版的《解放报》第一次刊登此文。

9. Mario Bettati and Bernard Kouchner, *Le Devoir d'ingérence*, Paris: Denoël, 1987.

10. William R. Hackman, 'The Foucault Conference', *Telos* 51, Spring 1982, pp. 191–196.

11. Friedrich, 'France's Philosopher of Power'.

12. Cited, Hackman, 'The Foucault Conference', p. 196.

13. 相关事件的概要，参见 Oliver MacDonald, 'The Polish Vortex: Solidarity and Socialism', *New Left Review* 139, May–June 1983, pp. 5–48。For the earlier period, see Neal Ascherson, *The Polish August*, Harmondsworth: Penguin, 1981.

14. *Le Monde*, 15 December 1981.

15. *Les Elections législatives de juin 1981*, 'Supplément aux Dossiers et documents du Monde', June 1981, p. 43.

16. 'Politics and Ethics: An Interview', *The Foucault Reader*, p. 377.

17. Pierre Mauroy, *A Gauche*, Paris: Marabout, 1986, p. 245.

18. *Le Monde*, 19 December 1981.

19. *Le Matin*, 21 December 1981.

20. *Le Monde*, 17 December 1981.

21. Interview with Jacques Lebas.

22. Mauriac, *Mauriac et fils*, p. 358.

23. Ibid., p. 360.

24. Frédéric Edelmann, 'Un hommage des artistes et des intellectuels à l'Opéra de Paris', *Le Monde*, 24 December 1981.

25. *Varsovivre* is a pun on *Varsovie* (Warsaw) and *vivre* (to live).

26. Seweryn Blumsztajn, in *Michel Foucault: Une Histoire de la vérité*, p. 98. Interview with Edmond Maire.

27. See Hervé Hamon and Patrick Rotman, *La Deuxième Gauche: Histoire intellectuelle et politique de la CFDT*, Paris: Editions Ramsay, 1982.

28. Lech Walesa, *A Path of Hope: An Autobiography*, London: Pan, 1988, p. 170.

29. *Le Monde*, 26–27 June 1977, p. 4.

30. 'The Flying University', *New York Review of Books*, 24 January 1980, p. 49.

31. Cited, Marcin Frybes, 'Rencontre ou malentendu autour de Solidarnosc?', *CFDT aujourd'hui* 100, March 1991, p. 106, Cf. 'Intellectuals and Labor Unions, An Interview with Robert Bono, conducted by Paul Rabinow and Keith Gandal', *History of the Present*, Spring 1986, pp. 3, 9–10.

32. See 'La Pologne, et après? Edmond Maire: Entretien Michel Foucault, *Le Débat* 25, May 1983, pp. 3–35.

33. 'Un Système fini face à une demande infinie', in *Sécurité sociale: l'enjeu*, Paris: Syros, 1983, pp. 39–63.

34. Bono, 'Intellectuals and Labor Unions', p. 3.

35. Interviews with Alain Finkielkraut and Pierre Vidal-Naquet.

36. Interview with Jacques Lebas.

37. Michel Foucault, Simone Signoret and Bernard Kouchner, 'En abandonnant les Polonais, nous renonçons à une part de nous-mêmes', *Le Nouvel Observateur*, 9 October 1982, p. 36.

38. Bernard Kouchner, 'Un vrai Samouraï', p. 88.

551

39. 'En Abandonnant les Polonais ...'.

40. Kouchner, 'Un vrai Samouraï', p. 88. Interviews with Bernard Kouchner, Jacques Lebas.

41. 讲座文字记录可以在苏尔索瓦图书馆（D201；打字稿，pp. 159）找到。1988 年，福柯与贝尔丹的讨论录音在法国电视台播出，转录为 'Entretien avec Michel Foucault', *C'omités d'éthique à travers le monde: Recherches en cours*, Paris: Tierce/INSERM, 1989, pp. 228–235。

42. 1982 年多伦多大学三次讲座的文字记录，可以在苏尔索瓦图书馆 D243 查到。

43. Interview with Philippe Meyer.

44. 'Non aux compromis', *Gai Pied* 43, October 1982, p. 9.

45. *And the Band Played On*, p. 149.

46. 'Technologies of the Self: A Seminar with Michel Foucault'.

47. 'Technologies of the Self', ibid., pp. 16–49; 'The Political Technology of Individuals', ibid., 145–162.

48. Introduction, ibid., p. 11.

49. 'Truth, Power, Self: An Interview with Michel Foucault', ibid., pp. 11, 12, 13.

50. Jana Sawicki, *Disciplining Foucault: Feminism, Power, and the Body*, London: Routledge, 1991, p. 15.

51. Cited, Christian Colombani, 'Les "Lieux de vie" et l'affaire du Coral. 1. Une campagne et une enquête', *Le Monde*, 28 November 1982, p. 9.

52. Guy Hocquenhem, *Les petits Garçons*, Paris: Albin Michel, 1983, p. 144.

53. Ibid., p. 168.

54. Ibid., pp. 174, 175.

55. Ibid., p. 176.

56. See the report in *Le Monde*, 22 January 1983; interview with Jean-Pierre Mignon.

57. Interviews with René Schérer, Christian Revon, Laurent Dispot.

58. *Résumé des cours*, pp. 145–166. 'Herméneutique du sujet', *Concordia* 12, 1988, pp. 44–68, 此文是 1982 年 1 月到 3 月的讲座摘录。摘录在赫尔穆特·贝克和洛萨·沃夫斯岱特的德语版本的基础上重新翻译而来，首次发表为 *Freiheit und Selbstsorge*, Frankfurt: Materalis Verlag, 1985。

59. *Histoire de la folie*, p. 105.

60. Deleuze, *Foucault*, p. 35.

61. Pierre Nora, 'Il avait un besoin formidable d'être aimé'.

62. *Surveiller et punir*, p. 79; Arlette Farge, *Le Vol d'aliments* ..., Paris: Plon, 1974.

63. Arlette Farge, *Le Goût de l'archive*, Paris: Seuil, 1989, p. 24. 这篇简短而令人愉悦的文章，或许是关于巴士底狱档案相关工作的最好描述。

64. Mauriac, *Et comme l'Espérance est violente*, p. 595.

65. Arlette Farge, 'Travailler avec Michel Foucault', *Le Débat* 41, September–November 1986, p. 166.

66. 请参见 Emmanuel Todd, 'Ce que révèlent les lettres de cachet', *Le Monde*, 5 November 1982; Michal Ignatieff, 'At the Feet of the Father', *Times Literary Supplement*, 22 April 1983。

67. Interview with Arlette Farge.

552

第十八章

1. Keith Gondal and Stephen Kotkin, 'Foucault in Berkeley', *History of the Present*, February 1985, p. 6.

2. Interview with Paul Veyne.

3. 这些讨论的文字记录可以在苏尔索瓦图书馆找到，那里也有相关磁带录音。

4. *L'Usage des plaisirs*, p. 14.

5. 'On the Genealogy of Ethics', *The Foucault Reader*, p. 342.

6. Ibid., p. 346.

7. Ibid., p. 334.

8. Ibid., p. 362.

9. Ibid., p. 315; Nietzsche, *The Gay Science*, p. 232.

10. Max Gallo, 'Les Intellectuels, la politique et la modernité', *Le Monde*, 26 July 1983, p. 7.

11. Jean Daniel, 'Le Prince et les scribes', *Le Nouvel Observateur*, 19 August 1983, pp. 18–19.

12. Philippe Boggio, 'Le Silence des intellectuels de gauche. 1. Victoire à contretemps', *Le Monde*, 27 July 1983, pp. 1, 10.

13. Philippe Boggio, 'Le Silence des intellectuels de gauche. 2. Les Chemins de traverse', *Le Monde*, 28 July 1983, p. 6.

14. Eribon, *Michel Foucault*, p. 325.

15. Cited, ibid.

16. Ibid., pp. 325–326; interview with Didier Eribon.

17. 'Le Souci de la vérité', *Magazine littéraire* 207, May 1984, p. 23.

18. 'Structuralism and Post-Structuralism', p. 208.

19. Ibid., p. 209.

20. Robert Badinter, 'Au Nom des mots', in *Michel Foucault: Une Histoire de la vérité*, p. 73.

21. 'L'Angoisse dejuger', *Le Nouvel Observateur*, 30 May 1977, pp. 92–126.

22. 'Au nom des mots', p. 74.

23. Interview with Robert Badinter.

24. Habermas, 'Taking Aim at the Heart of the Present', pp. 103–104.

25. Extracts published as 'Un cours inédit', *Magazine littéraire* 207, May 1984, pp. 35–39.

26. François Ewald, 'Droit: systèmes et stratégies', *Le Débat* 41, September–November 1986, pp. 63–69.

27. 'Discourse and Truth: The Problematization of Parrhesia', 121-page typescript, Bibliothèque du Saulchoir, D213.

28. 'What is Enlightenment?', tr. Catherine Porter, *The Foucault Reader*, pp. 32–50; Hans Sluga, 'Foucault à Berkeley: l'auteur et le discours', *Critique* 471–472, August–September 1986, pp. 840–857.

29. 'What Is Enlightenment?', pp. 39–42.

30. Keith Gandal and Stephen Kotkin, 'Governing Work and Social Life in the USA and the USSR', *History of the Present*, February 1985, p. 4.

31. Interviews with Jacques Almira and Dominique Seglard.

32. Philip Horvitz, 'Don't Cry for me. Academia', *Jimmy and Lucy's House of 'K'* 2, August 1984, p. 80.

33. Arlette Farge and Michel Foucault, 'Le Style de l'histoire', *Le Matin*, 21 February 1984, p. 21.

34. 'Le Souci de la vérité', *Le Nouvel Observateur*, 17 February 1984, pp. 56–57.

35. Mauriac, *Mauriac et fils*, pp. 387–391. 这封信的全文复印本，参见本书 pp. 389–390。

36. Ibid., p. 394.

37. 'Usages des plaisirs et techniques de soi', *Le Débat* 27, November 1983, pp. 46–72; 'Rêver de ses plaisirs: sur l'onirocritique d'Artémidore', *Recherches sur la philosophie et le langage* 3, 1983, pp. 53–78.

38. 'Le Combat de la chasteté', *Communications* 35, May 1982, pp. 15–25.

39. Nora, 'Il avait un si formidable besoin d'être aimé'.

40. 'On the Genealogy of Ethics', pp. 347–348.

553

41. 因此，福柯简要提到了中国古代存在的一些文本，这些文本包含"一些关于性行为的建议，这些建议的目的是尽可能增强伴侣的快感，或者至少增强男人的快感"（p. 159）。福柯这番简短评价的权威来源是东方学者范·古利克，参见 1971 年法语文本 *La Vie sexuelle dans la Chine ancienne*。

42. *L'Usage des plaisirs*, pp. 74–76.

43. Ibid., pp. 133, 141.

44. Ibid., p. 39.

45. Ibid., p. 63.

46. Ibid., p. 111.

47. Ibid., p. 212–213.

48. Ibid., p. 207.

49. Ibid., p. 243.

50. Ibid., p. 247.

51. Ibid., p. 274.

52. George Steiner, 'Power Play', *New Yorker*, 17 March 1986, pp. 108–109.

53. *Le Souci de soi*, pp. 43, 41.

54. Ibid., p. 59.

55. Ibid., p. 122.

56. Ibid., p. 123.

57. Ibid., p. 164.

58. Mauriac, *Le Temps accompli*, p. 22.

59. Interviews with Daniel Defert, Francine Fruchaud and Denys Foucault.

60. Bülow, 'Contredire est un devoir', p. 178.

61. Mauriac, *Le Temps accompli*, p. 49.

62. Ibid., p. 32.

63. *L'Usage des plaisirs*, pp. 14–15. 由于无法解释的原因，《世界报》于 6 月 28 日宣布，德勒兹将阅读《知识考古学》的最后一页。

64. Mauriac, *Le Temps accompli*, pp. 39, 21.

65. Eribon, *Michel Foucault*, p. 354.

66. Mauriac, *Le Temps accompli*, p. 41.

67. Interviews with Michel Albaric and Paul Veyne.

68. *Le Monde*, 28 June 1984.

554

69. 复制为以下版本著作的封面插图，即 James Bernauer and David Rasmussen, eds., *The Final Foucault*, Cambridge, Massachusetts: MIT Press, 1988。

70. 'Hier à 13 heures …', *Libération*, 26 June 1984, p. 2.

71. Cited, Samuelson, *Il Etait une fois 'Libération'*, p. 19.

72. 'Michel Foucault, an Interview: Sex, Power and the Politics of Identity', p. 28.

73. Shilts, *And the Band Played On*, p. 472.

74. Edward Said, 'Michel Foucault', *Raritan*, vol. 4, no. 2, 1984, p. 9. See Ed Cohen, 'Foucauldian necrologies: "gay" "politics?" politically gay?', *Textual Practice*, vol. 2, no. 1, Spring 1988.

75. On San Francisco as a gay's 'Israel', see Larry Kramer, *Reports from the Holocaust. The Making of an AIDS Activist*, Harmondsworth: Penguin, 1990, p. 254.

76. Cohen, 'Foucauldian necrologies', p. 91.

77. Shilts, *And the Band Played On*, p. 472.

78. Interview with Daniel Defert.

79. Sheridan, 'Diary'.

80. Paul Veyne, 'Le Dernier Foucault et sa morale', *Critique* 471–472, August–September 1986, p. 940; Pierre Nora, 'Il avait un besoin formidable d'être aimé'.

81. Interview with Carl Gardner.

82. 'On the Genealogy of Ethics', *The Foucault Reader*, p. 342.

83. Mauriac, *Le Temps accompli*, pp. 32–33.

84. Mauriac, *L'Oncle Marcel*, p. 449.

85. *Radioscopie de Michel Foucault*.

86. Jean-Paul Aron, 'Mon SIDA', *Le Nouvel Observateur*, 30 October–5 November 1987, p. 43. 关于他早期对福柯的批评，请参阅其 *Les Modernes*。

87. Simon Watney, *Policing Desire. Pornography, AIDS and the Media*, London: Comedia, 1987, p. 123.

88. 'Daniel Defert: "Plus on est honteux, plus on avoue", propos recueillis par Gilles Pail', *Libération*, 31 October–1 November 1978, p. 2.

89. Interview with Claude Mauriac.

90. Bernard Kouchner, 'Un vrai Samouraï', p. 89; interview with Bernard Kouchner.

91. Hervé Guibert, 'Les Secrets d'un homme', *Mauve le Vierge*, Paris: Gallimard, 1988, pp. 103–111.

92. 'La Vie SIDA. Le Nouveau roman de Hervé Guibert'（interview with Antoine de Gaudemar）, *Libération*, 1 March 1990, p. 20.

93. Hervé Guibert, *A l'Ami qui ne m'a pas sauvé la vie*, Paris: Gallimard, 1990, pp. 117–118.

94. Ibid., p. 30.

95. Mauriac, *Mauriac et fils*, p. 244.

96. 'Deuxième Entretien avec Michel Foucault', p. 49.

97. Nietzsche, *Daybreak*, 307.

555 后记：死后的生活

1. David Macey, *The Lives of Michel Foucault*, London: Hutchinson, 1993, p. xx; reprinted by Verso, 2019, p. xix（后续参考的是 Verso 版）。

2. 梅西指出，福柯为了感谢多明我会修道院，捐给了他们一大笔钱。因为法国国家图书馆的工作环境令他感到沮丧（*The Lives of Michel Foucault*, pp. xii, 415）。

3. Macey, *The Lives of Michel Foucault*, p. xvii.

4. Jean-Pierre Barou, 'Il aurait pu aussi bien m'arriver tout autre chose', *Libération*, 26 June 1984, p. 4.

5. Macey, *The Lives of Michel Foucault*, p. xvii.

6. Macey, *The Lives of Michel Foucault*, p. xviii.

7. Michel Foucault, Œuvres, edited by Frédéric Gros, Paris: Gallimard, two volumes, 2015.

8. 其中一个片段，是从 1978 年起讨论的 16、17 世纪的忏悔和性欲问题，相关讨论，请参阅 Philippe Chevallier, *Michel Foucault et le christianisme*, Lyon: ENS Éditions, 2011, pp. 149–150。

9. Stuart Elden, *Foucault's Last Decade*, Cambridge: Polity Press, 2016; *Foucault: The Birth of Power*, Cambridge: Polity Press, 2017.

10. Didier Eribon, *Michel Foucault*, Paris: Flammarion, third edition, 2011; *Michel Foucault*, translated by Betsy Wing, London: Faber, 1991.

11. Didier Eribon, *Michel Foucault et ses contemporains*, Paris: Flammarion, 1994; *Insult and the Making of the Gay Self*, translated by Michael Lucey, Durham, NC: Duke University Press, 2004.

12. James Miller, *The Passions of Michel Foucault*, London: HarperCollins, 1993.

13. 我非常感谢 Margaret Atack 允许我查阅这些文件。

14. Remigiusz Ryzyński, *Foucault w Warszawie*, Warsaw: Fundacja Instytutu Reportazu, 2017. See Maya Szymanowska, '"Foucault à Varsovie", l'histoire d'un philosophe homosexual dans la Pologne des années 50', *Le Soir Plus*, 28 July 2017.

15. See, for example, Jean-François Favreau, *Vertige de l'écriture: Michel Foucault et la literature（1954–1970）*, Lyon: ENS Éditions, 2012; Arianna Sforzini, *Les scènes de la vérité. Michel Foucault et le théâtre*, Lormont: Le Bord de l'Eau, 2017; Catherine M. Soussloff, *Foucault on Painting*, Minneapolis: University of Minnesota Press, 2017.

16. Heliana de Barros Conde Rodrigues, *Ensaios sobre Michel Foucault no Brasil: Presença, efeitos, ressonâncias*, Rio de Janeiro: Lamparina, 2016. See Marcelo Hoffman, 'Review: Heliana de Barros Conde Rodrigues, Ensaios sobre Michel Foucault no Brasil: Presença, efeitos, ressonâncias（Michel Foucault in Brazil: Presence, Effects, Resonances）', *Theory, Culture & Society*, Vol. 34 No. 7–8, pp. 253–257.

17. Macey, *The Lives of Michel Foucault*, p. 32.

18. 我把这一信息归功于 Daniele Lorenzini。

19. David Macey, *Frantz Fanon: A Biography*, London: Verso, 2012 [2000]; *The Penguin Dictionary of Critical Theory*, London: Penguin, 2001.

20. David Macey, *Michel Foucault*, London: Reaktion, 2004.

21. Macey, *The Lives of Michel Foucault*, p. ix; citing Friedrich Nietzsche, *Untimely Meditations*, translated by R. J. Hollingdale, Cambridge: Cambridge University Press, 1983, p. 97.

22. Macey, *The Lives of Michel Foucault*, p. 480; Hervé Guibert, *À l'ami qui ne m'a pas sauvé la vie*, Paris: Gallimard, 1990.

557 参考文献

福柯著作

除非另有说明，出版地点皆为巴黎。所有列为"未出版的"作品都保存在巴黎苏尔索瓦
图书馆。下列文献，尽可能按照作品的创作时间而非出版时间排序。

1. *Maladie mentale et personnalité*, Presses Universitaires de France, 1954.

2. 'Introduction' to Ludwig Binswanger, *Le Rêve et l'existence*, tr. Jacqueline Verdeaux, Desclée de Brouwer 1954, pp. 9–128. Tr. Forest Williams, 'Dream, Imagination and Existence', *Review of Existential Psychiatry*, vol. XIX, no. 1, 1984–1985, pp. 29–78.

3. 'La Recherche scientifique et la psychologie', in Jean-Edouard Morère, ed., *Des Chercheurs français s'interrogent*, Presses Universitaires de France, 1957, pp, 171–201.

4. 'La Psychologie de 1850 à 1950', in A. Weber and D. Huisman, eds., *Histoire de la philosophie européenne. Tome 2. Tableau de la philosophie contemporaine*, Fischbacher, 1957, pp. 591–606. Republished, *Revue internationale de philosophie*, Vol. 44, no. 173, 2/1990, pp. 159–176.

5. Translation, with Daniel Rocher, of *Le Cycle de la structure*（*Der Gestaltkreis*）, Desclée de Brouwer, 1958.

6. *Thèse complémentaire* for *Doctorat ès lettres*, 1961: introduction to and translation of Immanuel Kant, *Anthropologie in pragmatischer Hinsicht*（two volumes）. Second volume published as *Anthropologie du point de vue pragmatique*, Vrin, 1964.

7. *Folie et déraison. Histoire de la folie à l'âge classique*, Plon, 1961. Abridged version published as *Histoire de la folie*, 10/18, Union Générale de l'Edition, 1964. Reprinted

in complete form as *Histoire de la folie à l'âge classique*, Gallimard, 1972 with a new preface and two appendices: 'La Folie, l'absence d'oeuvre' (*La Table ronde*, May 1964) and 'Mon corps, ce papier, ce feu' (*Paideia*, September 1971). Reprinted in Gallimard's 'Tel' collection, 1978, without the appendices. Tr. Richard Howard, *Madness and Civilization. A History of Insanity in the Age of Reason.*, New York: Pantheon, 1965, introduction by José Barchilon; London: Tavistock, 1967, Introduction by David Cooper. This is a translation of the 1964 abridged edition, with some additions from the original version. Chapter 4 subsequently translated by Anthony Pugh as 'Experiences of Madness', *History of the Human Sciences*, vol. 4, no. 1, February 1991, pp. 1–25.

8. 'La Folie n'existe que dans une société' (interview with Jean-Paul Weber), *Le Monde*, 22 July 1961, p. 9.

9. Review of Alexandre Koyré, *La Révolution astronomique: Copernic, Kepler, Borelli, La Nouvelle Revue Française* 108, December 1961, pp. 1123–1124.

10. *Maladie mentale et psychologie*, Presses Universitaires de France, 1962, 1966. A heavily rewritten version of *Maladie mentale et personnalité*. Tr. Alan Sheridan, *Mental Illness and Psychology*, New York: Harper and Row, 1976. Republished, Berkeley: University of California Press, with a foreword by Hubert Dreyfus, 1987.

11. 'Introduction' to Jean-Jacques Rousseau, *Rousseau juge de Jean-Jacques: Dialogues*, Armand Colin, 1962, pp. vii–xxiv.

12. 'Le "Non" du père', *Critique* 178, March 1962, pp. 195–209. Review of Jean Laplanche, *Hölderlin et la question du père*. Tr. 'The Father's "No"', in *Language, Counter-Memory, Practice: Selected Essays and Interviews*, Edited by Donald Bouchard. Translated by Donald Bouchard and Sherry Simon, Ithaca: Cornell University Press, 1977, pp. 68–86.

13. 'Les Déviations religieuses et le savoir médical', in Jacques Le Goff, ed., *Hérésies et sociétés dans l'Europe occidentale, 11–1–8 siècles*, Mouton, 1968, pp. 19–29.

14. 'Le Cycle des grenouilles', *La Nouvelle Revue française* 114, June 1962, pp. 1159–1160. Introduction to texts by Jean-Pierre Brisset.

15. 'Un Si Cruel Savoir', *Critique* 182, July 1962, pp. 597–611. On Claude Crébillon, *Les Egarements du coeur et de l'esprit* and J. A. Reveroni de Saint-Cyr, *Pauliska ou la perversité moderne*.

558

16. 'Dire et voir chez Raymond Roussel', *Lettre ouverte* 4, Summer 1962, pp. 38–51. Reprinted in a modified version as the first chapter of *Raymond Roussel*.

17. Translation into French of Leo Spitzer, 'Linguistics and Literary History' as 'Art du langage et linguistique', in Spitzer, *Etudes de style*, Gallimard, 1962, pp. 45–78.

18. *Naissance de la clinique : Une Archéologie du regard médical*, Presses Universitaires de France, 1963. Revised edition published under the same title, 1972. Tr. Alan Sheridan Smith, *The Birth of the Clinic: An Archaeology of Medical Perception*, London: Tavistock, New York: Pantheon, 1973. The translation is, with some interpolations from the first edition, of the 1972 edition.

19. *Raymond Roussel*, Gallimard, 1963. Tr. Charles Ruas, *Death and the Labyrinth : The World of Raymond Roussel*, with an introduction by John Ashbery, New York: Doubleday, 1986; London: Athlone Press, 1987.

20. 'Wächter über die Nacht der Menschen' in Hans Ludwig Spegg. ed. *Unterwegs mit Rolf Italiaander: Begegnungen, Betrachtungern, Bibliographie*, Hamburg: Freie Akademie der Kunst, 1963, pp. 46–49. 'Préface à la transgression', *Critique* 195–196, August-September 1963, pp. 751–769. Tr. 'A Preface to Transgression' in *Language, Counter-Memory, Practice*, pp. 29–52.

21. 'Débat sur le roman', *Tel Quel* 17, Spring 1964, pp. 15–24 (transcript of a discussion held at Cérisy La Salle in September 1963).

22. 'Débat sur la Poésie', *Tel Quel* 17, Spring 1964, pp. 69–82 (transcript of a discussion in which Foucault participated, Cérisy La Salle, September 1963).

23. 'Le Langage à l'infini', *Tel Quel* 15, Autumn 1963, pp. 931–945. Tr. 'Language to Infinity', *Language, Counter-Memory, Practice*, pp. 53–67.

24. 'L'Eau et la folie', *Médecine et hygiène* 613, 23 October 1963, pp. 901–906.

25. 'Afterword to Gustave Flaubert', tr. Annaliese Botond, *Die Versuchung des Heiligen Antonius*, Frankfurt: Insel, 1964, pp. 217–251. French version, 'Un "Fantastique" de bibliothèque', *Cahiers Renaud-Barrault* 59, March 1967, pp. 7–30. Reprinted under the title 'La Bibliothèque fantastique' as preface to Flaubert, *La Tentation de Saint Antoine*, Livre de poche, 1971, pp. 7–33; reprinted, Tzvetan Todorov et al., *Travail de Flaubert*, Seuil, 1983, pp. 103–122.

26. 'Guetter le jour qui vient', *La Nouvelle Revue Française* 130, October 1963, pp. 709–716. On Roger Laporte, *La Veille*.

559

27. 'Distance, origine, aspect', *Critique* 198, November 1963, pp. 931–945. on Philippe Sollers, *L'Intermédiaire*, M. Pleynet, *Paysages en deux*, J. L. Baudry, *Les Images* and *Tel Quel* nos. 1–14.

28. 'Un Grand Roman de la terreur', *France-Observateur*, 12 December 1963, p. 14. Reprinted, Jean-Edern Hallier, *Chaque Matin qui se lève est une leçon de courage*, Editions Libres, 1978, pp. 40–42. On Edern's *Aventures d'une jeune fille*.

29. 'Langage et littérature', typescript of lecture, Saint-Louis, Belgium, 1964.

30. 'La Prose d'Actéon', *La Nouvelle Revue Française* 135, March 1964, pp. 444–459. On Pierre Klossowski.

31. 'Le Langage de l'espace', *Critique*, 203, April 1964, pp. 378–382.

32. 'La Folie, l'absence d'une oeuvre', *La Table ronde* 196, May 1964, pp. 11–21. Reprinted as an appendix to the 1972 edition of *Histoire de la folie*.

33. 'Nietzsche, Freud, Marx', *Cahiers de Royaumont 6: Nietzsche*, Minuit, 1967, pp. 183–207（The conference at which this paper was delivered took place in July 1964）. Tr. Jon Anderson and Gary Hentzi, 'Nietzsche, Freud, Marx', *Critical Texts*, vol. 11, no. 2, Winter 1986, pp. 1–5.

34. 'Pourquoi réédite-t-on l'oeuvre de Raymond Roussel? Un Précurseur de notre littérature moderne', *Le Monde*, 22 August 1964, p. 9.

35. 'Les Mots qui saignent', *L'Express*, 22 August 1964, pp. 21–22. On Pierre Klossowski's translation of Virgil's *Aeneid*.

36. 'Le Mallarmé de J.P. Richard', *Annales*, vol. 19, no. 5, September-October 1964, pp. 996–1004. On Richard's *L'Univers imaginaire de Mallarmé*.

37. 'L'Obligation d'écrire', *Arts*, 980, 11–17 November 1964, p. 3. On Gérard de Nerval.

38. 'Philosophie et psychologie', discussion with Alain Badiou, *Dossiers pédagogiques de la radio- télévision scolaire* 10, 15–27 February 1965, pp. 61–67.

39. 'Philosophie et vérité', discussion with Jean Hyppolite, Georges Canguilhem, Paul Ricoeur, D. Dreyfus and Alain Badiou, *Dossiers pédagogiques de la radio-télévision scolaire*, 27 March 1965, pp. 1–11.

40. 'La Prose du monde', *Diogène* 53, January-March 1966, pp. 20–41. An abbreviated version of Chapter 2 of *Les Mots et les choses*. Tr. Victor Velen, 'The Prose of the World', *Diogenes* 53, Spring 1963, pp. 17–37.

41. 'Les Suivantes', *Mercure de France* 1221–1222, July-August 1965, pp. 366–384. A version

of the first chapter of *Les Mots et les choses*.

42. *Les Mots et les choses: une archéologie des sciences humaines*, Gallimard, 1966. Tr., no translator identified（Alan Sheridan）, *The Order of Things: An Archaeology of the Human Sciences*, London: Tavistock, New York: Pantheon, 1971.

43. 'L'Arrière-fable', *L'Arc* 29, 1966, pp. 5–12. On Jules Verne.

44. 'Entretien: Michel Foucault, *Les Mots et les choses*', *Les Lettres françaises* 31 March 1966, pp. 3–4. Interview with Raymond Bellour, reprinted in Bellour's *Le Livre des autres*, Editions de l'Herne, 1971, pp. 135–144. Tr. John Johnston, 'The Order of Things', Sylvère Lotringer, ed., *Foucault Live*, New York: Semiotext（e）, 1989, pp. 1–10.

45. 'A la Recherche du present perdu', *L'Express* 775, 25 April–1 May 1966, pp. 114–115. On Jean Thibaudeau, *Ouverture*.

46. 'Entretien', *La Quinzaine littéraire* 5, 16 May 1966, pp. 14–15. Interview with Madeleine Chapsal.

47. 'Lettre à Roger Caillois', 25 May 1966, reprinted in *Cahiers pour un temps. Homage à R. Caillois*, Centre Georges Pompidou, 1981, p. 228.

48. Letter of 4 June 1966 to René Magritte, in René Magritte, *Ecrits complets*, André Blavier, ed., Flammarion, 1972, p. 521.

49. 'L'Homme est-il mort? Un Entretien avec Michel Foucault', *Arts et loisirs* 38, 15–21 June 1966, pp. 8–9. Interview with Claude Bonnefoy.

50. 'La Pensée du dehors', *Critique* 229, June 1966, pp. 523–546. On Maurice Blanchot. Reprinted as *La Pensée du dehors*, Montpellier: Fata Morgana, 1986. Tr. Brian Massumi, 'Maurice Blanchot: The Thought from Outside' in *Foucault/Blanchot*, New York: Zone Press, 1987, pp. 7–60.

51. 'Une Histoire restée muette', *La Quinzaine littéraire* 8, 1 July 1966. On Ernst Cassirer, *La Philosophie des lumières*.

52. 'Michel Foucault et Gilles Deleuze veulent rendre à Nietzsche son vrai visage', *Le Figaro littéraire*, 15 Septembre 1966, p. 7. Interview with Claude Jannoud.

53. 'Qu'est-ce qu'un philosophe?', *Connaissance des hommes* 22, Autumn 1966. Interview with Marie-Geneviève Foy.

54. 'C'était un nageur entre deux mots', *Arts-Loisirs* 54, 5–11 October 1966, pp. 8–9. Interview with Claude Bonnefoy on André Breton. 'Message ou bruit?', *Le Concours*

560

médical 22 October 1966, pp. 685–686.

55. 'Un archéologue des idées: Michel Foucault', *Syntheses* 245, October 1966, pp. 45–49. Interview with Jean-Michel Minon.

56. 'Des Espaces autres', lecture given in Paris on 14 March 1967. *Architecture-Mouvement-Continuité* 5, October 1986, pp. 46–49. Tr. Jay Miskowiec, 'Of Other Spaces', *Diacritics*, vol. 16, no 1, Spring 1986, pp. 22–27.

57. 'Le Structuralisme et l'analyse littéraire', lecture at the Club Tahar Hadad, Tunis, 4 February 1967, *Mission culturelle française information*, 10 April-10 May 1978. Extracts reprinted *La Presse de Tunis*, 10 April 1987.

58. 'La Philosophic structuraliste permet de diagnostiquer ce qu'est aujourd'hui', *La Presse de Tunis* 12 April 1967, p. 3. Interview with Gérard Fellous.

59. 'Introduction générale', Friedrich Nietzsche, *Ouevres philosophiques. Vol. V. Le Gai Savoir*, Translated by Pierre Klossowski, Gallimard, 1967, pp. i–iv. With Gilles Deleuze.

60. '*La Volonté de puissance*, texte capital mais incertain, va disparaître', *Le Monde* 24 May 1967, p. vii. Interview with Jacqueline Piatier.

61. 'Deuxième Entretien: sur les façons d'écrire l'histoire', *Les Lettres françaises*, 15 June 1967, pp. 6–9. Interview with Raymond Bellour, reprinted in Bellour's *Le Livre des autres*, Editions de l'Herne, 1971, pp. 189–207. Tr. John Johnston, 'The Discourse of 561 History', *Foucault Live*, pp. 11–34.

62. 'Che cos'è lei Professore Foucault?' *La Fiera letteraria* 39, 28 September 1967, pp. 11–15. Interview with Paolo Caruso, reprinted in Caruso's *Conversazione con Lévi-Strauss, Foucault, Lacan*, Milan: Mursia, 1969, pp. 91–131.

63. 'Préface', Antoine Arnaud and Pierre Nicolle, *Grammaire générate et raisonée*, Paulet, 1967, pp. iii–xxvii. Extract published as 'La Grammaire générale de Port-Royal', *Langages*, 7 September 1967, pp. 7–15.

64. 'Les Mots et les images', *Le Nouvel Observateur* 154, 25 October 1967, pp. 49–50. On Irwin Panofsky's *Essais d'iconologie* and *Architecture gothique et pensée scolastique*.

65. 'Ceci n'est pas une pipe', *Cahiers du chemin*, 2, January 1968, pp. 79–105. On René Magritte. 出版的扩展版本为 *Ceci n'est pas une pipe*, Montpellier: Fata Morgana, 1973。 Tr. James Harkness, *This Is Not a Pipe*, Berkeley: University of California Press, 1982.

66. 'En Intervju med Michel Foucault', *Bonniers Litteraria Magazin*, March 1968, pp. 203–211.

Interview with Yngve Lindung.

67. 'Foucault répond à Sartre', *La Quinzaine littéraire* 46, 1–15 March 1968, pp. 20–22. Transcript of radio interview with Jean-Pierre El Kabbach. Tr. John Johnston, 'Foucault Responds to Sartre', *Foucault Live*, pp. 35–44.

68. 'Une Mise au point de Michel Foucault', *La Quinzaine littéraire* 47, 15–31 March 1968, p. 21.

69. 'Linguistique et sciences sociales', 1968 年 3 月在突尼斯举行的一次会议上宣读的论文, *Revue tunisienne de sciences sociales*, 19 December 1969, pp. 248–255。

70. 'Réponse à une question', *Esprit* 371, May 1968, pp. 850–874. Tr. Anthony Nazzaro, 'History, Discourse, Discontinuity', *Salmagundi* 20, Summer-Fall 1972, pp. 225–248. Revised tr. Colin Gordon, 'Politics and the Study of Discourse', *Ideology and Consciousness* 3, Spring 1978, pp. 7–26; reprinted with further revisions, Graham Burchell, Colin Gordon and Peter Miller, eds., *The Foucault Effect: Studies in Governmentality*, Hemel Hemsptead: Harvester, 1991, pp. 53–72.

71. 'Lettre à Jacques Proust', *La Pensée* 139, May-June 1968, pp. 114–119.

72. 'Réponse au Cercle d'épistémologie', *Cahiers pour l'analyse* 9, Summer 1968, pp. 9–40. Tr.（abridged；no translator identified）, 'On the Archaeology of the Sciences', *Theoretical Practice* 3–4, Autumn 1971, pp. 108–127.

73. *L'Archéologie du savoir*, Gallimard, 1969. Tr. Alan Sheridan, *The Archaeology of Knowledge*, London: Tavistock, New York: Pantheon, 1972.

74. *Titres et travaux de Michel Foucault*, privately printed, undated（1969）.

75. 'Médecins, juges et sorciers au XVII siècle', *Médecine de France* 200, 1969, pp. 121–128.

76. 'Maxime Defert', *Les Lettres françaises* 8–14 January 1969, p. 28.

77. 'Jean Hyppolite（1907–1968）', speech at the memorial gathering for Jean Hyppolite held at ENS on 19 January 1969, *Revue de métaphysique et de morale*, vol. 74, no. 2, April-June 1969, pp. 131–136.

78. 'Qu'est-ce qu'un auteur?', lecture delivered to the Société Française de Philosophie on 22 February 1969, *Bulletin de la Société Française de Philosophie* 63, July-September 1969, pp. 73–104. Tr. Josué V. Harari, 'What is an Author?' in Paul Rabinow, ed., *The Foucault Reader*, Harmondsworth: Penguin, 1986, pp. 101–120. 省略了讲座后的讨论。

79. 'Ariane s'est pendue', *Le Nouvel Observateur* 229, 31 March 1969, pp. 36–37. On Gilles Deleuze, *Différence et répétition*.

562

80. 'Precision', *Le Nouvel Observateur* 299, 31 March 1969, p. 39.

81. 'La Naissance du monde', *Le Monde*, 3 May 1969, p. viii. Interview with Jean-Michel Palmier. Tr. John Johnston, 'The Birth of a World', *Foucault Live*, pp. 57–62.

82. 'Michel Foucault explique son dernier livre', *Magazine littéraire* 28, April-May 1969, pp. 23–25. Interview with Jean-Jacques Brochier. Tr. John Johnston, 'The Archaeology of Knowledge', *Foucault Live*, pp. 45–52.

83. 'La Situation de Cuvier dans l'histoire de la biologie', paper read to the 'Journées Cuvier' conference held on 30–31 May 1969, *Thalès: Revue d'histoire des sciences et de leurs applications*, vol. XXIII, no. 1, January-March 1970, pp. 63–92. Tr. Felicity Edholm, 'Cuvier's Position in the History of Biology', *Critique of Anthropology* vol. IV, no. 13–14, Summer 1979, pp. 125–130.

84. Letter to Pierre Klossowski, 3 July 1969, in *Cahiers pour un temps: Pierre Klossowski*, Centre Georges Pompidou, 1985, pp. 85–88.

85. 'Folie, littérature et société', *Bugei* 12, 1970.

86. *L'Ordre du discours*, Gallimard, 1971. Inaugural lecture at the Collège de France, 2 December 1970. Tr. Rupert Swyers, 'Orders of Discourse', *Social Sciences Information*, April 1971. Republished as 'The Discourse on Language', appendix to the US Edition of *The Archaeology of Knowledge*, pp. 215–237.

87. Letter to Pierre Klossowski, Winter 1970–1971, *Cahiers pour un temps: Pierre Klossowski*, pp. 89–90.

88. 'Présentation', Georges Bataille, *Oeuvres complètes. Vol. 1. Premiers Ecrits 1922–1940*, Gallimard 1970, pp. 5–6.

89. 'Sept Propos sur le septième ange', preface to Jean-Pierre Brisset, *La Grammaire logique*, Tchou, 1970. Reprinted as *Sept Propos sur le septième ange*, Montpellier: Fata Morgana, 1986.

90. 'Le Piège de Vincennes', *Le Nouvel Observateur* 274, 9 February 1970, pp. 33–35. Interview with Patrick Loriot.

91. 'Il y aura scandale, mais ...', *Le Nouvel Observateur* 304, 7 September 1970, p. 40. On Pierre Guyotat. Tr. Edouard Roditi, 'Open Letter to Pierre Guyotat', *Paris Exiles* 2, 1985, p. 25.

92. 'Croître et multiplier', *Le Monde*, 15 November 1970, p. 13. On François Jacob, *La Logique du vivant*.

93. 'Theatrum philosophicum', *Critique* 282, November 1970, pp. 165–196. On Gilles Deleuze, *Différence et répétition* and *Logique du sens*. Tr. 'Theatrum philosophicum', *Language, Counter-Memory, Practice*, pp. 165–196.

94. 'Foreword' to the English-language edition of *The Order of Things*, pp. ix–xiv.

95. 'Entravista com Michel Foucault' in Sergio Paulo Rouanet, ed., *O Homen e o discorso: A Arqueologia de Michel Foucault*, Rio de Janeiro: Tempo Brasiliero, 1971, pp. 17–42. Interview with Sergio Paolo Rouanet and José Guilhermo Merquior.

96. 'Nietzsche, la geneálogie, l'histoire' in *Homage à Jean Hyppolite*, Presses Universitaires de France, 1971, pp. 145–172. Tr. 'Nietzsche, Genealogy, History', *Language, Counter-Memory, Practice*, pp. 139–164.

97. 'A Conversation with Michel Foucault', *Partisan Review*, vol. 38, no. 2, 1971, pp. 192–201. Interview with John K. Simon.

98. 'Mon corps, ce papier, ce feu', *Paideia*, September 1971. Reprinted as appendix to 1972 edition of *Histoire de la folie*. Tr. Geoff Bennington, 'My Body, this Paper, this Fire', *Oxford Literary Review* vol. IV, no. 1, Autumn 1979, pp. 5–28.

99. 'Enquête sur les prisons: brisons les barres du silence', *Politique Hebdo* 24, 18 March 1971, pp. 4–6. Interview with Foucault and Pierre Vidal-Naquet, conducted by C. Angeli.

100. 'Creation d'un Groupe d'Information sur les Prisons', *Esprit*, 401, March 1971, pp. 531–532. Cosigned by Jean-Marie Domenach and Pierre Vidal-Naquet.

101. 'Introduction', Groupe d'Information sur les Prisons, *Enquête dans vingt prisons*, Editions Champ libre, 1971, pp. 3–5.

102. 'Folie et civilisation', lecture at the Club Tahar Hadid, Tunis, 23 April 1971, extracts published *La Presse de Tunis*, 10 April 1987.

103. 'La Prison partout', *Combat*, 5 May 1971, p. 1.

104. 'L'Article 15', *La Cause du peuple-J'Accuse. No. spécial. Flics: l'affaire Jaubert*, 3 June 1971, p. 6.

105. 'Declaration à la conférence de presse d' Alain Jaubert', *La Cause du peuple-J'Accuse*, 3 June 1971.

106. *Rapports de la Commission d'information sur l'affaire Jaubert présentés à la presse*, 21 June 1971.

107. 'Questions à Marcellin', open letter signed by Foucault, Gilles Deleuze, Denis

563

Langlos, Claude Mauriac and Deni Perrier-Daville', *Le Nouvel Observateur*, 5 July 1971, p. 15.

108. Je perçois l'intolérable', *Journal de Génève*, (Samedi littéraire, Cahier 135), 24 July 1971, p. 13.

109. 'Lettre', *La Pensée* 159, September-October 1971, pp. 141–144.

110. 'Lettre ouverte à Monsieur le Ministre de l'Intérieur', *La Cause du peuple-J'Accuse* 10, 15 October 1971, p. 12.

111. 'Human Nature: Justice versus Power', dialogue with Noam Chomsky, televised in November 1971 by Dutch Broadcasting Company, in Fons Elders, ed., *Reflexive Water. The Basic Concerns of Mankind*, London: Souvenir Press, 1974, pp. 134–197.

112. 'Par delà le bien et le mal', *Actuel* 14, November 1971, pp. 42–47. Interview with M.-A. Burnier and P. Graine. Republished with slight modifications as 'Entretien' in *C'Est Demain la veille*', Seuil 1973, pp. 19–43. Tr. 'Revolutionary Action: "Until Now"', *Language, Counter-Memory, Practice*, pp. 218–233.

113. 'Monstrosities in Criticism', tr. Robert J. Matthews, *Diacritics*, vol. 1, no. 1, Fall 1971, p. 59.

114. 'Foucault Responds 2', *Diacritics*, vol. 1, no. 2, Winter 1971, p. 59.

115. 'Des Intellectuels aux travailleurs arabes', *La Cause du peuple-J'Accuse* 14, 13 December 1971.

116. 'Le Discours de Toul', *Le Nouvel Observateur* 372, 27 December 1971, p. 15.

117. 'Histoire des systèmes de pensée', Summary of 1971 lectures at the Collège de France. *Annuaire du Collège de France*, 1971. Republished as 'La Volonté de savoir', *Résumé des cours, 1970–1982*, Julliard, 1989, pp. 9–16. Tr. 'History of Systems of Thought', *Language, Counter-Memory, Practice*, pp. 199–204.
564

118. *Naissance de la clinique. Une Archéologie du regard médical*, revised edn., Presses Universitaires de France, 1972.

119. 'Préface' to new edn. of *Histoire de la folie*, Gallimard, 1972, pp. 7–9.

120. 'Die grosse Einsperrung', *Tages Anzeiger Magazin* 12, 25 March 1972, pp. 15, 17, 20, 37. Interview with Niklaus Meienberg.

121. 'Michel Foucault on Attica: An Interview', with John K. Simon, April 1972. *Telos* 19, Spring 1974, pp. 154–161. Republished as 'Rituals of Exclusion', *Foucault Live*, pp. 63–72.

122. 'Cérémonie, théâtre et politique au XVII siècle', lecture at the University of Minnesota,

7 April 1972. Summarized in English by Stephen Davidson, *Acta. Proceedings of the Fourth Annual Conference on XVIIth Century French Literature*, Minneapolis: Graduate School of the University of Minnesota vol. 1, pp. 22–23.

123. 'Sur la Justice populaire: Débat avec les maos', *Les Temps Modernes* 310 bis（hors série）, May 1972, pp. 335–366. Dialogue with Philippe Gavi and Pierre Victor. Tr. John Mepham, 'On Popular Justice: A Discussion with Maoists', in Colin Gordon, ed., *Power/Knowledge: Selected Interviews and Other Writings, 1972–1977*, New York: Pantheon, 1980, pp. 1–36.

124. 'Les Intellectuels et le pouvoir', *L'Arc* 49, 1972, pp. 3–10. Discussion with Gilles Deleuze, 4 March 1972. Reprinted, *Le Nouvel Observateur*, 8 May 1972, pp. 68–70. Tr. 'Intellectuals and Power', *Language, Counter-Memory, Practice*, pp. 205–217.

125. 'Table Ronde', *Esprit* 413, April-May 1972, pp. 678–703. Collective discussion on social work.

126. 'Texte de l'intervention de Michel Foucault à la conférence de presse de Jean Carpentier le 29 juin, 1972', *Psychiatrie aujourd'hui*, 10 September 1972, pp. 15–16.

127. 'Gaston Bachelard, le philosophe et son ombre: piéger sa propre culture', *Le Figaro*, 30 September 1972, p. 16.

128. 'Un Dibattito Foucault-Petri', *Bimestre* 2–23, September-December 1972, pp. 1–4. Debate moderated by Michele Dzieduszycki. Tr. Jared Becker and James Cascaito, 'An Historian of Culture', *Foucault Live*, pp. 73–88.

129. 'Médecine et luttes de classes: Michel Foucault et le Groupe d'Information Santé', *Le Nef*, October- December 1972, pp. 67–73.

130. 'Comité Vérité-Justice: 1, 500 Grenoblois accusent', *Vérité: Rhône-Alpes* 3, December 1972.

131. 'Une Giclée de sang ou un incendie', *La Cause du peuple-J'Accuse* 33, 1 December 1972.

132. 'Les Deux Morts de Pompidou', *Le Nouvel Observateur* 421, 4 December 1972, pp. 56–57. Extracts reprinted as 'Deux Calculs', *Le Monde*, 6 December 1972, p. 20. Tr., abridged, Paul Auster, 'The Guillotine Lives', *New York Times*, 8 April 1973, section 4, p. 15.

133. 'Réponse', *Le Nouvel Observateur* 422, p. 63. Reply to comments by Aimé Paistre.

134. 'Histoire des systèmes de pensée', *Annuaire du Collège de France* 72, 1972, pp. 283–

286. Reprinted as 'Théories et institutions pénales', *Résumé des cours*, pp. 17–25.

135. 'Préface' to Serge Livrozet, *De la Prison à la révolte*, Mercure de France, 1973, pp. 7–14.   565

136. 'Présentation', *Moi, Pierre Rivière, ayant égorgé ma mère, ma soeur et mon frère … Un Cas de parricide au XIX siècle présenté par Michel Foucault*, Gallimard/Julliard, 1973, pp. 9–15. Abbreviated version, with excerpts from Rivière's memoir, published as 'Un Crime fait pour être raconté', *Le Nouvel Observateur* 464, 1 October 1973, pp. 80–112. Tr. Frank Jellinek, 'Foreword', *I, Pierre Rivière, Having Slaughtered my Mother, my Sister and my Brother*, New York: Pantheon, 1975, pp. vii–xiv.

137. 'Les Meurtres qu'on raconte', in *Moi, Pierre Rivière*, pp. 265–275. Tr. 'Tales of Murder', *I, Pierre Rivière*, pp. 199–212.

138. 'Pour une Chronique de la mémoire ouvrière', *Libération* 22, February 1973, p. 6.

139. 'En Guise de conclusion', *Le Nouvel Observateur* 435, 13 March 1973, p. 92.

140. 'La Force de fuir', *Derrière le miroir* 202, March 1973, pp. 1–8. On Paul Rebeyrolle.

141. 'Power and Norm: Notes', notes from lecture at the Collège de France, 28 March 1973. Tr. W. Suchting, *Power Truth, Strategy*, pp. 59–66.

142. 'L'Intellectuel sert à rassembler les idées … mais son savoir est partiel par rapport au savoir ouvrier', *Libération* 26 May 1973, pp. 2–3. 与一个只被称为若泽（José）的工人交谈。

143. 'O Mondo é om grande hospicio', interview with Ricardo Gomes Leire, *Jornal de Belo Horizonte*, May 1973.

144. 'A Verdade e as Formas juridicas', *Cuadernos da PUC*, 1974, pp. 4–102. Five lectures given in Rio de Janeiro, 21–25 May 1973. Followed, pp. 103–133, by 'Mesa ronda', a discussion involving Foucault.

145. 'Un Nouveau Journal?', *Zone des tempêtes* 2, May-June 1973, p. 3.

146. 'Entretien avec Michel Foucault: A propos de l'enfermement pénitentiaire', *Pro Justitia*, vol. 1, no. 3-4, Winter 1973. Interview with A. Krywin and F. Ringelheim.

147. 'Gefängnisse und Gefängnisrevolten', *Dokumente: Zeitschrift für übernationale Zusammenarbeit* 29, June 1973, pp. 133–137. Interview with Bodo Morawe.

148. 'Convoqués à la P.J.', *Le Nouvel Observateur* 468, 29 October 1973, p. 53. With Alain Landau and Jean-Yves Petit.

149. 'Entretien Foucault-Deleuze-Guattari', *Recherches* 13, December 1973, pp. 27–31, 183–188.

150. 'Histoire des systèmes de pensée', *Annuaire du Collège de France* 73, 1973, pp. 255–267. Reprinted as 'La Société punitive', *Résumé des cours*, pp. 29–51.

151. 'Sur la Seconde Révolution chinoise. Entretien 1. Michel Foucault et K. S. Karol', *Libération*, 31 January 1974, p. 10.

152. 'Sur la Seconde Révolution chinoise. Entretien 2', *Libération*, 1 February 1974, p. 10.

153. 'Le Rayons noirs de Byzantios', *Le Nouvel Observateur* 483, 11 February 1974, pp. 56–57.

154. 'Carceri e manicomi nel congegno del potere', interview with Marco d'Erasmo, *Avanti*, 3 March 1974, p. 6.

155. Letter of 22 May 1974 to Claude Mauriac, reprinted Mauriac, *Et Comme VEspérance est violente*, Livre de poche, 1986, p. 454.

156. 'Sexualité et politique', *Combat*, 27–28 April 1974, p. 16.

157. 'L'Association de Défense des Droits des Détenus demande au gouvernement la discussion en plein jour du système pénitentiaire', *Le Monde* 28–29 July 1974, p. 8.

158. 'Anti-Rétro. Entretien avec Michel Foucault', with Pascal Bonitzer and Serge Toubiana, *Cahiers du cinéma* 251–252, July-August 1974, pp. 5–15. Tr, abridged, Martin Jordan, 'Film and Popular Memory', *Radical Philosophy* 11, Summer 1975, pp. 24–29, republished *Foucault Live*, pp. 89–106.

159. 'Crisis de un modelo en la medicina?', lecture, Rio de Janeiro, October 1974. *Revista Centroamericano de Ciencas de la Salud* 3, January-April 1976, pp. 197–210.

160. 'La Nacimento de la medicina social', lecture, Rio de Janeiro, October 1974. *Revista Centroamericana de Ciencas de la Salud* 6, January-April 1977, pp. 89–108.

161. 'Incorporacion del medicina en la technologia moderna', lecture, Rio de Janeiro, October 1974. *Revista Centroamericana de Ciencas de la Salud* 10, May-August 1978, pp. 93–104. French version published as 'Histoire de la médicalisation: l'incorporation de l'hôpital dans la technologie moderne', *Hermès* 2, 1988, pp. 13–40.

162. 'Table ronde sur l'expertise psychiatrique', *Actes: Cahiers d'action juridique* 5–6, December 1974-January 1975, pp. 93–104. Reprinted *Actes: Délinquances et ordre*, Maspero, 1978, pp. 213–228. Foucault's interventions reprinted as 'L'Expertise psychiatrique', *Actes: Cahiers d'action juridique* 54, Summer 1986, p. 68.

163. 'Histoire des systèmes de pensée', *Annuaire du Collège de France* 74, 1974, pp. 293–300. Reprinted as 'Le Pouvoir psychiatrique', *Résumé des cours*, pp. 55–69. A longer

566

544

version later appeared as 'La Casa della follia', tr. C. Tarroni, in Franco Basaglia and Franca Basaglia-Ongaro, eds. *Crimini di pace*, Turin: Einaudi, 1975, pp. 151–169. 法语原文随后出现在如下版本的著作中，即 Basaglia and Basagli-Ongaro, eds., *Les Criminels de paix: Recherches sur les intellectuels et leurs techniques comme préposés à l'oppression*。Tr. Bernard Fréminville, Presses Universitaires de France, 1980, pp. 145–160.

164. *Surveiller et punir: Naissance de la prison*, Gallimard, 1975. Tr. Alan Sheridan, *Discipline and Punish*, London: Tavistock, New York: Pantheon, 1977.

165. 'La Peinture photogénique', introduction to the exhibition catalogue *Fromanger: Le Dèsir est partout*, Galerie Jeanne Bucher, 1975. 10 pp., no pagination.

166. 'Préface', Bruce Jackson, *Leurs Prisons*, Plon, 1975, pp. i–vi.

167. 'Un Pompier vend la mèche', *Le Nouvel Observateur* 531, 13 January 1975, pp. 56–57. Review of Jean-Jacques Lubrina, *L'Enfer des pompiers*.

168. 'La Politique est la continuation de la guerre par d'*autres moyens*', conversation with Bernard-Henri Lévy, *L'Imprévu* 1, 27 January 1975, p. 16.

169. 'A Quoi rêvent les philosophes?', *L'Imprévu* 2, 28 January 1975, p. 13.

170. 'Des Supplices aux cellules', *Le Monde* 21 February 1975, p. 16. Interview with Roger-Pol Droit. Tr. abridged, Leonard Mayhew, 'Michel Foucault on the Role of Prisons', *New York Times*, 5 August 1975, p. 31.

171. 'Sur la sellette', *Les Nouvelles littéraires*, 17 March 1975, p. 3, interview with Jean-Louis Ezine. Tr. Renée Morel, 'An Interview with Michel Foucault', *History of the Present* 1, February 1985, pp. 2–3, 14.

172. 'Il Carcere visto da un filosofo francese', *L'Europeo* vol. 31, no. 4, 3 April 1975, pp. 63–65. Interview with Ferdinando Scianna.

173. 'La Fete de l'écriture. Un Entretien avec Michel Foucault et Jacques Almira', with Jean Le Marchand, *Le Quotidien de Paris*, 25 April 1975, p. 13.

174. 'La Mort du père', with Pierre Daix, Philippe Gavi, Jacques Rancière and Yannakakis, *Libération*, 30 April 1975, pp. 10–11.

175. 'On Infantile Sexuality', undated typescript. 由约翰·莱维特（John Leavitt）抄录的一个略有不同且不完整的版本，题为《话语与压制》（pp.23），被描述为一篇未发表的演讲，日期为"伯克利，1975 年 5 月 8 日"。

176. 'Entretien sur la prison', *Magazine littéraire* 101, June 1975, pp. 27–33. Interview with

567

Jean-Jacques Brochier. Tr. Colin Gordon, 'Prison Talk', *Radical Philosophy* 16, Spring 1977, pp. 10–15, reprinted in *Power/Knowledge*, pp. 37–54.

177. 'Pouvoir et corps', *Quel corps?* 2, 1975. Reprinted in *Quel Corps*, Maspero, 1978, pp. 27–35. Tr. Colin Gordon, 'Body/Power', *Power/Knowledge*, pp. 55–62.

178. 'Foucault, Passe-frontières de la philosophie', *Le Monde*, 6 September 1986, p. 12. Interview with Roger-Pol Droit conducted on 20 June 1975. Tr. John Johnston, 'On Literature', *Foucault Live*, pp. 113–120.

179. 'La Machine à penser est-elle détraquée?', *Le Monde diplomatique*, July 1975, pp. 18–21. 对莫里斯·T. 马斯奇诺（Maurice T. Maschino）关于对所谓"思想危机"的态度的调查的简要回应。

180. 'Aller à Madrid', *Libération*, 24 September 1975, pp. 1, 7. Interview with Pierre Benoit.

181. 'Hospicios, sexualidade, prisoês', *Versus*, 1 October 1975. Interview with Claudio Bojunga. 'Loucora – uma questaô de poder', *Jornal do Brasil*, 12 November 1975. Interview with Silvia Helena Vianna Rodrigues.

182. *Radioscopie de Michel Foucault. Propos recueillis par Jacques Chancel*, 3 October 1975.

183. 'Reflexions sur *Histoire de Paul*. Faire les fous', *Le Monde*, 16 October 1975, p. 17. On a film by René Feret.

184. 'A Propos de Marguerite Duras', *Cahiers Renaud-Barrault* 89, October 1975, pp. 8–22. Conversation with Hélène Cixous.

185. 'Sade, sergent du sexe', *Cinématographe* 16, December 1975-January 1976, pp. 3–5. Interview with Gérard Dupont.

186. 'Histoire des systèmes de pensée', *Annuaire du Collège de France* 75, 1975, pp. 335–339. Republished as 'Les Anormaux', *Résumé des cours*, pp. 73–81.

187. *Histoire de la sexualité I: La Volonté de savoir*, Gallimard 1976. Tr. Robert Hurley, *The History of Sexuality I: an Introduction*, New York: Pantheon, 1978.

188. 'Il faut défendre la société', unpublished transcript by Jacques Lagrange of lecture of 7 January 1976 at the Collège de France.

189. 'Il faut défendre la société', unpublished transcript by Jacques Lagrange of lecture of 14 January 1976 at the Collège de France. Italian versions of these lectures published as 'Corso del 7 gennaio 1976' and 'Corso del 14 gennaio 1976' in Alessandro Fontana

and Pasquale Pasquino, eds. *Microfisica del potere*, Turin: Einaudi, 1977, pp. 163–177, 179–194. Tr. (from the Italian), Kate Soper, 'Two Lectures', *Power/Knowledge*, pp. 78–108.

190. 'Les Têtes de la politique', preface to a collection of cartoons by Wiaz, *En attendant le grand soir*, Denoël, 1976, pp. 7–12.   568

191. 'Une Mort inacceptable', preface to Bernard Cuau, *L 'Affaire Mirval, ou comment le récit abolit le crime*, Presses d'aujourd'hui, 1976, pp. vii–xi.

192. 'La Politique de la santé au XVII siècle', introduction to *Généalogie des équipements de normalisation: les équipements sanitaires*, Fontenay-sur-Bois: CERFI, 1976, pp. 1–11. Reprinted as *Les Machines à guérir (aux origins de l'hôpital moderne)*, Brussels: Pierre Mardaga, 1979, pp. 7–18. Tr. Colin Gordon, 'The Politics of Health in the Eighteenth Century', *Power/Knowledge*, pp. 166–182.

193. 'La Voix de son maître, préface à un synopsis de Gérard Mordillat', unpublished typescript.

194. 'La Crisis de la medicina o la crisis de la antimedicina', *Education medicay salud*, vol. 10, no. 2, 1976, pp. 152–170. Lecture given at the Institutode Medecina Social, Centro Biomedico, Universidad Estatal de Rio Janeiro, October 1974.

195. 'Sur *Histoire de Paul*', *Cahiers du cinéma* 262–263, January 1976, pp. 63–65. A discussion with René Féret.

196. 'Questions à Michel Foucault sur la géographie', *Hérodote* 1, January-March 1976, pp. 71–85. Tr. Colin Gordon, 'Questions on Geography', *Power/Knowledge*, pp. 63–77.

197. 'Crimes et châtiments en URSS et ailleurs ...', *Le Nouvel Observateur* 585, 26 January 1976, pp. 34–37. Conversation with K. S. Karol. Tr., abridged, Mollie Horwitz, 'The Politics of Crime', *Partisan Review* 43, 1976, pp. 453–459; republished, *Foucault Live*, pp. 121–130.

198. 'Mesures alternatives à l'emprisonnement', lecture delivered at the University of Montréal, 15 March 1976. *Actes: Cahiers d'action juridique* 73, December 1990, pp. 7–15.

199. 'Michel Foucault: L'Illégalisme et l'art de punir', Interview, *La Presse* (Montreal) 3, April 1976, 'Section D. Livres', pp. 2, 23.

200. 'L'Extension sociale de la norme', *Politique hebdo* 212, March 1976, pp. 14–16. A discussion, with P. Werner, of Szasz's *Fabriquer la folie*.

201. 'Faire vivre et laisser mourir: la naissance du racisme', lecture delivered at the Collège de France, March 1976, *Les Temps modernes* 535, February 1991, pp. 37–61.

202. 'Sorcellerie et folie', *Le Monde*, 23 April 1976, p. 18. Discussion, with Roland Jacquard, of Szasz's *Fabriquer la folie*. Tr. John Johnson, 'Sorcery and Madness', *Foucault Live*, pp. 107–112.

203. 'Dialogue on Power: Michel Foucault and a Group of Students', Los Angeles, May 1976, *Quid*（Simon Wade, ed.）, 1976, pp. 4–22.

204. 'Intervista a Michel Foucault'. Conducted in June 1976, this interview was published as the introduction to *Microfisica del potere*. Excerpts appeared as 'La Fonction politique de l'intellectuel', *Politique hebdo* 247, 29 November 1976. Full French text published as 'Vérité et pouvoir', *L'Arc* 70, 1977, pp. 16–26. Tr., Colin Gordon, 'Truth and Power', *Power/Knowledge*, pp. 109–133.

205. 'L'Expertise médico-légale', transcript of discussion on Radio-France, 8 October 1976.

206. 'Des Questions de Michel Foucault à *Hérodote*', *Hérodote* 3, July-September 1976, pp. 9–10.

207. 'Bio-histoire et bio-politique', *Le Monde*, 17–18 October 1976, p. 5. On Jacques Ruffié, *De la Biologie à la culture*.

208. 'L'Occident et la vérité du sexe', *Le Monde*, 5 November 1976, p. 24. Tr. Lawrence Winters, 'The West and the Truth of Sex', *Sub-Stance* 20, 1978.

209. 'Entretien avec Michel Foucault', *Cahiers du cinéma* 271, November 1976, pp. 52–53. Interview with Pascal Kane on René Allio's adaptation of *Moi, Pierre Rivière*.

210. 'Pourquoi le crime de Pierre Rivière? Dialogue: Michel Foucault et François Châtelet', *Pariscope*, 10–16 November 1976, pp. 5–7. Tr. John Johnston, 'I, Pierre Rivière ...', *Foucault Live*, pp. 131–136.

211. 'Entretien avec Guy Gauthier', *Revue du cinéma* 312, December 1976, pp. 37–42.

212. 'Malraux', *Le Nouvel Observateur* 629, 29 November 1976, p. 83.

213. 'Histoire des systèmes de pensée', *Annuaire du Collège de France* 76, 1976, pp. 361–366. Republished as '"Il faut défendre la société"', *Résumé des cours*, pp. 85–94. Tr., Ian McLeod, 'War in the Filigree of Peace. Course Summary', *Oxford Literary Review*, vol. 4, no. 2, 1980, pp. 15–19.

214. 'Michel Foucault à Goutelas : La Redéfinition du "justiciable"', address to the

569

Syndicat de la Magistrature, Spring 1977. *Justice* 115, June 1987, pp. 36–39.

215. 'Le Poster de l'ennemi public No 1', *Le Matin*, 7 March 1977, p. 11.

216. 'Preface' to English translation of Gilles Deleuze and Félix Guattari, *Anti-Oedipus: Capitalism and Schizophrenia*, tr. Robert Hurley, Mark Seem and Helen Lane, New York: Viking 1977, pp. 7–8.

217. 'Vorwort zur deutschen Ausgabe', introduction to German edition of *La Volonté de savoir: Sexualität und Wahrheit: I: Der Wille zum Wissen*, tr. Ulrich Raulf, Frankfurt: Suhrkamp, 1977, pp. 7–8.

218. 'Avant-propos', *Politiques de l'habitat 1800–1850*, CORDA, 1977, pp. 3–4.

219. 'L'Oeil du pouvoir', foreword to Jeremy Bentham, *Le Panoptique*, Pierre Belfond, 1977, pp. 9–31. Conversation with Jean-Pierre Barou and Michelle Perrot. Tr., Colin Gordon, 'The Eye of Power', *Power/Knowledge*, pp. 146–165.

220. 'Le Supplice de la vérité', *Chemin de ronde* 1, 1977, pp. 162–163.

221. 'Die Folter, das ist die Vernunft', *Literaturmagazin* 8, 1977, pp. 60–68. Discussion with Kurt Boesers.

222. 'La Sécurité et l'état', *Tribune socialiste*, 24 November 1977.

223. 'Préface' to Mireille Debard and Jean-Luc Hennig. *Les Juges Kaki*, Editions Alain Moreau, 1977. Also published as 'Les Juges Kaki', *Le Monde*, 1–2 December 1977, p. 15.

224. 'Michel Foucault: "Les Rapports du pouvoir passent à l'intérieur du corps"', interview with Lucette Finas, *La Quinzaine littéraire* 247, 1–15 January 1977. Tr. Leo Marshall, 'The History of Sexuality', *Power/Knowledge*, pp. 183–193.

225. 'La Vie des hommes infâmes', *Cahiers du chemin* 29, 15 January 1977, pp. 19–29. Tr., Paul Foss and Meaghan Morris, 'The Life of Infamous Men' in Foss and Morris, eds., *Power, Truth, Strategy*, Sydney: Feral, 1979, pp. 76–91.

226. 'Michel Foucault: A bas la dictature du sexe', interview with Madeleine Chapsal, *L'Express*, 24 January 1977, pp. 56–57.

227. 'Pouvoirs et stratégies', *Les Révoltes logiques* 4, Winter 1977, pp. 89–97. Written answers to questions from Jacques Rancière. Tr., Colin Gordon, 'Powers and Strategies', *Power/Knowledge*, pp. 134–145.

228. 'Non au sexe roi', *Le Nouvel Observateur* 644, 12 March 1977, pp. 92–130. Interview with Bernard-Henri Lévy. Tr. David Parent, 'Power and Sex: An Interview with Michel Foucault', *Telos* 32, Summer 1977, pp. 152–161. Also by Dudley M. Marchi as

570

'The End of the Monarchy of Sex', *Foucault Live*, pp. 137–156.

229. 'Les Matins gris de la tolerance', *Le Monde,* 23 March 1977, p. 24. On Pasolini's *Comizi d'amore.*

230. 'L'Asile illimité', *Le Nouvel Observateur* 646, 28 March 1977, pp. 66–67. On Robert Castel, *L'Ordre psychiatrique.*

231. 'La Géométrie fantastique de Maxime Defert', *Les Nouvelles littéraires*, 28 April 1977, p. 13.

232. 'La Grande Colère des faits', *Le Nouvel Observateur* 652, 9 May 1977, pp. 84–86. Reprinted in Sylvie Boucasse and Denis Bourgeois, eds., *Faut-il brûler les nouveaux philosophes?*, Nouvelles Editions Oswald, 1978, pp. 63–70. On André Glucksmann, *Les Maîtres penseurs.*

233. 'L'Angoisse de juger', *Le Nouvel Observateur* 655, 30 May 1977, pp. 92–116. Debate with Jean Laplanche and Robert Badinter. Tr. John Johnston, 'The Anxiety of Judging', *Foucault Live*, pp. 157–178.

234. Comments on science fiction, 3 June and 20 November 1977, in Igor and Grichka Bogdanoff, *L'Effet science-fiction: à la recherche d'une définition*, Robert Laffont, 1979, pp. 35, 117.

235. 'Le Jeu de Michel Foucault', *Ornicar?* 10, July 1977, pp. 62–93. Discussion with Alain Grosrichard, Gérard Wajeman, Jacques-Alain Miller. Guy le Gaufey, Catherine Millot, Dominique Colas, Jocelyne Livi and Judith Miller. Tr. Colin Gordon, 'The Confession of the Flesh', *Power/Knowledge*, pp. 194–228.

236. 'Une Mobilisation culturelle', *Le Nouvel Observateur* 670, 12 September 1977, p. 49.

237. 'Enfermement, psychiatrie, prison', *Change: La Folie encerclée* 32–33, October 1977. Discussion with David Cooper, Jean-Pierre Faye, Marie-Odile Faye and Marine Zecca. Tr. Alan Sheridan, 'Confinement, Psychiatry, Prison', in Lawrence D. Kritzman, ed., *Politics, Philosophy, Culture: Interviews and Other Writings, 1977–1984*, London: Routledge, 1988, pp. 178–210.

238. 'About the Concept of the Dangerous Individual in Nineteenth-Century Legal Psychiatry', delivered to a symposium on law and psychiatry held at York University, Toronto, October 24–16 1977, tr. Alain Baudot and Jane Couchman, *International Journal of Law and Psychiatry* 1, 1978, pp. 1–18. Republished as 'The Dangerous Individual', *Politics, Philosophy, Culture*, pp. 125–151. French version published as

'L'Evolution de la notion d'"individu dangereux" dans la psychiatrie légale', *Revue Déviance et société* 5, 1981, pp. 403–422.

239. 'Va-t-on extradier Klaus Croissant?', *Le Nouvel Observateur* 678, 14 November 1977, pp. 62–63.

240. 'Désormais, la sécurité est au-dessus des lois', *Le Matin*, 18 November 1977, p. 59. Interview with Jean-Paul Kauffman.

241. 'Lettre à quelques leaders de la gauche', *Le Nouvel Observateur* 681, 28 November 1977, p. 59.

242. '"Wir fühlten uns als schmutzige Spezies"', *Der Spiegel*, 19 December 1977, pp. 77–78.

243. 'Sécurité, térritoire, population', cassette recording of lecture of 11 January 1978 at Collège de France. Released by Seuil and Productions de la licorne as part of *De la Gouvernementalité*, KS S531A, 1989.

244. 'Préface' to *My Secret Life*, tr. Christine Charnaux et al., Editions les formes du secret, 1978, pp. 5–7.

245. 'Introduction' to Georges Canguilhem, *On the Normal and the Pathological*, tr. Carolyn Fawcett, Boston: Reidel, 1978, pp. ix–xx. Subsequently published in French as 'La Vie: l'expérience et la science', *Revue de métaphysique et de morale* 90, January-March 1985, pp. 3–14.

246. 'Note', *Herculine Barbin dite Alexina B., présenté par Michel Foucault*, Gallimard, 1978, pp. 131–132.

247. 'La Grille politique traditionelle', *Politique Hebdo* 303, 1978, p. 20.

248. 'M. Foucault. Conversazione senza complessi con il filosofo che analizza le "struture del potere"', *Playmen* 12, 1978, pp. 21–30. Interview with Jerry Bauer.

249. 'Un Jour dans une classe s'est fait un film', *L'Educateur*, vol. 51, no. 12, 1978, pp. 21–25.

250. 'Eugène Sue que j'aime', *Les Nouvelles littéraires*, 12–19 January 1978, p. 3.

251. 'Une Erudition étourdissante', *Le Matin*, 20 January 1978, p. 25. On Philippe Ariès, *L'Homme devant la mort*.

252. 'Alain Peyrefitte s'explique ... et Michel Foucault répond', *Le Nouvel Observateur* 689, 23 January 1978, p. 25.

253. 'La Governamentalita', *Aut-aut* 167–168, September-December 1978, Italian transcript, by Pasquale Pasquino, of a lecture given at the Collège de France in February 1978. Tr. Rosi Braidotti, 'Govermentality', *Ideology and Consciousness* 6,

571

Autumn 1979, pp. 5–12. Revised version in Graham Burchell, Colin Gordon and Peter Miller, eds., *The Foucault Effect: Studies in Governmentality*, Hemel Hempstead, 1991, pp. 87–105. French version, tr. Jean-Claude Oswald, 'La Gouvernementalité', *Actes: Cahiers d'action juridique* 54, Summer 1986, pp. 7–15.

254. 'Precisazioni sul potere. Riposta ad alcuni critici', *Aut-aut* 167–168, September-December 1978, pp. 12–29. A reply to written questions from Pasquale Pasquino. Tr. James Cascaito, 'Clarification on the Question of Power', *Foucault live*, pp. 179–192.

255. 'Attention: danger', *Libération*, 22 March 1978, p. 9.

256. 'La Loi de la pudeur', radio discussion on France-Culture's *Dialogues* on 4 April 1978 with Guy Hocquenhem and Jean Danet, transcript published *Recherches* 37, April 1979, pp. 69–82. Tr. Alan Sheridan, 'Sexual Morality and the Law', *Politics, Philosophy, Culture*, pp. 271–285.

257. 'Débat avec Michel Foucault au Centre Culturel de L'Athénée Français', Tokyo, 21 April 1978. Transcript by Romei Yashimoto of debate following a screening of *Moi, Pierre Rivière*.

258. 'The Strategy of world-understanding: how to get rid of marxism', dialogue with Ryumei Yashimoto on April 25 1978, *UMI* 53, July 1978, pp. 302–328. In Japanese.

259. 'La Société disciplinaire en crise: développement de la diversité et l'indépendence en crise: Michel Foucault parle du pouvoir à l'Institut franco-japonais de Kansai à Tokyo', *Asahi janaru*, vol. 20, no. 19, 12 May 1978.

572 260. 'On Sex and Politics', *Asahi janaru* vol. 20, no. 19, 12 May 1978. Interview with Moriaki Watanabe and Chobei Nemoto.

261. 'La Poussière et le nuage', in Michelle Perrot, ed., *Impossible Prison: Recherches sur le système pénitentiare au XIX siècle*, Seuil, 1980, pp. 29–39.

262. 'Table ronde du 20 mai 1978', *L'Impossible Prison*, pp. 40–56. Tr. Colin Gordon, 'Questions of Method', *Ideology and Consciousness* 8, Spring 1981, pp. 3–14. Republished, *The Foucault Effect*, pp. 73–86.

263. 'Postface', *L'Impossible Prison*, pp. 316–318.

264. 'Qu'est-ce que la critique? [Critique und Aufklärung]', lecture to the Société Française de Philosophie, 27 May 1978, *Bulletin de la Société Française de Philosophie*, vol. LXXXIV, 1990, pp. 35–63.

265. 'Vijftien vragen can homosexuele zijde san Michel Foucault' in M. Duyves and T.

Maasen, eds., *Interviews met Michel Foucault*, Utrecht；De Woelrat, 1982, pp. 13–23. Interview dated 10 July 1978. French version published as 'Le Gai Savoir', *Mec Magazine*, 5 June 1988, pp. 32–36 and 'Le Gai Savoir（2）', *Mec Magazine* 6–7, July-August 1988, pp. 30–33.

266. 'Du Pouvoir', interview with Pierre Boncenne, July 1978, *L'Express*, 13 July 1984, pp. 56–62. Tr. Alan Sheridan, 'On Power', *Politics, Philosophy, Culture*, pp. 96–109.

267. 'Il misterioso ermafrodito', *La Stampa*, August 5, 1978, p. 5.

268. 'Du Bon Usage du criminel', *Le Nouvel Observateur* 722, 11 September 1978, pp. 40–42.

269. 'Taccuina persiano: l'esercito, quando la terra trema', *Corriere della sera*, 28 September 1978, pp. 1–2.

270. 'Teheran: la fede contra lo Scia', *Corriere della sera*, 8 October 1978, p. 11.

271. 'A Quoi rêvent les Iraniens?', *Le Nouvel Observateur* 727, 16–22 October 1978, pp. 48–49.

272. 'Le Citron et le lait', *Le Monde* 21 October 1978, p. 14. On Philippe Boucher, *Le Ghetto judiciaire*.

273. 'Ein gewaltiges Erstaunen', *Der Spiegel* 32, 30 October 1978, p. 264. On the 1978 'Paris-Berlin' exhibition. Tr. J. D. Leakey, 'Interview with Michel Foucault', *New German Critique* 16, Winter 1979, pp. 155–156.

274. 'Una Rivolta con le mani nude', *Corriere della sera*, 7 November 1978, pp. 1–2.

275. 'Sfida alia opposizione', *Corriere della sera*, 12 November 1978, pp. 1–2.

276. 'I reportage di idee', *Corriere della sera*, 12 November 1978, p. 1.

277. 'Réponse de Michel Foucault à une lectrice iranienne', *Le Nouvel Observateur*, 13 November 1978, p. 26.

278. 'La Rivolta dell'Iran corre sui nastri delli minicassette', *Corriere della sera*, 19 November 1978, pp. 1–2.

279. 'Polemiche furiose: Foucault e i communisti italiani, a cura di Pascale Pasquino', *L'Espresso* 46, 19 November 1978, pp. 152–156.

280. 'Il mitico capo della rivolta nell'Iran', *Corriere della sera*, 26 November 1978, pp. 1–2.

281. *Colloqui con Foucault*, Salerno；10/17 Cooperative editrice, 1978. A series of interviews with Duccio Trombadori. Tr. R. James Goldstein and James Cascaito, *Remarks on Marx*, New York: Semiotext (e), 1991.

573 282. 'Lettera di Foucault all *Unità'*, *Unità*, 1 December 1978, p. 1.

283. Unsigned contributions to Thierry Voeltzel, *Vingt Ans et après*, Seuil, 1978. Transcripts of dialogues recorded from July 1976 onwards.

284. 'Histoire des systèmes de pensée, *Annuaire du Collège de France* 78, 1978, pp. 445-449. Republished as 'Sécurité, térritoire et population', *Résumé des cours*, pp. 99–106. Tr. with an introduction, James Bernauer, 'Foucault at the Collège de France I: A Course Summary', *Philosophy and Social Criticism* vol. 8, no. 2, Summer 1981, pp. 1–44.

285. 'L'Esprit d'un monde sans esprit', conversation with Claire Brière and Pierre Blanchet, published as an afterword to their *Iran: la Révolution au nom de Dieu*, Seuil, 1979, pp. 235–241. Tr. Alan Sheridan, 'The Spirit of a World Without Spirit', *Politics, Philosophy, Culture*, pp. 211–226.

286. 'Préface', Peter Bruckner and Alfred Krovoza, *Ennemi de l'e'tat*, Claix: La Pensée sauvage, 1979, pp. 4–5.

287. 'Naissance de la biopolitique'. Cassette recording of lecture of 10 January 1979 at Collège de France. Released by Seuil and Productions de la Licorne, as part of *De la Gouvernementalité*. KS 532, 1989.

288. 'La Phobie d'état', excerpt from lecture of 31 January 1979 at the Collège de France, *Libération*, 30 June-1 July 1984, p. 21.

289. 'Mais à quoi servent les pétitions?', response to questions from Pierre Assouline, *Les Nouvelles littéraires*, 1–8 February 1979, p. 4.

290. 'Manières de justice', *Le Nouvel Observateur* 743, 5 February 1979, pp. 20–21.

291. 'Una Polveriera chimata Islam', *Corriere della sera*, 13 February 1979, p. 1.

292. 'Michel Foucault et l'Iran', *Le Matin*, 26 March 1979, p. 15.

293. 'Un Plaisir si simple', *Le Gai Pied* 1, April 1979, pp. 1, 10. Tr. Mike Riegle and Gilles Barbedette, 'The Simplest of Pleasures', *Fag Rag* 29, p. 3.

294. 'Lettre ouverte à Mehdi Bazarghan', *Le Nouvel Observateur* 753, 14 April 1979, p. 46.

295. 'Pour une Morale de l'inconfort', *Le Nouvel Observateur* 754, 23 April 1979, pp. 82–83. Review of Jean Daniel's *L'Ere des ruptures*. Reprinted as preface to the 1980 Livre de poche edn. of *L'Ere de ruptures*, pp. 9–16.

296. 'Le Moment de la vérité', *Le Matin*, 25 April 1979, p. 20. On the death of Maurice Clavel.

297. 'Vivre autrement le temps', *Le Nouvel Observateur* 755, 30 April 1979, p. 88. On the death of Maurice Clavel.

298. 'Le Vrai Sexe', read to *Arcadie* Congress, May 1979, *Arcadie* 27, November 1980, pp. 617–625. A modified version appeared in English as the 'Introduction' to *Herculine Barbin; Being the Recently Discovered Memoirs of a Nineteenth-Century French Hermaphrodite*, tr. Richard McDougall, Brighton: Harvester Press, 1980, pp. vii–xvii. Dated 'January 1980'.

299. 'Inutile de se soulever?', *Le Monde*, 11 May 1979, pp. 1, 2. Tr. with an introduction James Bernauer, 'Is It Useless to Revolt?', *Philosophy and Social Criticism* vol. 8, no. 1, Spring 1981, pp. 1–9.

300. 'La Stratégie du pourtour', *Le Nouvel Observateur* 759, 28 May 1979, p. 57.

301. 'Omnes et Singulatim: Towards a Criticism of Political Reason' lectures delivered at Stanford University on 10 and 16 October 1979, in Sterling McMurrin, ed., *The Tanner Lectures on Human Values II*, Salt Lake City: University of Utah Press, 1981, pp. 225–254. Reprinted as 'Politics and Reason', *Politics, Philosophy, Culture*, pp. 57–85. Tr. P. E. Dauzat, 'Omnes et singulatim: vers une critique de la raison politique', *Le Débat* 41, September-October 1986, pp. 5–35.

302. 'Luttes autour des prisons', *Esprit* 35, November 1979, pp. 102–111. Discussion with Antoine Lazarus and François Colcombet; Foucault uses the pseudonym 'Louis Appert'.

303. 'Histoire des systèmes de pensée', *Annuaire du Collège de France* 79, 1979, pp. 367–372. Republished as 'Naissance de la biopolitique', *Résumé des cours*, pp. 109–119. Tr. with an introduction, James Bernauer, 'Foucault at the Collège de France II : A Course Summary', *Philosophy and Social Criticism*, vol. 8, no. 3, Fall 1981, pp. 349–359.

304. 'Du Gouvernement des vivants', incomplete transcripts of lectures at the Collège de France on 9, 16 January 1980, 13, 20 February 1980 and 5 March 1990.

305. 'The Flying University', *New York Review of Books*, 24 January 1980, p. 49, collective open letter.

306. 'Les Quatre Cavaliers de l'Apocalypse et les vermisseaux quotidiens', *Cahiers du cinéma* 6, February 1980 (*Numéro hors série*), pp. 95–96. Interview with Bernard Sobel on Syberberg's *Hitler, a film from Germany*.

574

307. 'Se Défendre', preface to *Pour La Défense libre*, brochure issued by the Centre de Recherche et de Formation Juridique, 1980, pp. 5–6. Collectively signed by Michel Foucault, Henry Juramy, Christian Revon, Jacques Vergés, Jean Lapeyrie and Dominique Nocaudie.

308. '*Le Nouvel Observateur* e L'Unione della sinistra', *Spirali* 15, January 1980, pp. 53–55. Extracts from a conversation between Michel Foucault and Jean Daniel about Daniel's *L'Ere des ruptures*, originally broadcast on France-Culture.

309. 'Toujours les prisons', *Esprit*, 37, January 1980, pp. 184–186. Exchange of letters with Paul Thibaud and Jean-Marie Domenach.

310. 'Préface' to Roger Knobelspiess, QHS: *Quartier de Haute Sécurité*, Stock, 1980, pp. 11–16, dated 31 March 1980.

311. 'Le Philosophe masqué', *Le Monde dimanche*, 6 April 1980, pp. i, xvii. Interview with Christian Delacampagne; Foucault is not identified. Tr. John Johnston, 'The Masked Philosopher', *Foucault Live*, pp. 193–202.

312. 'Conversation with Michel Foucault', *The Threepenny Review* vol. 1, no. 1, Winter-Spring 1980, pp. 4–5. Interview with Millicent Dillon.

313. 'Sexuality and Solitude', James Lecture delivered on 20 November 1980 at the New York Institute for the Humanities, published, *London Review of Books*, 21 May-3 June 1981, pp. 3, 5–6. Republished David Rieff, ed., *Humanities in Review I*, New York: Cambridge University Press, 1982, pp. 3–21.

314. 'Truth and Subjectivity', Howison Lectures delivered at Berkeley, 20 and 21 October 1980. Unpublished typescripts.

315. 'Power, Moral Values and the Intellectual', interview with Michael D. Bess, San Francisco 1980, typescript.

316. 'Foucault', in D. Huisman, ed., *Dictionnaire des philosophes*, Presses Universitaires de France, 1981, vol. 1., pp. 942–944. Signed 'Maurice Florence', sc. Michel Foucault and François Ewald.

317. 'Roland Barthes', *Annuaire du Collège de France* 80, 1980, pp. 61–62.

318. 'A mon retour de vacances...', letter of 16 December 1980 to Paul Rabinow. Typescript.

319. 'Histoire des systèmes de pensée', *Annuaire du Collège de France*, 80, 1980, pp. 449–452. Republished as 'Du Gouvernement des vivants', *Résumé des cours*, pp. 123–129.

320. 'De L'Amitié comme mode de vie', *Le Gai Pied* 25, April 1981, pp. 38–39. Tr. John Johnston, 'Friendship as a Way of Life', *Foucault Live*, pp. 203–211.

321. 'Mal faire, dire vrai', lectures given at the Faculté de Droit, Université Catholique de Louvain, May 1981. Typescript, pp. 159.

322. 'Entretien avec Michel Foucault réalisé par André Berten', Louvain, May 1981, *Comités d'éthique à travers le monde. Recherches en cours 1988*, Tierce-Médecine/ INSERM, 1989, pp. 228–235.

323. 'L'Intellectuel et les pouvoirs', *La Revue nouvelle* vol. LXX, no. 10, October 1984, pp. 338–345. Interview with Christian Panier and Pierre Watté, conducted 14 May 1981.

324. 'Est-il done important de penser?', *Libération*, 30–31 May 1981. Interview with Didier Eribon. Tr. with an afterword, Thomas Keenan, 'Is it really important to think?', *Philosophy and Social Criticism*, vol. 9, no. 1, Spring 1982, pp. 29–40.

325. 'Face aux gouvernements, les droits de l'homme', *Libération*, 30 June–1 July 1984, p. 22. A statement made in June 1981. Reprinted, *Actes: Cahiers d'action juridique* 54, Summer 1986, p. 2.

326. 'Il faut tout repenser la loi et la prison', *Libération*, 6 July 1981, p. 2.

327. 'Lacan, il "liberatore" della psicanalisi', *Corriere della sera*, 11 September 1981, p. 1. Interview with Jacques Nobécourt.

328. 'De la nécessité de mettre un terme à toute peine', *Libération*, 18 September 1981, p. 5.

329. 'Les Rendez-vous manqués'. Statement drafted by Foucault and Pierre Bourdieu and broadcast on *Europe 1*, 15 December 1981. Published *Libération* 15 December 1981.

330. 'Les Réponses de Pierre Vidal-Naquet et de Michel Foucault', *Libération*, 18 December 1981, p. 12.

331. 'Conversation' in Gérard Courant, ed., *Werner Schroeter*, Cinémathèque/Institut Goethe. Conversation with Schroeter.

332. 'Notes sur ce que l'on lit et entend', *Le Nouvel Observateur 893*, 19 December 1981, p. 21.

333. 'Histoire des systèmes de pensée', *Annuaire du Collège de France* 81, 1981, pp. 385–389. Republished as 'Subjectivité et vérité', *Résumé des cours*, pp. 133–142.

334. *Le Désordre des families. Lettres de cachet des Archives de la Bastille. Présenté par Arlette Farge et Michel Foucault*, Gallimard/Julliard, 1982.

335. 'Herméneutique du sujet', *Concordia* 12, 1988, pp. 44–68. Extracts from lectures at the Collège de France, 1982. French text established on the basis of transcripts by

Helmut Becker and Lothar Wolfstetter, first published in *Freiheit und Selbstsorge*, Frankfurt: Materialis Verlag, 1985.

336. Typescript of three lectures, University of Toronto, 1982.

337. 'Nineteenth Century Imaginations', tr. Alex Susteric, *Semiotext (e)*, vol. 4, no. 2, 1982, pp. 182–190.

576   338. 'The Subject and Power', Afterword to Hubert L. Dreyfus and Paul Rabinow, *Michel Foucault: Beyond Structuralism and Hermeneutics*, Hemel Hempstead: Harvester, 1982, pp. 208–226.

339. *Les Lundis de l'histoire. Le Désordre des familles*, radio discussion with Arlette Farge, Michelle Perrot and André Béjin, 10 January 1982.

340. 'Response to speech by Susan Sontag', *Soho News*, 2 March 1982, p. 13.

341. 'Space, Knowledge and Power', *Skyline*, March 1982. Interview conducted by Paul Rabinow, tr. Christian Hubert, republished *The Foucault Reader*, pp. 239–256.

342. 'Histoire et homosexualité', *Masques* 13, Spring 1982, pp. 14–24. Discussion with J.-P. Joecker, M. Ouerd and A. Sanzio.

343. 'Sexual Choice, Sexual Act: An Interview with Michel Foucault', *Salmagundi* 58–59, Fall 1982-Winter 1983, pp. 10–24. Interview with James O'Higgins, reprinted *Foucault Live*, pp. 211–232. Republished as 'Sexual Choice, Sexual Act: Foucault and Homosexuality', *Politics, Philosophy, Culture*, pp. 286–303. French version published as 'Lorsque l'amant part en taxi', *Gai Pied hebdo* 151, January 5, 1985, pp. 22–24, 54–57.

344. 'Le Combat de la chasteté', *Communications* 35, May 1982, pp. 15–25. Tr. Anthony Foster, 'The Battle for Chastity' in Philippe Ariès and André Béjin, eds., *Western Sexuality: Practice and Precept in Past and Present Times*, Oxford: Basil Blackwell, 1985, pp. 14–25. Republished, *Politics, Philosophy, Culture*, pp. 242–255.

345. 'The Social Triumph of the Sexual Will', *Christopher Street* 64, May 1982, pp. 36–41. Conversation with Gilles Barbedette, tr. Brendan Lemon.

346. 'Des Caresses d'homme considérées comme un art', *Libération*, 1 June 1982, p. 27. Review of K. J. Dover, *L'Homosexualité grecque*.

347. 'An Interview', *Ethos* vol. 1, no. 2, Autumn 1983, pp. 4–9. Interview with Stephen Riggins, 22 June 1982. Republished as 'The Minimalist Self', *Politics, Philosophy, Culture*, pp. 3–16.

348. 'Michel Foucault, An Interview: Sex, Power and the Politics of Identity', *The Advocate* 400, 7 August 1984, pp. 26–30, 58. Conducted by Bob Gallagher and Alexander Wilson in June 1982. Tr. Jacques Hess, 'Que fabriquent done les hommes ensemble?', *Le Nouvel Observateur* 1098, 22 November 1985, pp. 54–55.

349. 'Le Terrorisme ici et là', *Libération*, 3 September 1982, p. 12. Interview with Didier Eribon.

350. 'Pierre Boulez ou l'écran traversé', *Le Nouvel Observateur* 934, 2 October 1982, pp. 51–52.

351. 'En Abandonnant les polonais, nous renonçons à une part de nous-mêmes', *Le Nouvel Observateur* 935, 9 October 1982, p. 36. With Simone Signoret and Bernard Kouchner.

352. 'L'Expérience morale et sociale des Polonais ne peut plus être effacée', *Les Nouvelles littéraires*, 14–20 October 1982, pp. 8–9. Interview with Gilles Anquetil.

353. 'Truth, Power Self: An Interview with Michel Foucault', conducted by Rux Martin on 25 October 1982, in Luther H. Martin, Huck Gutman and Patrick H. Hutton, eds. *Technologies of the Self: A Seminar with Michel Foucault*, London: Tavistock, 1988, pp. 9–15.

354. 'Technologies of the Self', in *Technologies of the Self*, pp. 16–49.

355. 'The Political Technology of Individuals', in *Technologies of the Self*, pp. 145–162.

356. 'La Pensée, l'émotion', in *Duane Michals: Photographies de 1958–1982*, Paris Audiovisuel, 577 Musée d'Art Moderne de la Ville de Paris, 1982, pp. iii–vii.

357. 'L'Age d'or de la lettre de cachet', *L'Express*, 3 December 1982, pp. 35–36. Interview with Foucault and Arlette Farge, conducted by Yves Hersant.

358. 'Histoire des systèmes de pensée', *Annuaire du Collège de France* 82, 1982, pp. 395–406. Republished as 'L'Herméneutique du sujet', *Résumé des cours*, pp. 145–166.

359. 'L'Ecriture de soi', *Le Corps e'crit* 5, 1983, pp. 3–23.

360. 'Rêver de ses plaisirs: sur l'onirocritique d'Artémidore', *Recherches sur la philosophie et le langage* 3, 1983, pp. 53–78. An early version of the first chapter of *Le Souci de soi*.

361. 'Un Système fini face à une demande infinie' in *Sécurité sociale: l'enjeu*, Editions Syros, 1983, pp. 39–63. Interview with R. Bono. Tr. Alan Sheridan, 'Social Security', *Politics, Philosophy, Culture*, pp. 159–177.

362. 'Un Cours inédit', *Magazine littéraire* 207, May 1984, pp. 35–39. Lecture delivered at the Collège de France, 5 January 1983. Tr. Colin Gordon, 'Kant on Enlightenment and Revolution', *Economy and Society* vol. 15 no. 1, February 1986, pp. 88–96.

363. 'A Propos des faiseurs d'histoire', *Libération*, 21 January 1983, p. 22.

364. 'An Exchange with Michel Foucault', exchange of letters between Foucault and Lawrence Stone, *New York Review of Books*, 13 March 1983, pp. 42–44.

365. 'Um welchen Preis sagt die Vernunft die Wahrheit?', *Spuren* 1–2, 1983. Interview with Gérard Raulet. Tr. Jeremy Harding, 'Structuralism and Post-Structuralism: An Interview with Michel Foucault', *Telos* 55, Spring 1983, pp. 195–211. Tr. Mia Foret and Marion Martius, 'How Much Does it Cost to Tell the Truth', *Foucult Live*, pp. 257–276.

366. 'Sartre', 零散的打字稿，被描述为"在伯克利的一次演讲摘录"。

367. 'The Power and Politics of Michel Foucault', interview with Peter Maas and David Brock, *Inside*, 22 April 1983, pp. 7, 20–22.

368. 'Politics and Ethics: An Overview', edited interviews, conducted in April 1983, with Paul Rabinow, Charles Taylor, Martin Jay, Richard Rorty and Leo Lowenthal, tr. Catherine Porter, in *The Foucault Reader*, pp. 373–380.

369. 'On the Genealogy of Ethics: An Overview of Work in Progress', interview with Hubert L. Dreyfus and Paul Rabinow, Dreyfus and Rabinow, *Michel Foucault: Beyond Structuralism and Hermeneutics* 2nd edn, University of Chicago Press, 1983, pp. 229–252. Republished, *The Foucault Reader*, pp. 340–372. Tr.（abridged）Jacques B. Hess, 'Le sexe comme une morale', *Le Nouvel Observateur*, 1 June 1984, pp. 62–66.

370. 'Discussion with Hubert L. Dreyfus and Paul Rabinow', Berkeley, 15 April 1983, typescript.

371. 'Discussion with Hubert L. Dreyfus and Paul Rabinow', Berkeley, 19 April 1983, typescript.

372. 'Discussion with Hubert L. Dreyfus and Paul Rabinow', Berkeley, 21 April 1983, typescript.

373. 'La Pologne et après', *Le Débat* 25, May 1983, pp. 3–34. Discussion with Edmond Maire.

578 374. 'La Musique contemporaine et le public', *CNAC Magazine* 15, May-June 1983, pp. 10–12. Discussion with Pierre Boulez. Tr. John Rahn, 'Contemporary Music and the Public', *Perspectives in New Music* 24, Fall-Winter 1985, pp. 6–12 ; republished

Politics, Philosophy, Culture, pp. 314–330.

375. 'Vous êtes dangereux', *Libération*, 10 June 1983, p. 20.

376. 'Lettre à Hervé Guibert', dated July 1983, in 'L'Autre Journal d'Hervé Guibert', *L'Autre journal* 5, December 1985, p. 5.

377. 'An Interview with Michel Foucault', interview with Charles Ruas, published as the Postscript to *Death in the Labyrinth*, pp. 169–186. 'Archéologie d'une passion', *Magazine littéraire* 221, July-August 1985, pp. 100–105.

378. 'Usage des plaisirs et techniques de soi', *Le Débat* 27, November 1983, pp. 46–72. A slightly modified version of the first chapter of *L'Usage des plaisirs*.

379. 'Remarques sur la paix', *Géopolitique* 4, Autumn 1983, p. 76.

380. 'Discourse and Truth: The Problematization of Parrahesia', 约瑟夫·皮尔逊（Joseph Pearson）对福柯 1983 年 10 月和 11 月在加利福尼亚大学伯克利分校所做的 6 次讲座的笔记。打字稿。

381. 'Qu'appelle-t-on punir?', *Revue de l'Université de Bruxelles*, 1984, pp. 35–46. Interview with Foulek Ringelheim, December 1983, revised and corrected by Foucault on 16 February 1984. Tr. John Johnston, 'What Calls for Punishment?', *Foucault Live*, pp. 275–292.

382. 'Histoire des systèmes de pensée', *Annuaire du Collège de France* 83（1983）, p. 441.

383. 'Premiére Préface à *L'Usage des plaisirs*', undated typescript, pp. 51. Tr., abridged, William Smock 'Preface to *The History of Sexuality, Volume II*', *The Foucault Reader*, pp. 33–39.

384. *Histoire de la sexualité 2: L'Usage des plaisirs*, Gallimard, 1984. Tr. Robert Hurley, *The Use of Pleasure*, New York: Pantheon, 1985, London: Allen Lane, 1988.

385. *Histoire de la sexualité 3: Le Souci de soi*, Gallimard, 1984. Tr. Robert Hurley, *The Care of the Self*, New York: Pantheon, 1985, London: Allen Lane, 1988.

386. 'Interview met Michel Foucault', *Krisis: Tijdschrift voor filosofie* 14, 1984, pp. 47–58.

387. Interview with J. François and J. de Wit. 'L'Ethique du souci de soi comme pratique de la liberté', *Concordia* 6, 1984, pp. 99–116. Interview with Raul Fornet-Betancourt, Helmut Becker and Alfredo Gomez-Mûller, dated 20 January 1984. Tr. Joseph Gauthier, 'The Ethics of the Care of the Self as a Practice of Freedom', *Philosophy and Social Criticism*, vol. 12, no. 2–3, 1987, pp. 2–3, 112–131.

388. 'Philippe Ariès: le souci de la vérité', *Le Nouvel Observateur* 1006, 17 February 1984,

pp. 56–57.

389. 'Le Style de l'histoire', *Le Matin*, 21 February 1984, pp. 20–21. Interview with Arlette Farge, conducted by François Dumont and Jean-Paul Iommi-Amunstegui.

390. 'A Last Interview with French Philosopher Michel Foucault', conducted by Jamin Raskin, March 1984, *City Paper*, vol. 8. no. 3, 27 July–2 August 1984, p. 18.

391. 'Interview de Michel Foucault', conducted by Catherine Baker, April 1984, *Actes: Cahiers de l'action juridique* 45–46, 1984, pp. 3–6.

579   392. 'Le Souci de la vérité, interview with François Ewald, ' *Magazine littéraire* 207, May 1984, pp. 18–23. Tr., abridged, Paul Patton, 'The Regard for Truth', *Art and Text* 16, Summer 1984, pp. 20–31. Tr. John Johnston, 'The Concern for Truth', *Foucault Live*, pp. 293–308.

393. 'Parla Michel Foucault: Alle fonti del piacere', *Panorama* 945, 28 May 1984. Interview with Alessandro Fontana, conducted 25 April 1984. Modified French version published as 'Une Esthétique de l'existence', *Le Monde aujourd'hui* 1516, July 1984, p. x. Tr. John Johnston, 'An Aesthetics of Existence', *Foucault Live*, pp. 309–316. Tr. of French version, Alan Sheridan, 'An Aesthetics of Existence', *Politics, Philosophy, Culture*, pp. 47–53.

394. 'Polemics, Politics and Problematizations', tr. Lydia Davies, based on discussions with Paul Rabinow and Tom Zummer, May 1984, *The Foucault Reader*, pp. 381–390.

395. 'Pour en finir avec les mensonges', *Le Nouvel Observateur* 1076, pp. 76–77. Interview with Didier Eribon, dated June 1984.

396. 'Le Retour de la morale', *Les Nouvelles*, 28 June-5 July 1984, pp. 36–41. Interview with Gilles Barbedette and André Scala, conducted on 29 May 1984. Tr. Thomas Levin and Isabelle Lorenz, 'Final Interview', *Raritan* vol. 5, no. 1, Summer 1985, pp. 1–13. Republished as 'The Return of Morality', *Politics, Philosophy, Culture*, pp. 242–254. Tr. John Johnston, 'The Return of Morality', *Foucault Live*, pp. 317–332.

397. *Résumé des cours 1970–1982*, Julliard, 1989.

其他参考文献 580

Adereth, M., *The French Communist Party: A Critical History*（*1920–1984*）, Manchester University Press, 1984.

Agulhon, Maurice, *La Vie sociale en Provence intérieure au lendemain de la Révolution*, Clavreuil, 1971.

—*Les Quarante-huitards*, Gallimard, 1975.

—*Marianne au combat*, Flammarion, 1979.

—'Présentation', in Michelle Perrot, ed., *L'Impossible Prison. Recherches sur le système pénitentiaire au XIX siècle*, Seuil, 1980, pp. 5–6.

—'Postface', ibid., pp. 313–316.

Allier, Irène, 'Knobelspiess: un procès en trompe l'oeil', *Le Nouvel Observateur*, 31 October 1981, p. 83.

—*Terras Hotel*, Gallimard, 1984.

—'La Reconnaissance d'un écrivain', *Le Débat* 41, September–November 1986, pp. 159–163.

Almira, Jacques, *Le Voyage à Naucratis*, Gallimard, 1975.

Althusser, Louis, *Montesquieu: La Politique et l'histoire*, Presses Universitaires de France, 1959.

—*For Marx*, tr. Ben Brewster, London: New Left Books, 1969.

—*Lenin and Philosophy, and Other Essays*, tr. Ben Brewster, London: New Left Books, 1971.

—*Philosophy and the Spontaneous Philosophy of the Scientists, and Other Essays*, Gregory Elliott, ed., London: Verso, 1990.

—'*L'Avenir dure longtemps*', suivi de '*Les Faits*': *Autobiographies*, Stock/IMEC, 1992.

—et al., *Lire Le Capital*, Maspero, 1965, two vols.

Amer, Henry, 'Michel Foucault: Histoire de la folie à l'âge classique', *Nouvelle Revue Française*, September 1961, pp. 530–531.

Amin, Samir, *The Maghreb in the Modern World*, tr. Michael Perl, Harmondsworth: Penguin, 1970.

Amiot, Michel, 'Le Relativisme culturaliste de Michel Foucault', *Les Temps Modernes* 248, January 1967, pp. 1272–1298.

Andrade, Béatrix, 'Un Weekend à la Goutte d'Or', *L'Express*, 6–12 December 1971, p. 42.

Angeli, Claude, 'Les Nouveaux Clandestins', *Le Nouvel Observateur*, 1 June 1970, p. 18.

Anzieu, Didier, 'La Psychanalyse au service de la psychologie', *Nouvelle Revue de psychanalyse* 20, Autumn 1979, pp. 59–76.

—*A Skin for Thought. Interviews with Gilbert Tarrah*, tr. Daphne Nash Briggs, London: Karnac, 1990.

Ariès, Philippe, *L'Enfant et la vie familiale sous l'Ancien Régime*, Plon, 1960.

—*Essais sur l'histoire de la mort en Occident du moyen âge à nos jours*, Seuil, 1975.

581 —'La Singulière Histoire de Philippe Ariès', *Le Nouvel Observateur*, 20 February 1978, p. 8off.

—*Un Historien du dimanche*, Seuil, 1980.

—'Le Souci de la vérité', *Le Nouvel Observateur*, 17 February 1984, pp. 56–57.

—*Images of Man and Death*, tr. Janet Lloyd, Cambridge, Massachusetts: Harvard University Press, 1985.

Arnal, Frank, '*Gai Pied hebdo*, à l'origine de l'émergence de la visibilité homosexuelle', *Masques* 25–26, May 19–25, pp. 83–85.

Arnaud, Alain, *Pierre Klossowski*, Seuil, 1990.

Aron, Jean-Paul, *Le Mangeur au XIX siècle*, Robert Laffont, 1973.

—*Les Modernes*, Folio, 1984.

—'Mon SIDA', *Le Nouvel Observateur*, 30 October 1987, p. 102 ff.

—and Kempf, Roger, *Le Pénis et la démoralisation de l'Occident*, Grasset, 1978.

Aron, Raymond, *Mémoires*, Julliard, 1983.

Artaud, Antonin, 'L'Ombilic des limbes', suivi de 'La Pèse-nerfs' et autres textes, Gallimard, Collection 'Poésies', 1968.

—Oeuvres complètes, vol. 13, Gallimard, 1974.

Ascherson, Neal, The Polish August, Harmondsworth, Penguin, 1981.

Assouline, Pierre, Gaston Gallimard, Points, 1985.

Aubral, François and Delcourt, Xavier, Contre la nouvelle philosophie, Gallimard, collection 'Idées', 1977.

Austin, J. L., How To Do Things with Words, Oxford University Press, 1962.

Bachelard, Gaston, L'Air et les songes. Essai sur l'imagination du mouvement, Librairie José Corti, 1942.

Backmann, René, 'Quatre Questions sur l'affaire Jaubert', Le Nouvel Observateur, 14 June 1971, p. 27. 'Le Procès des tribunaux populaires', Le Nouvel Observateur, 5 July 1971, p. 18.

—'Le Bal des nervis', Le Nouvel Observateur, 24 July 1972, pp. 15–16.

—'Fallait-il trois balles pour stopper un homme orné d'un chaise?', Le Nouvel Observateur, 11 December 1972, p. 58.

Baddonel, Dr., 'Le Centre National d'Orientation de Fresnes', Esprit, April 1955, pp. 585–592.

Badinter, Robert, L'Exécution, Grasset, 1973.

—'Au Nom des mots', in Michel Foucault: Une Histoire de la vérité, Syros, 1985, pp. 73-75.

Badiou, Alain, Almagestes, Seuil, 1964.

Barbedette, Gilles, 'Pierre Guyotat par qui le scandale arrive', Le Monde dimanche, 21 March 1982, pp. 1, 18.

Barou, Jean-Pierre, 'Il aurait pu aussi bien m'arriver tout autre chose', Libération, 26 June 1984, p. 4.

Barraqué, Jean, Debussy, Seuil, 1962.

Barthes, Roland, Le Degré zéro de l'écriture, Seuil, 1953.

—Michelet par lui-même, Seuil, 1954.

—Mythologies, Seuil, 1957.

—'La Métaphore de l'oeil', Critique 195-196, August–September 1963, pp. 770–777.

—Essais critiques, Seuil, 1964.

Bataille, Georges, Oeuvres complètes, vol. 1, Gallimard, 1970.

582　—*Visions of Excess: Selected Writings 1927–1939*, ed. Allan Stoekl, University of Minneapolis Press, 1985.

Baudrillard, Jean, *Oublier Foucault*, Galilée, 1977.

—*Cool Memories*, Galilée, 1987.

Beaufret, Jean, 'M. Heidegger et le problème de l'existence', *Fontaine* 63, November 1947.

Beauvoir, Simone de, 'Simone de Beauvoir présente *Les Belles Images*', *Le Monde*, 23 December 1966, p. 1.

—*Les Belles Images*, Folio, 1976.

—*La Cérémonie des adieux*, Gallimard, 1981.

Beckett, Samuel, *L'Innommable*, Minuit, 1953.

Beigbeder, Marc, 'En Suivant le cours de Foucault', *Esprit*, vol. 35, no. 7, June 1967, pp. 1066–1069.

Bel, Monique, *Maurice Clavel*, Bayard Editions, 1992.

Belaval, Yvon, *L'Esthétique sans paradoxe de Diderot*, Gallimard, 1950.

Benoist, Jean-Marie, *La Révolution structurale*, Grasset, 1975.

Bernal, Olga, *Robbe-Grillet, Le Roman de l'absence*, Gallimard, 1964.

Bernauer, James W., *Michel Foucault's Force of Flight: Towards an Ethics for Thought*, Atlantic Highlands, New Jersey: Humanities Press International, 1990.

—and Rasmussen, David, eds., *The Final Foucault*, Cambridge, Massachusets: MIT Press, 1988.

Bettati, Mario and Kouchner, Bernard, *Le Devoir d'ingérence*, Denoël, 1987.

Biancotti, Hector, 'Le Dernier Encyclopédiste: Roger Caillois', *Le Nouvel Observateur*, 4 November 1974, pp. 72–73.

Binswanger, Ludwig, *Being in the World: Selcted Papers of Ludwig Binswanger. Translated and with a Critical Introduction to his Existential Psychoanalysis by Jacob Needleman*, London: Souvenir Press, 1975.

Blanchot, Maurice, *Le Très-Haut*, Gallimard, 1948.

—*L'Arrêt de mort*, Gallimard, 1948.

—*Lautréamont et Sade*, Minuit, 1949.

—'L'Oubli, la déraison', *Nouvelle Revue Française* 106, October 1961, pp. 676–686.

—*Michel Foucault tel que je l'imagine*, Montpellier: Fata Morgana, 1986.

—*Le Livre à venir*, Folio, 1986.

—*L'Espace littéraire*, Folio, 1988.

Boggio, Philippe, 'Le Silence des intellectuels de gauche. 1. Victoire à contretemps', *Le Monde*, 27 July 1983, pp. 1, 10.

—'Le Silence des intellectuels de gauche. 2. Les Chemins de traverse', *Le Monde*, 28 July 1983, p. 6.

—'Trop lourd', *Le Monde*, 19 November 1990, p. 16.

Bogue, Ronald, *Deleuze and Guattari*, London: Routledge, 1989.

Bourdieu, Pierre, 'Non chiedetemi chi sono. Un profilo di Michel Foucault', *l'Indice* 1, October 1984, pp. 4–50.

—'Aspirant philosophe. Un Point de vue sur le champ universitaire des années 50', in *Les Enjeux philosophiques des années 50*, Centre George Pompidou, 1989, pp. 15–24.

—and Passeron, Jean-Claude, *Les Héritiers: Les Etudiants et la culture*, Minuit, 1964.

Borges, Jorge Luis, *Fictions*, tr. Anthony Kerrigan, London: Weidenfeld and Nicolson, 1962.

—*Obras Completas*, Buenos Aires: Emecé, 1974.

Boutang, Yann Moulier, *Louis Althusser: Une Biographie. Tôme 1. La Formation du mythe (1918–1956)*, Grasset, 1992.

Boyers, Robert and Orill, Robert, eds., *Laing and Anti-Psychiatry*, Harmondsworth: Penguin, 1972.

Boyne, Roy, *Foucault and Derrida: The Other Side of Reason*, London: Unwin Hyman, 1990.

Breton, André, *Anthologie de l'humour noir*, Livre de poche, 1970.

Brisset, Jean-Pierre, *La Grammaire logique*, Angers, 1878.

—*La Science de dieu*, Angers, 1900.

Broch, Hermann, *The Death of Virgil*, tr. Jean Starr Untermeyer, New York: Pantheon, 1945.

Brosse, Jacques, 'L'Etude du langage va-t-elle libérer un homme nouveau?', *Arts et loisirs* 35, 24–31 May 1966, pp. 8–9.

Broyelle, Claudie, Broyelle, Jacques and Tschirart, Evelyne, *Deuxième Retour de Chine*, Seuil, 1977.

Broyelle, Claudie and Broyelle, Jacques, 'A Quoi rêvent les philosophes?', *Le Matin*, 24 March 1979, p. 13.

583

Brownmiller, Susan, *Against Our Will*, Harmondsworth: Penguin, 1976.

Bruckner, Pascal and Finkielkraut, Alain, *Le Nouveau Désordre amoureux*, Seuil, 1977.

Bülow, Catherine von, 'l'Art de dire vrai', *Magazine littéraire* 207, May 1984, p. 34.

—'Contredire est un devoir', *Le Débat* 41, September-November 1986, pp. 168–178.

—and Ali, Fazia ben, *La Goutte d'Or, ou le mal des racines*, Stock, 1974.

Bureau, Jacques, '*Libération* devant la révolution inattendue', *Esprit* 1, January 1980, pp. 56–58.

Burgelin, Pierre, 'L'Archéologie deu savoir', *Esprit*, May 1967, pp. 843–860.

Burguière, André, 'La Preuve par l'aveu', *Le Nouvel Observateur*, 31 January 1977, pp. 64–66.

Burin des Roziers, Etienne, 'Une Rencontre à Varsovie', *Le Débat* 41, September–November 1986, pp. 132–136.

Burke, Peter, *The French Historical Revoltution. The 'Annales' School 1929–1989*, Cambridge: Polity, 1990.

Butler, Judith P., *Subjects of Desire: Hegelian Reflections in Twentieth-Century France*, New York: Columbia University Press, 1987.

Calvet, Louis-Jean, *Roland Barthes*, Flammarion, 1990.

Canguilhem, Georges, 'Hegel en France', *Revue d'histoire et de philosophie religieuses* 4, 1948–1949, pp. 282–297.

—'Mort de l'homme ou épuisement du cogito?', *Critique* 242, July 1967, pp. 599–618.

—'Les Machines à guérir', *Le Monde*, 6 April 1977, p. 16.

—*Le Normal et le pathologique*, Presses Universitaires de France, Collection Quadrige, 1984.

—'Sur *l'Histoire de la folie* en tant qu'événement', *Le Débat* 41, September–November 1986, pp. 37–40.

—*La Connaissance de la vie*, Vrin, 1989.

—*Idéologie et rationalité dans l'histoire des sciences de la vie*, Vrin, 1988.

—*Etudes d'Histoire et de philosophie des sciences*, Vrin, 1989.

Castel, Robert, 'Les Aventures de la pratique', *Le Débat* 41, September–November 1986, pp. 41–51.

584 —'The Two Readings of *Histoire de la folie* in France', *History of the Human Sciences*, vol. 3, no. 1, February 1990, pp. 27–30.

Cavaillès, Jean, *Sur la Logique et la théorie de la science*, Vrin, 1987.

Caviglioli, François, 'Le Plongeon de Knobelspiess', *Le Nouvel Observateur*, 10 June 1983, p. 24.

Cercle d'Epistémologie, 'A Michel Foucault', *Cahiers pour l'analyse* 9, Summer 1968, pp. 5–8.

—'Nouvelles Questions', ibid., pp. 41–44.

Certeau, Michel de, *Heterologies: Discourse on the Other*, tr. Brian Massumi, Manchester University Press, 1986.

Chapsal, Madeleine, 'La Plus Grande Révolution depuis l'existentialisme', *L'Express* 23–29 May 1966, pp. 19–121.

Char, René, *Fureur et mystère*, Gallimard, Collection 'Poésie', 1967.

Charle, Christophe, 'Le Collège de France' in Pierre Nora, ed., *Les Lieux de mémoire. II. La Nation*, Gallimard, 1986, vol. 3, pp. 389–424.

—*Naissance des intellectuels 1880–1900*, Minuit, 1990.

Châtelet, François, 'L'Homme, ce narcisse incertain', *La Quinzaine Littéraire*, 1 April 1966, pp. 19–20.

—'Foucault précise sa méthode', *La Quinzaine littéraire*, 1 October 1968, p. 28.

—'L'Archéologie du Savoir', *La Quinzaine littéraire*, 1 March 1969, pp. 3–4.

Cixous, Hélène, *Le Prénom de Dieu*, Grasset, 1967.

—*L'Exil de James Joyce ou l'art du remplacement*, Grasset, 1968.

—*Dedans*, Grasset, 1969.

—'Cela n'a pas de nom, ce qui se passait', *Le Débat* 41, September-November 1986, pp. 153–158.

Clark, Michael, *Michel Foucault: An Annotated Bibliography*, New York: Garland, 1983.

Clavel, Maurice, *Ce Que je crois*, Grasset, 1975.

—' "Vous direz trois rosaires" ', *Le Nouvel Observateur*, 27 February 1976, p. 55.

—and Sollers, Philippe, *Délivrance*, Seuil, 1977.

Clément, Catherine and Pingaud, Bernard, 'Raison de plus', *L'Arc* 70, 1977, pp. 1–2.

Cobler, Sebastian, *Law, Order and Politics in West Germany*, tr. Francis McDonagh, Harmondsworth: Penguin, 1978.

Cohen, Ed, 'Foucauldian Necrologies: "Gay" Politics, Politically Gay?', *Textual Practice*, vol. 2, no. 1, Spring 1988, pp. 87–99.

Cohen-Solal, Annie, *Sartre 1905–1980*, Folio, 1985.

Colombel, Jeannette, 'Les Mots de Foucault et les choses', *La Nouvelle Critique*, May 1967, pp. 8–13.

—'Contrepoints poétiques', *Critique* 471–472, August-September 1986, pp. 775–787.

Contat, Michel and Rybalka, Michel, *Les Ecrits de Sartre*, Gallimard, 1970.

Cooper, David, 'Who's Mad Anyway', *New Statesman*, 16 June 1967, p. 844.

—ed. *The Dialectics of Libération*, Harmondsworth: Penguin, 1968.

Corvez, Maurice, 'Le Structuralisme de Michel Foucault', *Revue thomiste* 68, 1968, pp. 101–124.

Dagognet, François, 'Archéologie ou histoire de la médecine', *Critique* 216, May 1965, pp. 436–447.

Daniel, Jean, 'Quinze Jours en image', *Le Nouvel Observateur*, 29 September 1975, p. 28.

—*L'Ere des ruptures*, Livre de poche, 1980.

—'Le Prince et les scribes', *Le Nouvel Observateur*, 19 August 1983, pp. 18–19.

—'Le Flux des souvenirs' in *Michel Foucault un histoire de la vérité*, Syros, 1985, pp. 57–60.

—'La Passion de Michel Foucault', *Le Nouvel Observateur*, 24 June 1984.

—*La Blessure*, Grasset, 1992.

Dardigna, Anne-Marie, *Les Châteaux d'Eros, ou l'infortune du sexe des femmes*, Maspero, 1980.

Debray, Régis, *Prison Writings*, tr. Rosemary Sheed, London: Allen Lane, 1973.

—*Les Rendez-vous manqués（pour Pierre Goldman）*, Seuil, 1975.

—*Contribution aux discours et cérémonies du dixième anniversaire*, Maspero, 1978.

—*L'Espérance au purgatoire*, Alain Moreau, 1980.

—*Teachers, Writers, Celebrities: The Intellectuals of Modern France*, tr. David Macey, London: Verso, 1981.

'Déclaration à la presse et aux pouvoirs publics émanant des prisonniers de la Maison Centrale de Melun', *Politique Hebdo*, 20 January 1972, pp. 10–11.

Defert, Daniel, 'Lettre à Claude Lanzmann', *Les Temps modernes*, 531–533, October–December 1990, pp. 1201–1206.

—and Donzelot, Jacques, 'La Charnière des prisons', *Magazine littéraire* 112–113, May 1976, PP. 33–35.

585

Delay, Jean, *La Jeunesse d'André Gide*, Gallimard, 1956, 1957. Two vols.

Deleuze, Gilles, *David Hume, sa vie, son oeuvre*, Presses Universitaires de France, 1952.

—*Empirisme et subjectivité*, Presses Universitaires de France, 1953.

—*Instincts et institutions*, Hachette, 1953.

—*Nietzsche et la philosophie*, Presses Universitaires de France, 1962.

—*Le Bergsonisme*, Presses Universitaires de France, 1966.

—'L'Homme, une existence douteuse', *Le Nouvel Observateur*, 1 June 1966, pp. 32–34.

—'Ce Que les prisonniers attendent de nous', *Le Nouvel Observateur*, 31 January 1972, p. 24.

—'Gilles Deleuze contre les nouveaux philosophes', *Le Monde*, 19–20 June 1977, p. 16.

—*Foucault*, Minuit, 1986.

—*Pourparleurs*, Minuit, 1990.

—and Guattari, Félix, *Anti-Oedipe*, Minuit, 1972.

Derbyshire, Philip, 'Odds and Sods', *Gay Left* 7, Winter 1978–1979, pp. 18–19.

Derogy, Jacques, 'Ratissage Sélectif sur les grands boulevards', *L'Express*, 25–31 December 1975, p. 21.

Derrida, Jacques, *L'Ecriture et la différence*, Seuil, 1967.

'Les Détenus parlent', *Esprit* Vol. 39, no. 6, June 1971, pp. 1282–1293.

Descombes, Vincent, *Modern French Philosophy*, tr. L. Scott-Fox and J.M, Harding, Cambridge University Press, 1980.

Dews, Peter, 'The *Nouvelle Philosphie* and Foucault', *Economy and Society*, vol. 8, no. 2, May 1979, pp. 127–171.

—'The "New Philosophers" and the End of Leftism', *Radical Philosophy* 24, Spring 1980, pp. 2–11.

—*Logics of Disintegration: Post-Structuralist Thought and the Claims of Critical Theory*, London: Verso, 1987.

Diamond, Irene and Quinby, eds., *Feminism and Foucault*, Boston: Northeastern University Press, 1988.

Dispot, Laurent, 'Une Soirée chez Michel Foucault', *Masques* 25–26, May 1985, pp. 163–167.

Dollé, Jean-Paul, *Haine de la pensée*, Editions Hallier, 1976.

Domenach, Jean-Marie, 'Le Système et la personne', *Esprit* 5, May 1967, pp. 771–780.

586

—'Une Nouvelle Passion', *Esprit*, 7–8, July–August 1966, pp. 77–78.

—'Le Sang et la honte', *Le Monde*, 25 December 1971, p. 1.

—'Les Détenus hors la loi', *Esprit* Vol. 40, No. 2, February 1972, pp. 163–170.

Doray, Bernard, *From Taylorism to Fordism: A Rational Madness*, tr. David Macey, London: Free Association Books, 1988.

Dreyfus, Hubert L. and Rabinow, Paul, *Michel Foucault: Beyond Structuralism and Hermeneutics*, Hemel Hempstead, Harvester, 1982.

Droit, Roger-Pol, 'Le Pouvoir et le sexe', *Le Monde,* 16 February 1977, pp. 1, 18.

—Foucault, passe-frontières de la philosophie, *Le Monde*, 6 September 1986, p. 12.

Duby, Georges, *Les Trois Ordres, ou l'imaginaire de la société*, Gallimard, 1978.

Dumézil, Georges, *Le Festin de l'immortalité: Etude de la mythologie comparée*, Annales du Musée Guimet, 1924.

—*Mythe et épopée. Vol. 1. L'Idéologie des trois fonctions dans les épopées des peuples indo-européens*, Gallimard, 1968.

—*Mythe et épopée. Vol. 2. Types épiques indo-européens: un héros, un sorcier un roi*, Gallimard, 1971.

—*Mythe et épopée. Vol. 3. Histoires romaines*, Gallimard, 1973.

—'Un Homme heureux', *Le Nouvel Observateur*, 29 June 1984.

—*Entretiens avec Didier Eribon*, Folio, 1987.

During, Simon, *Foucault and Literature: Towards A Genealogy of Writing*, London: Routledge, 1992.

Duverger, Maurice, 'Le Pouvoir et le prison. Michel Foucault contesté par des historiens', *Le Monde*, 4 July 1980, pp. 15, 21.

Duvert, Tony, *Récidive*, Minuit, 1967.

—*Paysage de fantaisie*, Minuit, 1973.

Duvignaud, Jean, 'Ce Qui parile en nous, pour nous, mais sans nous', *Le Nouvel Observateur*, 21 April 1969, pp. 42–43.

Elek, Christian, *Le Casier judiciaire*, Presses Universitaires de France, 1988.

Elliott, Gregory, *Althusser: The Detour of Theory*, London: Verso, 1987.

Emmanuelli, Xavier, 'Un Bateau pour Saint-Germain-des-Près', *Quotidien du médecin*, 4 December 1978.

Enthoven, Jean-Paul, 'Crimes et châtiments', *Le Nouvel Observateur*, 3 March 1975,

pp. 58–59.

'Entretiens sur Foucault', *La Pensée* 137, February 1978, pp. 3–37.

Entretemps. Numéro spécial: Jean Barraqué, 1987.

Eribon, Didier, 'Pierre Bourdieu: la grande illusion des intellectuels', *Le Monde dimanche*, 4 May 1980, p. 1.

—*Michel Foucault*（*1926–1984*）, Flammarion, 1989.

—*Michel Foucault*（*1926–1984*）revised edn., Flammarion, Collection 'Champs', 1991.

Etats-généraux de la philosophie（*16–17 juin 1979*）, Flammarion, 1979.

Ewald, François, 'Anatomie et corps politiques', *Critique* 343, December 1975, pp. 1228–1265.

—'Droit: systèmes et stratégies', *Le Débat* 41, September-November 1986, pp. 63–69.

—'Michelle Perrot. Une Histoire de femmes', *Magazine littéraire* 286, March 1991, pp. 98–102.

—and Farge, Arlette and Perrot, Michelle, 'Une Pratique de la vérité', *Michel Foucault: Une Histoire de la vérité*, Syros, 1985, pp. 9–18. 587

—and Macherey, Pierre, 'Actualité de Michel Foucault', *L'Ane* 40, October-December 1989.

Fano, Michel, 'Autour de la musique', *Le Débat* 41, September-November 1986, pp. 137–139.

Farge Arlette, *Le Vol d'aliments à Paris au XVIIe siècle*, Plon, 1974.

—*Vivre dans la rue à Paris au XVIIe siècle*, Gallimard/Julliard, collection 'Archives', 1979.

—'Travailler avec Michel Foucault', *Le Débat* 41, September-November 1986, pp. 164–167.

—'Face à l'histoire', *Magazine littéraire* 207, May 1984, pp. 40–42.

—*La Vie fragile: Violence, pouvoirs et solidarités à Paris au XVIIIe siècle*, Hachette, 1986.

—*Le Goût de l'archive*, Seuil, 1989.

Fauchereau, Serge, 'Cummings', *Critique* 218, December 1964.

Favret-Saada, Jeanne, *Les Mots, les morts, les sorts*, Gallimard, 1977.

Fernandez, Dominique, *L'Etoile rose*, Grasset, 1978.

Fernandez-Zoila, Adolfo, 'La Machine à fabriquer des délinquants', *La Quinzaine littéraire*, 16–31 March 1975, pp. 3-4.

Ferro, Marc, 'Au Croisement de l'histoire et du crime', *La Quinzaine littéraire*, 1–15 December 1973, pp. 25–26.

Ferry, Jean, *Une Etude sur Raymond Roussel*, Arcanes, 1953.

FHAR, *Rapport contre la normalité*, Editions Champ libre, 1971.

Fitzgerald, Mike, *Prisoners in Revolt*, Harmondsworth, Penguin, 1977.

Forrester, John, 'Foucault and Psychoanalysis', in *Ideas from France: The Legacy of French Theory*, London: ICA, 1985, pp. 24–25.

—*The Seductions of Psychoanalysis: Freud, Lacan and Derrida*, Cambridge University Press, 1990.

'Foucault à Uppsala. Propos recueillis par Jean Piel', *Critique* 471–472, August–September 1986, pp. 748–752.

Frank, Manfred, 'Pourquoi la philosophie française plaît aux Allemands', *Le Monde dimanche*, 24 October 1982, pp. xv–xvi.

Frappat, Bruno, 'Les Homosexuels par eux-mêmes', *Le Monde*, 19–20 August 1973, p. 14.

Freeman, Hugh, 'Anti-Psychiatry through History', *New Society*, 4 May 1967, pp. 665–666.

Friedrich, Otto, 'France's Philosopher of Power', *Time*, 6 November 1981, pp. 147–148.

Frybes, Marcin, 'Rencontre ou malentendu autour de Solidarnosc?', *CFDT aujourd'hui* 100, March 1991, pp. 103–110.

Gabey, Emmanuel, 'Après l'assassinat de Mohammed Diab', *Témoignage chrétien*, 21 December 1972, p. 10.

Gaede, Edouard, 'Nietzsche et la littérature', in *Nietzsche: Cahiers de Royaumont*, Minuit, 1967, pp. 141–152.

Gallo, Max, 'Histoire d'une folie', *L'Express*, 15–21 October 1973, pp. 59–60.

—'La Prison selon Michel Foucault', *L'Express*, 24 February-2 March 1975, pp. 65–66.

—'Les Intellectuels, la politique et la modernité', *Le Monde*, 26 July 1983, p. 7.

588   Gandal, Keith, 'Michel Foucault: Intellectual Work and Politics', *Telos* 67, Spring 1986, pp. 121–135.

—and Kotkin, Stephen, 'Foucault in Berkeley', *History of the Present*, February 1985, pp. 6, 15.

—'Governing Work and Social Life in the USA and the USSR', ibid, pp. 4–5, 7–14.

Garaudy, Roger, *De l'Anathème au dialogue*, Editions sociales, 1965.

Garde-fous, arrêtez de vous serrer les coudes, Maspero, 1975.

Garrigou-Lagrange, Madeleine, 'Le Prisonnier est aussi un homme', *Témoignage chrétien*, 16 December 1971, p. 12.

Gascar, Pierre, *Portraits et souvenirs*, Gallimard, 1991.

Gauchet, Marcel, 'De l'Inexistentialisme', *Le Débat* 1, May 1980, pp. 100–103.

—and Swain, Gladys, *La Pratique de l'esprit humain ; l'institution asilaire et la révolution démocratique*, Gallimard, 1980.

Gaudemar, Antoine de, 'La Vie SIDA: Le Nouveau Roman d'Hervé Guibert', *Libération,* 1 March 1990, pp. 19–21.

Gavi, Philippe, 'Bruay-en-Artois: seul un bourgeois aurait pu faire ça?', *Les Temps modernes* 132–313, July–August 1972, pp. 155–260.

Geertz, Clifford, 'Stir Crazy', *New York Review of Books*, 26 January 1978.

Geismar, Alin, July, Serge and Morance, E., *Vers la guerre civile*, Editions premières, 1969.

Genet, Jean, 'Violence et brutalité', *Le Monde*, 2 September 1977, pp. 1, 2.

—*Un Captif amoureux*, Gallimard, 1986.

Gide, André, *Ne Jugez Pas*, Gallimard, 1930.

GIP, *Enquête dans 20 prisons*, Editions Champ libre, 1971.

—*Enquête dans une prison-modèle: Fleury-Mérogis*, Editions Champ libre, 1971.

—*L'Assassinat de George Jackson*, Gallimard, 1972.

—*Suicides de prison*, Gallimard, 1972.

Glucksmann, André, 'Fascismes: l'ancien et le nouveau', *Les Temps modernes* 310bis, 1972, pp. 266–334.

—*La Cuisinière et le mangeur d'hommes*, Points, 1977.

—*Les Maîtres penseurs*, Grasset, 1977.

Gnesotto, Nicole, '*Le Nouvel Observateur*: l'histoire déraillée', *Esprit* 1, January 1980, pp. 64–69.

Goldman, Pierre, *Souvenirs obscurs d'un Juif polonais né en France*, Points, 1977.

Gordon, Colin, 'The Normal and the Pathological: A Note on Georges Canguilhem', *I&C* 7, Autumn 1980, pp. 33–36.

—'*Histoire de la folie*: An Unknown Book by Michel Foucault', *History of the Human Sciences*, vol. 3, no. 1, February 1990, pp. 3–26.

—'Governmental Rationality: An Introduction' in Graham Burchell, Colin Gordon and Peter Miller, eds., *The Foucault Effect: Studies in Governmentality*, Hemel Hempstead:

Harvester, 1991, pp. 1–52.

Greimas, A. J., *Sémantique structural*, Larousse, 1966.

—*Du Sens*, Seuil, 1970.

Guetta, Bernard, 'Le Salut à Brejnev', *Le Nouvel Observateur*, 27 June 1977, p. 31.

—'Une Journée en Haute Sécurité', *Le Nouvel Observateur*, 3 April 1978, pp. 84 ff.

Guattari, Félix, *Molecular Révolution: Psychiatry and Politics*, tr. Rosemary Sheed, Harmondsworth: Penguin, 1984.

Guibert, Hervé, *Mauve le vierge*, Gallimard, 1986.

589 —*A l'Ami qui ne m'a pas sauvé la vie*, Gallimard, 1990.

Gutting, Gary, *Michel Foucault's Archaeology of Scientific Reason*, Cambridge University Press, 1989.

Guyotat, Pierre, *Tombeau pour cinq cent mille soldats*, Gallimard, 1967.

—*Eden, Eden, Eden*, Gallimard, 1970.

Habart, Michel, 'Hermann Broch et les rançons de la création poétique', *Critique* 83, April 1954, pp. 310–322.

Habermas, Jürgen, 'Modernity versus Post-Modernity', *New German Critique* 22, Winter 1981, pp. 3–14.

—*The Philosophical Discourse of Modernity*, tr. Frederick G. Lawrence, Cambridge: Polity, 1987.

Hackmann, William R., 'The Foucault Conference', *Telos* 51, Spring 1982, pp. 191–196.

Hafsia, Jelila, *Visages et rencontres*, Tunis, 1981.

Hallier, Jean-Edern, 'Cette tête remarquable ne comprenait pas l'avenir', *Figaro Magazine*, 30 June-6 July 1984, pp. 76–77.

—*Chaque Matin qui se lève est une aventure*, Editions libres, 1978.

Hamon, Hervé and Rotman, Patrick, *Les Porteurs de valise*, Albin Michel, 1979.

—*La Deuxième Gauche: Histoire intellectuelle et politique de la CFDT*, Ramsay, 1982.

—*Génération I: Les Années de rêve*, Seuil, 1987.

—*Génération II: Les Années de poudre*, Seuil, 1988.

Hanson, Anne Coffin, *Manet and the Modern Tradition*, New Haven and London: Yale University Press, 1979.

Hayman, Ronald, *Artaud and After*, Oxford University Press, 1977.

—*Writing Against: A Biography of Sartre*, London: Weidenfeld & Nicolson, 1986.

Heath, Stephen, *The Nouveau Roman*, London: Elek, 1972.

Heppenstall, Rayner, *Raymond Roussel*, London: Calder and Boyers, 1966.

Hocquenhem, Guy, *Le Désir homosexuel*, Editions universitaires, 1972.

—'La Révolution des homosexuels', *Le Nouvel Observateur*, 10 January 1972, pp. 32–35.

—'Homosexuals, Children and Violence', tr. Simon Watney, *Gay Left*, Summer 1978, pp. 14–15.

—*Les Petits Garçons*, Albin Michel, 1983.

Hollier, Denis, *Le Collège de sociologie*, Gallimard, collection 'Idées', 1974.

Holroyd, Michael, *Bernard Shaw. Vol 1. 1856–1898: The Search for Love*, Harmondsworth: Penguin, 1990.

Hommage à Jean Hyppolite, Presses Universitaires de France, 1971.

Hopkins, J. W., 'Jean Barraqué', *Musical Times*, November 1966, pp. 952–955.

Horvitz, Philip, 'Don't Cry for Me, Academia', *Jimmy and Lucy's House of 'K'*, 2 August 1984, pp. 78–80.

Howard, Michael, 'The Story of Unreason', *Times Literary Supplement*, 6 October 1961, pp. 653–654.

Hoy, David Couzens, ed., *Foucault: A Critical Reader*, Oxford, Blackwell, 1986.

Huisman, Denis, 'Note sur l'article de Michel Foucault', *Revue Internationale de philosophie*, vol. 44, no. 73, 2/1990, pp. 177–178.

Hyppolite, Jean, *Génèse et structure de 'La Phénoménologie de l'esprit'*, Presses Universitaires de France, 1948.

—*Figures de la pensée philosophique*, Presses Universitaires de France, 1971.

Ignatieff. Michael, 'At the Feet of the Father', *Times Literary Supplement*, 22 April 1983.

Jacob, François, *The Logic of Living Systems: A History of Heredity*, tr. Betty E. Spillmann, 590 London: Allen Lane, 1973.

Jambet, Christian, 'L'Unité de la pensée: une interrogation sur les pouvoirs', *Le Monde*, 21 February 1975, p. 17.

Jarry, Alfred, *The Supermale*, tr. Barbara Wright, London: Cape Editions, 1968.

Joecker, Jean-Pierre and Sanzio, Alain, 'Rencontre avec Jean-Paul Aron', *Masques* 21, Spring 1984, pp. 7–17.

Johnson, Douglas, 'Althusser's Fate', *London Review of Books*, 16 April–6 May 1981, pp. 13–15.

Joravsky, David, *Russian Psychology: A Critical History*, Oxford: Blackwell, 1989.

Josselin, Jean-François, 'Le Continent noir', *Le Nouvel Observateur*, 7 September 1970, pp. 40–41.

'Journées de l'Evolution Psychiatrique', *Evolution psychiatrique*, tôme 36, fasc. 2, April-June 1971, pp. 223–297.

'Justice telle qu'on la rend', *Esprit*, October 1971, pp. 524–555.

Kanters, Robert, 'Tu causes, tu causes, est-ce tout ce que tu sais faire?', *Figaro littéraire*, 23 June 1966, p. 5.

—'Crimes et châtiments', *Figaro littéraire*, 22 February 1975, p. 17.

Kantorowicz, Ernst, *The King's Two Bodies: A Study in Medieval Political Theology*, New Jersey: Princeton University Press, 1957.

Karenty, Serge, 'La Médecine en question', *Magazine littéraire* 112–113, May 1976, pp. 38–41.

Karol, K.S., 'La Tragédie de Louis Althusser', *Le Nouvel Observateur*, 24 November 1980, pp. 26–27.

Kaupp, Katia D., 'L'Assassinat de Jillali', *Le Nouvel Observateur*, 15 December 1971, pp. 42–43.

—'Le "Malentendu" de Toul', *Le Nouvel Observateur*, 20 December 1971, p. 27.

Kellner, Douglas, *Jean Baudrillard; From Marxism to Postmodernism and Beyond*, Cambridge: Polity, 1989.

Kermode, Frank, 'Crisis Critic', *New York Review of Books*, 17 May 1973, pp. 37–39.

Klossowski, Pierre, *La Vocation suspendue*, Gallimard, 1949.

—*Sade mon prochain*, Minuit, 1954, 1957.

—*Le Bain de Diane*, Jean-Jacques Pauvert, 1956.

—*Un Si Funeste Désir*, Gallimard, 1963.

—*Les Lois de l'hospitalité*, Gallimard, 1965.

—*Le Baphomet*, Mercure de France, 1965.

—*Nietzsche et le cercle vicieux*, Mercure de France, 1969.

—*La Monnaie vivante*, Eric Losfield, 1970.

—'Digression à partir d'un portrait apocryphe', *L'Arc* 49, 1990（new edn.）, pp. 11–22.

Knapp, Wilfrid, *Tunisia*, London: Thames and Hudson, 1970.

Knobelspiess, Roger, *QHS: Quartier de Haute Sécurité*, Stock, 1980.

Kojève, Alexandre, *Introduction à la lecture de Hegel*, Gallimard, 1947.

Kouchner, Bernard, 'Prisons: les petits matons blêmes', *Actuel* 9, June 1971, pp. 41–43.

—'Un Vrai samuraï', in *Michel Foucault: Une Histoire de la vérité*, Syros, 1985, pp. 85–89.

—*L'Ile de lumière*, Presses pocket, 1989.

Koyré, Alexandre, *From The Closed World to the Infinite Universe*, Baltimore: Johns Hopkins University Press, 1957. *Etudes d'histoire de la pensée philosophique*, Armand Colin, 1961.

Kramer, Larry, *Reports from the Holocaust. The Making of an AIDS Activist*, Harmondsworth: Penguin, 1990.

Kriegel, Annie, *Aux Origins du communisme français*, Paris: Mouton, 1964. Two vols.

Kristeva, Julia, *La Révolution du langage poétique*, Seuil, 1974.

Lacan, Jacques, *Le Séminaire. Livre XVII: L'Envers de la psychanalyse*, Seuil, 1991.

Lacouture, Jean, 'Au Collège de France: Le Cours inaugural de M. Michel Foucault', *Le Monde*, 4 December 1970, p. 8.

—*Malraux: Une Vie dans le siècle*, Points, 1976.

Lacroix, Jean, 'La Signification de la folie', *Le Monde*, 8 December 1961, p. 8.

—'Fin de l'humanisme?', *Le Monde*, 9 June 1966, p. 13.

—*Panorama de la philosophie française contemporaine*, Presses Universitaires de France.

Lagache, Daniel, *L'Unité de la psychologie*, Presses Universitaires de France, 1949.

Lagrange, Jacques, '*La Volonté de savoir* de Michel Foucault ou une généalogie du sexe', *Psychanalyse à l'université*, vol. 2, no. 7, June 1977, pp. 541–553.

—'Versions de la psychanalyse dans le texte de Foucault', *Psychanalyse a l'université*, vol. 12, no. 45, 1987, pp. 99–120, vol. 12., no. 46, 1987, pp. 259–280.

Laing, R. D., *The Divided Self*, London: Tavistock, 1959.

—'The Invention of Madness', *New Statesman*, 16 June 1963, p. 843.

—and Cooper, David, *Reason and Violence*, London: Tavistock, 1964.

Lapassade, Georges, *Le Bordel andalou*, L'Herne, 1971.

—*Essai sur la transe*, Editions universitaires, 1976.

—*Joyeux tropiques*, Stock, 1978.

Laplanche, J. and Pontalis, J.B., *The Language of Psychoanalysis*, tr. Donald Nicholson-Smith, London: Hogarth Press and Institute of Psychoanalysis, 1973.

Lardreau, Guy and Jambet, Christian, *L'Ange*, Grasset, 1976.

591

Leach, Edmund, 'Imprisoned by Madmen', *Listener*, 8 June 1967, pp. 752–753.

Le Bitoux, Jean, 'Grandeur et décadence de la presse homosexuelle', *Masques* 25–26, May 1985, pp. 75–81.

Le Bon, Sylvie, 'Un Positiviste désesperé', *Les Temps modernes* 248, January 1967, pp. 1299–1319.

Lecercle, Jean-Jacques, *Philosophy Through the Looking Glass*, London: Hutchinson, 1985.

—*The Violence of Language*, London: Routledge, 1990.

Lecomte, M., 'Signes kafkéens chez Roussel et Jules Vernes, signes verniens chez Roussel', *Syntheses* vol. 18, no. 207, 1963, pp. 95–98.

Lecourt, Dominique, *Pour une Critique de l'épistémologie*, Maspero, 1972.

—*Lysenko: Histoire réelle d'une science prolétarienne*, Maspero, 1976.

Lefort, Gérard, 'Au Collège de France: unjudoka de l'intellect', *Libération,* 26 June 1984, p. 6.

Le Guilledoux, Dominique, 'La Libération de Roger Knobelspiess', *Le Monde*, 16 August 1990, p. 6.

Leiris, Michel, 'Documents sur Raymond Roussel', *Nouvelle Revue Française* 259, April 1935.

—'Conception et réalité chez Raymond Roussel', *Critique* 89, October 1954.

—*Biffures*, Gallimard, 1948.

—*Fourbis*, Gallimard, 1955.

—*Fibrilles*, Gallimard, 1966.

—*Frêle Bruit*, Gallimard, 1976.

Lenin V. I., 'What Is To Be Done?', *Selected Works*, Moscow: Progress Publishers, 1970, vol. 3, pp. 119–272.

Léonard, Jacques, 'L'Historien et le philosophe', in Michelle Perrot, ed., *L'Impossible Prison*, Seuil, 1980, pp. 9–28.

Le Roy Ladurie, Emmanuel, 'Bocage au sang', *Le Monde*, 18 October 1973, pp. 19, 25.

—'L'Offensive anti-sexe du dix-neuvième siècle', *Le Monde*, 27 October 1978, p. 24.

—*Paris-Montpellier, PC-PSU. 1945–1963*, Gallimard, 1982.

Lévy, Bernard-Henri, 'Le Système Foucault', *Magazine littéraire* 101, June 1975, pp. 7–9.

—*La Barbarie à visage humain*, Grasset, 1977.

592

—*Les Aventures de la liberié*, Grasset, 1991.

Liberie, liberiés. Réflexions du Comité pour une charte de liberiés animé par Robert Badinter, Gallimard, 1976.

Linhart, Robert, *L'Etabli*, Minuit, 1978.

Littleton, C. Scott, *The New Comparative Mythology. An Anthropological Assessment of the Theories of Georges Dumézil*, Berkeley: University of California Press, 1968.

Livrozet, Serge, *De La Prison à la révolte*, Mercure de France, 1973, 1986.

Lyotard, Jean-François, *Economie libidinale*, Minuit, 1972.

MacDonald, Oliver, 'The Polish Vortex: Solidarity and Socialism', *New Left Review* 139, May-June 1983, pp. 5–48.

Macey, David, *Lacan in Contexts*, London: Verso, 1988.

Macherey, Pierre, 'Aux Sources de *l'Histoire de la folie*: une rectification et ses limites', *Critique* 471–472, August-September 1986, pp. 753–774. *A Quoi pense la littérature?*, Presses Universitaires de France, 1990.

Magazine littéraire 293, November 1991, special issue on 'Hegel and *The Phenomenology of Mind*'.

Maher, Winifred Barbara and Maher, Brendan, 'The Ship of Fools: *Stultifera Navis* or *Ignis Fatuus?*', *American Psychologist*, July 1982, pp. 756–761.

Malapert, Paulin, *Les Eléments du caractère et leurs lois de combinaison*, Alcan, 1906.

—*De Spinoza politica*, Alcan, 1907.

—*Psychologie*, Hatier, 1913.

—*Leçons de philosophie*, Hatier, 1918.

Malraux, André, *La Tentation de l'Occident*, Livre de poche, 1976.

Manceaux, Michèle, *Les Maos en France*, Gallimard, 1972.

—and Chapsal, Madeleine, *Les Professeurs, pour quoi faire?*, Seuil, 1970.

Mandrou, Robert, 'Trois Clefs pour comprendre la folie à l'âge classique', *Annales ESC*, 17 année, no. 4, July-August 1962, pp. 761–771.

Manent, Pierre, 'Lire Michel Foucault', *Commentaire* 7, Autumn 1979, pp. 369–375.

Mannoni, Maud, *Le Psychiatre, son 'fou' et la psychanalyse*, Seuil, 1970.

Marcus, Steven, *The Other Victorians. A Study of Pornography and Sexuality in Mid-Nineteenth-Century England*, London: Weidenfeld and Nicolson, 1966.

Marietti, Angèle Kremer, *Michel Foucault: Archéologie et généalogie*, Livre de poche,

1985.

Maspero, François, *Le Figuier*, Seuil, 1988.

Mauriac, Claude, *Malraux ou le mal du héros*, Grasset, 1946.

—'Il ne faut pas tuer l'espérance', *Le Monde*, 17 July 1977, p. 1.

—*Le Temps immobile 2. Les Espaces imaginaires*, Livre de poche, 1985.

—*Le Temps immobile 3. Et comme l'espérance est violente*, Livre de poche, 1986.

593   —*Le Temps immobile 6. Le Rire des pères dans les yeux des enfants*, Livre de poche, 1989.

—*Le Temps immobile 7. Signes, rencontres et rendez-vous*, Grasset, 1983.

—*Le Temps immobile 9. Mauriac et fils*, Grasset, 1986.

—*Le Temps immobile 10. L'Oncle Marcel*, Grasset, 1988.

—*Une Certaine Rage*, Robert Laffont, 1977.

—*Le Temps accompli*, Grasset, 1991.

Mauriac, François, 'Bloc-notes', *Le Figaro*, 15 September 1966.

Mauroy, Pierre, *A Gauche*, Marabout, 1986.

Megill, Alan, 'The Reception of Foucault by Historians', *Journal of the History of Ideas*, vol. 48, 1987, pp. 117–141.

Merleau-Ponty, Maurice, *Sens et non-sens*, Nagel, 1948.

—'Merleau-Ponty à la Sorbonne. Résumé des cours établi par des étudiants et approuvé par lui-même', *Bulletin de psychologie*, vol. 17, nos. 3–6, 1964.

Merquior, J. G., *Foucault*, London: Fontana, 1985.

Meyer, Philippe, 'La Correction paternelle, ou l'état, domicile de la famille', *Critique* 343, December 1975, pp. 1266–1276.

—*L'Enfant et la raison d'etat*, Seuil, 1977.

—'Michel Foucault（1926–1984）', *Commentaire* vol. 13, no. 27, Autumn 1984, pp. 506–508. *Michel Foucault: Une Histoire de la vérité*, Syros, 1985.

Midelfort, H. C. E., 'Madness and Civilization in Early Modern Europe: A Reappraisal of Michel Foucault', in B. C. Malament, ed., *After the Reformation: Essays in Honour of J. H. Hester*, Philadelphia: University of Pennsylvania Press, 1980, pp. 247–265.

Miller, Jacques-Alain, 'Action de la structure', *Cahiers pour l'analyse* 9, Summer 1968, pp. 93–105.

Molho, Danièle, 'M. Pigot achète un fusil', *L'Express*, 15 November 1971, p. 19.

—'Toul: l'école du désespoir', *L'Express*, 27 December 1971, pp. 12–15.

Mossuz-Lavau, Janine, *Les Lois de l'amour. Les Politiques de la sexualité en France 1950–1990*, Payot, 1991.

Némo, Philippe, *L'Homme structural*, Grasset, 1975.

Nietzsche, Friedrich, *The Gay Science*, tr. Walter Kaufmann, New York: Vintage Books, 1974.

—*Untimely Meditations*, tr. R.J. Hollingdale, Cambridge University Press, 1983.

—*Twilight of the Idols*, tr. R.J. Hollingdale, Harmondsworth: Penguin, 1968.

—*The Birth of Tragedy* and *The Genealogy of Morals*, tr. Francis Goffing, New York: Doubleday, 1956.

—*Thus Spoke Zarathustra*, tr. R.J. Hollingdale, Harmondsworth: Penguin, 1961.

—*Daybreak*, tr. R.J. Hollingdale, Cambridge University Press, 1982.

—*Beyond Good and Evil*, tr. R.J. Hollingdale, Harmondsworth: Penguin, 1990.

Nora, Pierre, 'Que peuvent les intellectuels?', *Le Débat* 1, May 1980, pp. 3–19.

—'Il avait un besoin formidable d'être aimé', *L'Evénément du jeudi*, 18–24 September 1986, pp. 82–83.

'Nouveau Regard sur l'histoire de la folie: entretien avec Marcel Gacuhet et Gladys Swain', *Esprit* 11, November 1983, pp. 77–86. Ozouf, Mona, *L'Ecole, l'église et la république*, Armand Colin, 1964.

Pail, Gilles, 'Daniel Defert: "Plus on est honteux, plus on avoue" ', *Libération,* 31 October-1 November 1978, p. 27.

Parain, Brice, *Recherches sur la nature et les fonctions du langage*, Gallimard, 1942.

—*Essai sur le logos platonicien*, Gallimard, 1942.

—'Michel Foucault: l'Archéologie du savoir', *Nouvelle Revue Française*, November 1969, pp. 726–733.

Pascal, Blaise, *Pensées*, tr. A.J. Krailsheimer, Harmondsworth: Penguin, 1966.

Pasqualini, J., *Prisonnier de Mao*, Gallimard, 1975.

Paul-Boncour, François, 'Le Fer rouge', *Le Nouvel Observateur*, 19 June 1972, pp. 44–45.

Pelletier, Robert and Ravat, Serge, *Le Mouvement des soldats*, Maspero, 1976.

Pelorson, Marc, 'Michel Foucault et l'Espagne', *La Pensée* 152, July–August 1970, pp. 88–89.

Perrault, Gilles, *Le Pull-over rouge*, Ramsay, 1978.

Perrot, Michelle, *Les Ouvriers en grève*, Mouton/CNRS, 1974.

594

—'Délinquance et système pénitentiaire en France au XIXe siècle', *Annales ESC*, vol. 30, no. 1, January-February 1975, pp. 67–91.

—'L'Impossible Prison' in Perrot, *L'Impossible Prison: Recherches sur le système pénitentiaire au XIXe siècle*, Seuil 1980, pp. 59–63.

—'1848. Révolution et prisons', pp. 277–312.

—'La Leçon des ténèbres. Michel Foucault et la prison', *Actes: Cahiers d'action juridique* 54, Summer 1986, pp. 74–79.

Peter, Jean-Pierre, 'Entendre Pierre Rivière', *Le Débat* 66, September-October 1991, pp. 123–133.

Petitjean, Gérard, 'Les Grands Prêtres de l'université française', *Le Nouvel Observateur*, 7 April 1975, pp. 52–57.

Pierre Klossowksi, Editions La Difference/Centre National des Arts Plastiques, 1990.

Piquemal, Jacques, 'G. Canguilhem, professeur de terminale（1937–1938）. Un Essai de témoignage', *Revue de métaphysique et de morale* 90 èannée, no. 1, January-March 1985, pp. 63–83.

Plant, Sadie, *The Most Radical Gesture. The Situationist International in a Postmodern Age*, London: Routledge, 1992.

Plaza, Monique, 'Our Costs and their Benefits', tr. Wendy Harrison, *m/f* 4, 1980, pp. 28–40.

Pogliano, Claudio, 'Foucault, con interpred', *Belfagor* vol. 40, 1985, pp. 147–178.

Politzer, Georges, *Critique des fondements de la psychologie*, Rieder, 1928.

Porter, Roy, *Mind-Forg'd Manacles: A History of Madness in England from the Restoration to the Regency*, London: Athlone Press, 1987.

Posner, Charles, ed., *Reflections on the Revolution in France: 1968*, Harmondsworth: Penguin, 1970.

Présence de Guy Hocquenhem. Cahiers de l'imaginaire 7, 1992.

Primero Congresso del Partido communista de España（marxista-leninista）: Informe del Comité Central, Madrid: Ediciones Vanguardia Obrera, n.d.

Procès de Draguignon, Monaco: Edition du Rocher, 1975.

'Quelques souvenirs de Pierre Boulez. Propos recueillis par Alain Jaubert', *Critique* 471–472, August-September 1986, pp. 745–746.

Rabinow, Paul and Gandal, Keith, 'Foucault and the Prison: An Interview with Gilles

Deleuze', *History of the Present* 2, Spring 1986, pp. 1–2, 20–21.

Rajchman, John, *Michel Foucault: The Freedom of Philosophy*, New York: Columbia   595
    University Press, 1955.

Rambali, Paul, 'Minister of Mercy', *Weekend Guardian*, 1–2 June 1991, pp. 14–15.

Recherches 13, December 1973, *Les Equipements du pouvoir*.

Remy, Jacqueline, 'Noël au pain sec', *Le Nouvel Observateur*, 6 December 1971, pp. 50–51.

Rencontre internationale. Michel Foucault philosophe, Seuil, 1989.

Revault d'Allonnes, Olivier, 'Michel Foucault: les mots contre les choses', in *Structuralisme
    et marxisme*, Union générale des editions, 10/18, 1970, pp. 13–38.

Revel, Jacques, 'Foucault et les historiens', *Magazine littéraire* 101, June 1975, pp. 10–12.

Righini, Mariella, 'Les Nouveaux Passe-murailles', *Le Nouvel Observateur*, 22 February
    1971, pp. 44–45.

Robbe-Grillet, Alain, 'Enigmes et transpárence chez Raymond Roussel', *Critique* 199,
    December 1963, pp. 1027–1033.

Romano, Carlin, 'Michel Foucault's New Clothes', *Village Voice*, 29 April–5 May 1981, pp. 1,
    40–43.

Rodinson, Maxime, *Cult, Ghetto, and State*, tr. Jon Rothschild, London: Al Saqi Books,
    1983.

Roudinesco, Elisabeth, *La Bataille de cent ans. Histoire de la psychanalyse en France.
    Volume 1: 1885–1939*, Ramsay, 1982.

—*Jacques Lacan & Co. A History of Psychoanalysis in France 1925–1985*, tr. Jeffrey Mehlman,
    London: Free Association Books, 1990.

Roussel, Raymond, *Impressions d'Afrique*, Pauvert, 1963.

—*Locus Solus*, Pauvert, 1963.

—*Comment j'ai écrit certains de mes livres*, Pauvert, 1963.

Rousset, David, *L'Univers concentrationnaire*, Editions du pavois, 1946.

Roustang, François, 'La Visibilité est un piège', *Les Temps Modernes* 356, March 1976,
    pp. 1567–1579.

Saïd, Edward, 'Michel Foucault', *Raritan* vol. 4, no. 2, 1984, pp. 1, 11.

Sales, Claude, 'Les "Nouveaux Philosophes": la révolte contre Marx', *Le Point*, 4 July 1977,
    pp. 33–37.

Samuelson, F. M., *Il Etait une fois 'Libération'*, Seuil, 1979.

Sartre, Jean-Paul, *Esquisse pour une théorie des émotions*, Hermann, 1938.

—*L'Imaginaire. Psychologie phénoménologique de l'imagination*, Gallimard, 1940.

—*L'Etre et le néant*, Gallimard, 1943.

—*Critique de la raison dialectique*, Gallimard, 1960.

—'Jean-Paul Sartre répond', *L'Arc* 30, October 1966, pp. 87–96.

—*Situations VIII*. Gallimard, 1972.

—'Le Nouveau Racisme', *Le Nouvel Observateur*, 18 December 1972, p. 39.

—Gavi, Philippe and Victor, Pierre, *On a raison de se révolter*, Gallimard, 1974.

Sawicki, Jana, *Disciplining Foucault: Feminism, Power and the Body*, London: Routledge, 1991.

Schaub, Uta Liebman, 'Foucault, Alternative Presses and Alternative Ideology in West Germany', *German Studies Review*, vol. 12, no. 1, February 1989, pp. 139–153.

Scianna, Ferdinando, 'Il Carcere visto da un filosofo francese', *L'Europeo*, 3 April 1975, pp. 63–65.

Scull, Andrew, 'Foucault's History of Madness', *History of the Human Sciences*, vol. 3, no. 1, February 1990, pp. 57–68.

Seale, Patrick and McConville, Maureen, *French Revolution 1968*, Harmondsworth: Penguin in association with William Heinemann, 1968.

Searle, John, *Speech Acts*, Cambridge University Press, 1972.

Schérer, René and Hocquenhem, Guy, *Co-Ire. Album systématique de l'enfance*, Recherches 22, 1977 (2nd. edn).

Serres, Michel, 'Géométrie de la folie', *Mercure de France*, August 1962, pp. 682–696, September 1962, pp. 62–81.

Sery, Patrick, 'De Quoi meurt un prisonnier?', *Le Nouvel Observateur*, 30 October 1972, pp. 50–52.

Sheridan, Alan, *Michel Foucault: The Will to Truth*, London: Tavistock, 1980.

—'Diary', *London Review of Books*, 19 July–1 August 1984, p. 21.

Shilts, Randy, *And the Band Played On*, Harmondsworth: Penguin, 1988.

Shortland, Mike, 'Introduction to Georges Canguilhem', *Radical Philosophy* 29, Autumn 1981.

Signoret, Simone, *La Nostalgie n'est plus ce qu'elle était*, Points, 1978.

Sirinelli, Jean-François, 'La Khâgne', in Pierre Nora, ed., *Les Lieux de mémoire. II. La Nation*,

Gallimard, 1986, vol. 3, pp. 589–624.

—'Les Normaliens de la rue d'Ulm après 1945: une génération communiste?', *Revue d'histoire du monde moderne*, vol. 32, October–December 1986, pp. 569–588.

—*Intellectuels et passions françaises. Manifestes et petitions au XX siècle*, Fayard, 1990.

Sluga, Hans, 'Foucault à Berkeley', *Critique* 471–472, August–September 1986, pp. 840–857.

Solat, Michèle, 'Les Féministes et le viol', *Le Monde*, 18, 19 and 20 October 1977.

Sollers, Philippe, 'Logicus Solus', *Tel Quel* 14, Summer 1963, pp. 46–80.

Soper, Kate, *Humanism and Anti-Humanism*, London: Hutchinson, 1986.

Sorin, Raphaël, 'Le Pendule de Foucault, ou le critique dans le labyrinthe', *Bizarre* 34–35, 1964, pp. 75–76.

Steiner, George, 'Power Play', *New Yorker*, 17 March 1986, pp. 108–109.

Stéphane, Roger, *Portrait de l'aventurier*, Le Sagittaire, 1950.

Stoekl, Allan, ed., *On Bataille: Yale French Studies*, 78, 1990.

Stone, Lawrence, 'Madness', *New York Review of Books*, 16 December 1982.

Terray, Emmanuel, 'Nous n'irons pas voter', *Le Monde*, 12 January 1969, p. 10.

Théret, André, *Parole d'ouvrier*, Grasset, 1978.

Tiles, Mary, *Bachelard: Science and Objectivity*, Cambridge University Press, 1984.

Todd, Emmanuel, 'Ce que révèlent les lettres de cachet', *Le Monde*, 5 November 1982.

Turkle, Sherry, *Psychoanalytic Politics: Jacques Lacan and Freud's French Revolution*, London: Barnet Books in Association with André Deutsch, 1979.

Veyne, Paul, *Comment on écrit l'histoire*, Points, 1978.

—'Témoignage hétérosexuel d'un historien sur l'homosexualité', *Actes du Congrès international: Le Regard des autres*, Arcadie, 1979.

—'Le Dernier Foucault et sa morale', *Critique* 471–472, August-September 1986, pp. 933–941.

Vidal-Naquet, Pierre, *La Torture dans la République*, Maspero, 1972.

—*Face à la raison d'état. Un Historien dans la guerre d'Algérie*, La Découverte, 1990.

Voeltzel, Thierry, *Vingt ans et après*, Grasset, 1978.

Walesa, Lech, *A Path of Hope: An Autobiography*, London: Pan, 1988.

Watney, Simon, *Policing Desire: Pornography, AIDS and the Media*, London: Comedia.

Weil, Simone, *La Condition ouvrière*, Gallimard, 1951.

597

Weit, John de, 'The Charming Passivity of Guy Hocquenhem', *Gay Left* 9, 1979, pp. 16–19.

White, Edmund, *States of Desire: Travels in Gay America*, London: Picador, 1986.

Wolton, Dominique, 'Qui veut savoir?', *Esprit* 7–8, July–August 1977, pp. 37–47.

Zimmer, Christian, 'Dans le combat gauchiste', *Le Monde*, 17 April 1980, p.17.

索　引

（在本索引中，米歇尔·福柯简写为 MF。条目后的页码为原书页码，即本书页边码。）

译后记

　　戴维·梅西（David Macey）是英国文化研究者，亦是福柯研究专家，他一生翻译著作六十余本，其中便包括福柯的《必须保卫社会》。20世纪90年代，戴维·梅西的《福柯传》（*The Lives of Michel Foucault*）在国外出版，紧随詹姆斯·米勒（James Miller）的《福柯的生死爱欲》（*The Passion of Michel Foucault*）之后。《福柯传》以福柯的学术生涯为线索，将福柯置于战后知识分子群像中，还原福柯生活与工作其中的权力、知识场域，勾勒福柯著作背后的生活底色与思想路径，呈现了一个多重面孔的福柯——童年、少年时代的资产阶级子弟，青年时代想成为布朗肖的文学福柯，中年热衷于政治活动的街头战士，老年沉迷于极限体验的自我塑造者。

　　在翻译的过程中，我仿佛亲历了福柯的一生，福柯生命的蒙太奇碎片不时闪现于我脑中。他是在中产家庭聚会中笑容古怪的男孩，也是不愿参加集体生活、企图自杀的忧郁少年。他是想成为布朗肖的匿名者，也是专注于历史哲学批判的新型档案管理员。他既是外号为"狐狸"，露出食肉动物般笑容的危险人物，也是那个敞开公寓大门，欢迎犯人进出的街头战士，他通常躺在地板散落的文件旁，与犯人畅聊数个小时，正如他在突尼斯海边一袭白衣，面对访客时发自内心散发出温暖的光芒。他是法兰西公学院的精英教授，但也是那个深夜穿着皮衣的性冒险者。敞开与匿名，宽厚与好斗，疯癫与苦行，一同闪现在福柯的性格特质中。梅西的书写无疑展现出一个多重面孔的福柯。

　　然而，面对外界给自己的多重标签，福柯却不以为然。与其说他追求的是匿名性，毋宁说，多样的面孔正是为了摆脱任何一张面孔的牵制，摆脱既定身份的束缚，在面孔的变换中保持匿名，在越界体验与历史哲学批判中重塑自我，从而将生命看作有待塑造的艺术品。如果有一副面孔是福柯无法拒绝的，我想，那便是他生前最后一本书中的古代犬儒主义者形象。

在 1984 年出版的《说真话的勇气》中，福柯借由关注自我的讨论，追溯了一条迥异于柏拉图理论哲学的生活哲学道路，这条道路正是古代犬儒主义者开启的。古代犬儒主义者的代表人物是第欧根尼，他过着赤条条的一无所有的苦行生活，以求最大限度地挣脱世俗成约的束缚，自由地对人的恶习，对建立在人类法律和制度之上的恶习发出批判。这是一无所有者的战斗，是与整个世界为敌的战斗精神。他自由地说真话，向权威与世俗界限发出永恒挑战。古代犬儒主义者的苦行生活不再是通达彼岸的手段，而是展示真理的舞台。真理不再弥散在理论的喃喃自语中，而是在生活的舞台上熠熠生辉。这或许正是福柯为自己谱写的思想肖像——一个永恒批判的战斗姿态，以战斗而非教育关照他人、重塑自我。自我摆脱成为越界动力，不断越界的另类生活成为塑造自我的技术，使自我在对界限的批判中更新，这是多重面孔的起源，一个自我塑造的虚空。

通过写作而展开的批判也是直言生活的一部分。在《什么是批判？》中，福柯写道，批判是倔强的反思，是不被治理到如此程度的艺术。福柯早期的《词与物》《疯癫与文明：理性时代的疯癫史》《规训与惩罚》与后期的法兰西公学院演讲，贯穿着福柯对现代社会隐秘界限的洞察。疯癫与理性、秩序与失序、法律与犯罪、正常与反常，这些区分并非不言自明，而是真言化机制判断真假的结果，对真言化机制背后权力与知识的历史条件分析，实则是敲击真言化机制的地基，这种历史哲学分析让种种社会区分显现出任意性和不确定性，从而使个体的身份外套剥落，让主体屈从其中的权力、知识网络变得可疑。

福柯早期的知识考古学、权力谱系学考掘的是权力和知识如何塑造人，晚期的伦理学研究则开拓个体的自我治理之路。一条清晰的线索延展开来，探讨不被如此治理是为了摆脱特定治理，从而对生命进行风格化的自我塑造。《说真话的勇气》既是福柯对早期历史哲学批判的追踪，也是对晚期自我技术思想的重要补充。由此，自我技术并不局限于性活动等极限体验的身体控制上，更隐含着对现有世界的批判姿态和越界动力。这正是梅西与米勒两本传记的区别所在：米勒将福柯的生活与思想统摄于越界体验尤其是性欲越界中，而梅西则侧重于福柯在政治生活中的批判实践。米勒从个人病理学而非抵抗技术角度阐释福柯的性实践，将规范权力与正常化逻辑加诸福柯身上，性实践的政治意义在精神病理学的分析中消散，而这正是福柯一辈子所反抗的，相比之下，梅西则没有先入为主地为福柯的性实践盖棺论定。

文本中的历史哲学批判无法脱离一种另类的哲学生活而存在，福柯正如他笔下的古代犬儒主义者一样，过着知行合一的生活。另类哲学生活是实践真理的舞台，是思想褶子展开的动态场域。生活与思想并非彼此脱离，而是互相补充、彼此促进的生产性关系。正是在圣安妮精神病院的经历、洛杉矶浴室的极限体验、日本的禅宗顿悟、突尼斯"学运"的参与，以及监狱信息小组展开的一系列政治行动中，正是在疯癫、性活动、死亡与抗争这些闪耀着诗性光芒的越界体验中，福柯将自我身心推向断裂点，突破理性与非理性、生命与死亡、意识与潜意识的界限，步入非常规思考的境地，并因此带来思想的顿悟与主体的改变，让生活与思想在彼此的改写中翻新。

正如尼采所说，作品是作者的个人坦白，是无意识的未被注意到的传记。福柯的著作与思想正是他个人经验的产物。围绕着福柯的《古典时代疯狂史》，戴维·梅西以细腻而厚重的笔触书写了福柯生活中的"疯癫"经验。福柯在20世纪60年代探访马斯特林根村，那里残存着古老的狂欢节仪式。疯人在狂欢节盛装打扮、佯装疯癫，穿越村庄，烧毁面具和巨大肖像。这略显诡异的景象无法不让人联想起《古典时代疯狂史》的开篇场景——沿着北欧运河巡游的愚人船。梅西也写到了福柯在圣安妮精神病院做实习医生的经历。福柯界于医护人员与病人之间的身份，使他洞察到医生与病人之间的权力关系。福柯的朋友、病人罗杰的经历深深地刺痛了福柯：罗杰因害怕不能出院而病情加重，最终被摘除脑前额叶而成为植物人。种种经验融入了《古典时代疯狂史》的写作中。疯癫并非徘徊在社会文化之外，而是内在于风俗、习惯、制度，是一种虚构，一种社会关系的产物。精神病学知识的对象与其说是疯人，不如说是古典文化总体在监禁空间的投射。

进入20世纪70年代，福柯从知识考古学转入权力谱系学研究。透过梅西对福柯学术线索的爬梳，我们看到，《规训与惩罚》《必须保卫社会》《生命政治的诞生》等一系列著作的出现，是福柯政治生活活跃的自然产物。在法国，福柯反对种族主义，深入古德多贫民区，抗议暴徒对难民的威胁，参加反越战游行，介入"海虹号"难民事件，参与组建"为越南派艘船委员会"，身体力行地帮助难民。他更是远赴西班牙，为佛朗哥处决的反法西斯爱国革命阵线成员争取权益，并声援流亡律师克劳斯·克鲁瓦桑。最为人所知的，是他组织的监狱信息小组。监狱信息小组对福柯来讲是一个流动的战斗机器，正是透过对犯人生存状况的调查，福柯得以揭露一个自称人道的社会究竟是如何对待犯人的。这最终促成福柯对现代监狱制度与规训权力的深刻洞察，他的研究展示了现代的规训权力如何规训人的肉体，划分人的时间，榨干人的精力，同时也在人的内心打上规范的烙印。

透过在圣安妮医院、弗雷纳监狱的驻扎经历，以及监狱信息小组的一系列政治活动，福柯得以发现精神病学医生在刑事系统中扮演的关键角色，以及精神病学与司法制度的隐秘关联。在一个充斥着危险话语并倡导安全的现代社会中，精神病学知识与司法权力相互支撑，将皮埃尔·里维埃这样的道德失范者界定为不正常的人，进而将这些危险的个体隔绝于社会安全地带之外。医学尤其是精神病学，不再是只承担治疗病人的职责，而是与司法权力相互配合，通过筛查出不正常的危险个体，捕捉民众的残酷力量，履行保卫社会安全的责任。福柯由此看到了更为隐秘的政治治理术变迁，他声称我们如今已不再身处于规训社会，而是生活在一个看似自由实则被控制的社会中。他将当下的政治治理形态追溯到了18世纪中叶。自那时起，资本主义国家不再通过主权镇压人民来维系统治，而是通过社会医疗体系的干预促进全民健康，通过调控人口的生物学概率来保护生命，以便隐秘地实现权力统治，福柯将此现代治理术称为生命政治。这是福柯留下的宝贵的理论遗产之一。时至今日，生命政治这一思想依然在政治、哲学等多个学科领域显现活力，并与现实发生着激烈碰撞。

在福柯那里，生活与思想并非简单的彼此印证，相反，生活的越界会引发思想的转变，思想的变异进一步闪耀在行动之中。在书籍中，福柯谱写疯癫、死亡、性经验，将这些边缘经验导入主流哲学话语；而在政治生活中，他关心社会幽暗之处，将行动建立在政治盲点之上，身体力行地帮助、关怀那些受苦受难的社会边缘人群。疯人、犯人、难民，这些阿甘本（Giorgio Agamben）笔下的赤裸生命，他们散落于政治治理的边缘地带，身处于法律的边界处，其权益通常无法得到保障，而福柯主导的监狱信息小组正是在此政治盲点上展开行动的。监狱信息小组开展的活动俨然是福柯权力思想的动态形式。福柯认为权力不是宏观的，而是微观的，不是个体的占有物，而是弥散于社会关系中不断被运用的动态形式，权力内在于个体的引导关系之间，是行为对行为可能性领域的引导和操纵。而在这种权力关系中，布满了无数潜在的不确定中心，每一处都有可能发生冲突或斗争，对权力的反抗也必然是微观的、具体的、流动的。正因此，监狱信息小组并不针对普遍的政治话语，而是传递和搜集监狱信息，调查拘留条件乃至犯罪案底制度，以对具体机构的调查取代了普遍性的政治口号。而福柯在其中扮演的也并非普通知识分子的角色，而是一种特殊知识分子。这种特殊知识分子以自己的专业知识为基础，公开反对不可容忍之事。福柯赞许精神病学医生伊迪丝·罗斯的所作所为。罗斯作为图勒监狱的精神病学医生，俨然是权力系统的一部分，但她没有批评这个系统，而是以自己的专业知识谴责某天、某地、某种情形下发生的事情，这是戴着镣铐的舞蹈，必然伴随着直言的风险。

面对不可容忍之事，特殊知识分子有必要发言，然而在某些情况下，知识分子则应该保持沉默。特殊知识分子基于专业的发言必然是有局限性的，与疯人、犯人、难民这些身处困境的人群相比，知识分子的知识永远是局部性的。就此，福柯说道："工人不需要知识分子来告诉他们在干什么，他们自己对此非常清楚。我认为，知识分子是一种与信息机器而不是与生产机器相关联的类型……他的作用不是培养工人意识——因为工人意识存在着，而是使这种意识、这种工人的知识进入信息体系。"福柯正是这样做的，他本可以说得更多，但他保持沉默，让犯人发言，让那些没有话语权的难民发言，让弱者开口说话。在此基础上，福柯与他笔下古代犬儒主义者的形象渐渐重叠在一起，正是基于对他人的关照，哪怕承担风险，他依然具备说真话的勇气。

这本书的翻译工作是一场漫长的苦行，也是一次全新的体验。在这里，我非常感谢汪民安老师对我的信任，他将这本书的翻译工作交给我。如果不是他的鼓励和帮助，我的翻译工作和论文写作不会进行得如此顺利。我也要感谢辛劳审阅的编辑田千，感谢石涎蔚和杨旭在我翻译过程中给予的建议。这本书的翻译开启于 2019 年春花烂漫的北京，结束于 2020 年夏日炎炎的东北。这一年多，是论文写作与翻译工作同步进行的时期，福柯的思想与生活渗透进我的生命中。我一边以学术研究深入福柯的思想领地，以生命政治思想反观当下的生活，一边以翻译潜入福柯的生命画卷。福柯作为思想战士的身影跃动在笔端，仿佛学术苦行中的一束光芒照耀着我，我就坐在这微光中，坚持完成了这本《福柯传》的翻译工作。

战宇婷